U0596258

胡適《四十自述》手稿彙校評注

（下）

◎简体定本 汇校评注

张立华 汇校评注

中華書局

图书在版编目（CIP）数据

胡适《四十自述》手稿汇校评注 / 张立华汇校评注 . – 北京 : 中华书局，2021.12
ISBN 978-7-101-15342-2

Ⅰ . 胡… Ⅱ . 张… Ⅲ . 胡适（1891-1962） – 自传
Ⅳ . K825.4

中国版本图书馆 CIP 数据核字 (2021) 第 236127 号

书　　名　胡适《四十自述》手稿汇校评注（全三册）
汇校评注　张立华
责任编辑　陈　虎
装帧设计　北京禾风雅艺文化发展有限公司
出版发行　中华书局
（北京市丰台区太平桥西里 38 号　100073）
http://www.zhbc.com.cn
E-mail:zhbc@zhbc.com.cn
印　　刷　天津艺嘉印刷科技有限公司
版　　次　2021 年 12 月北京第 1 版
2021 年 12 月第 1 次印刷
规　　格　开本 /880×1230 毫米　1/16
印张 54¾　字数 800 千字
印　　数　1–1500 册
国际书号　ISBN　978-7-101-15342-2
定　　价　598.00 元

三十年代的胡适

简体定本 汇校评注

目录

自序

评述

“序”是著作的钥匙，“序”是作者的名片，故曰：“善读书者善读序。”尤其是作者的自序，更要先读善读。俚语云：“行家一出手，便知有没有。”一部书的自序，就是作者“出手”的第一个动作，明眼的读者一看“自序”就可以知道作者有没有“金刚钻儿”，能不能干“瓷器活儿”，甚至可以预判这“瓷器活儿”干得怎样。一般来说，如果一部书，既没有自序，也没有他序（包括类序的弁言、前言、说明等），那这部书的价值可能就要打折扣了。

胡适在这篇《自序》的手稿中劝朋友写自传时，只提到林长民一人，这与手稿首句“十年中”“常常劝”不相符——好像是说，“十年中”“常常劝”的只有林长民一个人，这显然不合文意。因此，发表时增加了劝梁启超、蔡元培、张元济、陈独秀等很多朋友写自传，这不仅拭去了初稿的白璧微瑕，而且也使内容更为丰富充实了。

胡适先生不仅劝名人朋友写自传，而且率先垂范，亲自写自传，这对被劝写自传的朋友来说，无疑是一种激励和鞭策。

名人的自传虽然很有价值，但名人写自传却并不容易。一是名人太忙，很难有大段的时间；二是名人追求较高，不肯率尔操觚；三是名人顾忌太多，不仅关乎自身的名望，而且还涉及其他人，彰显与隐微的尺度难以把握。因此，真正由名家亲自写的自传并不多——很多所谓的“自传”，实际上是由“枪手”代做的。胡适先生的《四十自述》，虽然一拖再拖，直到最后也没有全部写完，但它却是作者亲自下功夫写的名副其实的自传，它也因此成了白话自传的典范。

正文

我在这十几年中，因为深深的感觉中国最缺乏传记的文学，所以到处劝我的老辈朋友写他们的自传〔一〕。不幸的很，这班老辈朋友虽然都答应了，终不肯下笔。最可悲的一个例子是林长民先生〔二〕，他答应了写他的五十自述作他五十岁生日的纪念；到了生日那一天，他对我说：“适之，今年实在太忙了，自述写不成了；明年生日我一定补写出来。”不幸他庆祝了五十岁的生日之后，不上半年，他就死在郭松龄的战役里，他那富于浪漫意味的一生就成了一部人间永不能读的逸书了！

梁启超先生也曾同样的允许我〔三〕。他自信他的体力精力都很强，所以他不肯开始写他的自传。谁也不料那样一位生龙活虎一般的中年作家只活了五十五岁！虽然他的信札和诗文留下了绝多的传记材料，但谁能有他那样“笔锋常带情感”的健笔来写他那五十五年最关重要又最有趣味的生活呢！中国近世历史与中国现代文学就都因此受了一桩无法补救的绝大损失了。

我有一次见着梁士诒先生〔四〕，我很诚恳的劝他写一部自叙，因为我知道他在中国政治史与财政史上都曾扮演过很重要的脚色，所以我希望他替将来的史家留下一点史料。我也知道他写的自传也许是要替他自己洗刷他的罪恶；但这是不妨事的，有训练的史家自有防弊的方法；最要紧的是要他自己写他心理上的动机，黑幕里的线索，和他站在特殊地位的观察。前两个月，我读了梁士诒先生的讣告，他的自叙或年谱大概也就成了我的梦想了。

此外，我还劝告过蔡元培先生〔五〕，张元济先生〔六〕，高梦旦先生〔七〕，陈独秀先生〔八〕，熊希龄先生〔九〕，叶景葵先生〔一〇〕。我盼望他们都不要叫我失望。

前几年，我的一位女朋友忽然发愤写了一部六七万字的自传，我读了很感动，认为中国妇女的自传文学的破天荒的写实创作。但不幸她在一种精神病态中把这部稿本全烧了。当初她每写成一篇寄给我看时，我因为尊重她的意思，不曾替她留一个副本，至今引为憾事〔一一〕。

我的《四十自述》，只是我的“传记热”的一个小小的表现。这四十年的生活可分作三个阶段，留学以前为一段，留学的七年（一九一〇—— 一九一七）为一段，归国以后（一九一七——一九三一）为一段。我本想一气写成，但因为种种打断，只写成了这第一段的六章。现在我又出国去了，归期还不能确定，所以我接受了亚东图书馆的朋友们的劝告，先印行这几章。这几章都先在《新月》月刊上发表过，现在我都从头校改过，事实上的小错误和文字上的疏忽，都改正了。我的朋友周作人先生，葛祖兰先生〔一二〕，和族叔堇人先生〔一三〕，都曾矫正我的错误，都是我最感谢的。

关于这书的体例，我要声明一点。我本想从这四十年中挑出十来个比较有趣味的题目，用每个题目来写一篇小说式的文字，略如第一篇写我的父母的结婚。这个计画曾经得死友徐志摩的热烈的赞许，我自己也很高兴，因为这个方法是自传文学上的一条新路子，并且可以让我（遇必要时）用假的人名地名描写一些太亲切的情绪方面的生活。但我究竟是一个受史学训练深于文学训练的人，写完了第一篇，写到了自己的幼年生活，就不知不觉的抛弃了小说的体裁，回到了谨严的历史叙述的老路上去了。这一变颇使志摩失望，但他读了那写家庭和乡村教育的一章，也曾表示赞许；还有许多朋友写信来说这一章比前一章更动人。从此以后，我就爽性这样写下去了。因为第一章只是用小说体追写一个传说，其中写那太子会颇有用想像补充的部分，虽经堇人叔来信指出，我也不去更动了。但因为传闻究竟与我自己的亲见亲闻有别，所以我把这一章提出，称为“序幕”。

我的这部《自述》虽然至今没写成，几位旧友的自传，如郭沫若先生的〔一四〕，如李季先生的〔一五〕，都早已出版了。自传的风气似乎已开了。我很盼望我们这几个三四十岁的人的自传的出世可以引起一班老年朋友的兴趣，可以使我们的文学里添出无数的可读而又可信的传记来。我们抛出几块砖瓦，只是希望能引出许多块美玉宝石来；我们赤裸裸的叙述我们少年时代的琐碎生活，为的是希望社会上做过一番事业的人也会赤裸裸的记载他们的生活，给史家做材料，给文学开生路〔一六〕。

胡适。

二二，六，二七，在太平洋上〔一七〕。

注释

［一］胡适为什么劝人写自传

英国历史学家、散文家托马斯·卡莱尔（1795—1881）说："历史是无数传记的结晶，世界历史就是大人物的传记。"（《关于英雄》）然而，中国的传记却十分贫乏，多为史家所撰之短传略传，缺乏长篇传记，尤其缺乏长篇自传。适之先生很早就注意到了这个问题，他在一九一四年九月二十三日的日记中写道：

> 东方无长篇自传，余所知之自传，惟司马迁之《自叙》，王充之《自纪篇》，江淹之《自叙》。中惟王充《自纪篇》最长，凡四千五百字，而议论居十之八，以视弗兰克林之《自传》尚不可得，无论三巨册之斯宾塞矣。（《胡适日记全集》第一册，台北联经出版事业股份有限公司 2004 年 5 月初版，506 页）

适之先生认为："吾国人自作年谱、日记者颇多。年谱犹近西人之自传矣。"但正如梁实秋先生所说："年谱一类的作品只是未锻炼的生料，中国文学家的传记可说是整个的没有发达。"（《现代文学论·六》）因此，适之先生才劝"老辈朋友写他们的自传"。而手稿《自序》的开头只说："近十年中，我常常劝中年以上做过事业的朋友写他们的自传。"却没有交代劝人写自传的原因，这就使读者感到突兀："我"为什么要凭空劝朋友写自传呢？这些朋友又为什么要写自传呢？因此，适之先生在发表时做了修改，首先交代了这个原因——"因为深深的感觉中国最缺乏传记的文学"，所以才劝朋友写自传。这样一改，便因果分明，顺理成章了。

传记中最重要的是自传，尤其是名人的自传。因此，适之先生才不厌其烦地劝自己身边的名人写自传。

［二］胡适为什么劝林长民写自传

胡适说自己"十几年中""到处劝""老辈朋友写他们的自传"，而首先提到的就是"林长民先生"。在《自序》的手稿中，被胡适"近十年"劝写自传的朋友，有名字的只有林长民一个人。由此可以推之，林长民一定是位"倜傥非常之人"。因为平凡的人虽然也可以写自传，但他必须有可"传"的非凡之处。否则，每天只是三个饱一个倒（吃饭睡觉），这个世界有你不多，没你不少，这样的人，胡适怎么会劝他写自传呢？《自序》手稿第一句话说得很清楚："近十年中，我常常劝中年以上做过事业的朋友写他们的自传。"胡适劝写自传的都是"中年以上做过事业的朋友"，那么，林长民做过什么事业呢？

林长民（1876—1925），又名则泽，字宗孟，号桂林一枝室主，晚年号双栝庐主人，福建闽侯人。民国时期政治家、外交家、诗人和书法家。康有为曾对著名书法家伊峻斋（伊立勋）说："你们福建书家，却只有两位"，"一个是郑苏戡（郑孝胥），一个是林宗孟（林长民）"。

林长民的父亲林孝恂，一八八九年己丑科进士，曾任浙江金华、孝丰、仁和、石门等知县。女儿林徽因被称为民国绝代才女，她既是建筑师（人民英雄纪念碑和中华人民共和国国徽深化方案的设计者之一），又是诗人、作家，代表作有《你是人间四月天》《莲灯》《九十九度中》等。林长民死后，林徽因嫁给梁启超之子梁思成。堂弟林觉民，在一九一一年四月二十七日广州起义中被捕，后壮烈牺牲，是"黄花岗七十二烈士"之一。

林长民从小就受到了良好的教育，早年在林氏家塾读书，受业于文学家、翻译家、闽中名士林琴南（林纾）。父亲还为他延请了一位加拿大籍教师和一位日本籍教师。一八九七年，林长民中秀才后，拒绝考翰林，在家苦学英文、日文。一九〇六年，赴日本早稻田大学留学，获得政治经济学学士学位。在日留学期间，林长民热心公益，乐于助人；辞令雄辩，有胆有识；家庭赡富，仗义疏财；敢于担当，决无畏葸，被推举为留日福建同乡会会长。一九〇九年归国，先后任福建官立法政学堂教务长兼福建咨议局书记长、民国参众两院秘书长兼宪法起草委员，参与草拟《中华民国临时约法》。

一九一七年七月，林长民任段祺瑞内阁司法总长。拥护袁世凯称帝的军阀张镇芳为逃避治罪，以十万巨款贿赂林长民，希望能得到特赦。林长民断然拒绝，并辞官而去。事后，林长民刻了一枚闲章，曰"三月司寇"，意思是说自己像春秋时的孔子一样做过三个月的司法长官。他给人写字时，每每盖上这枚印章。

一九一八年，林长民任徐世昌总统府外交委员会委员兼事务主任。一九一九年二月十六日，国民外交协会在熊希龄宅召开成立大会，林长民与熊希龄、梁启超、蔡元培等十人被推举为理事。而此时的梁启超正在参加"巴黎和会"，呼吁欧美各国支持中国收回德国在山东的权益。梁启超在斡旋过程中，"意外"得知徐世昌上任之前，前任政府为获得日本贷款，已与日本订下密约，将德国在山东的权益拱手让给了日本。一九一九年三月十一日，梁启超将此密约电报于徐世昌总统。徐世昌考虑到当时山东问题正在交涉，英、法美态度尚存变数，怕过早暴露对交涉不利，便将电报转交给林长民等人。三月二十二日，以梁启超、林长民为主导的《晨报》便发表了这份电报，顿时震惊全国。

一九一九年四月三十日，巴黎和会规定，将原来德国在山东的权益全部让给日本。北京政府派出的中国出席和会首席代表陆徵祥考虑要签字，梁启超致电林长民等，建议警醒国民和政府，拒绝在和约上签字。林长民接到梁启超的电报，于五月一日写成《外交警报敬告国民》一文，刊于五月二日的《晨报》头版头条：

> 胶州亡矣！山东亡矣！国不国矣！此噩耗前两日仆即闻之，今得梁任公电乃证实矣！闻前次四国会议时，本已决定德人在远东所得权益，交由五国交还我国，不知如何形势巨变。更闻日本力争之理由无他，但执一九一五年之《二十一条》条约，及一九一八年之《胶济换文》，及诸铁路草约为口实。呜呼！《二十一条》条约，出于胁逼；《胶济换文》，以该约确定为前提，不得径为应属日本之据。《济顺、高徐条约》，仅属草约，正式合同，并未成立，此皆国民所不能承认者也。国亡无日，愿合四万万民众誓死图之！

同日的《晨报》还载有国民外交协会五月一日发给巴黎和会英、法、美诸国代表和中国专使的电文。国民外交协会按照梁启超的建议，严正警告中国专使：

和平条约中若承认此种要求，诸公切勿签字。否则丧失国权之责，全负诸公之身，而诸公当受无数之谴责矣。……诸公为国家计，并为己身计，幸勿轻视吾等屡发之警告也。

一九一九年五月四日下午，北京大学等十二所学校的三千多名爱国学生到天安门示威游行，火烧交通总长曹汝霖赵家楼住宅，痛殴驻日公使章宗祥。五四运动由此爆发。徐世昌怀疑林长民就是学生运动的幕后主使，将他召到总统府严加训斥。

一九二〇年十月，林长民与蔡元培、王宠惠等联合上书，向政府建议恢复国会，完成宪法，得到了当时总统黎元洪的采纳。林长民被选为宪法起草委员会委员，直接参与了制宪工作。可是，一九二三年十月，曹锟贿选总统成功，林长民的政治理想化为泡影，他所主张的生计制度与地方制度均被搁置，于是避祸天津。

一九二五年，张作霖兵分四路进攻北京（有学者认为张作霖此举是依靠日本政府的支持），想要自任总统。十一月，奉军第三军副军长、津榆驻军司令部副司令郭松龄，因不满张学良“阴贼险狠，多疑好杀”和自己立了大功得不到重用（郭松龄致张学良的信，《郭松龄反奉见闻》，中华书局 2008 年 7 月第 1 版，184 页），便在冯玉祥的支持下起兵攻打张作霖。郭松龄暗中与冯玉祥、李景林签订了反奉《密约》，《密约》中规定反奉成功后郭松龄得到东北的地盘，李景林得到直隶和热河的地盘。郭松龄虽然帐下猛将很多，但没有政治人才。他认为，林长民是政治和外交上的杰出人才，便由京汉铁路局局长王乃模与李景龢、萧其瑄介绍（也有学者说郭松龄拜访了已经卸任的总统黎元洪，黎元洪推荐了林长民），请林长民出关，共商大计。许以事成之后，郭主军、林主政。

这对政治上受到挫折、正在避祸的林长民来说，无疑是重新施展抱负的绝佳机遇。临行之际，他曾对梁敬錞说：“两三日来，吾有一新发展，将于今夜出京。”于是他便来到了郭松龄军中。林长民首先建议郭向全国各方发出《反奉通电》，表明此次反奉纯粹为“建设东北”，“不愿参加内战”，“拥护张学良主政”，并称起义得到了奉军张景惠部和李景林部的支持。郭松龄部顺利打到锦州，眼看胜利在望，但不久却失败了，郭松龄夫妇被俘后处决，林长民在新民县苏家屯中流弹身亡。

林长民死后，章士钊在挽联中写道：

处世惟不说假话最难，刻意存真，吾党之中君第一；
从政以自殉其身为了，无端共难，人生到此道宁论。

梁启超的挽联写道：

天所废，孰能兴，十年补葺艰难，直愚公移山而已；
均是死，容何择，一朝感激义气，竟舍身饲虎为之。

随着这位民国名士的死不得所，他的许多鲜为人知的经历也随之泯灭，“他那富于浪漫意味的一生就成了一部人间永不能读的逸书了”！这不仅是胡适先生的遗憾，而且是中国传记史上的遗憾。

[三] 胡适劝梁启超写自传

梁启超（1873—1929），清同治十二年癸酉正月二十六日（1873年2月23日）生于广东新会县（今江门市新会区）熊子乡茶坑村，字卓如，号任公，又号饮冰室主人等。中国近代著名政治活动家、启蒙思想家、教育家、史学家、文学家，与王国维、陈寅恪、赵元任同为清华国学院四大导师。曾任袁世凯政府司法总长，段祺瑞内阁财政总长兼盐务总署督办。

梁启超幼年被誉为“神童”，“四五岁就王父（祖父）及母膝下授四子书（指《论语》《大学》《中庸》《孟子》四部儒家的经典。此四书是孔子、曾子、子思、孟子的言行录，故合称“四子书”）、《诗经》，夜则就睡王父榻，日与言古豪杰哲人嘉言懿行，而尤喜举亡宋、亡明国难之事，津津道之。六岁后，就父读，受中国略史，五经卒业。八岁学为文。九岁能缀千言（写出上千言的八股文章）”（《三十自述》）。十一岁考中秀才，十二岁读《史记》（背诵）、《汉书》、《纲鉴易知录》和《古文辞类纂》。一八八五年考入广东著名的最高学府学海堂读书。一八九〇年至一八九四年师从康有为，就读于康有为的万木草堂。由此走上改良维新的道路，成为戊戌变法（百日维新）领袖之一。梁启超一生著述宏富，作品汇集为《饮冰室合集》，一千多万字。

一九二六年三月八日，梁启超因尿血症入住北京协和医院。经透视发现其右肾有一点黑，诊断为瘤。手术后，经解剖右肾的肿块不是恶性肿瘤，梁启超却依然尿血，且查不出病因，遂被复诊为“无理由之出血症”。舆论哗然，矛头直指协和医院，嘲讽西医“拿病人当实验品，或当标本看”。这便是轰动一时的“梁启超被西医割错腰子”案。梁启超却在《晨报》上发表《我的病与协和医院》一文，公开为协和医院辩护：“我盼望社会上，别要借我这回病为口实，生出一种反动的怪论，为中国医学前途进步之障碍。”一九二九年一月十九日，梁启超在协和医院逝世。

适之先生早年即对梁启超先生崇拜有加，他在一九一二年十一月十日的日记中曾这样写道：“梁任公为吾国革命第一大功臣，其功在革新吾国之思想界。十五年来，吾国人士稍知民族思想主义及世界大势者，皆梁氏之赐，此百喙所不能诬也。”一九二九年一月，适之先生赴欧美考察回到北京。十九日晚上，他对任叔永说要去看看任公，不知任公病情怎样了。其实，这时任公已于当天下午两点一刻去世了。第二天早晨，适之先生看到任公逝世的讣闻，立即赶赴广慧寺送任公入殓。他泪水潸然地哽咽道：“我赶来迟了八点钟。”他在这天的日记中写道：

> 任公为人最和蔼可爱，全无城府，一团孩子气。人家说他是阴谋家，真是恰得其反。
>
> 他对我虽有时稍露一点点争胜之气——如民八之作白话文，如在北大公开讲演批评我的《哲学史》，如请我作《墨经校释》序而移作后序，把他的答书登在卷首而不登我的答书——但这都表示他的天真烂漫，全无掩饰，不是他的短处，正是可爱之处。
>
> 以《墨经校释》序一事而论，我因他虚怀求序，不敢不以诚恳的讨论报他厚意，故序中直指他的方法之错误。但这态度非旧学者所能了解，故他当时不免有点介意。我当时也有点介意，但后来我很原谅他。
>
> 近年他对我很好，可惜我近年没机会多同他谈谈。

二月二日，适之先生作挽梁任公联：

文字收功，神州革命。
平生自许，中国新民。

适之先生在这天的日记中评价梁启超先生说：

任公才高而不得有系统的训练，好学而不得良师益友，入世太早，成名太速，自任太多，故他的影响甚大而自身的成就甚微。近几日我追想他一生著作最可传世不朽者何在，颇难指名一篇一书。后来我的结论是他的《新民说》可以算是他一生的最大贡献。《新民说》篇篇指摘中国文化的缺点，颂扬西洋的美德可给我国人取法的，这是他最不朽的功绩。故我的挽联指出他“中国之新民”的志愿。

他晚年的见解颇为一班天资低下的人所误，竟走上卫道的路上去，故他前六七年发起“中国文化学院”时，曾有“大乘佛教为人类最高的宗教；产生大乘佛教的文化为世界最高的文化”的谬论。此皆欧阳竟无、林宰平、张君劢一般庸人误了他。他毕竟是个聪明人，故不久即放弃此计画。

若他晚年无此退境，我的挽联可以说：
中国新民，生平宏愿。
神州革命，文字奇功。

关于梁启超先生的自传，他自己确实还没有来得及写，甚至连写作计划也没有。不过，梁先生早在一九〇二年十二月曾经写过一篇《三十自述》，只是过于简单，全文只有三千多字。他在“自述”前的小序中说：

“风云入世多，日月掷人急。如何一少年，忽忽已三十”。此余今年正月二十六日在日本东海道汽车中所作《三十初度・口占十首》之一也。人海奔走，年光蹉跎，所志所事，百未一就，揽镜据鞍，能无悲惭？挚一既结集其文，复欲为作小传。余谢之曰：“若某之行谊经历，曾何足有记载之一值。若必不获已者，则人知我，何如我之自知？吾死友谭浏阳曾作《三十自述》，吾毋宁效颦焉。”作《三十自述》。

目前几家出版社出版的《梁启超自述》，都是梁启超先生的自述性文集汇编，并不是梁先生的自传，但即便是这样的自述性文集汇编，也颇受读者的青睐。如果梁先生能够为后人留下一部真正的自传——“笔锋常带情感”的健笔自传，那必将成为中国近现代传记史上一座巍峨的丰碑。

［四］梁士诒

梁士诒（1869—1933），字翼夫，号燕孙，广东三水（今佛山市三水区）人。清光绪进士，授翰林院编修。曾任袁世凯总统府秘书长、交通银行总理、财政部次长等职。袁世凯死后，梁士诒寄居香港，因支持袁世凯称帝被列为帝制祸首受到通缉，不久被徐世昌任命为国务总理。后来吴佩孚倒阁，指责梁士诒接见日本驻华公使小幡，面允直接在北京与日本商洽借款赎回胶济铁路。梁士诒虽然一再否认，可是日本参加华盛顿会议的代表则对中国代表说确有此事。最后，梁士诒被迫辞职，此事便不了了之。一九三三年四月九日，梁士诒在上海宝隆医院逝世。他究竟有没有面允日使直接谈判和允借日款，因为没有留下自传，又缺乏直接的材料，便成了历史之谜。梁士诒在逝世的前一天晚上，向家人做诀别：

> 余一生负毁誉不可胜计，向不置辩，自信世界上必有深知我者。余一切行为，虽不敢谓无错误，然为国为民之观念，无时不在胸中。所有事迹，虽不愿表襮，然真相自在，论世者或能于事实上寻求之也。余辛亥年与唐少川先生翊赞共和，及累年对外计划设施，挚友中颇有知者，皆颇关史料，愿有人纪述。至所创经济金融事业，虽为世人称道，实不足言，甚望各界同人，能特别挽救国民生计，否则前途则不堪设想。（凤冈及门弟子编《民国梁燕孙先生士诒年谱》，台北商务印书馆股份有限公司 1978 年 5 月初版，1090 页）

临终的遗嘱，没有一句话谈到私事。叶恭绰撰《中华民国国务总理三水梁公神道碑》，叹其“因缘不偶”，“其怀抱之湮郁不遂”，“且以迁就图成之故，往往行迹不为人所谅，其衷曲因亦无以白于天下”。

［五］胡适劝蔡元培写自传

蔡元培（1868—1940），字鹤卿，又字仲申、民友、孑民，浙江绍兴人。清光绪十八年（1892）殿试中进士，被点为翰林院庶吉士；光绪二十年（1894）春应散馆试，授翰林院编修。后任国民党中央执委、国民政府委员兼监察院院长、中华民国首任教育总长。一九一六年至一九二七年任北京大学校长，一九二八年任中央研究院院长。一九四〇年三月五日上午九时四十五分，蔡元培先生在香港逝世。

当时正是抗日战争的相持阶段，适之先生任驻美大使。为了获得美国的援助，他每天超负荷工作，四处奔波游说。三月五日晚上，他做了一场五十分钟的演讲。第二天早晨赶往奥兰多机场，十一点三十五分飞抵佛罗里达州杰克逊维勒；一点十五分到南卡罗来纳州查尔斯顿；四点十五分到华盛顿特区。三月七日，美国商务部部长杰西·霍尔曼·琼斯见总统之后向外界发布，中国第二次借款两千万元。

适之先生在一九四〇年三月六日的日记中写道：

> 到家才知道蔡孑民先生昨天死在香港，年七十三。与周鲠生兄谈，同嗟叹蔡公是真能做领袖的。他自己的学问上的成绩，思想上的地位，都不算高。但他能充分用人，他用的人的成绩都可算是他的成绩。

一九三五年七月二十六日，适之先生在致罗隆基的信中就曾赞扬过蔡先生的领袖风范：

> 蔡先生能充分信用他手下的人，每委人一事，他即付以全权，不再过问，遇有困难时，他却挺身负其全责，若有成功，他每啧啧归功于主任的人，然而外人每归功于他老人家。因此，人每乐为之用，又乐为尽力。迹近于无为，而实则尽人之才，此是做领袖的绝大本领。杏佛是一个很难用的人，然而蔡先生始终得其用，中央研究院之粗具规模，皆杏佛之功也。杏佛死后，蔡先生又完全信托丁在君，在君提出的改革案有不少的阻力，但蔡先生

一力维持之，使在君得行其志。（胡颂平《胡适之先生年谱长编初稿》第四册，联经出版事业公司1984年5月初版，399—400页）

蔡先生一生清苦，煮字疗饥，“半佣半丐”。他先后寓居北京、南京、杭州等地，一直是赁屋而居，没有一所属于自己的房子。当时的中央研究院院士、著名教育家、书法家吴稚晖先生说：“（蔡元培）先生处境之困，社会有人当引为罪。”

一九三五年九月，由适之先生为首的北京大学旧师生蒋梦麟、王星拱（抚五）、罗家伦（志希）、赵畸（太侔）和丁燮林（巽甫）六人发起，并由蔡元培先生的朋友、学生捐款集资，准备在山东青岛建造一所房屋，作为庆祝蔡先生七十寿辰的贺礼。九月四日，适之先生来到南京参加中央研究院会议，七日这一天当选为中央研究院第一届评议会评议员。九日，适之先生把写给蔡先生的信寄给王世杰、罗家伦、段锡朋、陈宝鄂等人，并附函说：“送寿礼的信稿已草成了，送上请诸位大大的笔削或重作。这是很诚意的请求，千万莫客气。签名鄙意以为最好用首都委员三人，一则容易得亲笔签署，一则首都委员本是总委员会，应该代表各地也。此函稿决定后，即请诸位公推一人写了送去，不必要我写，因为我实在写不好。”几位收信人觉得适之先生写出了大家的心声，一字没动就把信寄给了蔡先生。蔡先生收到信后经过三个月的深思熟虑，最终接受了这份贺礼。他用毛笔书写了八页长函以表谢忱。

在随后由刘海粟主持的上海各界庆祝蔡元培七旬寿庆宴会上，蔡先生在答词中说：“鄙人是一个拿笔杆的人，所敢夸口的也只能在笔杆上多尽点力。”他表示要著一本以美育代宗教的书，编一本美学，一本比较民族学，一本“乌托邦”，还想接受适之先生的劝告，写一本自传。

可是，后来因全国对日抗战，淞沪沦陷，建屋之举未能实现。一九三七年十一月，蔡元培从上海乘船到香港躲避战乱。

对于适之先生劝他写自传的事，蔡先生一直放在心上，虽然最终没能写成一部系统的自传，但写了几篇自传性的回忆文章。而且，蔡先生还为别人写了很多篇传记。

一九三六年二月十四日，蔡先生开始撰著《自写年谱》，他要实践自己对适之先生的允诺——从广义上来说，《自写年谱》也是一种自传。《自写年谱》直到一九四〇年二月底逝世前卧病时搁笔，所叙自家世、出生至一九二一年五十五岁。《自写年谱》云：“一岁　前清同治六年丁卯十二月十七日亥时，我生于浙江山阴县城中笔飞巷故宅。”先生解释说：“丁卯为纪元前四十五年，西历一八六七年，但丁卯之十二月十七日，实为西历一八六八年之一月十一日。”

《自写年谱》的写作极为正统规范，纪年奉民国为正朔，民国之前首先标明“纪元前”多少年，其次标明“西历”多少年至多少年，然后是清代年号和干支。年龄按传统的虚岁计算，出生即为一岁。年谱以毛笔书写，用的是商务印书馆印制的毛边纸绿行“记事珠”稿纸，共三册。

这部珍贵的《自写年谱》手稿，一直由蔡先生的夫人周养浩保存着。日本侵略者入侵香港后的一天，蔡夫人家附近的油库起火，她冒着生命危险抢出了蔡先生的手迹、遗稿和这部《自写年谱》。此后，她把《自写年谱》稿本拆分缝在被子和衣服里，带在身边。一九四二年，蔡夫人携子女冒着战火，将《自写年谱》等珍贵手稿带回上海华山路寓所。新中国成立后，蔡夫人陆续将蔡先生的书信、刊物、书籍、照片等全部集中在华山路寓所，并在二楼书房门口挂了一块“孑民图书馆”的木质条幅。

一九七五年蔡夫人逝世。“文化大革命”中，蔡先生的这些手稿作为“敌伪档案”被抄走查封。打倒“四人帮”拨乱反正之后，上海档案馆陆续返还了被抄走的蔡先生手稿，包括《自写年谱》稿本第二、三两册，但第一册却下落不明。一九八七年八月，上海市档案馆在整理“文化大革命”中堆积的档案时，发现了一册手迹本，上面既没有落款，也没有署名。有关专家根据夹在稿本中的一张履历表，经过考证查实，断定这便是蔡先生《自写年谱》手稿的第一册。适之先生如果在天有灵，一定会感到莫大的欣慰。

［六］胡适劝张元济写自传

张元济（1867—1959），号菊生，浙江海盐人。戊戌变法的参与者，著名出版家、版本目录学家，民国中央研究院院士。清末中进士，入翰林院任庶吉士，后在总理事务衙门任章京。一九〇二年进入商务印书馆，历任编译所所长、经理、监理、董事长等职。张元济与胡适的交往始于一九一七年，止于一九四九年胡适离开大陆，前后超过三十年。现存两人往来书信凡九十九封，胡适致张元济的信二十封，张元济致胡适的信七十九封，可见两人关系之密切。

一九四七年二月十四日，胡适在致张元济的信中说：“我最盼望先生能写一部自定的年谱，留给我们后辈做个模范。”张元济先生回信说：“自传云云，屡闻明命，惟自问浮沉斯世，无可告人，故迄未预备。倘加我数年，生事稍能暇豫，或能仰副厚望乎。”最终，张元济先生也没能写出一部自传或年谱，这实在是中国近现代文化出版的一大遗憾。

［七］胡适为高梦旦作传

高梦旦（1870—1936），名凤谦，字梦旦，福建长乐县二都龙门（今属福州市长乐区）人。曾任商务印书馆编译所所长，是近代中国最富实绩和最具声望的出版家之一。高梦旦是四角号码检字法的创始人，并提出十三月新历法。一九〇三年，浙江大学堂选派学生赴日本进修，高梦旦任留学监督，并考察日本明治维新后政治、文化、教育的情况。在日本遇到梁启超，呈上自己根据《梦溪笔谈》中关于更改历法的倡议而改写成的《改历私议》。梁启超认为《十三月新历法》是近代世界改历的一种新学说，将它刊登于《新民丛报》，后来由商务印书馆出版。适之先生曾说：“凡受过这个世界的新文化的震撼最大的人物，他们的人格，都可以上比一切时代的圣贤，不但没有愧色，往往超越前人。”他认为以下九人，其人格可以上比圣贤：高梦旦、张元济、蔡元培、吴稚晖、张伯苓、周诒春、李四光、翁文灏、姜蒋佐。适之先生留美归来在北大任教授时，高梦旦多次劝他辞去北大教职，出任商务印书馆编译所所长。他对适之先生说：“我们那边缺少一个眼睛，我们盼望你来做我们的眼睛。”后来，适之先生推荐了自己以前的老师王云五。高梦旦六十岁生日时，适之先生做了一首小诗祝贺：

很小的问题，可以立时办到。
圣人立言救世，话不多不少。
一生梦想大光明，六十不知老。
这样新鲜世界，多活几年好。

一九三六年七月二十三日，高梦旦先生病逝于上海，同样也没有给自己写过自传。

一九三六年十一月二十六日，适之先生出席美国旧金山太平洋国际学会大会之后，在归国的船上，写下了《高梦旦先生小传》，发表于一九三七年一月一日出版的《东方杂志》第三十四卷第一号上。在《小传》中，适之先生盛赞其圣人之风：

> 高梦旦先生……晚年只用他的表字“梦旦”为名。“梦旦”是在茫茫长夜里想望晨光的到来，最足以表现他一生追求光明的理想。他早年自号“崇有”，取晋人裴頠《崇有论》之旨，也最可以表现他一生崇尚实事、痛恨清谈的精神。……高梦旦先生晚年发表了几件改革的建议，标题引一个朋友的一句话：“都是小问题，并且不难办到。”这句引语最能写出他的志趣。他一生做的事，三十年编纂小学教科书，三十年提倡他的十三个月的历法，三十年提倡简笔字，提倡电报的改革，提倡度量衡的改革，都是他认为不难做到的小问题。高先生的做人，最慈祥，最热心，他那古板的外貌里藏着一颗最仁爱暖热的心。在他的大家庭里，他的儿子、女儿都说：“吾父不仅是一个好父亲，实兼一个友谊至笃的朋友。”他的侄儿、侄女们都说：“十一叔是圣人。”这个圣人不是圣庙里陪吃冷猪肉的圣人，是一个处处能体谅人，能了解人，能帮助人，能热烈的爱人的，新时代的圣人。他爱朋友，爱社会，爱国家，爱世界。他爱真理，崇拜自由，信仰科学。……他没有利心，没有名心，没有胜心。人都说他冲淡，其实他是浓挚热烈。在他那浓挚热烈的心里，他期望一切有力量而又肯努力的人都能成功胜利，别人的成功胜利都使他欢喜安慰，如同他自己的成功胜利一样。因为浓挚热烈，所以冲淡的好像没有自己了。

［八］胡适劝陈独秀写《自传》

陈独秀（1879—1942），谱名庆同（江州义门《陈氏宗谱》），官名（大名）乾生，字众甫，后作仲甫。一生用过很多笔名、化名，最早使用“独秀”这个名字是在一九一四年十一月十日出版的《甲寅杂志》上，因家乡安徽怀宁（今属安庆市）有一座独秀山故名。一九一五年九月十五日，陈独秀主编的《青年杂志》在上海创刊，他在发刊词《敬告青年》一文中勉励青年崇尚自由、进步、科学，认为人权和科学是推动社会历史前进的两个车轮，从而首先在中国高举起科学与民主两面大旗。《青年杂志》自一九一六年九月第二卷改名《新青年》，成为反封建和鼓吹民主革命的中心刊物。

一九一七年一月，蔡元培呈文教育部：原文科学长夏锡祺辞职。“查有前安徽高等学校校长陈独秀品学兼优，堪胜此任”。一月十三日，蔡元培校长布告：“兹奉令派陈独秀为北京大学文科学长。”此后，陈独秀成为“五四”新文化运动的倡导者，中国共产党的创始人和早期主要领导人，历任中共中央第一至第五届总书记。他主编的《新青年》自一九二〇年九月第八卷开始，成为上海共产主义小组的机关刊物。中国共产党成立，一度成为中共中央的机关刊物。一九二三年六月改出季刊，成为中国共产党中央委员会的理论性机关刊物，一九二六年七月停刊。一九二七年七月十二日，陈独秀被停职，一九二九年十一月十五日被开除党籍。

（一）陈独秀在狱中写《自传》

一九三二年十月十五日，陈独秀第五次被国民政府逮捕。这时的陈独秀，虽然已经被解除了总书记职务（1927 年中共“八七”会议），而且已被开除出共产党（1929 年 11 月 15 日），但他一直坚持反对国民党政府的立场。国民党官方大造舆论，要求“迅予处决”陈独秀。

胡适迅即联络好友翁文灏、丁文江、傅斯年、任鸿隽等学者贤达，联名致电国民党当局，认为陈氏既已是共产党“异端”，应将他由军事法庭移交法院公开审判。同时，胡适又与好友外交部长罗文干致信蒋介石，请求“依据法律进行特赦”。十月二十二日，远在武汉的蒋介石特别电告胡适，“陈案”已移交法院公开审判。胡适又请蔡元培、殷锡朋（胡适的学生，时任国民党中央执委）等国民党人士和大律师，准备为陈氏受审出庭辩护。

十月三十日，胡适在北大国文系开讲“陈独秀与文学革命”系列讲座，宣传陈独秀对文学革命的三大贡献：“（1）由我们的玩意儿变成了文学革命，变成三大主义；（2）由他才把伦理道德政治的革命与文学合成一个大运动；（3）由他一往无前的精神，使得文学革命有了很大的收获。”这就在客观上给法院施加了压力，从而影响了法院的判决。

一九三三年四月二十六日，国民党江苏省高等法院以文字进行叛国宣传的罪名判处陈独秀有期徒刑十三年，褫夺公权十五年。陈独秀当庭大声抗议：“我是叛国民党，不是叛国。”五月二十七日，国民党江苏省高等法院将判决书送达陈独秀，陈不服判决，上诉国民党南京政府最高法院。

一九三三年六月三十日，国民党政府最高法院终审判决陈独秀有期徒刑八年，原羁押日数，均以二日抵徒刑一日。

陈独秀服刑期间被关押在南京老虎桥模范监狱，在狱中有看书、写信、接待客人的自由，牢房里给他准备了好几个大书柜，摆满了古今中外的书籍。还准许他把小媳妇潘兰珍带进监狱。

早在一九一九年五四运动蓬勃展开时，陈独秀为声援和鼓舞被捕学生就写过一篇《研究室与监狱》的哲理短文：

> 世界文明发源地有二：一是科学研究室，一是监狱。我们青年要立志出了研究室就入监狱，出了监狱就入研究室，这才是人生最高尚优美的生活。从这两处发生的文明，才是真文明，才是有生命有价值的文明。（《随感录》，1919年6月8日《每周评论》第25号，署名只眼）

这回陈独秀真的把研究室与监狱合二为一了，他潜心著述，完成了《孔子与儒学》等书稿。并准备撰写《自传》，以便完成适之先生对他的期望，同时也可以获得丰厚的稿酬，改变生活的困境。

半年之前（一九三二年十二月二十二日），陈独秀在给老友高语罕的妻子王灵均写的信中说：

> 《自传》一时尚未能动手写，写时拟分三四册陆续出版。有稿当然交老友处（注者按：指汪孟邹所在的亚东图书馆）印行，如老友不能即时付印，则只好给别家。《自传》和《文存》是一样的东西，倘《文存》不能登报门售，《自传》当然也没有印行可能。若写好不出版，置之以待将来，则我一个字也写不出。

他怕《自传》写出来一时不能出版，这种担心不是多余的，他的拼音文字稿就在商务印书馆，毫无政治色彩，但一直没能出版。一九三二年十二月一日，他在给适之先生的信中说：“存尊处的拼音文字稿，我想现在商务可以放心出版了，倘商务不敢出版，能改由孟真先生在研究所出版否？”结果是商务不敢出版，傅斯年（孟真）的历史研究所也没有出版。于是，陈独秀让前来探视的汪原放请汪孟邹的亚东图书馆重印《独秀文存》试试水。没想到《独秀文存》重

印后，反响极大，销售很好。此前，陈独秀已经在亚东图书馆预支了很多稿酬，这次扣除预支的稿酬尚余三百六十四元。既然《独秀文存》可以出版销售，《自传》当然也可以了。

这时，曹聚仁代表群益图书公司前来约稿，“每千字二十元，每月可付二百元”。稿酬颇丰，约相当于现在每千字一万元人民币，颇具诱惑力，只要群益图书公司的信誉可靠就没什么问题了。可是，一九三三年三月十四日，陈独秀在写给高语罕和王灵均的信中却改变了主意：“《自传》尚未动手，此时不急于向人交涉出版。倘与长沙老友一谈，只要他肯及时出版付印，别的条件都不重要。”他要把《自传》交给“长沙老友”汪孟邹的亚东图书馆出版，因为这时的亚东图书馆亏损严重，陈独秀必须加以扶持。

《自传》动笔前，他请外面的朋友借来了《马克思传》《达尔文传》和托洛茨基的《我的生平》以为借鉴。可是，他与监狱外面中国“托派”的笔墨官司一直是没完没了，使他无法静下心来，甚而至于断绝了写《自传》的念头。一九三三年十月十三日，他在给汪孟邹的信中这样说：

> 《自传》尚未能动手写（或不名自传而名回忆录，你以为如何？或名自述），如能写，拟不分为少年期等段落，因为我于幼年、少年的事，一点也记不得了，即记得，写出也无甚意义。我很懒于写东西，因为现在的生活，令我只能读书，不能写文章，特别不能写带文学性的文章，生活中太没有文学趣味了！我以前最喜欢看小说，现在见了小说头便要痛，只有自然科学、外国文、中国文字音韵学等类干燥无味的东西，反而可以消遣，所以不大有兴味写《自传》。你可以告诉适之，他在他的《自述》中希望我写《自传》，一时恐怕不能如他的希望。

陈独秀是个一诺千金的直性人，他答应胡适写《自传》，就想着一定要实践诺言。如今，情势不由人，他怕胡适怪自己食言，因此在狱中写信托汪孟邹向胡适转达自己的苦衷。

一九三七年七月，著名出版人《宇宙风》主编陶亢德（哲庵）托汪孟邹约陈独秀写《自传》。七月八日，陈独秀致函陶亢德说：

> 许多朋友督促我写《自传》也久矣，只以未能全部出版，至今延未动手。前次尊函命写《自传》之一章，拟择其一节以应命，今尊函希望多写一点，到五四运动止，则范围扩大矣，今拟正正经经写一本《自传》，从起首至五四前后，内容能够出版为止，先生以为然否？以材料是否缺乏或内容有无室碍，究竟能写至何时，能有若干字，此时尚难确定。

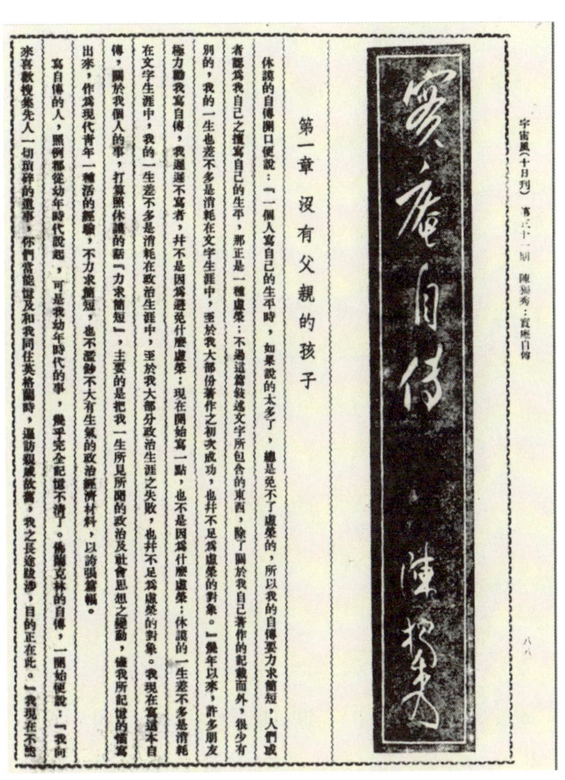
宇宙風（十月刊） 第五十一期 陳獨秀：實庵自傳 八八

實庵自傳 陳獨秀

第一章 沒有父親的孩子

休謨的自傳開口便說：『一個人寫自己的生平時，如果說的太多了，總是免不了虛榮的，所以我的自傳要力求簡短，人們或者認為我自己之擅寫自己的生平，那正是一種虛榮；不過這篇敘述文字所包含的東西，除了關於我自己著作的記載而外，很少有別的，我的一生也差不多是消耗在文字生涯中，至於我大部份著作之初次成功，也并不足為虛榮的對象。』幾年以來，許多朋友極力勸我寫自傳，我遲遲不寫者，并不是因為避免什麼虛榮；現在開始寫一點，也不是因為什麼虛榮：休謨的一生差不多是消耗在文字生涯中，我的一生差不多是消耗在政治生涯中，至於我大部分政治生涯之失敗，也并不足為虛榮的對象。我現在寫這本自傳，關於我個人的事，打算照休謨的話『力求簡短』，主要的是把我一生所見所聞的政治及社會思想之變動，儘我所記憶的據實寫出來，作為現代青年一種活的經驗，不力求簡短，也不濫鈔不大有生氣的政治經濟材料，以誇張篇幅。

寫自傳的人，照例都從幼年時代說起，可是我幼年時代的事，幾乎完全記憶不清了。佛蘭克林的自傳，一開始便說：『我向來喜歡搜集先人一切瑣碎的遺事，你們當能憶及和我同住英格蘭時，遍訪親戚故舊，我之長途跋涉，目的正在此。』我現在不想

《宇宙风》第五十一期陈独秀《实庵自传》第一章首页

从七月十六日到二十五日，仅仅十天，

陈独秀就完成了《实庵自传》的《没有父亲的孩子》和《从选学妖孽到康梁派》两篇，共计一万三千字。他在稿本上写道："此稿写于一九三七年七月十六日至二十五日，时居南京监狱，敌机日夜轰炸，写此遣闷。"

陶亢德收到书稿后，马上发布广告，称《实庵自传》乃"传记文学之瑰宝"，并在编后记中说："陈先生是文化导师，文坛名宿，搁笔久已！现蒙为本刊撰文，实特本刊之幸也。"陶亢德注意到了书稿上的"写此遣闷"四字，为了把陈独秀拴住，连载时特意提示读者"每期都有"。

从一九三七年十一月十一日至十二月一日，《实庵自传》连载于《宇宙风》散文十日刊第五十一、五十二和五十三期上，署名陈独秀。

汪孟邹的亚东图书馆也迅速印发了《实庵自传》的单行本，并在"刊者词"中说："本集是《实庵自传》初的两章，然已可从而窥见作者少年的环境与其特有的奋斗精神。先为刊出不是无意义的。"

（二）胡适劝陈独秀赴美写《自传》

就在《实庵自传》两章寄出后的一天夜里，日寇飞机炸塌了陈独秀囚室的房顶，幸亏他躲在书桌下面才逃过一劫。正在南京参加国民参政会的胡适，听到这个消息后马上写信给汪精卫，要求释放陈独秀。汪精卫时任国防最高会议副主席、国民党副总裁、国民参政会议长、行政院长，胡适与汪订交于一九二三年海宁观潮时，可以说是老朋友了。一九三七年八月十九日，汪精卫回复便函说："适之先生惠鉴：手书奉悉，已商蒋先生转司法院设法开释陈独秀先生矣。敬复。并顿著安 弟汪兆铭顿首。"四天之后的八月二十三日（农历七月十八，处暑）中午，关押了差五十三天五年的陈独秀出狱了。

这是陈独秀第五次出狱，除了第一次（一九一三年八月）入狱时胡适尚在美国留学之外，后来的四次出狱，均赖胡适的奔走营救。

一九一九年六月九日，陈独秀起草了《北京市民宣言》，英文由胡适书译。《胡适口述自传》回忆说：

> 一九一九年六月十二日，陈独秀被捕入狱。陈氏是在发散他那自撰并出资自印的传单之时被捕的。此事发生在北京城南一个叫做"新世界"的娱乐场所。那时陈独秀、高一涵和我三位安徽同乡正在该处吃茶聊天。陈氏从他的衣袋中取出一些传单来向其他桌子上发散。传单中向政府要求项目之一便是撤换步兵统领王怀庆。王氏曾在六月初旬拘捕了在北京街头宣传反日和抵制日货的学生。
>
> 我们三人原在一起吃茶，未几，一涵和我便先回来了（那时高君和我住在一起）。独秀一人留下，他仍在继续散发他的传单。不久警察便来了，把独秀拘捕起来送入警察总署的监牢。

胡适得知陈独秀被捕，紧急联系安徽同乡设法营救，并亲自给时任警察厅长的安徽人吴炳湘写信，打通关节，恳请保释。同时又致信上海《时事新报》主编张东荪，披露陈独秀在狱中身患重病却不能获得医治等非人待遇，呼吁释放陈独秀。胡适还就陈独秀被捕之事，在《每周评论》第二十八号发表随感录两篇：《研究室与监狱》《爱情与痛苦》，抨击北京军阀政府。一九一九年九月十六日，陈独秀获释。

一九二一年七月，中国共产党在上海成立，陈独秀在缺席情况下当选为总书记。九月，陈独秀以医治胃病为由回到上海，住在法租界环龙路渔阳里二号主持党中央的日常工作。十月四日下午两点，陈独秀被跟踪的巡捕密探逮捕。胡适十月六日“夜间得顾名君电话，说独秀昨夜在上海被捕。打电话与蔡孑民先生，请他向法使馆方面设法”（胡适日记）。

随后，胡适联络社会知名人士，由胡适与蔡元培领衔签名，呼吁释放陈独秀。著名画家刘海粟找到上海滩头面人物李征五，李征五到法捕房交了一百大洋保释金保释了陈独秀。

一九二二年八月九日，陈独秀又在上海法捕房被捕，汪孟邹在给胡适的快信中说：“法捕房呈出许多证据，公堂不准交保。”（一九二二年八月十三日胡适日记）

八月十六日，胡适“写一长信给顾少川，详说独秀案内证据，并说法国人近年做的事，实在大伤中国青年的感情，——指昨日十个革命团体敬告国人书为证，——请他以此意劝告法公使，请他们不要如此倒行逆施，惹出思想界‘排法’的感情。末说，我并不为独秀一个人的事乞援：他曾三次入狱，不是怕坐监的人；不过一来为言论自由计，二来为中法两国国民间的感情计，不得不请他出点力。此信甚恳切，当可有点效果”（胡适日记）。

八月十九日，“顾少川的秘书刘□□打电话来，说顾君得我信后，即派他（刘）到法使馆，把我的意思告诉他们。法公使即发电去上海，今天已得回电，说独秀罚洋四百元了案了，也没有逐出租界的事。我写信去谢谢少川”（胡适日记）。

胡适的策略颇具智慧，他巧妙地托这位在“巴黎和会”上拒绝签字、为中国挽回面子的青年外交官顾维钧（少川），通过外交途径顺利地营救了陈独秀。

一九三七年，陈独秀第五次出狱后，胡适请陈独秀参加“国防参议会”，既能为抗日出力，又能解决生活的困难，同时也可以缓和他与国民党统治者之间的矛盾，但被他拒绝了。陈独秀定居四川江津（今属重庆）之后，贫病交加，已经出任驻美大使的胡适仍然挂念着这位老朋友，他通过美国的一家图书公司，请陈独秀赴美写《自传》。可是，生性孤傲的陈独秀又一次拒绝了胡适的好意。他写信给胡适说：“我生活要求简单，也不愿去异国他乡，更厌烦见生人，所以，还是不去美国的好。”

（三）有始无终的权威《自传》

汪孟邹和陶亢德两位出版人，得知陈独秀出狱的消息非常高兴，以为《实庵自传》会顺利续成。一则陈独秀有了自由，有了时间；二则他们在杂志上用木已成舟、生米做成熟饭的方式“绑架”了陈独秀，以便迫使他就范完稿。

可是，出狱后的陈独秀一到汉口，就全身心地投入到抗战的烈火中去了，写作抗战文章，发表抗战演讲，《自传》的事早已抛到九霄云外了。正如陶亢德在《关于〈实庵自传〉》中所说：

> 到得汉口以后，他的全副精神就放在抗战文章上了。《自传》已无心思续写。我呢？虽然要的是《自传》，但也不能强人所难。……不过每次去信，总还是带一句劝他有暇甚至拨冗续写的话。我不知怎样，总觉得《实庵自传》有趁早完成之必要。

一九三七年十一月三日，陈独秀在回复陶亢德的信中说道：

> 日来忙于演讲及各新出杂志之征文，各处演词又势不得不自行写定，《自传》万不能即时续写，乞谅之。杂志登载长文，例多隔期一次，非必须每期连续，《自传》偶有间断，

不但现在势必如此，即将来亦不能免。《佛兰克林自传》，即分三个时期，隔多年始完成者。况弟之《自传》，即完成，最近的将来，亦未必能全部发表，至多只能写至北伐以前也。弟对于《自传》，在取材、结构及行文，都十分慎重为之，不愿草率从事，万望先生勿以速成期之，使弟得从容为之，能在史材上、在文学上成为稍稍有价值之著作。世人粗制滥造，日得数千言，弟不能亦不愿也。普通卖文糊口者，无论兴之所至与否，必须按期得若干字，其文自然不足观，望先生万万勿以此办法责弟写《自传》，倘必如此，弟只有搁笔不写，只前寄二章了事而已。出版家往往不顾著作者之兴趣，此市上坏书之所以充斥，可为长叹者也。

陶亢德当然无法再问，《自传》一拖再拖，最后便搁浅了。陈独秀也有自己的苦衷。一九四二年二月二十日，他在给郑学稼的信中写道："弟之自传，真不能不写，但写亦不能出版，为之奈何？"五四之后，那么多的是非纷争如何绕得开？即便是写了，也肯定不能出版。"著书藏之名山，则非我所愿也"，陈独秀又不愿意像司马迁那样把著作变成死人的防腐剂，因此也就干脆不写了。

一九四二年五月二十七日二十一时四十分，陈独秀在四川江津鹤山坪石墙院逝世。治丧期间，社会各界人士均表悼念并做评论。

友人高语罕曾在一九四二年五月二十三日为陈独秀预撰挽联：

喋喋毁誉难凭！大道莫容，论定尚须十世后！
哀哀洛蜀谁悟！彗星既陨，再生已是百年迟！

国民党元老陈铭枢挽联为：

言皆断制，行绝诡随。横览九州，公真健者！
谤积丘山，志吞江海。下开百劫，世负斯人！

据何之瑜"先生逝世前后用费收支"记载：共收到社会各界人士捐赠的医药费和奠仪等凡三万三千七百五十元法币（其中，蒋介石捐赠医药费和奠仪一万元）；医药丧葬等费用支出共三万八千七百五十三元，超支五千元由北大同学会拨付。

《实庵自传》虽然只有两章，但其影响却是巨大而深远的。正如《〈实庵自传〉刊者词》所说：

一个时代权威的自传，会道出他自己的生活变迁，他的活动背景，他的经验，以及他那个时代的许多的历史事实。尤其有意义的是，他会告诉后人，他并不是什么天纵的超人，而是从平时生活中奋斗出来，可以模仿而跂及的。因此，这种自传，实包含有无限的历史的与教育的重要性。陈独秀先生在中国文化史与政治史上的功业，不仅照耀着近代的中国，且早已照耀到世界，这久已成为历史定评，无须在此多说。

这两章未完成的"权威的自传"，倘若没有胡适先生的"劝告"，今天的读者恐怕也就无缘相见了。

［九］胡适与熊希龄

熊希龄（1870—1937），湖南省凤凰县镇筸（gān）镇（今沱江镇）人，字秉三，别号明志阁主人、双清居士，因晚年学佛，又佛号妙通。著名的教育家、社会活动家、实业家和慈善家。一九一三年袁世凯三番五次电邀，请熊希龄出任总理，熊希龄辞电云：

> 今以浮暴之徒，造成一寡廉鲜耻世界，虽孔子复生，无补今世。希龄拟俟蒙边少定，即归营实业，不复与闻政事。幸公致此世与郅治（天下大治），某亦得享共和幸福。

袁世凯立即复电：

> 东海高卧，南通惓勤，总揆非公莫属。望勉就大任，挽此颓风。虽不能孔子期月已可，亦当念子舆（孟子）舍我其谁。若令世凯一人孤立无助，或当先我公归田……即不肯就，亦请来京一商大计，一言可决，敬候旌车。

这分明是胁迫的口气，熊希龄知道不来北京是不行了，遂定于二十日后启程。但他确实不愿意做这个总理，因此启程前又给袁世凯发了一份电报，陈述自己的苦衷。可是袁世凯不依不饶，急切地催他尽快入京。

熊希龄入京前在热河（今承德）清理行宫故物，宫里的看守员硬是塞给他几件古玩，殊不知这是袁世凯下的圈套。一九一三年七月一日，熊希龄一到北京，袁世凯就暗示有人检举他在清理行宫故物时有“侵盗嫌疑”，已被自己压下了。袁说，如果“不就总理之职，就是看不起总统”。熊希龄不得不“应允就职”，但提出“必须张謇、梁启超、汪大燮同时入阁”。袁世凯都答应了。于是，袁世凯向国会正式提出熊希龄组阁。七月三十日投票表决通过，熊希龄成为民国第一任民选总理，后又兼任财政总长等。

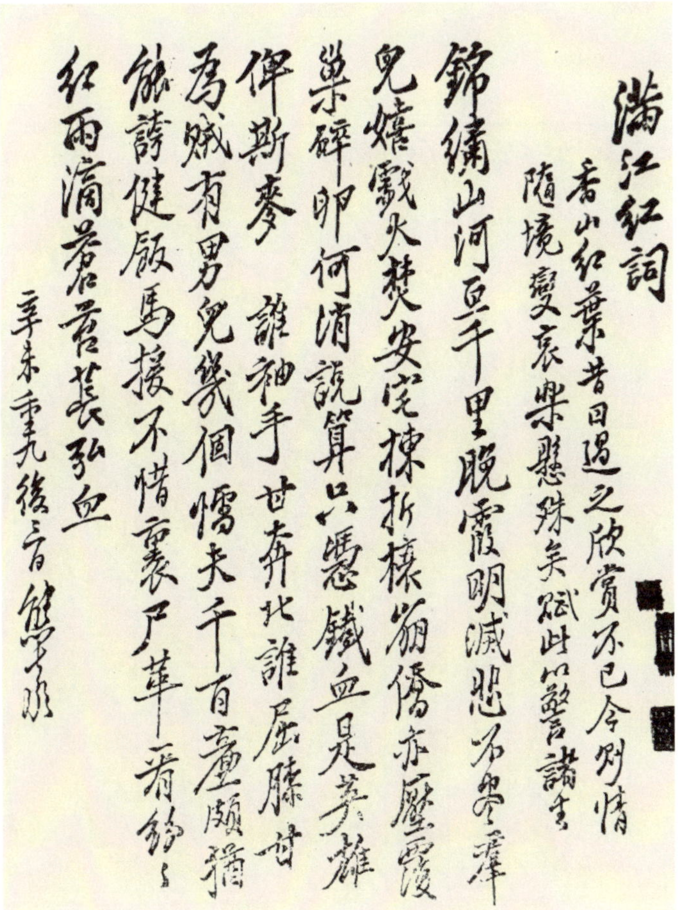

因反对袁世凯复辟帝制，熊希龄于一九一四年二月被迫辞职。一九一七年，他退出政界，从事赈灾、慈善和教育事业。一九二〇年创建北京香山慈幼院，同时担任中华慈善团体联合会主任、中华教育改进社社长、世界红十字会中华总会会长等十多个慈善、救济和教育机构的职务。一九三一年“九一八”事变后，熊

熊希龄《满江红》（锦绣山河）手迹

希龄发起组织“全国国难救济会”，赈济难民，率亲属和学生赴前线救助伤员。十月二十二日，熊希龄登上香山，遥望东三省，奋笔疾书《满江红》词，以警香山慈幼院诸生投身抗日：

锦绣山河，亘千里、晚霞明灭。悲不尽，群儿嬉戏，火焚安宅。栋折榱崩侨亦压，覆巢碎卵何消说。算只凭、铁血是英雄，俾斯麦。　谁袖手，甘奔北？谁屈膝，甘为贼？有男儿几个，懦夫千百。廉颇犹能夸健饭，马援不惜裹尸革。看纷纷、红雨滴苍苔，苌弘血。

辛未重九后三日　熊希龄

十一月，熊希龄在香山北辛村熊家墓园夫人朱其慧墓旁，为自己修了生圹。一九三二年“一·二八”战起，熊希龄又自撰了墓志铭：

色身非净，法相非真；四大和合，亦非我身。
何物为我，我实不存。我既无我，朽骨何灵？
凡相虚妄，焉用佳城？世间儿女，此理莫明。
仍其愚孝，谓乃安心。余纵遗属，死难执行。
未能免俗，聊后云云。今当国难，巢覆椽崩。
若不舍己，何以救群？誓身许国，遑计死生。
或裹马革，即瘗此茔。随队而化，了此尘因。
我不我执，轮回不轮。（周秋光编《熊希龄集》上，湖南出版社 1996 年 11 月第 1 版，2087 页）

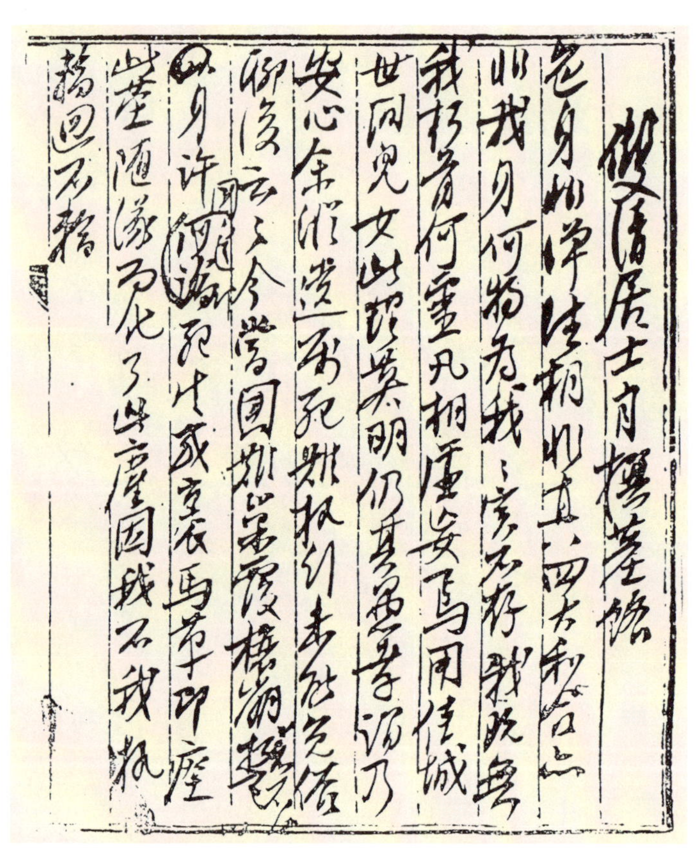
双清居士自撰墓铭
色身非净法相非真四大和合亦
非我身何物为我我实不存我既无
我朽骨何灵凡相虚妄焉用佳城
世间儿女此理莫明仍其愚孝谓乃
安心余纵遗属死难执行未能免俗
聊后云云今当国难巢覆椽崩若不
舍己何以救群誓身许国遑计死生或裹马革即瘗
此茔随队而化了此尘因我不我执
轮回不轮

双清居士（熊希龄别号）自撰墓志铭手迹

一九三七年，避居上海租界的熊希龄决心离沪返湘，继续为抗日募捐。因长江航运已断，陆路战事阻塞，熊希龄携夫人毛彦文挤上一艘去香港的法国邮轮，准备绕道广州返湘。十二月十八日抵港后，不料二十五日（农历十一月二十三）突发脑溢血逝世。蔡元培先生在挽联中高度赞扬他抗日救亡的壮举：

宦海倦游，还山小试慈幼院；
鞠躬尽瘁，救世惜无老子军。

因当时日寇占领了北平，熊希龄先生的遗体便暂厝于香港华人永久公墓，国民政府为他举行了隆重的国葬仪式，蔡元培先生亲笔书写墓碑。

一九四八年一月三日（农历十一月二十三），是熊希龄先生逝世十周年纪念日，许多报刊都开辟了纪念熊希龄的特刊或专栏。胡适先生于一九四七年十二月二十八日撰写了《追念熊秉三先生》的纪念文章，除了盛赞熊先生的做事才干和爱国爱人的高尚精神之外，仍念念不忘“自传”的事。他回忆起民国十一年（1922）四月二日，住在香山双清别墅与熊先生的谈话：

> 我劝他作年谱或自传，他也赞成。他说对于光绪末年到民国初年的政治内幕知道最多最详。——我曾劝梁任公、蔡孑民、范静生三先生写自传，不知他们真肯做吗？

胡适先生说：

> 秉三先生死在民国二十六年的年底，还不满六十八岁，据毛夫人说，他似乎没有留下年谱或自传，这是很可惋惜的。他的诗集里有一首《淑雅夫人五十初度赋赠》五言长诗，凡一千三百字，是一首自叙的诗。旧诗体是不适于记叙事实的，故我至今还盼望将来在他遗稿文件（现存叶葵初先生处）里也许可以发现他的年谱残稿。

胡适先生在文章结尾写道：

> 可怜这样一个爱人爱国，痛恨战争的哲人，在他的生命最后一年里，还得用他生平最大的努力，组织战地救护队，伤兵医院，难民收容所。他从炮火底下救出了二十多万人来。他的精力衰竭了，他的心受伤了，在上海、南京相继沦陷后他就死了。

熊希龄先生虽然没有来得及写自传，但妻子毛彦文在胡适先生的劝说下写了自传《往事》，其中有很多熊希龄的往事（详见注释〔一一〕“胡适劝毛彦文写自传”）。

一九九二年五月十七日，香山慈幼院校友会将熊希龄先生的遗骨从香港归葬于北京香山熊氏墓园。墓碑是一九九〇年复制的，原碑仍立于香港熊氏墓地。

北京香山熊氏墓园熊希龄墓碑

〔一〇〕胡适劝叶景葵写自传

叶景葵（1874—1949），小名阿麟，字揆初（一作“葵初”），号卷盦，别称存晦居士，浙江杭州人。近代著名实业家、藏书家。二十九岁进士及第，清末先后任奉天财政总局会

办、督军赵尔巽重要幕僚、天津造币厂监督以及大清银行正监督（相当于行长）等职。进入民国，先是担任汉冶萍公司经理，后出任浙江兴业银行董事长三十多年，是我国金融史上的首位银行董事长。

一九三九年，叶景葵与张元济、叶恭绰、陈陶遗、陈叔通、李拔可等人各捐家藏，创办上海私立合众图书馆。他将自己的藏书全部捐献，并捐款法币十五万元，独力筹措各项经费，用于“合众”运行的种种开支。叶景葵在书跋中记载了自己的捐书情况：“景葵近与二三同志创办合众图书馆，搜残编于乱后，系遗献于垂亡，已将敝斋旧藏悉数捐赠。”

这一创举，体现了叶景葵对历史文献整理与保护的责任感和使命感，是其“化私为公”“化身千百”的藏书思想的具体实践。他在《抱经堂藏书图》题记中写道：“古今藏书家，或供怡悦，或勤纂述，或贻子孙，终不免有自利之见存。若为利人之藏书，则整理研究，传抄刊印，事事与自利相反，其功更溥，其传更久。此即先哲所云‘独乐不如众乐’，慎初其有意乎？”

合众图书馆立馆之旨是要“建设一专门国粹之图书馆”，化身千百，嘉惠来学。合众图书馆以收录旧本、秘籍和未刊手稿为主：“名人未刻之稿当为刊传，批本、校本当为迻录，汇而刊之。罕见之本当与通行本互校，别撰校记，以便学者。编纂目的，专为整理，不为新作，专为前贤行役，不为个人张本。”图书馆的使命“一为典藏，一为传布”，“志在使先贤未刊之稿或刊而难得之作广其流传”。

叶景葵读书，勤于校勘札记，每得书“必手为整比，详加考订，或记所闻，或述往事，或作评骘，或抒心得，而以鉴别各家之笔迹，眼明心细，不爽毫黍”。对稿抄校本的重视，是其藏书的一大特色。著名古籍版本学家、目录学家、上海图书馆原馆长顾廷龙先生对叶氏藏书的这一特点推崇有加：“综君所集，稿本抄本为全书之最，古人心血赖以不湮，后人钻研有所取法。……至于名家校本，或订补原著，或题识掌故，亦皆学海之珍闻，史料之上乘，所谓善本者此也，君之所以为重者亦在此。”

叶景葵擅长诗文，对草药、畜牧亦有研究。刊印有《地学问答》《怡养斋文抄》，撰有《卷盦剩稿》《刍牧要诀》《太康物产表》等。顾廷龙先生曾为其整理书跋、诗文，并撰写了《叶公揆初行状》一文，另编有《卷盦书跋》《叶景葵杂著》等。

一九四九年四月二十八日，叶景葵病逝。张元济饱含深情作《挽叶揆初》四首，其一云：

> 万卷输将尽，豪情亦罕闻。
> 君能成众志，天未丧斯文。

叶景葵先生没有留下自传，《叶景葵杂著》中收有他六十岁生日时的一篇《寿诞答辞》，是具有自传性的文章。答辞中主要说自己“幼时秉赋薄弱”，“身体极弱”，“骨瘦如柴，面白如纸”。后来按照《人生要旨》打坐调息，又学米勒氏五分钟体操和《奔纳氏返老还童运动法》，几十年未间断，身体才渐渐好转。“现在灯下以朱笔校书，作蝇头小楷，亦不觉累。跑山十余里，不至腿酸腰痛。此皆奔纳氏体操之效。”遗憾的是，对于金融实业和文化藏书等，却只字未提。

一九五三年，在张元济、陈叔通倡议并经董事会决议后，将合众图书馆全部藏书二十五万余册，金石拓片一万五千余种，连同馆舍，全部捐给上海市人民政府，成为上海图书馆历史文献的主要来源之一。这些善本秘籍、拓片稿本，可谓价值连城。

一九五七年五月，顾廷龙先生编的叶景葵《卷盦书跋》，由上海古典文学出版社出版。二〇〇六年七月，上海古籍出版社又将《卷盦书跋》列入“中国历代书目题跋丛书”出版。一九八六年一月，顾廷龙先生编的《叶景葵杂著》由上海古籍出版社出版，包括《卷盦书跋》《卷盦诗存》《卷盦文存》《卷盦联存》《卷盦札记》等。二〇一六年七月，《叶景葵文集》（上中下三册）由上海科学技术文献出版社出版，收录了叶景葵先生的各类文章和日记札记、书目题跋、诗词联语、书信电报等。二〇一七年四月，柳和城先生编著的《叶景葵年谱长编》由上海交通大学出版社出版，编者利用档案与各种文献史料，客观系统地记录了叶景葵先生各个时期的生平历史。叶景葵先生一生为保存和弘扬中华文化而奔波，却没能写出一部自传，实为憾事。

［一一］胡适“女朋友”的自传

（一）胡适的哪位“女朋友”烧了自传？

《自序》说“一位女朋友忽然发愤写了一部六七万字的自传”，“但不幸她在一种精神病态中把这部稿本全烧了”。这位“烧了”自传的“女朋友”是谁呢？胡适先生没有说，这也许就是“《春秋》为尊者讳，为亲者讳，为贤者讳”吧。对此，学者们有种种说法，我们不妨做一番考索。

1. 陈衡哲烧自传说

著名现代文学史家夏志清教授在《新文学的传统》一书的《小论陈衡哲》中说：

> 在《四十自述·自序》（民国二十二年）里，胡适提到过“一位女朋友”毁稿的憾事……胡适教出了不少女弟子，但称得上是他知己“女朋友”的就只有陈衡哲一人，我想焚稿的自传作者即是陈自己。清末民初的新女性，虽出身书香人家，她们努力向上求学，在家庭里受到的阻力还是很大的。陈最后顾虑到她父母的清名，把稿子烧了，的确是憾事。（台北时报文化出版事业有限公司一九六九年十月版，一三三页）

（1）陈衡哲并非胡适的“女弟子”

其实，陈衡哲并非胡适的“女弟子”，更非“女弟子”中唯一的“知己‘女朋友’”。陈衡哲生于年七月十二日，胡适生于一八九一年十二月十七日，陈衡哲比胡适大一岁半，胡适没有给陈衡哲当过老师。

陈衡哲一九一四年八月十五日从上海乘船赴美留学，一九一五年秋进入瓦沙大学。她与胡适第一次见面是在一九一七年四月七日。《胡适留学日记》（四月十一日追记）中记载了见面的情形：

> 四月七日与叔永（注者按：叔永即任鸿隽）去普济布施村（Poughkeepsie）访陈衡哲女士。吾于去年十月始与女士通信，五月以来，论文论学之书以及游戏酬答之片，盖不下四十余件。在不曾见面之朋友中，亦可谓不常见也。此次叔永邀余同往访女士，始得见之。

此前两人已有多次通信，一九一六年十一月一日，因彼此称呼问题，胡适给陈衡哲女士的信中说：

> 你若“先生”我，我也“先生”你。
> 不如两免了，省得多少事。

陈衡哲给胡适回信说：

所谓“先生”者，“密斯特”云也。
不称你“先生”，又称你什么？
不过若照了，名从主人理。
我亦不应该，勉强“先生”你。
但我亦不该，就呼你大名。
还请寄信人，下次寄信时，申明要何称。

胡适回信说：

先生好辩才，驳我使我有口不能开。
仔细想起来，
呼牛呼马，阿猫阿狗，有何分别哉？
我戏言，本不该。
下次写信，请你不用再疑猜：
随你称什么，我答应响如雷，
决不敢再驳回。

两人互称“先生”，可见陈衡哲并非“胡适教出”的“女弟子”。

一九二〇年夏，陈衡哲毕业于芝加哥大学，获得史学硕士学位。回国后被北京大学聘为西洋史教授，成为北大有史以来第一位女教授，当然更不可能成为胡适的“女弟子”。后来，陈衡哲出版短篇小说集《小雨点》，请胡适作序。胡适在序中称陈衡哲“是我的一个最早的同志”。可见，胡适也没有把她当作“女弟子”。陈衡哲既然不是胡适的“女弟子”，当然就更不能说“称得上是他知己‘女朋友’的就只有陈衡哲一人”了。

（2）陈衡哲没有烧自传的必要

夏志清教授推断陈衡哲烧自传的原因是“清末民初的新女性，虽出身书香人家，她们努力向上求学”，但她们“在家庭里受到的阻力还是很大的”，因此，陈衡哲“最后顾虑到她父母的清名，把稿子烧了”。

陈衡哲，原名陈燕，笔名莎菲（Sophia H. Z. Chen），光绪十六年农历五月二十六日（1890年7月12日）出生于浙江常州武进，祖籍湖南衡山，名中的“衡”字便是纪念祖籍的。陈衡哲确乎出身书香门第，堪称大家闺秀，祖父陈钟英（槐庭）是清朝进士，翰林院庶吉士。父亲陈韬（季略）是清末举人，也担任过清朝的官吏，能诗能文，兼善书法。祖母赵氏和母亲庄曜孚，都是画家。陈衡哲有一个姐姐、两个弟弟和四个妹妹，在兄弟姐妹中排行第二，她从小聪慧好学，深受父母喜爱。她的三舅庄思缄不仅精通国学，而且对西方科学文化也推崇备至。他曾教导陈衡哲不要“安命”、不要“怨命”，而要勇于“造命”，并鼓励她说：“你是一个有志气的女孩子，你应该去学西洋的‘独立女子’……一个人必须能胜过他的父母尊长，方是有出息。”

一九〇三年，陈衡哲的父亲被派到四川任地方官，父母知道她有接受现代教育的抱负，同意她在广东的三舅庄思缄家生活。因为陈衡哲年龄太小，不能进入那里仅有的一所接受女学生的新式学校，那是一所医科学校。三舅只好亲自教她读新式课本与书报，还请了一位家庭教师教她算术，后来三舅把她送到上海读书。看来，陈衡哲“努力向上求学”，并未如夏志清教授所说“在家庭里受到”“很大的”“阻力”，相反还得到了家庭的支持。既然陈衡哲的“努力向上求学”并不影响“父母的清名”，那么，因为“顾虑”“父母的清名”而“把稿子烧了”的推定，自然也就不能成立了。

那么，陈衡哲是不是在婚姻爱情方面有辱“父母的清名”了呢？也不是。

陈衡哲是一位才学理智兼具的女士，她在美国留学时一直主张“不婚主义”，从而避免了很多不必要的麻烦。

一九一六年，任鸿隽（叔永）担任《留美学生季报》主编时，收到了陈衡哲寄来的两首五言绝句：

> 初月曳轻云，笑隐寒林里。
> 不知好容光，已映清溪水。
>
> 夜间闻敲窗，起视月如水。
> 万叶正乱飞，鸣飙落松子。

任鸿隽把诗抄寄给胡适，让他猜是何人所作。胡适回信说：

> 两诗绝妙！《风》诗吾三人（任、杨及我）若用气力尚能为之；《月》诗绝非我辈寻常蹊径。……足下有此情思，无此聪明；杏佛有此聪明，无此细腻……以适之逻辑度之，此新诗人其陈女士乎？

胡适之所以能够一猜即中，除了俊赏和知音而外，是他已经觉察到任鸿隽对陈衡哲的思慕了。正因为如此，胡适见陈衡哲的时候是才与任鸿隽一起去，三个月后胡适就回国了。

一九二〇年陈衡哲回国从南京到达北京后，胡适于八月三十日上午带陈衡哲去拜望北京大学校长蔡元培。蔡先生决定聘任陈衡哲为北大历史系教授，这是中华民国历史上第一位女教授。

九月五日，陈衡哲与胡适一起到火车站迎接任鸿隽和赵元任。赵元任到清华大学任教，任鸿隽暂住胡适家里。第二天胡适陪任到陈衡哲家，拜见其岳父岳母。九月十六日陈、任举行结婚典礼，胡适做赞礼，蔡元培为证婚人。胡适戏赠他俩的对联是：“无后为大，著书最佳。”但结婚不久陈衡哲就怀孕不能上课了。胡适在日记中写道：“此后推荐女子入大学教书，自更困难了。当时我也怕此一层，故我赠他们的贺联为‘无后为大，著书最佳’八个字。但此事自是天然的一种缺陷，愧悔是无益的。”可见，胡适与陈衡哲、任鸿隽三人关系很好。

一九三四年《十日谈》第二十六期的《文坛画虎录》专栏上，发表了“象恭”的短文《陈衡哲与胡适》，文中说，陈衡哲在美国留学时要与胡适结婚，被胡适拒绝了，然后胡适把她介绍给了任鸿隽。陈衡哲和任鸿隽气愤不已，带着杂志来找胡适，胡适立即写信质问《十日谈》。信写好后，由任、陈做了修改，胡适誊抄后再请任、陈过目同意，之后才将信寄到编辑部，要求将此信登在下期的《文坛画虎录》栏内，并公开向被诬陷的三人赔礼道歉。胡适在信中举出四条理由，用事实来加以批驳。其中的第三条说：此文中最荒谬的是说陈女士曾要求与我“结

为永久伴侣”，我拒绝了，然后把她介绍给任君。事实上是，在留学时代，我与陈女士只见过一面，而且是由任君陪同一起去的。我对陈女士虽然有一种很深的和纯洁的敬爱，但从来没有谈到婚姻问题。这是因为，第一，我们那时都在青年的理想时代，谁都不把婚姻看作一件重要的事；第二，当时一班朋友都知道陈女士是主张不婚主义的，所以没有一个人敢去碰钉子。她与任君相识最久，相知最深，但他们也没有婚姻之约。直到任君于一九一九年第二次到美国，陈女士感到他三万里求婚的诚意，这才抛弃了她的不婚主义，和他订婚。

由此可知，陈衡哲与胡适不可能有什么越轨的行为，陈衡哲写的自传，也不会有什么怕胡适以外的人阅读的东西。自然也就谈不到因“顾虑”“父母的清名”而焚烧自传了。

（3）陈衡哲的自传出版

胡适先生所说那位“女朋友”，是“在一种精神病态中把这部稿本全烧了”，而陈衡哲并没有发生过这种“精神病态”。可见，说陈衡哲“烧了”自传，亦于理难通。

一九三五年，陈衡哲以“陈南华”的笔名出版了十多万字的英文自传：《一个年轻中国女孩的自传》。至此，所谓陈衡哲“烧了”自传的说法也就不攻自破了。夏志清教授的《新文学的传统》一书出版于一九六九年十月，夏教授写作该书时，陈衡哲的自传已经出版了三十多年，遗憾的是夏教授却没有注意到这本书。

陈衡哲虽然不是胡适所说的那位“在一种精神病态中把”自传“全烧了”的“女朋友”，但她写自传与胡适先生“到处劝”“朋友写他们的自传”是不无关系的。因此，我们今天阅读这位中国新文学史上第一位女作家、中国第一位女教授的自传时，不能不感谢那位“既开风气又为师”的中国新文化的领袖胡适先生。

一九六二年一月十七日，胡适在台北接到任以都、任以安姐弟两人从美国寄来的信，说他们的父亲任鸿隽已于上年十一月九日在上海逝世。信中还附来他们的母亲陈衡哲的悼亡词三首：

（一）金缕曲

不信君真去。小窗前、瓶花犹在，砚书如故。謦欬无闻茵枕冷，梦断重门开处。始惊悟、果成千古。寂寞余生还怆恻，问从今、哀乐和谁语？幽明隔，永无路。　当年新陆初相晤。共游踪、清池赏月，绮成瀑布。四十年来同苦乐，况又诗朋文侣。还相约、匡庐隐羽。我自衰残君独健，道当然、病叶先离树。谁司命，颠倒误。

（二）浪淘沙

生死本相牵，漫羡神仙。多君强矫比中年。树杪秋风黄叶二，容我凋先。　病危忽联绵，一再催坚。逗君一笑任长眠（在君临危前，我曾以戏言逗得其一笑，从此遂沉睡日深，不复醒矣）。从此无忧无挂碍，不颤风前。

（三）浪淘沙

何事最难忘，知己无双。人生事事足参商。愿作屏山将尔护，恣尔翱翔。　山倒觉风强，柔刺刚伤。回黄转绿孰承当？猛忆深衷将护意，热泪盈眶。

胡适看了之后非常伤感地说：“叔永还有一个幼女儿以书是我的干女儿，现在在大陆。我要复他们一信。”

当天晚上，胡适就给以都、以安姐弟写信，特地询问：“叔永‘手抄的自传稿子’……不知已写成了多少？约有多少字？我今年三月可能到华盛顿赴‘中华教育文化基金董事会’的年会……那时候，我想看看叔永的自传稿子。”他对自传的热衷，还是不减当年。在信中，他还惦记着陈衡哲的眼睛：“前年听说好娘眼力坏了，不能读书写字，不知近年有进步否？”胡适还随信给以都、以安姐弟俩各寄了一套台北影印本的《胡适留学日记》，说“其中记叔永、莎菲的事颇多”。胡适先生感慨地说：“三个朋友中，我最小，如今也老了。”朱文楚先生在《胡适家事与情事》一书中却说：“其实胡适排老二，莎菲最小。他真老糊涂了。”（浙江大学出版社 2015 年 8 月第 1 版，210 页）莎菲（陈衡哲）生于一八九〇年，胡适生于一八九一年，并非“胡适排老二，莎菲最小”。看来，胡适并没有“老糊涂”，是朱先生自己一时“糊涂”了。

遗憾的是，胡适没有能够看到任鸿隽的“手抄自传稿子”《前尘琐记》。一九六二年二月二十四日下午六时三十分，在“中央研究院”第五次院士会议结束后的酒会上，胡适心脏病猝发，病逝于台北南港。

胡适逝世的消息迅即传到美国，引起世界性的反响。陈衡哲之女任以都立即给在台北的程靖宇（当年陈衡哲的高足）写信，叮嘱他“无论如何不能让好娘知道”，“一定要瞒住她”，因为“胡伯伯是好娘和爸爸平生最好的朋友，这消息绝不能让她知道”！一九七六年一月七日，八十六岁高龄的陈衡哲病逝于上海。

陈衡哲是中国新文学史上第一位女作家，一九一七年六月在《留美学生季报》新四卷夏季二号上发表《一日》，这是最早的白话小说之一，比鲁迅的《狂人日记》（发表于 1918 年 5 月 15 日 4 卷 5 号《新青年》月刊）还要早。

2. 朱毅农烧自传说

陈漱渝先生在《胡适与陈衡哲》一文中，沿袭夏志清《小论陈衡哲》的观点，认为焚烧自传的“女朋友”是陈衡哲。后来陈先生在《炉边絮语话文坛》一书中否认了这个观点：

> （这一说法）现在看来纯属臆断，这里所说的一位“女朋友”就是朱毅农，她焚毁的这部书稿叫《去影》。她创作的目的不过是描写中国新旧过渡时代男女交际的状况，因为素材完全是取自自己的经历，所以胡适视为“自传”。（福建教育出版社 2016 年 1 月第一版，84 页）

朱毅农确实写过一篇小说《去影》寄给胡适看，小说中也确实写了自己爱情的事，而且后来朱毅农确实处“在一种精神病态中”。这样看来，陈先生的推测确乎有道理。其实，陈先生花了那么多的篇幅和力气去考证推测，根本就没有这个必要，因为胡适先生自己在手稿的《自序》中说得很清楚，这部自传就是朱毅农的《去影》：

> 前几年，一位女朋友写了一部“去影”，是一部很好的自传，但她后来忽然把稿子烧了，很是可惜。

遗憾的是陈先生没有看手稿的《自序》。由此可见，手稿是多么地重要。胡适先生在发表时将手稿的“去影”删去了，只说“我的一位女朋友忽然发愤写了一部六七万字的自传”，这才留下了这一段公案。

如果夏志清先生能够看到胡适先生的《自序》手稿，也不至于胡乱猜测。夏先生的《新文学的传统》一书初版于一九六九年十月，当时胡适先生的这部分手稿尚未披露，这自然不能怪他孤陋寡闻。但即便没有手稿，根据其他材料也可以推定：烧了自传的那位女朋友绝不是陈衡哲。而陈漱渝先生的《炉边絮语话文坛》一书出版时（2016 年），胡适先生的《自序》手稿早已公开，这恐怕就难免孤陋之嫌了。

（二）胡适劝“女朋友”写自传

胡适先生劝人写自传真可以说是劝人不倦，《四十自述》出版之后，他还劝过一些“女朋友”写自传。其中，杨步伟、毛彦文写的自传，都出版流传了，而且产生了很大的社会影响。

1. 胡适劝杨步伟写自传

据赵元任的夫人杨步伟说，一九四四年下半年，“胡适之先生在美国剑桥哈佛大学讲学的时候，有一天午饭后，提到元任多年未断的日记何不写出来？元任回他，他自己的日记不过每日记其大纲，要写成东西和文章来，须得好多工夫和时间才能发表。要说写回忆录的话，倒是韵卿（注者按：杨步伟原学名）的几十年的经过，再加记忆力至强大，值得写点出来。适之就拍手说，韵卿起头来写！我当时回他，在中国的习惯不是须名人才配写传吗？一个普通人哪能来‘传’他自己呢？适之回我，哪有的话？人人都能写的，你写自述么或半生的回忆都可以。我说那些名称也是你们大家常用的，若是要我来写，我还是来‘传’他一下吧，不管别人笑我骂我配不配了”（《一个女人的自传 · 我写自传的动机》）。

赵元任说，杨步伟早在一九一三年就“起头写自传了。她起初拿它像个小说那么写，可是不久就感觉到真事情比编的故事更有意思，直接简单的叙事比作文章更有力……所以她写了没有多少就没写下去，原稿也早就丢了”（《一个女人的自传 · 英译本“书前”》）。

本来，胡适要为杨步伟的自传写序，但自传写完后胡适已经离开剑桥，这时出版的书局屡次来催，只好不等胡序了。胡适见到书后非常赞赏地说：“韵卿！你真还有这一手呢。”

一九四一年六月一日，是赵元任夫妇结婚二十周年纪念日。五月二十八日，胡适寄赠贺银婚诗：

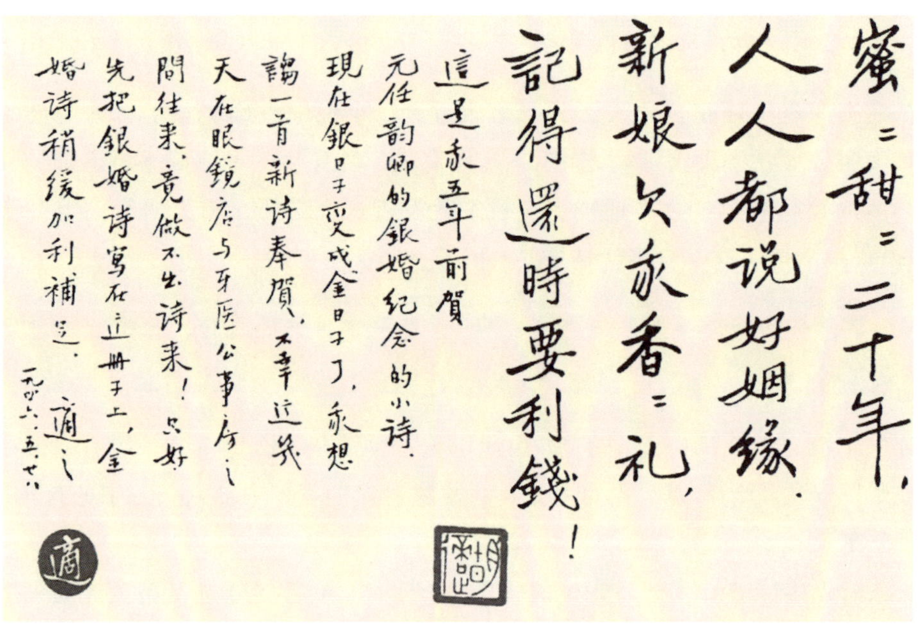
蜜蜜甜甜二十年，人人都说好姻缘。新娘欠我香香礼，記得還時要利錢！

這是我五年前賀元任韵卿的銀婚紀念的小詩。現在銀日子變成金日子了，我想謅一首新詩奉賀，不幸近幾天在眼鏡店与牙医公事房之間往来，竟做不出詩来！只好先把銀婚詩寫在這冊子上，金婚詩稍緩加利補過。

適之 一九四六.五.廿八

胡适誊录银婚诗贺赵元任、杨步伟“金婚”

蜜蜜甜甜二十年，人人都说好姻缘。

新娘欠我香香礼，记得还时要利钱！

“香香礼”是外国习俗，意为 Kiss the Bride（亲吻新娘）。西方人把结婚二十五周年称为银婚，把结婚五十周年称为金婚。胡适误以为结婚二十周年是银婚，二十五周年是金婚，因此在一九四六年五月二十八日，又要作一首贺金婚的诗寄上。可是，由于杂事纷繁，诗思全无，便将贺银婚的诗誊录寄上，并加了一段说明：

> 这是我五年前贺元任、韵卿的银婚纪念的小诗。现在银日子变成金日子了。我想诌一首新诗奉贺，不幸这几天在眼镜店与牙医公事房之间往来，竟做不出诗来！只好先把银婚诗写在这册子上，金婚诗稍缓加利补足。

《一个女人的自传》只写到结婚为止，杨步伟解释说：“因为我想成了家以后不应该以我个人为中心，必须以这个家为中心来叙说一切，并且以后有了孩子了更以大家为目标来说了。”于是，杨步伟又写了一部《杂记赵家》，内容直到金婚：

> 我们的金婚日子是胡适之给我们谶语定的，他在哈佛讲学。他写了一句诗（注者按：“一句诗”当作“一首诗”）说是贺我们银婚的，他以为二十年是银婚，二十五年是金婚，哪知他的谶语成为事实了。

到了金婚纪念日时，夫妇俩步胡适贺银婚之韵又各写金婚诗一首。杨步伟写道：

吵吵争争五十年，人人反说好姻缘。

元任欠我今生业，颠倒阴阳再团圆。

杨步伟是学医的，本想以医为业，为了赵元任，医没有搞成，所以说“元任欠我今生业”。赵元任写道：

阴阳颠倒又团圆，犹似当年蜜蜜甜。

男女平权新世纪，同偕造福为人间。

一九六五年二月十七日，杨步伟在致周法高先生的信中说：“（适之的）诗是给我们银婚纪念的，可是他弄错了，以为二十五年是金婚，没想到金婚真的要到时，而他又不在了。”

一九八一年三月，年过九十的杨步伟去世。次年二月二十四日，赵元任先生逝世。关于赵元任先生逝世的时间，《中国大百科全书》三种版本都是“1982 年 2 月 25 日”（中国大百科全书出版社 2002 年 9 月第 1 版“语言文字”卷 514 页，2009 年 3 月第 2 版第 28 册 138 页，1998 年 10 月简明版第 2 版第 11 册 6092 页），《不列颠百科全书 · 国际中文版》也是 1982 年 2 月 25 日（中国大百科全书出版社 1999 年 4 月第 1 版第 18 册 491 页）。这四种百科全书都是权威工具书，怎么会出错呢？

据赵元任的二女儿赵新那和丈夫黄培云编著的《赵元任年谱》记载，一九八二年元月二十六日，赵元任心脏病发作，入院抢救后病情好转，并做出院的打算。可是，二月二十四日病情突然恶化，医生马上打电话通知赵元任的大女儿、哈佛大学音乐教授赵如兰迅速来医院。等

如兰开车赶到医院时，赵元任先生已经与世长辞了。如兰立即给妹妹新那拍了电报，电文如下：

Father died of heart failure Wednesday 11 AM letter follows

Love,Iris

电文说“父亲因心脏衰竭，于周三上午11时逝世”。星期三是二月二十四日，农历二月初一。

三月一日，赵如兰用中文和英文给亲友们写了一封公开信，报告乃父逝世的消息。信中说：“有一件很不幸的事要报告的，就是2月24日，父亲（赵元任）在美国麻省剑桥的黄山医院（Mt. Auburn Hospital）去世了。”信的末尾还有一段小注：

> 如兰注：有一件巧事不知道别人注意过没有？胡适是20年前，也是二月二十四日上午十一时去世的。（赵新那、黄培云编《赵元任年谱》，商务印书馆1998年12月第1版，539页）

胡适先生逝世于一九六二年二月二十四日，两位大师确是同月同日死，但胡适先生并非逝世于“上午十一时”。据胡颂平先生所著《胡适之先生年谱长编初编》记载，二月二十四日，台湾“中研院”在蔡元培馆举行第五次院士会议。会议完了之后，下午五时酒会开始，胡适先生致辞。下午六点半，与会的客人开始回去了，胡适先生和一些告辞的人握手，正要转身和谁说话时，忽然晕倒在地。秘书王志维急忙将胡适随身携带的急救药片放在他口中，又喂了白兰地；司机拿来平时备好的氧气让他吸氧，台大医院院长魏火曜给他做人工呼吸，但都没有反应。六时四十五分，台大医院的医师杨思标大夫从台北赶来做了检查后摇摇头说：“已经逝世十多分钟了。”赵如兰说胡适先生“也是二月二十四日上午十一时去世的”，消息不确，也许是把胡适先生遗体送殡仪馆的时间（十一时五分）当作逝世的时间了。

四月十三日，《人民日报》刊登赵如兰致亲友的公开信时还加了编者按说：“在我国和国际上享有盛誉的语言学家（同时还是哲学家和音乐家）赵元任教授，今年2月24日在美国逝世。”

赵如兰于三月三日和二十日两次给二妹新那和妹夫黄培云写信，详细介绍了父亲病逝前后的经过，并说：“我们可安慰的是Daedi临终没有受太多苦。他早饭还是好好吃的。据大夫说就是十点（早上）忽然血压下来了就上不去了。他们抢救一阵知道不行了，十点半打电话给我，我正在学校。等我开车赶到医院是十一点一刻，Daedi已经十一点整过去了。”（《赵元任年谱》，543页）

赵如兰对父亲赵元任逝世时间的记载无疑是最权威的，这里明明白白写的是二月二十四日，那么四种百科全书为什么却偏偏说是二月二十五日呢？

这很可能是时差的问题。中美时差，一般是指北京时间和美国东部时间或西部时间的时差。当美国实行夏时制时，北京时间比美国东部时间正好早十二个小时。非夏时制时，北京时间比美国东部时间早十三个小时。美国于每年十月的最后一个星期日凌晨二时起实施冬令时间；四月的第一个星期日凌晨二时起，恢复夏令时间。根据美国国会通过的能源法案，为加强日光节约，自二〇〇七年起延长夏令时间，开始日期从每年四月的第一个星期日，提前到三月的第二个星期日，结束日期从每年十月的最后一个星期日，延后到十一月的第一个星期日，冬令时间缩短约一个月。赵元任先生逝世的剑桥市，位于马萨诸塞州，与波士顿市区隔查尔斯河相对，属于美国东部标准时区。二月二十四日是冬令时，这时的北京时间比美国东部时间早十三个小时，剑桥市的二十四日上午十一点正好是北京时间的二十四日二十四点，也是北京时间二十五日的零点。如果四种百科全书因此就把赵元任的逝世时间记载为二十五日，虽然不是大谬不然，却是大可不必。赵元任先生多一分一秒都不肯停，真的是要跟胡适先生同月同日归道山啊！

杨步伟的自传《一个女人的自传》和《杂记赵家》为中国近代史提供了宝贵的材料，英文版影响颇大，中文版更是深受读者欢迎，已经多次重版，作者杨步伟这个“普通人”也因此而声名鹊起。如果没有胡适的劝说和鼓励，很可能就没有这两部传记，因为按照杨步伟的观念，“在中国”只有“名人才配写传”，“一个普通人哪能来‘传’他自己呢？”可是胡适却说：“哪有的话？人人都能写的，你写自述么或半生的回忆都可以。”正是这位中国新文化运动领袖的话，才使得中国传记文学的宝库中增添了两颗璀璨的明珠。

2. 胡适劝毛彦文写自传

毛彦文，小名月仙，英文名海伦，一八九八年农历十一月一日出生于浙江省江山县（今江山市）一个乡绅大家。七岁入家塾启蒙，一九二〇年以浙江省第一名考入北京女子高等师范学校英文系，并参加了“五四”新文化运动。一九二二年，被推选为女权运动同盟会浙江支会临时主席。一九二九年赴美国密歇根大学，两年后获教育学硕士学位。回国后曾任暨南大学、复旦大学教育系教授。一九三五年二月九日与曾任民国总理的熊希龄结婚，辞去大学教职，协助丈夫开展慈善事业。熊希龄病逝后，她出任北京香山慈幼院院长。曾出席印尼雅加达国际禁贩妇孺会议。一九三九年当选浙江省参议会参议员，一九四七年当选北平市参议员，同年十一月当选“国民大会代表”。一九四九年四月去台湾，一九五〇年四月赴美国，先任旧金山《少年中国报》编辑，后任加州大学、华盛顿大学研究员。一九六二年回台湾定居，并执教于实践家政专科学校。一九八五年二月十二日，毛彦文开始写自传，至一九八七年八月搁笔。一九八九年，自传《往事》在罗久蓉女士的协助下编校印刷。九十一岁高龄的毛彦文在《自序》中写道：

> 远在二十多年前，便想写点往事，作为此生鸿爪雪印的纪念，把历年来经过的事对我有影响的写下来。之所以迟迟未写，一则想写的都是平生经历的事迹，是否值得留下？写出来给谁看？谁关心我的平生？二则杂务猬集，忙于谋生。但是耳际常响起二十余年前胡适之先生的声音，有一天他对我说：“彦文，你应该写自传了。”我说：“我的自传写给谁看？”“给我看。”胡先生这样回答。他认为任何人都应该写自传，写下在世上走一趟的记录，因之我决定写自己认为值得留下的已往事迹，命名《往事》。

这又是一部胡适先生“劝”出的自传：“彦文，你应该写自传了。”“我的自传写给谁看？”“给我看。”一代文坛领袖要看的自传，毛彦文怎能不写呢？虽然这位文坛领袖已经去世了二十多年，但毛彦文的“耳际”仍然“常响起”“胡适之先生的声音”。一九九九年十一月十日，毛彦文逝世于台北，享年一〇二岁，自传《往事》是这位世纪老人的唯一著作。

毛彦文写自传的目的是“想写点往事，作为此生鸿爪雪印的纪念，把历年来经过的事对我有影响的写下来”。同时也是对胡适先生的敬重与纪念。她谦虚地说：“这似乎是一本流水账，谈不上格局，也没有文采的，故本书将仅赠少数亲友作为纪念。”（《往事・自序》）

一九九三年，罗家伦之女罗久华拟将《往事》译成英文出版，毛彦文同意了她的请求，但“一再谦称，这本小书不值得我花那么多时间和精神翻译出版”（罗久华《往事・导言》）。

一九九四年九月，毛彦文在给罗家伦女儿罗久芳的信中还说："久华译我的《往事》，我再三告诉她，不要枉费精力与时间翻译这种我私人的流水账。她不听，令我万分不安。"（罗久芳《往事·跋》）可是，令毛彦文没有想到的是，英译版《往事》引起了很大的反响。后来，中文版《往事》由大陆几家出版社出版，而且多次重印。

［一二］"杜鹃诗人"葛祖兰

葛祖兰（1887—1987），字锡祺，号老拙，浙江慈溪市人。一九〇四年考中秀才，第二年东渡日本早稻田大学师范科留学，一九〇九年毕业回国，先后任两广优级师范学校、两广高等工业学校教授，上海市澄衷中学、新陆师范校长，商务印书馆编辑。一九三五年起，历任中国银行奉天分行襄理、副经理，中国银行吉林支行、长春支行经理、中国银行上海总行秘书等职。解放后被聘为上海文史馆馆员，以研究创作俳句闻名中日学界。著译颇丰，有《日本俳谐史》《俳句困学记》《祖兰俳存》《祖兰俳存补遗》等。曾获日本《杜鹃》诗刊"杜鹃诗人"和最高荣誉"同人"称号及《九年田》诗刊的"九年田推荐作家"的荣誉称号。译著有《第二次接吻》（原著为日本作家菊池宽）、《蟹工船》《财阀》等，编译有《自修适用日语汉译读本》《自修适用日语文艺读本》《日本现代语辞典》《日本姓名辞典》等。

［一三］卖掉"举人"的胡近仁

堇人（1886—1935），胡适的族叔，行名祥木，字近仁，又字堇人。幼年与胡适同学，工书法，行、楷流利圆润。十七岁中秀才，十八岁以第一名补廪生，赴南京应试举人。考试的时候，他先作了一篇文章卖给了别人，然后自己再作，因时间不足，未能考中，而买文章的人却考中了。大哥祥吉（灶产）怪他卖掉了一个举人，他却毫不在乎。胡适留学后，老家的事多托他照顾，胡适母亲的书信也多由他代笔。他有抽大烟的恶习，胡适在一九二八年七月二十四日曾写信说："你是一族之才士，一乡之领袖，岂可终于暴弃自己，沉迷不返？""若糊糊涂涂过去，世间有我不加多，无我不减少，这才是睁开眼睛做梦，上无以对先人，下无以对子女也"。一九三二年，胡近仁被聘为绩溪县志编纂，与总纂胡子承合作，主持修志规划与编写工作。

［一四］郭沫若的"自传"

郭沫若先生的"自传"有好几种，在胡适《四十自述·自序》之前，即一九三三年六月之前出版的有四种。

第一种是《我的幼年》，一九二九年四月由上海光华书局初版，后被国民政府以"普罗文艺"的罪名查禁。上海光华书局被迫做了些修改，并改名为《幼年时代》于一九三三年出版。书中有一则声明："本书原名《我的幼年》，前以上海特别市党部命令指出本书二十页内中一段及后话内之最后二句词句不妥，暂停发行，兹本局特将以上二处删去，并改名为《幼年时代》，特此声明。"结果，出版后又被政府禁止发行。这"词句不妥"的两处，一是："我母亲是与忧患俱来的人，从小时候起便受着灾难；听说我们川南现在是讨赤最力之乡，大约因为我一人的关系，恐怕又已经赤化了九族吧？管他妈的！牙齿总有要牙齿偿还的时候！"另一处是结尾的一句："革命今已成功，小民无处吃饭。"

第二种是自传性散文《反正前后》，一九二九年八月十五日由上海现代书局初版。出版不久，国民党以“诋毁本党”的罪名查禁。一九三一年现代书局将此书改名为《划时代的转变》再版，并在该书的“出版声明”中，以“因读者纷纷要求再版，乃将内容修正一过，改易今名，并经呈部审定，以内容并无过激核准发行”的文字来蒙骗“检查老爷”，继续发售，其实并未做任何改动。发行大约一年后，检查官“大梦初醒”，又以“普罗文艺”的“罪名”被禁。

第三种是自传性散文《黑猫》，一九二九年八月十五日、十一月十五日初刊于《现代小说》月刊第三卷第一至二期。一九三〇年九月上海仙岛书店出版《黑猫与塔》，有作者写的《前言》；后又增加《桌子的跳舞》《眼中钉》两篇，再变成《桌子的跳舞》以及《黑猫与羔羊》。一九三一年十二月，上海现代书局出版《黑猫》单行本。

第四种是回忆散文《创造十年》，一九三二年九月二十日由上海现代书局出版单行本，内有《附白》。

胡适先生在《自序》中说：“几位旧友的自传，如郭沫若先生的，如李季先生的，都早已出版了。”那么，第四种《创造十年》显然不在其中，因为从一九三二年九月到一九三三年六月只有半年多的时间，不可谓“早已”。其他三种虽然都是一九二九年出版的，但第二、三两种，即《反正前后》和《黑猫》，都是自传性散文，毕竟不同于纯粹的自传。因此，胡适先生这里所说的郭沫若先生的自传，当指第一种《我的幼年》。

［一五］李季的“自传”

李季（1892—1967），又名原博、卓之，字懋猷，号协梦、移山郎，湖南平江县伍市镇人。二十世纪二十年代最著名的马克思主义者之一，一生著述六百多万字。所译英国柯卡普的《社会主义史》由蔡元培作《序》，李季在该书《自序》中说，在译书过程中，“蒙蔡孑民先生代译好些德法文书报名，胡适之先生指示疑难之处，张申府先生改正各专名词的译音”。其代表作为三卷近七十万字的《马克思传》，该书由蔡元培先生题《序》，是中国第一部篇幅最长、文字最多、内容最丰富的马克思传记。一九一五年秋，李季考入北京大学英文科，一九一八年毕业后，由胡适推荐任北京大学补习班英文教员。一九二〇年参与筹建上海共产主义小组，十二月，与陈独秀、林伯渠、袁振英一起去广州做教育工作。一九二一年春在广州加入共产党，中共一大前夕，与陈独秀、林伯渠、沈玄庐、包惠僧等指导广东支部的活动。一九二一年八月去法国，一九二二年又转德国入法兰克福大学经济系，一九二四年转入苏联东方大学。一九二五年归国，任上海大学经济系教授、社会学系系主任，一九二七年任武汉中央军事政治学校社会学教授。一九二九年，李季因加入托派被中共江苏省委开除党籍。

一九三一年十一月，李季完成了自传《我的生平》的写作，一九三二年一月由上海亚东图书馆出版，颇受读者欢迎。次年即再版，一九三三年六月第三版。特别值得一提的是，这部三十多万字的自传，居然有十五万字是批判胡适的，主要批判胡适的《中国哲学史大纲》。他在自传《总序》中写道：

> 同时我又认定侏儒式的中国资产阶级有两个博学多闻和势力最大的巨人，对于思想界发生了许多不良的影响，急应加以严格的批评，这两个巨人就是梁启超与胡适博士。前者

是戊戌变法以后玄学思想的民族导师，自辛亥革命以来，逐渐成为过去人物，其影响也逐渐消灭。后者是五四运动以后唯心哲学的中心人物，在现今大多数文哲学教授、“自由思想家”和一部分老成持重的青年中犹有坚固的基础；故我于前者仅以一支游击队对付之，而于后者则聚精会神，施行大包抄的总攻击。我批评胡博士的实验主义约达五万字，批评他的《哲学史大纲》约达十万字（关于这一章已在神州国光社刊布一个单行本，名《胡适中国哲学史大纲批判》），有时且出以一种嬉笑怒骂的态度。这不是我故意与之为难，实因我是一个战士，非采取这种态度，即不能发泄胸中的热情，增加文字的力量，引起读者强烈的注意，并促进他们深刻的认识。况这原是他对于我们的一种“先施之礼”（参看《胡适文选》“介绍我自己的思想”），“今以其人之道还治其人”，他当然不能怪我没有“退避三舍”，是太不客气罢。这部书最初是一种小说体，可以称为一部小说；其次是一种游记体，可以称为一部游记；又其次是一种辩证法与实验主义的比较观，可以称为一部科学方法论；最后系批评《中国哲学史大纲》，连同评判实验主义的文字，可以称为一部“反胡适”。

在自传《我的生平》出版之前，李季先于一九三〇年十二月由神州国光社出版了单行本的《胡适中国哲学史大纲批判》。在自传《我的生平》里，李季又以总结陈辞的方式，实施对胡适的“总攻击”。可是，胡适先生却在《四十自述·自序》中将李季的自传与郭沫若的自传同样称道，足见其涵养之大。

［一六］胡适的自传观

手稿《自序》中有这样一段话：

> 依中国的旧法计算，我今年要算四十岁了。意大利的艺术家车利尼曾说，一个人到了四十岁，如果他觉得曾做过一点事业，应该写他自己的传记。这话也有点道理。四十岁时，记忆力还强，可以多记出一点可信的材料，岂不胜似老迈龙钟时说诳骗人？

由第一句话可以推知，胡适手稿《自序》写于一九三〇年一月三十日的春节之后。因为“依中国的旧法计算”，过了年（春节）就增长了一岁，这时胡适先生的虚岁就是四十岁了。

引用车利尼（注者按：今译“特拉尼”，即朱塞佩·特拉尼）的话来说明四十岁应该写自传本没有问题，但末句的说法就不够妥当了。因为那意思好像说超过了四十岁，特别是年龄更大一些的人就“老迈龙钟”了，再写自传就是“说诳骗人”了。那胡适先生在前面劝“老辈朋友写他们的自传”，岂不是让他们“说诳骗人”吗？因此，发表时胡适将这段话统统删去了。

从手稿《自序》最后没有结束的文字看，胡适先生当时显然是想作“小说式的传记”：

> 我现在开始试写我的自传，一半是实行我提倡自传的主张，一半是试验一种文体。
>
> 近年欧洲新起了一种小说式的传记体裁，颇有很好的成绩。法国的穆鲁哇（注者按：今译为安德烈·莫洛亚），德国的卢的微（注者按：今译为埃米尔·路德维希），在几年之中居然给传记文学开了一个新时代。
>
> 我现在也想（注者按：手稿下缺）

在“小说式的”第一章写完之后，胡适先生的传记观发生了变化，认为传记应该“给史家做材料，给文学开生路”。要想“给史家做材料”，就必须足资征信，这是史传，特别是自传区别于其他文学作品的最重要的特征。要想“给文学开生路”，就必须言之有文。因此，后面的各章，虽然“回到了谨严的历史叙述的老路上去了”，而文笔却比第一章“更动人”。由于第一章的风格与后面的各章不同，于是将第一章作为序幕，这同样也是“给史家做材料”，它真实地记录了作者在“小说式的”传记和谨严的史传这个岔路口上曾经的徘徊。“不定风波宜小立，多歧路前且迟回”（钱锺书诗句）。胡适先生迟回之后的抉择是正确的，他的《四十自述》无疑是新文化传记史上一座巍峨不朽的丰碑！

［一七］署名和时间

手稿的自序结尾部分缺失，亚东初版（六页）、亚东五版（六页）、远东本（三页）署名后有句号，即“胡适。”时间均作：“二二,六,二七，在太平洋上。”简体定本据此亦作：“胡适。”“二二,六,二七，在太平洋上。”不做改动，以保持经典原貌。全集本（7页）等也是这样处理的。如果考虑与其他各章末尾的时间相统一，“二二”当改为“廿二”，“二七”当改为“廿七”。另外，这里的纪年用的是民国纪年，与公历纪年相差一千九百一十一年，“月”和“日”用的是公历。

“胡适。”署名后面很多版本都没有句号，如远流本（六页）、全编本（3页）、文集本（29页）、北大本（6页）、纪念版（Ⅻ页）、闽教本（7页）、纺织本（6页）、津人本（5页）、中州本（4页）、吉大本（4页）、画报本（3页）、岳麓本（3页）、江西本（4页）、文史本（5页）、海南本（6页）、华侨本（4页）、人报本（6页）、民建本（27页）、京联本（6页）、理工本（4页）、言实本（4页）、徽教本（4页）等，按照今天的行文习惯固然可以，但整理经典著作必须尊重原作，保持原貌，否则就失去了历史价值。

有的版本根本就没有这个署名，如光明本（315页）、武汉本（3页）、现代本（3页）等。还有的版本署名和时间等都没有，如群言本（4页）、雅致本（413页）等。

时间“二二,六,二七，在太平洋上。”各本也是五花八门，最多的是将末尾的句号删去了。如六艺本（三页）、人文本（39页）、纪念版（Ⅻ页）、闽教本（7页）、现代本（3页）、江西本（4页）、海南本（6页）、华侨本（4页）、民建本（27页）、武汉本（3页）、京联本（6页）、理工本（4页）等。

远流本（六页）、光明本（315页）、徽教本（4页）均作“二二·六·二七　在太平洋上”，将年、月后面的逗号改成了间隔号“·”，将“二七”后面的逗号和末尾的句号改成了空格。全编本（3页）、文集本（29页）、画报本（3页）、言实本（4页）作“二二,六,二七　在太平洋上”，将“二七”后面的逗号和末尾的句号改成了空格。北大本（6页）作“二二,六,二七在太平洋上”，删去了“二七”后面的逗号和末尾的句号。吉大本（4页）作“民国二十二年六月二十七日”，与亚东初版（六页）和亚东五版（六页）、远东本（三页）等全都不同，不知何据。而且，时间后面的“在太平洋上”也不知道为什么要删去。

序幕

我們毋親的訂婚

评述

本文脱稿于一九三〇年六月二十六日，最初发表在《新月》“第三卷第一号”，正题之下还有副题“《四十自述》的一章”。后来《四十自述》成书出版时，作者将《我的母亲的订婚》作为《序幕》。全集本（9页）本篇下注云：“原载《新月》三卷一期，1931年3月10日。”文集本（42页）亦注云：“此篇原载1931年3月10日《新月》第3卷第1号。”《新月》的“期”或“号”，封面、扉页和版权页并不统一，有的地方称“期”，有的地方称“号”，因此，注释称第几期或第几号都是可以的。但本期《新月》扉页标注的出版时间为“民国十九年三月十日”，本期《新月》版权页标注的出版时间为“一九三〇年三月十日初版”，标注的出版时间明明是“民国十九年”“一九三〇年”，全集本和文集本为什么却注为“1931年”呢？各版本的《四十自述》大多没有标注原载《新月》的出版时间，少数标注出版时间的版本，如北大本（23页）、人文本（39页）、长春本（146页）、民建本（36页）、言实本（14页）等，也都注的是“1931年”。这或是手民之误，也许有人会说这么多版本均作“1931年”，不可能都是手民之误，因为没有这么巧的。其实，很可能是文集本或全集本乃手民之误，其他版本根本就没有查看《新月》原刊，只是抄来抄去，故而以讹传讹。

另外，本期《新月》标注的出版时间“民国十九年”“一九三〇年”本身也有问题。该期第一篇《我的母亲的订婚》，落款时间是：“十九，六，廿六。”该期最后是两篇“通讯”，即梁漱溟先生《敬以请教胡适之先生》的信和胡适先生的回信。梁漱溟先生来信的落款时间是民国十九年的“六月三日”，胡适先生回信的时间是：“十九，七，廿九。”那么，“民国十九年三月十日”出版的《新月》第三卷第一号上，怎么会刊登民国十九年六月“廿六”、甚至七月“廿九”才写完的文章呢？这也许是全集本和文集本注为“1931年”的缘故吧？以为是《新月》第三卷第一号的排校之误。但全集本各章所注原载时间，除最后一章《逼上梁山》以外，其他都与《新月》原刊所标注的出版时间不合。我们总不能说，《新月》这六期所标注的出版时间都是排校之误吧。

第一章（《九年的家乡教育》），全集本（22页）注云：“原载《新月》三卷三期，1931年5月10日。”而《新月》第三卷第三号封面和扉页都没有标注出版时间，刊末版权页标注为“一九三一年一月一日初版”。

文集本（56页）只注“此篇原载《新月》第3卷第3号”，而没有标注出版时间。

第二章（《从拜神到无神》），全集本（40页）注云：“原载《新月》三卷四期，1931年6月10日。”而《新月》第三卷第四号封面、扉页和刊末版权页都没有标注出版时间。

文集本（64页）只注“此篇原载《新月》第3卷第4号”，也没有标注出版时间。

第三章〔《在上海（一）》〕，全集本（51页）注云：“原载《新月》三卷七期，1931年9月10日。”而《新月》第三卷第七号封面、扉页和刊末版权页都没有标注出版时间。

文集本（75页）只注“此篇原载《新月》第3卷第7号”，也没有标注出版时间。

第四章〔《在上海（二）》〕，全集本（65页）注云：“原载《新月》三卷十期，1931年

12月10日。”而《新月》第三卷第十号封面、扉页和刊末版权页也都没有标注出版时间。

文集本（89页）只注“此篇原载《新月》第3卷第10号”，也没有标注出版时间。

第五章（《我怎样到外国去》），全集本（83页）注云：“原载《新月》四卷四期，1932年11月10日。”文集本（102页）亦注云：“此篇原载1932年11月10日《新月》第4卷第4号。”可是，《新月》第四卷第四期封面和版权页标注的出版时间均为“二十一年十一月一日”。

从全集本对这六期所注的出版时间可以看出，都是按照月刊出版的规律来注释的。因为既然是月刊，就要每月出版一期，而每月出版的时间都应该是在固定的日期，这也是一般的常识。全集本把第三卷第一期定为“1931年3月10日”，以此类推，第三期就是“5月10日”，第四期就是“6月10日”，第七期就是“9月10日”，第十期就是“12月10日”。第五章（《我怎样到外国去》）“原载《新月》四卷四期”，该期封面和版权页标注的出版时间为“二十一年十一月一日”，即一九三二年十一月一日。既然每期都是每月十日出版，那本期当然也不例外，“一日”或系排校之误，于是改成“1932年11月10日”。一切看起来是那么地顺理成章，但事实并非如此简单。

《新月》是由新月书店印刷发行的月刊，一九二八年三月十日在上海创刊，历任编辑有徐志摩、闻一多、饶孟侃、梁实秋、叶公超、潘光旦、罗隆基、胡适、邵洵美、余上沅等。《新月》是当时最重要的杂志之一，现代文学史上许多著名的文章都首发于该刊。《新月》创刊号发表了《“新月”的态度》：

> 我们这月刊题名“新月”，不是因为曾经有过什么“新月社”，那早已消散；也不是因为有“新月书店”，那是单独一种营业，它和本刊的关系只是担任印刷与发行。《新月》月刊是独立的。
>
> 我们舍不得新月这名子，因为它虽则不是一个怎样强有力的象征，但它那纤弱的一弯分明暗示着、怀抱着未来的圆满。……我们不敢赞许伤感与热狂，因为我们相信感情不经理性的清滤是一注恶浊的乱泉，它那无方向的激射至少是一种精力的耗费。我们未尝不知道放火是一桩新的玩意，但我们却不忍为一时的快意造成不可救济的惨象。……我们愿意在更平静的时刻中提防天时的诡变，不愿藉口风雨的猖狂放弃清风白日的希冀。

理性而没有狂热的政治倾向，是《新月》初创时期文章的特色之一，因而遭到左翼作家的讽刺，说它正在执行着为统治者“维持治安”的任务。但《新月》创刊第二年便发表了胡适的《人权与约法》《知难行亦不易》《我们什么时候才可有宪法——对〈建国大纲〉的质问》和罗隆基的《专家政治》等批评文章，主张个人的自由发展，国家的民主建设，强调民主意识，要求思想、言论、出版自由，对“国父”孙中山也毫不客气地进行批评，希望国民党能够从谏如流、改善自身。一九三〇年一月二十日，上海特别市党部宣传部长陈德徵决定查封新月书店，理由是《新月》刊登了胡适等人诋毁国民党的言论。二月五日，国民党上海特别市执行委员会宣传部传达中央宣传部密令，查禁《新月》第二卷六、七号合刊。五月，国民党中宣部又下令查禁新月书店出版的《人权论集》。随着国民党高压统治的加剧，《新月》面临着十分艰难的困境，频繁脱期。本来“十九年三月十日”应该出版发刊的《新月》第三卷第一号，到了十九年七月二十九日还没有正式印发，实际的印发时间，因为没有标注，也就不得而知。

因为屡遭查禁，《新月》不少期号标注的出版发刊时间与实际并不一致。有些期号标注的出版时间本身也有错误，如第三卷第二号版权页的出版时间是“一九三〇年四月十日”，而扉页却作“民国十八年四月十日”，而“民国十八年四月十日”乃第二卷第二号标注的出版时间。

第二卷第二号和第三卷第二号中间隔着十二期，怎么会同一天出版呢？有些期号根本就没有标注出版时间，如第三卷第四号到第四卷第一号，除第三卷第八号之外，其他都没有标注出版时间。而第三卷第八号标注的出版时间“民国十八年十一月十日”，似当作“民国十九年十一月十日”。这些问题，也许是为了掩塞检查者的耳目故意所为。

一九三一年十一月十八日，徐志摩因飞机失事遇难，这使得本就步履维艰的《新月》雪上加霜。第四卷第一号发了“志摩纪念专号”后，直到一九三二年九月，叶公超才在北平出版了第四卷第二号，此后编务基本由他一人独担。一九三三年六月一日，《新月》第四卷第七号之后便永久停刊。

全集本的整理者可能没有注意到这些情况，甚或没有认真查对《新月》原刊的出版时间，因而导致六篇的注释全都有误。而其他标注原刊出版时间的版本，大多因袭全集本，遂致讹误共振。

《我的母亲的订婚》以胡适家乡的“太子会”拉开序幕，太子会本是胡适家乡每年“秋天最热闹的神会，但这一年的太子会却使许多人失望”。开篇即设悬念，逗出读者的好奇心，欲知所以然，自须追索下文。

何以如此？原来是“三先生”回来了。他一回来可好，连恒有绸缎庄预备好的“珍珠伞”都不敢拿出来了，“因为怕三先生说”奢侈浪费。太子会上的花旦戏也没了，都是“正戏”，“因为怕三先生说”是靡靡之音。早就练好了两架“抬阁”戏也不演了，因为“三先生”说抬阁太高了，“小孩子热天受不了暑气，万一跌下来，不是小事体”。那些赌场烟馆，更是因为“三先生”的回来而不敢开门了。悬念迭出，屡屡为“三先生”张本，通过侧面描写烘托“三先生”在家乡的威望和移风易俗的进步思想。“三先生”虽然尚未出场，但形象业已凸显。

“娉娉袅袅十三余，豆蔻梢头二月初”。十四岁的女主角冯顺弟出场了，待字闺中的她是来上庄姑妈家看太子会的。从人们对“三先生”的纷纷议论中，冯顺弟知道了“三先生”是个了不起的人，“三先生”也就烙印在她的心里了。这就为下文的提亲做了预设。

在人们的议论声中，男主角“三先生”由月吉先生陪同出场了，但他只说了一句话就过去了，只留下个会看八字的月吉先生，自然引出让冯顺弟的姑妈开顺弟的八字，为后面写母亲的订婚做了铺垫，而且巧妙地为下文“开错”八字埋下了伏笔。

转眼冯顺弟十七岁了，过去的女子十四五岁就出嫁了，十六岁就是大龄，十七岁简直就是剩女了。冯家“历代务农，辛辛苦苦挣起了一点点小产业，居然有几亩自家的田，一所自家的屋”，却被“长毛贼”（指太平天国的军队，太平军反抗清廷剃发留辫子的规定，一律蓄发）毁了，“整个村子被长毛烧成平地”，“一家老幼都被杀了”，只剩下顺弟的

父亲金灶一人，"被长毛掳去"。金灶死里逃生回到家乡后，勤苦努力，要在被烧毁的废墟上重建祖上的老屋，这就为下文冯顺弟愿意做填房以解脱贫困的家境做了铺垫。

接下来便巧妙地围绕着开八字做文章：星五先生娘（星五先生的妻子）来找"金灶舅"开冯顺弟的八字，金灶不同意开八字，因为"我家女人一定不肯把女儿给人做填房"。经过星五嫂一番劝说，金灶便答应了开八字。可是回家跟妻子一说，妻子却不同意开八字，争执不下，便让顺弟自己做主。顺弟处处为父母着想，又对"三先生"有好感，便请父母做主——实际上就是同意了。然而，顺弟的母亲还是不同意，于是故意错开了八字。可是，此前月吉先生已经问顺弟的姑妈要过顺弟的八字。月吉先生"把庚帖上的八字改正"过来，"排了一会，对星五先生娘说：'八字是对的，不用再去对了。星五嫂，你的眼力不差，这个人配得上三哥。相貌是小事，八字也是小事，金灶官家的规矩好。你明天就去开礼单。三哥那边，我自己写信去。'"婚姻就这么成了，真是无巧不成书——可以看出，这是明显的小说笔法。

"序幕"以作者父亲铁花先生的续弦日记为收束，简洁洗练，情节完整，又呼应了开头的"三先生"，可谓巧妙之至，不愧大家手笔。

正文

一

太子会【注】是我们家乡秋天最热闹的神会〔一〕，但这一年的太子会却使许多人失望。

神伞一队过去了。都不过是本村各家的绫伞，没有什么新鲜花样。去年大家都说，恒有绸缎庄预备了一顶珍珠伞。因为怕三先生说话，故今年他家不敢拿出来。

昆腔今年有四队〔二〕，总算不寂寞。昆腔子弟都穿着"半截长衫"，上身是白竹布，下半是湖色杭绸。每人小手指上挂着湘妃竹柄的小纨扇，吹唱时纨扇垂在笙笛下面摇摆着。

扮戏今年有六出，都是"正戏"，没有一出花旦戏。这也是三先生的主意。后村的子弟本来要扮一出《翠屏山》，也因为怕三先生说话，改了《长坂坡》。其实七月的日光底下，甘糜二夫人脸上的粉已被汗洗光了，就有潘巧云也不会怎样特别出色。不过看会的人的心里总觉得后村很漂亮的小棣没有扮潘巧云的机会，只扮作了糜夫人，未免太可惜了〔三〕。

今年最扫兴的是没有扮戏的"抬阁"。后村的人早就练好了两架"抬阁"，一架是《龙虎斗》，一架是《小上坟》。不料三先生今年回家过会场，他说抬阁太高了，小孩子热天受不了暑气，万一跌下来，不是小事体。他极力阻止，抬阁就扮不成了〔四〕。

粗乐和昆腔一队一队的过去了。扮戏一出一出的过去了。接着便是太子的神轿。路旁的观众带着小孩的，都喊道，“拜呵！拜呵！”许多穿着白地蓝花布褂的男女小孩都合掌拜揖。

神轿的后面便是拜香的人！有的穿着夏布长衫，捧着柱香；有的穿着短衣，拿着香炉挂，炉里烧着檀香。还有一些许愿更重的，今天来“吊香”还愿；他们上身穿着白布褂，扎着朱青布裙，远望去不容易分别男女。他们把香炉吊在铜钩上，把钩子钩在手腕肉里，涂上香灰，便可不流血。今年吊香的人很多，有的只吊在左手腕上，有的双手都吊；有的只吊一个小香炉，有的一只手腕上吊着两个香炉。他们都是虔诚还愿的人，悬着挂香炉的手腕，跟着神轿走多少里路，虽然有自家人跟着打扇，但也有半途中了暑热走不动的。

* * * *〔五〕

冯顺弟搀着她的兄弟，跟着她的姑妈，站在路边石磴上看会。她今年十四岁了，家在十里外的中屯，有个姑妈嫁在上庄，今年轮着上庄做会，故她的姑丈家接她姊弟来看会。

她是个农家女子，从贫苦的经验里得着不少的知识，故虽是十四岁的女孩儿，却很有成人的见识。她站在路旁听着旁人批评今年的神会，句句总带着三先生。“三先生今年在家过会，可把会弄糟了。”“可不是呢？抬阁也没有了。”“三先生还没有到家，八都的鸦片烟馆都关门了，赌场也都不敢开了。七月会场上没有赌场，又没有烟灯，这是多年没有的事。”

看会的人，你一句，他一句，顺弟都听在心里。她心想，三先生必是一个了不得的人，能叫赌场烟馆不敢开门。

会过完了，大家纷纷散了。忽然她听见有人低声说，“三先生来了！”她抬起头来，只见路上的人都纷纷让开一条路；只听见许多人都叫“三先生”。

前面走来了两个人。一个高大的中年人，面容紫黑，有点短须，两眼有威光，令人不敢正眼看他；他穿着苎布大袖短衫，苎布大脚管的裤子，脚下穿着麻布鞋子，手里拿着一杆旱烟管。和他同行的是一个老年人，瘦瘦身材，花白胡子，也穿着短衣，拿着旱烟管。

顺弟的姑妈低低说，“那个黑面的，是三先生；那边是月吉先生，他的学堂就在我们家的前面。听人说三先生在北边做官，走过了万里长城，还走了几十日，都是没有人烟的地方，冬天冻杀人，夏天热杀人；冬天冻塌鼻子，夏天蚊虫有苍蝇那么大。三先生肯吃苦，不怕日头不怕风，在万里长城外住了几年，把脸晒的像包龙图一样。”

这时候，三先生和月吉先生已走到她们面前〔六〕，他们站住说了一句话，三先生独自下坡去了；月吉先生却走过来招呼顺弟的姑妈，和她们同行回去。

月吉先生见了顺弟，便问道，“灿嫂，这是你家金灶舅的小孩子吗[七]？”

“是的。顺弟，诚厚，叫声月吉先生。”

月吉先生一眼看见了顺弟脑后的发辫，不觉喊道，“灿嫂，你看这姑娘的头发一直拖到地！这是贵相！是贵相！许了人家没有？”

这一问把顺弟羞的满脸绯红，她牵着她弟弟的手往前飞跑，也不顾她姑妈了。

她姑妈一面喊，“不要跌了！”回头对月吉先生说，“还不曾许人家。这孩子很稳重，很懂事。我家金灶哥总想许个好好人家，所以今年十四岁了，还不曾许人家。”

月吉先生说，“你开一个八字给我，我给她排排看。你不要忘了。”

他到了自家门口，还回过头来说：“不要忘记，叫灿哥钞个八字给我。”[八]

二

顺弟在上庄过了会场，她姑丈送她姊弟回中屯去[九]。七月里天气热，日子又长，他们到日头快落山时才起身，走了十里路，到家时天还没全黑。

顺弟的母亲刚牵了牛进栏，见了他们，忙着款待姑丈过夜。

“爸爸还没有回来吗？”顺弟问。

“姊姊，我们去接他。”姊姊和弟弟不等母亲回话，都出去了。

他们到了村口，远远望见他们的父亲挑着一担石头进村来。他们赶上去喊着爸爸，姊姊弟弟每人从挑子里拿了一块石头，捧着跟他走。他挑到他家的旧屋基上，把石子倒下去，自己跳下去，把石子铺平，才上来挑起空担回家去。

顺弟问，“这是第三担了吗？”

她父亲点点头，只问他们看的会好不好，戏好不好，一同回家去。

* * * *

顺弟的父亲姓冯，小名金灶。他家历代务农，辛辛苦苦挣起了一点点小产业，居然有几亩自家的田，一所自家的屋。金灶十三四岁的时候，长毛贼到了徽州，中屯是绩溪北乡的大路，整个村子被长毛烧成平地。金灶的一家老幼都被杀了，只剩他一人，被长毛掳去。长毛军中的小头目看这个小孩子有气力，能吃苦，就把他脸上刺了“太平天国”四个蓝字[一〇]，叫他不能逃走。军中有个裁缝，见这孩子可怜，收他做徒弟，叫他跟着学裁缝。金灶学了一手好裁缝，在长毛营里混了几年，从绩溪跟到宁国，广德，居然被他逃走出来。但因为面上刺了字，捉住他的人可以请赏，所以他不敢白日露面。他每日躲在破屋场里，挨到夜间，才敢赶路。他吃了种种困苦，好容易回到家乡，只寻得一片焦土，几座焦墙，一村的丁壮留剩的不过二三十人。

金灶是个肯努力的少年，他回家之后，寻出自家的荒田，努力耕种。有余力就帮人家种田，做裁缝。不上十年，他居然修葺了村里一间未烧完的砖屋，娶了

一个妻子。夫妻都能苦做苦吃，渐渐有了点积蓄，渐渐挣起了一个小小的家庭。

他们头胎生下一个女儿。在那大乱之后，女儿是不受欢迎的，所以她的名字叫做顺弟，取个下胎生个弟弟的吉兆。隔了好几年，果然生了一个儿子，他们都很欢喜。

金灶为人最忠厚；他的裁缝手艺在附近村中常有雇主，人都说他诚实勤谨。外村的人都尊敬他，叫他金灶官。

但金灶有一桩最大的心愿。他总想重建他祖上传下来，被长毛烧了的老屋。他一家人都被杀完了，剩下他这一个人，他觉得天留他一个人是为中兴他的祖业的。他立下了一个誓愿：要在老屋基上建造起一所更大又更讲究的新屋。

他费了不少工夫，把老屋基爬开，把烧残砖瓦拆扫干净，准备重新垫起一片高地基，好在上面起造一所高爽干燥的新屋。他每日天未明就起来了；天刚亮，就到村口溪头去拣选石子，挑一大担回来，铺垫地基。来回挑了三担之后，他才下田去做工；到了晚上歇工时，他又去挑三担石子，才吃晚饭。农忙过后，他出村帮人家做裁缝，每天也要先挑三担石子，才去上工；晚间吃了饭回来，又要挑三担石子，才肯休息。

这是他的日常功课〔一一〕，家中的妻子女儿都知道他的心愿，女流们不能帮他挑石头，又不能劝他休息，劝他也没有用处。有时候，他实在疲乏了，挑完石子回家，倒在竹椅上吸旱烟，眼望着十几岁的女儿和几岁的儿子，微微叹一口气。

顺弟是已懂事的了，她看见她父亲这样辛苦做工，她心里好不难过。她常常自恨不是个男子，不能代她父亲下溪头去挑石头。她只能每日早晚到村口去接着她父亲，从他的担子里捧出一两块石头来，拿到屋基上，也算是分担了他的一点辛苦。

看看屋基渐渐垫高了，但砖瓦木料却全没有着落。高敞的新屋还只存在她一家人的梦里。顺弟有时做梦，梦见她是个男子，做了官回家看父母，新屋早已造好了，她就在黑漆的大门外下轿。下轿来又好像做官的不是她，是她兄弟。

三

这一年，顺弟十七岁了。

一天的下午，金灶在三里外的张家店做裁缝，忽然走进了一个中年妇人，叫声“金灶舅”。他认得她是上庄的星五嫂，她娘家离中屯不远，所以他从小认得她。她是三先生的伯母，她的丈夫星五先生也是八都的有名绅士，所以人都叫她“星五先生娘”。

金灶招呼她坐下。她开口道：“巧极了，我本打算到中屯看你去，走到了张家店，才知道你在这里做活。巧极了。金灶舅，我来寻你，是想开你家顺弟的

八字。”

金灶问是谁家。

星五先生娘说：“就是我家大侄儿三哥。”

“三先生？”

“是的，三哥今年四十七，前头讨的七都的玉环，死了十多年了。玉环生下了儿女一大堆，——三个儿子，三个女，——现在都长大了。不过他在外头做官，没有个家眷，实在不方便。所以他写信来家，要我们给他定一头亲事。”

金灶说，“我们种田人家的女儿那配做官太太〔一二〕？这件事不用提。”

星五先生娘说：“我家三哥有点怪脾气。他今年写信回来，说，一定要讨一个做庄家人家的女儿〔一三〕。”

“什么道理呢？”

“他说，做庄家人家的人身体好，不会像玉环那样痨病鬼。他又说，庄家人家晓得艰苦。”

金灶说：“这件事不会成功的。一来呢，我们配不上做官人家。二来，我家女人一定不肯把女儿给人做填房。三来，三先生家的儿女都大了，他家大儿子、大女儿都比顺弟大好几岁，这样人家的晚娘是不容易做的。这个八字不用开了。”

星五先生娘说：“你不要客气。顺弟很稳重，是个有福气的人。金灶舅，你莫怪我直言，顺弟今年十七岁了，眼睛一睞〔一四〕，二十岁到头上，你那里去寻一个青头郎？填房有什么不好？三哥信上说了，新人过了门，他就要带上任去。家里的儿女，大女儿出嫁了；大儿子今年做亲，留在家里；二女儿是从小给了人家了；三女儿也留在家里。将来在任上只有两个双胞胎的十五岁小孩子，他们又都在学堂里。这个家也没有什么难照应。”

金灶是个老实人，他也明白她的话有驳不倒的道理。家乡风俗，女儿十三四岁总得定亲了。十七八岁的姑娘总是做填房的居多。他们夫妇因为疼爱顺弟，总想许个念书人家，所以把她担误了。这是他们做父母的说不出的心事。所以他今天很有点踌躇。

星五先生娘见他踌躇，又说道：“金灶舅，你不用多心。你回去问问金灶舅母，开个八字。我今天回娘家去，明朝我来取。八字对不对，辰肖合不合，谁也不知道。开个八字总不妨事。”

金灶一想，开个八字诚然不妨事，他就答应了。

*　　　*　　　*　　　*

这一天，他从张家店回家，顺弟带了弟弟放牛去了，还没有回来。他放下针线包和熨斗，便在门里板凳上坐下来吸旱烟。他的妻子见他有心事的样子，忙过来问他。他把星五嫂的话对她说了。

她听了大生气，忙问，“你不曾答应她开八字？”

他说，“我说要回家商量商量。不过开个八字给他家，也不妨事。”

她说，“不行。我不肯把女儿许给快五十岁的老头子。他家儿女一大堆，这个晚娘不好做。做官的人家看不起我们庄家人家的女儿，将来让人家把女儿欺负煞，谁来替我们伸冤？我不开八字。”

他慢吞吞的说，“顺弟今年十七岁了，许人家也不容易。三先生是个好人。——”

她更生气了，“是的，都是我的不是。我不该心高，担误了女儿的终身。女儿没有人家要了，你就想送给人家做填房，做晚娘。做填房也可以，三先生家可不行。他家是做官人家，将来人家一定说我们贪图人家有势力，把女儿卖了，想换个做官的女婿。我背不起这个恶名。别人家都行，三先生家我不肯。女儿没人家要，我养她一世。”

他们夫妻吵了一场，后来金灶说，“不要吵了。这是顺弟自家的事，吃了夜饭，我们问问她自己。好不好？”她也答应了。

晚饭后，顺弟看着兄弟睡下，回到菜油灯下做鞋。金灶开口说，“顺弟，你母亲有句话要问你。”

顺弟抬起头来，问妈有什么话。她妈说，“你爸爸有话问你，不要朝我身上推。”

顺弟看她妈有点气，不知道是怎么一回事，只好问她爸。她爸对她说，“上庄三先生要讨个填房，他家今天叫人来开你的八字。你妈嫌他年纪太大，四十七岁了，比你大三十岁，家中又有一大堆儿女。晚娘不容易做，我们怕将来害了你一世，所以要问问你自己。”

他把今天星五嫂的话说了一遍。

顺弟早已低下头去做针线，半晌不肯开口。她妈也不开口。

她爸也不说话了〔一五〕。

顺弟虽不开口，心里却在那儿思想。她好像闭了眼睛，看见她的父亲在天刚亮的时候挑着一大担石头进村来；看见那大块屋基上堆着他一担一担的挑来的石头；看见她父亲晚上坐在黑影地里沉思叹气。一会儿，她又仿佛看见她做了官回来，在新屋的大门口下轿。一会儿，她的眼前又仿佛现出了那紫黑面孔，两眼射出威光的三先生。……

她心里这样想：这是她帮她父母的机会到了。做填房可以多接聘金。前妻儿女多，又是做官人家，聘金财礼总应该更好看点。她将来总还可以帮她父母的忙。她父亲一生梦想的新屋总可以成功。……三先生是个好人，人人都敬重他，只有开赌场烟馆的人怕他恨他。……

她母亲说话的声音打断了她的思想。她妈说，“对了我们，有什么话不好说？你说罢！”

顺弟抬起眼睛来，见她爸妈都望着她自己。她低下头去，红着脸说道：“只要

你们俩都说他是个好人，请你们俩作主。”她接着又加上一句话，“男人家四十七岁也不能算是年纪大。”

她爸叹了一口气。她妈可气的跳起来了，忿忿的说，“好呵！你想做官太太了！好罢！听你情愿罢！”

顺弟听了这句话，又羞又气，手里的鞋面落在地上，眼泪直滚下来。她拾起鞋面，一声不响，走到她房里去哭了。

*　*　*　*

经过了这一番家庭会议之后，顺弟的妈明白她女儿是愿意的了，她可不明白她情愿卖身来帮助爹妈的苦心，所以她不指望这门亲事成功。

她怕开了八字去，万一辰肖相合，就难回绝了；万一八字不合，旁人也许要笑她家高攀不上做官人家〔一六〕。她打定主意，要开一张假八字给媒人拿去。第二天早晨，她到祠堂蒙馆去，请先生开一个庚帖〔一七〕，故意错报了一天生日，又错报了一个时辰。先生翻开《万年历》〔一八〕，把甲子查明写好〔一九〕，她拿回去交给金灶。

那天下午，星五先生娘到张家店拿到了庚帖，高兴的很。回到了上庄，她就去寻着月吉先生，请他把三先生和她的八字排排看。

月吉先生看了八字，问是谁家女儿。

“中屯金灶官家的顺弟。”

月吉先生说，“这个八字开错了。小村乡的蒙馆先生连官本（俗称历书为官本）也不会查，把八个字钞错了四个字。”

星五先生娘说，“你怎么知道八字开错了？”

月吉先生说，“我算过她的八字，所以记得。大前年村里七月会，我看见这女孩子，她不是灿嫂的侄女吗？圆圆面孔，有一点雀斑，头发很长，是吗？面貌并不美，倒稳重的很，不像个庄家人家的孩子。我那时问灿嫂讨了她的八字来算算看。我算过的八字，三五年不会忘记的。”

他抽开书桌的抽屉，寻出一张字条来，说，“可不是呢？在这里了。”他提起笔来，把庚帖上的八字改正，又把三先生的八字写出。他排了一会，对星五先生娘说，“八字是对的，不用再去对了。星五嫂，你的眼力不差，这个人配得上三哥。相貌是小事，八字也是小事，金灶官家的规矩好。你明天就去开礼单。三哥那边，我自己写信去。”

*　*　*　*

过了两天，星五先生娘到了中屯，问金灶官开“礼单”。她埋怨道，“你们村上的先生不中用，把八字开错了，几几乎误了事。”

金灶嫂心里明白，问谁说八字开错了的。星五先生娘一五一十的把月吉先生的话说了。金灶夫妻都很诧异，他们都说，这是前世注定的姻缘。金灶嫂现在也不反对了。他们答应开礼单，叫她隔几天来取。

* * * *

冯顺弟就是我的母亲，三先生就是我的父亲铁花先生。在我父亲的日记上，有这样几段记载：

> "[光绪十五年（一八八九）二月]十六日，行五十里，抵家。……
> 二十一日，遣媒人订约于冯姓，择定三月十二日迎娶。……
> 三月十一日，遣舆诣七都中屯迎娶冯氏。
> 十二日，冯氏至。行合卺礼。谒庙。
> 十三日，十四日，宴客。……
> 四月初六日，往中屯，叩见岳丈岳母。
> 初七日，由中屯归。……
> 五月初九日，起程赴沪，天雨，行五十五里，宿旌之新桥。"〔二〇〕

十九，六，廿六。〔二一〕

【注】太子会是皖南很普遍的神会，据说太子神是唐朝安史乱时保障江淮的张巡、许远。何以称"太子"，现在还没有满意的解释〔二二〕。

注释

〔一〕徽州的太子会

"太子会"是过去民间的一种神会（庙会），"太子神"具体是哪个"神"，各地说法不同。"太子会"具体在什么时间举行，各地也不一样。譬如云南剑川的太子会是每年农历的二月初八，祭祀的"太子神"为释迦牟尼。云南大姚县龙街镇的"太子会"是每年农历的四月初八，祭祀的"太子神"为菩萨。胡适先生家乡绩溪的"太子会"在每年秋季的七月廿五举行，祭祀的"太子神"为唐代"安史之乱"时保障江淮的张巡和许远。胡适先生在本章最后的自注中说："何以称'太子'，现在还没有满意的解释。"一般认为，因张巡曾任太子通事舍人，后世误传唐代皇帝曾赠张巡为通真三太子，故称"太子会"。另外，在徽州民间祭祀隋唐农民首领汪华及其九子的也属"太子会"。汪华生于绩溪登源，在战乱年代起兵据守歙州、宣州、饶州、婺州、杭州、睦州等六州，保一方平安，使百姓免遭兵燹之苦，后来归顺了唐王朝。汪华的"靖民"功业和九子的"威灵"，深受徽州百姓的钦仰爱戴，故被尊为"汪公大帝""太阳菩萨"，千百年来，祭祀香火不断。与"太子会"相关的，绩溪还有一个赛会叫作"大王会""小王会"，是祭祀唐代南霁云和许远的。南霁云和许远帮助张巡一同据守河南的睢阳，使江淮得以无恙，因此徽州人感激他们，也为他们举行迎神赛会。

绩溪"太子会"以抬着木雕的太子神像为中心，由带着大头面具，面具上画着五颜六色的"开路先锋""和合礼士"（二人）"驮太子侍卫"和"执龙凤伞者"等人组成队列，一路跳着"驱神纳吉""祈求平安"的傩舞而来，每到一个村庄，都有成群的青少年举着南瓜灯照明助威。这时，锣鼓声、鞭炮声、欢笑声、叫喊声连成一片。村中的族长，各家各户的当家人，都对着"太子会"的祭坛焚香跪拜。傩舞便正式开始，"开路""和合""侍卫""龙凤伞"等舞者按四个方位踩着锣鼓点大圈套小圈地转跳。跳到高潮时，抛"福寿"纸的人将小小的红、绿、黄三色纸抛向每户人家，驱邪降福。

上庄的"太子会"在祭神之后，还要搭台唱徽戏，日夜连场演唱，邻近各村村民涌入上庄，热闹非常。胡适还在早年的小说《真如岛》中对"太子会"有详细的描叙和记载。一九六〇年四月六日，胡适在台北看见南港一带家家户户的拜祭情形时说，这就是我们大陆的迎神赛会。

"太子会"本是胡适"家乡秋天最热闹的神会"，可是"这一年的太子会却使许多人失望"。这是为什么呢？读了下文才知道原来是"三先生回来了"，连"恒有绸缎庄预备"好的"一顶珍珠伞"都"不敢拿出来"，因为"怕三先生说话"。那这"三先生"何许人也？为什么上庄人对他如此忌惮？这都是制造悬念、引人入胜的小说笔法。

［二］徽州昆腔

昆腔原是元末明初在江苏昆山产生的一种戏曲声腔（剧种），也叫昆曲、昆山腔，其特点是糅合唱做打、舞蹈武术为一体，行腔婉转，曲词典雅，动作细腻，抒情性强，被誉为百戏之祖。

昆腔在明代至清中叶以前非常流行，与余姚腔、海盐腔、弋阳腔并称为明代四大声腔。昆腔大致在明万历年间传入安徽，万历末年传入北京，成为全国性剧种，称为"官腔"。明代的安徽与江苏同为南直隶，清朝初年将安徽、江苏合为江南省，直到康熙六年才把江南之东划为江苏省，江南之西划为现在的安徽省。这就是说，在昆曲的兴盛时期，苏、皖是合二为一的一个整体，因此，昆曲在万历年间"流行于吴中"之际便传入安徽。

［三］花旦戏《翠屏山》《长坂坡》

花旦戏就是有花旦饰演的戏曲。花旦是中国戏曲旦行中的一支，区别于正旦（北方剧种多称"青衣"）、武旦和老旦。花旦兴起于元杂剧，扮演者多为天真烂漫、性格开朗的妙龄女子，也有泼辣放荡的中青年女性，常带有喜剧色彩，颇受观众喜爱。花旦一词，来自元代夏庭芝的《青楼集》："凡妓，以墨点破其面者为花旦。"花旦又分闺门旦（饰演尚未出嫁的少女）、玩笑旦（饰演爱说爱笑、好打好闹的女性）、泼辣旦（饰演举止放荡、说话锋利的女性）、刺杀旦（饰演刺杀别人或被别人刺杀的女性）等。"昆山腔"中，在老旦、正旦、玩笑旦、泼辣旦、刺杀旦、闺门旦等六旦之外还有贴旦，是指在主要旦角之外再贴一个次要的旦角，也简称贴，有时简写成占。

《翠屏山》是昆腔剧名，又叫《吵家杀山》，源于《水浒传》第四十五回《杨雄醉骂潘巧云　石秀智杀裴如海》至四十六回《病关索大闹翠屏山　拚命三火烧祝家庄》及明沈自晋《翠屏山》传奇。剧情为杨雄的妻子潘巧云与僧人裴如海私通，被杨雄的把兄弟石秀看见，告知杨雄。杨雄醉归，潘巧云及婢迎儿反诬陷石秀调戏自己。杨雄不察，便与石秀绝交。石秀愤而离去，乘醉夜杀裴如海，杨雄这才醒悟，定计诓潘巧云及迎儿至翠屏山，勘问奸情，与石秀杀了潘巧云，和前来盗掘古坟的鼓上蚤时迁一起投奔梁山泊。

《长坂坡》是古代戏剧名，剧情源于《三国演义》第四十一回“赵子龙单骑救主”。刘备自新野撤走，在长坂坡被曹操夤夜率兵追及，与所属部队及家眷失散；赵云单枪匹马多次冲入曹营，于万马军中救出简雍、糜竺；后又奋力拼搏，保护甘夫人及刘备幼子阿斗，突出重围。

《翠屏山》是花旦戏，又是三先生主意，便改成了正戏《长坂坡》，再次为“三先生”张本。

［四］抬阁 《龙虎斗》《小上坟》

“抬阁”是旧时民间迎神赛会中的一种游艺项目，在木制的四方形小阁里有两三个人扮饰戏曲故事中的人物，由别人抬着游行。抬阁种类繁多，各地抬阁的艺术形式各有特色，以金坛抬阁、徽州抬阁、广东抬阁、安阳抬阁和山西平阳抬阁最为著名。

《龙虎斗》是清代戏剧，属于花部乱弹作品，又名《下河东》《白龙关》。剧情源于明代《北宋志传》和清代《呼家将》，讲述的是宋朝初年呼延赞与宋朝皇帝赵匡胤的斗争，故名“龙虎斗”。因刘钧割据河东，宋太祖赵匡胤御驾亲征，以欧阳方挂帅，呼延寿廷为先锋。呼延寿廷在阵前勇创刘钧，并发现元帅欧阳方通敌事实。欧阳方先发制人，蒙蔽赵匡胤，反诬呼延寿廷造反，杀人灭口，赵匡胤便被困于河东。呼延寿廷之子呼延赞，天生喑哑，梦中得神灵治愈，并授以鞭法，遂招兵买马，随母统兵诛杀刘钧，直逼御营，必欲鞭杀赵匡胤，为父报仇。呼延寿廷显灵说明自己是被欧阳方杀害，呼延赞方才罢手。《龙虎斗》在梆子腔系、皮簧腔系的地方戏曲剧种中流传甚广。鲁迅《阿Q正传》中引用过绍兴乱弹（绍剧）《龙虎斗》中赵匡胤唱词“悔不该酒醉错斩了郑贤弟”、呼延赞唱词“手执钢鞭将你打”。

《小上坟》为京剧传统剧目，又名《飞飞飞》《丑荣归》（或《禄景荣归》），是描叙一对少年夫妻离别多年，又重相聚的喜剧。刘禄敬（一作刘禄景）新婚三个月，便离别妻子萧素贞进京赴试，中举后听鼓京华（在京城赴缺候补），历久始得县缺。其间，他寄回的家书银两均被娘舅截留，并谎称刘已死，逼素贞改嫁。刘禄敬赴任时顺道偕皂隶回乡祭祖，恰遇素贞上坟。夫妻见面，不便贸然相认。素贞见官，口诉被打骂、虐待之状。后禄敬取出信物，夫妻重聚，相抱大哭，各诉离衷，悲喜交集，即携手登舆赴任而去。

“抬阁”戏是很受欢迎的，而且“后村的人早就练好了两架‘抬阁’”，又是因为“三先生”的“极力阻止，抬阁就扮不成了”。这是第三次为“三先生”张本。

［五］星号分隔

一九三〇年三月十日《新月》第三卷第一号初刊本（二页）此处有三个星号，亚东初版（四页。九、一七、二二、二五、二六、三九、五九、八六、一〇九、一五七、一六一、一六七、一七五页，全书同）、纪念版（3页。6、11、14、15、16、24、35、51、65、95、97、101、105页，全书同）、全集本（11页。13、17、19、21、27、37、52、63、88、91、96页，全书同）此处均有四个星号（*）均匀地排列成一行，将上下两段文字分隔开来。六艺本（二页。五、九、一一、一二、二〇、二九、四三、五四、八〇、八二、八四、八八页，全书同）此处均为五个星号（※）均匀地排成一行。这里的星号也是标点符号的一种，它用于段落之间，起空行、隔离的作用。

在一篇文章中，有时要对上下具有不同表达目的或重点的较大段落加以分离，在它们之间加上一行星号（三到四个星号，均匀分开排列）表示分隔，也称“空行号”（但比空行的段落空间更大）“间隔号”“隔开号”等。这里的星号不是可有可无、可多可少的，但这些地方并没有引起出版者的注意，很多版本都存在着这样或那样的问题。这种星号“间隔号”后面还有一些，这里做一个集中的说明，以免重复注释。

①“但也有半途中了暑热走不动的”。“冯顺弟搀着她的兄弟”（序幕一）——《新月》第三卷第一号（二页）其间三个星号；亚东初版（四页）四个星号。

②“一同回家去”。“顺弟的父亲姓冯”（序幕二）——《新月》第三卷第一号（五页）其间三个星号；亚东初版（九页）四个星号。

③“他就答应了”。“这一天，他从张家店回家”（序幕三）——《新月》第三卷第一号（九页）其间三个星号；亚东初版（一七页）四个星号。

④“走到她房里去哭了。”“经过了这一番家庭会议之后”（序幕三）——《新月》第三卷第一号（一二页）其间三个星号；亚东初版（二二页）四个星号。

⑤“我自己写信去”。“过了两天，星五先生娘到了中屯”（序幕三）——《新月》第三卷第一号（一三页）其间三个星号；亚东初版（二五页）四个星号。

⑥“叫她隔几天来取”。“冯顺弟就是我的母亲”（序幕三）——《新月》第三卷第一号（一三页）其间三个星号；亚东初版（二六页）四个星号。

⑦“大概也是因为喜欢那些重字双声的缘故”。“我念的第四部书以下”（第一章三）——《新月》第三卷第三号（六页）、亚东初版（三九页）其间均为四个星号。

⑧“这是我的严师，我的慈母”。“我母亲二十三岁做了寡妇”（第一章五）——《新月》第三卷第三号（一六页）、亚东初版（五九页）其间均为四个星号。

⑨“这是我一生的第二个段落”“我父亲生平最佩服一个朋友”（第三章一）——《新月》第三卷第七号（一页）、亚东初版（八六页）其间均为四个星号。

⑩“王阳明的性论了”！“我在澄衷只住了一年半”（第三章二）——《新月》第三卷第七号（一三页）、亚东初版（一〇九页）其间均为四个星号。

⑪“却在文法方面得着很好的练习”。“中国新公学在最困苦的情形之下支持了一年多”（第五章一）——《新月》第四卷第四号（六页）其间为四个“×”号，亚东初版（一五七页）其间为四个星号。

⑫“给我的一班老同学留一点‘鸿爪遗痕’”。“少年人的理想主义受打击之后”（第五章一）——《新月》第四卷第四号（八页）其间为四个“×”号；亚东初版（一六一页）其间为四个星号。

⑬“连日的大醉”。“有一个晚上”（第五章二）——手稿（一三〇页，原稿纸 30 页）此处天头有“空一行”三个字，而且这三个字的右边都加了小圆圈，这是供排版用的说明文字。《新月》第四卷第四号（一一页）按手稿排版，其间也空了一行。亚东初版（一六七页）其间有四个星号（*）均匀地排列成一行，将上下两段文字分隔开来，应该是成书时胡适先生加上去的。后来的亚东五版（一六七页）也是这样排版的。

⑭“可是后来我手指上和手腕上还发出了四处的肿毒”。“那天我在镜子里看见我脸上的伤

痕”（第五章二）——手稿（一四二页，原稿纸 42 页）此处天头有“空一行”三个字，而且这三个字的右边也都加了小圆圈。《新月》第四卷第四号（一五页）按手稿排版，其间也空了一行。亚东初版（一七五页）其间用了四个星号（*）来分隔。

以上十四处星号或空行在已出版的《四十自述》中存在不同的问题。有的版本，这里的上下两段之间没有任何标志，既没有星号，也没有空行。如：

现代本①（3 页）、②（5 页）、③（8 页）、④（10 页）、⑤（11 页）、⑥（11 页）、⑦（19 页）、⑧（27 页）、⑨（42 页）、⑩（52 页）、⑪（76 页）、⑫（78 页）、⑬（80 页）、⑭（84 页）。

言实本①（3 页）、②（5 页）、③（10 页）、④（12 页）、⑤（13 页）、⑥（14 页）、⑦（21 页）、⑧（31 页）、⑨（47 页）、⑩（60 页）、⑪（86 页）、⑫（89 页）、⑬（92 页）、⑭（96 页）。

海南本①（8 页）、②（11 页）、③（14 页）、④（17 页）、⑤（18 页）、⑥（18 页）、⑦（24 页）、⑧（33 页）、⑨（48 页）、⑩（59 页）、⑪（82 页）、⑫（85 页）、⑬（87 页）、⑭（91 页）。

中州本①（6 页）、②（9 页）、③（13 页）、④（15 页）、⑤（16 页）、⑥（16 页）、⑦（23 页）、⑧（32 页）、⑨（47 页）、⑩（58 页）、⑪（82 页）、⑫（84 页）、⑬（86 页）、⑭（90 页）。

人报本①（8 页）、②（11 页）、③（15 页）、④（18 页）、⑤（19 页）、⑥（19 页）、⑦（26 页）、⑧（35 页）、⑨（48 页）、⑩（59 页）、⑪（83 页）、⑫（87 页）、⑬（91 页），均无星号与空行，只是另起一段；而⑭（85 页）不仅没有星号或空行，也没有另起一段，而是与上文接排。

纺织本①（12 页）、②（15 页）、③（19 页）、④（22 页）、⑤（23 页）、⑦（35 页）、⑧（46 页）、⑨（73 页）、⑩（86 页）、⑪（132 页）、⑫（136 页）、⑬（137 页）、⑭（141 页），均无星号与空行；而⑥（23 页第二处）却空了一行。

有的版本没有星号分隔，只是在这两段文字之间空了一行。如：

文集本①（33 页）、②（35 页）、③（38 页）、④（40 页）、⑤（41 页）、⑥（41 页）、⑦（47 页）、⑧（54 页）、⑨（65 页）、⑩（74 页）、⑪（94 页）、⑫（95 页）、⑬（98 页）、⑭（101 页），都作空行，没有星号。该本“编辑凡例”第二条说：“凡胡适生前结集的著作……已经出版的单行本著作……均保持原貌。”“第一册说明”有云：“《四十自述》1933 年 9 月由上海亚东图书馆出版。”而亚东初版这些地方都有四个星号的“分隔号”，文集本却只有空行，没有星号的“分隔号”，可见并未“保持原貌”。

文联本①（二页）、②（五页）、③（九页）、④（一一页）、⑤（一二页）、⑥（一二页）、⑦（一九页）、⑧（二八页）、⑨（四二页）、⑩（五四页）、⑪（七七页）、⑫（八〇页）、⑬（八二页）、⑭（八六页），都作空行，没有星号。该本扉页说“据亚东图书馆一九三九年五版排印”，但“亚东图书馆一九三九年五版”，即亚五本，这些地方都是四个星号，而不是空行。

北大本①（11 页）、②（14 页）、③（18 页）、④（21 页）、⑤（22 页）、⑥（23 页）、⑦（30 页）、⑧（41 页）、⑨（58 页）、⑩（71 页）、⑪（101 页）、⑫（104 页）、⑬（107 页）、⑭（111 页），都作空行，没有星号。

有的版本，时而空行时而不空行，时而又用星号分隔。如：

全编本①（5 页）、②（7 页）、③（10 页）、④（12 页）、⑤（13 页）、⑥（14 页）、⑦（19 页）、⑧（27 页）、⑨（39 页）、⑩（49 页），既没有星号也未空行；而⑪（69 页）、⑫（71 页）、⑬（73 页）、⑭（76 页），却用四个星号分隔。

人文本①（41 页）、②（43 页）、③（46 页）、④（48 页）、⑤（49 页）、⑥（49 页）、⑦（54 页）、⑧（62 页）、⑨（73 页）、⑩（10 页）、⑪（102 页）、⑬（105 页）、⑭（108 页），均有空行而无星号；而⑫（104 页）既没有星号也未空行。

徽教本①（2 页）、②（5 页）、⑥（12 页第二处）、⑧（27 页）、⑨（41 页）、⑩（52 页），既没有星号也未空行；③（8 页）、④（10 页）、⑤（12 页第一处）、⑦（18 页），用四个星号分隔；⑪（74 页）、⑫（77 页）、⑬（79 页）、⑭（82 页），用三个星号分隔。

民建本①（29 页）、③（33 页）、④（35 页）、⑤（35 页）、⑥（36 页）、⑦（40 页）、⑧（46 页）、⑨（56 页）、⑩（64 页）、⑪（82 页）、⑫（83 页）、⑬（85 页）、⑭（88 页），既没有星号也未空行；而②（ 30 页）却有空行而无星号。

群言本①（7 页）、②（10 页）、③（14 页）、⑤（18 页）、⑥（18 页）、⑦（25 页）、⑧（35 页）、⑨（49 页）、⑩（60 页）、⑪（90 页）、⑫（92 页）、⑬（93 页）、⑭（98 页），既没有星号也未空行；而④（17 页）却有空行而无星号。

京联本①（8 页）、②（11 页）、③（14 页）、④（16 页）、⑤（17 页）、⑥（18 页）、⑧（33 页）、⑨（47 页）、⑪（80 页）、⑫（83 页）、⑬（85 页）、⑭（88 页），既没有星号也未空行；而⑦（24 页）、⑩（58 页），均有空行而无星号。

津人本①（8 页）、⑤（22 页）、⑥（22 页）、⑧（44 页），既没有星号也未空行；而②（12 页）、③（17 页）、④（20 页）、⑦（31 页）、⑨（63 页）、⑩（79 页）、⑪（113 页）、⑫（116 页）、⑬（119 页）、⑭（124 页），均有空行而无星号。

画报本②（8 页）、⑥（16 页），既没有星号也未空行；而①（5 页）、③（12 页）、④（14 页）、⑤（15 页）、⑦（22 页）、⑧（32 页）、⑨（46 页）、⑩（57 页）、⑪（80 页）、⑫（82 页）、⑬（85 页）、⑭（89 页），均有空行而无星号。

华侨本①（6 页）、⑥（17 页）、⑦（23 页），既没有星号也未空行；而②（8 页）、③（12 页）、④（15 页）、⑤（16 页）、⑧（33 页）、⑨（46 页）、⑩（59 页）、⑪（84 页）、⑫（87 页）、⑬（89 页）、⑭（93 页），均有空行而无星号。

吉大本①（3 页）、②（6 页）、③（11 页）、④（13 页）、⑤（14 页）、⑥（14 页）、⑧（34 页）、⑪（95 页）、⑫（98 页）、⑬（100 页），既没有星号也未空行；而⑦（24 页）、⑨（52 页）、⑩（54 页）、⑭（103 页），均有空行而无星号。另外该本还有几处空行（如 33 页），亚东初版并无空行，也无星号分隔，也不是引文。

理工本②（6 页）、⑥（15 页）、⑧（32 页）、⑪（87 页）、⑫（89 页）、⑭（96 页），既没有星号也未空行；而①（4 页）、③（11 页）、④（13 页）、⑤（14 页）、⑦（22 页）、⑨（47 页）、⑩（59 页）、⑬（92 页），均有空行而无星号。另外该本还有几处空行（如 6 页非②处、30 页），亚东初版并无空行，也无星号分隔，也不是引文。

岳麓本③（7 页）、⑥（10 页）、⑩（44 页），既没有星号也未空行；而①（2 页）、②（4 页）、④（9 页）、⑤（10 页）、⑦（16 页）、⑧（24 页）、⑨（35 页）、⑪（65 页）、⑫（66 页）、⑬（68 页）、⑭（72 页），均为三个星号分隔。

文史本⑥（21 页）、⑧（40 页），既没有星号也未空行；①（7 页）、②（12 页）、③（17 页）、④（19 页）、⑤（21 页）、⑦（28 页）、⑨（56 页）、⑩（72 页）、⑪（101 页）、⑫

（104 页）、⑬（107 页）、⑭（112 页），均有空行而无星号；该本 38 页有空行，亚东初版无空行，也无星号分隔，也不是引文。

雅致本①（415 页）、②（417 页）、③（421 页）、④（423 页）、⑤（424 页）、⑥（424 页）、⑦（430 页）、⑧（439 页）、⑨（451 页）、⑩（462 页），既没有星号也未空行；而⑪（484 页）、⑫（486 页）、⑬（489 页）、⑭（492 页），均为四个星号分隔。

空行与四星（或三星）“分隔号”的作用并不完全相同，四星“分隔号”分隔的段落比空行的段落时空间隔更大。另外，有些版本除了原文有星号的地方空行之外，其他地方还有一些空行，如另起的引文前后等，这样一来体例就乱了，也就看不出原文的行款格式了。

还有的版本虽然用星号占一行将上下两段分隔开了，但星号的数量有多有少，都不是三个或四个；或者星号的形式不统一，这就不规范了。如：

远东本①（二页）、②（五页）、③（九页）、⑤（一四页第一处）、⑦（二三页）、⑧（三三页）、⑨（四九页）、⑩（六二页）、⑪（八八页）、⑫（九〇页）、⑬（九三页）、⑭（九七页），均为三个星号。按照星号“分隔号”的要求，三个星号和四个星号都可以，但使用时要统一，不能时有时无，随意变换。该本以上各处用的星号是“*”，而④（一二页）用的星号却是“※”；而⑥（一四页第二处）却没有星号，也没有空行。

远流本①（二页）、②（五页）、③（九页）、④（一二页）、⑤（一三页）、⑥（一四页）、⑦（二〇页）、⑧（三一页）、⑨（四七页）、⑩（六〇页）、⑪（八四页）、⑫（八六页）、⑬（八九页）、⑭（九三页），都是用一个星号（占一行）来分隔。

武汉本①（4 页）、②（7 页）、③（10 页）、④（12 页）、⑤（13 页）、⑥（14 页）、⑦（21 页）、⑧（30 页）、⑨（48 页）、⑪（85 页）、⑫（87 页）、⑬（89 页），也都是用一个星号（占一行）来分隔；但⑩（58 页）和⑭（92 页），既无星号也没空行。

外研本①（5 页）、②（9 页）、③（17 页）、④（21 页）、⑤（25 页第一处）、⑦（35 页）、⑧（55 页）、⑨（83 页）、⑩（105 页）、⑪（151 页）、⑫（155 页）、⑬（159 页）、⑭（165 页），都是用五个星号占一行，这就不规范了。而⑥（25 页第二处），却没有星号，只有空行。

海天本①（2 页）、②（5 页）、③（9 页）、④（12 页）、⑤⑥（13 页）、⑦（20 页）、⑧（30 页）、⑩（58 页）、⑪（82 页）、⑫（84 页）、⑬（87 页）、⑭（91 页），都是空一行，但⑨（45 页）没有星号，也没有空行。

［六］三先生

“三先生”终于出场了，一段肖像描写之后，通过顺弟姑妈的口对这位“三先生”做了简单的介绍，然后“三先生”就“独自下坡去了”。这位“三先生”就是胡适的父亲胡传胡铁花——不过这是到了本章末尾才告诉读者的。胡传（1841—1895，清道光二十一年至光绪二十一年），字铁花，号钝夫，原名守珊，故一字守三，安徽绩溪上庄人。出生于一个徽州茶商的家庭。

据《胡适口述自传》云，光绪七年（1881），年已四十的胡传向一位经商致富的族伯胡嘉言借了一百银元，搭船自上海去天津转往北京，在北京他仅凭两封推荐书，旅行了四十二天，到了吴大澂钦差的驻地宁古塔。吴氏对胡传大为赏识，后来成为吴大澂的正式幕僚，参与机要。光绪九年（1883），在一次勘察途中，一行人员在森林中大雪迷路，三日不得出。干粮

已尽，计无可施。此时胡传忽有所悟，他叫随行人员去寻觅一条山涧，然后循山涧而下。因为山涧总归会流出山区的，循山涧找出路，应该是不会错的。于是他们找到了一条山涧，循涧而下，终于脱险。自一八八一年至一八八六年，胡传在东北服务了六年。

［七］金灶舅

月吉先生的这话是对顺弟姑妈“金灿”说的，他跟金灿是平辈，因此称她为“灿嫂”。金灶是顺弟的父亲，是灿嫂家孩子的舅舅，月吉先生怎么能称“金灶舅”呢？原来，月吉先生是随着“灿嫂”家的孩子来称呼的。实际上是“他金灶舅”的省称，其中的“他”是指“灿嫂”家的孩子。随着孩子来称呼亲戚，或者说是以孩子的身份口吻来称呼亲戚，一般要在亲戚称谓的前面加上表示孩子的“他”或“她”字，如“他舅”“她婶”等。有时对孩子称呼孩子的亲戚，也会随着孩子来称呼。比如问孩子：“舅舅呢？”意思是：“你舅舅呢？”再比如对孩子说：“姑姑来了！”意思是：“你姑姑来了！”这种情况下，亲戚称谓前面的“你”，一般都省略。胡适先生也说过类似的情况：“绩溪的妇女是跟孩子称呼他人的。譬如父亲哥哥的太太，我的母亲跟孩子的口气喊他伯母……父亲弟弟的太太叫作‘婶’。”（胡颂平《胡适之先生晚年谈话录》，台北联经出版事业公司，一九八四年五月初版，九页“一月廿六日”）其实，随“孩子称呼他人”并不限于“妇女”，男人也一样，月吉先生不也是随“灿嫂”家的孩子来称呼“金灶舅”吗？

［八］开八字与钞八字

“八字”就是生辰八字的简称，根据中国古代的历法，一个人出生时间的年、月、日、时各有天干、地支相配。年干和年支组成年柱，月干和月支组成月柱，日干和日支组成日柱，时干和时支组成时柱；一共四柱，四个干和四个支共八个字，故又称四柱八字。过去男女婚姻，必须八字合婚，就是把男女双方的八字配在一起，对双方八字之间的五行是否和谐、双方所行的各种运气节律有无严重的冲克等信息详加研究，由此推导出以后两人婚姻生活的吉凶，防患不幸的婚姻于未然，从而提高婚姻的质量。一般人不懂八字的推算，所以要找先生开八字，自己再“钞”一份给媒人。

钞：誊写。后来作“抄”。现代汉语中，“钞”主要指钱币，而“抄”多表示书写、抢掠等动词义。历史上“钞”和“抄”的词义交错纷繁，“钞”在先秦已经出现，由“用以叉取的金属器具”引申出书写、劫掠等动词义，魏晋时“抄”作为“钞”的另一种书写形式出现。“钞”指纸币钞票是宋代以后的事。近代汉语中多用“钞”表示“誊写、记录”，认为“抄”是俗字。《现代汉语词典》注为“旧同‘抄[1]’”的第一个义项，即“誊写”。其实，“抄[1]”的其他三个义项，即抄袭、抓取、查抄，“旧”也可以写成“钞”。《新月》第三卷第一号初刊本和亚东初版、亚东五版、远东本、远流本等繁体版本的《四十自述》，“钞”字共出现了十六次，而没有出现“抄”字。

①叫灿哥钞个八字给我（序幕一）

②把八个字钞错了四个字（序幕三）

③他亲笔钞写了给我的（第一章三）

④我把开头几行钞在这里（第一章三）

⑤我也钞在这里（第一章三）

⑥我念的第三部书叫做《律诗六钞》(第一章三)

⑦带来了《玉历钞传》(第二章一)

⑧钞出了许多圣庙联匾句子(第二章一)

⑨《目连救母》,《玉历钞传》等书里的地狱惨状(第二章二)

⑩钞了题目，逃出课堂(第三章一)

⑪轮流钞了一本《革命军》(第三章一)

⑫正在传钞《革命军》的少年(第三章一)

⑬所以我钞其中说“地球是圆的”一段在这里(第四章二)

⑭把我在那时做的诗钞几首在这里(第四章三)

⑮所以我钞在这里(第五章一)

⑯用复写纸钞了两份(第六章五)

这十六处“钞”字，简体本的情况却颇为混乱，这里做一个综合说明，后面不再一一注释，以节省篇幅。

全集本①(12页)、②(20页)、③④⑤(26页)、⑧(43页)、⑩(54页)、⑪⑫(55页)、⑬(70页)、⑭(81页)、⑮(89页)、⑯(128页)，均作“抄”;⑥(26页)、⑦(42页)、⑨(44页)，均作“钞”。

全编本①(7页)、②(13页)、③④(17页)、⑥(18页)、⑦(31页)、⑨(33页)，均作“钞”;而⑤(18页)、⑧(32页)、⑩⑪(41页)、⑫(42页)、⑬(54页)、⑭(63页)、⑮(70页)、⑯(104页)，均作“抄”。

北大本①(13页)、②(22页)、③④⑤(28页)、⑥(29页)、⑧(49页)、⑩(61页)、⑪⑫(62页)、⑬(79页)、⑭(92页)、⑮(102页)、⑯(147页)，均作“抄”;⑦(47页)、⑨(50页)，均作“钞”。

人文本①(42页)、②(48页)、③④(52页)、⑤(53页)、⑧(67页)、⑩⑪⑫(75页)、⑬(87页)、⑭(96页)、⑮(103页)、⑯(152页)，均作“抄”;⑥(54页)、⑦(66页)、⑨(67页)，均作“钞”。

人报本①(11页)、②(18页)、③④⑤(25页，这是第一章第三部分中的话，人报本漏掉了序号“三”)、⑥(26页)、⑧(42页)、⑩(50页)、⑪⑫(52页)、⑬(66页)、⑭(76页)、⑮(84页)、⑯(116页)，均作“抄”;⑦(41页)、⑨(42页)，均作“钞”。

华文本①(5页)、②(14页)、③④(24页)、⑤(25页)、⑩(61页)、⑪⑫(62页)、⑬(83页)、⑭(93页)、⑮(107页)、⑯(158页)，均作“抄”;⑥(26页)、⑦(44页)、⑧(46页)、⑨(47页)，均作“钞”。

岳麓本①(3页)、②(10页)、③④⑤⑥(15页)、⑧(29页)、⑩(37页)、⑪⑫(38页)、⑬(50页)、⑭(58页)、⑮(67页)、⑯(95页)，均作“抄”;⑦(28页)、⑨(30页)，均作“钞”。

纺织本(未收录第六章《逼上梁山》)①(14页)、②(22页)、⑧(58页)，均作“抄”;③④(33页)、⑤⑥(34页)、⑦(57页)、⑨(59页，这是第二章第二部分中的话，纺织本的序号误作“三”)、⑩(76页)、⑪⑫(77页)、⑬(102页)、⑭(115页)、⑮(133页)，均作“钞”。

哈市本只有①（6页）作“抄”；②（17页）、③④⑤（28页）、⑥（29页）、⑦（53页）、⑧（54页）、⑨（56页）、⑩（70页）、⑪⑫（71页）、⑬（93页）、⑭（108页）、⑮（122页）、⑯（177页），均作“钞”。

海南本①（10页）、②（17页）、③④（22页）、⑤⑥（23页）、⑦（39页）、⑧（40页）、⑨（41页）、⑩（50页）、⑪⑫（51页）、⑬（65页）、⑭（75页）、⑮（84页）、⑯（122页），均作“抄”。

雅致本（未收录第六章《逼上梁山》）②（424页）、③④（428页）、⑤（429页）、⑦（443页）、⑧（444页）、⑩（453页）、⑪⑫（454页）、⑬（467页）、⑭（478页）、⑮（485页），均作“抄”；①（416页）、⑥（429页）、⑨（445页），均作“钞”。

华侨本①（8页）、②（16页，这是序幕第三部分中的话，华侨本漏掉了序号“三”）、③④⑤（21页）、⑧（39页）、⑩（49页）、⑪⑫（50页）、⑬（65页）、⑭（77页）、⑮（86页）、⑯（127页），均作“抄”；⑥（22页）、⑦（38页）、⑨（40页），均作“钞”。

画报本①（7页）、②（15页）、③④（20页）、⑤（21页）、⑧（38页）、⑩（48页）、⑪⑫（49页）、⑬（63页）、⑮（82页）、⑯（118页），均作“抄”；⑥（22页）、⑦（37页）、⑨（39页）、⑭（73页），均作“钞”。

徽教本①（4页）、②（11页）、③④（16页）、⑤（17页）、⑧（33页）、⑩（43页）、⑪⑫（44页）、⑬（58页）、⑭（68页）、⑮（76页）、⑯（113页）均作“抄”；⑥（17页）、⑦（32页）、⑨（34页），均作“钞”。

吉大本①（5页）、②（13页）、③④（22页）、⑤（23页）、⑩（55页）、⑪⑫（56页）、⑬（73页）、⑭（85页）、⑮（96页）、⑯（139页），均作“抄”；⑥（23页）、⑦（42页）、⑧（43页）、⑨（44页），均作“钞”。

江西本①（8页）、②（17页）、③④（23页）、⑤（24页）、⑧（43页）、⑩（56页）、⑪⑫（57页）、⑬（74页）、⑭（86页）、⑮（96页）、⑯（139页），均作“抄”；⑥（24页）、⑦（41页）、⑨（44页），均作“钞”。

津人本⑩（66页）、⑪⑫（67页）、⑬（88页）、⑯（166页），均作“抄”；①（9页）、②（21页）、③④⑤（29页）、⑥（30页）、⑦（51页）、⑧（52页）、⑨（53页）、⑭（103页）、⑮（114页），均作“钞”。

京联本⑩（49页）、⑪⑫（50页）、⑯（118页），均作“抄”；①（10页）、②（17页）、③④（22页）、⑤⑥（23页）、⑦（38页）、⑧（39页）、⑨（40页）、⑬（64页）、⑭（74页）、⑮（82页），均作“钞”。

理工本①（6页）、⑩（49页）、⑪⑫（50页）、⑬（66页）、⑯（132页），均作“抄”；②（14页）、③④⑤（20页）、⑥（21页）、⑦（37页）、⑧⑨（39页）、⑭（79页）、⑮（88页），均作“钞”。

民建本①（30页）、②（35页）、③④⑤（39页）、⑥（40页）、⑦（50页）、⑧（51页）、⑩⑪⑫（58页）、⑬（69页）、⑭（77页）、⑮（83页）、⑯（110页）均作“抄”，只有⑨（52页）作“钞”。

群言本⑩（52 页）、⑪⑫（53 页）、⑬（68 页）、⑯（208 页），均作“抄”；①（8 页）、②（17 页）、③④⑤（24 页）、⑥（25 页）、⑦⑧（40 页）、⑨（42 页）、⑭（82 页）、⑮（91 页），均作“钞”。

外研本（未收录第六章《逼上梁山》）①（9 页）、②（23 页）、③④⑤（33 页）、⑧（69 页）、⑩（89 页）、⑪⑫（91 页）、⑬（119 页）、⑭（138 页）、⑮（153 页），均作“抄”；⑥（35 页）、⑦（67 页）、⑨（71 页），均作“钞”。

万卷本（未收录序幕和第六章《逼上梁山》）③④⑤（6 页）、⑧（24 页）、⑩（33 页）、⑪⑫（34 页）、⑬（49 页）、⑭（59 页）、⑮（68 页），均作“抄”；⑥（7 页）、⑦（23 页）、⑨（24 页），均作“钞”。

文史本⑩（60 页）、⑪⑫（61 页）、⑬（81 页）、⑯（154 页），均作“抄”；①（10 页）、②（20 页）、③④⑤（26 页）、⑥（27 页）、⑦（45 页）、⑧（47 页）、⑨（48 页）、⑭（94 页）、⑮（103 页），均作“钞”。

武汉本①（6 页）、②（13 页）、③④⑤（20 页）、⑥（21 页）、⑧（38 页）、⑩（50 页）、⑪⑫（51 页）、⑬（68 页）、⑭（76 页）、⑮（86 页）、⑯（118 页），均作“抄”；⑦（36 页）、⑨（38 页），均作“钞”。

现代本①（4 页）、②（11 页）、③④⑤（17 页）、⑥（18 页）、⑧（35 页）、⑩（44 页）、⑪⑫（45 页）、⑬（60 页）、⑭（69 页）、⑮（77 页）、⑯（113 页），均作“抄”；⑦（34 页）、⑨（35 页），均作“钞”。

言实本（未收录第六章《逼上梁山》）①（5 页）、②（13 页）、③④⑤（19 页）、⑥（20 页）、⑦（37 页）、⑧（39 页）、⑨（40 页）、⑩（49 页）、⑪⑫（51 页）、⑬（67 页）、⑭（79 页）、⑮（88 页），均作“抄”。

中州本⑩（49 页）、⑪⑫（50 页）、⑬（64 页）、⑯（121 页），均作“抄”；①（8 页）、②（15 页）、③④（21 页）、⑤（22 页）、⑥（23 页）、⑦（38 页）、⑧（39 页）、⑨（40 页）、⑭（74 页）、⑮（83 页），均作“钞”。

［九］姊弟

“顺弟在上庄过了会场，她姑丈送她姊弟回中屯去”。这是“序幕”第二部分的首句，人报本（11 页）将第二部分的序号漏掉了，又把第三部分的序号误作“二”。

这句话中的“姊弟”，《新月》第三卷第一号初刊本和亚东初版（八页）、远东本（四页）、远流本（四页）、全集本（12 页）等版本，均作“姊弟”，而全编本（7 页）、徽教本（4 页）、闽教本（4 页）、雅致本（417 页）、华文本（6 页）等版本，却均误作“姐弟”。

［一〇］就把他脸上刺了“太平天国”四个蓝字

“就把他脸上刺了‘太平天国’四个蓝字”，句中的“太平天国”，外研本（11 页）作“太平天囯”，“囯”的里面是“王”而不是“玉”。且注释说：“囯，通‘国’，是当年‘太平天国’的标准用字。”（170 页）胡适手稿中没有这段文字，《新月》第三卷第一号初刊本和亚东初版（一〇页）、远东本（五页）等繁体本均作“太平天國”，全集本（13 页）、全编本（7 页）、文

集本（35 页）、北大本（14 页）、人文本（43 页）等简体本，均作“太平天国”，没有见到作“太平天国”的版本。因此，外研本作“太平天国”似无版本依据。另外，外研本 170 页的注释序号标示为第一章里，而实际上是在“序幕”里（11 页）。

［一一］“功课”与“工课”

手稿中“功课”出现了两次，“工课”出现了四次：

在中国公学住了两年多，在功课上的进步不算怎样快（手稿四二页，原稿纸 20 页）

好几门功课都不能不请日本教员来教（手稿五四页，原稿纸 5 页）

十天之内，新学校筹备完成了，居然聘教员，排工课，正式开课了（手稿一〇九页，原稿纸 9 页）

我是个肯负责任的人，肯下苦功去预备工课，所以这一年之中还不曾有受窘的时候（手稿一一四页，原稿纸 14 页）

工课紧，管理严，就算好学堂了（手稿一一六页，原稿纸 16 页）

凡新公学的学生愿意回去的，都可回去；新公学的工课成绩全部承认（手稿一一八页，原稿纸 18 页）

文言中，在表示对属下工作成绩的考核这个意思时用“功课”。如《韩非子·八经》：“有道之主，听言，督其用，课其功，功课而赏罚生焉，故无用之辩不留朝。”《汉书》卷七十五《京房传》：“诏使房作其事，房奏考功课吏法。”在表示“学生按照规定学习的课业”这个意思时，“功课”与“工课”通用，但用“工课”的情况多一些。白话文兴起之后，表示“学生按照规定学习的课业”这个意思时多用“功课”，亚东初版中均作“功课”（没有“工课”），或许是胡适先生自己改定的。因此，简体定本也一律用“功课”。

［一二］那

“我们种田人家的女儿那配做官太太”，这句中的“那”字是疑问代词，读 nǎ，今写作“哪”。“哪”字产生得较晚，最早见于宋代丁度等人编修的《集韵》（1039 年完稿），而且并不读 nǎ，也不用作疑问代词。近现代才将“哪”字用作疑问代词，后来分工就明确了：“那”字用作指示代词，“哪”字用作疑问代词。现在台湾的台南仍多用“那”作疑问代词。

《新月》三卷一号八页）、亚东初版（一五页）、远东本（八页），此处均作“那”。《逼上梁山》一章中还有两处“那”也是“哪”的意思：一处是第二部分中的“近世诗人欢喜做宋诗，其实他们不曾明白宋诗的长处在那儿”。另一处是第五部分中的“文字那有死活”！这里的“那”，手稿（一六五页，原稿纸 18 页）和《东方杂志》（一八、二四页）、大系本（8、16 页）、小史本（四七、五八页）、远东本（107 页）、纪念版（一一八、一三一页）均作“那”。可是有些简体版本都改成了“哪”，如人报本（14、99、107 页）、华侨本（11、103、115 页）等。

还有的简体本同一部书，有的地方改了，有的地方却没改，体例不一，自相矛盾。如全集本 16 页作“那”，105、116 页却改作“哪”；北大本 17、135 页作“那”，121 页却改作“哪”；文集本 37、153 页作“那”，144 页却改作“哪”；人文本 45 页作“那”，133、143 页却改作“哪”；津人本

15、152 页作“那”，136 页却改作“哪”；画报本 11、108 页作“那”，97 页却改作“哪”；群言本 13、197 页作“那”，182 页却改作“哪”；武汉本 9、110 页作“那”，101 页却改作“哪”；京联本 13、108 页作“那”，97 页却改作“哪”；海南本 101 页作“那”，13、111 页却改作“哪”；民建本 103 页作“那”，32、94 页却改作“哪”；海天本 112 页作“那”，100 页却改作“哪”。

其实，这几个“那”都不必改，因为当时就是这么用的。本书作为简体定本都不改，以保持经典名著的原貌。

［一三］庄家人家

“庄家人家”即庄户人家，也就是从事农业生产的人家。“庄家”就是庄户，“家”与“户”同义。“庄家人家”在《四十自述》里共出现了五次，均在本章，《新月》（三卷一号八页三处，一〇、一三页各一处）、亚东初版（一五页两处，一六、一八、二四页各一处）、远东本（八页三处，一〇、一三页各一处）、远流本（八页三处，一〇、一三页各一处）、纪念版（10 页三处，11、15 页各一处）等均作“庄家人家”，可是很多简体版本都误作“庄稼人家”。如全集本（16 页三处，18、20 页各一处）、文集本（37 页三处，41 页一处）、北大本（17 页三处，22 页一处，19 页作“庄家人家”，不误）、全编本（10 页三处，11、13 页各一处）、人文本（45 页三处，46、48 页各一处）、外研本（15 页三处，19、23 页各一处）、津人本（15 页一处，16 页两处，17、21 页各一处）、画报本（11 页三处，12、15 页各一处）、纺织本（18 页三处，20、23 页各一处）、华文本（10 页三处，11、14 页各一处）、华侨本（11 页三处，16 页一处）、群言本（13 页前两处。其他三处作“庄家人家”，不误）、现代本（8 页三处，11 页一处）、民建本（32 页一处，33 页前两处，35 页一处）、徽教本（7 页三处，9、11 页各一处）、言实本（9 页三处，13 页一处）、理工本（9 页一处，10 页两处，11、14 页各一处）、京联本（13 页三处，15、17 页各一处）、武汉本（9 页三处，13 页一处）、雅致本（420 页前两处。其他三处作“庄家人家”，不误）、海南本（14 页三处，17 页一处）、文史本（15 页一处，16 页两处，17、20 页各一处）、吉大本（10 页三处，11、14 页各一处）、中州本（12 页三处，13、16 页各一处）。另外，文集本（39 页）、现代本（9 页）、民建本（33 页第三处）、言实本（10 页）、海南本（15 页）、华侨本（13 页）、武汉本（10 页）均误作“庄户人家”。

［一四］睒

睒（shǎn）：眼睛很快地开闭；眨眼。这个字的右边是“大”字腰间两个“人”字（不是“人”字），不是“夹”的繁体“夾”。这个字一般电脑字库打不出来，需要造字，因此很多版本都把这个字弄错了。如全集本（17 页）、六艺本（八页）、北大本（18 页）、远流本（九页）、纪念版（10 页）、闽教本（16 页）、画报本（11 页）、民建本（33 页）、群言本（11 页）、京联本（14 页）、理工本（10 页）、言实本（9 页）、徽教本（8 页）、哈市本（13 页）等均误作“睞”（右边成了繁体的“夾”）；津人本（16 页）、纺织本（19 页）、全编本（10 页）、中州本（12 页）、吉大本（10 页）、文史本（16 页）、雅致本（420 页）等，均误作“眏”（以为是“睞”，于是生造了一个错误的类推简化字）；人报本（14 页）、岳麓本（11 页）均误作“眨”；华侨本（12 页）误作“目”字旁右边加个“爽”，这是个生造的字；现代本（8 页）将“眼睛一睐，二十岁到头上"，误作"眼见一睐，二十岁到头上"；海南本（14 页）误作"睐"；还有的版本误作"睽"等，真是千奇百怪，不一而足。

［一五］她爸也不说话了

"她爸也不说话了。"手稿没有这段话，《新月》（三卷一号一一页）、亚东初版（二〇页）、亚东五版（二〇页）、远流本（一一页）、全集本（18 页）等，都是把这句话单独列为一段。而纺织本（21 页）、哈市本（15 页）、海南本（16 页）、雅致本（422 页）、徽教本（10 页）、文史本（18 页）、现代本（10 页）、中州本（14 页）等版本，却把这段和上一段合成了一段。

文集本（39 页）、北大本（20 页）、全编本（14 页）、华文本（12 页）、华侨本（14 页）、画报本（13 页）、吉大本（12 页）、言实本（11 页）等版本，不仅把"她爸也不说话了。"与上面合成了一段，而且还把"她妈也不开口。"改为"她妈也不开口，"后面的句号改成了逗号。

"她爸也不说话了。"把这一句单独作为一段，和把这句话跟上面的话合并成一段，表达效果是大不一样的。独立成段可以摹状沉默无语时间之长，更能突出当时的沉闷气氛。合成一段，特别是将"她妈也不开口"后面的句号改成逗号，说明停顿的时间较短，语速较快，就没有这种表达效果了。

［一六］"辰肖"及该句的修改

辰肖（xiào）：生辰和生肖。生辰就是生日时辰，生肖就是十二生肖，又叫十二属相，是与十二地支相配的十二种动物，即子鼠、丑牛、寅虎、卯兔、辰龙、巳蛇、午马、未羊、申猴、酉鸡、戌狗、亥猪。过去人们认为，只有辰肖相合的人才能结婚，辰肖相克的人不能结婚。

"她怕开了八字去，万一辰肖相合，就难回绝了；万一八字不合，旁人也许要笑她家高攀不上做官人家。"这句话在《新月》三卷一号初刊时只有分号前边的部分，初版时在后面又加了一个分句，把全句改成了并列复句，这就使意思的表达更为全面，更加周密。而且，把初刊时"便难回绝了"改为"就难回绝了"。"便"和"就"，虽然都是同样作用的连词，但"就"更为通俗，更口语化，真可谓字斟句酌。

［一七］蒙馆　庚帖

蒙馆：也叫蒙学，旧时对儿童进行启蒙教育的学馆，即私塾。过去教育普及率很低，有文化的人较少，因此开庚帖等事都去找蒙馆的老师代做。

庚帖：旧时订婚，男女双方互换的八字帖，在红色柬帖上写明姓名、生辰八字、籍贯、祖宗三代名字等内容。又叫婚帖，也称为"年庚帖子"。"庚"就是年庚（用干支表示的人出生的年、月、日、时）。男女双方庚帖互换以表示向其求婚或定婚，一般是未订亲的男女，托媒人持其庚帖代为求亲。

［一八］万年历

万年历：我国古代传说中最古老的一部太阳历。为纪念历法编撰者万年功绩，便将这部历法命名为"万年历"。万年历是记录一定时间范围内具体阳历与阴历日期的年历，方便有需要的人查询使用。万年只是虚指，表示时间跨度大。现在普遍使用的万年历是指包括若干年或适用于若干年的历书，能同时显示公历、农历和干支历等多套历法，包含黄历相关吉凶宜忌、节气节日等多种功能信息。

［一九］甲子

甲子：这里指用天干地支法准确计算的年、月、日、时。古代用十天干（甲、乙、丙、丁、戊、己、庚、辛、壬、癸）与十二地支（子、丑、寅、卯、辰、巳、午、未、申、酉、戌、亥）按顺序两两相配以记年、月、日、时，从甲子始到癸亥终，满六十个组合为一周，循环往复，称六十甲子。

［二〇］胡适父亲的续弦日记

以父亲胡铁花日记的“续弦记事”作结尾，言简意赅，时间程序，一目了然：从上海乘车，又行五十里回家订婚结婚，到带着爱妻行五十五里，再乘车返回沪上，前后历时两个半月。

“[光绪十五年（一八八九）二月]”不是胡铁花日记上的文字，是胡适所加的注释，以使时间更加清楚。六艺本（一三页）、华侨本（17 页）漏掉了方括号，这会使读者误以为“光绪十五年（一八八九）二月”是胡铁花日记的原文。

这里的方括号，《新月》第三卷第一号初刊本（一四页）、远东本（一四页）、远流本（一四页）、纪念版（16 页）、文集本（42 页）、北大本（23 页）、全编本（14 页）等版本，均作六角括号“〔 〕”；亚东初版（二六页）、亚东五版（二六页）、全集本（21 页）、人文本（49 页）、纺织本（24 页）等版本，均作方括号“[ ]”。这两种括号没有什么区别，而且各有所据，用哪种都可以，简体定本依据亚东初版（二六页）作方括号“[ ]”。

人报本（19 页）、吉大本（14 页）、京联本（18 页）等版本，将方括号“[ ]”改成了方头括号“【 】”，没有依据。

人报本（19 页）、岳麓本（11 页）等版本，误将“[光绪十五年（一八八九）二月]”后面的“十六日”另起一行。

“择定三月十二日迎娶。……”这句话，《新月》第三卷第一号初刊本（一四页）、亚东初版（二六页）、亚东五版（二六页）、远东本（一四页）、远流本（一四页）、纪念版（16 页）、文集本（42 页）、北大本（23 页）、全编本（14 页）等版本，句号和省略号都是接排的，而全集本（21 页）、人文本（49 页）、人报本（19 页）、哈市本（19 页）等版本，却误将省略号另起一段。

华文本（15 页）、海南本（18 页）、吉大本（14 页）、津人本（22 页）、京联本（18 页）、理工本（15 页）、民建本（36 页）、文史本（21 页）、言实本（14 页）、中州本（16 页）等版本，将“抵家。……”“迎娶。……”“宴客。……”“由中屯归。……”四处省略号前面的句号都漏掉（或误删）了。

“旌之新桥”，“旌”和“新桥”都是安徽省的地名，即今安徽省宣城市旌德县新桥村，《新月》第三卷第一号初刊本（一四页）、亚东初版（二六页）、亚东五版（二六页）都加了专名线。

群言本（18 页）误将本章末尾几段日记全部接排，没有分段。

［二一］落款时间的问题

本章的落款时间,《新月》第三卷第一号初刊本（一四页）、亚东初版（二六页）、亚东五版（二六页）、远东本（一五页）、全集本（21 页）、北大本（23 页）、全编本（14 页）、人文本（49 页）、纺织本（24 页）、理工本（15 页）、民建本（36 页）、文史本（21 页）、言实本（14 页）等版本，均作“十九,六，廿六。”而且落款时间与上面空了一行，表示这是本章的写作时间。

纪念版（16 页）、文集本（42 页）、津人本（22 页）、京联本（18 页）、群言本（18 页）、武汉本（14 页）、中州本（17 页）等版本，却均作“十九,六，廿六”，漏掉或误删了末尾的句号。远流本（一四页）作“十九・六・廿六”，不仅漏掉或误删了末尾的句号，而且把原来的两处逗号都改成了间隔号（・）。现代本（12 页）不仅漏掉或误删了末尾的句号，还把落款时间作为另段排列，字体字号也与上面日记完全相同，这就使读者误将本章落款的时间（即写作的时间）当成胡适父亲日记的内容。

雅致本（425 页）不仅漏掉（或误删）了本章的落款时间，而且漏掉（或误删）了其他章的落款时间。这样一来，各章的写作时间就都不清楚了。

［二二］初版本末尾的“注”

这个“注”,《新月》第三卷第一号（一四页）与上段空一行排列，“注”在圆括号内作“(注一)”，正文（一页）也标示“(注一)”。胡适先生在写作时可能以为后面还会有“注”，因此标为“(注一)”。亚东初版（一、二七页）成书时才将“(注一)”改为“【注】”，去掉了“一”，并将原来的圆括号改为方头括号，在本章正文之后空一行排列。但各本对此“注”的处理，可谓五花八门。

远东本（一五页）也作“【注】”，注文在本章正文之后未空行排列，只是变换了字体。江西本（5 页）也作“【注】”，并将章后注改为页下注。

远流本（一四页）将《新月》初刊本的“(注一)”改为“〔注〕”，去掉了“一”，并将原来的圆括号改为六角括号，在本章正文之后空一行排列。

岳麓本（1、11 页）将《新月》初刊本的“(注一)”改为方括号的“[注]”，注文在本章正文之后空一行排列，且改变字体。

闽教本（9、21 页）将《新月》初刊本的“(注一)”改为“【1】”，不仅将原来的圆括号改成了方头括号，而且把“注一”改成了阿拉伯数字“1”。注文在本章正文之后未空行排列，只改变了字体。

全编本（4 页）、文集本（32 页）、武汉本（3 页）、中州本（5 页）、理工本（2 页）、京联本（7 页）、言实本（1 页）、津人本（6 页）、华侨本（4 页）等，均将亚东初版（一页）正文的“【注】”改为上角标注释“①”，并将章后注改为页下注。人报本（7、20 页）正文的“【注】”也改成了上角标注释“①”，但注文放在本章后的页下。

纺织本（11 页）将亚东初版（一页）正文的“【注】”改为上角标注释❶，并将章后注改为页下注。

北大本（9 页）将亚东初版（一页）正文的“【注】”改为上角标注释“〔1〕”，将章后注改为页下注，方头括号的“【注】”也改为方括号的“[注]”。

文史本（6页）将亚东初版（一页）正文的“【注】”改为上角标注释“〔8〕”（全书的页下注序号连续排号），将章后注改为页下注，方头括号的“【注】”也改为方括号的“[注]”。

外研本（3、170页）将亚东初版（一页）正文的“[注]”改为上角标注释“1”，并将章后注文放在了全书之后。

文联本（1页）将亚东初版（一页）正文的“【注】”改为上角标注释“〔一〕”，并将章后注改为页下注，且页下注没有注释号。

画报本（4页）将章后注改为正文括注，开篇第一句话就变成这样了：“太子会（太子会是皖南很普遍的神会，据说太子神是唐朝安史乱时保障江淮的张巡、许远。何以称‘太子’，现在还没有满意的解释）是我们家乡秋天最热闹的神会，但这一年的太子会却使许多人失望。”

群言本（6页）、民建本（28页）、海南本（7页）、雅致本（414页）、哈市本（2页）等，根本就没有注文，当然也没有注释号。

徽教本（1页）、吉大本（2页）均将亚东初版（一页）正文的“【注】”改为上角标注释号“①”，并将章后注改为页下注，而且将原注的“唐朝安史乱”误作“唐朝安史之乱”，衍一“之”字。

全集本（9页）、人文本（39页）等，均将亚东初版（一页）正文的“【注】”改为上角标注释“②”（在“我的母亲的订婚”标题后加了上角标注释①，说明“原载《新月》第三卷第一期”，而《新月》原刊作“第三卷第一号”，并非“第一期”），并将章后注改为页下注，而且将原注的“唐朝安史乱”误作“唐朝安史之乱”，衍一“之”字。

本书的简体定本，依据亚东初版（一、二七页）作“【注】”，注文在本章正文之后空一行排列，且改变字体，以便区分。

第一章（二）

九年的家庭教育

评述

本文作于一九三〇年十一月二十一日，初刊于一九三一年五月十日《新月》第三卷第三号，正题之下还有副题“《四十自述》的一章”。后来《四十自述》成书出版时，作者将《我的母亲的订婚》作为《序幕》，本章就变成第一章了。本章手稿的题目是“十年的乡村私塾，——十三岁的无神论者”，后来将这一章的内容分成了两章。

旧时的中国，一般妇女受教育比较少，因此对子女的教育更强调的是父亲，所谓“养不教，父之过”。而西方则更重视母亲对孩子的教育，认为“再没有什么能比人的母亲更为伟大”（惠特曼《草叶集·自己之歌》）。“世界上的一切光荣和骄傲，都来自母亲”。因为“没有母亲便没有诗人和英雄”（高尔基《意大利童话》）。“母亲是儿童的第一个教师”（苏霍姆林斯基《给教师的一百条建议》下篇）。比尔·盖茨的犹太母亲玛丽·盖茨甚至说：“两个民族的竞争，说穿了是两位母亲的竞争。”

胡适三岁丧父，他的成长，端赖母亲的教育。胡母冯顺弟出身于普通农户之家，没有进过学堂，但她却为中华民族培养出了一位杰出的儿子。正如胡适先生自己所说：“我在我母亲的教训之下住了九年，受了她的极大极深的影响。我十四岁（其实只有十二岁零两三个月）就离开她了，在这广漠的人海里独自混了二十多年，没有一个人管束过我。如果我学得了一丝一毫的好脾气，如果我学得了一点点待人接物的和气，如果我能宽恕人，体谅人，——我都得感谢我的慈母。”

正文

一

我生在光绪十七年十一月十七日（一八九一年十二月十七），那时候我家寄住在上海大东门外[二]。我生后两个月，我父亲被台湾巡抚邵友濂奏调往台湾[三]；江苏巡抚奏请免调，没有效果。我父亲于十八年二月底到台湾，我母亲和我搬到川沙住了一年。十九年（一八九三）二月二十六日我们一家（我母，四叔介如，二哥嗣秬，三哥嗣秠）也从上海到台湾[四]。我们在台南住了十个月。十九年五月，我父亲做台东直隶州知州，兼统镇海后军各营。台东是新设的州，一切草创，故我父不带家眷去。到十九年底，我们才到台东。我们在台东住了整一年。

甲午（一八九四）中日战事开始，台湾也在备战的区域，恰好介如四叔来台湾，我父亲便托他把家眷送回徽州故乡，只留二哥嗣秬跟着他在台东。我们于乙未年（一八九五）正月离开台湾，二月初十日从上海起程回绩溪故乡。

那年四月，中日和议成，把台湾割让给日本。台湾绅民反对割台，要求巡抚唐景崧坚守[五]。唐景崧请西洋各国出来干涉，各国不允。台人公请唐为台湾民主国大总统，帮办军务刘永福为主军大总统[六]。我父亲在台东办后山的防务，电报已不通，饷源已断绝。那时他已得脚气病，左脚已不能行动。他守到闰五月初三日，始离开后山。到安平时，刘永福苦苦留他帮忙，不肯放行。到六月廿五日，他双脚都不能动了，刘永福始放他行。六月廿八日到厦门，手足俱不能动了。七月初三日他死在厦门，成为东亚第一个民主国的第一个牺牲者[七]！

这时候我只有三岁零八个月。我仿佛记得我父死信到家时，我母亲正在家中老屋的前堂，她坐在房门口的椅子上。她听见读信人读到我父亲的死信，身子往后一倒，连椅子倒在房门槛上。东边房门口坐的珍伯母也放声大哭起来，一时满屋都是哭声，我只觉得天地都翻覆了！我只仿佛记得这一点凄惨的情状，其余都不记得了。

二

我父亲死时，我母亲只有二十三岁。我父初娶冯氏，结婚不久便遭太平天国之乱，同治二年（一八六三）死在兵乱里。次娶曹氏，生了三个儿子，三个女儿，死于光绪四年（一八七八）。我父亲因家贫，又有志远游，故久不续娶。到光绪十五年（一八八九），他在江苏候补，生活稍稍安定，他才续娶我的母亲。我母亲结婚后三天，我的大哥嗣稼也娶亲了。那时我的大姊已出嫁生了儿子。大姊比我母亲大七岁。大哥比她大两岁。二姊是从小抱给人家的。三姊比我母亲小三岁，二哥三哥（孪生的）比她小四岁。这样一个家庭里忽然来了一个十七岁的后母，她的地位自然十分困难，她的生活自然免不了苦痛。

结婚后不久，我父亲把她接到了上海同住。她脱离了大家庭的痛苦，我父又很爱她，每日在百忙中教她认字读书，这几年的生活是很快乐的。我小时也很得我父亲钟爱，不满三岁时，他就把教我母亲的红纸方字教我认。父亲作教师，母亲便在旁作助教。我认的是生字，她便借此温她的熟字。他太忙时，她就是代理教师。我们离开台湾时，她认得了近千字，我也认了七百多字。这些方字都是我父亲亲手写的楷字，我母亲终身保存着，因为这些方块红笺上都是我们三个人的最神圣的团居生活的记念。

我母亲二十三岁就做了寡妇，从此以后，又过了二十三年。这二十三年的生活真是十分苦痛的生活，只因为还有我这一点骨血，她含辛茹苦，把全副希望寄托在我的渺茫不可知的将来，这一点希望居然使她挣扎着活了二十三年。

我父亲在临死之前两个多月，写了几张遗嘱，我母亲和四个儿子每人各有一张，每张只有几句话。给我母亲的遗嘱上说穈儿（我的名字叫嗣穈，穈字音门）天资颇聪明，应该令他读书。给我的遗嘱也教我努力读书上进。这寥寥几句话在我的一生很有重大的影响。我十一岁的时候，二哥和三哥都在家，有一天我母亲问他们道："穈今年十一岁了。你老子叫他念书。你们看看他念书念得出吗？"二哥不

曾开口，三哥冷笑道：“哼，念书！”二哥始终没有说什么。我母亲忍气坐了一会，回到了房里才敢掉眼泪。她不敢得罪他们，因为一家的财政权全在二哥的手里，我若出门求学是要靠他供给学费的。所以她只能掉眼泪，终不敢哭。

但父亲的遗嘱究竟是父亲的遗嘱，我是应该念书的。况且我小时很聪明，四乡的人都知道三先生的小儿子是能够念书的。所以隔了两年，三哥往上海医肺病，我就跟他出门求学了。

三

我在台湾时，大病了半年，故身体很弱。回家乡时，我号称五岁了，还不能跨一个七八寸高的门槛。但我母亲望我念书的心很切，故到家的时候，我才满三岁零几个月，就在我四叔父介如先生（名玠）的学堂里读书了。我的身体太小，他们抱我坐在一只高凳子上面。我坐上了就爬不下来，还要别人抱下来。但我在学堂并不算最低级的学生，因为我进学堂之前已认得近一千字了。

因为我的程度不算“破蒙”的学生〔八〕，故我不须念《三字经》,《千字文》,《百家姓》,《神童诗》一类的书。我念的第一部书是我父亲自己编的一部四言韵文，叫做《学为人诗》〔九〕，他亲笔钞写了给我的。这部书说的是做人的道理。我把开头几行钞在这里：

为人之道，在率其性。
子臣弟友，循理之正；
谨乎庸言，勉乎庸行；
以学为人，以期作圣。……

以下分说五伦。最后三节，因为可以代表我父亲的思想，我也钞在这里：

五常之中，不幸有变，
名分攸关，不容稍紊。
义之所在，身可以殉。
求仁得仁，无所尤怨。
古之学者，察于人伦，
因亲及亲，九族克敦；
因爱推爱，万物同仁。
能尽其性，斯为圣人。
经籍所载，师儒所述，

为人之道，非有他术：

穷理致知，返躬践实，

黾勉于学，守道勿失。

我念的第二部书也是我父亲编的一部四言韵文，名叫《原学》，是一部略述哲理的书。这两部书虽是韵文，先生仍讲不了，我也懂不了。

我念的第三部书叫做《律诗六钞》，我不记是谁选的了。三十多年来，我不曾重见这部书，故没有机会考出此书的编者；依我的猜测，似是姚鼐的选本，但我不敢坚持此说。这一册诗全是律诗，我读了虽不懂得，却背的很熟。至今回忆，却完全不记得了。

我虽不曾读《三字经》等书，却因为听惯了别的小孩子高声诵读，我也能背这些书的一部分，尤其是那五七言的《神童诗》，我差不多能从头背到底。这本书后面的七言句子，如

人心曲曲湾湾水，

世事重重叠叠山。〔一〇〕

我当时虽不懂得其中的意义，却常常嘴上爱念着玩，大概也是因为喜欢那些重字双声的缘故。

*　　*　　*　　*

我念的第四部书以下，除了《诗经》，就都是散文的了。我依诵读的次序，把这些书名写在下面：

（4）《孝经》。

（5）朱子的《小学》，江永集注本。

（6）《论语》。以下四书皆用朱子注本。

（7）《孟子》。

（8）《大学》与《中庸》。（《四书》皆连注文读。）

（9）《诗经》，朱子《集传》本。（注文读一部分。）

（10）《书经》，蔡沈注本。（以下三书不读注文。）

（11）《易经》，朱子《本义》本。

（12）《礼记》，陈澔注本。

读到了《论语》的下半部，我的四叔父介如先生选了颍州府阜阳县的训导，要上任去了，就把家塾移交给族兄禹臣先生（名观象）。四叔是个绅董，常常被本族或

外村请出去议事或和案子；他又喜欢打纸牌（徽州纸牌，每副一百五十五张），常常被明达叔公，映基叔，祝封叔，茂张叔等人邀出去打牌。所以我们的功课很松，四叔往往在出门之前，给我们“上一进书”，叫我们自己念；他到天将黑时，回来一趟，把我们的习字纸加了圈，放了学，才又出门去。

四叔的学堂里只有两个学生，一个是我，一个是四叔的儿子嗣秫，比我大几岁。嗣秫承继给瑜婶。（星五伯公的二子，珍伯，瑜叔，皆无子，我家三哥承继珍伯，秫哥承继瑜婶。）她很溺爱他，不肯管束他，故四叔一走开，秫哥就溜到灶下或后堂去玩了。（他们和四叔住一屋，学堂在这屋的东边小屋内。）我的母亲管的严厉，我又不大觉得念书是苦事，故我一个人坐在学堂里温书念书，到天黑才回家。

禹臣先生接收家塾后，学生就增多了。先是五个，后来添到十多个，四叔家的小屋不够用了，就移到一所大屋——名叫来新书屋——里去。最初添的三个学生，有两个是守瓒叔的儿子，嗣昭，嗣逵。嗣昭比我大两三岁，天资不算笨，却不爱读书，最爱“逃学”，我们土话叫做“赖学”。他逃出去，往往躲在麦田或稻田里，宁可睡在田里挨饿，却不愿念书。先生往往差嗣秫去捉；有时候，嗣昭被捉回来了，总得挨一顿毒打；有时候，连嗣秫也不回来了，——乐得不回来了，因为这是“奉命差遣”，不算是逃学！

我常觉得奇怪，为什么嗣昭要逃学？为什么一个人情愿挨饿，挨打，挨大家笑骂，而不情愿念书？后来我稍懂得世事，才明白了。瓒叔自小在江西做生意，后来在九江开布店，才娶妻生子；一家人都说江西话，回家乡时，嗣昭弟兄都不容易改口音；说话改了，而嗣昭念书常带江西音，常常因此吃戒方或吃“作瘤栗”。（钩起五指，打在头上，常打起瘤子，故叫做“作瘤栗”。）这是先生不原谅，难怪他不愿念书。

还有一个原因。我们家乡的蒙馆学金太轻，每个学生每年只送两块银元。先生对于这一类学生，自然不肯耐心教书，每天只教他们念死书，背死书，从来不肯为他们“讲书”。小学生初念有韵的书，也还不十分叫苦。后来念《幼学琼林》，《四书》一类的散文，他们自然毫不觉得有趣味，因为全不懂得书中说的是什么。因为这个缘故，许多学生常常赖学；先有嗣昭，后来有个士祥，都是有名的“赖学胚”。他们都属于这每年两元钱的阶级。因为逃学，先生生了气，打的更厉害。越打的厉害，他们越要逃学。

我一个人不属于这“两元”的阶级。我母亲渴望我读书，故学金特别优厚，第一年就送六块钱，以后每年增加，最后一年加到十二元。这样的学金，在家乡要算“打破纪录”的了。我母亲大概是受了我父亲的叮嘱，她嘱托四叔和禹臣先生为我“讲书”：每读一字，须讲一字的意思；每读一句，须讲一句的意思。我先已认得了近千个“方字”，每个字都经过父母的讲解，故进学堂之后，不觉得很苦。念的几本书虽然有许多是乡里先生讲不明白的，但每天总遇着几句可懂的话。我最喜欢朱子《小学》里的记述古人行事的部分，因为那些部分最容易懂得，所以比较最有趣味。同学之中有念《幼学琼林》的，我常常帮他们的忙，教他们不认得的生字，因此常常借这些书看；他们念大字，我却最爱看《幼学琼林》的小注，因为注文中有许多神话和故事，比《四书》《五经》有趣味多了。

有一天，一件小事使我忽然明白我母亲增加学金的大恩惠。一个同学的母亲来请禹臣先生代写家信给她的丈夫；信写成了，先生交她的儿子晚上带回家去。一会儿，先生出门去了，这位同学把家信抽出来偷看。他忽然过来问我道："穈，这信上第一句'父亲大人膝下'是什么意思？"他比我只小一岁，也念过《四书》，却不懂"父亲大人膝下"是什么！这时候，我才明白我是一个受特别待遇的人，因为别人每年出两块钱，我去年却送十块钱。我一生最得力的是讲书，父亲母亲为我讲方字，两位先生为我讲书。念古文而不讲解，等于念"揭谛揭谛，波罗揭谛"[一一]，全无用处。

四

当我九岁时，有一天我在四叔家东边小屋里玩耍。这小屋前面是我们的学堂，后边有一间卧房，有客来便住在这里。这一天没有课，我偶然走进那卧房里去，偶然看见桌子下一只美孚煤油板箱里的废纸堆中露出一本破书。我偶然捡起了这本书，两头都被老鼠咬坏了，书面也扯破了。但这一本破书忽然为我开辟了一个新天地，忽然在我的儿童生活史上打开了一个新鲜的世界！

这本破书原来是一本小字木板的《第五才子》，我记得很清楚，开始便是"李逵打死殷天锡"一回。我在戏台上早已认得李逵是谁了，便站在那只美孚破板箱边，把这本《水浒传》残本一口气看完了。不看尚可，看了之后，我的心里很不好过：这一本的前面是些什么？后面是些什么？这两个问题，我都不能回答，却最急要一个回答。

我拿了这本书去寻我的五叔，因为他最会"说笑话"（"说笑话"就是"讲故事"，小说书叫做"笑话书"），应该有这种笑话书。不料五叔竟没有这书，他叫我去寻守焕哥。守焕哥说，"我没有《第五才子》，我替你去借一部；我家中有部《第一才子》，你先拿去看，好吧？"《第一才子》便是《三国演义》，他很郑重的捧出来，我很高兴的捧回去。

后来我居然得着《水浒传》全部。《三国演义》也看完了。从此以后，我到处去借小说看。五叔，守焕哥，都帮了我不少的忙。三姊夫（周绍瑾）在上海乡间周浦开店，他吸鸦片烟，最爱看小说书，带了不少回家乡；他每到我家来，总带些《正德皇帝下江南》，《七剑十三侠》一类的书来送给我。这是我自己收藏小说的起点。我的大哥（嗣稼）最不长进，也是吃鸦片烟的，但鸦片烟灯是和小说书常作伴的，——五叔，守焕哥，三姊夫都是吸鸦片烟的，——所以他也有一些小说书。大嫂认得一些字，嫁妆里带来了好几种弹词小说，如《双珠凤》之类。这些书不久都成了我的藏书的一部分。

三哥在家乡时多；他同二哥都进过梅溪书院〔一二〕，都做过南洋公学的师范生〔一三〕，旧学都有根柢，故三哥看小说很有选择。我在他书架上只寻得三部小说：一部《红楼梦》，一部《儒林外史》，一部《聊斋志异》。二哥有一次回家，带了一部新译出的《经国美谈》〔一四〕，讲的是希腊的爱国志士的故事，是日本人做的。这是我读外国小说的第一步。

帮助我借小说最出力的是族叔近仁，就是民国十二年和顾颉刚先生讨论古史的胡堇人。他比我大几岁，已"开笔"做文章了，十几岁就考取了秀才。我同他不同学堂，但常常相见，成了最要好的朋友。他天才很高，也肯用功，读书比我多，家中也颇有藏书。他看过的小说，常借给我看。我借到的小说，也常借给他看。我们两人各有一个小手折，把看过的小说都记在上面，时时交换比较，看谁看的书多。这两个折子后来都不见了，但我记得离开家乡时，我的折子上好像已有了三十多部小说了。

这里所谓"小说"，包括弹词，传奇，以及笔记小说在内。《双珠凤》在内，《琵琶记》也在内；《聊斋》，《夜雨秋灯录》，《夜谭随录》，《兰苕馆外史》，《寄园寄所寄》，《虞初新志》等等也在内。从《薛仁贵征东》，《薛丁山征西》，《五虎平西》，《粉妆楼》一类最无意义的小说，到《红楼梦》和《儒林外史》一类的第一流作品，这里面的程度已是天悬地隔了。我到离开家乡时，还不能了解《红楼梦》和《儒林外史》的好处。但这一大类都是白话小说，我在不知不觉之中得了不少的白话散文的训练，在十几年后于我很有用处。

看小说还有一桩绝大的好处，就是帮助我把文字弄通顺了。那时候正是废八股时文的时代，科举制度本身也动摇了。二哥三哥在上海受了时代思潮的影响，所以不要我"开笔"做八股文，也不要我学做策论经义。他们只要先生给我讲书，教我读书。但学堂里念的书，越到后来，越不好懂了。《诗经》起初还好懂，读到《大雅》，就难懂了；读到《周颂》，更不可懂了。《书经》有几篇，如《五子之歌》，我读的很起劲；但《盘庚》三篇，我总读不熟。我在学堂九年，只有《盘庚》害我挨了一次打。后来隔了十多年，我才知道《尚书》有今文和古文两大类，向来学者都说古文诸篇是假的，今文是真的；《盘庚》属于今文一类，应该是真的。但我研究《盘庚》用的代名词最杂乱不成条理，故我总疑心这三篇书是后人假造的。有时候，我自己想，我的怀疑《盘庚》，也许暗中含有报那一个"作瘤栗"的仇恨的意味罢？

《周颂》，《尚书》，《周易》等书都是不能帮助我作通顺文字的。但小说书却给了我绝大的帮助。从《三国演义》读到《聊斋志异》和《虞初新志》，这一跳虽然

跳的太远，但因为书中的故事实在有趣味，所以我能细细读下去。石印本的《聊斋志异》有圈点，所以更容易读。到我十二三岁时，已能对本家姊妹们讲说《聊斋》故事了。那时候，四叔的女儿巧菊，禹臣先生的妹子广菊、多菊，祝封叔的女儿杏仙，和本家侄女翠蘋、定娇等，都在十五六岁之间；她们常常邀我去，请我讲故事。我们平常请五叔讲故事时，忙着替他点火，装旱烟，替他捶背。现在轮到我受人巴结了。我不用人装烟捶背，她们听我说完故事，总去泡炒米，或做蛋炒饭来请我吃。她们绣花做鞋，我讲《凤仙》，《莲香》，《张鸿渐》，《江城》。这样的讲书，逼我把古文的故事翻译成绩溪土话，使我更了解古文的文理。所以我到十四岁来上海开始作古文时，就能做很像样的文字了。

五

我小时身体弱，不能跟着野蛮的孩子们一块儿玩。我母亲也不准我和他们乱跑乱跳。小时不曾养成活泼游戏的习惯，无论在什么地方，我总是文诌诌地〔一五〕。所以家乡老辈都说我"像个先生样子"，遂叫我做"穈先生"。这个绰号叫出去之后，人都知道三先生的小儿子叫做穈先生了。既有"先生"之名，我不能不装出点"先生"样子，更不能跟着顽童们"野"了。有一天，我在我家八字门口和一班孩子"掷铜钱"，一位老辈走过，见了我，笑道："穈先生也掷铜钱吗？"我听了羞愧的面红耳热，觉得大失了"先生"的身分！

大人们鼓励我装先生样子，我也没有嬉戏的能力和习惯，又因为我确是喜欢看书，所以我一生可算是不曾享过儿童游戏的生活。每年秋天，我的庶祖母同我到田里去"监割"（顶好的田，水旱无忧，收成最好，佃户每约田主来监割，打下谷子，两家平分。），我总是坐在小树下看小说。十一二岁时，我稍活泼一点，居然和一群同学组织了一个戏剧班，做了一些木刀竹枪，借得了几副假胡须，就在村口田里做戏。我做的往往是诸葛亮，刘备一类的文角儿；只有一次我做史文恭，被花荣一箭从椅子上射倒下去，这算是我最活泼的玩艺儿了。

我在这九年（一八九五——一九〇四）之中，只学得了读书写字两件事。在文字和思想（看下章）的方面，不能不算是打了一点底子。但别的方面都没有发展的机会。有一次我们村里"当朋"（八都凡五村，称为"五朋"，每年一村轮着做太子会，名为"当朋"。），筹备太子会，有人提议要派我加入前村的昆腔队里学习吹笙或吹笛。族里长辈反对，说我年纪太小，不能跟着太子会走遍五朋。于是我失掉了这学习音乐的唯一机会。三十年来，我不曾拿过乐器，也全不懂音乐；究竟我有没有一点学音乐的天资，我至今还不知道。至于学图画，更是不可能的事。我常常用竹纸蒙在小说书的石印绘像上，摹画书上的英雄美人。有一天，被先生看见了，挨了一顿大骂，抽屉里的图画都被搜出撕毁了。于是我又失掉了学做画家的机会。

但这九年的生活，除了读书看书之外，究竟给了我一点做人的训练。在这一点上，我的恩师就是我的慈母。

每天天刚亮时，我母亲就把我喊醒，叫我披衣坐起。我从不知道她醒来坐了多久了。她看我清醒了，才对我说昨天我做错了什么事，说错了什么话，要我认错，要我用功读书。有时候她对我说父亲的种种好处，她说："你总要踏上你老子的脚步。我一生只晓得这一个完全的人，你要学他，不要跌他的股。"（跌股便是丢脸，出丑。）她说到伤心处，往往掉下泪来。到天大明时，她才把我的衣服穿好，催我去上早学。学堂门上的锁匙放在先生家里；我先到学堂门口一望，便跑到先生家里去敲门。先生家里有人把锁匙从门缝里递出来，我拿了跑回去，开了门，坐下念生书。十天之中，总有八九天我是第一个去开学堂门的。等到先生来了，我背了生书，才回家吃早饭。

我母亲管束我最严，她是慈母兼任严父。但她从来不在别人面前骂我一句，打我一下。我做错了事，她只对我一望，我看见了她的严厉眼光，就吓住了。犯的事小，她等到第二天早晨我眼醒时才教训我〔一六〕。犯的事大，她等到晚上人静时，关了房门，先责备我，然后行罚，或跪罚，或拧我的肉。无论怎样重罚，总不许我哭出声音来。她教训儿子不是借此出气叫别人听的。

有一个初秋的傍晚，我吃了晚饭，在门口玩，身上只穿着一件单背心。这时候我母亲的妹子玉英姨母在我家住，她怕我冷了，拿了一件小衫出来叫我穿上。我不肯穿，她说："穿上吧，凉了。"我随口回答："娘（凉）什么！老子都不老子呀。"我刚说了这句话，一抬头，看见母亲从家里走出，我赶快把小衫穿上。但她已听见这句轻薄的话了。晚上人静后，她罚我跪下，重重的责罚了一顿。她说："你没了老子，是多么得意的事！好用来说嘴！"她气的坐着发抖，也不许我上床去睡。我跪着哭，用手擦眼泪，不知擦进了什么微菌，后来足足害了一年多的眼翳病。医来医去，总医不好。我母亲心里又悔又急，听说眼翳可以用舌头舔去，有一夜她把我叫醒，她真用舌头舔我的病眼。这是我的严师，我的慈母。

* * * *

我母亲二十三岁做了寡妇，又是当家的后母。这种生活的痛苦，我的笨笔写不出一万分之一二。家中财政本不宽裕，全靠二哥在上海经营调度。大哥从小就是败子，吸鸦片烟，赌博，钱到手就光，光了就回家打主意，见了香炉就拿出去卖，捞着锡茶壶就拿出去押。我母亲几次邀了本家长辈来，给他定下每月用费的数目。但他总不够用，到处都欠下烟债赌债。每年除夕我家中总有一大群讨债的，每人一盏灯笼，坐在大厅上不肯去。大哥早已避出去了。大厅的两排椅子上满满的都是灯笼和债主。我母亲走进走出，料理年夜饭，谢灶神，压岁钱等事，只当做不曾看见这一群人。到了近半夜，快要"封门"了，我母亲才走后门出去，央

一位邻舍本家到我家来，每一家债户开发一点钱。做好做歹的，这一群讨债的才一个一个提着灯笼走出去。一会儿，大哥敲门回来了。我母亲从不骂他一句。并且因为是新年，她脸上从不露出一点怒色。这样的过年，我过了六七次。

大嫂是个最无能而又最不懂事的人，二嫂是个很能干而气量很窄小的人。她们常常闹意见，只因为我母亲的和气榜样，她们还不曾有公然相骂相打的事。她们闹气时，只是不说话，不答话，把脸放下来，叫人难看；二嫂生气时，脸色变青，更是怕人。她们对我母亲闹气时，也是如此。我起初全不懂得这一套，后来也渐渐懂得看人的脸色了。我渐渐明白，世间最可厌恶的事莫如一张生气的脸；世间最下流的事莫如把生气的脸摆给旁人看。这比打骂还难受。

我母亲的气量大，性子好，又因为做了后母后婆，她更事事留心，事事格外容忍。大哥的女儿比我只小一岁，她的饮食衣料总是和我的一样。我和她有小争执，总是我吃亏，母亲总是责备我，要我事事让她。后来大嫂、二嫂都生了儿子了，她们生气时便打骂孩子来出气，一面打，一面用尖刻有刺的话骂给别人听。我母亲只装做不听见。有时候，她实在忍不住了，便悄悄走出门去，或到左邻立大嫂家去坐一会〔一七〕，或走后门到后邻度嫂家去闲谈。她从不和两个嫂子吵一句嘴。

每个嫂子一生气，往往十天半个月不歇，天天走进走出，板着脸，咬着嘴，打骂小孩子出气。我母亲只忍耐着，忍到实在不可再忍的一天，她也有她的法子。这一天的天明时，她就不起床，轻轻的哭一场。她不骂一个人，只哭她的丈夫，哭她自己苦命，留不住她丈夫来照管她。她先哭时，声音很低，渐渐哭出声来。我醒了起来劝她，她不肯住。这时候，我总听得见前堂（二嫂住前堂东房）或后堂（大嫂住后堂西房）有一扇房门开了，一个嫂子走出房向厨房走去。不多一会，那位嫂子来敲我们的房门了。我开了房门，她走进来，捧着一碗热茶，送到我母亲床前，劝她止哭，请她喝口热茶。我母亲慢慢停住哭声，伸手接了茶碗。那位嫂子站着劝一会，才退出去。没有一句话提到什么人，也没有一个字提到这十天半个月来的气脸，然而各人心里明白，泡茶进来的嫂子总是那十天半个月来闹气的人。奇怪的很，这一哭之后，至少有一两个月的太平清静日子。

我母亲待人最仁慈，最温和，从来没有一句伤人感情的话。但她有时候也很有刚气，不受一点人格上的侮辱。我家五叔是个无正业的浪人，有一天在烟馆里发牢骚，说我母亲家中有事总请某人帮忙，大概总有什么好处给他。这句话传到了我母亲耳朵里，她气的大哭，请了几位本家来，把五叔喊来，她当面质问他她给了某人什么好处。直到五叔当众认错赔罪，她才罢休。

我在我母亲的教训之下住了九年，受了她的极大极深的影响。我十四岁（其实只有十二岁零两三个月）就离开她了，在这广漠的人海里独自混了二十多年，没有一个人管束过我。如果我学得了一丝一毫的好脾气，如果我学得了一点点待人接物的和气，如果我能宽恕人，体谅人，——我都得感谢我的慈母。

十九,十一，廿一夜。

注释

［一］第一章

《四十自述》手稿目录的序号用的是“(1)……(16)”，手稿正文的开篇是“四十自述（一）”，“自序”中的几部分也用序号（一）（二）（三）等。初刊本（《新月》）前两篇题目下均标明“——《四十自述》的一章——”，后面三篇在题目下分别标明“——《四十自述》第三章——”“——《四十自述》第四章——”“——《四十自述》第五章——”，每篇的几个部分都用序号（一）（二）（三）等。亚东初版除了“自序”“序幕”之外，其他各篇之前都冠以序号（一）（二）（三）等；每篇中的几个部分之前，都冠以序号“一、二、三”等。“在上海”分为两章，标题分别为“在上海（一）”和“在上海（二）”。这样一来，序号的层级有点混乱不清。因此，简体定本在各章标题之前均冠以“第 × 章”，这既与胡适先生自己的分章相吻合，又使序号层级井然。

［二］胡适的生日与出生地

胡适先生在《四十自述》中对自己的生日说得很清楚：“我生在光绪十七年十一月十七日（一八九一年十二月十七）”，农历、公历俱在。《九年的家乡教育》作为《四十自述》的一章，最早发表于《新月》杂志第三卷第三期上。一九三三年九月便出版了《四十自述》的单行本。可是，朱洪先生在《胡适大传》中却说：“1891 年（光绪十七年辛卯） 12 月 28 日，胡传的第四个儿子在上海大东门外的胡记小茶叶店诞生了，这年胡传 50 岁，妻子冯顺弟 19 岁。”（安徽人民出版社 2001 年 2 月第 1 版，13 页）把胡适先生的生日延后了十一天，而且，对胡适父母年龄的记载也有问题。胡适的父亲胡传生于一八四一年，到一八九一年是满五十岁；母亲冯顺弟生于一八七三年，到一八九一年是满十八岁，而不是十九岁。如果按虚岁计算，胡适的母亲确是十九岁，那其父亲就应该是五十一岁。

胡适传记中的类似错误还真不少，譬如白吉庵先生在《胡适传》里说：“胡适……1891 年 12 月 17 日（清光绪十七年十一月十七日）生于上海大东门外。这时他母亲才 19 岁，而父亲却已 49 岁了。”（人民出版社 1993 年 2 月第 1 版，10 页）胡适的父亲应该是满五十岁，虚岁五十一岁，怎么会四十九岁呢？

又比如唐德刚先生在《胡适杂忆》六九中说：“江冬秀夫人与胡适之先生同年，生于光绪十七年（1891），辛卯。夫妇二人是一对小兔子，夫人长先生数月。”（华东师范大学出版社 1999 年 1 月第 1 版，185 页；广西师范大学出版社 2003 年 8 月第 1 版，182 页）唐先生的这个说法影响很大，陈漱渝、李致先生就编过一本书，取名《一对小兔子：胡适夫妇两地书》（湖南教育

出版社 2006 年 12 月第 1 版）。其实，“江冬秀夫人与胡适之先生”并非“同年”，江冬秀生于一八九〇年，属虎，“夫妇二人”也并非“一对小兔子”。

关于胡适先生的出生地，《四十自述》说是“上海大东门外”，但这个地点过于宽泛。朱洪先生说是“上海大东门外的胡记小茶叶店”，这倒是具体了，可惜并不正确。胡适家族确乎几代人经营茶叶贸易，最早的茶店是高祖在上海川沙开的“万和”茶店，后来又开了“茂春”支店。传到胡适祖父时，又将茶叶店开到了上海城区，但胡适却不是在“胡记小茶叶店”出生的。二十世纪二十年代末，游历欧洲后返回上海的胡适与也出生于上海大东门外的香港名医陈存仁邂逅，两人便结伴寻访出生地和小时候读书的学校。胡适告诉陈大夫，他准确的出生地是位于上海大东门外里咸瓜街上的“程裕新茶栈”。这是胡适的绩溪老乡程有相创办的，到程家第三代时，“程裕新”在上海开了好几个分号。正是这个缘故，后来“程裕新”出版《茶叶分类品目》时邀请胡适题词，胡适就在封面上题写了“恭祝程裕新茶号万岁”，这是他一生中仅有的一次为商业店铺题字。“程裕新”还想以胡适的大名推出“博士茶”，并拟在广告中宣传：“胡适博士昔年服此茶，沉疴遂得痊愈”，“凡崇拜胡博士欲树帜于文学界，当自先饮‘博士茶’为始”。被胡适拒绝了，他在给“程裕新”的回信中说：“如‘茶博士’之广告只说文人学者多嗜饮茶可助方思，已够了。”他还告诫说：广告当“老实陈词”。

［三］邵友濂

邵友濂（1841—1901），原名维埏，字筱春（一字小村、攸枝），浙江余姚人。清朝政治家、外交家。是李鸿章的亲家，新月派诗人、散文家、出版家、翻译家邵洵美的祖父。同治四年（1865）举人，补总理各国事务衙门章京，后曾赴俄国、法国参与谈判和约，历任河南按察使、台湾布政使、湖南巡抚、台湾巡抚等官。

［四］胡适的胞兄及其后代

胡适有三个同父异母的哥哥，均为父亲胡铁花的第二任妻子曹氏所生。大哥胡洪骏（1871—1915），字嗣稼，号耕耘；二哥胡洪骓（zhuī，1877—1929），字嗣秬（jù），号绍之；三哥胡洪駓（pī，1877—1904），字嗣秠（pī），号振之。二哥和三哥是孪生兄弟，三哥洪駓过继给了胡适叔祖胡星五的长子即胡铁花的堂兄弟胡祥虹做儿子。嗣秬、嗣秠和嗣穈（mén，胡适的字），都取自《诗经・大雅・生民》。《生民》是周人的一首史诗，叙述周始祖后稷诞生的神奇传说，颂扬后稷对农业的贡献。后稷的母亲姜嫄“履帝武敏歆”，因为踩到了上帝的大脚趾印而怀了身孕，便生下了后稷。后稷发明了农业，给后人留下了很多优良的农作物种子：“诞降嘉种，维秬维秠，维穈维芑。恒之秬秠，是获是亩。恒之穈芑，是任是负。以归肇祀。”（《生民》第六章）“秬”是黑黍，“秠”是一个壳里长着两粒黍米的黑黍（一说为小麦），“穈”是红米的高粱，芑（qǐ）是白米的高粱。这些作物被普遍地种植，解决了食物不足的问题。为了感恩，人们就用收获的粮食酿成酒来祭祀天地，祭祀后稷。

“秬”“秠”都是生僻字，因此有些版本时常弄错。譬如人报本（21 页）就把“秬”误成了“柜”，把“秠”误成了“栖”。一些胡适传记类的书，还把“穈”误成了“糜”。

胡适的大哥嗣稼不务正业，抽大烟，好赌博，父亲胡铁花在家乡时曾经要把他处死，多亏胡适的母亲冯顺弟苦苦相求而得免。胡适在日记中说："大哥一生糊涂，老来途穷，始有悔意，然已来不及矣。"（一九一五年二月二十九日，留美日记《家书中三个噩耗》）遗二子一女，大儿子思明（1898—1917），曾在上海学绘画，很聪明，可惜英年早逝。胡适的母亲听到这个噩耗非常悲痛，将他画的寿星图珍藏以为纪念，此图今尚存。次子思齐（1907—1986），八岁时生病，被庸医误诊，成了聋哑人。后在上海手帕厂当工人，他的两个儿子胡毓凯、胡毓菁是绩溪上庄的农民。胡毓凯作为长房嫡曾孙，在上庄维护"胡适故居"。胡毓菁读初中时赶上"文化大革命"，他不肯批判胡适，于是退学回乡当农民。嗣稼的女儿胡惠平和丈夫程治平有三个儿子：程法善、程法德（2004年病故）和程法嘉。

胡适的二哥和三哥自幼被送到上海梅溪书院和南洋公学读书，二哥十五岁时被父亲带去台湾，后来扶持病危的父亲从台湾回到厦门。父亲病故后，他将灵柩运回家乡安葬，独立支撑着胡家。胡适在上海求学六年，主要靠二哥供给（中国新公学时靠半工半读自给），"适之"的字也是二哥取的。胡适出国留学也得到了二哥的支持，入康奈尔大学选择农学专业，也是二哥的决定。二哥绍之后来做过司法部文牍员、典狱长等中下层职员，后返乡办小学，直至逝世。

二哥绍之有三个儿子一个女儿，长子思聪、长女阿翠和次子思敬为第一任夫人曹杏娟所生，三子思猷为第二任夫人所生。思聪（1899—1923），初在家乡读书，十九岁随胡适去北京，就读国立艺专，一九二三年末死于肺病。阿翠（1909—1928），在生母去世后与三婶曹细娟一起生活。曹细娟在丧夫丧子的悲痛中染上毒瘾，性格被扭曲。阿翠因受不了三婶的虐待，生吞烟土身亡。思敬（1910—1935），毕业于南京政治学校，在上海商务印书馆编译部任职。因患睾丸结核症导致性功能障碍，医生在给他做手术时摘除了那颗患睾，从此精神痛苦异常，在杭州一家小旅馆内服安眠药自杀。思猷（1921—1950），身材魁伟、天资聪明，深得胡适喜爱，从小学到大学的学费都是由胡适承担的。在天津南开中学读书时加入了共产党，据石原皋先生说，他"经常化名写小品文，刊登在《大公报》文艺副刊上，矛头是指向胡适的，大家不知作者是何人？更不知所指的是哪一个？有一天，我在文章中看到一个'细'字，这个'细'字是我们家乡的土话，上辈对下辈的称呼。再仔细地看了内容，完全指的是胡适，我就知道是思猷写的。后来问他，他承认是他写的；并告诉我，他已加入共产党了。后来，京津的共产党组织遭到破坏，南开中学的党组织也被破坏了，思猷被捕。胡适知道后，赶到天津营救，马上将他保出，但不准他再干，如不听话，不再供给他的生活及教育等费用。他在经济压迫下，最终屈服了。他不能在南开中学继续读下去，回到北京，改名胡评，进一个私立中学"（石原皋《闲话胡适》，安徽人民出版社，1990年4月第2版，55页）。思猷中学毕业便考入上海大夏大学教育学院读书，费用由胡适和思猷的舅舅曹诚克共同负担。大学毕业后思猷请四叔胡适给他推荐工作，胡适问他有什么著作，他说没有；又问他有什么研究，他说也没有。胡适说："假如你有著作，有什么专门研究的话，我可以向人介绍'这里有一个人才'。现在你既没有这些成绩，我不能对人家说：'他是我侄子，你们必须要给他安插一个位置。'我不能为你破例。"对于思猷与同学李庆萱的婚事，胡适非常关心，结婚的全部费用都是胡适承担的，胡适还请出安徽教育厅厅长做证婚人。抗日战争全面爆发后，思猷夫妇在南京见到胡适，胡适给了思猷一笔可观的钱，让他们回合肥岳父家避难。合肥沦陷后，他们回到上庄老家。后来得了肺病，战时无药可医，有人劝他吸鸦片，从此便染上了毒瘾。抗战胜利后，思猷在安徽省教育厅挂名督学。后任芜湖市北京路小学校长。据程法德先生回忆说："思猷舅舅一九五〇年寄宿在芜湖市老胡开文墨店中（胡开文与胡适

同村同族），那几天晚上（夏天），他精神恍惚，香烟蒂扔了一地，以后失踪了。据说留有遗书，投江自杀了。”（《胡适家事与情事》290页）年仅三十八岁。他的遗孀李庆萱和儿子，都从事教育工作。

胡适的三哥振之只有一个独生子思永（1903—1923），思永出生的第二年振之就去世了，年仅二十七岁。思永虽然跛足，而且手又痉挛，但很有文学天赋，喜欢写诗。一九一九年，他考入天津南开中学，因身患肺痨病，接受叔父胡适“自修胜于学校教育”的慰勉，次年春，回家疗养和自修。一九二二年复进南开中学，不久沉痼复烈，又受失恋刺激，次年四月去世，年仅二十岁。思永从小喜欢文学，受白话文影响，读书之余，致力习作白话诗，与诗友江泽涵、周白棣等常有诗作交往。其遗诗甚多，程仰之辑成《胡思永的遗诗》（三卷，一〇三首，一九二四年由上海亚东图书馆出版）。胡适在序言中称思永的诗：“第一是明白清楚，第二是注重意境，第三是能剪裁，第四是有组织、有格式。如果新诗中真有胡适之派，这是胡适之的嫡派。”胡适还为《胡思永的遗诗》题写了书名，并在《努力周报》撰文介绍已故去的胡思永说：“他是一个有文学天才的少年，死后只剩许多写给朋友的信和几十首新诗。他的诗大都可诵，有一些竟可说是近日新诗界的上品。”三十年代，思永被列为白话诗草创时期的九家诗人和全国作家之一。

［五］唐景崧

唐景崧（1841—1903），字维卿，广西灌阳人。一八六一年中乡试第一名解元，一八六五年中二甲第八名进士，继而被点为翰林院庶吉士，从此踏入仕途。他的两个弟弟唐景崇和唐景葑分别是同治光绪年间的进士，而三兄弟又都被点为翰林，“同胞三翰林”便成为一时佳话。

［六］刘永福

刘永福（1837—1917），原名建业，字渊亭，广东钦州防城司古森垌小峰乡（今广西防城港市防城区扶隆乡小峰村）人。清代黑旗军的创建者，农民出身的杰出军事家、政治活动家。十三岁在左江当船工，曾拜武术高手为师，学得了一身好武艺。

一八五七年，刘永福兄弟加入天地会，投身于农民起义。因他的队伍常举黑旗作战，故被称为黑旗军。曾到越南帮助越军抗法，被清政府召回，赐予“依博德恩巴图鲁”和“三代一品封典”的荣誉。一八八六年，任闽粤南澳镇总兵。一八九四年，赴台湾协助巡抚邵友濂办理防务，招募新兵，扩充黑旗军。翌年四月，清政府战败签订《马关条约》，把台湾、澎湖列岛割给日本。刘永福在台南发出联合抗日号召，表示为保卫国土“万死不辞”。晚年在广东仍关心国事，一九一一年加入同盟会，参加反清斗争。辛亥革命胜利后，他应广东都督胡汉民的邀请，出任广东民团总长，不久辞职回家。一九一五年，袁世凯与日本签订了亡国灭种的“二十一条约”，刘永福拍电报谴责袁世凯卖国求荣，并表示，如果日本逞凶，他愿以老朽之躯充当先锋，与宿敌决一死战。一九一七年一月九日，刘永福在广东逝世。

［七］胡适父亲之死

（一）“无头”公案

胡适的父亲胡传（1841—1895），字铁花，原名守珊，故一字守三，行名祥蛟，乡里称之为“珊先生”或“铁花公”。据胡适《四十自述》，胡传是一八九五年“七月初三日”（公历8月22

日）“死在厦门，成为东亚第一个民主国的第一个牺牲者”！逝世的原因是“脚气病”，“守到闰五月初三日，始离开后山。到安平时，刘永福苦苦留他帮忙，不肯放行。到六月廿五日，他双脚都不能动了，刘永福始放他行。六月廿八日到厦门，手足俱不能动了”。可是，石原皋先生对于胡适父亲的死却披露了一个“百年未解之谜”：

> 他究竟是病死于厦门，还是血洒战场，壮烈牺牲呢？这个谜直到今天才得到解决。铁花公是爱国英雄，是为了抗日而战死沙场的。先是铁花公只身赴台，次年胡适的母亲率领儿子们赴台湾。同行的人有我的外祖父胡宣铎公，胡朗山先生，及胡父的书童胡景全等人……自从甲午战争爆发，台湾就不平安了……他……遣眷属及宣铎、朗山、景全等先归内地，独与次子绍之居守……书童对胡适的姨母（她是上庄胡洪若的妻子，与胡适的继母曹氏是亲姐妹）说：“小姨，珊先生不能回来了！”她反问说：“你说什么？为什么不能回来？”他又说：“我最近每次跟着他出去，总是觉得胆战心惊，坐马的嘶鸣声，非常凄惨，有一种不祥的感觉。日本人的炮火很厉害，我们只有刀枪和土硝土炮。战必败，败必死，这是珊先生的个性，毫无疑问的。”姨母相信他的说法，村人也都认为他的话有道理，因为铁花公的刚强不屈，见义勇为，素为村人所深知。不久，病死的消息传来，村人都认为景全的话可信了。为什么说病死，而不说被杀呢？如若说他抗敌殉难，那末，他是违抗清朝的命令而擅自抗日的，不但讨不着封赠，反而有罪；借口病死，免了许多麻烦。这样一来，又引起另外一场风波。据封建社会的祠规，凡是凶死的人，排位不能入宗祠，名字不能上族谱。（石原皋《闲话胡适》，安徽人民出版社 1990 年 4 月第 2 版，4 页）

因此，当胡传的灵柩回到上庄入宗祠时便遇到了麻烦。胡绍之便大声说：“开馆来验，如无头，即杀我的头；如有头，即杀与我赌头的人的头！”因为村里无人确知胡传是不是真的被杀头，当然也就没人敢赌。事后，胡适的姨母问绍之：“大姨夫是不是善终？”绍之不答，姨母也不再问。可是村里人还是众说纷纭，有的说是金头，有的人说是铜头。

石原皋先生还披露：“事过境迁，可能绍之向家人说过实情，否则，为什么江冬秀又一次曾向我的大侄说过，她的公公军中被杀头呢？‘文化大革命’中‘造反派’们将铁花公的坟墓掘开，棺材盖儿撬去，当年没有开馆相验，今朝却是抛尸露骨。遍寻棺中，压根儿找不到颅骨，哪有金头？!”于是，石原皋先生便断言：“胡适的父亲确是爱国的，是抗日殉难的志士。再看铁花公于一八九五年六月二十日所立的遗嘱和胡用‘殉难’二字，来一个伏笔。这不是很明白了吗？!”（6 页）

石原皋是胡传族兄胡宝铎的侄外孙，当年在北平读书时是胡适家的常客。因此，他的《闲话胡适》一九八三年在安徽《艺谭》季刊上连载之后，便引起了海内外学者的关注。美国的胡适研究专家唐德刚先生认为“这一消息，真实性很大”。甚至断言：“有关胡适父亲的故事，连‘考证派宗师’的胡适，也被骗了一生！”（台湾《传记文学》一九八六年一月号）中国社会科学院近代史所的白吉庵先生更是把它当作“新成果”，写进了在《光明日报》连载的《胡适传》，说胡传是“在台湾为了抵抗日军的侵略而战死沙场”的（1986 年 10 月 7 日《光明日报》）。因为没有说明材料根据，便有读者写信质询。白先生于一九八六年十二月十六日在该报发表的《关于胡适父亲之死——敬答许全兴同志》一文中说，所据为《闲话胡适》一书，“是吸收研究新成果”。

《闲话胡适》中的其他论据都没有说服力，只有“文化大革命”中“造反派”掘墓撬棺，“遍寻棺中，压根儿找不到颅骨”似为“铁证”。但楚讯先生曾于一九八五年六月二十日赴绩溪上庄察访：“询问上庄乡干部群众及胡适族人胡乐丰先生，他们都说确有‘造反派’掘墓的事，但找不着头颅骨的话仍系传闻，并无人确见证实，因而都认为靠不住。”一九八七年十一月十七日，中国社会科学院文学所胡明先生（绩溪上庄人）致信楚讯先生说：“关于胡传的棺内有无头骨的问题，石原皋书里显然是捕风捉影。我看他的初稿时曾当面与他老人家说过（他是我外祖父的弟弟），老人家为了‘出新’，坚持要写出，以至于白吉庵也跟着错，竟当作‘最新成果’写进他的《胡适传》(《光明日报》)。据可靠材料（有人证），棺内有下颚骨，‘金头’‘无头’之说肯定站不住，胡适的说法（病死厦门）以及以后的大多数人说法是对的。”(《安徽史学》1992 年第 3 期《关于胡适父亲的死》)

其实，“文化大革命”时石原皋先生正在合肥蒙难，所谓“文化大革命”中“造反派”掘墓未见头骨云云，不过道听途说而已。“文化大革命”中打开的三个墓穴是胡传及其父母的，棺木中全有头骨，胡适母亲的坟穴未被打开。其中一口棺材的形制特别，一眼就能看出是福建台湾的风格，与绩溪本地的棺制迥然不同，完全可以断定是胡传的棺材。徽州地区档案局胡云先生致信绩溪县，证实这口棺材里有头骨，还拍下了墓穴、棺材和胡传遗骸的下颚骨的照片。进一步考察胡传遗骸的那块下颚骨，骨体大，下颚骨上面还有四颗尚未脱落的牙齿。这些都符合胡传体硕、骨骼大，年纪并不老的特征。

当年的盗墓者之一“汪老鼠”回忆说，他去的时候，发现棺材早已被撬了，爬进墓穴看到三口棺材中全有头骨，却没有金头，他就赶忙出来跑了。其他盗墓者把棺材里的一块护心镜和四枚大铜钱弄去换钱去了。

胡铁花的长房曾孙胡毓凯也证实说：“以前，我因听信‘亲人白骨看了要晦气’，所以我每次上坟扫墓都不敢向祖坟棺材里细看，就站在外面简单地望一下，没有看见颅骨，以为老辈人说的都是真的，也就不一定去考究我曾祖是善死还是被杀死的。而今我与思海叔、毓英（胡云）族兄经过一番仔细地察看，才发现铁花公、奎熙公棺内均有颚角。奎熙夫人程氏尚有完整的颅骨在。”

至此，石原皋先生的“铁证”落空了，胡传的“无头”案也该结案了。可是，有的胡适研究者或是孤陋寡闻，没有看到这些材料，或是固执己见，偏听偏信，仍然坚持胡铁花被杀于台湾的说法。譬如朱洪先生就在《胡适大传》中说：

> 光绪二十一年七月初三，即 1895 年 8 月 23 日，胡传被杀。
>
> 1895 年 8 月下旬，在厦门、台湾一带做茶叶生意的绩溪余村人汪正钦，准备到铁花公处住上一两天再回家。到铁花公住处，才知铁花公已离台返乡，当即找一旅馆住了一晚，第二天离开旅店时，汪正钦听说铁花公被杀，人头挂在街上示众，汪正钦一看，果然是铁花公的头。
>
> 汪正钦问路人：“为何杀他？”
>
> 路人说：“既是军人，就应与守土同存亡，今地尚在，人却要离去，有失军责，故处死。”(安徽人民出版社 2001 年 2 月第 1 版，18 页)

本章评注〔二〕已经提到《胡适大传》弄错了胡适公历生日和胡适父母的年龄，还杜撰胡适诞生于"胡记小茶叶店"；这里又弄错了胡传逝世的公历日期（光绪二十一年七月初三是1895年8月22日，不是23日），而且又轻信谣传，说胡传在台湾被杀头示众。杀他的理由也是路人传言："既是军人，就应与守土同存亡，今地尚在，人却要离去，有失军责，故处死。"这只是不明史实的道听途说而已。

清朝甲午惨败后与日本签订了《马关条约》，将台湾及澎湖列岛割让给日本。此事激起台湾民众的激愤，士绅丘逢甲等提议由台湾巡抚唐景崧与刘永福共守台湾。一八九五年五月二十五日，唐景崧就任伯理玺天德（President）。清政府军机处在电寄唐景崧的谕旨中，要求唐景崧立即回京，其他在台官员也要陆续内渡："署台湾巡抚布政使唐景崧着即开缺来京陛见。其台省大小文武各员并着饬令陆续内渡。"（《清光绪朝中日交涉史料》）唐景崧也下令："文武官员兵勇等，有内渡大陆者听便。"

五月二十九日，胡传接连上书唐景崧和顾肇熙，"自请开缺回籍治病"。六月七日后，布政使顾肇熙已奉旨内渡，台湾道陈文騄、台湾总兵万国本、台南府知府朱和钧等均请假，凤山、嘉义、恒春等县令均准开缺。十三日，胡传将营务委刘德杓，并听说有糖船将至，决定"必趁此内渡"（《日记》，乙未五月二十一日）。十五日，又禀署台南道忠满"代电请开缺"（《日记》，乙未五月二十三日）。就是说，暂不委派代理知州来，也请准于开缺。十六日，闻台南道、府均"拟于明日乘斯美轮内渡，道、府代者尚未至也"（《日记》，乙未五月二十四日）。胡传自知"台南文极难望，而且台南道、府有例可援"，便不准备等批文即行内渡。因此，胡传内渡并未"失军责"，他也没有"与守土同存亡"的责任和义务。

胡传内渡之前，唐景崧已经携台湾巡抚印乘德轮逃回了厦门，清廷并未办他"违抗君命"罪。而帮办台湾军务的刘永福，失败后也回到了大陆，清廷不仅没有办罪，后来还令其出任广东碣石镇总兵。胡传"自请开缺回籍治病"，离任内渡正是尊从君命，怎么能说"有失军责"呢？

胡传病逝后，光绪皇帝赐其遗孀冯顺弟三品诰命夫人。如今，胡传的嫡长曾孙胡毓凯家里仍然保存着这个三品夫人诰命箱，另外还有胡传生前使用过的七星钢剑。如果胡传真是"有失军责"被"处死"的，光绪皇帝又怎么会赐其遗孀冯顺弟三品诰命夫人呢？

此外，继任胡传为台东知州的张振铎，也曾向日本参谋官证实：胡传是"因病辞职返国"的（《台湾曾督府公文类纂》第22卷）。当年开设在上海川沙的"胡万和茶庄"老店中，存放着胡传在厦门诊病的药方单子和胡传的朝衣、官帽、朝珠、日记、信函等遗物。这些都是有力的证据，这桩"无头尸"的公案应该了结了。

（二）"东亚第一个民主国的第一个牺牲者"

一九五八年五月十八日，郑乃硕君致函胡适先生，讨论到本章中胡适父亲"成为东亚第一个民主国的第一个牺牲者"的问题。胡适先生六月十日回信对这个问题做了一番解释。

我在《四十自述》里叙述先父之死，是由于脚气病，是可以医治的。先父原想赶到上海去求医，只因为刘永福不肯放行，耽误了近两个月，直到他病危了，才被放行。他六月廿八日到厦门，七月初三就死了。我的原意（也是我先兄和先母的意见）都觉得先父之死是由于刘永福的不肯放行。"民主国的第一个牺牲者"一句话的原意不过如此。那句话也许有语病，也许是因为说得太含糊了，所以引起先生两次的疑虑。千万请先生恕罪。（胡颂平《胡适之先生年谱长编初稿》第一册，27 页）

［八］破蒙

破蒙就是启蒙，指儿童开始学习认字，也称“开笔破蒙”。这里的“开笔”是开始动笔写字的意思，下文的“已‘开笔’做文章了”“‘开笔’做八股文”中的“开笔”，是指读书人初次开始学做诗文，两者意思不同。

古代儿童一般四至七岁入私塾读书，称为“开书”“破学”或“破蒙”。新生入学都要举行隆重的“入学礼”，被视为人生四大礼（另三大礼为成人礼、婚礼、葬礼）之一。“入学礼”第一项是“正衣冠”（“先正衣冠，后明事理”。《礼记》云：“礼义之始，在于正容体，齐颜色，顺辞令。”），由先生依次帮学生整理好衣冠，然后排着队到学堂前恭立片刻，再由先生带入学堂。第二项是“行拜师礼”，步入学堂后，学生先要叩拜至圣先师孔子的神位，双膝跪地，九叩首；然后是拜先生，三叩首。拜完先生，学生向先生赠送六礼束脩：芹菜，寓意勤奋好学，业精于勤；莲子，寓意苦心教育（莲子心苦）；红豆，寓意红运高照；红枣，寓意科举早早高中；桂圆，寓意功德圆满；干瘦肉条（束脩），表达弟子心意。第三项是“净手净心”，学生要按先生的要求，将手放到水盆中“净手”，正反各洗一次，然后擦干。洗手的寓意，在于净手净心，去杂存精，希望能在日后的学习中专心致志、心无旁骛。第四项是“朱砂开智”，也称朱砂启智或朱砂点痣，先生手持蘸着朱砂的毛笔，在学生眉心处点上一个像“痣”一样的红点，意为开启智慧。然后，启蒙老师教学生学写“人”字，启蒙伊始，就要学会堂堂正正地做人。

［九］《学为人诗》

（一）《学为人诗》全豹

“我念的第一部书是我父亲自己编的一部四言韵文，叫做《学为人诗》，他亲笔钞写了给我的。”这部《学为人诗》，胡适先生曾于一九三〇年九月将其装裱成折页册，封面请好友任鸿隽题笺：

胡铁花先生的手迹共十一面，第一面左上为书名题笺《学为人诗》的白色笺条，右下为“胡嗣穈读”的红色笺条：

胡铁花先生手迹的第二面至第十一面是墨色书写的《学为人诗》正文和朱笔通篇点过的句读。

《学为人诗》全诗共十节，除了《四十自述》本章所引用的第一节和最后三节之外，中间六节是：

凡为人子，以孝为职。
善体亲心，能竭其力。
守身为大，辱亲是戚。

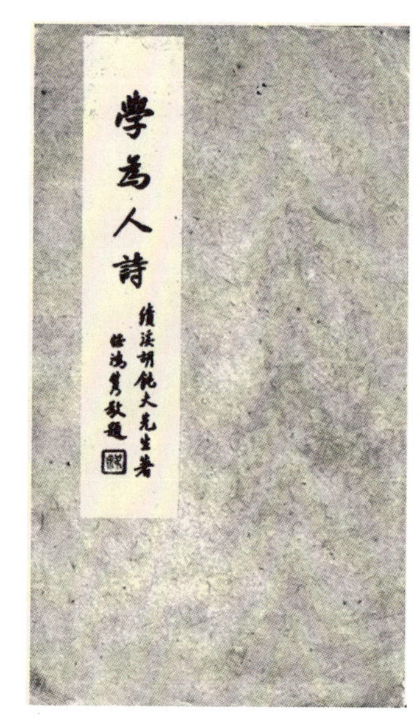

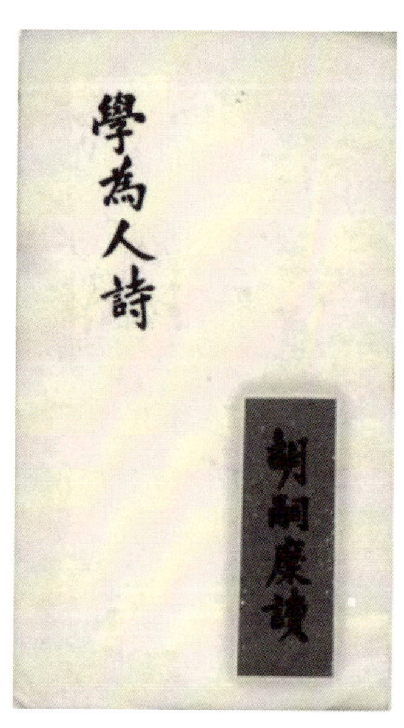

《学为人诗》绩溪胡钝夫先生著，任鸿隽敬题

战战兢兢，渊冰日惕。

凡为人臣，夙夜靖共。
敬事后食，尽瘁鞠躬。
国怙宠利，而居成功。
小心翼翼，纯乎其忠。

曰兄曰弟，如手如足。
痛痒相关，亲爱宜笃。
有思则和，有让则睦。
宜各勉之，毋乖骨肉。

夫妇定位，室家之成。
诗嘉静好，易卜利贞。
闺门有礼，寡妻以刑。
是谓教化，自家而行。

朋友之交，惟道与义。
劝善规过，不相党比。
直谅多闻，藉资砥砺。
以辅吾仁，以益吾智。

凡此五者，人之伦常。
君以教民，谓之宪章。
父以教子，谓之义方。
宜共率由，罔或愆忘。

學為人詩

為人之道，在率其性。子臣弟友，循理之正。謹乎庸言，勉乎庸行。

胡铁花先生手书《学为人诗》正文第一页

先父鐵花公手寫他自己做的學為人詩一卷，是我三歲時他教我讀的。先母替我保藏了二十多年，先母死後，又已十三年了。裱裝成册，含淚敬記。

胡適

民國二十年九月

《学为人诗》胡适跋文

正文之后折页册子的第十三面为胡适先生的跋文："先父铁花公手写他自己做的《学为人诗》一卷，是我三岁时他教我读的。先母替我保藏了二十多年，先母死后，又已十三年了，裱装成册，含泪敬记。胡适　民国二十年九月。"一九六九年二月二十四日胡适先生逝世七周年的时候，夫人江东秀委托台北"中央研究院"胡适纪念馆影印《学为人诗》馈赠亲友。

（二）《学为人诗》的书名号及其他

《学为人诗》既然是"一部书"，那就应该用书名号，为什么初刊、初版要用引号呢？是不是当时还没有统一规定的书名号，于是便借用外文的做法，用引号做书名号呢？因为英文就没有单独的书名号，书名、报刊名用斜体或者下划线表示。有时标明短篇出版物的标题，如报刊上的文章、短诗、短篇故事和整部书的某一章节都是用引号（“”）标示的。日语也没有单独的书名号，也是用引号（「」『』）标示书名和篇名。我们今天用的书名号（《》），就是俄语中的引号。清末民初，的确有这种情况，但到了胡适先生写作《四十自述》的时候，书名号早就有了统一的规定。

一九一九年四月，马裕藻、周作人、朱希祖、刘复、钱玄同、胡适六位学者联名向国语统一筹备会提交了《请颁行新式标点符号议案》，在规定的十二种标点符号中就有书名号（﹏）。一九一九年十一月二十九日夜，胡适先生又对该议案做了修正，书名号（﹏）没有改动。《新青年》杂志在一九一九年十二月的七卷一期上提出了《本志所用标点符号和行款格式的说明》，在规定的十三种标点符号中（将《议案》引号中的单引号和双引号各自独立）也有书名号（﹏）。一九二〇年二月，中华民国政府教育部发布第五十三号训令——《通令采用新式标点符号文》，批准了这一提案，这是我国第一套法定新式标点符号。在此之前，虽然也有人提出过新式标点符号，但都没有书名号。如清末拼音文字运动的推动者王炳耀于一八九七年在香港出版的《拼音字谱》一书中介绍的十种标点，就没有书名号；一九一六年，胡适先生在《论句读及文字符号》（《科学月刊》杂志2卷1期）一文中推出的十一种标点，也没有书名号；一九一八年五月，陈望道先生在《标点之革新》（《学艺》杂志第三卷）一文中提出的十种标点符号，同样没有书名号。《四十自述》的写作始于一九三〇年，这时的书名号成为法定标点符号已经有十年之久了，而胡适先生又是《请颁行新式标点符号议案》的提请人和修订者，怎么会用错书名号呢？如果是偶尔误用，也许还在情理之中，但《四十自述》中类似的情况多次出现，这就绝不是误用，而是有所考虑的。

《请颁行新式标点符号议案》中引号的使用说明是：“甲、表示引用的话的起讫。”“乙、表示特别提出的词句”。书名号的使用说明是：“凡书名或篇名都于字的左边加一条曲线。横行便加在下边。”两者泾渭分明，不可混用，引号并不兼具书名号的功能。胡适先生之所以用引号而不用书名号，很可能是对“书名或篇名”有着不同的理解。人们对“书”这个概念的理解是有广、狭之分的，广义的“书”就是有文字或图画的册子，而狭义的“书”则是“装订成册的著作”。古人对“书”的理解比今人还要严格一些。东汉许慎《说文解字·叙》曰：“著于竹帛谓之书。”清王筠《说文句读·聿部》将“书”解释为“典籍之通称”。能够“著于竹帛”的典籍须有文献价值才行，正所谓：“文章经国之大业，不朽之盛事。”（三国魏曹丕《典论·论文》）今人对“书”的理解虽然宽泛一些，但大多也是指印刷出版装订成册的著作，不是任何人随便写写画画订成册子就是书。《学为人诗》虽然也算著作，但毕竟只是篇幅有限的几节诗，而且毕竟不是正式出版的书。由此推测，胡适先生便用引号而不用书名号，《新月》第三卷第三号初刊本（四页）和亚东初版（三六页）、远东本（二〇页）等版本都是用引号，当然也不排除手民之误的可能。手稿和初刊、初版的《四十自述》中还有一些类似的引号，按照今天标点符号的用法，这些地方都应该用书名号。因此，简体定本将这种应该用书名号的引号均改为书名号，以使标点符号的用法更加规范。

①我念的第一部书是我父亲自己编的一部四言韵文，叫做《学为人诗》，他亲笔钞写了给

我的（第一章三。一九三一年五月十日《新月》第三卷第三号初刊本四页和亚东初版三六页《学为人诗》的书名号作引号）。

②我念的第二部书也是我父亲编的一部四言韵文，名叫《原学》，是一部略述哲理的书（第一章三。一九三一年五月十日《新月》第三卷第三号初刊本五页和亚东初版三八页《原学》的书名号作引号）。

③我念的第三部书叫做《律诗六钞》，我不记是谁选的了（第一章三。一九三一年五月十日《新月》第三卷第三号初刊本六页和亚东初版三八页《律诗六钞》的书名号作引号）。

④这是我父亲在郑州办河工时（光绪十四年，一八八八）做的十首《郑工合龙纪事诗》的一首（第二章一。一九三一年六月十日《新月》第三卷第七号一页和亚东初版六六页《郑工合龙纪事诗》的书名号作引号）。

⑤我父亲做的《原学》，开端便说（第二章一。一九三一年六月十日《新月》第三卷第七号二页和亚东初版六七页《原学》的书名号作引号）。

⑥他做的《学为人诗》的结论是（第二章一。一九三一年六月十日《新月》第三卷第七号二页和亚东初版六七页《学为人诗》的书名号作引号）。

⑦我不久便很喜欢这一类的历史书，并且感觉朝代帝王年号的难记，就想编一部《历代帝王年号歌诀》（第二章二。一九三一年六月十日《新月》第三卷第七号五页和亚东初版七四页《历代帝王年号歌诀》的书名号作引号）。

⑧算学还只做到《利息》（第三章一。一九三二年九月十日《新月》第三卷第七号四页、亚东初版九二页《利息》的书名号作引号）。

⑨又有一位会员署名“大武”作文《论学官话的好处》（第四章二。手稿六三页即原稿纸14页、一九三一年五月十日《新月》第三卷第三号五页和亚东初版一二〇页《论学官话的好处》的书名号作引号）。

⑩我在《旬报》第三十六期上发表一篇《苟且》（第四章二。手稿七九页即原稿纸30页、一九三一年五月十日《新月》第三卷第三号一一页和亚东初版一三一页《苟且》的书名号作引号）。

⑪我在李莘伯办的《安徽白话报》上发表的一篇《论承继之不近人情》（第四章二。手稿八一页即原稿纸32页、一九三一年五月十日《新月》第三卷第三号一一页和亚东初版一三二页《论承继之不近人情》的书名号作引号）。

⑫在日记里写成我的《无后主义》（第四章二。手稿八四页即原稿纸35页、一九三一年五月十日《新月》第三卷第三号一二页和亚东初版一三四页《无后主义》的书名号均作引号）。

⑬我才写成《不朽：我的宗教》一文（第四章二。手稿八四页即原稿纸35页、一九三一年五月十日《新月》第三卷第三号一二页和亚东初版一三四页《不朽：我的宗教》的书名号均作引号）。

⑭过了一天，他送了一首《留别适之即和赠别之作》来，用日本卷笺写好（第四章三，手稿八八页即原稿纸39页、一九三一年十二月十日《新月》第三卷第十号一四页和亚东初版一三七页《留别适之即和赠别之作》的书名号作引号）。

⑮国文试题为《不以规矩不能成方圆说》，我想这个题目不容易发挥，又因我平日喜欢看

杂书，就做了一篇乱谈考据的短文，开卷就说（第五章二。一九三二年十一月十日《新月》第四卷第四号一六页和亚东初版一七七页《不以规矩不能成方圆说》的书名号作引号）。

⑯一九一五年六月为《科学》作了一篇《论句读及文字符号》的长文（第六章一。手稿一五九页即原稿纸12页和《东方杂志》初刊本一七页、大系本6页、远东本一〇五页《科学》《论句读及文字符号》的书名号作引号）。

⑰叔永做了一首四言的《泛湖即事》长诗，寄到纽约给我看（第六章五。手稿一九〇页即原稿纸43页和《东方杂志》初刊本二三页、大系本14页、远东本一一七页《泛湖即事》的书名号作引号）。

⑱恰好我是曾做《诗三百篇中“言”字解》的，看了“言棹轻楫”的句子，有点不舒服，所以我写信给叔永（第六章五。手稿一九一页即原稿纸44页和《东方杂志》初刊本二三页、大系本15页、远东本一一七页《诗三百篇中“言”字解》的书名号作引号）。

⑲莎氏并世之倍根著《论集》（*Essays*），有拉丁文英文两种本子（第六章五。《东方杂志》初刊本二六页、大系本21页、远东本一二六页《论集》的书名号作引号）。

⑳我写了一首白话小诗，题目就叫做《朋友》（后来才改作《蝴蝶》）（第六章五。《东方杂志》初刊本二八页、大系本22页、远东本一二八页《朋友》《蝴蝶》的书名号均作引号）。

㉑我的诗集已有了名字了，就叫做《尝试集》（第六章五。《东方杂志》初刊本二八页、大系本23页、远东本一三〇页《尝试集》的书名号作引号）。

有些版本的《四十自述》对这些应该用书名号的引号的处理比较混乱，这里做一个综合说明，后面除了特殊需要之外，不再一一注释，以节省篇幅。

全集本⑫（77页）作引号，其余均作书名号，⑲（123页）《论集》后面括号中的英文未用斜体（英语中的书名要用斜体）。

人文本⑧（75页）、⑫（94页）、⑭（92页）作引号，其余均作书名号，⑮（148页）英文也未用斜体。⑧中的《利息》之所以没有使用书名号而仍用引号，或许是不能断定《利息》是否为篇章名。因为《利息》如果只是《笔算数学》这部书中的内容而非篇章名，那就不能用书名号。查《笔算数学》，《利息》在中卷，是第十二章的章名〔参看第三章《在上海（一）》【注释】[四]中（三）《笔算数学》〕，应该用书名号而不应该用引号。⑩是篇章名，理应用书名号而不能用引号。

纪念版①（21页）、②③（22页）、⑤⑥（40页）、⑦（44页）、⑯（116页）、⑱（129页）、⑲（138页）、㉑（142页）均作双书名号，④（39页）、⑨（72页）、⑩⑪（79页）、⑬（80页）、⑰（129页）、⑳（140页）均作单书名号（因为是篇名而非书名，台湾地区书名和报刊名用双书名号，篇章名用单书名号）。但①（21页）、⑤⑥（40页）也是篇名，应该用单书名号，却用了双书名号；⑫（80页）、⑭（82页）、⑮（107页）也是篇名，也应该用单书名号，却用了引号。

远流本①（一八页）、②（二〇页）、④（三五页）、⑤⑥（三六页）、⑦（四〇页）、⑧（五一页）、⑨（六五页）、⑩（七一页）、⑪⑫⑬（七二页）、⑭（七四页）、⑮（九四页）、⑯（101页《论句读及文字符号》）、⑰⑱（一一三页）、⑳（一二四页）均作引号，③（二〇页）、⑯（101页《科学》）、⑲（一二二页）、㉑（一二五页）均作书名号。这样看来，远流本似乎是将书刊名改用书名号，而篇章名仍用引号，这倒也不失为一种标准。但远流本（一一七页）“我写了一篇文学改良刍议，用复写纸钞了两份，一份给留美学生季报发表”（第六章五）中的“文学改良刍议”和“留美学生季报”，却既无书名号也无引号，而《东方杂志》初刊本（二九页）、大系本（25页）都用了书名号。如果按照上述标准，“文学改良刍议”是文章篇名，应该用引号；“留美学生季报”是报刊名，应该用书名号。而后面三处同样的“文学改良刍议”，却又都用了引号：

此文标题但称“文学改良刍议”（一二九页）

他见了我的“文学改良刍议”（一二九页）

“文学改良刍议”是一九一七年一月出版的（一三〇页）

远流本之所以漏掉了两处书名号，很可能是沿袭了远东本（一三一页）的错误，因为远东本就漏掉了这两处书名号。另外，“文则有《水浒》《西游》《三国》，曲则尤不可胜计……不如作家喻户晓之《水浒》《西游》文字也。”（第六章五。《东方杂志》初刊本三〇页、大系本25、26页）这里的五处书名号远东本（一三二至一三三页）也漏掉了。

外研本（未收第六章）①（33页）、②③（35页）、④（63页）、⑤⑥（65页）、⑨（117页）、⑩（127页）、⑪⑫⑬（129页）、⑭（133页）均作书名号，⑦（71页）、⑧（89页）、⑮（167页）均作引号。

闽教本①（25页）、②③（26页）、④（28页）、⑤⑥（29页）、⑦（42页）、⑧（51页）、⑨（65页）、⑩⑪（72页）、⑫⑬（73页）、⑭（75页）、⑮（93、94页）均作引号，⑯（103页）、⑰⑱（114页）、⑲（122页）、⑳（124页）、㉑（125页）均作书名号。

现代本①（17页）、②③（18页）、⑧（45页）、⑮（85页）、⑳（111页“朋友”）均作引号，④（32页）、⑤⑥（33页）、⑦（36页）、⑨（59页）、⑩（64页）、⑪（65页）、⑫⑬（66页）、⑭（67页）、⑮（91页）、⑰⑱（102页）、⑲（109页）、⑳（111页《蝴蝶》）、㉑（112页）均作书名号。

海天本①（18页）、②（19页）、④（34页）、⑤⑥（35页）、⑦（39页）、⑧（48页）、⑨（63页）、⑩（69页）、⑪（70页）、⑫⑬（71页）、⑭（72页）、⑮（92页）、⑯（98页“论句读及文字符号”）、⑰⑱（110页）、⑳（120页）均作引号，③（19页）、⑯（98页《科学》。“一九一五年六月”误作阿拉伯数字）、⑲（118页。英文未用斜体）、㉑（122页）均作书名号。

文集本⑧（67页）、⑮（101页）作引号，其余均作书名号，⑯（143页）“一九一五年五月”误作阿拉伯数字。

北大本⑧（61页）、⑮（112页）作引号，其余均作书名号，⑯（118页）“一九一五年六月”误作阿拉伯数字。

全编本⑧（41页）作引号，其余均作书名号，⑲（100页）英文未用斜体。

纺织本（未收第六章）⑤⑥（56页）、⑦（60页）、⑧（76页）、⑮（142页）作引号，其余均作书名号。

光明本所收第六章均作书名号，⑯（30页）“一九一五年六月”误作阿拉伯数字。

人报本⑧（51页）、⑫（71页）、⑭（73页）、⑮（92页）作引号，其余均作书名号，⑲（111页）英文未用斜体。

哈市本⑦（57 页）、⑧（70 页）、⑩（100 页）、⑫（102 页）、⑮（132 页）、⑳（173 页）、㉑（174 页）作引号，其余均作书名号，⑲（170 页）英文未用斜体。

华侨本⑧（49 页）、⑮（94 页）作引号，其余均作书名号，⑲（121 页）英文未用斜体。

华文本⑫（90 页）作引号，其余均作书名号，⑲（152 页）英文未用斜体。

画报本⑦（40 页）、⑧（48 页）、⑮（90 页）作引号，其余均作书名号，⑲（114 页）英文未用斜体。

海南本⑧（50 页）、⑮（92 页）作引号，其余均作书名号，⑲（117 页）英文未用斜体。

徽教本⑫（64 页）作引号，其余均作书名号，⑲（108 页）英文未用斜体。

吉大本⑫（80 页）、⑮（104 页）作引号，其余均作书名号，⑲（134 页）英文未用斜体。

江西本⑥（40 页）、⑧（57 页）、⑫（81 页）、⑮（105 页）作引号，其余均作书名号。

京联本⑧（49 页）、⑫（70 页）作引号，其余均作书名号，⑯（95 页）“一九一五年六月”误作阿拉伯数字。

津人本⑫（97 页）作引号，其余均作书名号。

理工本⑧（50 页）、⑫（74 页）作引号，其余均作书名号，⑯（103 页）“一九一五年六月”误作阿拉伯数字，⑱（117 页）作《诗三百篇中言字解》，漏掉了“言”的引号。

民建本⑧（58 页）、⑮（88 页）作引号，其余均作书名号，⑲（107 页）英文未用斜体。

闽教本均作引号。

群言本⑥（38 页）、⑧（52 页）、⑫（76 页）作引号，其余均作书名号，⑱（195 页）作《诗三百篇中言字解》，漏掉了“言”的引号。

万卷本⑫（55 页）作引号，其余均作书名号，⑱（150 页）作《诗三百篇中言字解》，漏掉了“言”的引号。

文史本⑫（88 页）作引号，其余均作书名号，⑱（136 页）作《诗三百篇中言字解》，漏掉了“言”的引号。

武汉本⑧（50 页）作引号，其余均作书名号。

雅致本（未收第六章）⑧（454 页）、⑫（474 页）作引号，其余均作书名号。

言实本（未收第六章）⑧（50 页）、⑮（97 页）作引号，其余均作书名号。

岳麓本⑧（38 页）、⑫（55 页）、⑭（56 页）、⑮（72 页）作引号，其余均作书名号，⑲（91 页）英文未用斜体。

中州本⑫（70 页）作引号，其余均作书名号，⑱（107 页）作《诗三百篇中言字解》，漏掉了“言”的引号；⑲（116 页）英文未用斜体。

（三）《学为人诗》“最后三节”的行款

胡适先生说，《学为人诗》的“最后三节，因为可以代表我父亲的思想，我也钞在这里”。既然是“三节”，那就要有分节的标志。《新月》第三卷第三号（五页）、亚东初版（三七页）、远东本（二二页）等繁体竖排本，每节开头均再低（空）一格，标志很明显。而文集本（46 页）、北大本（29 页）、岳麓本（15 页）、华侨本（22 页）、画报本（21 页）、群言本（25 页）、人报本（25 页）、江西本（24 页）等简体横排本，均没有分节的标志。

另外，“我念的第二部书也是我父亲编的一部四言韵文”，《新月》第三卷第三号（五页）、亚东初版（三八页）、远东本（二二页）等繁体竖排本，这句话都是另行顶格，而不是另起一段前空两格。因为下面这两句话是承接上文“我念的第一部书是我父亲自己编的一部四言韵文”这部分内容的，整个这一段是说“我念的”两部书“学为人诗”和“原学”都是“我父亲自己编的”，所以不另分段。这与下面“我念的第三部书”另起一段不同，它不是父亲编的了，“我不记是谁选的了”。而全集本（27页）、文集本（46页）、北大本（29页）、人文本（53页）、津人本（30页）、画报本（21页）、华侨本（22页）、民建本（40页）、群言本（25页）、人报本（25页）、京联本（23页）、闽教本（26页）、武汉本（21页）、海南本（23页）、江西本（24页）等简体横排本，均另起一段前空两格。这种另行顶格不分段的地方还有多处，简体横排本多误，不再一一注出。如第三章《在上海（一）》“沈先生随口说这是《左传》上的话”，全集本（53页）、全编本（40页）、北大本（59页）、纺织本（75页）、京联本（48页）、闽教本（50页）、海南本（49页）、民建本（57页）、群言本（50页）、人报本（49页）、人文本（74页）、津人本（65页）、外研本（85页）、武汉本（49页）、华侨本（48页）等版本，均误作另起一段前空两格。

关于这个问题，可参看第六章《逼上梁山》注释“[一一]不应分段而分段”。

[一〇]人心曲曲湾湾水，世事重重叠叠山。

“人心曲曲湾湾水，世事重重叠叠山”。湾湾，即“弯弯”，“湾”同“弯”。现代本（18页）误作“弯弯”，也许以为“湾湾”是错字而故意改的。胡适先生说，这两句是五七言《神童诗》“这本书后面的七言句子”，但没有说明是哪个版本。现今流布最广的《神童诗》，署名为宋汪洙所撰，该书所收录的四十八首诗都是五言诗。有的版本在《神童诗》前另载有后人增补的“卷首诗”数十首，也是五言诗。还有的版本在《神童诗》之后附有清代江宁（今江苏省南京市）书坊编的《续神童诗》，也都是五言诗，而没有七言诗。

胡适先生引用的这两句诗，清代一些小说中也有引用，如姜振名、郭广瑞的《永庆升平前传》第十六回《金文学情急叫苍天　山东马慷慨施大义》：

有有无无且耐烦，劳劳碌碌几时闲？
人心曲曲湾湾水，世路重重叠叠山。
古古今今多变改，善善恶恶有循环。
将将就就随时过，苦苦甜甜过眼完。

贪梦道人的《彭公案》第三十一回《黄三太刑部投审　蒙圣恩赏假寻杯》：

有有无无且奈烦，劳劳碌碌几时闲？
人心曲曲弯弯水，世事重重叠叠山。
古古今今多变改，生生死死有循环。
将将就就随时过，苦苦甜甜命多般。

清佚名的《小八义》第二十二回《贾不正刀杀文勇　沈不清遣差破案》：

有有无无且奈烦，劳劳碌碌几时闲？

人心曲曲湾如水，事事重重叠似山。
今今古古多改变，贫贫富富有循环。
将将就就随时过，苦苦甜甜命一般。

这些小说引用此诗都没有说明出处，也没有说明这首诗的作者。华视单元剧《孝的故事》将此诗和唐代著名诗僧寒山子的一首诗编成《醒世诗》，由作曲家吕祯晃作曲，作为该片的片尾曲，台湾歌手抒情摇滚武侠张真（字儒钦）演唱：

有有无无且耐烦，劳劳碌碌几时闲？
人心曲曲湾湾水，世事重重叠叠山。
古古今今多改变，贫贫富富有循环。
将将就就随时过，苦苦甜甜命一般。

急急忙忙苦追求，寒寒暖暖度春秋。
朝朝暮暮营家计，昧昧昏昏白了头。
是是非非何日了，烦烦恼恼几时休？
明明白白一条路，万万千千不肯修。

“暖暖”寒山诗原作“冷冷”，“家计”原作“活计”，“昧昧”原作“闷闷”。

［一一］揭谛揭谛，波罗揭谛

“揭谛揭谛，波罗揭谛”，是梵文的咒语，出自唐时摩竭提国三藏沙门法月重译的《普遍智藏般若波罗蜜多心经》咒语：“揭谛揭谛，波罗揭谛，波罗僧揭谛，菩提莎婆诃。”“揭谛”就是“去”，从痛苦走向解脱，从无明走向觉照，从二走向不二。“揭谛揭谛”就是“去呀，去呀”。“波罗”就是彼岸，这是个比喻，假定有一条生死之河，众生在苦恼的此岸，要渡过去到清净的彼岸。“波罗揭谛”就是“走过所有的道路到彼岸去啊”。“波罗僧揭谛”就是每个人都到彼岸去，“僧”是僧伽（众生），指每一个人。“菩提”是内在的光明，是觉悟觉醒。“莎婆诃”意即成就圆满，有吉祥、息灾等义。“去呀，去呀，走过所有的道路，大家都到彼岸去啊，觉悟了便可成就圆满，到达吉祥光明的彼岸”。对于这些梵文的咒语，沙门大多只是诵读而不解其意，所以胡适说“念古文而不讲解，等于念‘揭谛揭谛，波罗揭谛’，全无用处”。

据北宋阮阅《诗话总龟前集》卷四十一“诙谐门下”记载（引《王直方诗话》），北宋诗人刘季孙（字景文），被苏轼称为“慷慨奇士”。早年任江西饶州酒务官时，提点江南东路刑狱的王安石到刘季孙任上巡视，非常不满，本来想治他的罪，但发现屏风上题着一首诗，很是赞赏：

呢喃燕子语梁间，底事来惊梦里闲。
说与旁人浑不解，杖藜携酒看芝山。

王安石想看看刘季孙的学问到底怎么样，于是便出了个上联让他对下联：

念兹在兹，释兹在兹，名言兹在兹。

这是《尚书·大禹谟》中的话，舜帝晚年对大禹说："我在帝位上'宅'了三十三年，现在已经是过了耄年（九十岁）快奔期颐（百岁）的人了，每天处理政事感到十分疲倦，你正是年富力强的时候，就由你来总领我的民众吧。"禹曰："朕德罔克，民不依。皋陶迈（通"劢"，勤勉努力）种德，德乃降，黎民怀之。帝念哉！念兹在兹，释（通"怿"）兹在兹，名言（称述）兹在兹，允出（推行）兹在兹，惟帝念功。"大禹说："我的德行还不能胜任，民众也不会依从。皋陶勤勉立德，德政下施于民，众民怀念他。舜帝您想一想皋陶吧！念念不忘德政的是这个人，悦怿德政的是这个人，宣扬德政的是这个人，推行德政的是这个人，舜帝要深念他的功绩呀，由他来总领民众吧。"

这个出句是经书中的原句，那对句也必须是经书中的原句；出句用了典型的复沓修辞，同一个虚词多次重复，因此难度非常之大。可是，刘季孙竟然略无思索，随口对曰：

> 揭谛揭谛，波罗揭谛，波罗僧揭谛。

王安石听了大笑不已，非常佩服他的奇才，因此并没有惩治他。

胡适先生说："念古文而不讲解，等于念'揭谛揭谛，波罗揭谛'，全无用处。"这是很有道理的，在理论上也是有所承袭的。清代著名语言学家、文字学家王筠（1784—1854）在《教童子法》中就说过："学生是人，不是猪狗。读书而不讲，是念藏经也，嚼木札也，钝者或俯首受驱使，敏者必不甘心；人皆寻乐，谁肯寻苦？读书虽不如嬉戏乐，然书中得有乐趣，亦相从矣。"

［一二］梅溪书院与张焕纶

"梅溪书院"是今天上海永宁街梅溪小学的前身，原名正蒙书院，院址在今蓬莱路、河南南路口。一八七八年由张焕纶创办，设置国文、舆地、经史、时务、格致、数学、诗歌等课程，为上海最早创设的现代教育。张焕纶（1846—1904），字经甫，号经堂，是近代小学教育的创始人。他出身于上海梅溪弄的一家书香门第，幼时随父亲识字读书，青年时入龙门书院，并开始了自己的从教生涯。一八八二年得到巡道邵友濂的嘉奖，并拨给基金，在原址扩建校舍。因为这里原是南宋著名政治家、诗人王十朋（号梅溪）的祠堂，故改名梅溪书院。一九〇二年正名为梅溪学堂。一九一二年后改称梅溪小学校。一九五一年改名为蓬莱区第一中心学（校），一九五六年又改名为蓬莱路第一小学。

［一三］南洋公学

"南洋公学"是清末洋务派代表人物，著名政治家、企业家、慈善家盛宣怀在上海（今交通大学所在的徐汇校区）创建的，与北洋大学堂同为中国近代历史上中国人自己最早创办的大学。

光绪二十二年（1896），刑部左侍郎李端棻上奏《推广学校》一折，建议自京师以及各省府州县皆设学堂。本年十月，盛宣怀向清政府正式上奏《条陈自强大计折》，附奏《请设学堂片》，禀明两江总督刘坤一，拟在上海捐地开办南洋公学，经费由轮、电两局捐输，聘请何嗣焜出任总理，得到光绪皇帝准允。因学堂地处南洋（当时称江苏、浙江、福建、广东等沿海各省为"南洋"，称江苏以北沿海各省为"北洋"），参考西方学堂经费"半由商民所捐，半由官助者为公学”，故定名为南洋公学，设立了师范院、外院、中院和上院四院。

[一四]《经国美谈》

《经国美谈》是日本明治时期小说家矢野龙溪（1850—1931）的代表作，内容取材于希腊古代历史。《前编》叙述本来实行民政的齐武国（今通译作底比斯），由于专制党借助斯巴达的力量实行政变，将民政变成了专制。经过以巴比陀、威波能、玛留为首的志士们的艰苦努力，在民主政体阿善（雅典）的帮助下，终于恢复了民政。《后编》叙述齐武国的志士们战胜了当时称霸的斯巴达，成为希腊公认的盟主。

作者矢野龙溪是日本明治时期立宪改进党的领袖、自由民权运动活动家和著名作家，曾任驻华公使。矢野龙溪生于丰后国南部郡佐伯藩（现大分县佐伯市）的一个武士家庭，本名文雄，因佐伯的近郊有一处胜景“龙溪”，故以“龙溪”为号。他的创作体现了日本近代启蒙文学的特点。

《经国美谈·前编》初刊于一八八三年（日本明治十六年），一九〇〇年由正在日本东京高等大同学校留学的周逵（宏业）翻译成中文，刊载于梁启超主编的《清议报》，未署译者名。自第三十六册（1901年1月）起至第五十一册（1901年6月）载完。《后编》中译也曾载于《清议报》，但没有载完。一九〇二年，由广智书局出版单行本，同年又有商务印书馆的“说部丛书本”和署名雨尘子的译本。胡适一九〇四年刚到上海时读到的第一本译著，就是商务印书馆一九〇二年出版的《经国美谈》。

[一五]文诌诌地

“我总是文诌诌地”，手稿中没有这句话。《新月》第三卷第三号、初刊本（一三页）和亚东初版（五三页，亚东五版、亚东七版、亚东八版同）、远东本（三〇页）、远流本（二八页）、六艺本（二七页）、纪念版（32页）、北大本（38页）、纺织本（43页）、哈市本（40页）、海天本（27页）、华侨本（30页）、江西本（33页）、闽教本（33页）、文联本（二六页）、岳麓本（22页）等，均作“文诌诌地”。

全集本（34页）、人文本（59页）、全编本（25页）、长春本（156页）、海南本（31页）、河南本（27页）、华文本（35页）、华中本（30页）、黄山本（28页）、徽教本（24页）、吉大本（32页）、金城本（42页）、津人本（41页）、京联本（31页）、理工本（29页）、民建本（45页）、山东本（30页）、团结本（55页）、万卷本（14页）、文史本（34页）、西苑本（27页）、现代本（25页）、雅致本（436页）、浙美本（34页）、中州本（30页）等，均作“文绉绉的”。

文集本（52页）、画报本（29页）、群言本（33页）、天地本（37页）、外研本（49页）、武汉本（28页）、言实本（28页）等，均作“文绉绉地”。

商务印书馆《现代汉语词典》，从1973年9月初版的试用本，到2016年9月的第7版，都没有“文诌诌”，只有“文绉绉”，注音 wén zōu zōu，并在释义前加了“（～的）”。可是，“绉”字下的注音只有去声而没有阴平，那“绉绉”的阴平注音是怎么来的呢？唯一的可能就是变调，但该词典的凡例明确说“本词典一般不注变调”，而且说“在普通话语音中两字相连的变调情形”仅限于上声字，而“绉”是去声字，不是上声字，这就不免使人疑惑。《汉语大词典》“文绉绉”下注云：“亦作‘文诌诌’”。而且在“绉”下注了阴平的读音，这就把疑惑解除了。台湾《重编国语辞典》（修订本）“文诌诌 wén zōu zōu”下注云：“也作‘文傷傷’‘文绉绉’‘文文诌诌’。”这就更全面了。

谢天香 杂剧 二十三
有謬語我只愛惜你那聰明才學可憐你那煩惱
悲啼（正旦唱）
一煞相公你一言既出如何悔駟馬奔馳不可追妾
身出入蘭堂身居畫閣行有香車宿在羅幃相公整
過了三年可便調理無箇消息不想道今朝錯愛我
這匪妓也則是可憐見哭啼啼
（錢大尹云）天香後堂中換衣服去（下）（正旦唱）
煞尾則今番文傷傷的施才藝從來個撲簌簌沒氣
力相公這一句言語可立碑我也不敢十分相信的

明臧懋循（晋叔）编，明万历丙辰（1616年）刻本《元曲选》甲集下《谢天香》第三折“煞尾”书影

从现有的资料来看，“文傷傷”和“文诌诌”最早见于元代关汉卿《钱大尹智宠谢天香》第三折【煞尾】：“则今番文傷傷（一本作文诌诌）的施才艺，从来个扑簌簌没气力。”该剧本现存两个版本，一是明代臧晋叔编的《元曲选》作“文傷傷”；另一个版本是明代陈与郊编的《古名家杂剧》，吴国钦先生校注的《关汉卿全集》即以前者为底本，以后者为参校本进行校注的，此处作“文诌诌”（广东高等教育出版社 1988 年 10 月第 1 版，220 页）。《重编国语辞典》（修订本）和《辞源》（商务印书馆 1979 年 7 月修订第一版 1364 页、2015 年 10 月第三版 1792 页）引关汉卿该剧的例句均作“文傷傷”。由于“傷”这个字比较生僻，后来的明清小说中就不再用“文傷傷”，而是用“文诌诌”或“文绉绉”。从使用频率上看，基本上旗鼓相当。从俗语用字的科学性来讲，“傷”“诌”“绉”都是借音字，没有什么语义上的联系。既然如此，那就应该借用音和调全同的“诌”字，而不必借用音同调不同的“傷”字或“绉”字。因为“傷”和“绉”的本音都是去声，借用后又得变读成阴平，这就很容易使人读错。像《汉语大词典》那样给“绉”再加注一个阴平的读音，不仅麻烦，而且很难统一体例：“绉”加注了阴平的读音，“傷”却没有加。

因此，本书的简体定本依据初刊、初版作“文诌诌”，“文诌诌”后面的“地”也不改为“的”，以保持原貌。

［一六］眼醒

“犯的事小，她等到第二天早晨我眼醒时才教训我”。这句中的“眼醒”，《新月》初刊本和亚东初版（五七页）、亚东五版（五七页）、六艺本（二九页）、远东本（三二页）、远流本（三〇页）、纪念版（34 页）、全集本（36 页）、文集本（54 页）、北大本（40 页）、人文本（61 页）、港甲本（三二页）、港乙本（三二页）、闽教本（34 页）、外研本（53 页）、武汉本（29 页）、长春本（158 页）、纺织本（45 页）、雅致本（438 页）、言实本（30 页）、岳麓本（23 页）、哈市本（43 页）、海南本（33 页）、海天本（29 页）、华侨本（32 页）、华文本（37 页）、画报本（31 页）、黄山本（29 页）、徽教本（26 页）、江西本（35 页）、文联本（28 页）等，均作“眼醒”。

河南本（29 页）、华中本（31 页）、吉大本（34 页）、津人本（43 页）、金城本（43 页）、京联本（32 页）、理工本（31 页）、民建本（46 页）、全编本（27 页）、群言本（34 页）、人报本（34 页）、山东本（31 页）、天地本（39 页）、万卷本（15 页）、文史本（39 页）、西苑本（29 页）、浙美本（36 页）、中州本（32 页）等，却均作“睡醒”。

团结本（57 页）作“清醒”，现代本（26 页）作“醒眼”，伊犁本（249 页）作“眠醒”。

作“睡醒”“清醒”“醒眼”“眠醒”等，都没有任何版本依据。很可能是编者以为“眼醒”不通，便随意做了改动。查《现代汉语词典》（商务印书馆 2016 年 9 月第 7 版）、《辞源》（商务印书馆 2015 年 10 月第三版）、《辞海》音序本（上海辞书出版社 2001 年 8 月第 1 版）、《汉语大词典》（汉语大词典出版社 1991 年 6 月第一版）、《标准语大辞典》（商务印书馆一九三八年四月五版）、《中文大辞典》（中国文化学院出版部 1968 年 8 月版）、《古汉语大词典》（上海辞书出版社 2000 年 1 月第 1 版）、《国语辞典》（商务印书馆一九四八年四月再版）、《诗词曲语词汇释》（中华书局 1957 年 4 月第 3 版）、《小说词语汇释》（陆澹安编著，中华书局 1964 年 2 月）等重要工具书，确实都没有“眼醒”这个条目，而现代汉语的书面语和口语中也未见未闻“眼醒”这个词语，于是有些出版社出版的《四十自述》，就根据上下文的意思将“眼醒”改为意思有些相近的“睡醒”“清醒”“醒眼”“眠醒”等。

手稿没有“她等到第二天早晨我眼醒时才教训我”这句原话，但手稿《在上海一》里有一句类似的话：“夜静上床时，或第二天睡醒时，她才教训我，教我不要跟着那些孩子‘嬉野了心’。”这里用的是“睡醒”，那么，类似的语境、相近的意思初刊本和初版本为什么要用“眼醒”呢？是不是手民之误呢？显然不是。因为“睡醒”是很常见、很通俗的一个词，不可能讹为生疏的“眼醒”，而且“睡”和“眼”音义都不相近，无由致误。这样看来，作者是有意使用“眼醒”这个词语的。

其实，“眼醒”在古诗文中是常见的，主要有三个基本的义项。一是眼睛从睡眠状态中醒来睁开：

耳烦闻晓角，眼醒见秋山。（唐・白居易《松斋偶兴》）

天明眼醒，见荒草墟中皆无人家所居，衣有尽失之，只有雇钱二百而已，工不知其何术也。（宋・无名氏《湖海新闻夷坚续志・前集》卷二《幻术为盗》）

却说仙师到了天明，一觉眼醒，正要起来备办厮杀，床头边摸一个空，摸铁笛摸一个不见。（明・罗懋登《三宝太监西洋记通俗演义》第八十三回《王克新两番铁笛 地里鬼八拜王明》）

口里诵心里想，如三家村里，学堂教小儿子念“上大人”相似，眼醒记得，睡着忘了。（清・集云堂编《续藏经・笑隐欣禅师语录》卷二《大龙翔集庆寺语录》）

梦里捉得贼，眼醒枕在侧。呵呵笑一场，无端空致得。（《续藏经・宗鉴法林》卷四十五）

二是眼睛睁开，清醒明亮：

门前总是尘埃事，惟有梅花照眼醒。（宋・陈著《次韵单君范行李中诸诗前数章自道后二章为单君作也八首》其一）

困人天气浓于酒，赖有梅花唤眼醒。（宋·王同祖《岁晚即事》）

庭下幽花照眼醒，绿阴成幄晚风清。（宋·赵泽祖《署中书怀》）

眼醒蓬岛饱瀛洲，他水他山何足游？（宋·曾丰《广东黄漕改除广西帅过郡送行》）

三是比喻心明眼亮，明辨力强：

等闲遭者一棒两喝，不觉徧体汗流，豁然眼醒，亲到不疑之地。（元·惟则天如口述、善遇编《师子林天如和尚语录》卷之一，见《续藏经·天如惟则禅师语录》）

他如西门庆的家人妇女，皆书内听用者，亦录出之，令看者先已了了，俟后遇某人做某事，分外眼醒。（《金瓶梅资料汇编·金瓶梅杂录小引》）

看来，我们的汉语辞书，特别是大型汉语辞书，还有许多工作要做，仅就条目的收录方面来说，也还远远不够。"眼醒"这个词语很有特色，它跟"睡醒""眠醒"不同，"睡醒"是口语，"眠醒"是书面语，它们只能表示人从睡眠中醒来，醒来是否睁开眼却不能断定。很多时候，虽然睡醒了，但眼睛还不愿意睁开，还想闭着眼睛休息一会儿。而"眼醒"则不同，它不但表示睡醒了，还表示眼睛睁开了，这样的意思，现代汉语的语汇中，至今还没有可以替代它的词语。

胡适先生写作《四十自述》时，现代汉语的语汇远没有今天这样丰富，还需要作家和学者们努力地从古汉语和方言中吸纳富于表现力的词语，以使现代汉语的语汇更加丰富。这样的借鉴和吸纳工作是永远都不会停止的，因为现代汉语是活的语言，它的语汇一直都要吐故纳新，否则就会丧失生命力。胡适先生用"眼醒"这个词语，极富表现力，它说明母亲是在"我"睡醒之后，眼睛睁开了，休息好了，这时"才教训我"。而不是在"我"从睡眠中醒来，但还没有睁开眼睛，还在睡眼惺忪的时候，就来"教训我"。这里用"眼醒"和用"睡醒""眠醒"，表达效果大不相同。遗憾的是，这种独具匠心的遣词，非但没有引起一般读者的注意，也没有引起一般学者和出版者以及辞书编纂者的注意。胡适先生的治学和写作都是相当严谨认真的，他在一九二一年十月十九日为《胡适文存》所写的《序例》中说：

我自己现在回看我这十年来做的文章，觉得我总算不曾做过一篇潦草不用气力的文章，总算不曾说过一句我自己不深信的话：只有这两点可以减少我良心上的惭愧。

在胡适先生的著作中，仅类似"眼醒"的地方就还有很多，希望能够引起读者和研究者的注意，承继这份珍贵的文化遗产，使其发挥应有的作用，以便嘉惠今人，沾溉来者。

［一七］立大嫂　立大嫚　立大妈

"立大嫚"，《新月》第三卷第三号（一七页）作"立大嫂"，亚东初版（六一页）作"立大嫚"。究竟哪个对呢？只要查看一下手稿，问题便迎刃而解了。

手稿（三八页，原稿纸 16 页末行）虽然没有这句原话，却也有"立大嫚"："我天天听见隔壁立大嫚家的婆媳争吵和姑嫂不和"，而且"嫚"字写得工整清晰。由此可以证明，《新月》第三卷第三号（一七页）作"立大嫂"，乃手民之误。因这句话后面还有两处"嫂"——"后邻度

嫂”“两个嫂子”，所以就把字形相近的“嫚”误成了“嫂”。亚东初版（六一页）改正了这个错误，可是还有不少的版本，仍然沿袭《新月》第三卷第三号（一七页）初刊本的错误，而作“立大嫂”。如远流本（三二页）、六艺本（三一页）、全集本（38页）、文集本（55页）、北大本（42页）、全编本（28页）、人文本（62页）、津人本（46页）、画报本（33页）、武汉本（31页）、海南本（35页）、雅致本（440页）、徽教本（28页）、言实本（32页）、理工本（33页）、京联本（34页）、文史本（41页）、现代本（28页）、民建本（47页）、群言本（35页）、中州本（34页）、吉大本（35页）、万卷本（17页）等，均误作“立大嫂”。而人报本（37页）将“立大嫚”讹成了“立大熳”。

一九五九年一月二十六日，胡适先生还专门谈到过“立大嫚”的“嫚”：

> 胡颂平做好《四十自述》的勘误表。先生看见“立大嫚”的“嫚”字，说：“绩溪的妇女是跟孩子称呼他人的。譬如父亲哥哥的太太，我的母亲跟孩子的口气喊他伯母。伯母两个字念得快时便念成‘嫚’字；父亲弟弟的太太叫作‘婶’。你们温州怎样称呼的？”胡颂平说：“也是跟小孩称呼的；不过把伯母两字念成‘姆’字，婶字还是念‘婶’的。”先生说：“这个‘嫚’字应该做个注解。”（胡颂平《胡适之先生晚年谈话录》，台北联经出版事业公司一九八四年五月初版，九页“一月廿六日”）

看来，“这个‘嫚’字”还真“应该做个注解”。否则，即便没有讹为“立大嫂”，也会把“嫚”理解为对女孩子的昵称，也就是姑娘。小嫚就是小姑娘，大嫚就是大姑娘。因为山东等方言就是这个意思，而字典辞书上也都是这么注解的。

“嫚”在所有辞书中都没有伯母的意思，如果“立大嫚”的“嫚”是伯母的意思，那它很可能是“妈”的音变（弱化），“大嫚”实际上就是“大妈”，这才能有伯母的意思。

白话文来自口语，而不少口语词是有音无字的，或无定字的，其中还有一部分口语词属于方言土语，只在部分地区使用。这样的词语一旦进入书面，就会造成非该方言区读者的误解或不解，这也是白话文的一大弊端。而文言则具有超方言性，写作时不规范的字词不能随便阑入。

唐代诗豪刘禹锡有一次要写一首重阳节的诗，古代重阳节有食糕的习俗，还会把一片糕搭在儿女额头上，祝愿他们步步登高。刘禹锡“欲用糕字，以《五经》中无之，辍不复为”。因为《五经》中没有“糕”这个字，诗便没有写成。但与欧阳修撰写《新唐书》的大文豪宋祁（子京）却颇不以为然，他在《九日食糕》诗中说：“飙馆轻霜拂曙袍，糗糍花饮斗分曹。刘郎不敢题糕字，虚负诗中一世豪。”（宋·邵博《邵氏闻见后录》卷十九）估计在刘禹锡之前，“糕”这个口语词还没有取得进入文言的“绿卡”，全唐诗中只有白居易的《九日登西原宴望（同诸兄弟作）》和薛逢的《九日雨中言怀》用过“糕”。到了宋祁的时候，“糕”已经加入文言的“国籍”了。

第二章

從釋神到無神

评述

本文脱稿于一九三〇年十二月二十五日，初刊于一九三一年六月十日《新月》第三卷第四号，正题之下还有副题"《四十自述》的第三章"。后来《四十自述》成书出版时，作者将《我的母亲的订婚》作为《序幕》，这第三章就变成第二章了。

胡适成为无神论者的原因有二：一是父亲和四叔都是崇尚程朱理学的无神论者，两家的大门上都贴着"僧道无缘"的条子；二是受到了司马光和范缜无神论的教育。有神论和无神论是一个古老的哲学命题，要想对这个问题有一个清晰的思辨，首先要厘清"神"的概念。在中国的认识论中，"神"主要有三种不同的概念：一是天神（上帝），即天地万物的创造主宰者。二是人神，指神仙或能力、德行高超的人物死后的精灵，如关帝神、观音菩萨等。三是物神，有动物之神，如神兽青龙、白虎、朱雀、玄武等；有植物之神，如谷神（稷）、树神、花神等；还有无生物之神，如土地神（社），河神（河伯），海神（海若）等。

胡适小时候所拜的神是人神中的佛。佛是佛陀的简称，汉语音译为"布达"，意思是"觉者"或"智者"。佛教认为："佛陀是已经觉悟的众生，众生是尚未觉悟的佛陀。"佛祖释迦牟尼的意思是释迦族的圣人，他名叫悉达多，姓乔达摩。可是世人却把佛当成精灵来拜，祈求佛为自己消灾赐福。

今天有神论和无神论所争论的神已经不是人神和物神了，而是天地万物的创造主宰者，即天神（上帝）。目前人类的科学水平和认知能力，还不能证明天神（上帝）的存在，牛顿曾经试图用物理实验来证明上帝的存在，最后无果而终。当然，目前的人类也同样不能证明天神（上帝）的不存在。既然不能证明天神（上帝）的有无，那就只好暂且搁置争论，有神论者自可信其有，无神论者自可信其无。随着科学的进步和认知能力的提高，人们发现，有神论和无神论并非针锋相对，不可调和。因为有神论者和无神论者都承认天地万物是有其自身规律的，所不同的只是有神论者认为这规律是天神（上帝）创造并主宰的，而无神论者则认为这种规律是自然形成的，这样看来，两种观点完全可以求同存异。

对于天神（上帝），程朱理学有更深刻的认识。理学是由北宋周敦颐、张载、邵雍、二程（程颢、程颐）创立的新儒学，传承于子思、孟子一派的心性儒学。伊川先生（程颐）更偏重于理，朱熹创造性地发展了伊川先生的理学，形成了程朱理学的体系。

子思是孔子的嫡孙孔伋的字，他受教于孔子的高足曾参，孔子的思想学说由曾参传给子思，子思的门人再传给孟子。子思上承孔子中庸之学，下开孟子心性之论。子思在《中庸》第十六章里记录了一段孔子谈论鬼神的话：

> 子曰："鬼神之为德，其盛矣乎！视之而弗见，听之而弗闻，体物而不可遗。使天下之人齐（斋）明盛服以承祭祀，洋洋乎如在其上，如在其左右。《诗》曰：'神之格思，不可度思，矧可射思？'夫微之显，诚之不可掩如此夫！"

孔子说："鬼神的功能作用实在太盛大了！看它却看不见，听它却听不着，它体现在万事

万物之中无所不在，任何事物也不能被鬼神遗漏。它能使天下的人吃斋、沐浴、穿上盛装来祭祀它，而且像江海之水一样盛大，好像在人的头顶上，又好像在人的左右。”孔子还援引《诗经・大雅・荡之什・抑》中的诗句来进一步印证自己的观点。《抑》这首诗是周大夫卫武公所作，用以自儆并讽刺王室，被后人视为箴铭之祖。诗人认为，做人不管是在大庭广众之下，还是独处一屋之内，都应当表里如一，重视自身的修养，而且要听取善言，否则便有亡国之忧。全诗十二章，这里援引的三句出自第七章：

视尔友君子，辑柔尔颜，不遐有愆。相在尔室，尚不愧于屋漏。无曰不显，莫予云觏。神之格思，不可度思，矧可射思？

诗的意思是说，看你招待贵族们的时候，和悦而又温柔，不曾有什么过错。看你独处室内的时候，做事无愧于神明。不要说室内光线暗，没人能把我看清。其实神明的到来是难以预测的，又怎么可以胡乱猜想呢？孔子引《诗》之后感叹道：“隐微不显的东西，其实际的作用却如此明显，真是不可掩盖啊！”

《论语》里的孔子“不语怪力乱神”（《论语・述而》），“敬鬼神而远之”（《论语・雍也》），而《中庸》里的孔子却大谈鬼神，为何如此矛盾？其实并不矛盾。“怪力乱神”之“神”，异于“神之格思”之“神”；“敬鬼神而远之”之“鬼神”，异于“鬼神之为德，其盛矣乎”之“鬼神”。它们虽然是同一个词语，却是不同的概念。朱熹在《四书章句集注・中庸章句》中援引程子的解释说：“鬼神，天地之功用，而造化之迹也。”鬼神是天地的一种功能，是造物者的踪迹，实际上就是自然之道，就是“天理”“天道”，换一个角度说就是“天帝”“上帝”。“视之而弗见，听之而弗闻”，讲的是鬼神（天道）的隐微性；“体物而不可遗……洋洋乎如在其上，如在其左右”，讲的是鬼神（天道）的普遍性。人们如果能够戒慎敬畏，遵道而行，就会得到鬼神（天道）的佑助；反之，如果肆无忌惮，背道而行，就必然受到鬼神（天道）的惩罚。朱熹又援引张子（张载）的话说：“鬼神者，二气之良能也。”意思是说鬼神不过是阴阳二气变化的功能而已。朱熹进一步解释说：“以二气而言，则鬼者阴之灵也；神者，阳之灵也。以一气言，则至而伸者为神；反而归者为鬼。其实一物而已。”如果以张子的阴阳二气而言，那么鬼属于阴气之灵，神属于阳气之灵。如果不分阴阳二气，把二气归为一气，即混沌之气，那么，这一气之灵来到物体之上得到生命者为神；反之，这一气之灵离开物体归入太空者为鬼。其实鬼、神是一回事，它们不过都是一气之灵的来去而已。

既然“鬼神”是一回事，那么鬼神即天道也就是神即天道。天道是善的，而人性也是善的。孟子说：“人之所不学而能者，其良能也；所不虑而知者，其良知也。”（《孟子・尽心上》）人天生具有良知良能，只有人的良知才能知天道，只有人的良能才能行天道。由天道在人，人道在心，便可推演出天道在心，也就是神在心。这就把外化的天神（上帝）内化于心了，这种内化于心的“神”是不能无的，因为它天生存在于每个人的心中，是“人皆有之”的。孟子说：“恻隐之心，人皆有之；羞恶之心，人皆有之；恭敬之心，人皆有之；是非之心，人皆有之。恻隐之心，仁也。羞恶之心，义也。恭敬之心，礼也。是非之心，智也。仁义礼智，非由外铄我也，我固有之也，弗思耳矣。”（《孟子・告子上》）仁义礼智都是每个人“不虑而知”的“良知”（《孟子·尽心上》），也是“人皆可以为尧舜”（注意：不是“人皆为尧舜”）的根本原因，这与佛教的“一切众生皆具佛性”的理论是相通的。这样，便有望打破有神论和无神论的壁垒，使原来背道而驰的两大哲学派别殊途同归。

正文

一

纷纷歌舞赛蛇虫，
酒醴牲牢告洁丰。
果有神灵来护佑，
天寒何故不临工？

这是我父亲在郑州办河工时（光绪十四年，一八八八）做的十首《郑工合龙纪事诗》的一首。他自己有注道：

霜雪既降，凡俗所谓“大王”“将军”化身临工者，皆绝迹不复见矣。

“大王”“将军”都是祀典里的河神；河工区域内的水蛇虾蟆往往被认为大王或将军的化身，往往享受最隆重的祠祭礼拜。河工是何等大事，而国家的治河官吏不能不向水蛇虾蟆磕头乞怜，真是一个民族的最大耻辱。我父亲这首诗不但公然指斥这种迷信，并且用了一个很浅近的证据，证明这种迷信的荒诞可笑。这一点最可表现我父亲的思想的倾向。

我父亲不曾受过近世自然科学的洗礼，但他很受了程颐、朱熹一系的理学的影响。理学家因袭了古代的自然主义的宇宙观，用“气”和“理”两个基本观念来解释宇宙，敢说“天即理也”，“鬼神者，二气（阴阳）之良能也”。这种思想，虽有不澈底的地方〔一〕，很可以破除不少的迷信。况且程朱一系极力提倡“格物穷理”，教人“即物而穷其理”，这就是近世科学的态度。我父亲做的《原学》，开端便说：

天地氤氲，万物化生。

这是采纳了理学家的自然主义的宇宙观。他做的《学为人诗》的结论是：

为人之道，非有他术：

穷理致知，反躬践实，

黾勉于学，守道勿失。

这是接受了程朱一系格物穷理的治学态度〔二〕。

这些话都是我四五岁时就念熟了的。先生怎样讲解，我记不得了；我当时大概完全不懂得这些话的意义。我父亲死的太早，我离开他时，还只是三岁小孩，所以我完全不曾受着他的思想的直接影响。他留给我的，大概有两方面：一方面是遗传，因为我是“我父亲的儿子”。一方面是他留下了一点程朱理学的遗风；我小时跟着四叔念朱子的《小学》〔三〕，就是理学的遗风；四叔家和我家的大门上都贴着“僧道无缘”的条子，也就是理学家庭的一个招牌。

我记得我家新屋大门上的“僧道无缘”条子，从大红色褪到粉红，又渐渐变成了淡白色，后来竟完全剥落了。我家中的女眷都是深信神佛的。我父亲死后，四叔又上任做学官去了，家中的女眷就自由拜神佛了。女眷的宗教领袖是星五伯娘，她到了晚年，吃了长斋，拜佛念经，四叔和三哥（是她过继的孙子）都不能劝阻她，后来又添上了二哥的丈母，也是吃长斋念佛的，她常来我家中住。这两位老太婆做了好朋友，常劝诱家中的儿房女眷信佛。家中人有病痛，往往请她们念经许愿还愿。

二哥的丈母颇认得字，带来了《玉历钞传》，《妙庄王经》一类的善书，常给我们讲说目连救母游地府，妙庄王的公主（观音）出家修行等等故事。我把她带来的书都看了，又在戏台上看了《观音娘娘出家》全本连台戏，所以脑子里装满了地狱的惨酷景象。

后来三哥得了肺痨病，生了几个孩子都不曾养大。星五伯娘常为三哥拜神佛，许愿，甚至于招集和尚在家中放焰口超度冤魂。三哥自己不肯参加行礼，伯娘常叫我去代替三哥跪拜行礼。我自己幼年身体也很虚弱，多病痛，所以我母亲也常请伯娘带我去烧香拜佛。依家乡的风俗，我母亲也曾把我许在观音菩萨座下做弟子，还给我取了一个佛名，上一字是个“观”字，下一字我忘了。我母亲爱我心切，时时教我拜佛拜神总须诚心敬礼。每年她同我上外婆家去，十里路上所过庙宇路亭，凡有神佛之处，她总教我拜揖。有一年我害肚痛，眼睛里又起翳，她代我许愿：病好之后亲自到古塘山观音菩萨座前烧香还愿。后来我病好了，她亲自跟伯娘带了我去朝拜古塘山。山路很难走，她的脚是终年疼的，但她为了儿子，步行朝山，上山时走几步便须坐下歇息，却总不说一声苦痛。我这时候自然也是很诚心的跟着她们礼拜。

我母亲盼望我读书成名，所以常常叮嘱我每天要拜孔夫子。禹臣先生学堂壁上挂着一幅朱印石刻的吴道子画的孔子像，我们每晚放学时总得对他拜一个揖。

我到大姊家去拜年，看见了外甥章砚香（比我大几岁）供着一个孔夫子神龛，是用大纸匣子做的，用红纸剪的神位，用火柴盒子做的祭桌，桌子上贴着金纸剪的香炉烛台和供献，神龛外边贴着许多红纸金纸的圣庙匾额对联，写着“德配天地，道冠古今”一类的句子。我看了这神龛，心里好生羡慕，回到家里，也造了一座小圣庙。我在家中寻到了一只燕窝匣子，做了圣庙大庭；又把匣子中间挖空一方块，用一只午时茶小匣子糊上去，做了圣庙的内堂，堂上也设了祭桌，神位，香炉，烛台等等。我在两厢又添设了颜渊、子路一班圣门弟子的神位，也都有小祭桌。我借得了一部《联语类编》，钞出了许多圣庙联匾句子，都用金银锡箔做成匾对，请近仁叔写了贴上。这一座孔庙很费了我不少的心思。我母亲见我这样敬礼孔夫子，她十分高兴，给我一张小桌子专供这神龛，并且给我一个铜香炉；每逢初一和十五，她总教我焚香敬礼。

这座小圣庙，因为我母亲的加意保存，到我二十七岁从外国回家时，还不曾毁坏。但我的宗教虔诚却早已摧毁破坏了。我在十一二岁时便已变成了一个无神论者。

二

有一天，我正在温习朱子的《小学》，念到了一段司马温公的家训，其中有论地狱的话，说：

> 形既朽灭，神亦飘散，虽有剉烧舂磨，亦无所施。……〔四〕

我重读了这几句话，忽然高兴的直跳起来。《目连救母》，《玉历钞传》等书里的地狱惨状，都呈现在我眼前，但我觉得都不怕了。放焰口的和尚陈设在祭坛上的十殿阎王的画像，和十八层地狱的种种牛头马面用钢叉把罪人叉上刀山，叉下油锅，抛下奈何桥下去喂饿狗毒蛇，——这种种惨状也都呈现在我眼前，但我现在觉得都不怕了。我再三念这句话：“形既朽灭，神亦飘散，虽有剉烧舂磨，亦无所施。”我心里很高兴，真像地藏王菩萨把锡杖一指，打开地狱门了。

这件事我记不清在那一年了，大概在十一岁时。这时候，我已能够自己看古文书了。禹臣先生教我看《纲鉴易知录》，后来又教我改看《御批通鉴辑览》。《易知录》有句读，故我不觉吃力。《通鉴辑览》须我自己用朱笔点读，故读的很迟缓。有一次二哥从上海回来，见我看《御批通鉴辑览》，他不赞成；他对禹臣先生说，不如看《资治通鉴》。于是我就点读《资治通鉴》了。这是我研究中国史的第一步。我不久便很喜欢这一类的历史书，并且感觉朝代帝王年号的难记，就想编一部《历代帝王年号歌诀》！近仁叔很鼓励我做此事，我真动手编这部七字句的历史歌诀了。此稿已遗失了，我已不记得这件野心工作编到了那一朝代。但这也可

算是我的“整理国故”的破土工作。可是谁也想不到司马光的《资治通鉴》竟会大大的影响我的宗教信仰，竟会使我变成一个无神论者。

有一天，我读到《资治通鉴》第一百三十六卷，中有一段记范缜（齐梁时代人，死时约在西历五一〇年）反对佛教的故事，说：

> 缜著《神灭论》[五]，以为“形者神之质，神者形之用也。神之于形，犹利之于刀。未闻刀没而利存，岂容形亡而神在哉”？此论出，朝野喧哗，难之，终不能屈。

我先已读司马光论地狱的话了，所以我读了这一段议论，觉得非常明白，非常有理。司马光的话教我不信地狱，范缜的话使我更进一步，就走上了无鬼神的路。范缜用了一个譬喻，说形和神的关系就像刀子和刀口的锋利一样；没有刀子，便没有刀子的“快”了；那么，没有形体，还能有神魂吗？这个譬喻是很浅显的，恰恰合一个初开知识的小孩子的程度，所以我越想越觉得范缜说的有道理。司马光引了这三十五个字的《神灭论》，居然把我脑子里的无数鬼神都赶跑了。从此以后，我不知不觉的成了一个无鬼无神的人。

我那时并不知道范缜的《神灭论》全文载在《梁书》（卷四八）里，也不知道当时许多人驳他的文章保存在《弘明集》里。我只读了这三十五个字，就换了一个人。大概司马光也受了范缜的影响，所以有“形既朽灭，神亦飘散”的议论；大概他感谢范缜，故他编《通鉴》时，硬把《神灭论》摘了最精采的一段，插入他的不朽的历史里。他决想不到，八百年后这三十五个字竟感悟了一个十一二岁的小孩子，竟影响了他一生的思想。

《通鉴》又记述范缜和竟陵王萧子良讨论“因果”的事，这一段在我的思想上也发生了很大的影响。原文如下：

> 子良笃好释氏，招致名僧，讲论佛法。道俗之盛，江左未有。或亲为众僧赋食行水，世颇以为失宰相体。
>
> 范缜盛称无佛。子良曰，“君不信因果，何得有富贵贫贱？”缜曰，“人生如树花同发，随风而散，或拂帘幌，坠茵席之上；或关篱墙，落粪溷之中。坠茵席者，殿下是也。落粪溷者，下官是也。贵贱虽复殊途，因果竟在何处？”子良无以难。

这一段议论也只是一个譬喻，但我当时读了只觉得他说的明白有理，就熟读了记在心里。我当时实在还不能了解范缜的议论的哲学意义。他主张一种“偶然论”，用来破坏佛教的果报轮回说。我小时听惯了佛家果报轮回的教训，最怕来世变猪变狗，忽然看见了范缜不信因果的譬喻，我心里非常高兴，胆子就大的多了。他和司马光的神灭论教我不怕地狱；他的无因果论教我不怕轮回。我喜欢他们的话，因为他们教我不怕。我信服他们的话，因为他们教我不怕。

三

我的思想经过了这回解放之后，就不能虔诚拜神拜佛了。但我在我母亲面前，还不敢公然说出不信鬼神的议论。她叫我上分祠里去拜祖宗，或去烧香还愿，我总不敢不去，满心里的不愿意，我终不敢让她知道。

我十三岁的正月里，我到大姊家去拜年，住了几天，到十五日早晨，才和外甥砚香同回我家去看灯。他家的一个长工挑着新年糕饼等物事，跟着我们走。

半路上到了中屯外婆家，我们进去歇脚，吃了点心，又继续前进。中屯村口有个三门亭，供着几个神像。我们走进亭子，我指着神像对砚香说，“这里没有人看见，我们来把这几个烂泥菩萨拆下来抛到毛厕里去，好吗？”

这样突然主张毁坏神像，把我的外甥吓住了。他虽然听我说过无鬼无神的话，却不曾想到我会在这路亭里提议实行捣毁神像。他的长工忙劝阻我道：“糜舅，菩萨是不好得罪的。”我听了这话，更不高兴，偏要拾石子去掷神像。恰好村子里有人下来了，砚香和那长工就把我劝走了。

我们到了我家中，我母亲煮面给我们吃，我刚吃了几筷子，听见门外锣鼓响，便放下面，跑出去看舞狮子了。这一天来看灯的客多，家中人都忙着照料客人，谁也不来管我吃了多少面。我陪着客人出去玩，也就忘了肚子饿了。

晚上陪客人吃饭，我也喝了一两杯烧酒。酒到了饿肚子里，有点作怪。晚饭后，我跑出大门外，被风一吹，我有点醉了，便喊道：“月亮，月亮，下来看灯！”别人家的孩子也跟着喊，“月亮，月亮，下来看灯！”

门外的喊声被屋里人听见了，我母亲叫人来唤我回去。我怕她责怪，就跑出去了。来人追上去，我跑的更快。有人对我母亲说，我今晚上喝了烧酒，怕是醉了。我母亲自己出来唤我，这时候我已被人追回来了。但跑多了，我真有点醉了，就和他们抵抗，不肯回家。母亲抱住我，我仍喊着要月亮下来看灯。许多人围拢来看，我仗着人多，嘴里仍旧乱喊。母亲把我拖进房里，一群人拥进房来看。

这时候，那位跟我们来的章家长工走到我母亲身边，低低的说：“外婆（他跟着我的外甥称呼），糜舅今夜怕不是吃醉了罢？今天我们从中屯出来，路过三门亭，糜舅要把那几个菩萨拖下来丢到毛厕里去。他今夜嘴里乱说话，怕是得罪了神道，神道怪下来了。”

这几句话，他低低的说，我靠在母亲怀里，全听见了。我心里正怕喝醉了酒，

母亲要责罚我；现在我听了长工的话，忽然想出了一条妙计。我想："我胡闹，母亲要打我；菩萨胡闹，她不会责怪菩萨。"于是我就闹的更凶，说了许多疯话，好像真有鬼神附在我身上一样！

我母亲着急了，叫砚香来问，砚香也说我日里的确得罪了神道。母亲就叫别人来抱住我，她自己去洗手焚香，向空中祷告三门亭的神道，说我年小无知，触犯了神道，但求神道宽洪大量，不计较小孩子的罪过，宽恕了我。我们将来一定亲到三门亭去烧香还愿。

这时候，邻舍都来看我，挤满了一屋子的人，有些妇女还提着"火筒"（徽州人冬天用瓦罐装炭火，外面用篾丝作篮子，可以随身携带，名为火筒）[六]，房间里闷热的很。我热的脸都红了，真有点像醉人。

忽然门外有人来报信，说，"龙灯来了，龙灯来了！"男男女女都往外跑，都想赶到十字街口去等候看灯。一会儿，一屋子的人都散完了，只剩下我和母亲两个人。房里的闷热也消除了，我也疲倦了，就不知不觉的睡着了。

母亲许的愿好像是灵应了。第二天，她教训了我一场，说我不应该瞎说，更不应该在神道面前瞎说。但她不曾责罚我，我心里高兴，万想不到我的责罚却在一个月之后。

过了一个月，母亲同我上中屯外婆家去。她拿出钱来，在外婆家办了猪头供献，备了香烛纸钱，她请我母舅领我到三门亭里去谢神还愿。我母舅是个虔诚的人，他恭恭敬敬的摆好供献，点起香烛，陪着我跪拜谢神。我忍住笑，恭恭敬敬的行了礼，——心里只怪我自己当日扯谎时不曾想到这样比挨打还更难为情的责罚！

直到我二十七岁回家时，我才敢对母亲说那一年元宵节附在我身上胡闹的不是三门亭的神道，只是我自己。母亲也笑了。

十九，十二，廿五，在北京。

注释

[一]"澈底"与"彻底"

《四十自述》中有四处"澈底"：

①这种思想，虽有不澈底的地方，很可以破除不少的迷信（第二章一）。

②使我澈底相信中国之外还有很高等的民族（第三章二）。

③痛论随便省事不肯澈底思想的毛病（第四章二）。

④我曾澈底想过（第六章三）。

繁体版本只有远流本（①三六页、②五七页、③七一页、④一〇六页）作“彻底”，其余如手稿（③七九页原稿纸30页、④一七一页原稿纸24页）、一九三一年六月十日《新月》第三卷第七号（①二页）、一九三二年九月十日《新月》第三卷第七号（②一一页）、一九三一年十二月十日《新月》第三卷第十号（③一一页）、一九三四年一月一日出版的《东方杂志》第三十一卷第一号（④一九页）、亚东初版（①六七页、②一〇五页、③一三一页）、大系本（④9页）、远东本（①三八页、②五九页、③七三页、④一一一页）、小史本（④四九页）、纪念版（①40页、②63页、③79页、④121页）等，均作“澈底”。

简体版本只有全集本（①41页、②61页、③75页、④108页）、闽教本（①39页、②58页、③72页、④108页）和江西本（①40页、②64页、③80页、④117页）等作“澈底”，其余如文集本（①57页、②72页、③83页、④146页）、全编本（①30页、②47页、③58页、④87页）、北大本（①46页、②69页、③85页、④124页）、人文本（①65页、②80页、③91页、④135页）、华文本（①43页、②70页、③89页、④134页）、人报本（①40页、②56页、③70页、④101页）、哈市本（①51页、②80页、③100页、④149页）、岳麓本（①27页、②43页、③54页、④80页）、中州本（①37页、②56页、③69页、④102页）等，均作“彻底”。

“澈底”与“彻底”，以前是通用词。一九五六年国务院公布《汉字简化方案》时，曾把“徹”和“澈”合并简化为“彻”。该方案分四批推行，在推行过程中又作了修改，只把“徹”字简化为“彻”，而“澈”字不简化。一九七七年，中国文字改革委员会发表《第二次汉字简化方案（草案）》，其中的第二表把“澈”字简化为“彻”。一九八六年经国务院批准，正式废除了《第二次汉字简化方案（草案）》。因此，“澈”不是繁体字，不能简化为“彻”。2001年12月19日，中华人民共和国教育部、国家语言文字工作委员会发布《第一批异形词整理表》（2003年3月31日试行），将“彻底”作为推荐词形，将“澈底”作为异形词。该表对异形词的定义是：“普通话书面语中并存并用的同音（本规范中指声、韵、调完全相同）、同义（本规范中指理性意义、色彩意义和语法意义完全相同）而书写形式不同的词语。”这就是说，在此后的书写中不再使用“澈底”这个词形，但不是将以前文献典籍中的“澈底”都改成“彻底”。特别是以前的经典作品，这样的通用词以不改为好。因此，简体定本仍然用“澈底”而不改为“彻底”，以保持经典作品的原貌。

［二］“这是”与“这便是”

“这是采纳了理学家的自然主义的宇宙观”和“这是接受了程朱一系格物穷理的治学态度”这两句话中的“这是”，《新月》三卷四号初刊本均作“这便是”，而亚东初版（六七页）和远东本（三八页）均作“这是”，没有“便”字。可能是亚东初版《四十自述》成书时胡适先生自己删去的。因为上面“我父亲做的《原学》，开端便说……”，句中已有“便”字，接下来的这两句中再用“便”字就显得重复。删去后两句中的“便”，非但不影响表达效果，反而更为简洁。

［三］朱子《小学》

《小学》是宋代理学家朱熹于淳熙十四年（1187）所编撰的一部蒙书，后世学者有人认为是朱熹与其弟子刘子澄（1134—1190）合编的。全书共六卷，分内外两篇。《内篇》分立教、明伦、敬身、稽古四类，《外篇》分嘉言、善行两类。内容为杂取经传中有关论述，而以具体事实加以说明。《内篇》中的立教、明伦、敬身，“皆述虞夏商周圣贤之言，乃小学之纲”；稽古则“摭虞夏商周圣贤之行，所以实立教、明伦、敬身”。《外篇》中的嘉言、善行，皆记述汉以来圣贤言行。明代陈选、清代高愈有集注，有《四库全书》本《御定小学集注》。

［四］司马光论地狱

胡适引司马光论地狱的话，稿本（三五页，即稿纸左上角 15 页）和《新月》三卷四号初刊本都说出自“司马温公的《家训》”，但今本《司马温公家训》和《家范》都没有这段话，这段话见于朱熹的《小学》卷五《嘉言》（第二十六条引司马光语）：

> 世俗信浮屠诳诱，凡有丧事，无不供佛饭僧，云为死者灭罪资福，使生天堂，受诸快乐。不为者必入地狱，剉烧舂磨，受诸苦楚。殊不知死者形既朽灭，神亦飘散，虽有剉烧舂磨，且无所施。又况佛法未入中国之前，人固有死而复生者，何故都无一人误入地狱见所谓十王者耶？此其无有而不足信也明矣。

胡适在《不朽：我的宗教》（《新青年》一九一九年二月十五日第 6 卷第 2 号）一文中也引用过这段话，文字和标点均与《四十自述》所引相同。胡先生的这段引文有两个问题：一是末尾不当用句号。因为原文的话还没有完，后面的“又况”云云是紧承上句的；二是原文的“且

欽定四庫全書　卷五

之辨當然晉陳壽遭父喪有疾使婢丸藥客往見之鄉黨以為貶議坐是沉滯坎坷終身嫌疑之際不可不慎坷音可。陳壽人姓名貶議謂貶抑而議論之坐猶為也沉滞不振也坎坷不遇也嫌疑事之可嫌可疑者○父母之喪不當出若為喪事及有故不得已而出則乘樸馬布裹鞍轡為去聲樸音朴○樸素也○世俗信浮屠誑誘凡有喪事無不供佛飯僧云為死者滅罪資福使生天堂受諸快樂不為者必入地獄剉燒舂磨受諸苦楚殊不知死者形既朽滅神亦飄散雖有剉燒舂磨且無所施又況

佛法未入中國之前人固有死而復生者何故都無一人誤入地獄見所謂十王者耶此其無有而不足信也明矣屠音徒誑古況切供去聲飯上聲為去聲樂音雒舂書容切磨去聲復音伏○浮屠佛氏也誑欺也誘引也云猶言也滅消也資助也諸衆也不為謂不供佛飯僧也刀剉火燒碓舂磑磨甚言其苦楚也殊絕也形形體神魂也佛法入中國始於漢明帝言此之時人死而復生者有矣未嘗聞有入地獄見十王者以未有佛法惑人本無天堂地獄故也後世有死而復生云入地獄見十王者乃佛法所惑耳○顏氏家訓曰吾家巫覡符章絕於言議汝曹所見勿為妖妄覡刑狄切○顏氏名之推北朝人作家訓巫女巫覡男巫符章即書符拜章之術皆妖怪妄誕之事也○伊

御定小學集注　二十

摛藻堂《四库全书荟要》本《御定小学集注》卷五书影

无所施”误作“亦无所施”，这可能是胡先生对这段话记忆很深而未访书所致。原文的“且”是尚且的意思，全句的意思是说，死者之“形”朽灭后，“神”也（亦）就飘散了，纵然（虽）“有剉烧舂磨”这回事，尚且无所施加，更何况在佛法未入中国之前，本就有过死而复生的人，为什么却没有一个人误入地狱见所谓地狱十王的呢？“且”（尚且）与“况”（何况），前后相呼应。把“且”改成“亦”虽然也通，却无法与“况”相呼应了。另外，前面已经有了个“亦”（神亦飘散），此处自当避复。更重要的是没有作“亦无所施”的版本依据，明弘治十八年（1505）震泽（今江苏省苏州市吴江区）王鏊序本《小学集注大全》卷七第十二页、明嘉靖十一年（1532）福州府学本《朱熹集补编》（卷六）、清《四库全书荟要》本《御定小学集注》和1935年4月大达图书供应社出版的《小学集注》（上海广益书局印行，卷五第十三页），都作“且无所施”。

下面的“我再三念这句话：‘形既朽灭，神亦飘散，虽有剉烧舂磨，亦无所施。’”这段引文也有同样的错误。

另外，亚东初版（七三页）和远东本（四一页）在“亦无所施”的句号之后还有省略号，这可能是胡适在亚东初版成书时加上的。因为司马光论地狱的话，到“亦无所施”还没有完，所以在句号后面加了省略号。

［五］缜著《神灭论》

“缜著《神灭论》”，司马光《资治通鉴》原文作“缜又著《神灭论》”。原文在“缜又著《神灭论》”前面还有一段话，就是胡适先生下文引用的“范缜盛称无佛……子良无以难”。

南北朝时南齐司徒萧子良笃信佛教，他延请许多高僧讲论佛法，有时还亲自给和尚们端饭送水。而范缜却大谈世上没有佛，于是萧子良与范缜辩论，结果是萧子良无言以对。下面便说“缜又著《神灭论》”，可见这个“又”字是必要的。单从引文的文义来看，删去这个“又”字更为顺畅。但是引文必须忠于原文，不能随便删改。

［六］火筒　瓦罏

“火筒”，《新月》三卷四号初刊本、亚东初版（八三页）、远东本（四六页）和纪念版（49页）等繁体本均作“火筩”，“筩”是“筒”的异体字，今规范为“筒”。因此，全集本（49页）、全编本（37页）、津人本（60页）、群言本（47页）、海天本（43页）等，均作“筒”。而文集本（63页）、华侨本（45页）、北大本（55页）、人报本（46页）、武汉本（42页）、画报本（44页）、岳麓本（34页）、民建本（55页）、闽教本（46页）、海南本（46页）、言实本（43、44页）等简体本，却仍作“筩”，未用规范字。

“罏”，《现代汉语词典》把它作为“垆²”的异体字，因此北大本（55页）、武汉本（42页）、纺织本（64页）、江西本（50页）、画报本（44页）、言实本（43页）、纺织本（64页）等简体本，均作“垆”。然而“罏”虽然可以通“垆”，但《现代汉语词典》将“垆”解释为“酒店里安放酒瓮的土台子，借指酒店”。而“瓦罏”的“罏”显然不是这个意思，胡适先生在“火筒”后面的括号中解释为：“徽州人冬天用瓦罏装炭火，外面用篾丝作篮子，可以随身携带，名为火筒。”《汉语大字典》将“罏”单列字头，义项②为“火炉”；《汉语大词典》亦单列字头，解作“香炉”，“亦指火炉”，“瓦罏”的“罏”正是此义。商务印书馆 1981 年 12 月修订第 1 版《辞源》失收此字；2001 年 8 月音序版《辞海》“罏”字下只有一个义项“小口罂”，遗漏了“火炉”的义项。因此，《新月》三卷四号初刊本、亚东初版（八三页）、远东本（四六页）和纪念版（49 页）等繁体本均作“罏”。可是全集本（49 页）、全编本（37 页）、人文本（71 页）、津人本（60 页）、外研本（79 页）、群言本（47 页）、岳麓本（35 页）、闽教本（46 页）、京联本（44 页）、人报本（46 页）、民建本（55 页）等简体本，均作“炉”，而“罏”并非“炉”的简化字。华侨本（45 页）为“罏”生造了一个错字——“卸”的左半边右加“卢”。海天本（43 页）误作“罐”。

另外，《古代汉语词典》（商务印书馆 1998 年 12 月第 1 版）和《古代汉语字典》（商务印书馆 2003 年 1 月第 1 版），为“罏”另造了一个类推简化字——左边为“缶”部，右加“卢”字。这样将每一个有简化偏旁的字都类推一个简化字，似有泛类推之嫌。

第三章

评述

本文脱稿于一九三一年三月十八日，初刊于一九三二年九月十日《新月》第三卷第七号，正题之下还有副题“《四十自述》的第四章”。后来《四十自述》成书出版时，作者将《我的母亲的订婚》作为《序幕》，这第四章就变成第三章了。手稿正文的序号是“(三)”。

俄国伟大的文学家列夫·托尔斯泰说：“要教育人民，有三件东西是必要的：第一是学校，第二是学校，第三还是学校。”因为学校是“打开通向思考和知识的道路”(爱因斯坦语)。胡适的母亲虽然不识字，但她却深明此理，趁着胡适三哥去上海治病的机会，让年仅十二岁的独生子到上海求学。唐代大文学家韩愈曾做过一首《符读书城南》的诗，儿子韩符不愿离开父母去城南别墅读书，韩愈便写下了这首劝勉诗。诗的最后说：

人不通古今，马牛而襟裾。行身陷不义，况望多名誉。
时秋积雨霁，新凉入郊墟。灯火稍可亲，简编可卷舒。
岂不旦夕念？为尔惜居诸。恩义有相夺，作诗劝踌躇。

人如果不通晓古今圣贤的道理，就如同牛马穿了人的衣服一般。行为陷于不仁不义，还怎么指望能有令人称道的名誉呢？时令已是入秋，雨过天晴，清新凉爽的天气遍布村野郊外，正是趁着灯火打开书卷阅读的好时机。难道我每天不想念你吗？只是为了让你能珍惜光阴，好好学习。在恩情与道义相互矛盾不能两全的时候，我只能选择道义，因此写这首诗勉励徘徊不前的你。人同此心，心同此理，与大文学家韩愈相比，胡母对儿子的爱毫不逊色。她“硬起心肠”，“临别的时候”，“装出很高兴的样子，不曾掉一滴眼泪”。

一个人的成功，在很大程度上取决于学校与老师的好坏，因为学校是帮助你展露才能的场所，教师是上帝的代言人和天国的引路人，是学生理性启蒙的真实火炬。胡适是幸运的，他在上海读书的四所学校都是很好的学校，老师也都是很好的老师。诚然，“大匠能诲人以规矩，却不能使人巧”，“学校只能予学者以方便与门径，如学者不求自强不息，则学校虽善亦无补于事”(朱光潜语)。胡适天资聪颖，勤学努力，这不仅使他的学问得到了长足的进步，而且使他的思想智慧获得了启迪。

自传虽说是自己的传记，但如果仅限于写自己而不与社会历史相结合，那气局和影响就会大打折扣。胡适的自传之所以有无与伦比的价值，其中一个很重要的原因就是将自身融入社会历史当中。如在本章中，作者就写了邹容的《革命军》和严复的《天演论》《群己权界论》以及梁启超的《新民说》对社会和自己的影响等。

自传要想感人，必须要有故事，要有细节，要讲究文法修辞，正所谓“言之无文，行而不远”。本章的手稿，大多是线条粗犷的平铺直叙，很像履历简介，自然不能引人入胜，而正式发表出版的本章增加了很多故事细节，写作手法也“文”多了。如写梅溪学堂自然要谈到创办人张焕纶先生，可是胡适“只见过张焕纶先生一次，不久他就死了”。这看似没法写人物，胡适却巧妙地通过二十多年后在巴黎见着张先生的得意门生赵颂南，由赵来述说张焕纶先生教人的宗旨：“千万不要仅仅做个自了汉。”这是烘云托月的手法，

可以看出作者的高明之处。

又如，手稿写邹容的《革命军》只有一句话，而发表时就成了完整的故事，并且与不想去“上海道衙门去考试”联系在一起，不仅增强了可读性，主题也得到了升华。

再如，写自己“一天之中升了四班”，由原来的“第五班，差不多是最低的一班”，一跃而“做第二班的学生了”。故事有味，脉络清楚，细节逼真，人物鲜活。“可是我正在欢喜的时候”，却发现今天星期四是作文课，自己从来没有写过作文，根本就弄不明白题目是怎么回事。正在发愁的时候家里来人说三哥病危，自己便离开了学校，这才有机会向二哥请教如何作文。情节跌宕起伏，正所谓“文似看山不喜平”。如此等等，都是手稿中所没有的。倘将手稿与一九三一年五月十日《新月》第三卷第三号初刊本细细对比阅读，定会获益匪浅。

正文

一

光绪甲辰年（一九〇四）的春天，三哥的肺病已到了很危险的时期，他决定到上海去医治。我母亲也决定叫我跟他到上海去上学。那时我名为十四岁，其实只有十二岁有零。这一次我和母亲分别之后，十四年之中，我只回家三次，和她在一块的时候还不满六个月。她只有我一个人，只因为爱我太深，望我太切，所以她硬起心肠，送我向远地去求学。临别的时候，她装出很高兴的样子，不曾掉一滴眼泪。我就这样出门去了，向那不可知的人海里去寻求我自己的教育和生活，——孤另另的一个小孩子，所有的防身之具只是一个慈母的爱，一点点用功的习惯，和一点点怀疑的倾向。

我在上海住了六年（一九〇四 —— 一九一〇），换了四个学校（梅溪学堂，澄衷学堂，中国公学〔一〕，中国新公学）。这是我一生的第二个段落。

*　*　*　*

我父亲生平最佩服一个朋友——上海张焕纶先生（字经甫）。张先生是提倡新教育最早的人，他自己办了一个梅溪书院，后来改为梅溪学堂。二哥、三哥都在梅溪书院住过，所以我到了上海也就进了梅溪学堂。我只见过张焕纶先生一次，不久他就死了。现在谈中国教育史的人，很少能知道这一位新教育的老先锋了。他死了二十二年之后，我在巴黎见着赵诒璹先生（字颂南，无锡人）〔二〕，他是张先生的得意学生，他说他在梅溪书院很久，最佩服张先生的人格，受他的感化最深。他说，张先生教人的宗旨只是一句话：“千万不要仅仅做个自了汉。”〔三〕我坐在巴黎乡间的草地上，听着赵先生谈话，想着赵先生夫妇的刻苦生活和奋斗精神，——这时候，我心里想：张先生的一句话影响了他的一个学生的一生，张先生

的教育事业不算是失败。

梅溪学堂的课程是很不完备的，只有国文，算学，英文三项。分班的标准是国文程度。英文、算学的程度虽好，国文不到头班，仍不能毕业。国文到了头班，英文、算学还很幼稚，却可以毕业。这个办法虽然不算顶好，但这和当时教会学堂的偏重英文，都是过渡时代的特别情形。

我初到上海的时候，全不懂得上海话。进学堂拜见张先生时，我穿着蓝呢的夹袍，绛色呢大袖马褂，完全是个乡下人。许多小学生围拢来看我这乡下人。因为我不懂话，又不曾“开笔”做文章，所以暂时编在第五班，差不多是最低的一班。班上读的是文明书局的《蒙学读本》，英文班上用《华英初阶》，算学班上用《笔算数学》[四]。

我是读了许多古书的，现在读《蒙学读本》，自然毫不费力，所以有工夫专读英文、算学。这样过了六个星期。到了第四十二天，我的机会来了。教《蒙学读本》的沈先生大概也瞧不起这样浅近的书，更料不到这班小孩子里面有人站起来驳正他的错误。这一天，他讲的一课书里有这样一段引语：

> 《传》曰，二人同心，其利断金。同心之言，其臭如兰。

沈先生随口说这是《左传》上的话。我那时已勉强能说几句上海话了，等他讲完之后，我拿着书，走到他的桌边，低声对他说：这个“传曰”是《易经》的《系辞传》，不是《左传》。先生脸红了，说，“侬读过《易经》?”我说读过。他又问，“阿曾读过别样经书？”[五]我说读过《诗经》《书经》《礼记》。他问我做过文章没有，我说没有做过。他说，“我出个题目，拨侬做做试试看。”他出了“孝弟说”三个字，我回到座位上，勉强写了一百多字，交给先生看。他看了对我说，“侬跟我来。”我卷了书包，跟他下楼走到前厅。前厅上东面是头班，西面是二班。沈先生到二班课堂上，对教员顾先生说了一些话，顾先生就叫我坐在末一排的桌子上。我才知道我一天之中升了四班，居然做第二班的学生了。

可是我正在欢喜的时候，抬头一看，就得发愁了。这一天是星期四，是作文的日子。黑板上写着两个题目：

> 论题：原日本之所由强。
>
> 经义题：古之为关也将以御暴，今之为关也将以为暴。

我从来不知道“经义”是怎样做的，所以想都不敢去想他。可是日本在天南地北，我还不很清楚，这个“原日本之所由强”又从那里说起呢？既不敢去问先生，班上同学又没有一个熟人，我心里颇怪沈先生太鲁莽，不应该把我升的这么高，

这么快。

忽然学堂的茶房走到厅上来，对先生说了几句话，呈上一张字条，先生看了字条，对我说，我家中有要紧事，派了人来领我回家，卷子可以带回去做，下星期四交卷。我正在着急，听了先生的话，钞了题目，逃出课堂，赶到门房，才知道三哥病危，二哥在汉口没有回来，店里（我家那时在上海南市开一个公义油栈）的管事慌了，所以赶人来领我回去。

我赶到店里，三哥还能说话。但不到几个钟头，他就死了，死时他的头还靠在我手腕上。第三天，二哥从汉口赶到。丧事办了之后，我把升班的事告诉二哥，并且问他“原日本之所由强”一个题目应该参考一些什么书。二哥检了《明治维新三十年史》，壬寅《新民丛报汇编》，……一类的书〔六〕，装了一大篮，叫我带回学堂去翻看。费了几天的工夫，才勉强凑了一篇论说交进去。不久我也会做“经义”了。几个月之后，我居然算是头班学生了，但英文还不曾读完《华英初阶》，算学还只做到《利息》。

这一年梅溪学堂改为梅溪小学，年底要办毕业第一班。我们听说学堂里要送张在贞，王言，郑璋和我四个人到上海道衙门去考试。我和王郑二人都不愿意去考试〔七〕，都不等到考试日期，就离开学堂了。

为什么我们不愿受上海道的考试呢？这一年之中，我们都经过了思想上的一种激烈变动，都自命为“新人物”了。二哥给我的一大篮子的“新书”，其中很多是梁启超先生一派人的著述；这时代是梁先生的文章最有势力的时代，他虽不曾明白提倡种族革命，却在一班少年人的脑海里种下了不少革命种子。有一天，王言君借来了一本邹容的《革命军》〔八〕，我们几个人传观，都很受感动。借来的书是要还人的，所以我们到了晚上，等舍监查夜过去之后，偷偷起来点着蜡烛，轮流钞了一本《革命军》。正在传钞《革命军》的少年，怎肯投到官厅去考试呢？

这一年是日俄战争的第一年。上海的报纸上每天登着很详细的战事新闻，爱看报的少年学生都感觉绝大的兴奋。这时候中国的舆论和民众心理都表同情于日本，都痛恨俄国，又都痛恨清政府的宣告中立。仇俄的心理增加了不少排满的心理。这一年，上海发生了几件刺激人心的案子。一件是革命党万福华在租界内枪击前广西巡抚王之春〔九〕，因为王之春从前是个联俄派。一件是上海黄浦滩上一个宁波木匠周生有被一个俄国水兵无故砍杀。这两件事都引起上海报纸的注意；尤其是那年新出现的《时报》，天天用简短沉痛的时评替周生有喊冤，攻击上海的官厅。我们少年人初读这种短评，没有一个不受刺激的。周生有案的判决使许多人失望。我和王言、郑璋三个人都恨极了上海道袁海观，所以连合写了一封长信去痛骂他。这封信是匿名的，但我们总觉得不愿意去受他的考试。所以我们三个人都离开梅溪学堂了。（王言是黟县人，后来不知下落了；郑璋是潮阳人，后改名仲诚，毕业于复旦，不久病死。）

二

我进的第二个学堂是澄衷学堂。这学堂是宁波富商叶成忠先生创办的，原来的目的是教育宁波的贫寒子弟；后来规模稍大，渐渐成了上海一个有名的私立学校，来学的人便不限止于宁波人了。这时候的监督是章一山先生〔一〇〕，总教是白振民先生。白先生和我二哥是同学，他看见了我在梅溪作的文字，劝我进澄衷学堂。光绪乙巳年（一九〇五），我就进了澄衷学堂。

澄衷共有十二班，课堂分东西两排，最高一班称为东一斋，第二班为西一斋，以下直到西六斋。这时候还没有严格规定的学制，也没有什么中学小学的分别。用现在的名称来分，可说前六班为中学，其余六班为小学。澄衷的学科比较完全多了，国文英文算学之外，还有物理化学博物图画诸科〔一一〕。分班略依各科的平均程度，但英文算学程度过低的都不能入高班。

我初进澄衷时，因英文算学太低，被编在东三斋（第五班）。下半年便升入东二斋（第三班），第二年（丙午，一九〇六）又升入西一斋（第二班）。澄衷管理很严，每月有月考，每半年有大考，月考大考都出榜公布，考前三名的有奖品。我的考试成绩常常在第一，故一年升了四班。我在这一年半之中，最有进步的是英文算学。教英文的谢昌熙先生，陈诗豪先生，张镜人先生，教算学的郁耀卿先生〔一二〕，都给了我很多的益处。

我这时候对于算学最感觉兴趣，常常在宿舍熄灯之后，起来演习算学问题。卧房里没有桌子，我想出一个法子来，把蜡烛放在帐子外床架上，我伏在被窝里，仰起头来，把石板放在枕头上做算题。因为下半年要跳过一班，所以我须要自己补习代数。我买了一部丁福保先生编的代数书〔一三〕，在一个夏天把初等代数习完了，下半年安然升班。

这样的用功，睡眠不够，就影响到身体的健康。有一个时期，我的两只耳朵几乎全聋了。但后来身体渐渐复原，耳朵也不聋了。我小时身体多病，出门之后，逐渐强健。重要的原因我想是因为我在梅溪和澄衷两年半之中从来不曾缺一点钟体操的功课。我从没有加入竞赛的运动〔一四〕，但我上体操的课，总很用气力做种种体操〔一五〕。

澄衷的教员之中，我受杨千里先生（天骥）的影响最大〔一六〕。我在东三斋时，他是西二斋的国文教员，人都说他思想很新。我去看他，他很鼓励我，在我的作文稿本上题了“言论自由”四个字。后来我在东二斋和西一斋，他都做过国文教员。有一次，他教我们班上买吴汝纶删节的严复译本《天演论》来做读本〔一七〕，这是我第一次读《天演论》，高兴的很。他出的作文题目也很特别，有一次的题目是

"物竞天择，适者生存，试申其义"。（我的一篇，前几年澄衷校长曹锡爵先生和现在的校长葛祖兰先生曾在旧课卷内寻出，至今还保存在校内。）〔一八〕这种题目自然不是我们十几岁小孩子能发挥的，但读《天演论》，做"物竞天择"的文章，都可以代表那个时代的风气。

《天演论》出版之后，不上几年，便风行到全国，竟做了中学生的读物了。读这书的人，很少能了解赫胥黎在科学史和思想史上的贡献。他们能了解的只是那"优胜劣败"的公式在国际政治上的意义。在中国屡次战败之后，在庚子辛丑大耻辱之后〔一九〕，这个"优胜劣败，适者生存"的公式确是一种当头棒喝，给了无数人一种绝大的刺激。几年之中，这种思想像野火一样〔二〇〕，延烧着许多少年人的心和血。"天演""物竞""淘汰""天择"等等术语都渐渐成了报纸文章的熟语〔二一〕，渐渐成了一班爱国志士的"口头禅"。还有许多人爱用这种名词做自己或儿女的名字。陈炯明不是号竞存吗〔二二〕？我有两个同学，一个叫做孙竞存，一个叫做杨天择。我自己的名字也是这种风气底下的纪念品。我在学堂里的名字是胡洪骍。有一天的早晨，我请我二哥代我想一个表字，二哥一面洗脸，一面说："就用'物竞天择适者生存'的'适'字，好不好？"我很高兴，就用"适之"二字。（二哥字绍之，三哥字振之。）〔二三〕后来我发表文字，偶然用胡适作笔名，直到考试留美官费时（一九一〇）我才正式用"胡适"的名字。

我在澄衷一年半，看了一些课外的书籍。严复译的《群己权界论》〔二四〕，像是在这时代读的。严先生的文字太古雅，所以少年人受他的影响没有梁启超的影响大。梁先生的文章，明白晓畅之中，带着浓挚的热情，使读的人不能不跟着他走，不能不跟着他想。有时候，我们跟他走到一点上，还想望前走，他倒打住了〔二五〕，或是换了方向走了。在这种时候，我们不免感觉一点失望。但这种失望也正是他的大恩惠。因为他尽了他的能力，把我们带到了一个境界，原指望我们感觉不满足，原指望我们更朝前走。跟着他走，我们固然得感谢他；他引起了我们的好奇心，指着一个未知的世界叫我们自己去探寻，我们更得感谢他。

我个人受了梁先生无穷的恩惠。现在追想起来，有两点最分明。第一是他的《新民说》，第二是他的《中国学术思想变迁之大势》。梁先生自号"中国之新民"，又号"新民子"，他的杂志也叫做《新民丛报》，可见他的全副心思贯注在这一点。"新民"的意义是要改造中国的民族，要把这老大的病夫民族改造成一个新鲜活泼的民族。他说：

> 未有四肢已断，五脏已瘵，筋脉已伤，血轮已涸，而身犹能存者；则亦未有其民愚陋怯弱涣散混浊而国犹能立者。……苟有新民，何患无新制度，无新政府，无新国家！（《新民说·叙论》）〔二六〕

他的根本主张是：

> 吾思之，吾重思之，今日中国群治之现象殆无一不当从根柢处摧陷廓清，除旧而布新者也。（《新民议》）

说的更沉痛一点：

> 然则救危亡求进步之道将奈何？曰，必取数千年横暴混浊之政体，破碎而齑粉之，使数千万如虎如狼如蝗如蝻如蜮如蛆之官吏失其社鼠城狐之凭藉[二七]，然后能涤荡肠胃以上于进步之途也！必取数千年腐败柔媚之学说，廓清而辞辟之，使数百万如蠹鱼如鹦鹉如水母如畜犬之学子毋得摇笔弄舌舞文嚼字，为民贼之后援，然后能一新耳目以行进步之实也！而其所以达此目的之方法有二：一曰无血之破坏，二曰有血之破坏。……中国如能为无血之破坏乎？吾馨香而祝之。中国如不得不为有血之破坏乎？吾衰绖而哀之。（《新民说·论进步》）

我们在那个时代读这样的文字，没有一个人不受他的震荡感动的。他在那时代（我那时读的是他在壬寅癸卯做的文字）主张最激烈，态度最鲜明，感人的力量也最深刻。他很明白的提出一个革命的口号：

> 破坏亦破坏，不破坏亦破坏！（同上）

后来他虽然不坚持这个态度了，而许多少年人冲上前去，可不肯缩回来了[二八]。

《新民说》的最大贡献在于指出中国民族缺乏西洋民族的许多美德。梁先生很不客气的说：

> 五色人相比较，白人最优。以白人相比较，条顿人最优。以条顿人相比较，盎格鲁撒逊人最优。（《叙论》）

他指出我们所最缺乏而最须采补的是公德，是国家思想，是进取冒险，是权利思想，是自由，是自治，是进步，是自尊，是合群，是生利的能力，是毅力，是义务思想，是尚武，是私德，是政治能力。他在这十几篇文字里，抱着满腔的血诚，怀着无限的信心，用他那枝“笔锋常带情感”的健笔，指挥那无数的历史例证，组织成那些能使人鼓舞，使人掉泪，使人感激奋发的文章。其中如《论毅力》等篇，我在二十五年后重读，还感觉到他的魔力。何况在我十几岁最容易受感动的时期呢？

《新民说》诸篇给我开辟了一个新世界，使我澈底相信中国之外还有很高等的民族，很高等的文化；《中国学术思想变迁之大势》也给我开辟了一个新世界，使我知道《四书》《五经》之外中国还有学术思想。梁先生分中国学术思想史为七个时代：

（一）胚胎时代　春秋以前

（二）全盛时代　春秋末及战国

（三）儒学统一时代　两汉

（四）老学时代　魏晋

（五）佛学时代　南北朝，唐

（六）儒佛混合时代　宋元明

（七）衰落时代　近二百五十年〔二九〕

我们现在看这个分段，也许不能满意。（梁先生自己后来也不满意，他在《清代学术概论》里已不认近二百五十年为衰落时代了。）但在二十五年前，这是第一次用历史眼光来整理中国旧学术思想，第一次给我们一个"学术史"的见解。所以我最爱读这篇文章。不幸梁先生做了几章之后，忽然停止了，使我大失所望。甲辰以后，我在《新民丛报》上见他续作此篇，我高兴极了。但我读了这篇长文，终感觉不少的失望〔三〇〕。第一，他论"全盛时代"，说了几万字的绪论，却把"本论"（论诸家学说之根据及其长短得失）全搁下了，只注了一个"阙"字〔三一〕。他后来只补作了《子墨子学说》一篇，其余各家始终没有补。第二，"佛学时代"一章的本论一节也全没有做。第三，他把第六个时代（宋元明）整个搁起不提。这一部学术思想史中间阙了三个最要紧的部分，使我眼巴巴的望了几年。我在那失望的时期，自己忽发野心，心想："我将来若能替梁任公先生补作这几章阙了的中国学术思想史，岂不是很光荣的事业？"我越想越高兴，虽然不敢告诉人，却真打定主意做这件事了。

这一点野心就是我后来做《中国哲学史》的种子。我从那时候起，就留心读周秦诸子的书。我二哥劝我读朱子的《近思录》〔三二〕，这是我读理学书的第一部。梁先生的《德育鉴》和《节本明儒学案》，也是这个时期出来的。这些书引我去读宋明理学书，但我读的并不多，只读了王守仁的《传习录》和《正谊堂丛书》内的程朱语录〔三三〕。

我在澄衷的第二年，发起各斋组织"自治会"。有一次，我在自治会演说，题目是"论性"。我驳孟子性善的主张，也不赞成荀子的性恶说，我承认王阳明的性"无善无恶，可善可恶"是对的。我那时正读英文的《格致读本》（*The Science Readers*），懂得了一点点最浅近的科学知识，就搬出来应用了！孟子曾说：

人性之善也，犹水之就下也。人无有不善，水无有不下。

我说：孟子不懂得科学，——我们在那时候还叫做“格致”，——不知道水有保持水平的道理，又不知道地心吸力的道理。“水无有不下”，并非水性向下，只是地心吸力引他向下。吸力可以引他向下，高地的蓄水塔也可以使自来水管里的水向上。水无上无下，只保持他的水平，却又可上可下，正像人性本无善无恶，却又可善可恶！

我这篇性论很受同学的欢迎，我也很得意，以为我真用科学说明告子、王阳明的性论了！

* * * *

我在澄衷只住了一年半，但英文和算学的基础都是在这里打下的。澄衷的好处在于管理的严肃，考试的认真。还有一桩好处，就是学校办事人真能注意到每个学生的功课和品行。白振民先生自己虽不教书，却认得个个学生，时时叫学生去问话。因为考试的成绩都有很详细的记录，故每个学生的能力都容易知道。天资高的学生，可以越级升两班；中等的可以半年升一班；下等的不升班，不升班就等于降半年了。这种编制和管理，是很可以供现在办中学的人参考的。

我在西一斋做了班长，不免有时和学校办事人冲突。有一次，为了班上一个同学被开除的事，我向白先生抗议无效，又写了一封长信去抗议。白先生悬牌责备我，记我大过一次。我虽知道白先生很爱护我，但我当时心里颇感觉不平，不愿继续在澄衷了。恰好夏间中国公学招考，有朋友劝我去考；考取之后，我就在暑假后（一九〇六）搬进中国公学去了。

廿，三，十八，北京。

注释

［一］澄衷学堂　中国公学

澄衷学堂是由叶澄衷（1840—1899）捐资兴建的中国第一所私立新式学校。叶澄衷原名叶成忠，一八四〇年出生于浙江镇海一个贫困的农民家庭，六岁丧父，仅读过半年私塾。后来在上海创建了中国第一家火柴厂，又兴建了鸿安轮船公司，创立了沪上五金王国，开设了中国最早最大的蚕丝纺织厂，成为清末民族商业的巨子。一八九九年，叶澄衷病重，想到自己少小失学的痛苦，决定在上海虹口唐山路捐置土地三十多亩，并以十万两现银兴建澄衷蒙学堂。这年十一月，叶氏病故。一九〇一年学校建成，取名澄衷学堂（今澄衷高级中学），这是上海第一所由国人开办的班级授课制学校。校董会聘请刘树屏（1857—1917）为第一任总理（校长）。

刘树屏，字葆良，号雨溪，江苏常州人。光绪十六年（1890）进士，曾任翰林院庶吉士，授翰林院检讨。学堂正式开学时，清政府督学部颁发了光绪帝御笔题写的匾额“启蒙种德”。

一九〇二年秋，刘树屏出任安徽芜湖观察使，校长一职由总教习蔡元培代理。后来，叶澄衷长子叶松卿又出资十万两，叶澄衷的诸公子勉卿、子衡、又新、铁卿等人共同出资十万两用于学堂的扩建。一九〇三年五月，蔡元培出走日本，校长由章一山代理。澄衷学堂一九〇三年添办初中，增设师范科；一九二〇年增设商科，一九二六年增办高中，培养了一大批著名人士。除了胡适先生之外，还有中国地质力学的创立者李四光、中国近代地理学和气象学的奠基者竺可桢、中国第一位国际大法官倪征燠（yù）、空气动力学专家乐嘉陵、民族工商业家李达三、著名篆刻书画家钱君匋等。

中国公学，是中国留日学生因反对日本文部省颁布的《取缔清国留日学生规则》而退学回国创办的一所学校，光绪三十二年三月十七日（1906年4月10日）正式开学。起初在上海北四川路横浜桥租民房为校舍，共招学生三百一十八人，来自十三个省，分大学班、中学班、师范速成班、理化专修班。后来清政府拨吴淞公地百余亩作为建筑基地，大清银行借银十万两作为建筑费，吴淞中国公学校舍于一九〇九年落成。两江总督端方每月拨银一千两，派四品京堂郑孝胥为监督。校务实际由王抟沙主持，革命党人于右任、马君武、陈伯平、李登辉等任教员。中华民国成立后，中国公学逐渐发展成包括文、法、商、理四院十七系的综合型大学，并增设了中学部。一九一五年，北京国民大学与上海吴淞中国公学合并，称中国公学大学部。一九一七年三月五日，北京中国公学大学部改名中国大学，学校迁入北京西单二龙坑郑王府（后为新皮库胡同乙十二号）新址，上海吴淞中国公学停办。一九一九年上海吴淞中国公学中学部恢复，王家襄任校长。一九二〇年，梁启超接掌中国公学。一九二二年秋，教育部令准中国公学商科专门升格为大学。一九二八年四月，胡适被推举为中国公学校长，开创了中国公学的黄金时代，高一涵、陆侃如、冯沅君、沈从文、梁实秋、叶公超等大量教育精英云集中国公学，培养出了史学大家吴晗、罗尔纲和“中国的居里夫人”吴健雄等一大批人才。一九二九年胡适就“人权”问题对国民党政府进行了尖锐的批评，国民党要对胡适进行最严厉的“制裁”，为不牵累中国公学，胡适提出辞职。一九三〇年五月，蔡元培代表中国公学的校董会接受胡适辞职，马君武就任校长。“一·二八事变”之后，中国公学吴淞校区遭兵燹之灾，一九三二年八月，校董会决定停办中国公学。

一九四九年三月，北京的中国大学因经费匮乏停办，部分院系合并到华北大学和北京师范大学。前门原学堂校址现为北京第二十九中学，西单郑王府校址现为中华人民共和国教育部所属。

［二］赵诒璹

赵诒璹（yí shú），字颂南，江苏无锡人，一说昆山人。有人认为昆山在民国时隶属无锡，因此昆山人当然可以称无锡人。但昆山县在一九一二年时属江苏省上海道；一九一四年六月，省改设五道，昆山属苏常道；一九二七年废道，昆山直属江苏省；一九三三年十二月，江苏省改设九个行政督察区，昆山属无锡区督察专员公署。而胡适《四十自述》本章脱稿于一九三一年三月十八日，初刊于一九三二年九月十日《新月》第三卷第七号，此时的昆山尚未归属无锡。赵颂南生于一八六九年，后留学法国，曾任驻比利时、意大利、荷兰、法国等国家的外交官。一九二二年十二月，任驻巴黎总领事，一九二九年离职。定居法国之后取名“不为”，与“康有为”之“有为”相对。

一九二六年七月，胡适启程前往伦敦、巴黎访问，八月二十四日与时任巴黎总领事的赵颂南会面。次日赵颂南请胡适吃饭，并一同参观游览。

赵颂南在任驻法总领事期间，还帮助过徐悲鸿和周恩来。据徐悲鸿的妻子廖静文在《徐悲鸿一生》这部书中记载：

> 当时，我国驻巴黎总领事赵颂南先生是江苏人，与悲鸿有同乡之谊，虽未曾谋面，但他听说了悲鸿的穷困和刻苦努力，忽然给悲鸿写了一封信，并寄赠五百法郎。真是雪中送炭！悲鸿怀着感激的心情拜望了赵颂南先生，并为赵夫人画了一幅油画肖像。

当年周恩来在法国从事革命活动，具体做什么，赵颂南也不清楚。法国当局通令驱逐周恩来，找到中国领事馆。赵颂南买了船票，送周恩来上轮船，要他去另一个国家。过些日子，周恩来又悄然回来，赵颂南佯装不知。

［三］自了汉

“自了汉”，佛教用语。佛教有大乘佛教和小乘佛教两大宗派，大乘着重利他，即普度众生；小乘着重利己，即只求自己解脱。“自了汉”是指小乘佛教修炼者，修炼只为度自己，只求做个了却自己一生的汉子。后谓只顾自己，不顾大局者曰“自了汉”。

［四］《蒙学读本》《华英初阶》《笔算数学》

（一）《蒙学读本》

《蒙学读本》即《蒙学读本全书》，是晚清无锡三等公学堂编纂的一套启蒙教科书。全书共分为七编，每编五十至八十多课不等，内容包括识字、修身、历史、地理、天文、生理卫生、珠算、几何、动物、植物、化学、格致等许多学科。前三编为初级读本，注重识字，以儿童“游戏习惯之事”为主。第四编以修身为主，“专重德育，用《论语》弟子章分纲提目，系以历史故事，每课以示指归”（《蒙学读本全书·四编约旨》），阐明“良知良能”的普遍意义。第五编主要内容为智育，“采辑子部喻言，每课系以答问，剖理精晰，引儿童渐入思想阶段”（《蒙学读本全书·五编约旨》），以训练学生的思维能力。第六编是记叙文，“前半为修辞，以奥衍富丽之文，写游戏习

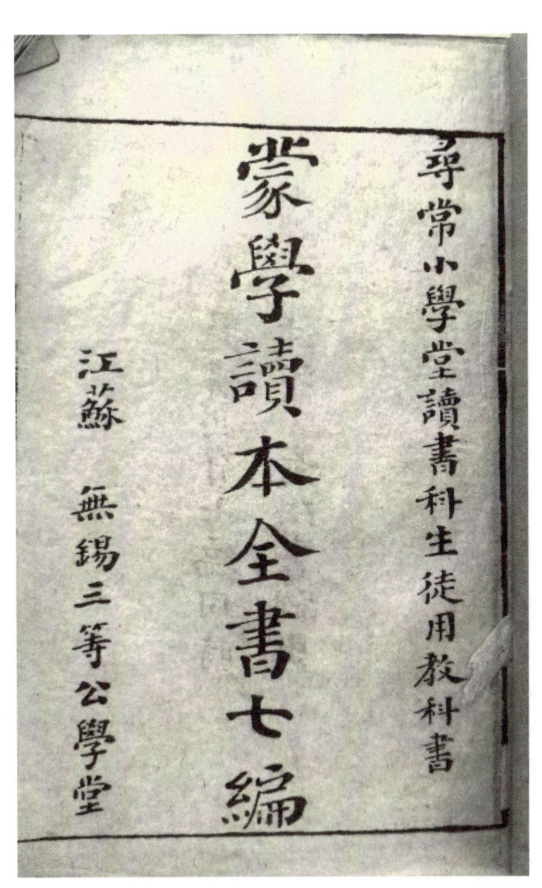
尋常小學堂讀書科生徒用教科書
蒙學讀本全書七編
江蘇無錫三等公學堂

无锡三等公学堂《蒙学读本全书》书影

惯之事，为儿童读《史》(《史记》)、《汉》(《汉书》) 巨篇之引；后半为达理，即以游戏之事命题，演为议论之文，为学作论断文之引导”(《蒙学读本全书 · 六编约旨》)。第七编是论说文，内容多半是作者写的。

一八九八年八月，无锡举人俞复、裘廷梁会同友人丁宝书、吴稚晖、杜嗣程等人创办无锡三等公学堂，仿照日本学制，开设中学校、高等小学校、寻常小学校三级，课程也仿日本，寻常小学校分修身、读书、作文、习字、算术等科。因为当时没有这类教科书，教师便每日选编课书一首，令学生抄读，随编随教。一九〇一年至一九〇二年，他们把这些材料编纂成正式教科书出版，名为《蒙学读本全书》，供本校和其他新式学校使用。

因为该书的编者落款为“无锡三等公学堂”，所以不能确知作者有哪些人。就目前所掌握的资料来看，本书是由俞复、丁宝书、吴稚晖等执笔编写，赵鸿雪（一说为丁宝书）绘图，杜嗣程缮写的，俞复是主要编写者。

一九〇二年三月，该教科书经京师大学堂管学大臣审定，报请官厅存案，交付上海文澜书局首次石印发行。一九〇二年夏，无锡三等公学堂的创办者俞复等人开办了自己的书店，又在上海商务印书馆附近挂起了文明书局的招牌。当年十月，《蒙学读本全书》第二次印刷时便由文明书局出版发行，胡适先生在上海公学用的《蒙学读本》就是文明书局出版的。

《蒙学读本全书》可谓书画文三绝，缮写者杜嗣程为清末有名的书画家，绘图者赵鸿雪（或丁宝书）也是清末著名画家，三位编写者都是学识深厚的名家。

俞复（1866—1931），字仲还，光绪二十年（1894）举人。赴京会试时，参加公车上书，后加入同盟会。辛亥革命后，先后任锡金军政分府民政部部长、无锡县民政署民政长、无锡市公所总董等职。

丁宝书（1866—1936），字云轩，别署芸轩，号懒道人、幻道人，清光绪十九年（1893）恩科副贡。诗画作品有《芸轩画粹》《丁芸轩题画诗集》，佛学作品《大乘起信论解》和《北溪字义心解》。

吴稚晖（1865—1953），名朓（tiǎo），幼名纪灵，后名敬恒，字稚晖，晚号朏（fěi）庵，世居苏南阳湖县雪堰桥（今属江苏常州）。西周吴国第一代君主吴太伯（一作“泰伯”）之后，中国近代思想家、政治家、教育家、书法家，中央研究院院士。蒋梦麟称赞他是中国学术界一颗光芒四照的彗星；胡适先生誉之为中国近三百年来四大反理学的思想家之一。一八八七年考入县学，一八八九年考入江阴南菁书院，一八九一年乡试中了举人，第二年赴北京会试未中。一九〇五年，吴稚晖在法国参加中国同盟会。一九一九年，与李石曾发起组织勤工俭学会，创办里昂中法大学并发起留法勤工俭学运动，呼吁中国青年到海外以半工半读方式留学。首批留法勤工俭学的学生有九十多人，其中有周恩来、李立三、聂荣臻、陈毅等。一九二二年，任里昂中法大学校长。一九二四年起，任国民党中央监察委员、国民政府委员等职。“一九六二年六月，联合国文教理事会第六十一届会议通过，列吴敬恒的大名于世界百年文化学术伟人，并经秘书处于同年十月二十二日通知全球会员各国，对吴稚晖在文化学术及科学方面的贡献，表示适当的纪念，乃中国百年以来享有这项国际最高荣誉的第一人”（赵淑敏《永远与自然同在——吴稚晖传》，台北近代中国出版社一九八〇年六月二十五日初版，二一二页）。吴稚晖

一生著述颇丰，一九六九年，台湾中国国民党党史史料编纂委出版了《吴稚晖先生全集》十八册；二〇一三年，九州出版社出版了《吴稚晖全集》十四册。

正是因为这些大专家的精心结撰，才使得《蒙学读本全书》成为清末新学制颁布之初最为盛行的小学教科书。至一九〇八年，该书已印刷二十余版。

（二）《华英初阶》

《华英初阶》，清末民初著名的中国基督徒翻译家谢洪赉（1873—1916）牧师译释的英语课本。该书是商务印书馆出版的第一部英语教科书，也是商务印书馆出版的第一本书。

一八九七年商务印书馆在上海成立，创始人夏瑞芳、鲍咸恩、鲍咸昌和高凤池都在教会学校学习过英文，他们看到当时的西方国家在中国建立租界和沿海通商口岸，学习英语的人越来越多，便拟出版英语教材，于是去找谢洪赉商量。谢洪赉学识和英语水平都很高，而且与商务印书馆创办人鲍咸恩是世交也是姻亲，他们的父辈都是崇新书院第一届毕业生，谢洪赉还是鲍咸恩的嫡亲舅兄。

谢洪赉在编译《华英初阶》之前，搜集了当时流行的《印度读本》（*Indian Readers*）、《东方读本》（*New Oriental Readers*）、《官学读本》（*Royal Reader*）、《郎氏读本》（*Longman's Readers*）等十套英语教科书，对这些教材的内容特点、形式风格、适用对象、课文安排等进行了认真的研究，并把研究成果以《论英文读本》为题发表在《普通学报》一九〇一年第二期中。通过对比分析，他发现使用广泛的《印度读本》在课文编排和内容选材上有优势，认为是"书之组织有极臻完善者"，决定以此作为编译的蓝本。

《印度读本》是教会学校使用的英国人为印度小学生编的英语课本，谢洪赉将其翻译成中文，并加上白话注释。商务印书馆用中英两种文字排版印刷，取名《华英初阶》，于一八九八年出版。初印的两千册不到二十天就销售一空，于是又请谢洪赉牧师把高一级的课本以同样的形式翻译出版了《华英进阶》一至五集，同样大受欢迎。至一九一七年，《华英初阶》已印行六十三版，一九二一年达到七十七版，直到一九四六年还在重印，成为当时英语学习的首选课本。

（三）《笔算数学》

《笔算数学》是狄考文（Calvin Wilson Mateer，1836—1908）和他的学生邹立文合作编译的算术课本，曾在清末民初的教会学校和中国学堂广泛使用。

狄考文是美国基督教北长老会来华传教士、教育家、翻译家和慈善家，官话和合本《圣经》翻译委员会主席，中国近代科学教育的先驱，先后荣获汉诺威大学荣誉神学博士、伍士德大学、华盛顿大学和杰斐逊大学荣誉法学博士，"中华教育会"首任会长，被誉为"十九世纪后期最有影响的传教士教育家"。

一八三六年一月，狄考文出生在美国宾夕法尼亚州坎伯兰县的一个苏格兰—爱尔兰裔农场家庭。由于生计原因，他高中没有毕业就到一所小学代课，依靠自学完成了高中课程，并于一八五五年考入杰斐逊大学。大学毕业后，在宾夕法尼亚州的比弗中学任教，后放弃教职到美西神学院学习神学。

一八六一年四月，狄考文向美国长老会海外传教总部提出了到海外传教的申请，被批准到中国传教。一八六三年七月三日，狄考文与新婚妻子邦就烈（Julia A. Brown）等从美国纽约乘

坐带帆的舢板船，在太平洋上航行了一百六十六天到达上海。又从上海花了二十一天的时间经烟台于一八六四年一月十五日抵达登州（今山东蓬莱），接替传教士倪维思（John Livingstone Nevius）的工作，从此开始了长达四十五年的中国传教生涯。

一八六四年秋季，狄考文在他所住的观音堂里招收了六个没有上过学的儿童，办了一个住宿的“蒙塾”，不仅免收学费，而且吃穿、笔墨、纸张、医药和归家路费等所有费用全由狄考文提供。条件是必须住宿，坚持学完六年课程才准许回家结婚就业。

一八七二年，狄考文在“蒙塾”的基础上扩大校舍，正式定名为文会馆，称前三年为“备斋”，后六年为“正斋”，“正斋视高等学堂之程度，即隐括中学与内；备斋视高中学堂之程度，而隐括蒙学与内”（《文会馆志》）。一八七六年，文会馆第一批学生邹立文、李青山和李秉义完成了十二年的课程毕业，成为这所“大学”的首届毕业生。一八八二年，在美国教会正式注册大学英文校名为 Tengchow College。一九〇〇年，文会馆与英浸礼会在青州的广德书院迁至潍县，校名各取一字，合成为广文大学，英文校名为 Shantung Christian University，柏尔根博士任校长。后发展为著名的齐鲁大学，是中国第一所教会大学。

一八七七年，在华基督教传教士第一次大会在上海召开，商议规范教科书的编写、新学译名的确定等事宜。大会决定成立“学校教科书委员会”，对外称“益智书会”，统一编订教会学校教科书。狄考文与丁韪良、韦廉臣、林乐知、傅兰雅等被推举为“学校教科书委员会”委员。此后十四年中，该委员会自行编辑出版的书籍共五十种七十四册，《笔算数学》便是当时算术课本流传最广、影响最大、印次最多的一种，一八九二年由上海美华书馆初版，先后再版、重印三十余次。为适应不同群体学习数学知识，《笔算数学》有文理本（文言文）与官话本（白话文）两种版本。在内容编排上，两种版本基本一致，只是语言表述上有文白深浅的差异。《笔算数学》以西方算术知识为主，编排体例大致以定义、定理、例题、习题为序。这种编排体例，基本奠定了中国自编算术课本的样板。

《笔算数学》是狄考文在登州文会馆用于备斋阶段（小学水平）的数学教科书。笔者所见版本，一八九六年京都同文馆官话本《笔算数学》分为四卷二十四章。一八九八年、一九〇四年、一九〇八年上海美华书馆官话本，一九一四年烟台墨林书馆官话本，则分为上、中、下三卷二十四章，每章设置若干问题，共二千八百七十六个问题。一九〇四年上海美华书馆出版的文理本，共二千八百七十四个问题，少了两个问题（将官话本上卷第二章加法的“一百二十四问”减少为“一百二十二问”）。王全来、曹术存先生的《〈笔算数学〉内容探析》（《内蒙古师范大学学报》自然科学汉文版 2004 年 9 月，第 33 卷第 3 期），侯学刚、万保君先生的《〈笔算数学〉的内容特点及社会影响》（《郭沫若学刊》2014 年第 3 期），两文都说《笔算数学》全书共“2876 个问题”，但目录所列却只有二千七百七十六个问题，少了一百个问题。原来，两文都把目录第二章“加法”的“一百二十四问”误成了“加法（24）”。前文可能是书写编校之误，后文则可能是误用二手资料以讹传讹。

附一八九八年（岁次戊戌）上海美华书馆第五次重印官话本《笔算数学》目录：

一卷

第一章　开端

第二章　加法（一百二十四问）

第三章　减法（一百三十四问）

第四章　乘法（一百四十五问）

第五章　除法（二百零五问）

第六章　诸等（二百七十五问）

中卷

第七章　数目总论（一百零七问）

第八章　命分（四百四十问）

第九章　小数（二百七十一问）

第十章　比例（一百零八问）

第十一章　百分法（一百十七问）

第十二章　利息（一百二十二问）

下卷

第十三章　保险（二十五问）

第十四章　赚赔（七十三问）

第十五章　粮饷（十四问）

第十六章　税饷（十二问）

第十七章　乘方（二十问）

第十八章　开方（一百二十六问）

第十九章　级数（九十八问）

第二十章　差分（九十四问）

第二十一章　均中比例（四十一问）

第二十二章　推解（一百十八问）

第二十三章　量法（八十一问）

第二十四章　总杂问（一百二十六问）

共二千八百七十六问

［五］阿

“阿”，《上海方言词典》解释说：“疑问副词，用于是非问句中：侬～是学生子？｜侬～会弹吉它？‖来自苏州话，现已少用”（李荣主编，江苏教育出版社 1997 年 12 月第 1 版，317 页）。遗憾的是没有说明相当于现代汉语（普通话）的哪个词，那是不是这种用法的“阿”在现代汉语中没有相对应的词呢？当然不是，其实，这种用法的“阿”就是现代汉语“还”的音变。

［六］壬寅《新民丛报汇编》，……一类的书

“壬寅《新民丛报汇编》，……一类的书”，《新月》第三卷第七号初刊本在省略号之前有一个逗号，而亚东初版（九二页）、远东本（五二页）、全集本（54 页）、全编本（41 页）、文集本（67 页）、北大本（61 页）、人文本（75 页）、津人本（66 页）、外研本（89 页）、岳麓本（37

页）、民建本（58页）、群言本（52页）、人报本（51页）、武汉本（50页）、华侨本（49页）、画报本（48页）、言实本（50页）、纺织本（76页）、京联本（49页）、闽教本（51页）、江西本（57页）、万卷本（34页）等版本都没有这个逗号。这个逗号也许不是手民之衍，因为手稿中虽然没有这段话，但从手稿的其他省略号来看，基本可以断定这个逗号是原稿中就有的。《四十自述》手稿中的省略号共有二十八处，除了引文开头的省略号之外，其他省略号前都有标点。其中省略号前有逗号的四处，省略号前有句号的十五处。

另外，海南本（50页）作“壬寅《新民丛报汇编》一类的书”，中间的逗号和省略号都删去了。经典著作的重版重印，不同于一般作者的来稿，编辑不应随意改动原作，这是起码的常识。

［七］我和王郑二人

“我和王郑二人”，手稿没有这句话。《新月》第三卷第七号初刊本、亚东初版（九二页）、六艺本（四六页）和远东本（五三页）均作“我和王郑二人”，纪念版（55页）作“我和王、郑二人”，而全集本（55页）、全编本（41页）、人文本（75页）、民建本（59页）、武汉本（50页）、华侨本（51页）、海南本（50页）等版本却作“我和王、郑三人”，一是原句的“二人”变成了“三人”，二是在“王”和“郑”中间加了个顿号。为什么要把“二人”改成“三人”呢？（这么多版本都把“二人”变成了“三人”，应该是有意为之，不应该都是手民之误）可能认为“我”再加上“王”和“郑”一共正好是“三人”，不应该是“二人”。其实不然，这里的意思是“我”与“王郑”他们二人，而不是“我”与“王”“郑”我们三个人。正因为如此，“王”和“郑”之间是不能加顿号的。另外，顿号是比逗号短的停顿，尽管停顿短但必须要有停顿，而这里的“王”和“郑”之间是没有停顿的。“我和王郑二人”与下文的“我和王言、郑璋三个人”，表达是有区别的，后者的意思是“我和王言、郑璋”我们三个人，这里的“王言”“郑璋”之间是有小停顿的，其间要加顿号。原文没加顿号是因为当时的标点符号还没有顿号，要加顿号的地方都是用逗号。而“王言”“郑璋”分别都有专名号，因此中间也可以不加逗号。

［八］邹容的《革命军》

邹容（1885—1905），四川巴县（今属重庆市）人。光绪二十八年（1902）秋自费赴日留学，入同文书院，开始撰写《革命军》初稿，次年四月返回上海完稿，署名“革命军中马前卒邹容”。本书由章太炎作序，章行严（士钊）题签，当年五月初由上海大同书局出版发行。此书一出，立即引起强烈反响，人们交口赞誉它应成为“国民教育之第一教科书”。章士钊主笔的《苏报》不仅发表了邹容《革命军》的自序，还发表了章太炎写的《序革命军》以及章士钊写的《介绍〈革命军〉》等文章，加以推荐和宣传。六月二十九日，《苏报》又发表了章太炎的《康有为与觉罗君之关系》一文，驳斥康有为“只可行立宪，不可革命”的主张，指责光绪皇帝和慈禧太后都是“汉族公仇”。当天，外国租界当局应清政府的要求，租界巡捕和中国警探一起到《苏报》馆和爱国学社抓人，《苏报》老板陈范逃脱，蔡元培提前闻讯已逃到青岛，邹容躲避在虹口一位英国牧师家中，账房程吉甫和章太炎以及陈范的儿子陈仲彝、办事员钱宝仁等被捕。七月一日，邹容听说章太炎被捕，便主动去巡捕房自首，与章太炎“共赴大义”。

清政府极力主张杀掉章太炎和邹容，但租界会审公廨最后判章太炎监禁三年、邹容监禁两年。

邹容自入狱起，即抱定为革命牺牲的决心，与章太炎在狱中赋诗明志，互相砥砺。闰五月二十八日，章太炎作《狱中赠邹容》诗：

邹容吾小弟，被发下瀛洲。快剪刀除辫，干牛肉作糇。

英雄一入狱，天地亦悲秋。临命宜掺手，乾坤只两头。

邹容即赋《狱中答西狩》相和：

我兄章枚叔，忧国心如焚。并世无知己，吾生苦不文。

一朝沦地狱，何日扫妖氛！昨夜梦和尔，同兴革命军。

光绪三十一年二月二十九日（1905年4月3日），邹容在狱中逝世，年仅二十岁。噩耗传出，中国教育会立即为他开追悼会。遗骸由革命志士刘三（季平）冒险运出，安葬于上海华泾乡。

邹容的《革命军》全书共七章，约两万字，是中国近代思想史上第一篇名副其实的反帝、反封建的战斗檄文，它为两千多年的封建专制敲响了丧钟，为资产阶级民主革命吹响了号角。邹容在这本书中，开宗明义地提出，要用革命的手段推翻清朝的皇权，建立资产阶级民主国家——“中华共和国”。孙中山先生在《建国方略》中说：“《革命军》一书，为排满最激烈之言论，华侨极为欢迎；其开导华侨风气，为力者大。”南京临时政府成立后，经临时大总统孙中山批示：邹容“照陆军大将军阵亡例赐恤”。

［九］万福华枪击王之春

王之春（1842—1906），字爵棠，号椒生，湖南清泉县（今衡阳市衡南县）人。曾任广东按察使，广东、湖北、四川布政使，山西、安徽、广西巡抚等官，多次镇压农民起义，双手沾满了人民的鲜血。在一八九九至一九〇一年担任安徽巡抚期间，曾将安徽三十多处矿山出卖，深为安徽人民所痛恨。一九〇二年任广西巡抚时，联络法国军队绞杀革命者，并将广西多处路权、矿权低价转让给法国，引发众怒，被清廷革职。一九〇四年冬，王之春闲居上海，发表卖国言论，指责拒俄运动，激起人民的义愤。在上海的革命志士刘师培、林獬、章士钊、万福华、陈自新等人于是密谋对其行刺，商定由陈自新、万福华执行具体暗杀任务。

万福华（1865—1919），字绍武，安徽合肥人。中国近代民主革命家。早年居官，后弃官游历川、楚、湘、粤诸省，暗中结交仁人志士，从事反清革命斗争。一九〇四年夏，在南京组织暗杀团，刺杀清廷户部侍郎铁良未果，后转赴上海结识黄兴。

一九〇四年十一月十九日晚，吴保初邀请王之春到英租界四马路（今福州路）金谷香西菜馆赴宴，革命党准备利用这次机会暗杀王之春。暗杀方案以陈自新为主，携章士钊新购的手枪，乔装为侍者，潜藏在餐馆楼上，俟机狙击。万福华等人持借来的旧手枪埋伏于餐馆楼下，以防不测。由于暗杀计划安排不严密，露出破绽，王之春欲逃走。万福华拔出手枪，突至王之春身前，一手抓住王之春手臂，一手匆忙开枪，但是屡扣扳机，枪始终未响。原来此枪为刘师培从张继处借来，撞针已老坏，万福华等事先并未试用，因此功亏一篑。王之春乘势大叫，英租界巡捕赶到，万福华避走不及而被捕。章士钊得知万福华被捕后，焦虑万分，丁次日赴巡捕房探望，却无意中暴露了余庆里的门牌号。巡捕房不仅把章士钊以嫌疑犯拘捕，还以此为线索，查到余庆里革命机关，拘捕了黄兴、张继等十一人。

一九〇四年十二月二十三日，万福华以在租界内扰乱治安罪，被会审公廨判处监禁十年，充作苦工。其余人因无证据而获释。后来，万福华由于在狱中领导囚犯进行反虐待的斗争，受狱吏报复，被诬为“图率众越狱”，又被加禁十年。直到一九一二年十二月七日，经上海都督陈其美多方交涉，始获开释。出狱时，戴季陶牵头在上海新舞台为他开了欢迎会。次年，万福华到北京，拒绝袁世凯的利诱，并反对袁世凯称帝。一九一六年袁世凯死后，万福华被黎元洪招至北京，主办实业，一九一九年因病逝世。

王之春遇刺侥幸不死之后，便回衡阳静居。一九〇六年在衡州府病逝，朝廷追授光禄大夫（正一品）、建威将军（正一品）。王之春一生著作甚多，传世的有《船山公年谱》《国朝柔远记》(后改为《通商始末记》)《谈瀛录》《王大中丞椒生奏议》《使俄草》《中国通商史》《椒生随笔》《椒生诗草》《防海纪略》《王椒生集》《憩园记》《高州府志》等。

［一〇］章一山

章一山（1861—1949），即章梫（qǐn），名正耀，字立光，号一山，浙江省三门县海游人。著名学者、教育家、书法家。一九〇二年受聘为上海澄衷中学校长，同年中举人。一九〇四年中进士，殿试授翰林院检讨，历任翰林院国史馆纂修、功臣馆总纂、德宗实录馆纂修、北京女子师范学校（北师大前身）校长等职。一生著述颇丰，出版的著作有《康熙政要》《旅纶金鉴》《一山文存》《一山息吟诗集》《一山骈文》等。

［一一］用不用顿号效果不同

“澄衷的学科比较完全多了，国文英文算学之外，还有物理化学博物图画诸科”。手稿没有这段话，《新月》第三卷第七号初刊本和亚东初版（九六页）、远东本（五四、五五页）、六艺本（四八页）等，“国文英文算学”“物理化学博物图画”各科之间都没有顿号，下文紧接着的两处“英文算学”，也没有加顿号。而全集本（56页）、全编本（43页）、纪念版（57页）、文集本（69页）、人文本（76页）、北大本（63页）、津人本（69页）、外研本（93页）、岳麓本（39页）、民建本（59页）、人报本（53页）、武汉本（52页）、华侨本（51页）、画报本（50页）、言实本（52页）、纺织本（78页）、闽教本（53页）、海南本（52页）等，中间都加了顿号。京联本（51页）、万卷本（35页）有一处“英文算学”没加顿号，其余都加了顿号。群言本（54页）只有一处“英文算学”加了顿号，其余都没有加顿号。从顿号的一般使用情况来说，这些地方加上顿号也无可厚非，因为这些学科都是并列的。但胡适先生不加顿号是有其道理的，这是为了强调澄衷学堂的学科之多之完全，于是不停顿地连续数说，以增加其表达效果。加了顿号之后，这种效果就没有了。这就有点像古汉语中的急言和缓言各有不同的表达效果一样，“诸”是急言，“之于”是缓言，“诸”和“之于”虽然同义，但其表达效果是不同的。譬如：

> 北山愚公者，年且九十，面山而居。惩山北之塞，出入之迂也，聚室而谋曰：“吾与汝毕力平险，指通豫南，达于汉阴，可乎？”杂然相许。其妻献疑曰：“以君之力，曾不能损魁父之丘，如太行王屋何？且焉置土石？”杂曰：“投诸渤海之尾，隐土之北。”（《列子·汤问》）

这里的“投诸渤海之尾”用急言的“诸”，表达了愚公的子孙们对移山的热情之高，而且他们都认为“焉置土石”的问题很简单。倘若改成“投之于渤海之尾”，那这些表达效果就全没了。经典就是经典，它不仅字斟句酌，而且每一个标点都是经过推敲的。爱尔兰著名作家、诗人、英国唯美主义艺术运动的倡导者奥斯卡·王尔德（Oscar Wilde），在谈到对自己作品的修改时曾经说过：“我用了一个上午的时间去掉了一个逗号，下午我又把它放了回去。”不随便改动原作，这应该是对出版经典的起码要求。后面还有一些原文没加顿号、也不应该加顿号的地方，有些版本都画蛇添足地加了顿号。如“使我知道《四书》《五经》之外中国还有学术思想”（《新月》第三卷第七号初刊本一一页、亚东初版一〇五页、远东本五九页），“他把第六个时代（宋元明）整个搁起不提”“我从那时候起，就留心读周秦诸子的书”（《新月》第三卷第七号初刊本一二页、亚东初版一〇七页、远东本六一页），全集本（61、62页）分别标点为“《四书》、《五经》”“（宋、元、明）”“周、秦”。

［一二］陈诗豪　郁耀卿

“教英文的谢昌熙先生，陈诗豪先生，张镜人先生，教算学的郁耀卿先生”，这句话手稿没有。“陈诗豪先生”“郁耀卿先生”，《新月》第三卷第七号初刊本作“陈××先生”“郁先生”，亚东版（九六页）和远东版（五五页）均作“陈诗豪先生”“郁耀卿先生”，可能是胡适当时忘了这两位先生的名字，后来想起来或是查问到了，便加上了名字。

［一三］丁福保

丁福保（1874—1952），字仲祜，号畴隐居士，一号济阳破衲，江苏无锡人。近代藏书家、书目学家。七岁入家塾，二十二岁入江阴南菁书院，受业于长沙王先谦（清末著名史学家、经学家、训诂学家，曾任国子监祭酒、江苏学政，湖南岳麓、城南书院院长）。二十三岁补无锡县学生员，研究经史，兼习数学。因身体多病，改习医学，悬壶行医，创办丁氏医院、医学书局，先后编译出版了近八十种国内外医学书籍，合称《丁氏医学丛书》。同时他还编著了《笔算数学》《代数备旨》《形学备旨》等，是我国早期的算学书。一九一〇年，两江总督端方聘他为考察日本医学专员赴日考察医学设施，并入日本千田医科学校进修。回国时采购了大批的医学书籍并购得唐慧琳撰的《一切经音义》百卷、辽希麟撰的《续一切经音义》十卷。一九一四年母亲病逝后，丁福保大病一场，自此虔诚信佛。

丁福保藏书甚丰，一九二四年自称藏有“十万又三千”卷书，建“诂林精舍”，藏书达十五万多卷。编著刊印的图书还有《文选类诂》《尔雅诂林》《说文解字诂林》《老子道德经笺注》《无锡丁氏藏书志》《古钱大辞典》《汉魏六朝名家集初刻》《全汉三国晋南北朝诗》《历代诗话续编》《清诗话》《文选类话》《道藏精华录》《佛学丛书》《佛学大辞典》等。

［一四］竞赛

“我从没有加入竞赛的运动”，手稿没有这句话，《新月》第三卷第七号初刊本将句中的“竞赛”误作“竞争”，亚东初版（九七页）、远东本（五五页）、六艺本（四八页）、纪念版（58页）等均作“竞赛”。

［一五］但我上体操的课，总很用气力做种种体操

《新月》第三卷第七号初刊本"但我在体操课的时间很用气力做种种体操"，亚东初版（九七页）、远东本（五五页）、六艺本（四九页）、纪念版（58页）等均作"但我上体操的课，总很用气力做种种体操"。这句话，手稿没有，初刊本的话应该是原稿，亚东初版的话当是胡适后修改的。改文的"总"字很必要，它强调说明"很用气力做种种体操"一直如此。文集本（70页）作"但我上体操的课，总很用气力做种种动作"，不知何据。可能是编者认为这句话中两次用"体操"一词显得重复，于是就改了。其实改得并不对，这句话中虽然两次用"体操"一词，但语意并不重复。因为两年半的体操课不一定只做一种体操，很可能做几种体操，但不管哪种体操，胡适都是"很用气力做"。

［一六］杨千里

杨千里（1882—1958），原名锡骥，后改名天骥，字骏公，号千里，别署茧庐、天马、东方、闻道等。工诗词，精书法篆刻。一八九九年进入上海南洋公学读书，一九〇二年推为壬寅科优贡。一九〇四年任上海澄衷学堂国文教员，参加同盟会和南社。曾任孙中山秘书，后出任《申报》和《新闻报》主笔。一九二〇年任北京政府国务院秘书，历任国民政府财政部主事、佥事、秘书及教育部视学、交通部秘书、监察院监察委员等。著作有《茧庐吟草》《茧庐长短句》《茧庐印痕》《茧庐治印存稿》等。

［一七］吴汝纶　严复

吴汝纶（1840—1903），字挚甫，安徽省桐城人。晚清文学家、教育家。一八六三年以县试第一名的成绩考取秀才，一八六四年中江南乡试第九名举人，一八六五年中第八名进士，授内阁中书。曾先后任曾国藩、李鸿章幕僚，为"曾门四大弟子"之一。后任深州（今河北深州市）、冀州（今河北衡水市冀州区）知州。一八八八年，吴汝纶向直隶总督李鸿章毛遂自荐，辞去冀州知州，接任莲池书院山长之职，主讲莲池书院。严复、林纾、马其昶、姚永朴、姚永概、李光炯、房秩五等人都慕名前来就学。晚年被任命为京师大学堂总教习，并创办桐城学堂。主要著作有《吴挚甫文集》四卷、《诗集》一卷、《吴挚甫尺牍》七卷、《深州风土记》二十二卷、《东游丛录》四卷。

严复（1854—1921），初名传初，改名宗光，字又陵，后名复，字几道，福建侯官（今福州市）人。中国近代启蒙思想家、新法家、翻译家，"清季输入欧化第一人"（梁启超语）。一八七七年被公派到英国留学，先入朴茨茅斯大学，后转到格林威治海军学院。一八七九年毕业回国，先后担任天津北洋水师学堂总教习（教务长）、总办（校长），复旦公学校长，北京大学校首任校长，总统府外交法律顾问，参政院参政等职。

从一八九六年起到一九〇八年间，严复先后翻译了赫胥黎的《进化论与伦理学》（严译为《天演论》）、亚当·斯密的《国富论》（全称《国民财富的性质和原因研究》，严译为《原富》）、约翰·穆勒的《逻辑体系》（严译为《名学》）和《论自由》（严译为《群己权界论》）、赫伯特·斯宾塞的《社会学研究》（严译为《群学肄言》）、孟德斯鸠的《论法的精神》（严译为《法意》）等。一八九七年与王修植、夏曾佑等在天津创办《国闻报》和《国闻汇编》，将

《天演论》在《国闻报》上连续发表。一八九八年，《天演论》分别由湖北沔阳卢氏慎始基斋木刻和天津嗜奇精舍石印，吴汝纶作序。吴汝纶还对严复译的《天演论》加以删节，在其去世后，删节本《吴京卿节本天演论》于一九〇三年五月由上海文明书局出版铅印本。

［一八］曹锡爵

亚东初版（九八页）、远东本（五六页）："我的一篇，前几年澄衷校长曹锡爵先生和现在的校长葛祖兰先生曾在旧课卷内寻出，至今还保存在校内。"《新月》第三卷第七号初刊本（八页）作："我的一篇，前几年澄衷校长曹锡爵先生曾在旧课卷内寻出，至今还保存在校内。"无"和现在的校长葛祖兰先生"，系亚东初版所增补。曹锡爵，字廷谏，上海诸生。光复会会员。

［一九］庚子辛丑大耻辱

"庚子辛丑大耻辱"指"庚子国变"和"辛丑条约"。由于清政府腐败无能，列强欺凌过甚，激起中国百姓的愤恨，造成义和团的兴起，以"扶清灭洋"为号召，毁铁路、烧教堂、杀洋人和教民。清政府想要利用义和团消灭洋人，便于一九〇〇年（光绪二十六年庚子）五月二十五日对英、美、法、俄、德、日、意、奥八国宣战。为扑灭义和团的反帝斗争，扩大对中国的侵略，八国组成的侵略联军，于六月从天津租界出发，向北京进犯，占领了北京紫禁城皇宫。一九〇一年（辛丑）九月七日，奕劻、李鸿章全权代表清政府同这十一个国家（八国之外加上比利时、西班牙和荷兰）在北京正式签订丧权辱国的《辛丑各国和约》，简称《辛丑条约》。条约规定，中国从海关银等关税中拿出四亿五千万两白银赔偿各国（相当于四亿五千万人口每人一两白银），并以各国货币汇率结算，按百分之四的年息，分三十九年还清。这笔钱史称"庚子赔款"，西方称为"拳乱赔款"（Boxer Indemnity）。

"庚子辛丑大耻辱"，《新月》第三卷第七号初刊本（八页）和亚东初版（九九页）、远东本（五六页）、六艺本（四九页）、文集本（70 页）、北大本（65 页）、外研本（95 页）、岳麓本（40 页）、民建本（60 页）等版本，"庚子""辛丑"之间均无顿号。而全集本（58 页）、纪念版（59 页）、全编本（44 页）、人文本（78 页）、津人本（71 页）、画报本（52 页）、纺织本（80 页）、万卷本（37 页）等，均在"庚子""辛丑"之间加了顿号。其实此处并无停顿，不必加顿号。虽然加了顿号也不算错，但原文没有顿号，不必添此蛇足。

［二〇］这种思想像野火一样

"这种思想像野火一样"，手稿无此句。《新月》第三卷第七号初刊本（八页）作"这种思想遂像野火一样"，亚东初版（九九页）、六艺本（四九页）、纪念版（59 页）、远东本（五六页）都没有其中的"遂"字，当系亚东初版成书时作者所删。这个"遂"有些文言气，虽然可以改成白话的"就"，但有了这个"就"字，情感似稍嫌渲染，不如删去的好，且更加简练。

［二一］"天演""物竞""淘汰""天择"

"'天演''物竞''淘汰''天择'等等术语都渐渐成了报纸文章的熟语"这句话，《新月》第三卷第七号初刊本（八页）、亚东初版（九九页）、六艺本（四九页）、远东本（五六页）等，

"天演""物竞""淘汰""天择"之间都没有顿号。而全集本（58页）、纪念版（59页）、全编本（44页）、文集本（70页）、人文本（78页）、北大本（65页）、岳麓本（40页）、群言本（55页）、人报本（54页）、华侨本（53页）、画报本（52页）、纺织本（80页）、闽教本（55页）等版本，均在"天演""物竞""淘汰""天择"之间加了顿号。其实大可不必，中华人民共和国国家标准（GBT1583）《2012版标点符号用法》明确规定："标有引号的并列成分之间、标有书名号的并列成分之间通常不用顿号。"更何况初刊本和亚东初版原本就没有顿号，为什么要画蛇添足呢？

［二二］陈炯明不是号竞存吗？

"陈炯明不是号竞存吗？"《新月》第三卷第七号初刊本（八页）无此句，而亚东初版（九九页）、远东本（五六页）均有此句，当系亚东初版成书时作者所加。陈炯明（1878—1933），广东海丰人。中华民国时期广东军政领袖，参加过辛亥革命及著名的黄花岗起义，后曾任广东都督、广东共和军总司令等。毕生坚持联省自治的政治主张，致力于联邦宪政、以和平协商的方式统一中国，与孙中山奉行的中央集权、以武力征战统一中国的政治纲领不合。下野后退居香港，一九二五年十月十日，美洲致公党改组为中国致公党，推举陈炯明为总理。一九三三年九月二十二日病逝于香港。胡适补充陈炯明号竞存一句，以名人为例，更具典型意义，使观点更有说服力。

［二三］就用"适之"两字。（二哥字绍之，三哥字振之。）

"我很高兴，就用'适之'两字。（二哥字绍之，三哥字振之。）"这句话，《新月》第三卷第七号初刊本（八页）和亚东初版（一〇〇页）、六艺本（五〇页）、纪念版（59—60页）、远东本（五七页）以及全集本（58页）、全编本（44页）等版本，括注内外标点均如此，手稿无此句。而文集本（70页）、北大本（66页）、民建本（61页）、武汉本（54页）、画报本（52页）、言实本（54页）、纺织本（81页）、海南本（54页）等版本，却均误作："我很高兴，就用'适之'两字（二哥字绍之，三哥字振之）。"将"两字"后面的句号删去了，又将括号内的句号移到了括号外面。这里的括号是句外括号而不是句内括号，句外括号要放在句末标点（这里是句号）之后，括号里面的话的末尾可以有句末点号（这里也是句号）。

［二四］严复译的《群己权界论》

《群己权界论》是严复于一九〇三年翻译的英国穆勒 *On Liberty*（1859年版）的文言译本。作者约翰·穆勒（John Stuart Mill，1806—1873），今或译为约翰·斯图亚特·密尔，十九世纪英国著名哲学家、经济学家、政治理论家，西方近代自由主义最重要的代表人物，近现代功利主义的创始人和奠基者。因其对个人自由的热情辩护并以清晰的逻辑对自由主义原理作出了杰出的阐释，而被尊称为"自由主义之圣"。另著有《代议制政府》《功利主义》等。

On Liberty 今译为《论自由》，这是政治哲学乃至人文思想领域内一部划时代的思想巨著。它深化了启蒙运动以来关于个人自由和政治自由的论述，集古典自由主义理论体系之大成。该书清晰地阐明了自由主义的核心思想：个人只要在不伤害他人的范围内，就应该拥有完全的

思想自由、言论自由和个性自由（行动自由），而这一原则的实施，有赖于对政府及社会权力的界定和限制。严复在《译者序》中说："呜呼！扬子云其知之矣。故《法言》曰：'周之人多行，秦之人多病。'十稔之间，吾国考西政者日益众，于是自繇之说常闻于士大夫。顾竺（同'笃'）旧者既惊怖其言，目为洪水猛兽之邪说；喜新者又恣肆泛滥，荡然不得其义之所归。"（商务印书馆1981年10月第1版）西汉扬雄在《法言·五百》说："周之人多行，秦之人多病。行有之也，病曼之也。周之士也贵，秦之士也贱。周之士也肆，秦之士也拘。"周代的统治者贵尚德义，大多能行正义之道；秦代的统治者崇尚暴力，大多不能行正义之道。统治者能行正义之道，是因为内怀其德；统治者不能行正义之道，是因为无道而不自知。周代的士人地位尊贵，秦代的士人地位卑贱；周代的士人思想自由，秦代的士人思想拘束。最近十年来，考察西方政治的人越来越多，于是自由的学说常常为上层知识分子所谈论。笃信旧学说的人对此惊讶不已，把它视为洪水猛兽一般的邪说；喜欢新思想的人却又自由泛滥，不知道自由的根本真谛。于是，严复就翻译了这本《群己权界论》，书中论述公域讲权力，私域曰权利；公域讲民主，私域言自由。这就是"群己界线"，或曰"群己权界"。所谓"群"，就是群体、社会公域；所谓"己"，就是自己、个人私域。亦即公共领域和私人领域要区分清楚，社会和个人都有自己的"权"，但它们的权又都有其界限。必须明白群己权限的划分，既不能偏于国群而压制小己，也不能袒护小己而使国群受害。

中文的"自由"一词，在传统意义中并没有"群己权界"的意思，不能准确反映原书的真谛。因此，严复才将穆勒的《论自由》翻译为《群己权界论》。

［二五］他倒打住了

亚东初版（一〇〇页）、远东本（五七页）"他倒打住了"，手稿没有这句话，《新月》第三卷第七号初刊本（九页）作"他却打住了"，或许是亚东初版成书时作者将初刊本的"却"改成了"倒"。"却"和"倒"都是副词，都可以表示所提出的事情或动作出乎意料或违反常情，但"倒"比"却"更加口语化。另外，"他却打住了"略有批评责怪的意味，而"他倒打住了"并没有批评责怪的意味。

［二六］书名和篇名的标注

这里引用的梁启超的"未有四肢已断"和下面的"然则救危亡求进步之道将奈何"两段话，手稿没有，《新月》第三卷第七号初刊本（九、十页）和亚东初版（一〇二、一〇三页）均作："(《新民说》叙论)""(《新民说》,《论进步》)"，括注中书名和篇名的标注体例不统一。前者的书名加了书名号，篇名却没有加书名号；后者书名和篇名都分别加了书名号，而且中间用逗号分开。"叙论"是《新民说》的第一节，《论进步》是《新民说》的第十一节，按说标注体例应该一致。单从后者的标注来看，只能理解为两本书，完全看不出《论进步》是《新民说》中的一节。六艺本（五一页）和远东本（五八页）作"(新民说叙论)""(新民说，论进步)"，书名和篇名都没有加书名号。《四十自述》全书（包括第六章《逼上梁山》）中，这种书名和篇名在一起的标注只有这两处，也就是说没有其他类似的标注可以援例。因此，简体定本就按照现行标点符号的用法来标注："(《新民说·叙论》)""(《新民说·论进步》)"。中华人民共和国国家标准（GBT1583）《2012版标点符号用法》明确规定：间隔号的作用之一就是"标示书名与篇（章、卷）名之间的分界"。

文集本（71、72页）、北大本（67、68页）、武汉本（55页）、华侨本（54、55页）、画报本（53、54页）、言实本（55、56页）、闽教本（56、57页）、海南本（55、56页）等版本，这两处均作："(《新民说》叙论)""(《新民说·论进步》)"，前后不统一。

纺织本（82、83页）将原文所有括注都改成了破折号后加书名号，而且还把第四处的"破坏亦破坏，不破坏亦破坏（同上）!"改成了：

> 破坏亦破坏，不破坏亦破坏！
>
> ——《新民说·论进步》

［二七］使数千万如虎如狼如蝗如蝻如蜮如蛆之官吏失其社鼠城狐之凭藉

手稿无此句，《新月》第三卷第七号初刊本（一〇页）将"蝻"误作"蛾"。"蝻"是蝗的幼虫，即还没生翅的蝗虫。亚东初版（一〇三页）、六艺本（五一页）、纪念版（61页）和远东本（五八页）均作"蝻"，当系初刊本有误，作者在亚东初版成书时所改，远流本（五六页）、纪念版（六一页）亦作"蝻"。

句中的"凭藉"，《新月》第三卷第七号初刊本（一〇页）、亚东初版（一〇三页）、六艺本（五一页）、远东本（五八页）、远流本（五六页）、纪念版（六一页）和全集本（60页）、全编本（46页）均作"凭藉"，北大本（67页）、人报本（55页）、海南本（55页）、民建本（62页）、外研本（99页）、言实本（56页）、岳麓本（42页）改作"凭借"。

华文本（68页）、徽教本（48页）误作"凭籍"。"藉"同"借"，"凭藉"亦作"凭借"，亦作"凭籍"，但对于大师的经典作品还是不改为好，因此简体定本仍作"凭藉"。

［二八］许多少年人冲上前去，可不肯缩回来了

手稿无此句，《新月》第三卷第七号初刊本（一〇页）作："许多少年人冲上前去，不肯缩回来了。"没有"可"字。亚东初版（一〇四页）、六艺本（五二页）、纪念版（62页）和远东本（五九页）均有"可"字，当系亚东初版成书时作者所加。或是原稿本有"可"字，初刊本漏掉了，亚东初版成书时作者又补上了。这里的"可"是表示转折的语气副词，相当于"却"，说明后面所说的情况与前面说的情况不一致，甚至相反。如果没有这个"可"字，就没有这种表示转折的语气了。

［二九］"七个时代"的序号

"七个时代"的序号，手稿没有这段话，《新月》第三卷第七号初刊本（一〇页）为"一、……"，每一项都是汉字数码加顿号。亚东初版（一〇五、一〇六页）、六艺本（五二页）、纪念版（63页）、远东本（六〇页）等繁体本均作"(一)……"，当系亚东初版成书时作者所改。因为每章下面的节用汉字数码"一……"，这里再用汉字数码"一、……"，层次就不清楚了。有的简体本将这"七个时代"的序号改成了阿拉伯数字，这就是没有根据地随意改动了。如津人本（76页）、群言本（59页）、万卷本（40页）改成了"(1)……"，民建本（63

页）、海南本（57 页）改成了“1.……”。

［三〇］但我读了这篇长文，终感觉不少的失望

手稿无此句，《新月》第三卷第七号初刊本（一二页）作：“但我读了这篇长文，终感觉不少大失望。”亚东初版（一〇六页）、六艺本（五三页）、纪念版（63 页）、远东本（六〇页）均作：“但我读了这篇长文，终感觉不少的失望。”将原文的“大失望”改成了“的失望”，当系亚东初版成书时作者所改。“大失望”语意和批评的情感因素有点重，改后就平和委婉多了。

［三一］“阙”与“缺”

手稿没有这段话，其中的三个“阙”字，《新月》第三卷第七号初刊本（一二页）和亚东初版（一〇七页）、六艺本（五三页）、纪念版（63 页）、远东本（六〇、六一页）、远流本（五八、五九页）等繁体本均作“阙”，外研本（103 页）、闽教本（59 页）、江西本（65 页）等简体本亦作“阙”。而全集本（62 页）、全编本（47、48 页）、人文本（81 页）、岳麓本（43 页）、人报本（58 页）、吉大本（63 页）、哈市本（81 页）、雅致本（461 页）等版本，均作“缺”；文集本（73 页）、津人本（77 页）、民建本（63 页）、群言本（59、60 页）、武汉本（57 页）、华侨本（57、58 页）、纺织本（85 页）、画报本（56 页）、言实本（58 页）、京联本（56 页）、海南本（58 页）、万卷本（41 页）、中州本（57 页）、文史本（71 页）、理工本（58 页）、徽教本（50、51 页）等版本，前一个作“阙”，后两个作“缺”；北大本（70 页）、现代本（51 页），前两个作“阙”，后一个作“缺”。“阙”通“缺”，通假字不能当成繁简字来简化，如“阙殆”“阙如”“阙文”“阙疑”“拾遗补阙”等“阙”，都不宜改为“缺”。特别是引文，更是不能随便改动，就像梁启超原文就是“第七章（阙）”，胡适先生就说他“只注了一个‘阙’字”，你一改成“缺”，读者会以为梁先生和胡先生都错了。

［三二］朱子的《近思录》

《近思录》是南宋哲学家朱熹和吕祖谦共同选辑北宋理学家周敦颐、程颐、程颢、张载四人的学说编辑而成的理学入门书。全书是依朱吕两人的理学思想体系编排的，但内容的取舍及编排体例基本上是由朱熹决定的，因此后代往往只称朱子《近思录》。书名“近思”二字，取自《论语・子张》：“博学而笃志，切问而近思，仁在其中矣。”其用意在于把《近思录》当作学习四子著作（即《四书》，指《论语》《大学》《中庸》《孟子》四部儒家的经典。此《四书》是孔子、曾子、子思、孟子的言行录）的阶梯，四子著作又是学习《六经》的阶梯，以正“厌卑近而骛高远”之失。全书分道体、为学、致知、存养、克己、家道、出处、治体、制度、政事、教学、警戒、异端、圣贤共十四卷，六百二十二条，全面阐述了理学思想的主要内容，可谓囊括了北宋五子及朱吕一派学术的主体。

［三三］王守仁的《传习录》

王守仁（1472—1529），幼名云，字伯安，号阳明，谥文成，浙江余姚人。因在会稽（今浙江绍兴一带）阳明洞筑室讲学，自号“阳明子”“阳明山人”，故世称“阳明先生”。王守仁

二十八岁中进士，历任南京刑部、吏部清吏司主事，南京太仆寺少卿，鸿胪寺卿，都察院左佥都御史，都察院右副都御史，南京兵部尚书等职。《传习录》是王阳明的问答语录和论学书信集，全书分为上、中、下三卷，是由阳明先生生前所授的弟子们整理编辑的。从正德七年（1512）开始，王阳明的弟子徐爱陆续记录下王阳明论学的谈话，取名《传习录》。“传习”出自《论语·学而》：“曾子曰：‘吾日三省吾身，为人谋而不忠乎？与朋友交而不信乎？传不习乎？’”正德十三年（1518），另一位学生薛侃将徐爱所录残稿及陆澄与自己新录的部分一起出版，仍名为《传习录》。后又于阳明先生身后，几次汇整增补，成为今日所流传的《传习录》。书中全面阐述了王阳明的思想，也体现了他辩证的授课方法，以及生动活泼、善于用譬、常带机锋的语言艺术。上卷经王阳明本人审阅，中卷里的书信出自王阳明亲笔，是他晚年的著述，下卷虽未经本人审阅，但较为具体地解说了他晚年的思想。

第四章

在上海（二）

评述

本文没有记写作时间，初刊于一九三一年十二月十日《新月》第三卷第十号，正题之下还有副题"《四十自述》的第五章"。后来《四十自述》成书出版时，作者将《我的母亲的订婚》作为《序幕》，这第五章就变成第四章了。手稿的标题与《新月》第三卷第十号初刊本同，但在正题之前画了两条竖线，在作者"胡适"前面和正文序号"(一)"的前面都打了个"×"。

这一章记录的是作者在上海公学的学习经历。首先，作者把自己放在广阔的社会背景下来展示，并与当时的其他人物——特别是风云人物，紧密联系在一起。中国公学本身就是革命志士民族自强的产物，从而联系到日本颁布取缔中国留学生规则，联系到陈天华为了警示民族团结振兴而投海自杀，联系到姚弘业为了唤醒人们对民族教育的重视而投江自杀，等等。而作者之所以要投考中国公学，也正是受了这些仁人志士的影响。这就如同一滴雨水落入高山瀑布之中——"溪涧岂能留得住，终归大海作波涛！"

其次，作者把自己的学习成长与中国公学的办学理念和先进思想紧密结合。中国公学的教职员和同学之中，有不少的革命党人，他们虽然没有人劝胡适加入同盟会，但其革命思想对胡适的影响颇大。正如墨子所云："染于苍则苍，染于黄则黄。"

中国公学是中国第一个用"普通话"教学的学校，这在今天看来，不过是理所当然的做法，但在当时却堪称开辟了教育历史的新纪元。这个伟大的创举，使中国公学成了中国新文化运动的摇篮，它摇出了一位中国文艺复兴之父、中国白话文之父。

其三，作者并没有正面书写课堂的学习生活，而是把笔墨转向了课外活动：成立竞业学会，创办白话《竞业旬报》，撰写白话说理文，创作白话小说，与师生赋诗赓和，学作律诗，如此等等。这些看似不务正业的活动，却培养出了一位近现代文化圣人。这是中国教育史上最为经典的案例，它将永远启人深思。宋代大诗人陆游在《示子遹》中说："汝果欲学诗，工夫在诗外。"胡适先生写这段自传，是不是也在昭示后人"汝果欲学习，工夫在课外"呢？

正文

一

中国公学是因为光绪乙巳年（一九〇五）日本文部省颁布取缔中国留学生规则，我国的留日学生认为侮辱中国，其中一部分愤慨回国的人在上海创办的。当风潮最烈的时候，湖南陈天华投海自杀，勉励国人努力救国，一时人心大震动，所以回国的很多[一]。回国之后，大家主张在国内办一个公立的大学。乙巳十二月中，十三省的代表全体会决议，定名为"中国公学"。次年（丙午，一九〇六）春天在上海新靶子路黄板桥北租屋开学[二]。但这时候反对取缔规则的风潮已渐渐松

懈了，许多官费生多回去复学了。上海那时还是一个眼界很小的商埠，看见中国公学里许多剪发洋装的少年人自己办学堂，都认为奇怪的事。政府官吏疑心他们是革命党，社会叫他们做怪物。所以赞助捐钱的人很少，学堂开门不到一个半月，就陷入了绝境。公学的干事姚弘业先生（湖南益阳人）激于义愤，遂于三月十三日投江自杀，遗书几千字，说，“我之死，为中国公学死也。”〔三〕遗书发表之后，舆论都对他表敬意，社会受了一大震动，赞助的人稍多，公学才稍稍站得住。

我也是当时读了姚烈士的遗书大受感动的一个小孩子。夏天我去投考，监考的是总教习马君武先生〔四〕。国文题目是《言志》，我不记得说了一些什么，后来君武先生告诉我，他看了我的卷子，拿去给谭心休、彭施涤先生传观〔五〕，都说是为公学得了一个好学生。

我搬进公学之后，见许多同学都是剪了辫子，穿着和服，拖着木屐的；又有一些是内地刚出来的老先生，带着老花眼镜，捧着水烟袋的。他们的年纪都比我大的多；我是做惯班长的人，到这里才感觉我是个小孩子。不久我已感得公学的英文、数学都很浅〔六〕，我在甲班里很不费气力。那时候，中国教育界的科学程度太浅，中国公学至多不过可比现在的两级中学程度，然而有好几门功课都不能不请日本教员来教。如高等代数，解析几何，博物学〔七〕，最初都是日本人教授，由懂得日语的同学翻译。甲班的同学有朱经农、李琴鹤等〔八〕，都曾担任翻译。又有几位同学还兼任学校的职员或教员，如但懋辛便是我们的体操教员〔九〕。当时的同学和我年纪不相上下的，只有周烈忠，李骏，孙粹存，孙竞存等几个人〔一〇〕。教员和年长的同学都把我们看作小弟弟，特别爱护我们，鼓励我们。我和这一班年事稍长，阅历较深的师友们往来，受他们的影响最大。我从小本来就没有过小孩子的生活，现在天天和这班年长的人在一块，更觉得自己不是个小孩子了。

中国公学的教职员和同学之中，有不少的革命党人。所以在这里要看东京出版的《民报》，是最方便的。暑假年假中，许多同学把《民报》缝在枕头里带回内地去传观。还有一些激烈的同学往往强迫有辫子的同学剪去辫子。但我在公学三年多，始终没有人强迫我剪辫，也没有人劝我加入同盟会。直到二十年后，但懋辛先生才告诉我，当时校里的同盟会员曾商量过，大家都认为我将来可以做学问，他们要爱护我，所以不劝我参加革命的事。但在当时，他们有些活动也并不瞒我。有一晚十点钟的时候，我快睡了，但君来找我，说，有个女学生从日本回国，替朋友带了一只手提小皮箱，江海关上要检查，她说没有钥匙，海关上不放行。但君因为我可以说几句英国话，要我到海关上去办交涉。我知道箱子里是危险的违禁品，就跟了他到海关码头〔一一〕，这时候已过十一点钟，谁都不在了。我们只好怏怏回去。第二天，那位女学生也走了，箱子她丢在关上不要了。

我们现在看见上海各学校都用国语讲授，决不能想像二十年前的上海还完全是上海话的世界〔一二〕，各学校全用上海话教书。学生全得学上海话。中国公学是第一个用“普通话”教授的学校。学校里的学生，四川、湖南、河南、广东的人最多〔一三〕，其余各省的人也差不多全有。大家都说“普通话”，教员也用“普通话”。江浙的教员，如宋耀如，王仙华，沈翔云诸先生〔一四〕，在讲堂上也都得勉强说官话。我初入学时，只会说徽州话和上海话；但在学校不久也就会说“普通话”了。我的同学中四川人最多；四川话清楚干净，我最爱学他，所以我说的普通话最近于四川话。二三年后，我到四川客栈（元记、厚记等）去看朋友，四川人只问，“贵府是川东？是川南？”他们都把我看作四川人了。

中国公学创办的时候，同学都是创办人，职员都是同学中举出来的，所以没有职员和学生的界限。当初创办的人都有革命思想，想在这学校里试行一种民主政治的制度。姚弘业烈士遗书中所谓“以大公无我之心，行共和之法”，即是此意。全校的组织分为“执行”与“评议”两部。执行部的职员（教务干事，庶务干事，斋务干事）都是评议部举出来的〔一五〕，有一定的任期，并且对于评议部要负责任。评议部是班长和室长组织成的，有监督和弹劾职员之权。评议部开会时，往往有激烈的辩论，有时直到点名熄灯时方才散会。评议员之中，最出名的是四川人龚从龙，口齿清楚，态度从容，是一个好议长。这种训练是很有益的。我年纪太小，第一年不够当评议员，有时在门外听听他们的辩论，不禁感觉我们在澄衷学堂的自治会真是儿戏。

二

我第一学期住的房间里有好几位同学都是江西萍乡和湖南醴陵人，他们是邻县人，说的话我听不大懂。但不到一个月，我们很相熟了。他们都是二三十岁的人了；有一位钟文恢（号古愚）已有胡子，人叫他做钟胡子。他告诉我，他们现在组织了一个学会，叫做竞业学会，目的是“对于社会，竞与改良；对于个人，争自濯磨”，所以定了这个名字。他介绍我进这个会，我答应了。钟君是会长，他带我到会所里去，给我介绍了一些人。会所在校外北四川路厚福里。会中住的人大概多是革命党。有个杨卓林〔一六〕，还有个廖德璠，后来是都因谋革命被杀的。会中办事最热心的人，钟君之外，有谢寅杰和丁洪海两君〔一七〕，他两人维持会务最久。

竞业学会的第一件事业就是创办一个白话的旬报，就叫做《竞业旬报》。他们请了一位傅君剑先生（号钝根）来做编辑〔一八〕。《旬报》的宗旨，傅君说，共有四项：一振兴教育，二提倡民气，三改良社会，四主张自治。其实这都是门面语，骨子里是要鼓吹革命。他们的意思是要“传布于小学校之青年国民”，所以决定用白话文。胡梓方先生（后来的诗人胡诗庐）作《发刊辞》〔一九〕，其中有一段说：

今世号通人者，务为艰深之文，陈过高之义，以为士大夫劝，而独不为彼什伯千万倍里巷乡闾之子计，则是智益智，愚益愚，智日少，愚日多也。顾可为治乎哉？

又有一位会员署名“大武”作文《论学官话的好处》〔二〇〕，说：

诸位呀，要救中国，先要联合中国的人心〔二一〕。要联合中国的人心，先要统一中国的言语。……但现今中国的语言也不知有多少种，如何叫他们合而为一呢？……除了通用官话，更别无法子了。但是官话的种类也很不少，有南方官话，有北方官话，有北京官话。现在中国全国通行官话，只须摹仿北京官话，自成一种普通国语哩。

这班人都到过日本，又多数是中国公学的学生，所以都感觉“普通国语”的需要。“国语”一个目标，屡见于《竞业旬报》的第一期，可算是提倡最早的了。

《竞业旬报》第一期是丙午年（一九〇六）九月十一日出版的〔二二〕。同住的钟君看见我常看小说，又能作古文，就劝我为《旬报》作白话文。第一期里有我的一篇通俗“地理学”，署名“期自胜生”。那时候我正读《老子》，爱上了“自胜者强”一句话〔二三〕，所以取了个别号叫希强，又自称“期自胜生”。这篇文字是我的第一篇白话文字，所以我钞其中说“地球是圆的”一段在这里做一个纪念：

譬如一个人立在海边，远远的望这来往的船只。那来的船呢，一定是先看见他的桅杆顶，以后方能够看见他的风帆，他的船身一定在最后方可看见。那去的船呢，却恰恰与来的相反，他的船身一定先看不见，然后看不见他的风帆，直到后来方才看不见他的桅杆顶。这是什么缘故呢？因为那地是圆的，所以来的船在那地的低处慢慢行上来，我们看去自然先看见那桅杆顶了。那去的船也是这个道理，不过同这个相反罢了。……诸君们如再不相信，可捉一只苍蝇摆在一只苹果上，叫他从下面爬到上面来，可不是先看见他的头然后再看见他的脚么？……

这段文字已充分表现出我的文章的长处和短处了。我的长处是明白清楚，短处是浅显。这时候我还不满十五岁。二十五年来，我抱定一个宗旨，做文字必须要叫人懂得，所以我从来不怕人笑我的文字浅显。

我做了一个月的白话文，胆子大起来了，忽然决心做一部长篇的章回小说。小说的题目叫做《真如岛》，用意是“破除迷信，开通民智”。我拟了四十回的回目，便开始写下去了。第一回就在《旬报》第三期上发表（丙午十月初一日），回目是：

虞善仁疑心致疾　孙绍武正论祛迷

这小说的开场一段是：

> 话说江西广信府贵溪县城外有一个热闹的市镇叫做神权镇，镇上有一条街叫福儿街。这街尽头的地方有一所高大的房子。有一天下午的时候，这屋的楼上有二人在那里说话。一个是一位老人，年纪大约五十以外的光景，鬓发已略有些花白了，躺在一张床上，把头靠近床沿，身上盖了一条厚被，面上甚是消瘦，好像是重病的模样。一个是一位十八九岁的后生，生得仪容端整，气概轩昂，坐在床前一只椅子上，听那个老人说话。……

我小时最痛恨道教，所以这部小说的开场就放在张天师的家乡〔二四〕。但我实在不知道贵溪县的地理风俗，所以不久我就把书中的主人翁孙绍武搬到我们徽州去了。

《竞业旬报》出到第十期，便停办了。我的小说续到第六回，也停止了。直到戊申年（一九〇八）三月十一日〔二五〕，《旬报》复活，第十一期才出世。但傅君剑已不来了，编辑无人负责，我也不大高兴投稿了。到了戊申七月，《旬报》第二十四期以下就归我编辑。从第二十四期到第三十八期，我做了不少的文字，有时候全期的文字，从论说到时闻，差不多都是我做的。《真如岛》也从第二十四期上续作下去，续到第十一回，《旬报》停刊了，我的小说也从此停止了。这时期我改用了"铁儿"的笔名。

这几十期的《竞业旬报》给了我一个绝好的自由发表思想的机会，使我可以把在家乡和在学校得着的一点点知识和见解，整理一番，用明白清楚的文字叙述出来。《旬报》的办事人从来没有干涉我的言论，所以我能充分发挥我的思想，尤其是我对于宗教迷信的思想。例如《真如岛》小说第八回里，孙绍武这样讨论"因果"的问题：

> 这"因果"二字，很难说的。从前有人说，"譬如窗外这一树花儿，枝枝朵朵都是一样，何曾有什么好歹善恶的分别？不多一会，起了一阵狂风，把一树花吹一个'花落花飞飞满天'，那许多花朵，有的吹上帘栊，落在锦茵之上；有的吹出墙外，落在粪溷之中。这落花的好歹不同，难道好说是这几枝花的善恶报应不成？"这话很是，但是我的意思却还不止此。大约这因果二字是有的。有了一个因，必收一个果。譬如吃饭自然会饱，吃酒自然会醉。有了吃

饭吃酒两件原因，自然会生出醉饱两个结果来。但是吃饭是饭的作用生出饱来，种瓜是瓜的作用生出新瓜来。其中并没有什么人为之主宰。如果有什么人为主宰，什么上帝哪，菩萨哪，既能罚恶人于既作孽之后，为什么不能禁之于未作孽之前呢？……“天”要是真有这么大的能力，何不把天下的人个个都成了善人呢？……“天”既生了恶人，让他在世间作恶，后来又叫他受许多报应，这可不是书上说的“出尔反尔”么？……总而言之，“天”既不能使人不作恶，便不能罚那恶人。……

落花一段引的是范缜的话（看本书第二章）〔二六〕，后半是我自己的议论。这是很不迟疑的无神论。这时候我另在《旬报》上发表了一些“无鬼丛话”，第一条就引司马温公“形既朽灭，神亦飘散，虽有剉烧舂磨，亦无所施”的话，和范缜“神之于形，犹利之于刀”的话（参看第二章）。第二条引苏东坡的诗“耕田欲雨刈欲晴，去得顺风来者怨。若使人人祷辄遂，造物应须日千变”。第三条痛骂《西游记》和《封神榜》〔二七〕，其中有这样的话：

夫士君子处颓敝之世，不能摩顶放踵敝口焦舌以挽滔滔之狂澜，曷若隐遁穷邃，与木石终其身！更安忍随波逐流，阿谀取容于当世，用自私利其身？（本条前面说《封神榜》的作者把书稿送给他的女儿作嫁资，其婿果然因此发财。所以此处有“自私利”的话。）天壤间果有鬼神者，则地狱之设正为此辈！此其人更安有著书资格耶！（《丛话》原是用文言作的。）〔二八〕

这是戊申（一九〇八）年八月发表的。谁也梦想不到说这话的小孩子在十五年后（一九二三）居然很热心的替《西游记》作两万字的考证〔二九〕！如果他有好材料，也许他将来还替《封神榜》作考证哩！

在《无鬼丛话》的第三条里，我还接着说：

《王制》有之：“托于鬼神时日卜筮以乱众者，诛。”吾独怪夫数千年来之掌治权者，之以济世明道自期者，乃懵然不之注意，惑世诬民之学说得以大行，遂举我神州民族投诸极黑暗之世界！嗟夫，吾昔谓“数千年来仅得许多脓包皇帝，混帐圣贤”，吾岂好詈人哉？吾岂好詈人哉？

这里很有“卫道”的臭味，但也可以表现我在不满十七岁时的思想路子。《丛话》第四条说：

吾尝持无鬼之说，论者或咎余，谓举一切地狱因果之说而摧陷之，使人人敢于为恶，殊悖先王神道设教之旨。此言余不能受也。今日地狱因果之说盛行，而恶人益多，民德日落，神道设教之成效果何如者！且处兹思想竞争时代，不去此种种魔障，思想又乌从而生耶？

这种夸大的口气，出在一个十七岁孩子的笔下，未免叫人读了冷笑。但我现在回看我在那时代的见解，总算是自己独立想过几年的结果，比起现今一班在几个抽象名词里翻筋斗的少年人们，我还不感觉惭愧。

《竞业旬报》上的一些文字，我早已完全忘记了。前年中国国民党的中央宣传部曾登报征求全份的《竞业旬报》，——大概他们不知道这里面一大半的文字是胡适做的，——似乎也没有效果。我靠几个老朋友的帮忙，搜求了几年，至今还不曾凑成全份。今年回头看看这些文字，真有如同隔世之感。但我很诧异的是有一些思想后来成为我的重要的出发点的，在那十七八岁的时期已有了很明白的倾向了，例如我在《旬报》第三十六期上发表一篇《苟且》，痛论随便省事不肯澈底思想的毛病，说"苟且"二字是中国历史上的一场大瘟疫，把几千年的民族精神都瘟死了。我在《真如岛》小说第十一回（《旬报》三十七期）论扶乩的迷信，也说：

程正翁，你想罢。别说没有鬼神，即使有鬼神，那关帝吕祖何等尊严，岂肯听那一二张符诀的号召？这种道理总算浅极了，稍微想一想，便可懂得。只可怜我们中国人总不肯想，只晓得随波逐流，随声附和。国民愚到这步田地，照我的眼光看来，这都是不肯思想之故。所以宋朝大儒程伊川说"学原于思"，这区区四个字简直是千古至言。——郑先生说到这里，回过头来，对翼华、翼璜道：程子这句话，你们都可写作座右铭。

"学原于思"一句话是我在澄衷学堂读朱子《近思录》时注意到的。我后来的思想走上了赫胥黎和杜威的路上去〔三〇〕，也正是因为我从十几岁时就那样十分看重思想的方法了。

又如那时代我在李莘伯办的《安徽白话报》上发表的一篇《论承继之不近人情》（转载在《旬报》廿九期）〔三一〕，我不但反对承继儿子，并且根本疑问"为什么一定要儿子"？此文的末尾有一段说：

我如今要荐一个极孝顺永远孝顺的儿子给我们中国四万万同胞。这个儿子是谁呢，便是"社会"。……

你看那些英雄豪杰仁人义士的名誉，万古流传，永不湮没；全社会都崇拜他们，纪念他们；无论他们有子孙没有子孙，我们纪念着他们，总不少减；也

只为他们有功于社会，所以社会永远感谢他们，纪念他们。阿啥啥，这些英雄豪杰仁人义士的孝子贤孙多极了，多极了！……一个人能做许多有益于大众有功于大众的事业，便可以把全社会都成了他的孝子贤孙。列位要记得：儿子孙子，亲生的，承继的，都靠不住。只有我所荐的孝子顺孙是万无一失的。

这些意思，最初起于我小时看见我的三哥出继珍伯父家的痛苦情形，是从一个真问题上慢慢想出来的一些结论。这一点种子，在四五年后，我因读培根（Bacon）的论文有点感触，在日记里写成我的《无后主义》。在十年之后，又因为我母亲之死引起了一些感想，我才写成《不朽：我的宗教》一文，发挥"社会不朽"的思想。

这几十期的《竞业旬报》，不但给了我一个发表思想和整理思想的机会，还给了我一年多作白话文的训练。清朝末年出了不少的白话报，如《中国白话报》,《杭州白话报》,《安徽俗话报》,《宁波白话报》,《潮州白话报》，都没有长久的寿命。光绪宣统之间，范鸿仙等办《国民白话日报》〔三二〕，李莘伯办《安徽白话报》，都有我的文字，但这两个报都只有几个月的寿命。《竞业旬报》出到四十期，要算最长寿的白话报了。我从第一期投稿起，直到他停办时止，中间不过有短时期没有我的文字。和《竞业旬报》有编辑关系的人，如傅君剑，如张丹斧〔三三〕，如叶德争，都没有我的长久关系，也没有我的长期训练。我不知道我那几十篇文字在当时有什么影响，但我知道这一年多的训练给了我自己绝大的好处，白话文从此成了我的一种工具。七八年之后，这件工具使我能够在中国文学革命的运动里做一个开路的工人。

三

我进中国公学不到半年，就得了脚气病，不能不告假医病。我住在上海南市瑞兴泰茶叶店里养病，偶然翻读吴汝纶选的一种古文读本，其中第四册全是古诗歌。这是我第一次读古体诗歌，我忽然感觉很大的兴趣。病中每天读熟几首。不久就把这一册古诗读完了。我小时曾读一本律诗，毫不觉得有兴味；这回看了这些乐府歌辞和五七言诗歌，才知道诗歌原来是这样自由的，才知道做诗原来不必先学对仗。我背熟的第一首诗是《木兰辞》，第二首是《饮马长城窟行》，第三是《古诗十九首》，一路下去，直到陶潜、杜甫〔三四〕，我都喜欢读，读完了吴汝纶的选本，我又在二哥的藏书里寻得了《陶渊明集》和《白香山诗选》，后来又买了一部《杜诗镜诠》。这时代我专读古体歌行，不肯再读律诗；偶然也读一些五七言绝句。

有一天，我回学堂去，路过《竞业旬报》社，我进去看傅君剑，他说不久就要回湖南去了。我回到了宿舍，写了一首送别诗，自己带给君剑，问他像不像诗。这诗我记不得了，只记得开端是"我以何因缘，得交傅君剑"。君剑很夸奖我的送别诗，但我终有点不自信。过了一天，他送了一首《留别适之即和赠别之作》来〔三五〕，用日本卷笺写好，我打开一看，真吓了一跳。他诗中有“天下英雄君与我，文章知己友兼师”两句，在我这刚满十五岁的小孩子的眼里，这真是受宠若惊了！“难道他是说谎话哄小孩子吗？”我忍不住这样想。君剑这幅诗笺，我赶快藏了，不敢给人看。然而他这两句鼓励小孩子的话可害苦我了！从此以后，我就发愤读诗，想要做个诗人了。有时候，我在课堂上，先生在黑板上解高等代数的算式，我却在斯密司的《大代数学》底下翻《诗韵合璧》，练习簿上写的不是算式，是一首未完的纪游诗。一两年前我半夜里偷点着蜡烛，伏在枕头上演习代数问题，那种算学兴趣现在都被做诗的新兴趣赶跑了！我在病脚气的几个月之中发见了一个新世界，同时也决定了我一生的命运。我从此走上了文学史学的路，后来几次想矫正回来，想走到自然科学的路上去，但兴趣已深，习惯已成，终无法挽回了。

丁未正月（一九〇七）我游苏州〔三六〕，三月与中国公学全体同学旅行到杭州，我都有诗纪游。我那时全不知道“诗韵”是什么，只依家乡的方音，念起来同韵便算同韵，在西湖上写了一首绝句，只押了两个韵脚，杨千里先生看了大笑，说，一个字在“尤”韵，一个字在“萧”韵。他替我改了两句。意思全不是我的了。我才知道做诗要硬记“诗韵”，并且不妨牺牲诗的意思来迁就诗的韵脚。

丁未五月，我因脚气病又发了，遂回家乡养病。（我们徽州人在上海得了脚气病，必须赶紧回家乡，行到钱塘江的上游，脚肿便渐渐退了。）我在家中住了两个多月，母亲很高兴。从此以后，我十年不归家（一九〇七——一九一七）〔三七〕，那是母亲和我都没有料到的。那一次在家，和近仁叔相聚甚久，他很鼓励我作诗。在家中和路上我都有诗。这时候我读了不少白居易的诗，所以我这时期的诗，如在家乡做的《弃父行》，很表现《长庆集》的影响。

丁未以后，我在学校里颇有少年诗人之名，常常和同学们唱和。有一次我做了一首五言律诗，押了一个“赪”字韵〔三八〕，同学和教员和作的诗有十几首之多。同学中如汤昭（保民），朱经（经农），任鸿隽（叔永），沈翼孙（燕谋）等，都能作诗〔三九〕；教员中如胡梓方先生，石一参先生等〔四〇〕，也都爱提倡诗词。梓方先生即是后来出名的诗人胡诗庐，这时候他教我们的英文，英文教员能做中国诗词，这是当日中国公学的一种特色。还有一位英文教员姚康侯先生，是辜鸿铭先生的学生〔四一〕，也是很讲究中国文学的。辜先生译的《痴汉骑马歌》〔四二〕，其实是姚康侯先生和几位同门修改润色的。姚先生在课堂上常教我们翻译，从英文译汉文，或从汉文译英文。有时候，我们自己从读本里挑出爱读的英文诗，邀几个能诗的同学分头翻译成中国诗，拿去给姚先生和胡先生评改。姚先生常劝我们看辜鸿铭译的《论语》〔四三〕，他说这是翻译的模范。但五六年后，我得读辜先生译的《中庸》〔四四〕，感觉很大的失望。大概当时所谓翻译，都侧重自由的意译，务必要“典雅”，而不妨变动原文的意义与文字。这种训练也有他的用处，可以使学生时时想到中西文字异同之处。时时想某一句话应该怎样翻译，才可算“达”与“雅”。我记得我们试译一首英文诗〔四五〕，中有 Scarecrow 一个字，我们大家想了几天，想不出一个典雅的译法。但是这种工夫，现在回想起来，不算是浪费了的。

我初学做诗，不敢做律诗，因为我不曾学过对对子，觉得那是很难的事。戊申（一九〇八）以后〔四六〕，我偶然试做一两首五言律诗来送朋友，觉得并不很难，后来我也常常做五七言律诗了。做惯律诗之后，我才明白这种体裁是似难而实易的把戏；不必有内容，不必有情绪，不必有意思，只要会变戏法，会搬运典故〔四七〕，会调音节，会对对子，就可以诌成一首律诗。这种体裁最宜于做没有内容的应酬诗，无论是殿廷上应酬皇帝，或寄宿舍里送别朋友，把头摇几摇，想出了中间两联，凑上一头一尾，就是一首诗了；如果是限韵或和韵的诗，只消从韵脚上去着想，那就更容易了。大概律诗的体裁和步韵的方法所以不能废除〔四八〕，正因为这都是最方便的戏法。我那时读杜甫的五言律诗最多，所以我做的五律颇受他的影响。七言律诗，我觉得没有一首能满意的，所以我做了几首之后就不做了。

现在我把我在那时做的诗钞几首在这里，也算一个时期的纪念：

秋日梦返故居（戊申八月）

秋高风怒号，客子中怀乱。抚枕一太息，悠悠归里闬〔四九〕。
入门拜慈母，母方抚孙玩〔五〇〕。齐儿见叔来，牙牙似相唤。
拜母复入室，诸嫂同炊爨。问答乃未已，举头日已旰。
方期长聚首，岂复疑梦幻？年来历世故，遭际多忧患。
耿耿苦思家，听人讥斥鷃〔五一〕。（玩字原作弄，是误用方音，前年改玩字。）

军人梦（译 Thomas Campbell's A Soldier's Dream）（戊申）

笳声销歇暮云沉，耿耿天河灿列星。
战士创痍横满地，倦者酣眠创者逝。
枕戈藉草亦蘧然，时见刍人影摇曳。
长夜沉沉夜未央，陶然入梦已三次。
梦中忽自顾，身已离行伍，
秋风拂襟袖，独行殊踽踽。
惟见日东出，迎我归乡土。
纵横阡陌间，尽是钓游迹〔五二〕，

时闻老农刈稻歌，又听牛羊嗥山脊。
归来戚友咸燕集，誓言不复相离别。
娇儿数数亲吾额，少妇情深自呜咽。
举室争言君已倦，幸得归休免征战。
惊回好梦日熹微，梦魂渺渺成虚愿。（刍人原作刍灵，今年改。）

酒醒（己酉）

酒能销万虑，已分醉如泥。烛泪流干后，更声断续时。
醒来还苦忆，起坐一沉思。窗外东风峭，星光淡欲垂。

女优陆菊芬演《纺棉花》（己酉）

永夜亲机杼，悠悠念远人。朱弦纤指弄，一曲翠眉颦。
满座天涯客，无端旅思新。未应儿女语，争奈不胜春！

秋柳 有序（己酉）

秋日适野，见万木皆有衰意。而柳以弱质，际兹高秋，独能迎风而舞，意态自如。岂老氏所谓能以弱者存耶？感而赋之。

但见萧飕万木摧，尚余垂柳拂人来。
西风莫笑长条弱，也向西风舞一回。（西风莫笑，原作“凭君漫说”，民国五年改。长条原作“柔条”，十八年改。）

注释

［一］“取缔中国留学生规则”与陈天华投海自杀

一八九四年七月二十五日爆发的甲午战争，以中国战败、北洋水师全军覆没而告终。清政府被迫于一八九五年四月十七日签订了丧权辱国的《马关条约》。战败后的中国人希望探求日本富强的奥秘，第二年便拉开了中国人留学日本的序幕。一八九八年三月，湖广总督张之洞发表《劝学篇》，呼吁青年学生东渡留学。同年六月，山东道监察御史杨深秀上奏《请议游学日本章程片》，恳请政府接受日本驻华公使矢野文雄发出的接受中国留日学生的邀请。八月二日，光绪帝颁布上谕，令军机处制定选派留日学生的章程，确立了留学日本的国策，因此很快便形成了中国学生的留日高潮。一九〇五年八月，以孙中山为首的革命派在日本成立了中国同

盟会，在留日学生中发展成员并开展反清革命活动。日本民间也专门为清国留学生开办了很多“野鸡”速成学校。当年，日本政府针对这种情况拟订了一个监管清国留学生的新规定。清国驻日本公使杨枢向日本政府要了规定的草稿看后表示同意，日本政府便于十一月二日颁布了《关于准许清国学生入学之公私立学校之规程》，共十五条：

第一条 公立或私立学校，在许可清国学生入学之时，于其入学申请书中，必须附加清国驻本邦公使馆之介绍书。

第二条 公立或私立学校，依从清国学生本人志愿，于该校所定学科中，阙修一科或数科。

第三条 清国学生入学之公立或私立学校，须备有关教职员名簿、清国学生学籍簿、考勤簿，并将来往公文信件等予以登记汇存。学籍簿内，须记载学生的姓名、原籍、年龄、住址、入学前经、介绍入学的官署名称、官派或自费、赏罚、入学、转学、退学及学年、毕业日期、转学和退学的缘由等。

第四条 公立或私立学校，如欲许可清国学生转学或退学时，其申请书内必须附加清国驻本邦公使馆之承认书。

第五条 清国学生入学之公立或私立学校，须于每年一月及七月份两次，将其前六个月间准许清国学生入学的人数，呈报文部大臣。清国学生之转学、退学以及毕业人数，亦依上述规定呈报。

第六条 公立或私立学校，遇有清国学生毕业或饬令退学时，须于一个月内，将其姓名及饬令退学的缘由，报告介绍其入学之清国公使馆。

第七条 准许清国人入学之公立或私立学校，经文部大臣认为适当者，将特为选定，并照会清国政府。

第八条 公立或私立学校，欲要得到前条所述的选定，其管理者或设立者须具备下列事项，向文部大臣提出申请。但依特别规定，既已申请或经许可的事项，可以省略。

一、关于清国学生教育的沿革。

二、校规中涉及清国学生教育的相关学则。

三、校长或学校代表者的履历。

四、教员姓名、资格、学业经历及所担任的学科科目。

五、清国学生定额及各学年学级的现在人数。

六、对清国学生的校外监督方法。

七、清国学生毕业人数及毕业后情形。

八、供清国学生使用之校地、校舍及寄宿舍等图样。

九、经费及维持方法。

十、教科书、教授所用器具、仪器及标本等目录。

以上第二项和第八项如须变更，须经文部大臣许可。

第九条 受选定之公立或私立学校，令清国学生宿泊的寄宿舍或由学校监管的旅馆、下宿等处，均须施行校外取缔。

第十条 受选定之公立或私立学校，不得招收他校因性行不良而被饬令退学的学生。

第十一条 受选定的公立或私立学校举行考试时，文部大臣如认为必要，可派官员监视，或查阅考试内容及学生的答稿。该员如认为考试题目或方法不恰当，则可命其变更。试题、答案及成绩表最少须保存五年。

第十二条 受选定之公立或私立学校，于每学年结束后一个月内，须将有关清国学生教育的概况，呈报文部大臣。

第十三条 受选定之公立或私立学校，如有违背此规则或其成绩不良者，文部大臣将取消其受选定的资格。

第十四条 照本令所规定，凡拟递文部大臣的文件，须由地方衙署转呈。

第十五条 本令的各项规定，不适用于小学堂及与之同类的各种学堂。

附则：本令自明治三十九年（1906）一月一日起施行。

日本报纸的“标题党”将此规定简称为《清国留学生取缔规则》，“取缔规则”日语的意思是“管理规定”，日语的“取缔”并非汉语“取缔”的意思，而是“管理”的意思。例如日本企业里的“取缔役”就是“董事长”。第九条中的“取缔”，即是留日学生住宿处应由校方认可并加以管理的意思。但当时的速成生以汉语“取缔”的意思理解日语的“取缔”，认为这是对中国留学生的歧视，是“侵犯人身自由”“不尊重我辈人格”。因而报纸一出，中国留学生便纷纷冲上街头，举行了声势浩大的罢课游行等示威抗议活动。

这个时候，孙文去了东南亚募款，黄兴则经香港回到中国策动起义，同盟会在东京的事务实际由宋教仁负责。以“鉴湖女侠”秋瑾为代表的部分中国留学生，号召全体留学生罢课回国。各校留日学生普遍停课，约有两千名留学生回国。秋瑾就是在这次风潮中，与数百留学生一起登轮回国的。而罢课领袖陈天华竟蹈海自杀。

陈天华（1875—1905），原名显宿，字星台，又字过庭，别号思黄，湖南省新化县荣华乡栗树凤阳坪人。华兴会创始人之一，同盟会会员。一九〇三年春，以官费生被送到日本留学，入弘文学院师范科。一九〇四年春，再到日本，入法政大学。八月，回国准备参加华兴会发动的长沙起义，事败后又去日本。一九〇五年六月，与宋教仁等创办《二十世纪之支那》杂志。七月孙中山到日本，八月中国同盟会成立，陈天华任秘书，并被推为会章起草人之一。所著《猛回头》和《警世钟》两书，成为当时宣传革命的号角和警钟。

十二月七日，日本《朝日新闻》撰文称：“清国学生过于狭义解释省令，此亦清国人特有之放纵卑劣行为所致，他们的团结力量亦甚为薄弱。”陈天华见报，愤不欲生，遂决心以死抗议日本，唤醒同胞。十二月八日晨，三十岁的陈天华在东京大森海湾蹈海自杀。黄兴等友人检查他的遗物时，发现遗书。一九〇六年《民报》第二号发表《陈星台先生绝命书》，后附劈斋（宋教仁）所撰《陈星台先生〈绝命书〉跋》。一九五八年初发现《陈天华先生绝命辞》影印本（王可风校勘整理发表于《近代史资料》一九五八年第一期，题为《绝命辞》）。

陈天华在《绝命辞》中把自杀的动机写得十分清楚：

近该国文部省有《清国留学生取缔规则》之颁，其剥我自由，侵我主权，固不待言。鄙人内顾团体之实情，不敢轻于发难。继同学诸君倡为停课，鄙人闻之，恐事体愈致重大，颇不赞成；然既已如此矣，则宜全体一致，务期始终贯彻，万不可互相参差，贻日人

以口实。幸而各校同心，八千余人，不谋而合。此诚出于鄙人预想之外，且惊且惧。惊者何？惊吾同人果有此团体也；惧者何？惧不能持久也。然而日本各报，则诋为乌合之众，或嘲或讽，不可言喻。如《朝日新闻》等，则直诋为“放纵卑劣”，其轻我不遗余地矣。夫使此四字加诸我而未当也，斯亦不足与之计较。若或有万一之似焉，则真不可磨之玷也。

近来每遇一问题发生，则群起哗之曰：“此中国存亡问题也。”顾问题有何存亡之分，我不自亡，人孰能亡我者！惟留学生而皆放纵卑劣，则中国真亡矣。岂特亡国而已，二十世纪之后有放纵卑劣之人种，能存于世乎？鄙人心痛此言，欲我同胞时时勿忘此语，力除此四字，而做此四字之反面：“坚忍奉公，力学爱国。”恐同胞之不见听而或忘之，故以身投东海，为诸君之纪念。诸君而如念及鄙人也，则毋忘鄙人今日所言。但慎毋误会其意，谓鄙人为《取缔规则》问题而死，而更有意外之举动。须知鄙人原重自修，不重尤人。鄙人死后，《取缔规则》问题可了则了，切勿固执。惟须亟讲善后之策，力求振作之方，雪日本报章所言，举行救国之实，则鄙人虽死之日，犹生之年矣。

陈天华说跳海自杀并非因为这次《清国留学生取缔规则》的事，而且说：“鄙人死后，《取缔规则》问题可了则了，切勿固执。”针对当时留日学界的状况，陈天华还痛切陈词：“近来青年误解自由，以不服从规则，违抗尊长为能；以爱国自饰，而先牺牲一切私德。此之结果，不可言想。”

陈天华的遗书有五千多字，而甥斋的《跋》却说：“甥与某等……抵会馆，索其邮物，获之，则万言之长函，即此《绝命书》也。”其实，另外有一篇近万言的或为《警世钟》，现在网上有不少陈天华的《绝命辞》或《绝命书》，大多是《警世钟》的内容。

随着时间的推移，继续坚持反取缔斗争，“于情于理于势”，既不必要，也不可能，宋教仁与胡瑛等人便取得多数代表的同意，宣布复课，结束了这一次风潮。事态敛息之后，大批回国中国留学生又东渡返回了日本。

［二］次年（丙午，一九〇六）

“次年（丙午，一九〇六）”，文集本（76 页）、北大本（73 页）、群言本（63 页）、言实本（61 页）、京联本（59 页）、海南本（60 页）等，均作“次年（丙午，1906）”，将原文的汉字数字改成了阿拉伯数字。民建本（66 页）、华侨本（60 页）、万卷本（45 页）等，均作“次年（丙午，1906 年）”，不仅将原文的汉字数字改成了阿拉伯数字，还衍一“年”字。徽教本将“丙午”误作“丙年”。

［三］姚弘业投江自杀

姚弘业（1881—1906），字剑生，中国近代民主革命家，湖南益阳下梅塘（今益阳市赫山区欧江岔镇北坪村）人。一九〇四年赴日留学，一九〇五年加入中国同盟会，一九〇六年因抗议日本文部省颁布的《清国留学生取缔规则》而回国，在上海与秋瑾、于右任租屋开学，创办中国公学，开民间自办新学之先河。后因经费、校舍困难，加上流言诽谤，遂于一九〇六年三月十三日投黄浦江自杀。一九〇八年，胡适先生曾作了一篇六千多字的《姚烈士传》，自五月三十日至九月六日在上海《竞业旬报》第十六、十八、二十、二十三、二十六期发表，目的在于“使大家晓得责任比生命重”。胡适先生在《姚烈士传》中说：“这位姚烈士他把这‘救国’

二字看做他自己的责任，他又把‘中国公学’四个字看做可以救国的方法与手段，所以他又把这‘中国公学’四个字，也看做自己的责任。”《传》中说“姚烈士讳洪业”，但《四十自述》手稿作“姚弘业”，姚烈士的墓作“姚宏业”。

［四］监考马君武

“监考”，亚东初版（一一三页）和远东本（六四页）、六艺本（五七页）、纪念版（68页）均作“监试”，而手稿（五二页，原稿纸3页）和《新月》第三卷第十号初刊本均作“监考”。全编本（50页）、全集本（66页）据亚东图书馆一九三五年版《四十自述》，故作“监试”；文集本（76页）、北大本（74页）据《新月》第三卷第十号初刊本，故作“监考”。其他版本大多未言底本所据，或作“监试”，或作“监考”。简体定本依据稿本作“监考”。

马君武（1881—1940），原名道凝，又名同，改名和，字厚山，号君武，祖籍湖北蒲圻（今赤壁市），出生于广西桂林。现代著名学者、政治活动家、教育家、翻译家、诗人。一九〇一年赴日留学，一九〇二年与人在日本创办《翻译世界》，共出版了六册。一九〇五年参与组建中国同盟会，是同盟会章程八位起草人之一。一九〇五年年底回国任上海公学总教习。一九〇七年赴德国柏林工业大学学习。一九一一年十一月回到上海，参加《临时政府组织大纲》和《临时约法》的起草。二次革命失败后，马君武再赴德国入柏林大学研究院学习，获工学博士学位。一九一六年回国，先后任中华民国实业部次长，孙中山革命政府秘书长、广西省省长，北洋政府司法总长、教育总长。一九二四年后投身教育事业，先后任大夏大学、北京工业大学、中国公学、国立广西大学等学校校长，与蔡元培有“北蔡南马”之誉。马君武精通日语、英语、法语和德语，自然科学、社会科学、文学都有译作，他是达尔文《物种原始》的第一个翻译者，还翻译过席勒的《威廉退尔》，介绍过黑格尔的学说。著有《马君武诗稿》。

［五］谭心休　彭施涤

手稿（五三页，原稿纸4页）、《新月》第三卷第十号初刊本和亚东初版（一一三页），“谭心休”和“彭施涤”中间没有顿号，因为两个人名各有专名线，中间不加标点也能分开。远东本（六四页）取消了专名线，中间也不加标点，这样就会影响断句。全集本（66页）也没有专名线，中间加上了逗号，可能是考虑到全文统一。因为初刊本和亚东初版有时几个专名虽然都有专名线，但中间还是加了逗号。而全集本（84页）的“郑孝胥张謇熊希龄”，中间却都没有点号（顿号或逗号），体例不统一。华侨本（61页）将“谭心休彭施涤”误作“谭心、休彭施涤”。简体定本因为没有专名线，便按照今天标点符号的要求中间加上了顿号。而对于手稿和初刊本、亚东初版既有专名线中间又加了逗号的，仍用逗号。这样，读者可以知道，凡顿号都是简体定本后加的。下文的“朱经农李琴鹤”以及“郑孝胥张謇熊希龄”处理方法相同，不再一一说明。

谭心休（1860—1917），字介人，号毅君，宝庆府城（今湖南省邵阳市）人。一八九七年乡试中举人。一九〇三年被选派赴日本留学，一九〇五年秋，在东京加入同盟会。同年冬回到上海，参与创办中国公学。后来到湖南长沙主持邵阳驻省中学堂校务，并为上海中国公学筹款。一九〇六年夏，与禹之谟、陈家鼎等率领学生万余人公葬陈天华、姚弘业两烈士于岳麓山。后转赴上海，编辑《竞业旬报》并维持中国公学。一九一一年长沙光复后，谭心休被继任都督谭延闿简派为宝靖招抚使，到宝庆接收地方政权，清除匪患。一九一二年五月，谭心休卸职赴上海，任中国公学校长。一九一五年冬，以上海国民党代表身份，经越南河内秘密抵达昆明，与蔡锷共商讨袁事宜。次年自沪返回长沙，参加国会议员选举，当选为参议院议员。一九一七年，因中风病逝于长沙。

彭施涤（1869—1947），字惺荃，湖南湘西永顺大井人，土家族。幼年丧父，家境清寒，得其岳父资助，十八岁考中秀才，二十七岁考中举人。一九〇二年，与熊希龄、冯锡仁等在常德筹办西路师范学堂。一九〇三年，以清廷官费生资格东渡日本留学，入东京宏文书院师范科。一九〇五年，在东京加入同盟会。次年回到上海，与姚弘业、孙镜清、宋肯堂、马君武等创办中国公学。此后曾任湖南高等学堂副监督、湖南优级师范学堂教务长、麓山高等学堂教务长、西路师范学堂副监督、桃源省立第二女子师范学堂校长、湖南通史馆总纂等。

［六］英文数学

“不久我已感得公学的英文、数学都很浅”，手稿（五三页，原稿纸 4 页）和亚东初版（一一三页）、六艺本（五八页）、远东本（六四页）均作“不久我已感得公学的英文数学都很浅”，“英文数学”中间没有标点。按照现行标点符号的用法，“英文数学”中间应该加顿号，否则会有歧义，有时会以为是英文的数学。因此，简体定本加了顿号，纪念版（68 页）也加了顿号。全编本（50 页）、全集本（66 页）、人文本（84 页）、津人本（82 页）、民建本（67 页）、京联本（60 页）、闽教本（62 页）、万卷本（46 页），也都加了顿号；但文集本（77 页）、北大本（74 页）、外研本（111 页）、岳麓本（47 页）、群言本（64 页）、人报本（63 页）、武汉本（63 页）、华侨本（61 页）、画报本（59 页）、言实本（62 页）、纺织本（98 页）、江西本（70 页）、海南本（61 页），都没有加顿号。

［七］高等代数，解析几何，博物学

“高等代数，解析几何，博物学”，手稿（五四页，原稿纸 5 页）和《新月》第三卷第十号初刊本（二页）、亚东初版（一一四页）、六艺本（五八页）、远东本（六四页），这句中间都用逗号。全集本（66 页）、纪念版（68 页）、全编本（50 页）、文集本（77 页）、北大本（74 页）、人文本（84 页）、外研本（111 页）、武汉本（64 页）、华侨本（61 页）、画报本（59 页）、纺织本（98 页）、闽教本（62 页）、江西本（70 页）等，句中间都用逗号。津人本（83 页）、岳麓本（47 页）、民建本（57 页）、群言本（64 页）、人报本（63 页）、言实本（62 页）、京联本（60 页）、海南本（61 页）、万卷本（46 页）等，句中间都用顿号，这些版本很可能是没有见到手稿和初刊本、亚东初版、远东本，于是按照现行标点符号的用法都加了顿号。简体定本依据手稿和初刊本、初版本作逗号。

［八］朱经农　李琴鹤

朱经农（1887—1951），浙江浦江人。教育家、学者、诗人。八岁丧父后，随叔父移居湖南。一九〇三年考入常德府中学堂。一九〇四年赴日本留学，入日本弘文学院、成城学院学习。次年在东京加入同盟会，同年回国参与创办中国公学。一九一六年赴美留学，先入华盛顿大学，后转入哥伦比亚大学师范学院攻读教育学，获硕士学位。一九二一年回国后，任北京大学教育系教授。一九二五年参与创办上海光华大学，并任副校长、教务长。此后曾任国民政府教育部普通教育司司长、教育部常务次长、中国公学代校长、齐鲁大学校长、湖南省教育厅厅长、中央大学教育长、国民政府教育部政务次长、上海商务印书馆总经理兼光华大学校长等。一九四八年十一月任中国出席联合国文教会议首席代表，后留居美国。一九五〇年后，在美国哈德国福神学院任职。主要译著有《明日之学校》（杜威著）《教育大辞书》《现代教育思想》《教育思想》《爱山庐诗钞》等。

李琴鹤（1886—1958），四川泸州丰乐镇人。一九〇四年赴日本留学，入日本明治大学，次年在东京加入同盟会。回国后在上海中国公学任教，并参加民主革命活动。一九〇九年回四川，在永宁中学任教，曾赴成都参加四川保路同志会活动。武昌起义成功后，李琴鹤与同盟会员杨兆蓉等策动泸防军起义，成立川南军政府，任邮电部长。后去熊克武部任秘书长。中华人民共和国成立后，曾任泸州市和四川省政协委员等。

［九］但懋辛

但懋辛（1886—1965），字怒刚，四川荣县复兴方家冲人。自幼聪明好学。一九〇四年考取了成都东文学堂（即留日预备学堂），十二月赴日留学，先在东京大成中学补习日语，后入东斌学堂学习军事。一九〇五年，但懋辛由黄兴介绍，孙中山主盟，宣誓加入同盟会，成为同盟会最早的骨干。回国后在上海参与创办中国公学。武昌起义后，曾任蜀军政府参谋长、四川靖国军第一军司令等。一九四六年七月三十一日，国民政府授任周濂、李济深、但懋辛、李杜、张钫、石敬亭、郭汝栋、金汉鼎等八人为国民革命军上将（均为非现役将领）。中华人民共和国成立后，但懋辛先后任西南军政委员会委员兼司法部部长、四川省政协副主席、民革四川省委员会主委等。

［一〇］只有周烈忠，李骏，孙粹存，孙竞存等几个人

“只有周烈忠，李骏，孙粹存，孙竞存等几个人”，手稿（五五页，原稿纸6页）和《新月》第三卷第十号初刊本（二页）、亚东初版（一一四页），人名下都有专名线，人名之间都用逗号。远东本（六四页）人名下都没有专名线，人名之间都用顿号。简体定本按照手稿标点，人名之间都用逗号。全编本（51页）、全集本（66页）、文集本（77页）、北大本（75页）、人文本（84页）、武汉本（64页）、华侨本（61页）、画报本（59页）、闽教本（62页）、纺织本（98页）、江西本（70页）等，人名之间都用逗号。六艺本（五八页）、纪念版（68页）、津人本（83页）、外研本（111页）、岳麓本（47页）、民建本（67页）、群言本（64页）、人报本（63页）、言实本（63页）、京联本（60页）、海南本（61页）、万卷本（46页）等，人名之间都用了顿号。

［一一］就跟了他到海关码头

“就跟了他到海关码头”的“就”，手稿（五七页，原稿纸8页）和《新月》第三卷第十号

初刊本（三页）均作“遂”，而亚东初版（一一五页）、六艺本（五九页）、纪念版（69页）、远东本（六五页）均作“就”，这可能是胡适先生后改的，为的是更为通俗。

［一二］想像

“决不能想像二十年前的上海还完全是上海话的世界”，这句中的“想像”，全编本（51页）、文集本（78页）、北大本（75页）、津人本（84页）、外研本（113页）、岳麓本（48页）、民建本（67页）、群言本（64页）、人报本（64页）、武汉本（65页）、华侨本（62页）、画报本（60页）、言实本（63页）、纺织本（99页）、京联本（61页）、江西本（71页）、万卷本（47页）、海南本（62页）等均作“想象”，这是按照今天的用词习惯处理的。手稿（五七页，原稿纸8页）和《新月》第三卷第十号初刊本（三页）、亚东初版（一一六页）、六艺本（五九页）、纪念版（69页）、远东本（六五页）均作“想像”，全集本（67页）、人文本（84页）、闽教本（63页）亦作“想像”。

［一三］四川、湖南、河南、广东的人最多

“四川、湖南、河南、广东的人最多”，手稿（五七页，原稿纸8页）和《新月》第三卷第十号初刊本（三页）、亚东初版（一一六页）中间都没有顿号，因为四个省名各有专名线，中间不加顿号也没关系。而远东本（六五页）、六艺本（五九页）去掉了专名线，中间也没有顿号，读起来就不方便了。简体定本，按照现行标点符号的要求，中间都加了顿号。

［一四］宋耀如，王仙华，沈翔云诸先生

“宋耀如，王仙华，沈翔云诸先生”，这句中的两个逗号，远东本（65页）、津人本（84页）、外研本（113页）、岳麓本（48页）、民建本（67页）、群言本（66页）、六艺本（五九页）、纪念版（70页）、人报本（64页）、言实本（64页）、京联本（61页）、海南本（62页）、万卷本（47页）等，均作顿号。而手稿（五八页，原稿纸9页）和《新月》第三卷第十号初刊本（三页）、亚东初版（一一六页）均作逗号，全集本（67页）、全编本（51页）、文集本（78页）、北大本（76页）、人文本（85页）、武汉本（66页）、华侨本（62页）、画报本（60页）、纺织本（99页）、闽教本（63页）、江西本（72页）等，亦均作逗号。按照现行的标点符号用法，此处应作顿号；按照经典著作尽量保持历史原貌的要求，此处不应改作顿号，而当时的标点符号也并没有顿号，因此简体定本仍然用逗号。

宋耀如（1863—1918），广东文昌（今海南文昌）人。乳名阿虎，大名韩教准（《宋庆龄年谱》作“原名乔荪，字耀如”）。父亲韩鸿翼（《宋庆龄年谱》作“韩宏义”）是一位儒商，因病早亡。耀如十二岁时过继给宋姓舅父，后随舅父到美国波士顿学做丝茶生意。宋耀如崇拜林肯，不愿经商，后毅然逃出养父的丝茶号，在美国联邦海军退役军官查理·琼斯的帮助下到私艇上服役。退役后接受了洗礼，取教名为查理·琼斯·宋，进入达勒姆附近的圣三一学院（后改名杜克大学）。一八八二年，转到田纳西州的万德毕尔特大学神学院就读。毕业后回国传道，成为一名牧师，与孙中山结为密友，多次冒着生命危险秘密印刷反清和传播革命的宣传品。

宋耀如与倪桂珍夫妇育有三女三男。长女宋霭龄，中国第一位女性赴美留学生，精通五种外语，曾任孙中山的秘书。他丈夫孔祥熙是孔子第七十五世孙，曾任国民政府行政院长兼财政部长。次女宋庆龄是孙中山的夫人，曾任中华人民共和国人大常委会副委员长，中华人民共和国副主席、名誉主席。长子宋子文，美国哈佛大学经济学硕士、哥伦比亚大学博士，曾任国民政府财政部长、外交部长。三女宋美龄精通七种外语，是蒋介石的夫人。次子宋子良，曾任中华民国外交部总务司司长、中国国货银行总经理、广东省政府委员兼财政厅长等。三子宋子安，毕业于美国哈佛大学。曾任中国国货公司董事、广州银行董事会主席、西南运输公司总经理等职。

沈翔云（1888—1913），字虬斋，浙江吴兴（今浙江湖州市吴兴区）人。一八九九年赴日本留学，结识孙中山，参与发动清末中国最早的留日学生团体励志社。一九〇一年，与秦力山在东京创办《国民报》。一九一一年十一月上海都督府成立，沈翔云出任参谋。后因致电袁世凯劝其退位而惨遭杀害。

［一五］教务干事，庶务干事，斋务干事

“教务干事，庶务干事，斋务干事”，这句中的两处逗号，纪念版（70 页）、津人本（85 页）、民建本（68 页）、言实本（64 页）、京联本（62 页）、海南本（63 页）、万卷本（47 页）等，均作顿号。手稿（五九页，原稿纸 10 页）和《新月》第三卷第十号初刊本（四页）、亚东初版（一一七页）、六艺本（六〇页）、远东本（六六页）等版本，均作逗号；全集本（68 页）、全编本（52 页）、文集本（78 页）、北大本（76 页）、人文本（85 页）、外研本（115 页）、岳麓本（48 页）、群言本（66 页）、人报本（64 页）、武汉本（66 页）、华侨本（63 页）、画报本（61 页）、纺织本（100 页）、闽教本（64 页）、江西本（72 页）等简体本，亦作逗号。简体定本，根据手稿作逗号。

［一六］杨卓林

杨卓林（1876—1907），亦称卓霖，又名恢，字公仆，湖南醴陵县枧（jiǎn）头洲（今属湖南醴陵市）人。中国近代民主革命家。一八九三年，杨卓林投入清军江南福字营当目兵（兵卒中的小头领）。翌年，中日甲午战争爆发，他随军北上，参加了抗击日本侵略者的战争。甲午战争失败后，杨卓林到张春发所开办的随营武备学堂学军事，后转入南京将备学堂，一九〇五年卒业。一九〇五年秋，杨卓林由故交陶森甲资助赴日本留学，入神田区高等警监学校。曾与孙中山、黄兴晤面，深得孙、黄的信任。一九〇六年夏由日本返国，后密结扬州会党渠魁，欲谋行刺新任两江总督端方以举事，结果被端方密探诱捕。杨卓林受审时慷慨陈词，自称是孙文之副将军，大谈自由革命理论。一九〇七年三月二十日，杨卓林在南京东市英勇就义。一九一二年二月，南京临时政府在南京玄武湖原端方私宅建烈士祠，祀殉难烈士杨卓林等。不久，黄兴派人护送杨卓林的灵榇回湘，安葬于长沙岳麓山。

［一七］谢寅杰

谢寅杰（？—1945），字诮庄，湖南醴陵人。毕业于明德帅范。一九〇五年自费留学日

傅鈍安先生年譜

先生姓傅氏諱熊湘字文渠一字君劍號鈍安湖南醴陵人上世自明初由豐城遷醴陵居北鄉螃山爲螃山傅氏曾祖宗淑字藹堂祖儒懋字慎吾父道康字承平別字潤荄世代儒修至先生而益顯謹訂年譜如次

清光緒九年癸未九月十九日先生生於里第

十年甲申先生一歲

十一年乙酉先生二歲

十二年丙戌先生三歲

母鄒太夫人四月卒自是見撫於祖母

十三年丁亥先生四歲

鈍安年譜　一　鈍安遺集

刘鹏年（约真）《傅钝安先生年谱》书影一页

本，加入同盟会。是年冬回上海，发起创设中国公学。参与创办《竞业旬报》，任社长，简报、新闻、评论均用语体文，开白话报纸之先声。又代办《民报》，报社为同盟会驻沪机关。后在新加坡与孙中山会见，一年后返回上海，与陈其美、丁洪海创办《中国公报》。因言论过激，被清吏查封，谢寅杰被逐回醴陵，并先后任县立女学校长、护法湘军总司令部秘书等职。一九二三年，谢寅杰因致电欢迎谭延闿率兵从广东进入湖南而被捕入狱，拟处极刑，经傅熊湘等极力保释得免。一九二六年，北伐军进入湖南，谢寅杰任省政府咨议、第二十八军少将参议。

［一八］傅君剑

傅君剑（1882—1930），初名德巍，字声焕，又字文渠，盖取“巍巍乎其有成功也，焕乎其有文章”之义。后更名尃（fū）。屡次科考不中，夜梦神人赐名熊湘，因更名熊湘，一字君剑，号钝安，别署钝根，后省为屯艮，又别署钝剑、钝庵、孤萍、红薇生等，晚号倦还、卷翁等，湖南醴陵人。近代著名学者、文学家，南社发起人之一。早年留学日本弘文学院，回国后在醴陵王仙创办小学并任教。一九〇六年，赴上海与宁调元等创办《洞庭波》等杂志，倡言反清革命。一九一一年冬，到苏州与张默君编辑江苏《大汉报》。一九一三年，因著文反对袁世凯而被通缉，由友人刘镜心掩护脱险归醴陵。一九一六年，出任《长沙日报》总编辑，因抨击北洋军阀，报馆被毁。后在县城创办醴泉小学，主编《醴陵旬报》《通俗报》。一九一八年张敬尧督湘，傅君剑被迫到上海，创办《湖南月刊》，揭露张敬尧的罪恶。一九二〇年，张敬尧被逐出湖南，他才得以返湘。历任湖南省署秘书、省议会议员、沅江县长、湖南省图书馆长等职。一九三〇年，任安徽民政厅秘书、棉税局长。

傅君剑诗文兼工，诗歌创作量多质高：“自少勇于为诗，每自诩一岁有诗三百首，殆非夸语。”（刘约真《钝安遗集·跋》）现存诗歌十四卷一千三百一十二首，词一卷四十三首，文三卷。另有《废雅楼说诗》《废雅楼闲话》《钝安脞录》《离骚章义》《段注说文部首》《更生日记》《国学概略》《文字学大意》《新闻学讲义》《醴陵乡土志》和《湘灾记略》等近百种。一九三二年，挚友刘约真编辑的《钝安遗集》由长沙飞鸿印刷局铅印出版，共五种二十二卷，后附《年谱》一卷。二〇一〇年十月，湖南人民出版社出版了《傅熊湘集》（湖湘文库之一）。

［一九］胡梓方

胡梓方（1879—1921），名朝梁，字子方，一字梓方，号诗庐，江西铅山人。文学家、诗

人。早年肄业于震旦、复旦二校，精通英文，曾与林纾合译过《云破月来缘》《孤士影》等小说。林纾不懂英文，所译西方小说，多赖胡梓方的帮助。一生除作诗之外，无其他嗜好。曾游于陈三立门下，称诗弟子。民国后曾佐徐又铮幕府，历官教育部社会教育司主事、内务部文职。著有《诗庐诗存》。在《小说月报》等杂志发表小说多篇。

[二〇] 又有一位会员

“又有一位会员……”这句话，手稿（六三页，原稿纸 14 页）顶格，并未分段；《新月》第三卷第十号初刊本（五页）和亚东初版（一二〇页）、六艺本（六一页）、纪念版（72 页）、远东本（六七页）等亦未分段。手稿部分类似这种引文之后的叙述并不另起一段的共有十一处：

①又有一位会员……

②这班人都到过日本……

③这段文字已充分表现出我的文章的长处和短处了。

④这小说的开场一段……

⑤我小时最痛恨道教……

⑥落花一段引的是范缜的话……

⑦这是戊申（一九〇八）年八月发表的。

⑧这里很有“卫道”的臭味……

⑨这种夸大的口气……

⑩“学原于思”一句话……

⑪这些意思，最初起于我小时……

而有些版本却误作分段处理。如北大本（78—87 页）、津人本（87—97 页）、民建本（69—74 页）、群言本（67—76 页）、人报本（66—71 页）、武汉本（67—75 页）、华侨本（64—72 页）、画报本（62—69 页）、纺织本（102—110 页）、海南本（64—71 页）、万卷本（49—55 页）等，全部误作另起一段；全编本②（53 页），外研本①—⑥（117—123 页）、⑨—⑪（125—129 页），京联本①—⑩（63—69 页），误作分段处理。

[二一] 要救中国，先要联合中国的人心。

“要救中国，先要联合中国的人心。”《新月》第三卷第十号初刊本（五页）、全编本（53 页）、津人本（87 页）、京联本（63 页），万卷本（49 页）等，末尾的句号均误作逗号。手稿（六三页，原稿纸 14 页）、亚东初版（一二〇页）、六艺本（六一页）、纪念版（72 页）、远东本（六七页）等，末尾均作句号，全集本（69 页）、文集本（79 页）、北大本（78 页）、人文本（86 页）等亦作句号。简体定本根据手稿作句号。

[二二] 丙午年（一九〇六）

“丙午年（一九〇六）”，文集本（79 页）、北大本（79 页）、华侨本（65 页）、画报本（63 页）、万卷本（49 页）等，均误作“丙午年（1906 年）”，括号中的汉字数字被改成了阿拉伯

数字，且衍一“年”字。手稿（六三页，原稿纸 16 页）和《新月》第三卷第十号初刊本（六页）、亚东初版（一二一页）、六艺本（六一页）、纪念版（72 页）、远东本（六八页）等，均作“丙午年（一九〇六）”。简体定本依据手稿，作“丙午年（一九〇六）”。

［二三］自胜者强

“自胜者强”出自《老子》第三十三章：“知人者智，自知者明。胜人有力，自胜者强。知足者富，强行有志。不失其所者久，死而不亡者寿。”老子说：“能够认识别人（长短优劣）的人聪慧，能够认识自身（长短优劣）的人明智。能够战胜别人的人有力量，能够战胜自身（缺点错误）的人坚强。知道自我满足的人（才算）富有，（能够）勉力而行（坚持不懈）的人（才算）有志。不失去立场的人（才能）长久，（肉身）死掉但精神不灭亡的人（才算）长寿。”

［二四］张天师

张天师，即张道陵（34—156），字辅汉，原名陵，东汉沛郡丰邑阿房村（今江苏丰县宋楼镇费楼村）人。正一盟威道即天师道的创始人，太上老君“授以三天正法，命为天师”，“为三天法师正一真人”，因此后世尊称为张天师。《四库全书》本《浙江通志》卷一百九十八说他是西汉留侯张良的八世孙。《四库全书》本《福建通志》卷一百四则云：“留侯九世孙也。《太平广记》作‘六世’。”出生前母梦魁星下降，感而有孕。出生时满室异香，整月不散，黄云罩顶，紫气弥院。长成后身材高大魁梧，古籍中描绘其形象为：庞眉文额，朱顶绿睛，隆准方颐，目有三角，伏犀贯顶，垂手过膝，使人望之肃然起敬。他生性好学，七岁即能诵《道德经》，并能达其要旨。天文地理，河洛图纬，皆极其妙；诸子百家，三坟五典，所览无遗。十九岁设帐讲学，二十五岁时拜巴郡江州（今重庆）令，不久便退隐北邙山（今河南洛阳附近）学道修炼，创立了道教。凡入道者交五斗米为信，后人因称其教为“五斗米道”。永元初年（89），汉和帝赐为太傅，又封为冀县侯，三次下诏，都被婉拒。于是携弟子王长入贵溪云锦山炼“九天神丹”，“丹成而龙虎见，山因以名”，即今江西鹰潭龙虎山。天师道世袭相传，张道陵传于儿子张衡（不是东汉科学家张衡），称嗣师；张衡传于儿子张鲁，称系师。第四代孙张盛由汉中（今属陕西）徙居江西龙虎山，世代相传，子孙嗣教者均称天师，而尊张道陵为第一代天师。一九四九年，第六十三代天师张恩溥追随蒋介石逃往台湾，携长子张允贤及祖传“玉印”和“法剑”一口。

［二五］直到戊申年（一九〇八）

“直到戊申年（一九〇八）”，文集本（81 页）、北大本（81 页）、画报本（65 页）、华侨本（67 页）、民建本（70 页）、武汉本（69 页）、万卷本（51 页）等，均误作“直到戊申年（1908 年）”，将原文括号中的汉字数字改成了阿拉伯数字，且衍一“年”字。而六艺本（六三页）、远东本（七〇页）则误作“（一九〇八）”，漏掉了“直到戊申年”五个字。外研本（121 页）、岳麓本（51 页）、人报本（67 页）等，均沿袭此误。而手稿（七〇页，原稿纸 21 页）和《新月》第三卷第十号初刊本（七一八页）、亚东初版（一二四页）、纪念版（75 页）等，均作“直到戊申年（一九〇八）”。简体定本依据手稿，作“直到戊申年（一九〇八）”。

［二六］落花一段引的是范缜的话（看本书第二章）

“落花一段引的是范缜的话（看本书第二章）”，括号中的“看本书第二章”，手稿（七四页，原稿纸25页）作“看《自述》第三章”。因为本章（即第四章）在《新月》发表时，《四十自述》尚未成书，所以括注云“看《自述》第三章”。《四十自述》成书时，原来的第一章《我的母亲的订婚》改作《序幕》，因此，“看《自述》第三章”就改为“看本书第二章”。下文括注中的“参看第二章”，手稿作“参看第三章”，也是这个原因。

［二七］第三条痛骂《西游记》和《封神榜》

“第三条痛骂《西游记》和《封神榜》”，句中的“第三条”，《新月》第三卷第十号初刊本（九页）误作“第二条”。

［二八］（《丛话》原是用文言作的。）

“（《丛话》原是用文言作的。）”，外研本（125页）作“（《丛话》原是用文言作的）。”将原括注中的句号误移到括号外边了。该括注前面的话是：“此其人更安有著书资格耶！”末尾已经有了句末标点，括注后面再加上句号就重复了。还有不少简体本，如文集本（82页）、北大本（83页）、津人本（93页）、武汉本（70页）、画报本（66页）、言实本（71页）等，都将括注中的句号删去了。按照现行标点符号的用法，句外括号里面的话的末尾是可以有句末点号的。而且，手稿（七六页，原稿纸27页）和《新月》第三卷第十号初刊本（九页）、亚东初版（一二八页）、六艺本（六五页）、纪念版（77页）、远东本（七二页）等，该括注中都有句号；全集本（74页）、全编本（57页），括号内也都有句号。因此，简体定本依据手稿，保留括注中的句号。

［二九］戊申（一九〇八）年八月　十五年后（一九二三）

“戊申（一九〇八）年八月”和“十五年后（一九二三）”，民建本（72页）、华侨本（69页）、万卷本（52、53页）作“戊申（1908年）年八月”和“十五年后（1923年）”，将括号中的汉字数字改成了阿拉伯数字，且衍两“年”字。文集本（82页）、北大本（63页）、群言本（74页）、言实本（71页）、京联本（67页），将括号中的汉字数字改成了阿拉伯数字。海南本（68页）将“戊申（一九〇八）年八月”这句中的汉字数字改成了阿拉伯数字。手稿（七六页，原稿纸27页）和亚东初版（一二九页）、六艺本（六五页）、纪念版（77页）、远东本（七二页）以及全集本（74页）、全编本（57页）等，均作“戊申（一九〇八）年八月”和“十五年后（一九二三）”。简体定本依据手稿等作“戊申（一九〇八）年八月”和“十五年后（一九二三）”。

［三〇］杜威

约翰·杜威（John Dewey，1859—1952），美国约翰·霍普金斯大学哲学博士，著名思想家、哲学家、教育家，实用主义的集大成者。曾在密歇根大学、明尼苏达大学、芝加哥大学、哥伦比亚大学任教授，还担任过美国心理学联合会、美国哲学协会、美国大学教授联合会主席。民国时期一些重要人物如胡适、陶行知、郭秉文、张伯苓、蒋梦麟等均曾在美国哥伦比亚大学留学，都是杜威的学生。其主要著作有《哲学之改造》《民主与教育》《自由与文化》《我的教育信条》《教育哲学》《明日之学校》《儿童与教材》《追求确定性》《心理学》《批判的理论学理论》《学校与社会》《经验和自然》《经验和教育》《自由和文化》《人类的问题》等。

［三一］李莘伯

李莘伯，即李辛白（1875—1951），白话文的倡导者。原名修隆，字燮，号水破山人，安徽省芜湖市无为县（今无为市）人。一九〇一年，考入南京高等警官大学堂。一九〇五年赴日留学，就读于日本早稻田大学，是中国同盟会首批会员。光绪三十三年（1907），受同盟会派遣，回国从事革命活动。曾任民国安徽省警察厅长、北京政府教育部佥事、北京大学庶务主任、徽州中学校长、安徽省图书馆馆长、安徽芜湖学院教授、建国中学校长等。先后创办编辑的报刊有《白话日报》《共和日报》《北京大学日刊》《北京大学月刊》《每周评论》《新潮》《新生活》等。

［三二］范鸿仙

范鸿仙（1882—1914），名光启，字鸿仙，笔名孤鸿、解人等，安徽合肥北乡人。一九〇六年，在安徽参加同盟会。一九〇八年春，范鸿仙离家赴上海与章炳麟、宋教仁、陈其美、于右任等创办《民呼日报》，任该报主笔。中华民国成立后，范鸿仙任江苏省参事会会长。为巩固和保卫新政权，他毅然辞职，亲赴江淮招募壮士，成立“铁血军”，亲任总司令，力主北伐。南北议和后自释兵权，仍回上海办报。“二次革命”失败后，他流亡日本。一九一四年，受孙中山之命返回上海发动反袁军事斗争。九月二十日，范鸿仙在上海戈登路起草军书时被上海镇守使郑汝成刺杀身亡，年仅三十二岁。国民政府在南京定都后，遵照孙中山的遗愿将范鸿仙先生附葬总理墓地区域——中山陵。墓园历时两年完成，各种建筑庄严肃穆，雄伟壮观。一九三六年二月十九日，为范鸿仙烈士举行隆重的“国葬”。“文化大革命”中，范鸿仙墓被毁坏，后重新修复。

［三三］张丹斧

张丹斧（1868—1937），原名张扆（yǐ），后名延礼，字丹斧，晚号丹翁，亦署后乐笑翁、无厄道人、张无为、丹叟、老丹等，斋名伏虎阁、环极馆、瞻麓（lù）斋，江苏仪征人。近代文学家、诗人、书画家，鸳鸯蝴蝶派重要成员，与李涵秋、贡少芹齐名，为“扬州三杰”之一。书法融章草与瘦金为一体，有“神似瘦金”之誉。一九〇八年十二月，在上海创办月刊《灿花集》。此后曾任上海《大共和日报》主编、镇江《江南时报》主编、鸳鸯蝴蝶派报刊《小日报》主编。

［三四］直到陶潜、杜甫

“直到陶潜、杜甫”，手稿（八七页，原稿纸 38 页）和《新月》第三卷第十号初刊本（一三页）、亚东初版（一三六页）等，因为“陶潜”和“杜甫”各自都有专名线，所以其间都不用加顿号或逗号。六艺本（六八页）、远东本（七六页）删去了专名线，其间也没加顿号或逗号，这就不够规范了。文集本（85 页）、北大本（88 页）都在“陶潜”和“杜甫”之间加了

逗号，这可能是考虑到初刊本和亚东初版全书都没有顿号的缘故。但这样既不符合现行标点符号的要求，也没有遵照初刊本和亚东初版，而且同样的情况有时用了逗号，有时又用了顿号。譬如文集本（76页）、北大本（74页）“拿去给谭心休、彭施涤先生传观”，就用了顿号，标准不统一。此种情况，简体定本用顿号。

［三五］留别适之即和赠别之作

傅君剑《留别适之即和赠别之作》原诗为：

皖江胡子与相识，聚不多时忽又离。
天下英雄君与我，文章知己友兼师。
龙蛇起陆风生凉，乌鹊巢南树有枝。
相见太难相别苦，茫茫后会更何期？

唐代诗人杜荀鹤《小松》诗云：“自小刺头深草里，而今渐觉出蓬蒿。时人不识凌云木，直待凌云始道高。”当时的胡适虽然还是个“刚满十五岁的小孩子”，但在傅君剑的眼里，他已经是天下英雄了，这就是识见，这就是慧眼！

一九一一年七月，傅君剑再次来到上海参加《南社丛刻》的编辑工作，他想念已经赴美留学的胡适，便写了一首《南浦月·怀绩溪胡适之洪骍》的词：

相见何时，长言共保，能终始。断鸿沉鲤，尺素书难寄。　　剑气箫心，一例销磨矣。雕虫技，壮怀无俚，未改当年耳。

一九二三年四月二十一日，胡适离开北京，前往上海。四月底到杭州，在烟霞洞金复三居士处小住养病。而傅君剑正陪着父亲游览杭州，两人相见甚欢，把袂畅谈。傅君剑还写了两首情感深挚的绝句诗：

客中薜荔各相惊，把袂无须问姓名。
方始论诗更论佛，一时谈麈互纵横。

相约长沙十日留，停车好待麓山秋。
十年激荡名心尽，惭愧君能说旧游。

这两首诗，见于《西泠杂诗后三十五首》其三十二、三十三（《钝安诗补遗》卷上）。杂诗系年为“癸亥”，即一九二三年。

其三十二首自注云：“于烟霞洞遇胡适之。丙午（注者按：1906年），余创《竞业旬报》于上海，招胡适之助编撰《旬报》，故用白话，适之因之，今遂风靡一时矣。”此时的胡适，已经是中国新文化的领袖人物，誉满天下，而傅君剑却仍然壮志未酬，故有“惭愧君能说旧游”的诗句。

其三十三首自注：“时胡有来湘之约。”傅君剑在《西泠撰杖图记》中有云：“癸亥五月，校课既毕”，“旧友胡适之，方养疴烟霞，把晤倾谈，深羡老人清健也”（《钝安文》卷二）。“老人”

即傅君剑的父亲润荄先生。是年八月十五日，傅君剑（傅熊湘）致胡适书信云：

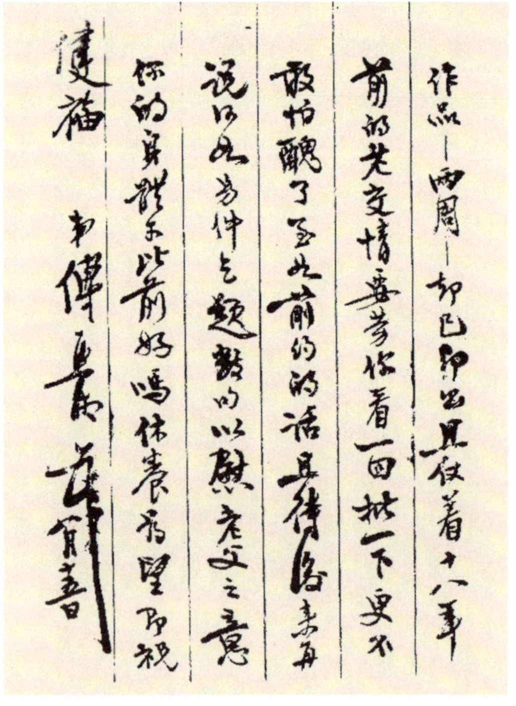

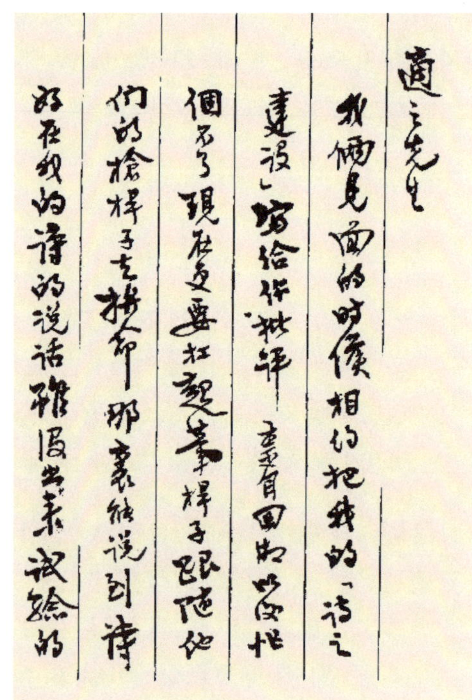

耿云志主编《胡适遗稿及秘藏书信》第37册《傅熊湘信一通》，黄山书社1994年12月第1版，610—611页书影

适之先生：

我俩见面的时候，相约把我的《诗之建设》寄给你批评，奈自回湘以后忙个不了，现在更要扛起笔杆子跟随他们的枪杆子去拚命，那里能说到诗？好在我的诗的说话虽没出来，试验的作品——两周——却已印出，且仗着十八年前的老交情要劳你看一回批一下，更不敢怕丑了。至如前约的话，且待后来再说何如？另件乞题数句，以慰老父之意。

你的身体可比前好吗？修养为望。即祝健福。

弟傅熊湘顿首　八月十五日

［三六］丁未正月（一九〇七）

“丁未正月（一九〇七）”，文集本（86页）、北大本（89页）、言实本（76页）、群言本（80页）、京联本（72页）、海南本（73页），都把括注的汉字数字改成了阿拉伯数字。民建本（75页）、华侨本（74页）、万卷本（57页），均作“丁未正月（1907年）”，不仅改成了阿拉伯数字，且衍一“年”字。手稿（九〇页，原稿纸41页）和《新月》第三卷第十号初刊本（一四页）、亚东初版（一三八页）、远东本（七七页）以及全集本（79页）、全编本（61页）等，均作“丁未正月（一九〇七）”，故简体定本则依据手稿等作“丁未正月（一九〇七）”。

［三七］我十年不归家（一九〇七——一九一七）

“我十年不归家（一九〇七——一九一七）”，文集本（86页）、北大本（90页）、民建本（76页）、言实本（77页）、群言本（80页）、京联本（72页）、海南本（74页），均作

“我十年不归家（1907 — 1917）”，汉字数字改成了阿拉伯数字。万卷本（57 页）作“我十年不归家（1907 年— 1917 年）”，不仅改成了阿拉伯数字和一字连接号，且衍两个“年”字。全集本（79 页）和全编本（62 页）作“我十年不归家（一九〇七 ~ 一九一七）”，将二字连接号改成了浪文线连接号。现行《标点符号用法》（中华人民共和国国家标准 GBT15834-2011）说：“连接号的形式有短横线‘-’、一字线‘—’和浪纹线‘～’三种。”这里说得不完全，连接号的形式还有一种，那就是二字线（或称“长线”），形式与破折号相同，占两格的位置。手稿（九一页，原稿纸 42 页）和《新月》第三卷第十号初刊本（一五页）、亚东初版（一三九页）、远东本（七七页），均作“我十年不归家（一九〇七——一九一七）”，连接号用的就是二字线，即“长线”。简体定本依据手稿作“我十年不归家（一九〇七——一九一七）”，以保存手稿的原貌。

［三八］赪　頳

“押了一个‘赪’字韵”，《新月》第三卷第十号初刊本（一五页）作“押了一个‘頳’字韵”，“赪”作“頳”。“頳”，虽然古同“赪”，都读 chēng，都是赤色，但毕竟是两个字。手稿（九二页，原稿纸 43 页）作“赬”（繁体），字形尚清楚，可见是初刊本手民之误。成书时亚东初版（一四〇页）作“赬”，改正过来了。六艺本（七〇页）、纪念版（84 页）、远东本（78 页）亦作“赬”。因此，简体定本依据手稿（九〇页，原稿纸 43 页）作“赪”（简体）。

［三九］汤昭（保民），朱经（经农），任鸿隽（叔永），沈翼孙（燕谋）等

“同学中如汤昭（保民），朱经（经农），任鸿隽（叔永），沈翼孙（燕谋）等，都能作诗；教员中如胡梓方先生，石一参先生等，也都爱提倡诗词。”手稿（九二页，原稿纸 43 页）和《新月》第三卷第十号初刊本（一五页）均作：“同学中如汤昭（保民），朱经（经农）任鸿隽（叔永）沈翼孙（燕谋）等都能作诗；教员中如胡梓方先生，石一参先生等，也都爱提倡诗词。”并列的四位同学只有第一位后面有逗号，第二位和第三位后面都没有逗号，“等”后面也没有逗号。这里的标点有点小问题，四位同学都是“如”所列举的对象，第一位后面如果加逗号，第二位和第三位后面也应加逗号，或者都不加逗号。另外，下面所列举的两位教员中间加了逗号，那么所列举的四位同学中间也应加逗号；列举两位教员的“等”字之后加了逗号，那列举四位同学的“等”字之后也应该加逗号。果然，成书时亚东初版（一四〇页）改作：“同学中如汤昭（保民），朱经（经农），任鸿隽（叔永），沈翼孙（燕谋）等，都能作诗；教员中如胡梓方先生，石一参先生等，也都爱提倡诗词。”这就标准了。因此，简体定本依据亚东初版（一四〇页）的标点。远东本（78 页）也是这样标点的。

汤昭，名昭，字保民，安徽怀宁人。胡适先生在《商务印书馆影印本〈淮南王书〉序》中曾谈到汤保民：“我是最不讲究写字的，所以至今还是个不会写字的人。五十多年前，我学过褚河南（注者按：褚遂良因封爵河南郡公，所以世称褚河南），学过颜鲁公，也学过苏东坡，总都学不像。在上海中国公学的时期，我有个同学姓汤，名昭，字保民，安徽怀宁人。他是理化班的学生，但他能作诗，能写很有风格的苏字。他有一天，对我说：‘适之，你样样事都聪明，只有写字一件事你真笨！’我自己也承认我真笨，所以无论谁家的字我总学不像。”

任鸿隽（1886—1961），字叔永，四川省垫江县（今重庆市垫江县）人，祖籍浙江湖州。著名学者、科学家、教育家和思想家。一九〇四年，参加中国最后一次科举考试，中四川巴县（今重庆市巴南区）第三名秀才。后就读于重庆府中学堂，再考入上海中国公学。一九〇八年赴日本留学，攻应用化学。次年加入中国同盟会，担任同盟会四川分会会长、书记等职。一九一一年武昌首义后归国，任孙中山临时总统府秘书。袁世凯窃国称帝，任鸿隽弃官赴美留学，获美国康奈尔大学化学学士和哥伦比亚大学化学硕士学位。一九一八年回国，先后任北京政府教育部教育司司长，北京大学教授，上海商务印书馆编辑，国立东南大学（现南京大学前身）副校长，四川大学校长，中央研究院秘书长、总干事兼化学所所长，中国科学社社长等。中华人民共和国建立后，任全国政协委员、上海市科联主任委员、上海图书馆馆长等职。

沈翼孙（1891—1974），字燕谋，以字行。祖父敬夫（燮均）与中国近代实业家、政治家、教育家张謇，同为中国棉纺织领域早期的开拓者。沈燕谋曾留学美国威斯康星大学，从事农业和化学研究。回国后任南通纺织大学教授，在张謇创办的大生纱厂三厂任考工所长、经理兼二厂经理。

［四〇］石一参

石一参（1872—1948），名广权，字一参，号建勋、蕴三，湖南邵阳人。前清拔贡。曾参与戊戌变法，失败后被通缉。一九〇三年，得蔡锷资助，留学日本，初入弘文师范，后入法政大学。一九〇五年，加入同盟会。回国后任船山学社社长，在长沙与谭心休、马邻翼等创办驻省邵阳中学堂，任教务长，并在禹之谟创办的唯一学堂（广益中学前身）兼课。后因禹之谟入狱，避难上海，执教于中国公学。一九一七年，范源濂任教育部长，聘他任总纂。后应船山学社同人邀请，归任社长和湖南大学教授。主要著作有《老学今诠》《政谈续》《燕尘录》《说诗解颐》《尚书今文通释》《易象的哲理观》《曲台十论》《说文匡邪》《老墨管学今诠》《管子今诠》等。

［四一］辜鸿铭

辜鸿铭（1857—1928），字汤生，号立诚，自称慵人、东西南北人，又别署为汉滨读易者、冬烘先生。祖籍福建泉州府惠安县，父亲辜紫云在南洋英属马来亚槟榔屿（今马来西亚槟城州）英国苏格兰人布朗先生的橡胶园做总管，母亲是葡萄牙女子。辜鸿铭排行第二，哥哥名叫辜鸿德。在这种家庭环境下，辜鸿铭自幼就对语言有着出奇的理解力和记忆力。没有子女的布朗先生将他收为义子，从小就让他阅读莎士比亚、培根等人的作品。

一八六七年，十一岁的辜鸿铭随布朗先生前往英国苏格兰首府爱丁堡，开始接受系统而又正规的西洋教育，一学就是十四年。先入爱丁堡大学，获文学硕士后，又赴德国莱比锡大学，获土木工程师资格，随即赴法国巴黎大学进修法文。后赴英殖民地新加坡任公职，适逢游学法国的语言学家马建忠返国途经新加坡，在马建忠的开导下，开始研究中华文化。一八八五年，张之洞派赵凤昌前往香港迎请辜鸿铭，就任翻译委员，一干就是二十年。他一边帮助张之洞统筹洋务，一边精研国学，自号“汉滨读易者”，又号冬烘先生。自称“生在南洋，学在西洋，婚在东洋，仕在北洋”。一九〇八年，张之洞荐辜鸿铭入外务部。次年张之洞病逝，谥号文襄，晋赠太保。辜鸿铭著书追念张之洞，出版《张文襄幕府纪闻》。翌年，辜鸿铭以“游学一等”获赏文科进士，同榜文科进士有严复、伍光建、王劭廉等。不久他便辞去外交部职，南下上海，就任南洋公学校长。一九一七年应蔡元培聘，执教北大，主讲英文诗。一九二三年，因教育总长彭允彝克扣教育经费，无理撤换法专、农专校长，蔡元培辞职赴欧洲，辜鸿铭与蔡同进退，辞去北大教职，就任日本人在北京办的一家英文报纸的主编。一九二四年，应邀前往朝鲜、日本和台湾讲学游历，鼓吹中国文化。一九二七年回国，日本人推荐辜鸿铭担任北京“安国军政府”大元帅张作霖的顾问。张作霖见了辜鸿铭问。“你能做什么？”辜鸿铭一言不发，拂袖而去。

辜鸿铭一生获得了十三个博士学位，学博中西，号称“清末怪杰”，精通英、法、德、拉丁、希腊、马来亚等九种语言，是精通西洋科学、语言兼及东方华学的中国第一人。印度圣雄甘地称赞辜鸿铭是最尊贵的中国人。西方人曾流传一句话：“到中国可以不看三大殿（北京故宫的太和殿，山东曲阜孔庙的大成殿，山东泰安岱庙的天贶殿），不可不看辜鸿铭。”辜鸿铭主要译注有《论语英译》《中庸英译》《大学英译》（未出版）《中国札记》《中国的牛津运动》（原名《清流传》，德译本名为《为中国反对欧洲观念而辩护：批判论文》）《中国人的精神》（原名《春秋大义》）等。一九二五年，辜鸿铭在日本讲演的论文由日本大东文化协会集结成《辜鸿铭讲演集》在日本刊行，一九四一年日本人萨摩雄次在日本编译出版了《辜鸿铭论集》，主要篇目是从《辜鸿铭讲演集》和《中国人的精神》中选译出来的。辜鸿铭还将外国诗歌等翻译成中文，主要有威廉·柯珀的《痴汉骑马歌》和柯勒律治的《古舟子咏》，成为近代中国向国内译介西方诗歌的先驱。现代著名作家、学者、翻译家、语言学家，新道家代表人物林语堂称赞辜鸿铭“英文文字超越出众，二百年来，未见其右”。“可谓出类拔萃，人中铮铮之怪杰”。

［四二］痴汉骑马歌

《痴汉骑马歌》是英国诗人威廉·柯珀（William Cowper，另译为威廉·考珀、威廉·古柏，1731—1800）的著名诗篇。威廉·柯珀出生于英格兰赫特福德郡一个牧师的家庭，母亲早亡。柯珀中学毕业后，在律师处见习，为从事律师职业接受训练。此间，他爱上了自己的堂妹西奥多拉，但堂妹的父亲以近亲不宜结合为由拒绝了。柯珀心烦意乱，患了忧郁症以致不能从事正常职业，曾三次企图自杀。后来退居乡里，居住在退休牧师莫利·恩明和玛丽·恩明夫妇那里，又和他们一起迁往奥尔尼，当地一位叫约翰·牛顿的牧师邀请柯珀创作圣诗，由牛顿编译，他们合作出版了《奥尔尼诗集》（*Olney Hymns*）。约翰·牛顿离开奥尔尼前往伦敦后，柯珀开始写讽刺幽默诗歌，其中最著名的就是《痴汉骑马歌》。柯珀的诗作有在奥尔尼时期的《赞美诗》六十七首，讽刺诗八首，长诗《任务》及短诗百余首。他还翻译了荷马的两部史诗以及希腊、罗马、法国诗人的诗，并把英国诗人弥尔顿的拉丁文和意大利文诗歌译成英文，把盖依的几首寓言诗译成拉丁文。柯珀是英国浪漫主义诗歌的先行者之一，塞缪尔·泰勒·柯勒律治称他是“最好的现代诗人”。

辜鸿铭先生是最早将《痴汉骑马歌》翻译成中文五言长诗的，近代著名翻译家伍光建盛赞道：“辜氏用五古体译此诗，把诗人的风趣和诗中主角布贩子的天真烂漫，特别是他那股痴呆味儿都译出了。读来十分亲切。”近代诗人苏曼殊也称赞辜译“辞气相副”。辜鸿铭逝世后，《大公报》文学副刊主笔吴宓在《悼辜鸿铭先生》一文中写道：“二十余年前，吾侪束发入塾，即闻辜氏之名，云其精通西文，对读其所译 William Cowper 之《痴汉骑马歌》John Gilpin's Ride。辜氏译此诗，为吾国人介绍西洋诗歌之始。”

［四三］辜鸿铭《英译论语》

一六八七年，比利时来华传教士柏应理（Philippe Couplet）和其他三位来华传教士，将《论语》《大学》和《中庸》三书翻译成拉丁文在法国巴黎出版，书名为《中国哲学家孔子》。一六九一年，该书被翻译成英文在伦敦出版，名为《孔子的道德哲学：一位中国哲人》。这是《论语》的第一个英译（节译）本，内容只有八十条短小的箴言。一八〇九年，英国传教士约书亚·马殊曼（Joshua Marshman）在印度出版了他翻译的《孔子著作》第一卷，内容为《论语》的一到九章。一八二八年，英国传教士高大卫（David Collie，或译为柯大卫）在马六甲出版了他所翻译的《四书》，名为《〈中国经典〉，一般被称之为〈四书〉》。一八六一年，英国传教士詹姆斯·理雅各（James Legge）用英语翻译的《中国经典》（第一卷）在香港出版，包括《论语》《大学》和《中庸》。此后他陆续翻译中国经典，独立完成了《十三经》和《老子》《庄子》的翻译，期间还多次重译和修订。但辜鸿铭认为这些传教士和汉学家歪曲了儒家经典的原义，糟蹋了中国文化，并导致西方人对中国人和中国文明产生种种偏见。为了消除这些偏见，他决定自己翻译儒家经典。一八九八年，辜鸿铭在上海出版了他的英译《论语》（*The Discourses and Sayings of Confucius : A New Special Translation, Illustrated with Quotations from Goethe and Other Writers*）。他在译序中明确指出其翻译目的是“让普通英语读者能看懂这本给了中国人智力和道德风貌的中文小册子”。辜译《论语》的另一个重要特点是引用歌德、卡莱尔、阿诺德、莎士比亚等西方著名作家和思想家的话来注释某些经文，这在儒经翻译史上还是第一次。他在译序中说：“为了让读者彻底理解书中思想的含义，我们引用了欧洲一些非常著名作家的话，作为注释。通过唤起业已熟悉的思路，这些注释或许可以吸引那些了解这些作家的读者。”辜氏还在注释中将书中出现的中国人物、中国朝代与西方历史上具有相似特点的人物和时间段作横向比较。如将颜回比作圣·约翰，将子路比作圣·彼得，把尧比作亚伯拉罕等。辜译《论语》较之以前西方传教士和汉学家的译本有了质的飞跃，堪称《论语》西译史上的丰碑。林语堂在《从异教徒到基督教徒》一书的第三章中评价道：“他了不起的功绩是翻译了儒家《四书》的三部，不只是忠实的翻译，而且是一种创造性的翻译，古代经典的光透过一种深的了然的哲学的注入。他事实上扮演东方观念与西方观念的电镀匠。他的《孔子的言论》，饰以歌德、席勒、罗斯金及朱贝尔的有启发性的妙语。有关儒家书籍的翻译，得力于他对原作的深切了解。”但辜氏过分意译，在把握大意的前提下，随意增添许多原文没有的内容，还删掉了大量中国人名、地名。另外，辜氏对于《论语》原文，也有些没弄懂，甚至完全弄错的地方。辜氏的《论语英译》尽管有这样和那样的缺点，但在一百多年后的今天，它仍然是中国古代典籍英译的一座丰碑。

［四四］辜先生译的《中庸》

一九〇四年，辜鸿铭先生的英译《中庸》（*The Universal Order or Conduct of Life*）在《日本邮报》连载，一九〇六年由上海英文《文汇报》（晚刊）出版单行本。在英译《中庸》译序

中，辜氏阐明了自己的翻译观点："彻底掌握其中之意义，不仅译出原作的文字，还要再现原作的风格。"

一九〇六年末，王国维先生撰写了《书辜汤生英译〈中庸〉后》一文，一九〇七年连载于《世界教育》杂志第一六〇、一六二、一六三号，后收入《海宁王静安先生遗书·静安文集续编》。《世界教育》是罗振玉于一九〇一年在武昌创刊的专门译介世界各国教育规章制度及学说的刊物，在上海印行。实际上相当于教育译丛，开始为旬刊，一九〇四年王国维先生接任主编后改为半月刊，对原来的宗旨也有所更易，增加了本社自撰部分，包括论说、学制、训练、传记、小说、国内外学界动态等。王氏一生只写过两篇翻译评论，其中之一便是这篇《书辜汤生英译〈中庸〉后》，这说明了他对《中庸》及辜译的重视：《中庸》乃"古今儒家哲学之渊源"，"辜氏之先译此书，亦可谓知物者矣"。王氏认为辜译"大病"有二：一是用空虚广莫之语翻译儒学的概念，导致"古人之说之特质，渐不可见，所存者肤廓耳"；二是"用西洋之形而上学释此书"，译释过度，流于附会，"前病失之于减古书之意义，而后者失之于增古书之意义"。王氏还列举了辜译具体"小误"十条，并指出辜译连《中庸》的作者和《中庸》的历史地位以及与《论语》的关系都没有讲。王氏在文章最后评价道：

> 辜氏之译此书，谓之全无历史上之见地可也。唯无历史上之见地，遂误视子思与孔子之思想全不相异；唯无历史上之见地，故在在期古人之说之统一；唯无历史上之见地，故译子思之语以西洋哲学上不相干涉之语。幸而译者所读者，西洋文学上之书为多，其于哲学所入不深耳。使译者而深于哲学，则此书之直变为柏拉图之语录、康德之《实践理性批评》，或变为斐希脱、解林之书，亦意中事。又不幸而译者不深于哲学，故译本中虽时时见康德之知识论及伦理学上之思想，然以不能深知康德之知识论，故遂使西洋形而上学中空虚广莫之语充塞于译本中。……译者以西洋通俗哲学为一蓝本，而以《中庸》之思想附会之，故务避哲学家之说，而多引文学家之说，以使人不能发见其真脏之所在。……由前之说，则失之固陋；由后之说，则失之欺罔。固陋与欺罔，其病虽不同，然其不忠于古人则一也。

一九二五年七月，《学衡》杂志第四十三期转载此文，王氏在文后写了一段附记：

> 此文对辜君批评颇酷，少年习气，殊堪自哂。案辜君雄文卓识，世间久有定论，此文所指摘者，不过其一二小疵。读者若以此而抹杀辜君，则不独非鄙人今日之意，亦非二十年前作此文之旨也。

《中庸》本是《礼记》中的一篇文章，后来单独抽出作为一种书，全文只有三千五百多字。这样一篇短短的文章，就有这么多的错误，而且都是凿凿有据、无可辩驳的硬伤，难怪胡适"读辜先生译的《中庸》，感觉很大的失望"了。后来辜氏又翻译了《大学》(*Higher Education*)，但没有正式出版发行。

[四五]我记得我们试译一首英文诗

"我记得我们试译一首英文诗"，手稿（九四页，原稿纸45页）和《新月》第三卷第十号初刊本（一六页），均作"我记得我们试译Thomas Campbell的Soldier's Deram一篇诗"，即下

文的《军人梦》(苏格兰诗人托马斯・坎贝尔)。而亚东初版（一四一页）、远东本（七八页）、远流本（七六页），均作“我记得我们试译一首英文诗”。应该是亚东初版成书时胡适先生改的，因为下文有这首诗的翻译——“军人梦（译 Thomas Campbell's A Soldier's Dream)”，这里就略去了。

[四六] 戊申（一九〇八）以后

“戊申（一九〇八）以后”，文集本（87 页）、北大本（91 页）、群言本（82 页）、言实本（78 页）、京联本（73 页）、海南本（75 页）、理工本（78 页），均作“戊申（1908）以后”，都把括注的汉字数字改成了阿拉伯数字。民建本（76 页）、华侨本（74 页）、万卷本（58 页）、海天本（74 页），均作“戊申（1908 年）以后”，不仅改成了阿拉伯数字，且衍一“年”字。

[四七] 只要会变戏法，会搬运典故

“只要会变戏法，会搬运典故”，《新月》第三卷第十号初刊本（一六页）作“只要会变戏法会搬运典故”，中间漏掉了一个逗号。手稿（九五页，原稿纸 46 页）中间有逗号，亚东初版（一四二页）成书时补上了这个逗号。

[四八] 大概律诗的体裁和步韵的方法所以不能废除

“大概律诗的体裁和步韵的方法所以不能废除”，手稿（九六页，原稿纸 47 页）和《新月》第三卷第十号初刊本（一六页）均作“大概律诗的体裁和步韵的方法，所以不能废除”，中间有个逗号。而亚东初版（一四二页）成书时作者删去了这个逗号，这样语气更为连贯。亚东五版（一四二页）、六艺本（七一页）、远东本（79 页）、远流本（七六页）、纪念版（85 页）等，中间都没有逗号。

[四九] 里闬

“里闬”，即乡里。闬（hàn），里巷的门。北大本（92 页）把“闬”造成了一个错字——“门”字里面加个“于”，理工本（79 页）误作“里门”。

[五〇] 母方抚孙玩

“母方抚孙玩”，胡适先生自注说：“玩字原作弄，是误用方音，前年改玩字。”不论是按照古代韵书，还是按照普通话的读音，“弄”都不押韵，所以后来改为“玩”。“玩”和“弄”同义，《说文》云：“玩，弄也。”这首诗押的是仄声韵，这个“玩”在古代读去声 wàn，正好是仄声韵字。

[五一] 斥鷃

“斥鷃（yàn)”是古书上说的一种小鸟，《庄子・内篇・逍遥游》说：在草木不生的最北方，有一个很深的大海叫天池。那里有一种鱼名叫鲲，鲲的脊背有数千里方圆，没人知道它有多长。那里有一种鸟名叫鹏，鹏的脊背像座大山，展开双翅就像天边的云。鹏鸟奋起而飞，翅

膀拍击急速旋转向上的气流直冲九万里高空，穿过云气，背负青天，这才向南飞去，打算飞到南方的大海。斥鷃讥笑它说："它打算飞到哪儿去？我奋力向上飞，不过几丈高就落了下来，盘旋于蓬蒿丛中，已经是我飞翔的极限了。而它打算飞到什么地方去呢？"后人用"斥鷃"比喻无能无知之人不理解志向远大的天才。"鷃"，《新月》第三卷第十号初刊本（一七页）误作"鳥"的左边加个"宴"；华侨本（77 页）误作"鷃"。

[五二]《军人梦》诗中的两个逗号

《军人梦》诗中的"身已离行伍"和"尽是钓游迹"两句后面的标点，手稿（九八页，原稿纸 49 页）、《新月》初刊本（一七页）、亚东初版（一四四页，亚东五版、亚东七版、亚东八版、文海本、民国丛书本同）、纪念版（86 页）、全集本（81 页）、全编本（64 页）、六艺本（七二页）、港甲本（七九页）、港乙本（七九页）、远东本（八〇页，"身已离行伍"误作"身已难行伍"）、远流本（七七页）、五南本（121 页）、思行本（95 页）等版本，均作逗号。

北大本（93 页）、纺织本（116 页）、闽教本（78 页）、画报本（74 页）、外研本（138 页）、天地本（81 页）等版本，"尽是钓游迹"后面都用了句号。

文集本（88 页）、华侨本（77、78 页），"尽是钓游迹"后面都用了句号，且"身已离行伍"误作"身已离队伍"。

江西本（87 页），"身已离行伍"与"尽是钓游迹"两句后都作句号。

海南本（76 页）、山东本（70 页）、武汉本（77 页）、现代本（70 页）、言实本（79 页）等版本，"身已离行伍"与"尽是钓游迹"两句后都作句号，且"身已离行伍"误作"身已离队伍"。

河南本（63 页）本章只到"所以我做了几首之后就不做了"，后面的内容脱漏或删去了。

从语义上看，"身已离行伍"与"尽是钓游迹"两句都没有结束，不宜用句末点号。因此，简体定本依据手稿和初刊本、初版本作逗号。

第五章

我怎樣到外國去

评述

本文脱稿于一九三二年九月二十七日，初刊于十一月十日《新月》第四卷第四号。正题之下还有副题“《四十自述》的第六章”，后来《四十自述》成书出版时，作者将《我的母亲的订婚》作为《序幕》，这第六章就变成第五章了。

清代画家华琳（字梦石）在《南宗抉秘》一书中说：“文似看山不喜平。”或以为此句出自清袁枚《随园诗话》，其实《随园诗话》卷一引江阴翁征士朗夫《尚湖晚步》作：“友如作画须求淡，山似论文不喜平。”清沈德潜编《清诗别裁集》卷三十亦引此二句，题为《与友人寻山》，并无“文似看山不喜平”。华琳这句话的意思是说写文章好比观赏山景，最忌平淡无奇。本章层峦叠嶂，奇峰突起，使人惊叹，引人入胜，深得文章三昧。

中国公学因民主共和的校章被修改引发学生罢课，校方以斥退开除相威胁，从而激起了“绝大多数同学的激愤”，于是创办了中国新公学。此一峰峦也！

新公学经费紧张，而家道衰落的胡适更是经济拮据，就在“山重水复疑无路”的时候，教务干事聘请胡适出任英文教师，真是“柳暗花明又一村”。此二峰峦也！

新公学步履维艰，老公学招生困难，于是新老公学分而复合。但胡适等许多同学都不愿意再回老公学：“应有天涯感，无忘城下盟！”“也知胡越同舟谊，无奈惊涛动地来”。不回去则须另辟蹊径，然而路在何方？此三峰峦也！

“少年人的理想主义受打击之后，反动往往是很激烈的”。新公学解散，家庭屡遭不幸，“寄居在上海”的胡适“在那个忧愁烦闷的时候，又遇着一班浪漫的朋友”，于是“就跟着他们堕落了”：“打马将”，喝大酒，吃馆子，逛窑子……“整天的打牌”，“连日的大醉”，“真是在昏天黑地里胡混”！盲人骑瞎马，午夜临深池，让读者为他捏着一把汗。此四峰峦也！

终于“闹出乱子来了”：一天晚上在“堂子”里喝得大醉，回家途中在车上不省人事，钱也丢了，马褂也没了，皮鞋剩了一只，还跟警察打了起来，满身泥水，脸上也受了伤，被警察弄到了巡捕房。清醒之后，“想到在车上熟睡的一段，不禁有点不寒而栗，身上的水湿和脸上的微伤，那能比那时刻的生命的危险呢”？此五峰峦也！

回到住处，“想起‘天生我材必有用’的诗句，心里百分懊悔，觉得对不起我的慈母”。他决心夺胎换骨，开始新的征程，“浪子回头金不换”！此六峰峦也！

应考庚款官费生，首先面临的仍然是经济问题：奉养母亲的费用从哪来？备考两个月的费用从哪出？北上考试的旅费如何筹措？还“要还一点小债务”。一分钱憋死英雄汉啊！多亏亲友帮助，真是吉人自有天相。于是，胡适和二哥北上了。可是，考取庚款官费生谈何容易？全国只招收七十人啊！连高中还没有毕业的胡适能考上吗？此七峰峦也！

到了北京，生活上得到杨景苏先生的帮助，学业上也得到杨先生的指导。第一场考得好，国文出奇制胜得了满分一百分，英文得了六十分——多亏当过英语老师；第二场“考的很不得意”，结果“考了个第五十五名”，胡适考中了！此八峰峦也！

这次北上应考，胡适怕考不上而被人耻笑，因此在报考时名字改用胡适。这一改名非同小可，俨然灵明石猴不再叫美猴王，而改叫孙悟空了！几个月前，那个在上海花天酒地、堕落鬼混的少年胡洪骍，从此将被彻底埋葬！而代之以中华“国文”之父的胡适，

“五四”新文化运动领袖的胡适，推动中国“文艺复兴”的中流砥柱的胡适，中国自由主义大师的胡适，“智德兼隆”的胡适！

正文

一

戊申（一九〇八）九月间〔一〕，中国公学闹出了一次大风潮，结果是大多数学生退学出来，另组织一个中国新公学。这一次的风潮为的是一个宪法的问题〔二〕。

中国公学在最初的时代，纯然是一个共和国家，评议部为最高立法机关，执行部的干事即由公选产生出来。不幸这种共和制度实行了九个月（丙午二月至十一月），就修改了。修改的原因，约有几种：一是因为发起的留日学生逐渐减少，而新招来的学生逐渐加多，已不是当初发起时学生与办事人完全不分界限的情形了。二是因为社会和政府对于这种共和制度都很疑忌。三是因为公学既无校舍，又无基金，有请求官款补助的必要，所以不能不避免外界对于公学内部的疑忌。

为了这种种原因，公学的办事人就在丙午（一九〇六）年的冬天〔三〕，请了郑孝胥、张謇、熊希龄等几十人作中国公学的董事〔四〕，修改章程，于是学生主体的制度就变成了董事会主体的制度。董事会根据新章程，公举郑孝胥为监督。一年后，郑孝胥辞职，董事会又举夏敬观为监督〔五〕。这两位都是有名的诗人，他们都不常到学校，所以我们也不大觉得监督制的可畏。

可是在董事会与监督之下〔六〕，公学的干事就不能由同学公选了。评议部是新章所没有的。选举的干事改为学校聘任的教务长，庶务长，斋务长了。这几位办事人，外面要四出募捐，里面要担负维持学校的责任，自然感觉他们的地位有稳定的必要。况且前面已说过，校章的修改也不是完全没有理由的。但我们少年人可不能那样想。中国公学的校章上明明载着“非经全体三分之二承认，不得修改”。这是我们的宪法上载着的唯一的修正方法。三位干事私自修改校章，是非法的。评议部的取消也是非法的。这里面也还有个人的问题。当家日子久了，总难免“猫狗皆嫌”。何况同学之中有许多本是干事诸君的旧日同辈的朋友呢？在校上课的同学自然在学业上日日有长进，而干事诸君办事久了，学问上没有进境，却当着教务长一类的学术任务，自然有时难免受旧同学的轻视。法的问题和这种人的问题混合在一块，风潮就不容易避免了。

代议制的评议部取消之后，全体同学就组织了一个“校友会”，其实就等于今日各校的学生会。校友会和三干事争了几个月，干事答应了校章可由全体学生修改。又费了几个月的时间，校友会把许多修正案整理成一个草案，又开了几次会，

才议定了一本校章。一年多的争执，经过了多少度的磋商，新监督夏先生与干事诸君均不肯承认这新改的校章。

到了戊申（一九〇八）九月初三日〔七〕，校友会开大会报告校章交涉的经过，会尚未散，监督忽出布告，完全否认学生有订改校章之权，这竟是完全取消干事承认全体修改校章的布告了。接着又出了两道布告，一道说“集会演说，学堂悬为厉禁。……校友会以后不准再行开会”。一道说学生代表朱经、朱绂华“倡首煽众，私发传单，侮辱职员，要挟发布所自改印章程，屡诫不悛，纯用意气，实属有意破坏公学。照章应即斥退，限一日内搬移出校。”〔八〕

初四日，全体学生签名停课，在操场上开大会。下午干事又出布告，开除学生罗君毅，周烈忠，文之孝等七人，并且说：“如仍附从停课，即当将停课学生全行解散，另行组织。”初五日，教员出来调停，想请董事会出来挽救。但董事会不肯开会。初七日学生大会遂决议筹备万一学校解散后的办法。

初八日董事陈三立先生出来调停，但全校人心已到了很激昂的程度，不容易挽回了。初九日，校中布告：“今定于星期日暂停膳食。所有被胁诸生可先行退出校外，暂住数日。准于今日午后一时起，在寰球中国学生会发给旅膳费。俟本公学将此案办结后〔九〕，再行布告来校上课。”

这样的压迫手段激起了校中绝大多数同学的公愤。他们决定退学，遂推举干事筹备另创新校的事。退学的那一天，秋雨淋漓，大家冒雨搬到爱而近路庆祥里新租的校舍里。厨房虽然寻来了一家，饭厅上桌凳都不够，碗碟也不够。大家都知道这是我们自己创立的学校，所以不但不叫苦，还要各自掏腰包，捐出钱来作学校的开办费。有些学生把绸衣，金表〔一〇〕，都拿去当了钱来捐给学堂做开办费。

十天之内，新学校筹备完成了，居然聘教员，排功课，正式开课了。校名定为“中国新公学”；学生有一百六七十人。在这风潮之中，最初的一年因为我是新学生，又因为我告了长时期的病假，所以没有参与同学和干事的争执；到了风潮正激烈的时期，我被举为大会书记，许多记录和宣言都是我做的；虽然不在被开除之列，也在退学之中。朱经，李琴鹤，罗君毅被举作干事。有许多旧教员都肯来担任教课。学校虽然得着社会上一部分人的同情，捐款究竟很少，经常费很感觉困难。李琴鹤君担任教务干事，有一天他邀我到他房里谈话，他要我担任低级各班的英文，每星期教课三十点钟，月薪八十元；但他声明，自家同学作教员，薪俸是不能全领的，总得欠着一部分。

我这时候还不满十七岁，虽然换了三个学堂，始终没有得着一张毕业证书。我若继续上课，明年可以毕业了。但我那时确有不能继续求学的情形。我家本没有钱。父亲死后，只剩几千两的存款，存在同乡店家生息，一家人全靠这一点出息过日子。后来存款的店家倒帐了，分摊起来，我家分得一点小店业。我的二哥

是个有干才的人[一一]，他往来汉口、上海两处，把这点小店业变来变去，又靠他的同学朋友把他们的积蓄寄存在他的店里，所以他能在几年之中合伙撑起一个规模较大的瑞兴泰茶叶店。但近几年之中，他的性情变了，一个拘谨的人变成了放浪的人；他的费用变大了，精力又不能贯注到店事，店中所托的人又不很可靠，所以店业一年不如一年。后来我家的亏空太大了，上海的店业不能不让给债权人。当戊申的下半年，我家只剩汉口一所无利可图的酒栈（两仪栈）了[一二]。这几个月以来，我没有钱住宿舍，就寄居在《竞业旬报》社里（也在庆祥里）。从七月起，我担任《旬报》的编辑，每出一期报，社中送我十块钱的编辑费。住宿和饭食都归社中担负。我家中还有母亲，眼前就得要我寄钱赡养了。母亲也知道家中破产就在眼前，所以寄信来要我今年回家去把婚事办了。我斩钉截铁的阻止了这件事，名义上是说求学要紧，其实是我知道家中没有余钱给我办婚事，我也没有钱养家[一三]。

正在这个时候，李琴鹤君来劝我在新公学作教员。我想了一会，就答应了。从此以后，我每天教六点钟的英文，还要改作文卷子。十七八岁的少年人，精力正强，所以还能够勉强支持下去，直教到第二年（一九〇九）冬天中国新公学解散时为止[一四]。

以学问论，我那时怎配教英文？但我是个肯负责任的人，肯下苦功去预备功课，所以这一年之中还不曾有受窘的时候，我教的两班后来居然出了几个有名的人物：饶毓泰（树人）[一五]，杨铨（杏佛）[一六]，严庄（敬斋）[一七]，都做过我的英文学生。后来我还在校外收了几个英文学生，其中有一个就是张奚若[一八]。可惜他们后来都不是专习英国文学[一九]；不然，我可真"抖"了！

《竞业旬报》停刊之后，我搬进新公学去住。这一年的教书生活虽然很苦，于我自己却有很大的益处。我在中国公学两年，受姚康侯和王云五两先生的影响很大[二〇]，他们都最注重文法上的分析，所以我那时虽不大能说英国话，却喜欢分析文法的结构，尤其喜欢拿中国文法来做比较。现在做了英文教师，我更不能不把字字句句的文法弄的清楚。所以这一年之中，我虽没有多读英国文学书，却在文法方面得着很好的练习。

*　　*　　*　　*

中国新公学在最困苦的情形之下支持了一年多，这段历史是很悲壮的。那时候的学堂多不讲究图书仪器的设备，只求做到教员好，功课紧，管理严，就算好学堂了。新公学的同学因为要争一口气，所以成绩很好，管理也不算坏。但经费实在太穷，教员只能拿一部分的薪俸，干事处常常受收房捐和收巡捕捐的人的恶气；往往因为学校不能付房捐与巡捕捐，同学们大家凑出钱来，借给干事处。有一次干事朱经农君（即朱经）感觉学校经费困难已到了绝地，他忧愁过度，神经错乱，出门乱走，走到了徐家汇的一条小河边，跳下河去，幸遇人救起，不曾丧命。

这时候，中国公学的吴淞新校舍已开始建筑了，但学生很少。内地来的学生，到了上海，知道了两个中国公学的争持，大都表同情于新公学，所以新公学的学生总比老公学多。例如张奚若（原名耘）等一些陕西学生，到了上海，赶不上招考时期，他们宁可在新公学附近租屋补习，却不肯去老公学报名。所以“中国新公学”的招牌一天不去，“中国公学”是一天不得安稳发展的，老公学的职员万不料我们能支持这么久。他们也知道我们派出去各省募捐的代表，如朱绂华、朱经农、薛传斌等，都有有力的介绍，也许有大规模的官款补助的可能。新公学募款若成功，这个对峙的局面更不容易打消了。

老公学的三干事之中，张邦杰先生（俊生）当风潮起时在外省募款未归；他回校后极力主张调停，收回退学的学生。不幸张先生因建筑吴淞校舍，积劳成病，不及见两校的合并就死了。新公学董事长李平书先生因新校经济不易维持，也赞成调停合并。调停的条件大致是：凡新公学的学生愿意回去的，都可回去；新公学的功课成绩全部承认；新公学所有亏欠的债务，一律由老公学担负清偿。新公学一年之中亏欠已在一万元以上，捐款究竟只是一种不能救急的希望；职员都是少年人，牺牲了自己的学业来办学堂，究竟不能持久。所以到了己酉（一九〇九）十月〔二一〕，新公学接受了调停的条件，决议解散：愿回旧校者，自由回去。我有题新校合影的五律二首，七律一首〔二二〕，可以纪念我们在那时候的感情，所以我钞在这里：

十月题新校合影时公学将解散〔二三〕

无奈秋风起，艰难又一年。颠危俱有责，成败岂由天？
黯黯愁兹别，悠悠祝汝贤。不堪回首处，沧海已桑田。

此地一为别，依依无限情。凄凉看日落，萧瑟听风鸣。
应有天涯感，无忘城下盟！相携入图画，万虑苦相萦。

十月再题新校教员合影〔二四〕

也知胡越同舟谊，无奈惊涛动地来。
江上飞乌犹绕树，尊前残蜡已成灰〔二五〕。
昙花幻相空余恨，鸿爪遗痕亦可哀。
莫笑劳劳作刍狗，且论臭味到岑苔。

这都算不得诗，但“应有天涯感，无忘城下盟”两句确是当时的心理。合并之后，有许多同学都不肯回老公学去，也是为此。这一年的经验，为一个理想而奋斗，为一个团体而牺牲，为共同生命而合作，这些都在我们一百六十多人的精神上留下磨不去的影子。二十年来，无人写这一段历史，所以我写这几千字，给我的一

班老同学留一点“鸿爪遗痕”。

*　　*　　*　　*

少年人的理想主义受打击之后，反动往往是很激烈的。在戊申己酉（一九〇八—九）两年之中[二六]，我的家事败坏到不可收拾的地步。己酉年，大哥和二哥回家，主张分析家产；我写信回家，说我现在已能自立了[二七]，不要家中的产业。其实家中本没有什么产业可分，分开时，兄弟们每人不过得着几亩田，半所屋而已。那一年之中，我母亲最心爱的一个妹子和一个弟弟先后死了，她自己也病倒了。我在新公学解散之后，得了两三百元的欠薪，前途茫茫，毫无把握，那敢回家去？只好寄居在上海，想寻一件可以吃饭养家的事。在那个忧愁烦闷的时候，又遇着一班浪漫的朋友，我就跟着他们堕落了。

【注】[二八]这一段是去年（一九三一）夏间写的[二九]，写成之后，我恐怕我的记载有不正确或不公平的地方，所以把原稿送给王敬芳先生（抟沙），请他批评修改。他是我们攻击的干事之一，是当日风潮的一个主要目标。但事隔二十多年，我们都可以用比较客观的眼光来回看当年的旧事了。他看了之后，写了一封几千字的长信给我，承认我的话“说的非常心平气和，且设身处地的委曲体谅，令我极端佩服”，又指出一些与当日事实不符的地方。他指出的错误，我都改正了。所以这一段小史，虽是二十多年后追记的，应该没有多大的错误。我感谢王先生的修正，并且盼望我的老同学朱经农、罗君毅诸先生也给我同样的修正。

王先生在他的长信里说了几句很感慨的话，我认为很值得附录在此。他说：

“我是当初反对取缔规则最力的人，但是今日要问我取缔规则到底对于中国学生有多大害处，我实在答应不出来。你是当时反对公学最力的人，看你这篇文章，今昔观察也就不同的多了。我想青年人往往因感情的冲动，理智便被压抑了。中国学校的风潮，大多数是由于这种原因。学校中少一分风潮，便多一分成就。盼望你注意矫正这种流弊。”[三〇]

我是赞成这话的，但是我要补充一句：学校的风潮不完全由于青年人的理智被感情压抑了，其中往往是因为中年人和青年人同样的失去了运用理智的能力。专责备青年人是不公允的。中国公学最近几次的风潮都是好例子。

廿一，九，廿七。[三一]

二

中国新公学有一个德国教员，名叫何德梅（Ottomeir），他的父亲是德国人，母亲是中国人，他能说广东话，上海话，官话[三二]。什么中国人的玩意儿，他全会。我从新公学出来，就搬在他隔壁的一所房子里住，这两所房子是通的，他住东屋，我和几个四川朋友住西屋。和我同住的人，有林君墨（恕）[三三]、但怒刚（懋辛）诸位先生；离我们不远，住着唐桂梁（蟒）先生，是唐才常的儿子[三四]。这些人都是日本留学生，都有革命党的关系；在那个时候各地的革命都失败了，党人死的不少，这些人都很不高兴，都很牢骚。何德梅常邀这班人打马将，我不久也学会了。我们打牌不赌钱，谁赢谁请吃雅叙园。我们这一班人都能喝酒，每人面前摆一大壶，自斟自饮。从打牌到喝酒，从喝酒又到叫局，从叫局到吃花酒，不到两个月，我都学会了。

幸而我们都没有钱，所以都只能玩一点穷开心的玩意儿：赌博到吃馆子为止，逛窑子到吃“镶边”的花酒或打一场合股份的牌为止。有时候，我们也同去看戏。林君墨和唐桂梁发起学唱戏，请了一位小喜禄来教我们唱戏[三五]，同学之中有欧阳予倩[三六]，后来成了中国戏剧界的名人。我最不行，一句也学不会，不上两天我就不学了。此外，我还有一班小朋友，同乡有许怡荪[三七]、程乐亭[三八]、章希吕诸人[三九]，旧同学有郑仲诚、张蜀川、郑铁如诸人[四〇]。怡荪见我随着一班朋友发牢骚，学堕落，他常常规劝我。但他在吴淞复旦公学上课，是不常来的，而这一班玩的朋友是天天见面的，所以我那几个月之中真是在昏天黑地里胡混，有时候，整夜的打牌；有时候，连日的大醉。

* * * *

有一个晚上，闹出乱子来了。那一晚我们在一家“堂子”里吃酒，喝的不少了，出来又到一家去“打茶围”。那晚上雨下的很大，下了几点钟还不止。君墨、桂梁留我打牌，我因为明天要教书（那时我在华童公学教小学生的国文），所以独自雇人力车走了。他们看我能谈话，能在一叠“局票”上写诗词，都以为我没喝醉，也就让我一个人走了。

其实我那时已大醉了，谈话写字都只是我的“下意识”的作用，我全不记忆。出门上车以后，我就睡着了。

直到第二天天明时，我才醒来，眼睛还没有睁开，就觉得自己不是睡在床上，是睡在硬的地板上！我疑心昨夜喝醉了，睡在家中的楼板上，就喊了一声“老彭！”[四一]——老彭是我雇的一个湖南仆人。喊了两声，没有人答应，我已坐起来了，眼也睁开了。

奇怪的很！我睡在一间黑暗的小房里，只有前面有亮光，望出去好像没有门。我仔细一看，口外不远还好像有一排铁栅栏。我定神一听，听见栏杆外有皮鞋走路的声响。一会儿，狄托狄托的走过来了，原来是一个中国巡捕走过去。

我有点明白了，这大概是巡捕房，只不知道我怎样到了这儿来的。我想起来问一声，这时候才觉得我一只脚上没有鞋子，又觉得我身上的衣服都是湿透了的。

我摸来摸去，摸不着那一只皮鞋；只好光着一只袜子站起来，扶着墙壁走出去，隔着栅栏招呼那巡捕，问他这是什么地方。

他说："这是巡捕房。"

"我怎么会进来的？"

他说："你昨夜喝醉了酒，打伤了巡捕，半夜后进来的。"

"什么时候我可以出去？"

"天刚亮一会，早呢！八点钟有人来，你就知道了。"

我在亮光之下，才看见我的旧皮袍不但是全湿透了，衣服上还有许多污泥。我又觉得脸上有点疼，用手一摸，才知道脸上也有污泥，并且有破皮的疤痕。难道我真同人打了架吗？

这是一个春天的早晨，一会儿就是八点钟了。果然有人来叫我出去。

在一张写字桌边〔四二〕，一个巡捕头坐着，一个浑身泥污的巡捕立着回话。那巡捕头问：

"就是这个人？"

"就是他。"

"你说下去。"

那浑身泥污的巡捕说：

"昨夜快十二点钟时候，我在海宁路上班，雨下的正大。忽然（他指着我）他走来了，手里拿着一只皮鞋敲着墙头，狄托狄托的响。我拿巡捕灯一照，他开口就骂。"

"骂什么？"

"他骂'外国奴才！'〔四三〕我看他喝醉了，怕他闯祸，要带他到巡捕房里来。他就用皮鞋打我，我手里有灯，抓不住他，被他打了好几下。后来我抱住他，抢了他的鞋子，他就和我打起来了。两个人抱住不放，滚在地上。下了一夜的大雨，马路上都是水，两个人在泥水里打滚。我的灯也打碎了，身上脸上都被他打了。他脸上的伤是在石头上擦破了皮。我吹叫子，唤住了一部空马车，两个马夫帮我捉住他，关在马车里，才能把他送进来。我的衣服是烘干了，但是衣服上的泥都不敢弄掉，这都是在马路当中滚的。"

我看他脸上果然有伤痕，但也像是擦破了皮，不像是皮鞋打的。他解开上身，也看不出什么伤痕。

巡捕头问我，我告诉了我的真姓名和职业，他听说我是在华童公学教书的，自然不愿得罪我。他说，还得上堂问一问，大概要罚几块钱。

他把桌子上放着的一只皮鞋和一条腰带还给我。我穿上了鞋子，才想起我本来穿有一件缎子马褂。我问他要马褂，他问那泥污的巡捕，他回说："昨夜他就没有马褂。"

我心里明白了。

我住在海宁路的南林里，那一带在大雨的半夜里是很冷静的。我上了车就睡着了。车夫到了南林里附近，一定是问我到南林里第几衖。我大概睡的很熟，不能回答了。车夫叫我不醒，也许推我不醒，他就起了坏心思，把我身上的钱摸去了，又把我的马褂剥去了。帽子也许是他拿去了的，也许是丢了的。他大概还要剥我的皮袍，不想这时候我的“下意识”醒过来了〔四四〕，就和他抵抗。那一带是没有巡捕的，车夫大概是拉了车子跑了，我大概追他不上，自己也走了。皮鞋是跳舞鞋式的，没有鞋带，所以容易掉下来；也许是我跳下车来的时候就掉下来了，也许我拾起了一只鞋子来追赶那车夫。车夫走远了，我赤着一只脚在雨地里自然追不上。我慢慢的依着“下意识”走回去，醉人往往爱装面子，所以我丢了东西反唱起歌来了，——也许唱歌是那个巡捕的胡说，因为我的意识生活是不会唱歌的。

这是我自己用想像来补充的一段，是没有法子证实的了。但我想到在车上熟睡的一段，不禁有点不寒而栗，身上的水湿和脸上的微伤那能比那时刻的生命的危险呢？

巡捕头许我写一封短信叫人送到我的家中。那时候郑铁如（现在的香港中国银行行长）住在我家中，我信上托他带点钱来准备做罚款。

上午开堂问事的时候，几分钟就完了，我被罚了五元，做那个巡捕的养伤费和赔灯费。

我到了家中，解开皮袍，里面的绵袄也湿透了，一解开来，里面热气蒸腾：湿衣裹在身上睡了一夜，全蒸热了〔四五〕！我照镜子，见脸上的伤都只是皮肤上的微伤，不要紧的。可是一夜的湿气倒是可怕。

同住的有一位四川医生，姓徐，医道颇好。我请他用猛药给我解除湿气。他下了很重的泻药，泄了几天；可是后来我手指上和手腕上还发出了四处的肿毒。

* * * *

那天我在镜子里看见我脸上的伤痕，和浑身的泥湿，我忍不住叹一口气，想起“天生我材必有用”的诗句，心里百分懊悔，觉得对不起我的慈母，——我那在家乡时时刻刻悬念着我，期望着我的慈母！我没有掉一滴眼泪，但是我已经过了一次精神上的大转机。

我当日在床上就写信去辞了华童公学的职务，因为我觉得我的行为玷辱了那个学校的名誉。况且我已决心不做那教书的事了。

那一年（庚戌，一九一〇）是考试留美赔款官费的第二年〔四六〕。听说，考试取了备取的还有留在清华学校的希望。我决定关起门来预备去应考试。

许怡荪来看我，也力劝我摆脱一切去考留美官费。我所虑的有几点：一是要筹养母之费，二是要还一点小债务，三是要筹两个月的费用和北上的旅费。怡荪答应替我去设法。后来除他自己之外，帮助我的有程乐亭的父亲松堂先生，和我的

族叔祖节甫先生。

我闭户读了两个月的书，就和二哥绍之一同北上。到了北京，蒙二哥的好朋友杨景苏先生（志洵）的厚待[四七]，介绍我住在新在建筑中的女子师范学校（后来的女师大）校舍里，所以费用极省。在北京一个月，我不曾看过一次戏。

杨先生指点我读旧书，要我从《十三经注疏》用功起。我读汉儒的经学，是从这个时候起的。

留美考试分两场，第一场考国文英文，及格者才许考第二场的各种科学。国文试题为《不以规矩不能成方圆说》，我想这个题目不容易发挥，又因我平日喜欢看杂书，就做了一篇乱谈考据的短文，开卷就说：

> 矩之作也，不可考矣。规之作也，其在周之末世乎？

下文我说《周髀算经》作圆之法足证其时尚不知道用规作圆；又孔子说“不逾矩”，而不并举规矩，至墨子、孟子始以规矩并用，足证规之晚出。这完全是一时异想天开的考据，不料那时看卷子的先生也有考据癖，大赏识这篇短文，批了一百分。英文考了六十分，头场平均八十分，取了第十名。第二场考的各种科学，如西洋史，如动物学，如物理学，都是我临时抱佛脚预备起来的，所以考的很不得意。幸亏头场的分数占了大便宜，所以第二场我还考了个第五十五名。取送出洋的共七十名，我很挨近榜尾了[四八]。

南下的旅费是杨景苏先生借的。到了上海，节甫叔祖许我每年遇必要时可以垫钱寄给我的母亲供家用。怡荪也答应帮忙。没有这些好人的帮助，我是不能北去，也不能放心出国的。

我在学校里用胡洪骍的名字；这回北上应考，我怕考不取为朋友学生所笑，所以临时改用胡适的名字。从此以后，我就叫胡适了。

廿一，九，廿七夜。[四九]

注释

［一］戊申（一九〇八）

“戊申（一九〇八）”，文集本（90页）、北大本（95页）、群言本（84页）、理工本（82页）、京联本（76页）、海南本（78页）、言实本（81页）、海天本（77页）等，均作“戊申（1908）”，将括注的汉字数字改成了阿拉伯数字。华侨本（79页）、民建本（79页）、万卷本（63页）等，均作“戊申（1908年）”，不仅改成了阿拉伯数字，且衍一“年”字。手稿（一〇一页，原稿纸1页）和《新月》第四卷第四号初刊本（一页）、亚东初版（一四七页）、六艺本（七五页）、纪念版（89页）、远东本（八三页）、远流本（七九页）以及全集本（83页）、全编本（65页）等，均作“戊申（一九〇八）”。简体定本，依据手稿等作“戊申（一九〇八）”。

［二］这一次的风潮为的是一个宪法的问题

“这一次的风潮为的是一个宪法的问题”，手稿（一〇一页，原稿纸1页）原作：“这一次的风潮是一个宪法的问题。是值得记载的。”后来发表时将“是值得记载的。”删去了，因为这样一强调反倒不好，似乎其他“不值得记载”——这是不懂逻辑的读者的通病，但读者中不懂逻辑的大有人在，不如删去的好。“这一次的风潮是一个宪法的问题”，这个句子的主干为“风潮是问题”，似有判断不当之嫌。改后加上“为的”，指明这次风潮的原因，这就清楚明了了。

［三］丙午（一九〇六）年

“丙午（一九〇六）年”，文集本（90页）、北大本（96页）、群言本（84页）、理工本（83页）、京联本（77页）、海南本（79页）、言实本（82页）、海天本（77页）等，均作“丙午（1906）年”，将括注的汉字数字改成了阿拉伯数字。华侨本（81页）作“丙午（1906年）”，不仅将括注的汉字数字改成了阿拉伯数字，还把原来括号外的“年”字移到了括号内。万卷本（63页）作“丙午（1906年）年”，不仅将括注的汉字数字改成了阿拉伯数字，且衍一“年”字。民建本（79页）作“丙午年（1906年）”，不仅将括注的汉字数字改成了阿拉伯数字，且衍一“年”字，还改变了原文括注的位置。手稿（一〇三页，原稿纸3页）和《新月》第四卷第四号初刊本（一页）、亚东初版（一四八页）、六艺本（七五页）、纪念版（89页）、远东本（八三页）、远流本（七九页）以及全集本（84页）、全编本（65页）等，均作“丙午（一九〇六）年”。简体定本，依据手稿等作“丙午（一九〇六）年”。

［四］郑孝胥、张謇、熊希龄

“郑孝胥、张謇、熊希龄”，手稿（一〇三页，原稿纸3页）和《新月》第四卷第四号初刊本（一页）、亚东初版（一四八页，亚东五版、亚东七版同）、六艺本（七五页）等，中间都没有顿号，但因为有三个专名线，所以三个人名中间虽无顿号而仍然界线分明。文联本（七三页）三个人名中间也没有顿号，也加了专名线，但三个人名加了一条贯通的专名线，即只用了一个专名线，这就等于说“郑孝胥张謇熊希龄”是一个人名。远东本（八三页）、全集本（84页）去掉了专名线，中间也没有顿号，界线就不分明了。纺织本（77页）在三个人名中间加了两处逗号，这是三个并列的人名，中间的停顿明显小于逗号。手稿和初刊本在几个并列的人名之间，有时也用逗号，那是当时并没有顿号的缘故。如果说纺织本是按照手稿和初刊本没有顿号作为整理的标准，那也不对，因为该本在其他同类的地方却又用了顿号，如下文不远处的“朱经、朱绂华”（纺织本79页），体例并不统一。简体定本，按照现行标点符号的用法不加专名线，三个并列的人名中间加了两处顿号。远流本（七九页）、全编本（65页）、文集本（90

页），也是这样标点的。类似的情况本章还有几处，如果没有特殊需要，不再一一注明。

郑孝胥（1860—1938），字苏龛（一作苏堪、苏勘），又字太夷，号海藏、苏盦，又号夜起庵主，室名海藏楼。“海藏楼”典出苏轼《病中闻子由得告不赴商州三首》（其一）：“惟有王城最堪隐，万人如海一身藏。”取大隐隐于市之意。郑孝胥祖籍福建省闽侯县，出生于苏州胥门，名孝胥和字苏戡都与这个地名有关。郑孝胥是近代著名诗人，“同光体”的倡导者；又是著名书法家，工楷、隶，尤善楷书，取径欧阳询及苏轼，而得力于北魏碑版，所作字势偏长而苍劲朴茂。郑家是闽越书香门第，以四代十举人、五进士、三翰林而闻名乡党。

郑孝胥一八八二年中举人，为福建省正科乡试第一。一八八五年，到李鸿章幕府任职。一八九一年，东渡日本，任清政府驻日使馆书记官，后调任神户、大阪总领事。一八九四年回国后，任张之洞自强军监司。一九〇七年，授安徽观察史、调补广东观察史，“均辞不之官”。一九三一年十一月，郑孝胥在日本驻屯军司令官土肥原贤二的帮助下护送溥仪从天津潜赴旅顺，不久到奉天（沈阳）。一九三二年三月，伪“大满洲国”在新京（长春）建立，年号“大同”，溥仪任执政，郑孝胥任国务总理兼陆军大臣和文教部总长。一九三四年改国号为“满洲帝国”，溥仪登基称帝，改元“康德”，任命郑孝胥为“总督理大臣”。在伪满洲国建立前，郑孝胥唆使溥仪和日本关东军代表板垣征四郎秘密签订了一份密约，将国防、治安、交通、资源统统作为条件换取了伪满政权的建立。后来，郑孝胥以“国务总理”的名义与日本签署了《关于满洲国铁路、港湾、水路、航空等的管理和线路铺设管理协约》《关于设立航空公司的协定》《日满议定书》等卖国条约。一九三五年五月二十一日，郑孝胥被迫辞职后，继续为日本人效力。一九三八年，暴卒于长春，被按“国葬”之礼葬于沈阳东郊天柱山下努尔哈赤的福陵旁，实现了郑孝胥生前“永伴先帝陵侧”的夙愿。“文化大革命”期间，郑孝胥的坟墓被毁，尸骨无踪，今只有墓碑藏于沈阳“九一八”事变纪念馆内。郑孝胥著有《海藏楼诗》《骖乘日记》等，又编有《孔教新编》一书。

张謇（1853—1926），字季直，号啬庵，祖籍江苏常熟，生于江苏海门。中国近代实业家、政治家、教育家，一生创办了二十多个企业和三百七十多所学校。其中包括中国第一所师范学校（南通师范学校）和中国第一所特殊教育学校（聋哑学校）等。张謇是清末状元，曾任中央教育会长，江苏议会临时议会长，江苏两淮盐总理，南京政府实业总长，北洋政府农商总长兼全国水利总长等。著有《张季子九录》《张謇日记》《啬翁自订年谱》等。一九九四年，江苏古籍出版社出版了精装全七册的《张謇全集》。

一九二二年，商业精神领袖、“状元企业家”张謇破产。一九二六年八月二十四日，张謇在南通逝世。他的陪葬品是：一顶礼帽、一副眼镜、一把折扇，还有一对金属的小盒子，分别装着一粒牙齿，一束胎发。

各界名人纷纷痛悼，民国总理顾维钧撰挽联云：

> 筚路起宏规，旷代难俦，砥柱共尊经国手；
> 矩型怀宿德，哲人先萎，天河犹望洗兵时。

一九三〇年九月，张謇之子张孝若编写的《南通张季直先生传记》由上海中华书局出版。胡适先生在《〈南通张季直先生传记〉序》中说：“张季直先生在近代中国史上是一个很伟大的失败

的英雄，这是谁都不能否认的。他独立开辟了无数新路，做了三十年的开路先锋，养活了几百万人，造福于一方，而影响及于全国。终于因为他开辟的路子太多，担负的事业过于伟大，他不能不抱着许多未完的志愿而死。这样的一个人是值得一部以至于许多部详细传记的。”

张謇墓位于江苏省南通市啬园内，墓地是他先期选定的，他还为墓门预作过一副对联：“即此粗完一生事，会须身伴五山灵。”一九六六年“文化大革命”爆发，八月二十四日，张謇墓被红卫兵当作“四旧”砸毁。

［五］夏敬观

夏敬观（1875—1953），字剑丞，一作鉴丞，又字盥人、缄斋，晚号吷（xuè）庵，别署玄修、牛邻叟，江西新建人，生于湖南长沙。江西派词人、画家。一八九四年中举人。曾任江苏提学使兼上海复旦、中国公学等校监督，涵芬楼撰述，浙江省教育厅长等职。著有《忍古楼诗集》《吷庵词》，以及论词专著《忍古楼词话》《词调溯源》《夏吷庵画集》等。

［六］在董事会与监督之下

“在董事会与监督之下”，全集本（84页）和人文本（98页）均作“在董事会与［的］监督之下”。这个“［的］”是全集本和人文本编者的校勘，意思是说原文的“与”是个错字，应改为“的”。因为这两个本子都没有校勘记，我们只能从语法语义上来揣摩编者改字的原因。编者很可能认为“董事会”是名词，而“监督”是动词，名词“董事会”与动词“监督”不是联合词组，用“与”来连接讲不通。名词“董事会”与动词“监督”应该是偏正关系，因此要把原文的“与”改为“的”才讲得通。其实不然，这句中的“监督”不是动词，而是名词，指的是郑孝胥、夏敬观，“董事会与监督”是两个名词的联合短语。上段有云：“董事会根据新章程，公举郑孝胥为监督。一年后，郑孝胥辞职，董事会又举夏敬观为监督。”“董事会”和“监督”用“与”来连接完全没有问题，不能改为“的”。手稿（一〇三页，原稿纸3页）和《新月》第四卷第四号初刊本（二页）、亚东初版（一四九页）、六艺本（七六页）、纪念版（90页）、远东本（八四页）、远流本（八〇页）等，均作“在董事会与监督之下”。简体定本，依据手稿等作“在董事会与监督之下”。

［七］到了戊申（一九〇八）

“到了戊申（一九〇八）”，文集本（91页）、北大本（97页）、群言本（86页）、理工本（84页）、京联本（78页）、海南本（80页）、言实本（83页）、海天本（79页）等，均作“到了戊申（1908）”，将括注的汉字数字改成了阿拉伯数字。华侨本（81页）、民建本（80页）、万卷本（64页）等，均作“到了戊申（1908年）”，不仅改成了阿拉伯数字，且衍一“年”字。手稿（一〇六页，原稿纸6页）和《新月》第四卷第四号初刊本（二页）、亚东初版（一五〇页）、六艺本（七六页）、纪念版（91页）、远东本（八五页）、远流本（八〇页）以及全集本（85页）、全编本（66页）等，均作“到了戊申（一九〇八）”。简体定本，依据手稿等作“到了戊申（一九〇八）”。

［八］“限一日内搬移出校。”

“限一日内搬移出校。”全集本（85页）、全编本（66页）、文集本（91页）、北大本（97页）、纪念版（91页）、纺织本（129页）、海南本（80页）、华侨本（81页）、画报本（78页）、徽教本（72页）、吉大本（92页）、江西本（91页）、津人本（109页）、京联本（78页）、理工本（84页）、民建本（80页）、群言本（86页）、人文本（99页）、外研本（145页）、万卷本（64页）、文史本（98页）、武汉本（83页）、现代本（73页）、言实本（83页）、中州本（79页）等，均作“限一日内搬移出校”。将引号内末尾的句号误移到了引号的外边。手稿（一〇六页，原稿纸6页）和《新月》第四卷第四号初刊本（三页）、亚东初版（一五一页）、亚东五版（一五一页）、六艺本（七七页）、远流本（八一页）等，引用的两段布告末尾句号的位置是不同的：前一个布告末尾的句号在引号外，表示所引用的布告此处不应作句号（当时的布告没有标点）；后一个布告末尾的句号在引号内，表示所引用的布告此处应作句号，不能放在引号之外。因此，简体定本，依据手稿等版本作“限一日内搬移出校。”末尾的句号在引号内。

［九］俟本公学将此案办结后

“俟本公学将此案办结后”，《新月》第四卷第四号初刊本（三页）作“俟本公学此将案办结后”，把“将此”误作“此将”。而且，引用布告末尾的句号误作逗号。手稿（一〇八页，原稿纸8页）作“俟本公学将此案办结后”，不误。亚东初版（一五二页）改正了初刊本的错误。

［一〇］绸衣，金表

“绸衣，金表”，纪念版（92页）、海南本（81页）、画报本（78页）、吉大本（92页）、津人本（110页）、京联本（78页）、理工本（85页）、民建本（81页）、人报本（80页）、万卷本（65页）、文史本（99页）、现代本（74页）、言实本（84页）、岳麓本（63页）、中州本（80页）等，均作“绸衣、金表”，将原来的逗号改成了顿号。按照现行标点符号用法，这里的确应该用顿号，但手稿（一〇九页，原稿纸9页）作逗号，这是因为当时的标点符号中没有顿号。为了保持经典原貌，尊重历史，简体定本仍作逗号。《新月》第四卷第四号初刊本（三页）、亚东初版（一五三页）、亚东五版（一五三页）、六艺本（七七页）、远东本（八六页）、远流本（八一页）、全集本（86页）、全编本（67页）、文集本（92页）等，此处均作逗号。类似的情况本章还有几处，如果没有特殊需要，不再一一注明。

［一一］干才

“干才”，全集本（86页）、人文本（100页）、画报本（79页）、徽教本（73页）、吉大本（93页）、海天本（80页）等，均误作“才干”；全编本（68页）误作“才千”。手稿（一一一页，原稿纸11页）和《新月》第四卷第四号初刊本（四页）、亚东初版（一五四页）、亚东五版（一五四页）、六艺本（七八页）、纪念版（93页）、远东本（八七页）、远流本（八二页）、文集本（93页）等，均作“干才”，繁体作“幹才”。

［一二］酒栈（两仪栈）

“酒栈（两仪栈）”，手稿（一一〇页，原稿纸 12 页）和《新月》第四卷第四号初刊本（五页）均作“酒栈”，没有括注的“（两仪栈）”。亚东初版（一五五页）作“酒栈（两仪栈）”，当是胡适先生后补上的，这样一来信息更准确，更具史料价值。亚东五版（一五四页）、六艺本（七八页）、纪念版（93 页）、远东本（八七页）、远流本（八二页）等，均据亚东初版（一五五页）增补。

［一三］我也没有钱养家

“我知道家中没有余钱给我办婚事，我也没有钱养家”。手稿（一一三页，原稿纸 13 页）和《新月》第四卷第四号初刊本（五页）均作“我知道家中没有余钱给我办婚事”。亚东初版（一五五页）作“我知道家中没有余钱给我办婚事，我也没有钱养家”，后面的“我也没有钱养家”当是胡适先生后来在亚东初版成书时增补的，加上了这句话，更凸显了当时生活的困窘，而且把不能回家办婚事的理由说得更充分，与“我斩钉截铁的阻止”“这件事”相呼应。亚东五版（一五五页）、六艺本（七九页）、纪念版（94 页）、远东本（八七页）、远流本（八三页）等，均据亚东初版（一五五页）增补。

［一四］第二年（一九〇九）

“第二年（一九〇九）”，文集本（93 页）、北大本（100 页）、群言本（90 页）、理工本（86 页）、京联本（80 页）、海南本（82 页）、言实本（86 页）、海天本（81 页）等，均作“第二年（1909）”，将括注的汉字数字改成了阿拉伯数字。华侨本（84 页）、民建本（81 页）、万卷本（66 页）等，均作“第二年（1909 年）”，不仅改成了阿拉伯数字，且衍一“年”字。手稿（一一三页，原稿纸 13 页）和《新月》第四卷第四号初刊本（五页）、亚东初版（一五六页）、六艺本（七九页）、纪念版（94 页）、远东本（八七页）、远流本（八三页）、全集本（87 页）、全编本（68 页）等，均作“第二年（一九〇九）”。简体定本，依据手稿等作“第二年（一九〇九）”。

［一五］饶毓泰（树人）

饶毓泰（1891—1968），名俭如，字树人，江西临川钟岭人。著名物理学家、教育家，中国近代物理学的奠基人，中央研究院第一届院士，爱因斯坦的博士。一九一三年，饶毓泰考取官费赴美国留学，初入加州大学，后转芝加哥大学，一九一七年获该校物理系学士学位。一九一八年入哈佛大学研究院，后转入耶鲁大学和普林斯顿大学，一九二一年获得普林斯顿大学硕士学位，一九二二年获美国普林斯顿大学哲学博士学位。同年回国，任南开大学教授，创立物理系并任主任。一九二九年，赴德国莱比锡大学波茨坦天文物理实验室进行科学研究。一九三二年回国，任北平研究院物理研究所研究员。第二年任北京大学物理系主任。抗战期间任昆明西南联合大学物理系主任，培养了杨振宁、黄昆、张守廉、邓稼先、李政道等一大批优秀物理学家。

一九四八年底，在国民政府抢救学者的六十位名单中，饶毓泰赫然在列，但他却没有乘飞

机离开北平。当时中央研究院八十一位院士有六十人留了下来，中国科学社二十七位理事除一人去了海外，其余全部留在大陆。因为当时的民国政府腐败透顶，大多数学者不愿意去台湾。冯友兰就对他的弟弟冯景兰说："何必走呢，共产党当了权，也是要建设中国的，知识分子还是有用的。你是搞自然科学的，那就更没有问题了。""作为一个学者，对于自己所钟爱的学术事业，不能轻易放弃；对于政治，应当保持一定的距离；自己希望国家强盛，但对于哪一个党派掌权，则不想干预，也无力干预，谁能够把中国治理好，自己就拥护谁"(《冯友兰传》，人民出版社 2003 年版，204—205 页)。这种思想可能也是当时大多数学者的心声。

一九四九年后，饶毓泰仍担任北大校务委员会委员兼理学院院长、物理系主任。可是，一九五二年的"三反运动"，饶毓泰首当其冲。他的一个得意的学生在大会上批判他主张要"赶上世界学术水平"，是自私自利的思想在作怪。饶毓泰不能接受，北大一位副校长指责他思想有问题。饶毓泰百思不得其解，三月初的一天，他在家中晕倒，随后精神失常。当竺可桢看望他时，只见他"眼睛直视无睹，不能认人，但云为什么缘故"(《竺可桢全集》第 12 卷，上海科技教育出版社 2007 年版，573 页)。他辞去了一切领导职务——"靠边站"了。

一九六六年，"文化大革命"开始了，饶毓泰是一级教授，正好是"文化大革命"的主要打击对象——"资产阶级反动学术权威"。他又被指控为"里通外国"——这是"文化大革命"中的主要重罪之一。一九六八年十月十六日(星期三)，已经七十七岁高龄的饶毓泰因无法承受这一切，就在北大燕南园五十一号家中的自来水管子上上吊自杀了。二〇〇三年，五位物理大师的铜像在北大落成，他们是饶毓泰、叶企孙、周培源、吴大猷和王竹溪。

胡适与饶毓泰，是亦师亦友亦同学。一九一七年，胡适毕业归国前夕，六月十六日到达饶毓泰就读的芝加哥大学："本欲一访饶树人(毓泰)，以电话向大学询问其住址，乃不可得，怅然而止。树人来此数年，以肺病辍学甚久。其人少年好学，志大而体力沮之，亦可念也。"一九六二年二月二十四日，"中央研究院"在台湾举行第五次院士会议，院长胡适在欢迎新院士酒会上高兴地说："我常向人说，我是一个对物理学一窍不通的人，但我却有两个学生是物理学家，一个是北京大学物理系主任饶毓泰，一个是曾与李政道、杨振宁合作试验'对等律治不可靠性'的吴健雄女士，而吴大猷却是饶毓泰的学生，杨振宁、李政道又是吴大猷的学生。排行起来，饶毓泰、吴健雄是第二代，吴大猷是第三代，杨振宁、李政道是第四代了。这一件事，我认为平生最为得意，也是最值得自豪的。"(《胡适之先生年谱长编初稿》第十册，3898 页)这是胡适生前的最后讲话，就在他送别与会院士的时候，因心脏病突发倒在地上再也没有起来。

[一六]杨铨(杏佛)

杨铨(1893—1933)，谱名宏甫，字杏佛、衡甫，江西清江县(今江西省樟树市)人。一九一〇年加入同盟会，一九一一年考入唐山路矿学堂(今西南交通大学)。一九一二年任孙中山总统秘书处收发组组长，孙中山辞职后，杨杏佛赴美留学，先后获康奈尔大学机械工程硕士和哈佛大学商学硕士学位。一九一四年，与同在美国留学的任鸿隽等创办中国第一份综合性科学杂志《科学》月刊，胡适先生为《科学》做了一篇《论句读及文字符号》的长文。一九一八年回国，先后任南京高等师范学校教授、国立东南大学教授等。一九二四年，任孙中山秘书，随

孙中山北上。一九二六年，任国民党上海特别市党部执行委员。一九二七年，任大学院（教育部）教育行政处主任兼中央研究院秘书长，后任大学院副院长。一九二八年，任中央研究院总干事、社会科学研究所代所长。一九三二年，任中国民权保障同盟筹备委员会副会长兼总干事。一九三三年六月十八日上午八时许，杨杏佛带着长子杨小佛从中央研究院乘车外出，当汽车驶出中央研究院大门向北转入亚尔培路（今陕西南路）时，路边冲出四个持枪大汉向他们射击。杨杏佛立即伏在儿子身上，杨小佛腿部中了一弹幸免于难，杨杏佛和司机身中数弹而亡。

［一七］严庄（敬斋）

严庄（1889—1961），字敬斋，陕西渭南人。一九一七年毕业于美国密歇根大学矿物学院，获理学士学位。一九一九年回国，先后任太原矿务局技师、陕西省政府工业司技师、陕西省政府委员兼建设厅厅长、国民政府赈款委员会常务委员、赈灾委员会常务委员、工商部参事兼工业司司长、实业部劳工司司长、实业部矿业司司长等。

［一八］张奚若

张奚若（1889—1973），字熙若，原名耘，陕西大荔县朝邑镇人。早年加入中国同盟会，参加辛亥革命。后赴美国哥伦比亚大学学习，一九一七年获得学士学位，一九一九年获政治学硕士学位。回国后历任北京国际出版品交换局局长、大学院高等教育处处长、中央大学教授、清华大学和西南联大政治学系主任。一九四六年，他发表了“废止一党专政，取消个人独裁”为主题的著名演讲。他认为，中国要想有光明的前途，只能是废除国民党的一党专政和蒋介石的个人独裁。他说：“为了国家着想，也为蒋介石本人着想，蒋应该下野。假如我有机会看到蒋先生，我一定对他说，请他下野。这是客气话。说得不客气点，便是请他滚蛋！”中华人民共和国成立后，张奚若历任清华大学校务委员会常委、华北人民政府高等教育委员会副主席、对外文化联络委员会主任、中国人民外交学会会长、教育部部长等。

［一九］可惜他们后来都不是专习英国文学

“可惜他们后来都不是专习英国文学”，手稿（一一四页，原稿纸 14 页）和《新月》第四卷第四号初刊本（五页）均作“可惜他们都不是专习英国文学的”，句中没有“后来”二字，句末还有个“的”字。而亚东初版（一五六页）句中有“后来”二字，却没有句末这个“的”字，可能是亚东初版成书时胡适先生做了改动。两者相较，句中加上“后来”二字，意思更为准确；删去“的”字，表述更为简洁。因此，简体定本依据亚东初版，作“可惜他们后来都不是专习英国文学”。

［二〇］王云五

王云五（1888—1979），名鸿桢，字日祥，号岫庐，笔名出岫、之瑞、龙倦飞、龙一江等，祖籍广东香山（今中山市），生于上海。二十世纪我国著名的出版家、教育家和政治活动家。曾任振群学社社长，北京英文《民主报》主编，北京大学、国民大学、中国公学大学部等校英语教授。一九一二年，任孙中山临时大总统府秘书，加入中国国民党。一九二一年，由胡适推荐到商务印书馆编译所工作，后任商务印书馆总经理，编辑出版了世人瞩目的《万有文

库》(4000册，3亿多字)、《丛书集成初编》(4107种，4000册)等大型丛书。一九四六年起任国民政府经济部长、考试院副院长、行政院副院长、财政部长等职。二〇一三年，《王云五全集》出版，共二十一册三十种，七百余万字。

[二一]到了己酉(一九〇九)十月

"到了己酉(一九〇九)十月"，文集本(95页)、北大本(102页)、群言本(91页)、理工本(88页)、京联本(82页)、海南本(85页)、海天本(83页)等，均作"到了己酉(1909)十月"，将括注的汉字数字改成了阿拉伯数字。华侨本(86页)、民建本(83页)、万卷本(6页)等，均作"到了己酉(1909年)十月"，不仅改成了阿拉伯数字，且衍一"年"字。言实本(88页)作"到了已酉(1909)十月"，不仅将括注的汉字数字改成了阿拉伯数字，而且还把"己酉"误作"已酉"。手稿(一一九页，原稿纸19页)和《新月》第四卷第四号初刊本(七页)、亚东初版(一六〇页)、远东本(八九页)、六艺本(八一页)、纪念版(94页)、远流本(八五页)、全集本(89页)、全编本(70页)等，均作"到了己酉(一九〇九)十月"。

[二二]七律一首

"我有题新校合影的五律二首，七律一首，"手稿(一一九页，原稿纸19页)，"七律一首，"是后插入的，但很清晰。《新月》第四卷第四号初刊本(七页)、亚东初版(一六〇页)、亚东五版(一六〇页)、六艺本(八一页)、远流本(八五页)，以及全集本(89页)、全编本(70页)、文集本(95页)、北大本(103页)等，均作"我有题新校合影的五律二首，七律一首，"而且下面也都有《十月再题新校教员合影》这首七律诗。但远东本(九〇页)却作"我有题新校合影的五律二首，"没有"七律一首，"而且也没有下面的那首七言律诗《十月再题新校教员合影》。如果说这是由于手民之误漏排了，但这也漏得太巧妙了：前面漏掉了"七律一首，"后面又恰好漏掉了七言律诗的诗题和全诗。漏掉之后不仅毫无缺憾，而且还更加紧凑。如果我们来一个"大胆的假设"——会不会是胡适先生后来自己删的呢？也不能排除这种可能性，但因为没有任何证据，我们无法"小心的求证"，因此只能归咎于手民之误了。当然也不是毫无来由的归咎手民，这个远东本也的确错误多一些。纪念版(96页)也有"七律一首"和后面的这首七言律诗，只是将"七律一首"前的逗号改为顿号了。人报本(84页)和岳麓本(66页)可能就是以远东本(九〇页)录排编印的，因此前面也没有"七律一首，"后面又没有《十月再题新校教员合影》这首七言律诗的诗题和全诗。

[二三]十月题新校合影时公学将解散

"十月题新校合影时公学将解散"，手稿(一一九页，原稿纸19页)和《新月》第四卷第四号初刊本(七页)均作"十月题新校合影，时公学将解散。"诗题有标点，中间有个逗号，句末还有个句号。这样读起来比较方便，但是看起来不美观，所以诗文题目一般都不加标点。可能就是这样的缘故，亚东初版(一六〇页)单独出书时作者就把诗题的标点删掉了。亚东五版(一六〇页)、六艺本(八一页)、远东本(九〇页)、远流本(八五页)、纪念版(96页)

和全集本（89 页）、全编本（70 页）等，诗题均未加标点。文集本（95 页）、北大本（102 页）、武汉本（58 页）作“十月题新校合影，时公学将解散”，只有句中的逗号，没有句末的句号。按照现行标点符号的用法，这样标点是可以的，题目末尾的句号可以省去。但是，经典著作要尊重原作，以尽量不改动为好。海南本（84 页）和言实本（88 页）作“十月题新校合影（时公学将解散）”，这完全是臆改，没有任何版本根据。简体定本，依据亚东初版（一六〇页）作“十月题新校合影时公学将解散”，诗题不加标点。

另外，《十月题新校合影时公学将解散》是五律二首，但有些版本两首诗中间没有空行，看上去就是一首五言排律。如六艺本（八一页）、纪念版（96 页）、纺织本（134 页）、哈市本（122 页）、海南本（84 页）、华侨本（86 页）、画报本（82 页）、吉大本（96 页）、江西本（96 页）、民建本（83 页）、闽教本（86 页）、群言本（91 页）、人报本（84 页）、万卷本（68 页）、文联本（79 页）、武汉本（86 页）、现代本（77 页）等。

［二四］十月再题新校教员合影

“十月再题新校教员合影”，《新月》第四卷第四号初刊本（七页）作“十月再题新校教员合影，”诗题末尾有个逗号，这无论如何也说不通。查手稿（一二〇页，原稿纸 20 页），诗题“十月再题新校教员合影”的末尾确实抹了一笔，但那明显不是逗号。很可能是原来诗题后面有个标点，随后抹去了。手民未审，便弄成了逗号。亚东初版（一六〇页）、亚东五版（一六〇页）、六艺本（八一页）、远流本（八六页）等均作“十月再题新校教员合影”，删去了《新月》初刊本的逗号。

［二五］尊前残蜡已成灰

“尊前残蜡已成灰”，华侨本（86 页）等作“樽前残蜡已成灰”，将原文的“尊”改为“樽”。“尊”与“樽”是古今字，“尊”同“樽”。“尊”的本义就是酒器，甲骨文字形，象双手捧着酒器形。后来“尊”多用作尊敬之义，于是又加形旁“缶”作“罇”，或另加形旁“木”作“樽”。手稿（一二〇页，原稿纸 20 页）和《新月》第四卷第四号初刊本（七页）、亚东初版（一六一页）、六艺本（八一页）、远流本（八六页）、纪念版（97 页）等繁体本，作“尊前残蜡已成灰”。全集本（90 页）、全编本（71 页）、文集本（95 页）等简体本，亦作“尊前残蜡已成灰”。

［二六］在戊申己酉（一九〇八—九）两年之中

“在戊申己酉（一九〇八—九）两年之中”，括注中的“一九〇八—九”是一种习惯的简称写法，表述赅简明了。可是很多版本却臆改纷纷，不惮其烦，未能尊重历史，保持原貌。全编本（71 页）、全集本（91 页）、人文本（104 页），均作“在戊申己酉（一九〇八～一九〇九）两年之中”，将括号内的“一字线”连接号改成了浪线连接号，将括号内“一字线”后面的“九”改成了“一九〇九”。

文集本（95 页）、北大本（104 页）、纺织本（136 页）、画报本（83 页）、吉大本（98 页）、津人本（116 页）、文史本（104 页）、中州本（84 页），均作“在戊申己酉（一九〇八—九〇九）两年之中”，把括号内“一字线”连接号后面的“九”改成了“一九〇九”。

徽教本（78页）、外研本（155页）、江西本（97页）、岳麓本（66页）、人报本（85页），均作“在戊申己酉（一九〇八 —— 一九〇九）两年之中”，把括号内的“一字线”连接号改成了两字线连接号，把括号内“一字线”后面的“九”改成了“一九〇九”。

武汉本（87页）、现代本（78页）、哈市本（123页），均作“在戊申己酉（一九〇八至一九〇九）两年之中”，将括号内的“一字线”连接号改成了“至”，将括号内“一字线”后面的“九”改成了“一九〇九”。

远东本（90页）、远流本（八六页）、纪念版（97页）、雅致本（486页）等，均作“在戊申己酉（一九〇八 —— 九）两年之中”，将括号内的“一字线”连接号改成了两字线连接号。

闽教本（87页）作“在戊申己酉（一九〇八～九）两年之中”，将括号内的“一字线”连接号改成了浪线连接号。

理工本（90页）、京联本（83页）、海天本（84页）、群言本（92页）、言实本（89页）、海南本（85页），均作“在戊申己酉（1908—1909）两年之中”，将括注的汉字数字改成了阿拉伯数字，而且把括号内“一字线”后面的“九”改成了“1909”。

华侨本（87页）、民建本（84页），均作“在戊申己酉（1908—1909年）两年之中”，不但将括注的汉字数字改成了阿拉伯数字，而且把括号内“一字线”后面的“九”改成了“1909年”，又衍一“年”字。

万卷本（69页）作“在戊申己酉（1908年—1909年）两年之中”，不仅将括注的汉字数字改成了阿拉伯数字，而且把括号内“一字线”前加一“年”字，一字线后面的“九”改成了“1909年”，共衍两个“年”字。

简体定本，依据手稿（一二一页，原稿纸21页）和《新月》第四卷第四号初刊本（八页）、亚东初版（一六一页），作“在戊申己酉（一九〇八—九）两年之中”，以保持原貌，保存史料。六艺本（八二页）亦同亚东初版。

［二七］说我现在已能自立了

“说我现在已能自立了”，华侨本（87页）作“就我现在已能自立了”，将“说”误作“就”，这样话就不通了。

［二八］［注］

这个注文，手稿（一二三页，原稿纸23页）和《新月》第四卷第四号初刊本（八页）均与上段空一行排列，“注”在圆括号内作“（注）”。亚东初版（一六二页）成书时将“（注）”改为“【注】”，圆括号改成了方头括号，注文排在本章“一”的正文之后，与正文之间空一行。亚东五版（一六二页）、外研本（155页）、江西本（97页）、雅致本（487页）、文联本（80页）、海南本（85页）、现代本（78页）均同。

六艺本（八二页）、远东本（九一页）和武汉本（87页）等用“【注】”（方头括号），注文与正文之间未空行。

远流本（八七页）、纪念版（99页）、文集本（96页）、北大本（104页）等版本用“〔注〕”（六角括号），注文与正文之间空一行（纪念版排在插图之后）。

岳麓本（57 页）将“（注）”改为“〔注〕”，圆括号改成了六角括号，注文与正文之间未空行。

文集本（96 页）、言实本（89 页）、华侨本（87 页）等版本用“[注]”（方括号），注文与正文之间空一行。

人报本（85 页）、民建本（84 页）等版本用“[注]”（方括号），注文与正文之间未空行。

全集本（90 页）、人文本（104 页）、吉大本（97 页）、徽教本（77 页）等版本改为上角标注释①，并将注释号①置于“鸿爪遗痕”后，将注文改为页下注。但吉大本（97 页）和徽教本（77 页）却没有将注文的落款时间改为页下注，可能不知道这个落款时间是注文的落款时间，以为是正文的落款时间。

闽教本（88 页）在本章第一部分的文末加了一个注释号“【1】”，又将注文放在本章之末，但注文的落款时间却没有排在本章之末，而是仍旧排在本章第一部分的文末。其实，这个落款时间是注文的落款时间，不应与注文分开。全集本（90 页）和人文本（104 页）将注文改为页下注，落款时间也都在页下注的末尾。

津人本（117 页）、中州本（85 页）、理工本（90 页）、京联本（83 页）、万卷本（70 页）等版本改为上角标注释①，并将注文改为页下注。

文史本（105 页）改为上角标注释〔12〕（全书页下注序号连排），并将注文改为页下注用方括号的“[注]”。

纺织本（135 页）改为“（注）：”圆括号后面误加了一个冒号，并将注文的位置移到“鸿爪遗痕”下。

海天本（85、86 页）漏掉了“[注]”和落款时间，只有注文。

群言本（92 页）、哈市本（124 页）等，根本就没有注文，不知是漏掉了还是故意删去的。

简体定本，依据亚东初版（一六二页）将手稿的“（注）”改为“【注】”，注文排在本章“一”的正文之后，与正文之间空一行，且改变字体，以便区分。注文之后是落款时间，它是注文的一部分。

[二九] 去年（一九三一）夏间

“去年（一九三一）夏间”，文集本（96 页）、北大本（104 页）、京联本（83 页）、理工本（90 页）、海南本（85 页）、言实本（89 页）、海天本（85 页）等，均作“去年（1931）夏间”，将括注中的汉字数字改成了阿拉伯数字。

华侨本（87 页）、民建本（84 页）、万卷本（70 页）等，均作“去年（1931 年）夏间”，均将括注中的汉字数字改成了阿拉伯数字，且衍一“年”字。

手稿（一二三页，原稿纸 23 页）和《新月》第四卷第四号初刊本（八页）、亚东初版（一六二页）、亚东五版（一六二页）、六艺本（八二页）、远东本（九一页）、远流本（八七页）、纪念版（99 页）等，均作“去年（一九三一）夏间”，全编本（71 页）、全集本（90 页）同。简体定本，依据手稿和《新月》初刊本、亚东初版等，作“去年（一九三一）夏间”。

[三〇] 引王敬芳先生的信

手稿（一二五页，原稿纸 25 页）和《新月》第四卷第四号初刊本（九页）、亚东初版

（一六四页）、亚东五版（一六四页）、六艺本（八三页）、远东本（九一页），引王敬芳先生的信都是另起一行且加引号，引文之后的叙述文字另行顶格，行款极为清晰。因此，简体定本据此排版。纪念版（99 页）引王敬芳先生的信没有另起一行，而是接排。这既与手稿等版本不同，行款也没有那么清晰了。

远流本（八七页）和海天本（86 页）引王敬芳先生的信也是另起一行且加引号，但引文之后的叙述文字却没有另行顶格，而是紧接着引文排列。

全编本（72 页）、全集本（91 页）、津人本（177 页）、中州本（85 页）、纺织本（135 页）、文史本（105 页）、徽教本（77 页）、雅致本（487 页）、京联本（83 页）、万卷本（70 页）等，引王敬芳先生的信虽然也加了引号，但却没有另行，引文之后的叙述文字也没有另行，而是紧接着引文排列。

文集本（96 页）、北大本（105 页）、闽教本（95 页）、现代本（79 页）、外研本（155 页）、武汉本（87 页）、画报本（83 页）、民建本（84 页）、理工本（90 页）、海南本（86 页）、华侨本（88 页）等，引王敬芳先生的信加了引号而未另行，但引文之后的叙述文字另行，没有紧接着引文排列。

人文本（104 页）整个注文全部接排，都没有另行分段，尽失原稿的行款清晰之美。

［三一］廿一,九，廿七。

“廿一,九，廿七。”手稿（一二六页，原稿纸 26 页）和《新月》第四卷第四号初刊本（九页）均作：“一九三二,九，廿七。”亚东初版（一六五页）成书时将“一九三二”改为“廿一”，与全书体例统一（其他各章都是民国纪年）。亚东五版（一六五页）、六艺本（八三页）、远东本（九二页）、全集本（91 页）同。简体定本亦采用这种形式。

纪念版（99 页）、北大本（105 页）作“廿一,九，廿七”，删除了末尾的句号。

远流本（八八页）作“二十一・九・二十七”，将两个“廿”都改成了“二十”，将原来的逗号都改成了间隔号“・”，而且删除了末尾的句号。

津人本（117 页）、海南本（86 页）、万卷本（70 页）、群言本（92 页）、吉大本（98 页）等，作“二十一,九,二十七”，将两个“廿”都改成了“二十”，且删除了末尾的句号。

全编本（72 页）、文集本（97 页）、武汉本（88 页）、现代本（79 页）、中州本（85 页）、文史本（105 页）、江西本（98 页）、画报本（84 页）、民建本（84 页）、京联本（83 页）、理工本（90 页）、言实本（91 页）等，均作“廿一,九，廿七”，删除了末尾的句号。

雅致本（487 页）漏掉了落款的时间。

［三二］他能说广东话，上海话，官话。

“他能说广东话，上海话，官话。”全编本（72 页）、徽教本（78 页）、雅致本（488 页）等，均作“他能说广东话，上海话，官话，”将“官话”后面的句号误作逗号。

纪念版（100 页）、岳麓本（58 页）、人报本（86 页）、武汉本（88 页）、现代本（80 页）、吉大本（99 页）、民建本（85 页）、理工本（91 页）、海南本（86 页）、言实本（91 页）、万卷本（70 页）等，均作“他能说广东话、上海话、官话。”将中间的两处逗号改成了顿号。

津人本（117页）、文史本（106页）、中州本（85页）、京联本（84页）等，作“他能说广东话、上海话、官话，”将中间的两处逗号改成了顿号，将末尾的句号改成了逗号。

简体定本据手稿（一二七页，原稿纸27页）和《新月》第四卷第四号初刊本（一〇页）、亚东初版（一六五页）、亚东五版（一六五页）、六艺本（八三页）、远东本（九二页）、远流本（八八页）等，作“他能说广东话，上海话，官话。”

［三三］林君墨（恕）

林君墨，名恕，四川内江人。早年留学日本学习油画，回国后研习国画，先后任成都高等师范学校、四川美术专门学校、东方美术专门学校教授，成都通俗教育馆馆长，蓉社、蜀艺社创始人，四川美术家协会干事。闽教本（88页）注云：“又名林怒……此处将姓字印作‘恕’，可能为排印之误。”手稿（一二七页，原稿纸27页）和一九三二年十一月十日《新月》第四卷第四号初刊本（一〇页）、亚东初版（一六五页）、亚东五版（一六五页）、六艺本（八三页）、远东本（九二页）、远流本（八八页）、纪念版（100页）等，均作“林君墨（恕）”，当不会是“排印之误”。

［三四］唐才常

唐才常（1867—1900），字伯平、黻丞（闽教本88页误作“绂丞”），号佛尘，湖南浏阳人。清末维新派领袖，近代著名的政治活动家。早年就读于长沙校经书院、岳麓书院及武昌两湖书院。曾与谭嗣同创办《湘报》和南学会、群萌学会。维新失败后逃往日本，与康有为、梁启超、孙中山等人接触。回国后在上海组织正气会（后改名为自立会），邀结社会名流和会党首领在上海张园召开国会（又名“中国国会”），容闳和严复为正副会长，唐才常任总干事，宣布“保全中国自立之权，创造新自立国”，拥护光绪帝当政。会后赴汉口，组织自立军，任诸军督办，准备起义，被张之洞逮捕杀害。一九八〇年，中华书局出版《唐才常集》三卷。

［三五］小喜禄

小喜禄，上海名伶陈祥云的艺名，与梅兰芳同为青衣泰斗陈德霖的弟子。胡适先生在日记中评价他说：“其人温文敦厚，无丝毫优伶习气，亦不易觏……酒阑人散，余与仲实以与剑龙有宿约，遂至春贵部。是夜，有贵俊卿、小喜禄《汾河湾》，神情绝佳。”（一九〇九年十二月十六日）

［三六］欧阳予倩

欧阳予倩（1888—1962），原名立袁，号南杰，艺名莲笙、兰客、桃花不疑庵主，湖南省浏阳县（今浏阳市）人。戏曲、电影艺术家，中国现代话剧的开拓者。一九〇二年留学日本，毕业于早稻田大学、明治大学。一九〇七年在日本加入春柳社，演出话剧《黑奴吁天录》。一九一一年回国后组织新剧同志会、春柳剧场，一九二六年加入南国社，创作剧本《潘金莲》等。一九二九年创办广东戏剧研究所，一九三一年加入“左联”。一九四九年后，任中国文联副主席、中央戏剧学院院长。著有《欧阳予倩剧作选》《自我演戏以来》《电影半路出家记》《唐代舞蹈》《话剧、新歌剧与中国戏剧艺术传统》等。

［三七］许怡荪

许怡荪（1888—1919），原名棣常，字绍南，安徽绩溪县十五都磡头村（今家朋乡坎头村）人。一九一三年赴日留学，一九一六年回国。一九一九年在南京海河工程学校任国文教授，三月二十二日因肺炎过世。胡适特意写了一篇六千多字的《许怡荪传》，字里行间流露出胡适心底最深沉的悲痛。

［三八］程乐亭

程乐亭（1890—1911），名干丰，安徽绩溪人。曾就读于复旦公学，为了帮助胡适赴京报考庚子赔款官费留学生，他向父亲借支二百银元给胡适，胡适因此才得以赴美留学。一九一一年（辛亥）三月二十六日，程乐亭不幸病逝，而在美国留学的胡适六月八日才得到这个消息，他在当天的日记中写道：

> 得怡荪一书，知乐亭（程干丰）已于三月廿六日谢世，闻之伤感不已。乐亭为松堂翁之子，余去岁北上，即蒙以百金相假，始克成行。其人沉毅，足以有为，而天不永其年，惜哉！（《胡适留学日记》第一册四〇页，商务印书馆一九四七年十一月第一版）

六月九日，胡适将许怡荪信中哭乐亭之丧的长诗抄录在日记中。

六月十日，胡适"作书寄松堂翁，亦不作慰语。夫天下岂有劝为人父母者不哭其子者哉"（《胡适留学日记》第一册四一页）？

七月十一日，他作了一首《哭乐亭诗》，抒发自己无尽的哀思：

> 人生趋其终，有如潮趣岸；前涛接后澜，始昏倏已旦。
> 念之五内热，中夜起长叹。吾生二十年，哭友已无算。
> 今年覆三豪，令我肝肠断。于中有程子，耿耿不可逭。
> 挥泪陈一词，抒我心烦惋。惟君抱清质，沈默见贞干。
> 似我澹荡人，望之生敬惮。去年之今日，我方苦忧患：
> 酒家争索逋，盛夏贫无幔。君独相怜惜，行装助我办，
> 资我去京国，遂我游汗漫。一别不可见，生死隔天半。
> 兰蕙竟早萎，孤桐付薪爨。天道复何论，令我眦裂肝！
> 我今居此邦，故纸日研钻。功成尚渺茫，未卜雏与鷇（duàn）。
> 思君未易才，尚如彩云散。而我独何为？斯世真梦幻！
> 点检待归来，辟园抱瓮灌，闭户守残经，终身老藜苋。（《胡适留学日记》第一册五五—五六页）

这首诗后载于一九一四年一月出版的《留美学生年报》（第三年本）。诗的开头四句，是用文言翻译的英国大文豪莎士比亚《十四行诗》第六十首的前四行。胡适在《哭乐亭诗》第四句后括注云："此四句译萧士璧小诗第六十章。"朱生豪先生将这四句译为：

> 像波浪滔滔不息地滚向沙滩，
> 我们的光阴息息奔赴着终点；

后浪和前浪不断地循环替换，

前推后拥，一个个奋勇争先。（《莎士比亚全集》六，人民文学出版社 1994 年 11 月第 1 版，584 页）

梁实秋先生将这四句译为：

像波浪向碎石的岸上冲，

人生也每分钟奔向终点；

每一分钟代替了前一分钟，

连续的努力，争着往前赶。（《莎士比亚全集》第十集，中国广播电视出版社 1995 年 8 月第 1 版，365—366 页）

通过比较可以看出，朱译和梁译都失之散漫繁复，远不如胡适先生的译诗凝练精警，这不仅仅是用了文言的缘故，更有思维缜密和语言驾驭的不同。朱译的“息息”，其实也是文言词，不如用“时时”更为通俗晓畅。胡译虽是文言，但并不生涩。

《哭乐亭诗》以莎翁四句译诗开头，阐发逝者如斯的人生哲理。其实，比莎翁早七百多年的中唐诗人刘禹锡，在《乐天见示伤微之、敦诗、晦叔三君子，皆有深分，因成是诗以寄》一诗中，也表达过类似的情感和认知：

吟君叹逝双绝句，使我伤怀奏短歌。

世上空惊故人少，集中惟觉祭文多。

芳林新叶催陈叶，流水前波让后波。

万古到今同此恨，闻琴泪尽欲如何。

唐大和七年（833）秋，六十二岁的刘禹锡在苏州刺史任上接到白居易寄来的两首绝句，题为《微之、敦诗、晦叔相次长逝，岿然自伤，因成二绝》：

并失鹓鸾侣，空留麋鹿身。

只应嵩洛下，长作独游人。

长夜君先去，残年我几何。

秋风满衫泪，泉下故人多。

白居易的好友元稹（字微之）、崔群（字敦诗）和崔玄亮（字晦叔），与刘禹锡也都有深厚的交情，于是作了这首七律诗寄给白居易。从诗的艺术水平来说，刘诗胜白诗多矣！其中的“芳林新叶催陈叶，流水前波让后波”，可谓高峰独步的千古名句，经常被后人引用。而“流水前波让后波”的取喻已比莎翁诗早了七百多年，其凝练精妙更是无与伦比。

《哭乐亭诗》全用仄韵，更能表达作者的凄怆哽咽、悲恸顿挫之情。刘禹锡慨叹“世上空惊故人少，集中惟觉祭文多”，但刘毕竟已是六十多岁了，因此也还算是人世常情，而胡适才二十岁便“哭友已无算”，真是情何以堪！特别是当年就有三位好友逝世，真是令人肝肠寸断：“今年覆三豪，令我肝肠断。”作者在此句下注云：“粤乱吾友二人死之，与乐亭而三也。黄山谷

诗云：‘今年鬼祟覆三豪。’”当时人们将一九一一年四月二十七日中国同盟会的第十次武装起义广州起义泛称为“粤乱”。胡适的两位好友林觉民、林尹民，在广州起义中为创建民国而捐躯，“与乐亭而三也”。这“三豪”中的程乐亭，曾为胡适考取庚款留美筹措资金：“去年之今日，我方苦忧患：酒家争索逋，盛夏贫无幔。君独相怜惜，行装助我办；资我去京国，遂我游汗漫。”

滴水之恩当涌泉相报，可是如今的恩人好友却英年早逝：“一别不可见，生死隔天半。”天道如此不公，令人眦裂扼腕！胡适慨叹自己：“功成尚渺茫，未卜雏与毈。”现在整天在故纸堆里钻研，成功的希望还很渺茫，这就如同一个正在孵化的卵，待孵化期满之后，究竟是个雏鹰还是个孵化不成的寡蛋，尚不得而知。

一九一一年七月十二日，胡适又作《程乐亭小传》：

> 乐亭以辛亥三月二十六日死。后二月，其友胡适为诗哭之。诗成之明日，而许怡荪以乐亭之行述来嘱为之传，适不文，然不敢辞也。谨按行述：
>
> 君程姓，名幹丰，居绩溪十一都之仁里。其先代以服贾致富，甲于一邑，累叶弗坠。父松堂先生，敦厚长者，好施而不责报，见侵而不以为忤。当国家初废科举，即出资建思诚学校，近又建端本女学，以教育其乡之子女，吾绩风气之开，先生有力焉。
>
> 君为人少而温厚，悱恻有父风，为思诚校中弟子，与其弟三四人晨趋学舍，皆恂恂儒雅，同学咸乐亲之。日夕罢学，则与同学胡永惠、胡平及其诸姑之子章洪钟、章恒望数人促膝谈论，以道义学行相砥砺。君深于英文，尤工音乐，同学有所质问，辄极其心思为之往复讲解。盖其爱人之诚，根于天性如此。
>
> 既卒业而有母丧。后半载，始与其友数人入金陵某校，旋去而之上海，读书于复旦公学。君既遭母丧，意气即惨然弗舒，至是益憔悴，遂病。而读书仍不少辍，尝曰：“为学宜猛进，何可退也？”至庚戌之夏，日益不支，家人乃促之归，归未一年而死。年二十一。君生平笃于朋友恩谊，其卒也，同学皆哭之如手足云。
>
> 胡适曰：“呜呼！余识乐亭在戊己之际，已丧母矣，形容惨悴，寡言笑，嗣后虽数数相见，其所与我言才七八十语耳，盖其中怀惨痛有难言者。不知者以为乐亭矜重难合，而乌知此固前数年沉毅佳侠抵掌谈论不可一世之少年耶！”
>
> 许怡荪曰：“呜呼！余与乐亭六载同学，相知为深，孰谓乐亭之贤而止于此！夫以乐亭与其尊甫之恻怛好义，天不宜厄之，而竟死，可伤也！”胡适曰：“许君之言诚也。”遂以为传。（载《藏晖室札记》卷一，一九一一年七月十二日日记，上海亚东版，56—58页）

胡适学成归国之际，作了一首诗《朋友篇》，其中仍有对好友程乐亭的深切缅怀：

> 清夜每自思，此身非吾有：一半属父母，一半属朋友。
> 便即此一念，足鞭策吾后。今当重归来，为国效奔走。
> 可怜程（乐亭）郑（仲诚）张（希古），少年骨已朽。
> 作歌谢吾友，泉下人知否。

一九一七年六月一日，程乐亭的父亲程松堂先生逝世，胡适奉上四百银元奠仪谢恩，并撰

挽联云：

松堂先生不朽

泛爱于人，无私于己，说甚么破产毁家，浑身是债；

蔼然如春，温其如玉，看今日感恩颂德，有口皆碑。

胡适敬挽

［三九］章希吕

章希吕（1892—1962），行名恒望，安徽绩溪城内西街人。一九一三年毕业于复旦公学，在安徽省立第二师范学校任教。一九二八年任上海亚东图书馆编辑，参加《胡适文存》的编辑。一九三三年受亚东图书馆委派前往北京胡适家中，协助抄写整理文稿，寄回书馆印刷发行。一九三七年胡适赴美之后，章希吕回到家乡从事文教工作。著有《胡适传》《哀友录》。

［四〇］郑铁如

郑铁如（1887—1973），字寿仁，广东潮阳人。早年就读上海梅溪学堂，后入苏州东吴大学。辛亥革命期间，他辍学投身革命，参加沈定一组织的学生革命军。辛亥革命后留学美国，一九一五年毕业于俄亥俄州立大学商科，此后前往宾夕法尼亚大学商学研究院深造，先后攻读货币、银行、会计和国际汇兑专业。一九一七年回国，曾任著名实业家张謇的秘书、北京大学教授。一九二一年后，历任中国银行汕头支行行长、汉口分行副行长。一九二七年后，转任中国银行香港分行经理。

［四一］喊了一声“老彭！”——老彭是我雇的一个湖南仆人

“老彭！”亚东初版（一六八页）、亚东五版（一六八页）、六艺本（八五页）、远东本（九四页）、远流本（八九页）、纪念版（101 页）、全集本（93 页）、全编本（73 页）、人报本（87 页）、人文本（106 页）、民建本（86 页）、闽教本（89 页）、徽教本（79 页）、群言本（94 页）、津人本（119 页）、中州本（87 页）、哈市本（127 页）、画报本（85 页）、吉大本（100 页）、江西本（100 页）、京联本（85 页）、理工本（92 页）、万卷本（71 页）、文联本（八三页）、文史本（107 页）、雅致本（489 页）、海天本（87 页）、岳麓本（69 页）等版本，均作“老彭”！（繁体本作「老彭」！）感叹号在引号外边。这个感叹号表示呼唤“老彭”时声音很大，因此它应当放在引号内。手稿（一三二页，原稿纸 32 页）和《新月》第四卷第四号初刊本（一一页），均作“老彭！”感叹号在引号内。因此，简体定本作“老彭！”感叹号放在引号内。文集本（98 页）和北大本（107 页）等，也作“老彭！”感叹号在引号内。纺织本（138 页）作“老彭！”感叹号在引号内，但引号后面的破折号漏掉了。

［四二］在一张写字桌边

“在一张写字桌边”，手稿（一三四页，原稿纸 34 页）和《新月》第四卷第四号初刊本（一二页），均作“在一张写字桌子边”，多了一个“子”。这个“子”在这里读着有点别扭，删去又不影响意思的表达，而且简洁，后来亚东初版（一七〇页）成书时，作者就把它删去了。因此，简体定本作“在一张写字桌边”，删去“子”字。六艺本（八六页）、纪念版（103页）、亚东五版（一七〇页）、远东本（九五页）、远流本（九〇页）等也都没有这个“子”字。

［四三］“他骂‘外国奴才！’……”

“他骂‘外国奴才！’……”六艺本（八六页）、亚东初版（一七一页）、亚东五版（一七一页）、远东本（九五页）、远流本（九一页）、纪念版（103页）、全集本（94页）、全编本（75页）、文集本（99页）、北大本（109页）、闽教本（91页）、人文本（107页）、外研本（161页）、现代本（82页）、岳麓本（70页）、纺织本（139页）、哈市本（129页）、海南本（89页）、华侨本（91页）、画报本（87页）、徽教本（81页）、吉大本（102页）、江西本（102页）、津人本（121页）、京联本（86页）、理工本（94页）、民建本（86页）、群言本（96页）、人报本（89页）、万卷本（73页）、文联本（八四页）、文史本（109页）、武汉本（91页）、雅致本（490页）、言实本（94页）、海天本（89页）、中州本（88页），均作“他骂‘外国奴才’！……”感叹号在单引号外边。这个感叹号表示骂“外国奴才”时声音很大，因此它应当放在单引号内。手稿（一三六页，原稿纸36页）和《新月》第四卷第四号初刊本（一三页），均作“他骂‘外国奴才！’……”感叹号在单引号内。因此，简体定本依据稿本作“他骂‘外国奴才！’……”感叹号放在单引号内。

［四四］不想这时候我的“下意识”醒过来了

“不想这时候我的‘下意识’醒过来了”，手稿（一三九页，原稿纸39页）和《新月》第四卷第四号初刊本（一四页），均作“不想这时候，我的‘下意识’醒过来了”，中间有个逗号。就表述来说，没有这个逗号更简洁，因此在亚东初版（一七三页）成书时，胡适先生就把这个逗号删去了。简体定本也依据亚东初版作“不想这时候我的‘下意识’醒过来了”，中间不加逗号。六艺本（八七页）、纪念版（105页）、亚东五版（一七三页）、远东本（九六页）、远流本（九二页）等，中间也没加逗号。

［四五］一解开来，里面热气蒸腾：湿衣裹在身上睡了一夜，全蒸热了！

“一解开来，里面热气蒸腾：湿衣裹在身上睡了一夜，全蒸热了！”手稿（一四一页，原稿纸41页）和《新月》第四卷第四号初刊本（一四页），均作“一解开来，里面热气蒸腾！湿衣裹在身上睡了一夜，全蒸热了。”冒号作感叹号，结尾的感叹号作句号。“湿衣裹在身上睡了一夜，全蒸热了”，这句话对于前面的话有解释说明的作用，感叹号应放在句子末尾。因此，亚东初版（一七五页）成书时，胡适先生做了改动。简体定本依据亚东初版（一七五页）作“一解开来，里面热气蒸腾：湿衣裹在身上睡了一夜，全蒸热了！”六艺本（八八页）、纪念版（105页）、亚东五版（一七五页）、远东本（九七页）、远流本（九三页）、纪念版（105页），也都是这样标点的。

［四六］那一年（庚戌，一九一〇）

“那一年（庚戌，一九一〇）”，《新月》第四卷第四号初刊本（一五页）、六艺本（八八页）、远东本（九八页），均将“戌”误作“戍”；京联本（88页）、理工本（96页）、群言本

（98 页）、言实本（96 页）、海南本（91 页），均作“那一年（庚戌，1910）”，将括注的汉字数字改成了阿拉伯数字；华侨本（94 页）、万卷本（75 页）、民建本（88 页），均作“那一年（庚戌，1910 年）”，将括注的汉字数字改成了阿拉伯数字，且衍一“年”字。

［四七］杨景苏先生（志洵）

杨景苏，号志洵，江苏金匮（今江苏无锡）人。著名翻译家钱锺书夫人杨绛的叔祖父（杨绛的父亲杨荫杭，杨志洵是杨荫杭的五叔父）。一八九七年入南洋公学，后长期在商务印书馆任职，兼中国公学教授。杨绛在《忆孩时 · 太先生》一文中说：

> 我最早的记忆是爸爸从我妈妈身边将我抱往客厅，爸爸在我旁边说，我带你到客厅去见个客人，你对他行个鞠躬礼，叫一声“太先生”。
>
> 我那时大约四五岁，爸爸把我放下地，还搀着我的小手呢，我就对客人行了个鞠躬礼，叫了声“太先生”。我记得客厅里还坐着个人，现在想来，这人准是爸爸的族叔（我称叔公）杨景苏，号志洵，是胡适的老师。胡适说：“自从认了这位老师，才开始用功读书。”景苏叔公与爸爸经常在一起，他们是朋友又是一家人。
>
> 我现在睡前常翻翻旧书，有兴趣的就读读。我翻看孟森著作的《明清史论著集刊》上下册，上面有锺书圈点打“√”的地方，都折着角，我把折角处细读，颇有兴趣。忽然想起这部论著的作者名孟森，不就是我小时候对他曾行鞠躬礼，称为“太先生”的那人吗？他说的是常州话，我叔婆是常州人，所以我知道他说的是常州话，而和爸爸经常在一处的族叔杨志洵却说无锡话。我恨不能告诉锺书我曾见过这位作者，还对他行礼称“太先生”，可是我无法告诉锺书了，他已经去世了。我只好记下这件事，并且已经考证过，我没记错。（《文汇报》2013 年 10 月 15 日第十一版）

杨绛先生发表此文时已经一百零二岁，但记忆仍然非常清楚。她四五岁时曾经向“太先生”孟森鞠躬问候过，当时“记得客厅里还坐着个人，现在想来，这人准是爸爸的族叔（我称叔公）杨景苏，号志洵，是胡适的老师”。

［四八］胡适考取留美庚款官费生的前前后后

一九〇四年十二月上旬，中国驻美公使梁诚（原名丕旭，字义衷，号镇东）就中国的“庚子赔款”是用黄金还是白银偿还一事，与美国国务卿海约翰举行谈判。谈话间海约翰透露：“庚子赔案实属过多——”这说明美国政府已经发现其有关部门在上报庚子之乱损失的时候，有“浮报冒报”的现象。梁诚便不再去和海约翰谈赔款用黄金还是用白银的问题，转而谋求赔款的减免退还等。

一九〇六年三月，美国传教士明恩溥在白宫向西奥多 · 罗斯福（即老罗斯福）总统建议，用清政府的“庚子赔款”在中国兴学和资助中国学生来美国留学。同年，伊利诺伊大学校长詹姆士在给罗斯福的一份备忘录中说：“哪个国家能够做到教育这一代中国青年人，哪个国家就能因这方面所付出的努力而收获精神和商业上的最大回报。”“商业追随精神上的支配，比追随军旗更为可靠”。在明恩溥等人的推动之下，老罗斯福总统的咨文中就出台了资助中国教育的内

容。一九〇八年五月，美国国会通过法案，授权老罗斯福总统退还中国“庚子赔款”中超出美方实际损失的部分，用这笔钱帮助中国办学，并资助中国学生赴美留学。

按照条约，清政府应付美国赔款二千四百四十四万多美元，得到美国国会和老罗斯福总统赞同后，将当时尚未付足的款项一千零七十八万多美元，从一九〇九年一月起退还中国。这笔款项的一部分，后来被用作建立清华大学。

一九〇八年十月，中美两国政府草拟了派遣留美学生规程：自退款的第一年起，清朝政府在最初的四年内，每年至少应派留美学生一百人。如果到第四年就派足了四百人，则自第五年起，每年至少要派五十人赴美，直到退款用完为止。为了确保这项工作的顺利有序进行，中美双方商定，在北京由清朝政府外务部负责建立一所留美训练学校，专职负责庚款留学事宜。一九〇九年六月，游美学务处在北京成立；八月，清廷内务府将皇室赐园——清华园划拨学务处，作为游美肄业馆的馆址，这就是清华大学的雏形前身。

一九〇九年八月，学务处在北京史家胡同招考了第一批学生，当年招考的要求很严苛：考生年龄不得超过二十岁，除了通晓国文、英文外，还要求“身体强健，性情纯正，相貌完全，身家清白”。这次招考，应考学生六百三十人，初试考查国文、英文和本国史地，六十八人幸运过关。复试分别考查物理、化学、博物、代数、几何、三角、外国历史和外国地理诸科，最后有四十七人被录取。当年十月赴美，出发前有三名贵胄子弟加入了他们的行列。这五十名学生中，包括日后成为清华大学校长的梅贻琦先生。这是自洋务运动失败之后，清政府首次官费选派留学生。这些学生抵达美国后，所学多为化工、机械、土木、冶金以及农商诸科。毕业回国后，他们从美国带回了西方民主自由的火种。

一九一〇年八月，庚款赴美第二次招考进行，考试科目及顺序一如上年。初试中，国文试题为《不以规矩不能成方圆说》，语出《孟子·离娄上》：“公输子之巧，不以规矩不能成方员；师旷之聪，不以六律不能正五音；尧舜之道，不以仁政不能平治天下。”按说，文章应该阐发“以仁政平治天下”的主旨，而胡适先生却“做了一篇乱谈考据的短文”，考据“规”“矩”的由来。如果按今天高考作文的判卷评分标准来衡量，这是地地道道的跑题作文，一般评卷者会把它放在三等四等之间。二十多年后，胡先生自己也认为“这完全是一时异想天开的考据”，“不料那时看卷子的先生也有考据癖，大赏识这篇短文，批了一百分”。英文试题为《借外债兴建国内铁路之利弊说》。复试则考了西洋史、植物学、动物学、生理学、几何和世界地理等科。这一年的录取比例较之上年大幅提高，应考者四百多人，最后有七十人被录取。同时，有一百四十名学生被选入肄业馆进行短期培训，以便随时开赴美国。一九一一年八月，第三批庚款官费生有六十三人赴美留学。三批庚款留美学生总计一百八十三人（包括三名未经考试的贵胄子弟），这些留美学生，后来成为中国近代科学的中流砥柱。

在第二次庚款录取的七十人中，第一名为江苏震泽县（今苏州市吴江区）的杨锡仁，是费孝通的舅舅。他赴美后入哥伦比亚大学学习机械，获硕士学位后回国，在天津、上海等地开办工厂、开设洋行，并担任中国纺织建设公司董事和国民政府经济部纺织事业治理委员会委员。

清宫藏档中有一份宣统二年第二次庚款官费留学美国考试录取名单榜，上面没有名次序号，“平均分数”用汉字表示，整数后面的零数用分数几分之几的形式表示。为了更加直观，下表加了名次，并在“平均分数”后面附上分数和小数。

第二次庚款官费留学美国考试录取榜（宣统二年）

名次	姓名	年岁	籍贯	学堂	平均分数	分数	小数
1	杨锡仁	一八	江苏震泽	上海南洋中学	七十九分二十分之七	$79\frac{7}{20}$	79.35
2	赵元任	一九	江苏阳湖	江南高等	七十三分五分之二	$73\frac{2}{5}$	73.4
3	王绍礽	一九	广东南海	唐山路矿	七十一分二十分之十七	$71\frac{17}{20}$	71.85
4	张谟实	一九	浙江鄞县	约翰书院	六十九分四分之三	$69\frac{3}{4}$	69.75
5	徐志芗	一八	浙江定海	约翰书院	六十九分四十分之二十七	$69\frac{27}{40}$	69.675
6	谭颂瀛	二〇	广西苍梧	上海南洋中学	六十九分十分之一	$69\frac{1}{10}$	69.1
7	朱　箓	一九	江苏金匮	东吴大学	六十八分五分之二	$68\frac{2}{5}$	68.4
8	王鸿卓	一九	直隶天津	家塾	六十八分二十分之七	$68\frac{7}{20}$	68.35
9	胡继贤	一八	广东番禺	岭南学堂	六十七分二十分之十七	$67\frac{17}{20}$	67.85
10	张彭春	一八	直隶天津	天津私立中学	六十七分五分之四	$67\frac{4}{5}$	67.8
11	周厚坤	二〇	江苏无锡	唐山路矿	六十七分四十分之二十九	$67\frac{29}{40}$	67.725
12	邓鸿宜	一八	广东东莞	岭南学堂	六十七分四十分之十九	$67\frac{19}{40}$	67.475
13	沈祖伟	一八	浙江归安	约翰书院	六十六分四十分之二十三	$66\frac{23}{40}$	66.575
14	区其伟	一八	广东新会	岭南学堂	六十六分十分之九	$66\frac{9}{10}$	66.9
15	程闿运	一九	浙江山阴	东吴大学	六十六分八分之七	$66\frac{7}{8}$	66.875
16	钱崇树	二〇	浙江海宁州	直隶高等	六十六分二十分之十七	$66\frac{17}{20}$	66.85
17	陈天骥	一七	浙江海盐	约翰书院	六十六分五分之三	$66\frac{3}{5}$	66.6
18	吴家高	一九	江苏吴县	美国加厘福宜大学	六十六分二分之一	$66\frac{1}{2}$	66.5
19	路敏行	二〇	江苏宜兴	复旦公学	六十六分二十分之十一	$66\frac{11}{20}$	66.55
20	周象贤	二〇	浙江定海厅	上海高等实业	六十六分二分之一	$66\frac{1}{2}$	66.5
21	沈　艾	一七	福建侯官	家塾	六十五分四十分之三十九	$65\frac{39}{40}$	65.975
22	陈延寿	一七	广东番禺	长沙雅礼大学	六十五分四十分之二十七	$65\frac{27}{40}$	65.675
23	傅　骕	一九	四川巴县	复旦公学	六十五分五分之二	$65\frac{2}{5}$	65.4
24	李松涛	一九	江苏嘉定	约翰书院	六十五分五分之一	$65\frac{1}{5}$	65.2
25	刘寰伟	一八	广东新宁	岭南学堂	六十四分二十分之十九	$64\frac{19}{20}$	64.95
26	徐志诚	一九	浙江定海	约翰书院	六十四分二十分之十七	$64\frac{17}{20}$	64.85
27	高崇德	一九	山东栖霞	山东广文学堂	六十四分	64	64
28	竺可桢	一九	浙江会稽	唐山路矿	六十三分五分之四	$63\frac{4}{5}$	63.8

续表

名次	姓名	年岁	籍贯	学堂	平均分数	分数	小数
29	程延庆	一九	江苏震泽	约翰书院	六十三分四十分之三	$63\frac{3}{40}$	63.075
30	沈溯明	一九	浙江乌程	浙江两级师范	六十三分十分之三	$63\frac{3}{10}$	63.3
31	郑达宸	一九	江苏江阴	复旦公学	六十三分四十分之十一	$63\frac{11}{40}$	63.275
32	席德炯	一七	江苏吴县	上海实业	六十三分五分之一	$63\frac{1}{5}$	63.2
33	徐　墀	二〇	广东新宁	唐山路矿	六十三分十分之一	$63\frac{1}{10}$	63.1
34	成功一	一九	江苏江都	东吴大学	六十二分四十分之三十二	$62\frac{32}{40}$	62.8
35	王松海	一八	江苏丹徒	约翰书院	六十二分十分之七	$62\frac{7}{10}$	62.7
36	王　预	二〇	江苏桃源	江南高等	六十二分二十分之十三	$62\frac{13}{20}$	62.65
37	谌　立	一九	贵州平远	家塾	六十二分二分之一	$62\frac{1}{2}$	62.5
38	杨维桢	一九	四川新津	复旦公学	六十二分五分之二	$62\frac{2}{5}$	62.4
39	陈茂康	二〇	四川巴县	重庆广益中学	六十二分十分之三	$62\frac{3}{10}$	62.3
40	朱　进	二〇	江苏金匮	东吴大学	六十二分八分之一	$62\frac{1}{8}$	62.125
41	施赞元	二〇	浙江钱塘	约翰书院	六十二分	62	62
42	胡宣明	一九	福建龙溪	约翰书院	六十一分二十分之十七	$61\frac{17}{20}$	61.85
43	胡宪生	二〇	江苏无锡	译学馆	六十一分四十分之十九	$61\frac{19}{40}$	61.475
44	郭守纯	一〇	广东潮阳	约翰书院	六十一分四十分之一	$61\frac{1}{40}$	61.025
45	毛文钟	一九	江苏吴县	直隶高等工业	六十分十分之九	$60\frac{9}{10}$	60.9
46	霍炎昌	二〇	广东南海	岭南学堂	六十分十分之九	$60\frac{9}{10}$	60.9
47	陈福习	一八	福建闽县	福建高等	六十分二十分之十三	$60\frac{13}{20}$	60.65
48	殷源之	一九	安徽合肥	江南高等	六十分二分之一	$60\frac{1}{2}$	60.5
49	符宗朝	一八	江苏江都	两淮中学	六十分五分之二	$60\frac{2}{5}$	60.4
50	王裕震	二〇	江苏上海	美国加厘福宜大学	六十分二十分之七	$60\frac{7}{20}$	60.35
51	孙　恒	一九	浙江仁和	杭州育英书院	五十九分四十分之二十五	$59\frac{25}{40}$	59.625
52	柯成楙	一七	浙江平湖	上海南洋中学	五十九分二十分之十一	$59\frac{11}{20}$	59.55
53	过宪先	一九	江苏金匮	上海高等实业	五十九分二十分之七	$59\frac{7}{20}$	59.35
54	邝翼堃	一九	广东番禺	约翰书院	五十九分四分之一	$59\frac{1}{4}$	59.25
55	胡　适	一九	安徽绩溪	中国新公学	五十九分四十分之七	$59\frac{7}{40}$	59.175
56	许先甲	二〇	贵州贵筑	四川高等	五十八分四分之一	$58\frac{1}{4}$	58.25
57	胡　达	一九	江苏无锡	高等商业	五十八分十分之一	$58\frac{1}{10}$	58.1
58	施　莹	二〇	江苏吴县	上海高等实业	五十七分四十分之二十九	$57\frac{29}{40}$	57.725

续表

名次	姓名	年岁	籍贯	学堂	平均分数	分数	小数
59	李　平	二〇	江苏无锡	江苏高等	五十七分二十分之七	$57\frac{7}{20}$	57.35
60	计大雄	一九	江苏南汇	高等实业	五十七分四十分之十三	$57\frac{13}{40}$	57.325
61	周开基	一九	江苏吴县	上海南洋中学	五十六分二十分之十九	$56\frac{19}{20}$	56.95
62	陆元昌	一九	江苏阳湖	上海高等实业	五十六分	56	56
63	周　铭	一九	江苏泰兴	上海高等实业	五十五分十分之九	$55\frac{9}{10}$	55.9
64	庄　俊	一九	江苏上海	唐山路矿	五十五分二十分之三	$55\frac{3}{20}$	55.15
65	马仙峤	一八	直隶开州	保定高等	五十三分五分之二	$53\frac{2}{5}$	53.4
66	易鼎新	二〇	湖南醴陵	京师财政	五十三分五分之二	$53\frac{2}{5}$	53.4
67	周　仁	一九	江苏江宁	江南高等	五十一分十分之七	$51\frac{7}{10}$	51.7
68	何　斌	二〇	江苏嘉定	浙江育英高等	五十一分四十分之九	$51\frac{9}{40}$	51.225
69	李锡之	一九	安徽合肥	安徽高等	五十分四十分之二十三	$50\frac{23}{40}$	50.575
70	张宝华	二〇	浙江平湖	美国加厘福宜大学	五十分五分之一	$50\frac{1}{5}$	50.2

将平均分数换算成小数之后，分数多少一眼就看出来了。于是发现第13—20名榜序有误，按分数多少排列应为：

13（14）区其伟 $66\frac{9}{10}$ 66.9
14（15）程闿运 $66\frac{7}{8}$ 66.875
15（16）钱崇树 $66\frac{17}{20}$ 66.85
16（17）陈天骥 $66\frac{3}{5}$ 66.6
17（13）沈祖伟 $66\frac{23}{40}$ 66.57
18（19）路敏行 $66\frac{11}{20}$ 66.55
19（18）吴家高 $66\frac{1}{2}$ 66.5
20（20）周象贤 $66\frac{1}{2}$ 66.5

第29—33名榜序有误，按分数多少排列应为：

29（30）沈溯明 $63\frac{3}{10}$ 63.3
30（31）郑达宸 $63\frac{11}{40}$ 63.275
31（32）席德炯 $63\frac{1}{5}$ 63.2
32（33）徐　墀 $63\frac{1}{10}$ 63.1
33（29）程延庆 $63\frac{3}{40}$ 63.075

幸好都在录取榜内，次序前后并无大碍，但不知有没有五十多分冤屈落榜的。

《胡适日记》中也附有一份“第二次考取庚子赔款留学美国学生榜”（不是清宫所藏的这份）：

第二次考取（庚子賠款）留學美國學生榜（宣統二年）

	姓名	年歲	籍貫	學堂	平均分數
1	楊錫仁	一八	江蘇震澤	上海南洋中學	79 1/20
2	趙元任	一九	江蘇陽湖	江南高等	73 2/5
3	王紹初	一九	廣東南海	唐山路礦	71 11/20
4	張謨實	一九	浙江鄞縣	約翰書院	69 3/4
5	徐志薌	一八	浙江定海	約翰書院	69 27/40
6	譚頌瀛	二〇	廣西蒼梧	上海南洋中學	69 1/10
7	朱箓	一九	江蘇金匱	東吳大學	68 2/5
8	王鴻卓	一九	直隸天津	家塾	68 7/20
9	胡繼賢	一八	廣東番禺	嶺南學堂	67 17/20
10	張彭春	一八	直隸天津	天津私立中學	67 4/5
11	周厚坤	二〇	江蘇無錫	唐山路礦	67 29/40
12	鄭鴻宜	一八	廣東東莞	嶺南學堂	67 19/40
13	沈祖偉	一八	浙江歸安	約翰書院	66 33/40
14	區其偉	一八	廣東新會	嶺南學堂	66 9/10
15	程闓運	一九	浙江山陰	東吳大學	66 2/5
16	錢崇樹	二〇	浙江海寧州	直隸高等	66 17/20
17	陳天驥	一七	浙江海鹽	約翰書院	66 3/5
18	吳家高	一九	江蘇吳縣	美國加厘福宜大學	66.5
19	路敏行	二〇	江蘇宜興	復旦公學	66 11/20
20	周象賢	二〇	浙江定海廳	上海高等實業	66.5
21	沈艾	一七	福建侯官	家塾	65 39/40
22	陳延壽	一七	廣東番禺	長沙雅禮大學	65 27/40
23	傅驌	一九	四川巴縣	復旦公學	65 2/5
24	李松濤	一九	江蘇嘉定	約翰書院	65 1/5
25	劉寰偉	一八	廣東新寧	嶺南學堂	64 19/20
26	徐志誠	一九	浙江定海	約翰書院	64 17/20
27	高崇德	一九	山東棲霞	山東廣文學堂	64
28	竺可楨	一九	浙江會稽	唐山路礦	63 4/5
29	程延慶	一九	江蘇震澤	約翰書院	63 3/40
30	沈溯明	一九	浙江烏程	浙江兩級師範	63 3/10
31	鄭達宸	一九	江蘇江陰	復旦公學	63 11/40
32	席德炯	一七	江蘇吳縣	上海實業	63 1/5
33	徐墀	二〇	廣東新寧	唐山路礦	63 1/10
34	成功一	一九	江蘇江都	東吳大學	62 33/40
35	王松海	一八	江蘇丹徒	約翰書院	62 1/10
36	王預	二〇	江蘇桃源	江南高等	62 13/20
37	諶立	一九	貴州平遠	家塾	62.5

《胡适日记》手稿（一九三四年三月二十七日）书影（一）

	姓名	年龄	籍贯	学校	分数
38	楊維楨	一九	四川新津	復旦公學	$62\frac{2}{5}$
39	陳茂康	二〇	四川巴縣	重慶廣益中學	$62\frac{3}{10}$
40	朱進	二〇	江蘇金匱	東吳大學	$62\frac{1}{8}$
41	施贊元	二〇	浙江錢塘	約翰書院	62
42	胡宣明	一九	福建龍溪	約翰書院	$61\frac{17}{20}$
43	胡憲生	二〇	江蘇無錫	譯學館	$61\frac{19}{40}$
44	郭守純	二〇	廣東潮陽	約翰書院	$61\frac{1}{40}$
45	毛文鍾	一九	江蘇吳縣	直隸高等工業	$60\frac{9}{10}$
46	霍炎昌	二〇	廣東南海	嶺南學堂	$60\frac{9}{10}$
47	陳福習	一八	福建閩縣	福建高等	$60\frac{13}{20}$
48	殷源之	一九	安徽合肥	江南高等	$60\frac{1}{2}$
49	符宗朝	一八	江蘇江都	兩淮中學	$60\frac{3}{5}$
50	王裕震	二〇	江蘇上海	美國加厘福宜大學	$60\frac{1}{20}$
51	孫恒	一九	浙江仁和	杭州育英書院	$59\frac{25}{40}$
52	柯成楙	一七	浙江平湖	上海南洋中學	$59\frac{11}{20}$
53	過憲先	一九	江蘇金匱	上海高等實業	$59\frac{1}{20}$
54	鄺翼堃	一九	廣東番禺	約翰書院	$59\frac{1}{4}$
55	胡適	一九	安徽績溪	中國新公學	$59\frac{1}{40}$
56	許先甲	二〇	貴州貴筑	四川高等	$58\frac{1}{4}$
57	胡達	一九	江蘇無錫	高等商業	$58\frac{1}{10}$
58	施瑩	二〇	江蘇吳縣	上海高等實業	$57\frac{29}{40}$
59	李平	二〇	江蘇無錫	江蘇高等	$57\frac{7}{20}$
60	計大雄	一九	江蘇南通	高等實業	$57\frac{13}{40}$
61	周開基	一九	江蘇吳縣	上海南洋中學	$56\frac{19}{20}$
62	陸元昌	一九	江蘇陽湖	上海高等實業	56
63	周銘	一九	江蘇泰興	上海高等實業	$55\frac{9}{10}$
64	莊俊	一九	江蘇上海	唐山路礦	$55\frac{3}{20}$
65	馬仙嶠	一八	直隸開州	保定高等	$53\frac{3}{5}$
66	易鼎新	二〇	湖南醴陵	京師財政	$53\frac{2}{5}$
67	周仁	一九	江蘇江寧	江南高等	$51\frac{7}{10}$
68	何斌	二〇	江蘇嘉定	浙江育英高等	$51\frac{9}{40}$
69	李錫之	一九	安徽合肥	安徽高等	$50\frac{33}{40}$
70	張寶華	二〇	浙江平湖	美國加厘福宜大學	$50\frac{1}{5}$

民國廿三年二月我在南京竺可楨先生家中看見他保存的這張油印榜文，我托他抄一份寄給我。寄來了以，我又托章希呂先生重抄一份保存在我的日記裏。中國政府最早派遣留學美國的學生四批，其姓名履歷都保存在徐雨之的年譜裏。我盼望這張榜也可以長久保存，為後

《胡适日记》手稿（一九三四年三月二十七日）书影（二）

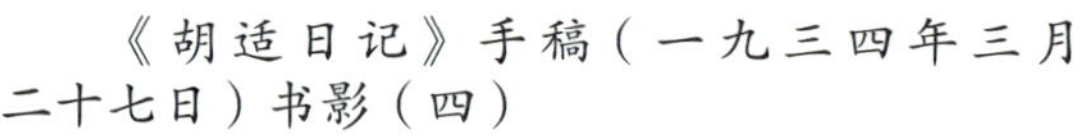

以學校計，則約翰書院最多，得十二人；南洋公學（上海高等實業）次之，得七人；嶺南學堂次之，得五人。東吳大學，江南高等，唐山路礦，復旦公學，南洋中學，五校各得四人。其餘各校皆在二人以下。

此中已故者，有沈祖偉，過憲先，胡達，計大雄，朱進，施贊元，（我所知的已有六人。）

此中已改名者，陳延壽即陳伯莊，馬仙嶠即馬名海，過憲先即過探先，胡達即胡明復，餘人不知尚有改名者否。

《胡适日记》手稿（一九三四年三月二十七日）书影（四）

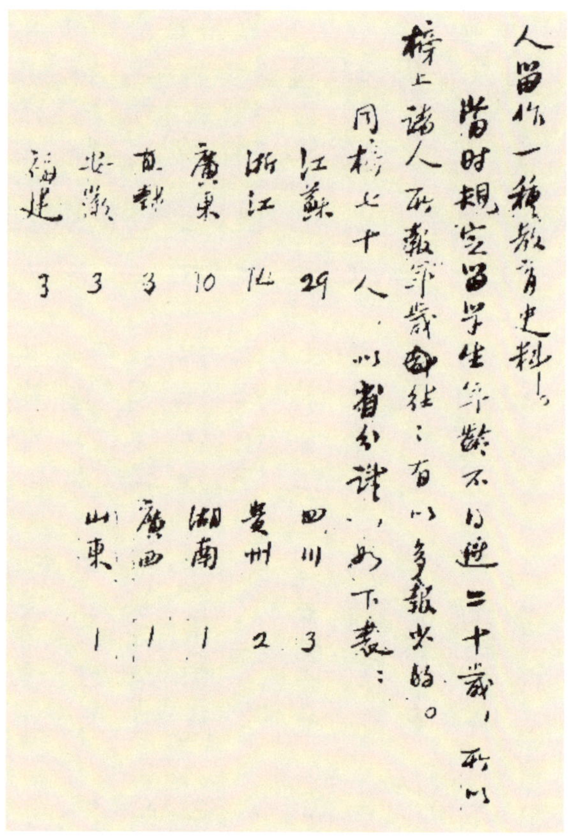

人留作一種教育史料」。

當時規定留學生年齡不得過二十歲，所以榜上諸人所載年歲往往有以多報少的。

同榜七十人，以省分計，如下表：

省	人數	省	人數
江蘇	29	四川	3
浙江	14	貴州	2
廣東	10	湖南	1
直隸	3	廣西	1
安徽	3	山東	1
福建	3		

《胡适日记》手稿（一九三四年三月二十七日）书影（三）

从《日记》所附榜单后面的跋语可知，胡适先生当时还不知道清宫所藏的榜单，因此请章希吕先生将竺可桢先生抄寄的榜单重抄一份存入日记中，“为后人留作一种教育史料”。胡颂平编著的《胡适之先生年谱长编初稿》第一册（台北联经出版事业公司 1984 年 5 月初版，98—103 页），李敖《胡适评传》（中国友谊出版公司 2000 年 4 月第 1 版，246—249 页；又见该社 1999 年 1 月出版的《李敖大全集 4》，455—458 页），赵新那、黄培云编的《赵元任年谱》（商务印书馆 1998 年 12 月第 1 版，60—64 页），都收录了这份榜单。《长编》榜单跋语后有一段胡适先生的说明文字：“一九六〇、五、四，请胡颂平先生重钞一份，为影印之用。胡适。”李敖在《胡适评传》的榜单前说：“这张榜，赵元任先生从美国寄给我，因为史料价值极高，所以我把它附在后面。”《赵元任年谱》在榜单跋语后的括号中有一个说明：“见赵元任私人文件夹，胡适保存的抄录全榜与附记的复印件。”这就是说，胡适日记和这三种书的榜单都来自竺可桢先生的抄件。所不同的是，胡适日记中的榜单是章希吕先生重抄的，《长编》中的榜单是胡颂平先生重抄的，《胡适评传》和《赵

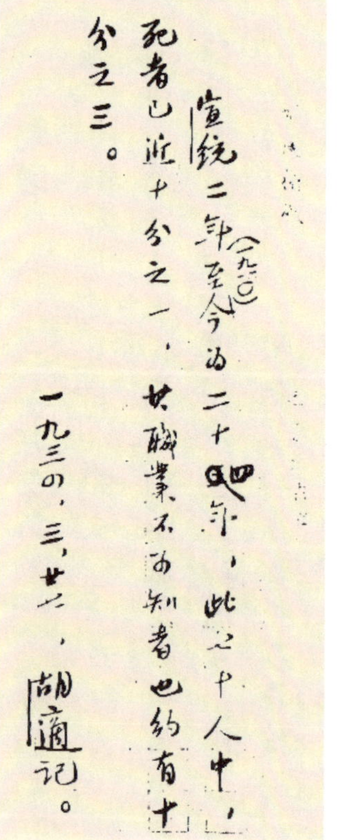

宣統二年（一九一〇）至今為二十四年，此七十人中，死者已近十分之一，其職業不可知者也約有十分之三。

一九三四，三，廿七，胡適記。

《胡适日记》手稿（一九三四年三月二十七日）书影（五）

元任年谱》中的榜单是胡适先生所存抄件的复印件。

按理说，这三部书中的榜单应该跟《胡适日记》中的榜单完全一致，但实际上却有一些不同。首先是“平均分数”的表示方法不同。如第1名杨锡仁的平均分数：《胡适日记》是用带分数表示“79$\frac{7}{20}$”；《长编》是用汉字小数表示“七九・三五”；《胡适评传》和《赵元任年谱》则是“79 7/20”——也是带分数，可能是为了排版方便才做了改动。其实，这几种表示方法都是经过简化变通的，清宫所藏榜单的表示为“七十九分二十分之七”。

其次是有些人名、籍贯不同。如第3名“王绍礽”，《赵元任年谱》（61页）误作“王绍祁”。因为复印件的清晰度本来就差一些，而用于录排书稿中的榜单可能又是复印件的复印件，清晰度就更差了，而且“礽”与“祁”手写字形很相近，录排时便将生僻字“礽”误成了形近的常见字“祁”。第15名“程闓运”，《赵元任年谱》（61页）误作“程剀运”。第16名“钱崇树”，《赵元任年谱》（61页）误作“钱崇澍”。第23名“傅骕”，《赵元任年谱》（61页）误作“付肃”；《胡适评传》（247页）将“骕”误作“马”字旁右边加个“耆”。第52名“柯成楙”，《赵元任年谱》（63页）误作“柯成懋”。第21名沈艾的籍贯是“福建侯官”，《赵元任年谱》（61页）误作“福建候官”，将“侯”误成了“时候”的“候”。“侯官”是旧县名，治所在今闽侯东南，1912年与闽县合并为闽侯县。“侯”本作“矦”，清以后通作“侯”，两字都读去声。

第三是有些分数不同。如第9名胡继贤的分数，《胡适日记》是“67$\frac{17}{20}$”，《长编》是“六七・八五”，《胡适评传》是“67 17/20”，虽然表示的方法不同，但数值是相等的。可是《赵元任年谱》却是“67 19/40”，换算成小数就是67.475，数值就不同了。清宫原榜单作“六十七分二十分之十七”，可知《年谱》有误。第15名程闓运的分数，《胡适日记》是“66$\frac{7}{8}$”，《赵元任年谱》和《胡适评传》均作“66 7/8”，换算成小数就是66.875，数值相同，而《长编》却作“六六・三七”，数值不同，当是“六六・八七”之误。第29名程延庆的分数，《胡适日记》是“63$\frac{3}{40}$”，《长编》是“六三・〇七”，《赵元任年谱》是“63 3/40”，数值相等，而《胡适评传》却作“63 3/10”，换算成小数就是63.3，数值不同，或因第30名的分数“63 3/10”而误。《胡适日记全集》第七册（90页）作“63$\frac{3}{4}$”，分母“40”误成了“4”。第34名成功一的分数“62$\frac{32}{40}$”，《胡适日记全编6》（355页）作“62$\frac{33}{40}$”，分子“32”误成了“33”。第39名陈茂康的分数，《胡适日记》是“62$\frac{3}{10}$”，《长编》是“六二・三”，《胡适评传》作“62 3/10”，数值相同，而《赵元任年谱》却作“62 2/5”，换算成小数就是62.4，数值不同，或因第38名杨维桢的分数“62 2/5”而误。第40朱进的分数，《胡适日记》是“62$\frac{1}{8}$”，《赵元任年谱》和《胡适评传》均作“62 1/8”，换算成小数就是62.125，数值相同，而《长编》却作“六二・二”，数值不同，当是“六二・一二”之误。第69名李锡之的分数，《胡适日记》是“50$\frac{23}{40}$”，《赵元任年谱》和《胡适评传》均作“50 23/40”，换算成小数都是50.575，数值相同，而《长编》却作“五一・五七”，数值不同，这个分数就超过第68名“51$\frac{9}{40}$”（51.225）了，当是“五〇・五七”之误。

另外，《赵元任年谱》还将胡适跋语中的“马名海”误作“马明海”。

《长编》和《赵元任年谱》《胡适评传》，都是名社出版的颇具文献史料价值的重要典籍，而书中这份只有几页的榜单，居然出现了这么多的错误，不免令人扼腕！

这三种书的榜单都是重新录排而未附影印件，其史料价值和可信度都大大降低。更为重要的是，没有影印件对照，读者就很难发现其中的错误，不仅自身受害而不知，还会以讹传讹，贻害无穷。

胡适在榜单中列第五十五名，与他同榜录取的还有赵元任、竺可桢和胡达等。胡达即胡明复，江苏无锡人。与胡适同入康奈尔大学，后转入哈佛大学，获博士学位，是“中国科学社”发起人之一。回国后曾任大同大学、交通大学、东南大学教授。一九二七年夏季休假回乡，在一个偏僻的池塘游泳时，不幸因小腿肚转筋溺水身亡，年仅三十七岁。一九二八年三月十七日，胡适先生在《追想胡明复》一文中还谈到自己当年看榜时的情形：

> 宣统二年（一九一〇）七月，我到北京考留美官费。那一天，有人来说，发榜了。我坐了人力车去看榜，到史家胡同时，天已黑了。我拿了车上的灯从榜尾倒看上去（因为我自信我考的很不好），看完了一张榜，没有我的名字，我很失望。看过头上，才知道那一张是“备取”的榜。我再拿灯照读那“正取”的榜，仍是倒读上去。看到我的名字了！仔细一看，却是“胡达”，不是“胡适”。我再看上去，相隔很近，便是我的姓名了。我抽了一口气，放下灯，仍坐原车回去了，心里却想着，“那个胡达不知是谁，几乎害我空高兴一场”！

在文章结尾处，胡适先生写道：

> 去年五月底，我从外国回来，住在沧州旅馆。有一天，吴稚晖先生在我房里大谈。门外有客来了，我开门看时，原来是明复同周子竞（仁）两位。我告诉他们，里面是稚晖先生。他们怕打断吴先生的谈话，不肯进来，说“过几天再来谈”，都走了。我以为，大家同在上海，相见很容易的。谁知不多时明复遂死了，那一回竟是我同他的永诀了。他永永不再来谈了！

［四九］廿一，九，廿七夜。

“廿一，九，廿七夜。”手稿（一四七页，原稿纸47页）和《新月》第四卷第四号初刊本（一七页）均作：“一九三二，九，廿七夜。”亚东初版（一七九页）成书时将“一九三二”改为“廿一”，与全书体例统一（其他各章都是民国纪年）。六艺本（九〇页）、亚东五版（一七九页）、远东本（一〇〇页）、全集本（98页）同。远流本（九五页）作“二十一·九·二十七夜”，将两个“廿”都改成了“二十”，将原来的逗号都改成了间隔号“·”，而且删除了末尾的句号。北大本（113页）、津人本（126页）、武汉本（94页）、现代本（85页）、民建本（89页）、言实本（98页）、海南本（93页）、群言本（100页）、华侨本（95页）等，均作“二十一，九，二十七夜”，将两个“廿”都改成了“二十”，且删除了末尾的句号。文史本（114页）、中州本（92页）、画报本（90页）、纺织本（143页）、吉大本（105页）、万卷本（76页）等，均作“二十一，九，廿七夜。”将第一个“廿”改成了“二十”，而第二个“廿”却未改。全编本（78页）、文集本（102页）、纪念版（108页）、江西本（106页）、京联本（90页）、理工本（98页）等，均作“廿一，九，廿七夜”，删除了末尾的句号。雅致本（494页）漏掉了落款的时间。

第六章

逼上梁山

——文学革命的开始

评述

本文脱稿于一九三三年十二月三日，初刊于一九三四年一月一日出版的《东方杂志》第三十一卷第一号“时贤自传”栏目。后陆续收入一九三五年十月十五日上海良友图书印刷公司初版的《中国新文学大系》第一集《建设理论集》（胡适编选）、一九五八年台北启明书局编辑出版的《中国新文学运动小史》（台北“中央研究院”胡适纪念馆一九七四年四月再版）、一九六六年六月二十五日台北文星书店出版的《胡适选集》历史分册、一九八六年六月三十日台北远流出版事业股份有限公司出版的《胡适作品集》第一册等。

文集本（161 页）和北大本（152 页）、京联本（91 页）都说：“原载 1934 年 1 月 1 日《东方杂志》第 3 卷第 1 期”，但该期《东方杂志》封面、扉页、目录页都没有标注“第 3 卷第 1 期”的字样，原刊标注的是“《东方杂志》第三十一卷第一号”，“民国二十三年一月一日发行”（见下图）。

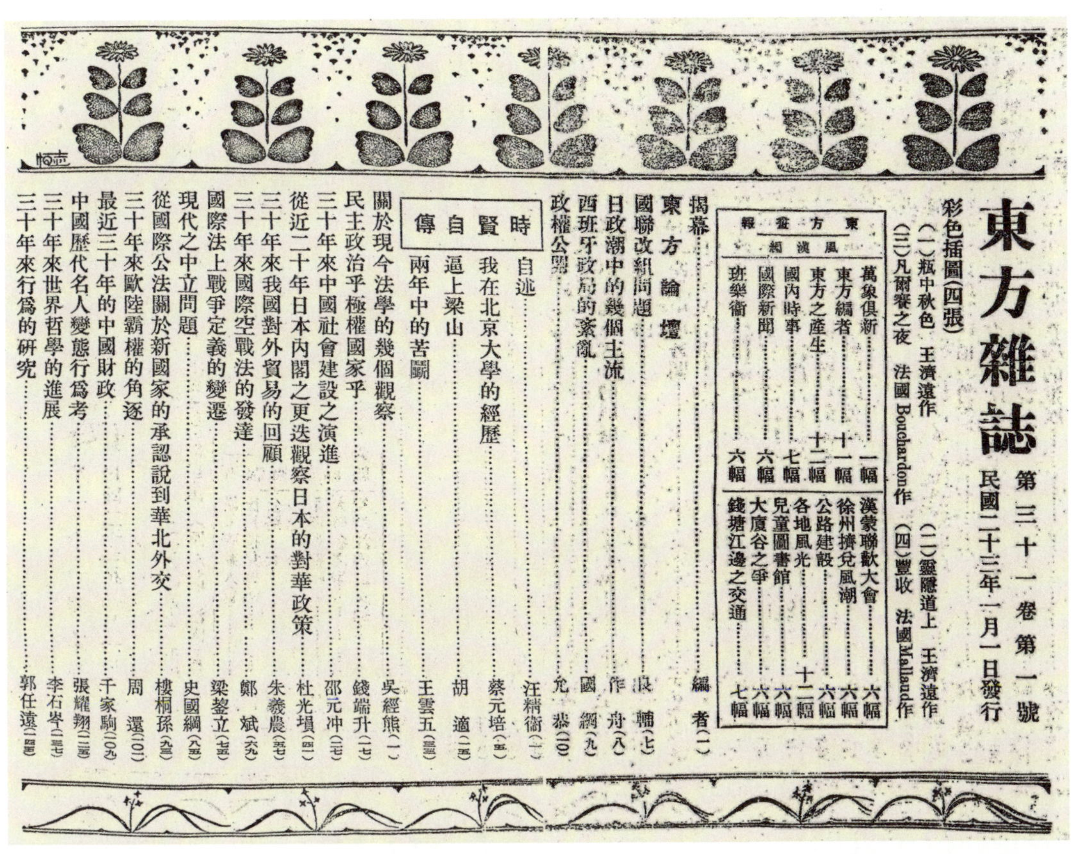

東方雜誌　第三十一卷第一號

民國二十三年一月一日發行

彩色插圖（四張）

（一）瓶中秋色　王濟遠作　（二）靈隱道上　王濟遠作

（三）凡爾賽之夜　法國Bouchardon作　（四）豐收　法國Mallaud作

東方畫報

風漢細

萬象俱新……一幅　漢蒙聯歡大會……六幅

東方編者……十一幅　徐州擠兌風潮……六幅

東方之產生……十二幅　公路建設……六幅

國內時事……七幅　各地風光……十二幅

國際新聞……六幅　兒童圖書館……六幅

班樂衞……六幅　大廈谷之爭……六幅

錢塘江邊之交通……七幅

《东方杂志》第三十一卷第一号目录

“文学革命”是胡适先生对中国文化的最大贡献，他也因此被誉为中华国文之父，“五四”新文化运动的领袖，现代圣人，“当今孔子”（郭沫若《三点建议》，见 1954 年 12 月 19 日《人民日报》）。因此，笔者在《题〈胡适手稿〉十二首》诗的第一首中写道：

天若不生孔仲尼，中华万古如长夜。

假令没有胡适之，如今仍恐之乎也。

那么，之乎者也到底有什么不好呢？以白话取代文言究竟有什么意义呢？

汉语的母语是白话，但在白话文通行之前，汉语的阅读、写作却不是用白话，而是用文言。这就是说，汉语的读写都不是用母语。我们知道，不管一个人会多少种外语，不管他的外语水平有多高，一般来说都只能用母语思维。那么，当他用非母语写作的时候，在思维和文字表述的过程中就会多一个翻译的中转站，也就是多了一个障碍，这无疑会严重影响其表达效果。因此，能用非母语写作而成为大诗人、大作家的实在是凤毛麟角。使用汉语的人用母语白话思维，而写作时却用文言来表述，同样会严重影响其表达效果。最受人们喜爱的四大小说名著，之所以都是用白话写成的，最重要的原因就是母语思维和文字表述之间没有翻译中转的障碍，而用文言写成的小说，永远也达不到这样的效果。

在中国的文化长河中，文言作为汉语表述的工具已经统治了两千多年，历代文人都用文言创作，陈陈相因，墨守成规。而白话创作一直被视为引车卖浆者言，不能登大雅之堂。从“小说”这个名称就可以看出它的历史地位，而《四库全书》不收四大名著，连《四库存目》都不存四大名著之目，就更能说明问题。

诗歌也是一样，《诗经》是中国诗歌的珠穆朗玛，之所以能够成为“经”，其中一个很重要的原因就在于思维和表述都是用同样的母语。而用文言创作的诗，大多因袭化用，堆垛典故，鲜有新意。可是，后来用白话母语创作的动人诗篇，却同样不能登大雅之堂。唐代诗人张打油《咏雪》诗云：

江山一笼统，井上黑窟笼。

黄狗身上白，白狗身上肿。（明代杨慎《升庵诗话》卷十四）

观察细致，构思新颖，表现独到，不落窠臼，颇有生活情趣，却被讥为浅俗的“俳谐体”，戏称为“打油诗”。

唐代王梵志的《翻著（zhuó）袜》诗云：

梵志翻著袜，人皆道是错。

乍可刺你眼，不可隐我脚。（宋代胡仔《苕溪渔隐丛话前集》卷五十六）

以生活小事取喻，表现深刻哲理，颇类机锋偈语，却被视为俗不可耐。

宋代大诗人苏东坡《洗儿》诗云：

人皆养子望聪明，我被聪明误一生。

唯愿我儿愚且鲁，无灾无难到公卿。（《苏轼集》卷二十九）

表面上愿儿愚鲁，实则“似诉平生不得志”。借对孩子智商和性格的期望，抒发自己的满腔激愤，讽刺权贵公卿们的“愚且鲁”。可是，《四库全书》总纂官纪晓岚却批道：“如此之诗，岂可入集？”可以看出纪氏对文言的卫道是多么地坚决。

胡适先生高峰独步，慧眼独具，他将文言与白话做了深入分析比较，得出了令人信服的结论：

> 文言的文字可读而听不懂；白话的文字既可读，又听得懂。凡演说，讲学，笔记，文言决不能应用。今日所需，乃是一种可读，可听，可歌，可讲，可记的言语。要读书不须口译，演说不须笔译；要施诸讲坛舞台而皆可，诵之村妪妇孺皆可懂。不如此者，非活的言语也，决不能成为吾国之国语也，决不能产生第一流的文学也。

他石破天惊地提出了“诗国革命”的问题和“要须作诗如作文”的解决方案，认定了中国诗史的发展趋势“只是作诗更近于作文！更近于说话”。

一九一七年一月，胡适先生在《新青年》第二卷五期上发表了倡导文学革命的第一篇文章《文学改良刍议》，举起了新文学革命的大纛，提出了著名的“八不主义”，这在当时无疑是振聋发聩的。胡适此举深得陈独秀的赞同，他在下一期的《新青年》上刊出了自己撰写的《文学革命论》声援胡适，正式提出了“文学革命”的口号，称赞胡适为“首举义旗之急先锋”，于是掀起了一场举世闻名的新文化运动。

一九一八年五月，《新青年》从第四卷第五号起，完全改用白话文。一九一九年，国语统一筹备会召开第一次大会，胡适、刘复（半农）、周作人、朱希祖、钱玄同、马裕藻等提出《国语统一进行方法》的议案。一九二〇年三月，胡适的《尝试集》在上海亚东图书馆出版发行，这是中国第一部现代白话诗集。一九二〇年四月，教育部通告，国民学校各科教科书均改用语体文。

经过数年的激烈博弈，白话最终取代了统治两千多年的文言，中华民族终于完成了从母语思维到文字表述的直通车。这是中国文化史上的一座里程碑！今天，当你自由无碍地用白话母语进行思维写作时，你是否仰望过这座巍峨的丰碑？你是否看到了这座丰碑上面有一行若隐若现、永不磨灭的大字——中国新文化运动的领袖胡适之。

正文

一

提起我们当时讨论“文学革命”的起因，我不能不想到那时清华学生监督处的一个怪人。这个人叫做钟文鳌，他是一个基督教徒，受了传教士和青年会的很大的影响。他在华盛顿的清华学生监督处做书记〔一〕，他的职务是每月寄发各地学生应得的月费。他想利用他发支票的机会来做一点社会改革的宣传。他印了一些宣传品，和每月的支票夹在一个信封里寄给我们。他的小传单有种种花样，大致是这样的口气：

“不满二十五岁不娶妻。”

“废除汉字，取用字母。”

“多种树，种树有益。”〔二〕

支票是我们每月渴望的；可是钟文鳌先生的小传单未必都受我们的欢迎。我们拆开信，把支票抽出来，就把这个好人的传单抛在字纸篓里去。

可是钟先生的热心真可厌〔三〕！他不管你看不看，每月总照样夹带一两张小传单给你。我们平时厌恶这种青年会宣传方法的，总觉得他这样滥用职权是不应该的。有一天，我又接到了他的一张传单，说中国应该改用字母拼音；说欲求教育普及，非有字母不可。我一时动了气，就写了一封短信去骂他，信上的大意是说：“你们这种不通汉文的人，不配谈改良中国文字的问题。你要谈这个问题，必须先费几年工夫，把汉文弄通了，那时你才有资格谈汉字是不是应该废除。”〔四〕

这封信寄出去之后，我就有点懊悔了。等了几天，钟文鳌先生没有回信来，我更觉得我不应该这样“盛气陵人”〔五〕。我想，这个问题不是一骂就可完事的。我既然说钟先生不够资格讨论此事，我们够资格的人就应该用点心思才力去研究这个问题。不然，我们就应该受钟先生的训斥了。

那一年恰好东美的中国学生会新成立了一个“文学科学研究部”（Institute of Arts and Sciences）〔六〕，我是文学股的委员，负有准备年会时分股讨论的责任。我就同赵元任先生商量，把“中国文字的问题”作为本年文学股的论题，由他和我两个人分做两篇论文，讨论这个问题的两个方面：赵君专论“吾国文字能否采用字母制，及其进行方法”；我的题目是“如何可使吾国文言易于教授”〔七〕。赵君后来觉得一篇不够，连做了几篇长文，说吾国文字可以采用音标拼音，并且详述赞成与反对的理由。他后来是“国语罗马字”的主要制作人；这几篇主张中国拼音文字的论文是国语罗马字的历史的一种重要史料。

我的论文是一种过渡时代的补救办法。我的日记里记此文大旨如下：

（一）汉文问题之中心在于“汉文究可为传授教育之利器否”一问题。

（二）汉文所以不易普及者，其故不在汉文，而在教之之术之不完。同一文字也，甲以讲书之故而通文，能读书作文；乙以徒事诵读不求讲解之故而终身不能读书作文。可知受病之源在于教法。

（三）旧法之弊，盖有四端：

（1）汉文乃是半死之文字，不当以教活文字之法教之。（活文字者，日用话言之文字〔八〕，如英法文是也，如吾国之白话是也。死文字者，如希腊、拉丁，非日用之语言，已陈死矣。半死文字者，以其中尚有日用之分子在也。如犬字是已死之字，狗字是活字；乘马是死语，骑马是活语。故曰半死之文字也。）〔九〕

旧法不明此义，以为徒事朗诵，可得字义，此其受病之源。教死文字之法，与教外国文字略相似，须用翻译之法，译死语为活语，前谓“讲书”是也。

（2）汉文乃是视官的文字，非听官的文字。凡一字有二要，一为其声，一为其义：无论何种文字，皆不能同时并达此二者。字母的文字但能传声，不能达意，象形会意之文字，但可达意而不能传声。今之汉文已失象形会意指事之特长；而教者又不复知说文学。其结果遂令吾国文字既不能传声，又不能达意。向之有一短者，今乃并失其所长。学者不独须强记字音，又须强记字义，是事倍而功半也。欲救此弊，当鼓励字源学，当以古体与今体同列教科书中；小学教科当先令童蒙习象形指事之字，次及浅易之会意字，次及浅易之形声字。中学以上皆当习字源学。

（3）吾国文本有文法。文法乃教文字语言之捷径，当今鼓励文法学，列为必须之学科。

（4）吾国向不用文字符号，致文字不易普及；而文法之不讲，亦未始不由于此，今当力求采用一种规定之符号，以求文法之明显易解，及意义之确定不易。（以上引一九一五年八月廿六日记）[一〇]

我是不反对字母拼音的中国文字的；但我的历史训练（也许是一种保守性）使我感觉字母的文字不是容易实行的，而我那时还没有想到白话可以完全替代文言，所以我那时想要改良文言的教授方法，使汉文容易教授。我那段日记的前段还说：

当此字母制未成之先，今之文言终不可废置，以其为仅有之各省交通之媒介也，以其为仅有之教育授受之具也。

我提出的四条古文教授法，都是从我早年的经验里得来的[一一]。第一条注重讲解古书，是我幼年时最得力的方法。（看《四十自述》，页四四——四六）[一二]第二条主张字源学是在美国时的一点经验：有一个美国同学跟我学中国文字，我买一部王筠的《文字蒙求》给他做课本，觉得颇有功效[一三]。第三条讲求文法是我崇拜《马氏文通》的结果[一四]，也是我学习英文的经验的教训。第四条讲标点符号的重要也是学外国文得来的教训；我那几年想出了种种标点的符号，一九一五年六月为《科学》作了一篇《论句读及文字符号》的长文[一五]，约有一万字，凡规定符号十种，在引论中我讨论没有文字符号的三大弊：一为意义不能确定，容易误解，二为无以表示文法上的关系，三为教育不能普及[一六]。我在日记里自跋云：

吾之有意于句读及符号之学也久矣。此文乃数年来关于此问题之思想结晶

而成者，初非一时兴到之作也。后此文中，当用此制。

七月二日。

二

以上是一九一五年夏季的事。这时候我已承认白话是活文字，古文是半死的文字。那个夏天，任叔永（鸿隽），梅觐庄（光迪）[一七]，杨杏佛（铨），唐擘黄（钺）[一八]都在绮色佳（Ithaca）过夏[一九]，我们常常讨论中国文学的问题。从中国文字问题转到中国文学问题，这是一个大转变。这一班人中，最守旧的是梅觐庄，他绝对不承认中国古文是半死或全死的文字。因为他的反驳，我不能不细细想过我自己的立场。他越驳越守旧，我倒渐渐变的更激烈了。我那时常提到中国文学必须经过一场革命；“文学革命”的口号，就是那个夏天我们乱谈出来的。

梅觐庄新从芝加哥附近的西北大学毕业出来，在绮色佳过了夏，要往哈佛大学去。九月十七日，我做了一首长诗送他，诗中有这两段很大胆的宣言：

> 梅生梅生毋自鄙！神州文学久枯馁，百年未有健者起。新潮之来不可止；文学革命其时矣！吾辈势不容坐视。且复号召二三子，革命军前杖马箠，鞭笞驱除一车鬼，再拜迎入新世纪！以此报国未云菲：缩地戡天差可儗。梅生梅生毋自鄙！
>
> 作歌今送梅生行，狂言人道臣当烹。我自不吐定不快，人言未足为重轻[二〇]。

在这诗里，我第一次用“文学革命”一个名词。这首诗颇引起了一些小风波。原诗共有四百二十字，全篇用了十一个外国字的译音。任叔永把那诗里的一些外国字连缀起来，做了一首游戏诗送我往纽约：

> 牛敦爱迭孙，培根客尔文。
> 索虏与霍桑，“烟士披里纯”：
> 鞭笞一车鬼，为君生琼英。
> 文学今革命，作歌送胡生。

诗的末行自然是挖苦我的“文学革命”的狂言。所以我可不能把这诗当作游戏看。我在九月十九日的日记里记了一行：

> 右叔永戏赠诗，知我乎？罪我乎？

九月二十日，我离开绮色佳，转学到纽约去进哥仑比亚大学〔二一〕，在火车上用叔永的游戏诗的韵脚，写了一首很庄重的答词，寄给绮色佳的各位朋友：

诗国革命何自始？要须作诗如作文〔二二〕。
琢镂粉饰丧元气，貌似未必诗之纯。
小人行文颇大胆，诸公一一皆人英。
愿共僇力莫相笑，我辈不作儒腐生。

在这短诗里，我特别提出了"诗国革命"的问题，并且提出了一个"要须作诗如作文"的方案，从这个方案上，惹出了后来做白话诗的尝试。

我认定了中国诗史上的趋势，由唐诗变到宋诗，无甚玄妙，只是作诗更近于作文！更近于说话。近世诗人欢喜做宋诗，其实他们不曾明白宋诗的长处在那儿。宋朝的大诗人的绝大贡献，只在打破了六朝以来的声律的束缚，努力造成一种近于说话的诗体。我那时的主张颇受了读宋诗的影响，所以说"要须作诗如作文"，又反对"琢镂粉饰"的诗。

那时我初到纽约，觐庄初到康桥，各人都很忙，没有打笔墨官司的余暇。但这只是暂时的停战，偶一接触，又爆发了。

三

一九一六年，我们的争辩最激烈，也最有效果。争辩的起点，仍旧是我的"要须作诗如作文"的一句诗。梅觐庄曾驳我道：

足下谓诗国革命始于"作诗如作文"，迪颇不以为然。诗文截然两途。诗之文字（Poetic diction）与文之文字（Prose diction）自有诗文以来（无论中西），已分道而驰。足下为诗界革命家，改良"诗之文字"则可。若仅移"文之文字"于诗，即谓之革命，则不可也。……一言以蔽之，吾国求诗界革命，当于诗中求之，与文无涉也。若移"文之文字"于诗，即谓之革命，则诗界革命不成问题矣。以其太易易也。

任叔永也来信，说他赞成觐庄的主张。我觉得自己很孤立，但我终觉得他们两人的说法都不能使我心服。我不信诗与文是完全截然两途的。我答他们的信，说我的主张并不仅仅是以"文之文字"入诗。我的大意是：

今日文学大病在于徒有形式而无精神，徒有文而无质，徒有铿锵之韵，貌似之辞而已。今欲救此文胜之弊，宜从三事入手：第一须言之有物，第二须讲文法，第三，当用“文之文字”时，不可避之。三者皆以质救文胜之敝也。（二月三日）

我自己日记里记着：

吾所持论，固不徒以“文之文字”入诗而已。然不避“文之文字”，自是吾论诗之一法。……古诗如白香山之《道州民》，如老杜之《自京赴奉先咏怀》，如黄山谷之《题莲华寺》，何一非用“文之文字”，又何一非用“诗之文字”耶？（二月三日）〔二三〕

这时候，我已仿佛认识了中国文学问题的性质。我认清了这问题在于“有文而无质”。怎么才可以救这“文胜质”的毛病呢？我那时的答案还没有敢想到白话上去，我只敢说“不避文的文字”而已。但这样胆小的提议，我的一班朋友都还不能了解。梅觐庄的固执“诗的文字”与“文的文字”的区别，自不必说。任叔永也不能完全了解我的意思。他有信来说：

……要之，无论诗文，皆当有质。有文无质，则成吾国近世萎靡腐朽之文学，吾人正当廓而清之。然使以文学革命自命者，乃言之无文，欲其行远，得乎？近来颇思吾国文学不振，其最大原因，乃在文人无学。救之之法，当从绩学入手。徒于文字形式上讨论，无当也。（二月十日）

这种说法，何尝不是？但他们都不明白“文字形式”往往是可以妨碍束缚文学的本质的。“旧皮囊装不得新酒”，是西方的老话。我们也有“工欲善其事，必先利其器”的古话。文字形式是文学的工具；工具不适用，如何能达意表情？

从二月到三月，我的思想上起了一个根本的新觉悟。我曾澈底想过：一部中国文学史只是一部文字形式（工具）新陈代谢的历史，只是“活文学”随时起来替代了“死文学”的历史。文学的生命全靠能用一个时代的活的工具来表现一个时代的情感与思想。工具僵化了，必须另换新的，活的，这就是“文学革命”〔二四〕。例如《水浒传》上石秀说的：

你这与奴才做奴才的奴才！

我们若把这句话改作古文，“汝奴之奴！”〔二五〕或他种译法，总不能有原文的力量。这岂不是因为死的文字不能表现活的话语？此种例证，何止千百？所以我们可以说：历史上的“文学革命”全是文学工具的革命。叔永诸人全不知道工具的重要，所以说“徒于文字形式上讨论，无当也”。他们忘了欧洲近代文学史的大教训！若没有各国的活语言作新工具，若近代欧洲文人都还须用那已死的拉丁文作工具，欧洲近代文学的勃兴是可能的吗？欧洲各国文学革命只是文学工具的革命。中国文学史上几番革命也都是文学工具的革命。这是我的新觉悟。

我到此时才把中国文学史看明白了，才认清了中国俗话文学（从宋儒的白话语录到元朝明朝的白话戏曲和白话小说）是中国的正统文学，是代表中国文学革命自然发展的趋势的。我到此时才敢正式承认中国今日需要的文学革命是用白话替代古文的革命，是用活的工具替代死的工具的革命。

一九一六年三月间，我曾写信给梅觐庄，略说我的新见解，指出宋元的白话文学的重要价值。觐庄究竟是研究过西洋文学史的人，他回信居然很赞成我的意见。他说：

> 来书论宋元文学，甚启聋聩。文学革命自当从"民间文学"（Folkore，Popular poetry，Spoken language，etc.）入手，此无待言。惟非经一番大战争不可。骤言俚俗文学，必为旧派文家所讪笑攻击。但我辈正欢迎其讪笑攻击耳。（三月十九日）

这封信真叫我高兴，梅觐庄也成了"我辈"了！

我在四月五日把我的见解写出来，作为两段很长的日记。第一段说：

> 文学革命，在吾国史上，非创见也。即以韵文而论：三百篇变而为骚，一大革命也。又变为五言七言之诗，二大革命也。赋之变为无韵之骈文，三大革命也。古诗之变为律诗，四大革命也。诗之变为词，五大革命也。词之变为曲，为剧本，六大革命也。何独于吾所持文学革命论而疑之！

第二段论散文的革命：

> 文亦几遭革命矣。孔子至于秦汉，中国文体始臻完备。……六朝之文亦有绝妙之作。然其时骈俪之体大盛，文以工巧雕琢见长，文法遂衰。韩退之之"文起八代之衰"，其功在于恢复散文，讲求文法，此亦一革命也。唐代文学革命家，不仅韩氏一人；初唐之小说家皆革命功臣也。"古文"一派，至今为散文正宗，然宋人谈哲理者，似悟古文之不适于用，于是语录体兴焉。语录体者，以俚语说理记事。……此亦一大革命也。……至元人之小说，此体始臻极盛。……总之，文学革命到元代而登峰造极。其时词也，曲也，剧本也，小说也，皆第一流之文学，而皆以俚语为之。其时吾国真可谓有一种"活文学"出

世。倘此革命潮流（革命潮流即天演进化之迹。自其异者言之，谓之革命。自其循序渐进之迹言之，即谓之进化，可也。）不遭明代八股之劫，不受诸文人复古之劫，则吾国之文学必已为俚语的文学，而吾国之语言早成为言文一致之语言，可无疑也。但丁（Dante）之创意大利文，卻叟（Chaucer）之创英吉利文，马丁路得（Martin Luther）之创德意志文，未足独有千古矣。惜乎，五百余年来，半死之古文，半死之诗词，复夺此“活文学”之地位，而“半死文学”遂苟延残喘以至于今日。今日之文学，独我佛山人，南亭亭长，洪都百炼生诸公之小说可称“活文学”耳。文学革命何可更缓耶！何可更缓耶！（四月五夜记）〔二六〕

从此以后，我觉得我已从中国文学演变的历史上寻得了中国文学问题的解决方案，所以我更自信这条路是不错的。过了几天，我作了一首《沁园春》词，写我那时的情绪：

沁园春　誓诗〔二七〕

更不伤春，更不悲秋，以此誓诗。
任花开也好，花飞也好，月圆固好，日落何悲？
我闻之曰，“从天而颂，孰与制天而用之？”
更安用，为苍天歌哭，作彼奴为！
　文学革命何疑！
且准备搴旗作健儿。
要前空千古，下开百世，收他臭腐，还我神奇。
为大中华，造新文学，此业吾曹欲让谁？
诗材料，有簇新世界，供我驱驰。
（四月十三日）

这首词下半阕的口气是很狂的，我自己觉得有点不安，所以修改了好多次。到了第三次修改，我把“为大中华，造新文学，此业吾曹欲让谁”的狂言，全删掉了，下半阕就改成了这个样子：

……文章要有神思，
到琢句雕词意已卑。
定不师秦七，不师黄九，但求似我，何效人为！

语必由衷，言须有物，此意寻常当告谁！

从今后，倘傍人门户，不是男儿！

这次改本后，我自跋云：

吾国文学大病有三：一曰无病而呻，……二曰摹仿古人，……三曰言之无物。……顷所作词，专攻此三弊，岂徒责人，亦以自誓耳。（四月十七日）

前答觐庄书，我提出三事：言之有物，讲文法，不避“文的文字”〔二八〕；此跋提出的三弊，除“言之无物”与前第一事相同，余二事是添出的。后来我主张的文学改良的八件，此时已有了五件了。

四

一九一六年六月中，我往克利弗兰（Cleveland）赴“第二次国际关系讨论会”（Conference of International Relations）〔二九〕，去时来时都经过绮色佳，去时在那边住了八天，常常和任叔永，唐擘黄，杨杏佛诸君谈论改良中国文学的方法，这时候我已有了具体的方案，就是用白话作文，作诗，作戏曲。日记里记我谈话的大意有九点：

（一）今日之文言乃是一种半死的文字。

（二）今日之白话是一种活的语言。

（三）白话并不鄙俗，俗儒乃谓之俗耳。

（四）白话不但不鄙俗，而且甚优美适用。凡言要以达意为主，其不能达意者，则为不美。如说，“赵老头回过身来，爬在街上，扑通扑通的磕了三个头”，若译作文言，更有何趣味？

（五）凡文言之所长，白话皆有之。而白话之所长，则文言未必能及之。

（六）白话并非文言之退化，乃是文言之进化，其进化之迹，略如下述：

（1）从单音的进而为复音的。

（2）从不自然的文法进而为自然的文法。例如“舜何人也”变为“舜是什么人”；“己所不欲”变为“自己不要的”。

（3）文法由繁趋简。例如代名词的一致。

（4）文言之所无，白话皆有以补充。例如文言只能说“此乃吾儿之书”，但不能说“这书是我儿子的”〔三〇〕。

（七）白话可以产生第一流文学。白话已产生小说，戏剧，语录，诗词，

此四者皆有史事可证。

（八）白话的文学为中国千年来仅有之文学。其非白话的文学，如古文，如八股，如笔记小说，皆不足与于第一流文学之列。

（九）文言的文字可读而听不懂；白话的文字既可读，又听得懂。凡演说，讲学，笔记，文言决不能应用。今日所需，乃是一种可读，可听，可歌，可讲，可记的言语。要读书不须口译，演说不须笔译；要施诸讲坛舞台而皆可，诵之村妪妇孺皆可懂。不如此者，非活的言语也，决不能成为吾国之国语也，决不能产生第一流的文学也〔三一〕。（七月六日追记）

七月二日，我回纽约时，重过绮色佳，遇见梅觐庄，我们谈了半天，晚上我就走了。日记里记此次谈话的大致如下：

吾以为文学在今日不当为少数文人之私产，而当以能普及最大多数之国人为一大能事。吾又以为文学不当与人事全无关系；凡世界有永久价值之文学，皆尝有大影响于世道人心者也。觐庄大攻此说，以为 Utilitarian（功利主义），又以为偷得 Tolstoi（托尔斯太）之绪余〔三二〕；以为此等十九世纪之旧说，久为今人所弃置。

余闻之大笑。夫吾之论中国文学，全从中国一方面着想，初不管欧西批评家发何议论。吾言而是也，其为 Utilitarian，其为 Tolstoyan 又何损其为是。吾言而非也，但当攻其所以非之处，不必问其为 Utilitarian 抑为 Tolstoyan 也。

（七月十三日追记）

五

我回到纽约之后不久，绮色佳的朋友们遇着了一件小小的不幸事故，产生了一首诗，引起了一场大笔战，竟把我逼上了决心试做白话诗的路上去〔三三〕。

七月八日，任叔永同陈衡哲女士，梅觐庄，杨杏佛，唐擘黄在凯约嘉湖上摇船，近岸时船翻了，又遇着大雨。虽没有伤人，大家的衣服都湿了，叔永做了一首四言的《泛湖即事》长诗，寄到纽约给我看。诗中有"言棹轻楫，以涤烦疴"；又有"猜谜赌胜，载笑载言"等等句子。恰好我是曾做《诗三百篇中"言"字解》的，看了"言棹轻楫"的句子，有点不舒服，所以我写信给叔永说：

……再者，书中所用"言"字"载"字，皆系死字；又如"猜谜赌胜，载笑载言"二句，上句为二十世纪之活字，下句为三千年前之死句，殊不相称也。……（七月十六日）〔三四〕

叔永不服，回信说：

> 足下谓“言”字“载”字为死字，则不敢谓然。如足下意，岂因《诗经》中曾用此字，吾人今日所用字典便不当搜入耶？“载笑载言”固为“三千年前之语”，然可用以达我今日之情景，即为今日之语，而非“三千年前之死语”，此君我不同之点也。……（七月十七日）

我的本意只是说“言”字“载”字在文法上的作用，在今日还未能确定，我们不可轻易乱用。我们应该铸造今日的活语来“达我今日之情景”，不当乱用意义不确定的死字。苏东坡用错了“驾言”两字，曾为章子厚所笑。这是我们应该引以为训戒的〔三五〕。

这一点本来不很重要，不料竟引起了梅觐庄出来打抱不平；他来信说：

> 足下所自矜为“文学革命”真谛者，不外乎用“活字”以入文，于叔永诗中稍古之字，皆所不取，以为非“二十世纪之活字”。此种论调，因足下所恃为哓哓以提倡“新文学”者，迪又闻之素矣。夫文学革新，须洗去旧日腔套，务去陈言，固矣。然此非尽屏古人所用之字，而另以俗语白话代之之谓也。……足下以俗语白话为向来文学上不用之字，骤以入文，似觉新奇而美，实则无永久价值。因其向未经美术家之锻炼，徒诿诸愚夫愚妇，无美术观念者之口，历世相传，愈趋愈下，鄙俚乃不可言。足下得之，乃矜矜自喜，眩为创获，异矣！如足下之言，则人间材智，教育，选择，诸事，皆无足算，而村农伧夫皆足为诗人美术家矣。甚至非洲之黑蛮，南洋之土人，其言文无分者，最有诗人美术家之资格矣。何足下之醉心于俗语白话如是耶？至于无所谓“活文学”，亦与足下前此言之。……文字者，世界上最守旧之物也。……一字意义之变迁，必经数十或数百年而后成，又须经文学大家承认之，而恒人始沿用之焉。足下乃视改革文字如是之易易乎？……
>
> 总之，吾辈言文学革命，须谨慎以出之。尤须先精究吾国文字，始敢言改革。欲加用新字，须先用美术以锻炼之。非仅以俗语白话代之，即可了事者也。（俗语白话亦有可用者，惟必须经美术家之锻炼耳。）如足下言，乃以暴易暴耳，岂得谓之改良乎？……（七月十七日）

觐庄有点动了气，我要和他开开玩笑，所以做了一首一千多字的白话游戏诗回答他。开篇就是描摹老梅生气的神气：

"人闲天又凉"，老梅上战场。
拍桌骂胡适，说话太荒唐！
说什么"中国有活文学！"
说什么"须用白话做文章！"〔三六〕
文字那有死活！白话俗不可当！
…………

第二段中有这样的话：

老梅牢骚发了，老胡呵呵大笑。
且请平心静气，这是什么论调！
文字没有古今，却有死活可道。
古人叫做"欲"，今人叫做"要"。
古人叫做"至"，今人叫做"到"。
古人叫做"溺"，今人叫做"尿"。
本来同是一字，声音少许变了。
并无雅俗可言，何必纷纷胡闹？
至于古人叫"字"，今人叫"号"；
　　古人悬梁，今人上吊：
古名虽未必不佳，今名又何尝不妙？
至于古人乘舆，今人坐轿；
　　古人加冠束帻，今人但知戴帽：
这都是古所没有，而后人所创造〔三七〕。
若必叫帽作巾，叫轿作舆，
岂非张冠李戴，认虎作豹？
…………

第四段专答他说的"白话须锻炼"的意思：

今我苦口哓舌，算来欲是如何？
正要求今日的文学大家，
把那些活泼泼的白话，
拿来锻炼，拿来琢磨，
拿来作文演说，作曲作歌：——

出几个白话的嚣俄[三八]，
和几个白话的东坡，
那不是"活文学"是什么？
那不是"活文学"是什么？
…………

这首"打油诗"是七月二十二日做的，一半是少年朋友的游戏，一半是我有意试做白话的韵文。但梅、任两位都大不以为然。觐庄来信大骂我，他说：

> 读大作如儿时听"莲花落"，真所谓革尽古今中外诗人之命者！足下诚豪健哉！……（七月二十四日）

叔永来信也说：

> 足下此次试验之结果，乃完全失败；盖足下所作，白话则诚白话矣，韵则有韵矣，然却不可谓之诗。盖诗词之为物，除有韵之外，必须有和谐之音调，审美之辞句，非如宝玉所云"押韵就好"也……（七月二十四夜）

对于这一点，我当时颇不心服，曾有信替自己辩护，说我这首诗，当作一首Satire（嘲讽诗）看，并不算是失败，但这种"戏台里喝彩"，实在大可不必。我现在回想起来，也觉得自己好笑。

但这一首游戏的白话诗，本身虽没有多大价值，在我个人做白话诗的历史上，可是很重要的。因为梅、任诸君的批评竟逼得我不能不努力试做白话诗了。觐庄的信上曾说：

> 文章体裁不同。小说词曲固可用白话，诗文则不可。

叔永的信上也说：

> 要之，白话自有白话用处（如作小说演说等），然不能用之于诗。

这样看来，白话文学在小说词曲演说的几方面，已得梅、任两君的承认了。觐庄不承认白话可作诗与文，叔永不承认白话可用来作诗。觐庄所谓"文"，自然是指《古文辞类纂》一类的书里所谓"文"（近来有人叫做"美文"）。在这一点上，我毫不狐疑，因为我在几年前曾做过许多白话的议论文，我深信白话文是不难成立的。现在我们的争点，只在"白话是否可以作诗"的一个问题了。白话文学的作战，十仗之中，已胜了七八仗。现在只剩一座诗的壁垒，还须用全力去抢夺。待

到白话征服这个诗国时，白话文学的胜利就可说是十足的了，所以我当时打定主意，要作先锋去打这座未投降的壁垒：就是要用全力去试做白话诗。

叔永的长信上还有几句话使我更感觉这种试验的必要。他说：

> 如凡白话皆可为诗，则吾国之京调高腔，何一非诗？……乌乎适之，吾人今日言文学革命，乃诚见今日文学有不可不改革之处，非特文言白话之争而已……以足下高才有为，何为舍大道不由，而必旁逸斜出，植美卉于荆棘之中哉？……今日假定足下之文学革命成功，将令吾国作诗皆京调高腔，而陶谢李杜之流永不复见于神州，则足下之功又何如哉，心所谓危，不敢不告。……足下若见听，则请从他方面讲文学革命，勿徒以白话诗为事矣。……（七月二十四夜）

这段话使我感觉他们都有一个根本上的误解。梅、任诸君都赞成“文学革命”，他们都“诚见今日文学有不可不改革之处”。但他们赞成的文学革命，只是一种空荡荡的目的，没有具体的计划，也没有下手的途径。等到我提出了一个具体的方案（用白话做一切文学的工具），他们又都不赞成了。他们都说，文学革命决不是“文言白话之争而已”。他们都说，文学革命应该有“他方面”，应该走“大道”。究竟那“他方面”是什么方面呢？究竟那“大道”是什么道呢？他们又都说不出来了；他们只知道决不是白话！

我也知道光有白话算不得新文学，我也知道新文学必须有新思想和新精神。但是我认定了：无论如何，死文字决不能产生活文学。若要造一种活的文学，必须有活的工具。那已产生的白话小说词曲，都可证明白话是最配做中国活文学的工具的。我们必须先把这个工具抬高起来，使他成为公认的中国文学工具，使他完全替代那半死的或全死的老工具。有了新工具，我们方才谈得到新思想和新精神等等其他方面。这是我的方案。现在反对的几位朋友已承认白话可以作小说戏曲了。他们还不承认白话可以作诗。这种怀疑，不仅是对于白话诗的局部怀疑，实在还是对于白话文学的根本怀疑。在他们的心里，诗与文是正宗，小说戏曲还是旁门小道。他们不承认白话诗文，其实他们是不承认白话可作中国文学的唯一工具。所以我决心要用白话来征服诗的壁垒，这不但是试验白话诗是否可能，这就是要证明白话可以做中国文学的一切门类的唯一工具。

白话可以作诗，本来是毫无可疑的。杜甫、白居易、寒山、拾得、邵雍、王安石、陆游的白话诗都可以举来作证。词曲里的白话更多了。但何以我的朋友们还不能承认白话诗的可能呢？这有两个原因：第一是因为白话诗确是不多，在那无数的古文诗里，这儿那儿的几首白话诗在数量上确是很少的。第二是因为旧日的诗人词人只有偶然用白话做诗词的，没有用全力做白话诗词的，更没有自觉的做白话诗词的。所以现在这个问题还不能光靠历史材料的证明，还须等待我们用实地试验来证明。

所以我答叔永的信上说：

> 总之，白话未尝不可以入诗，但白话诗尚不多见耳。古之所少有，今日岂必不可多作乎？……
>
> 白话之能不能作诗，此一问题全待吾辈解决。解决之法，不在乞怜古人，谓古之所无，今必不可有；而在吾辈实地试验。一次“完全失败”，何妨再来？若一次失败，便“期期以为不可”，此岂“科学的精神”所许乎？……
>
> 高腔京调未尝不可成为第一流文学。……适以为但有第一流文人肯用高腔京调著作，便可使京调高腔成第一流文学。病在文人胆小不敢用之耳。元人作曲可以取仕宦，下之亦可谋生，故名士如高则诚、关汉卿之流皆肯作曲作杂剧。今之高腔京调皆不文不学之戏子为之，宜其不能佳矣。此则高腔京调之不幸也。……
>
> 足下亦知今日受人崇拜之莎士比亚，即当时唱京调高腔者乎？……
>
> 与莎氏并世之倍根著《论集》（*Essays*），有拉丁文英文两种本子；书既出世，倍根自言，其他日不朽之名当赖拉丁文一本；而英文本则以供一般普通俗人之传诵耳，不足轻重也。此可见当时之英文的文学，其地位皆与今日京腔高调不相上下……吾绝对不认“京腔高调”与“陶谢李杜”为势不两立之物。今且用足下之文字以述吾梦想中之文学革命之目的，曰：
>
> （1）文学革命的手段，要令国中之陶、谢、李、杜**敢用**白话京调高腔作诗。要令国中之陶、谢、李、杜皆**能用**白话京调高腔作诗[三九]。
>
> （2）文学革命的目的，要令中国有许多白话京调高腔的陶、谢、李、杜，要令白话京调高腔之中产出几许陶、谢、李、杜。
>
> （3）今日决用不着陶、谢、李、杜的陶、谢、李、杜。何也？时代不同也。
>
> （4）吾辈生于今日，与其作不能行远不能普及的《五经》、两汉、六朝、八家文字，不如作家喻户晓的《水浒》《西游》文字。与其作似陶似谢似李似杜的诗，不如作不似陶不似谢不似李杜的白话诗。与其作一个“真诗”，走“大道”，学这个，学那个的陈伯严、郑苏龛，不如作一个实地试验，“旁逸斜出”，“舍大道而弗由”的胡适。
>
> 此四者，乃适梦想中文学革命之宣言书也。

嗟夫，叔永，吾岂好立异以为高哉？徒以“心所谓是，不敢不为”。吾志决矣。吾自此以后，不更作文言诗词。吾之《去国集》乃是吾绝笔的文言韵文也。……[四〇]（七月二十六日）

这是我第一次宣言不做文言的诗词。过了几天，我再答叔永道：

古人说：“工欲善其事，必先利其器。”文字者，文学之器也。我私心以为文言决不足为吾国将来文学之利器。施耐庵、曹雪芹诸人已实地证明作小说之利器在于白话。今尚需人实地试验白话是否可为韵文之利器耳。……

我自信颇能用白话作散文，但尚未能用之于韵文。私心颇欲以数年之力，实地练习之。倘数年之后，竟能用文言白话作文作诗，无不随心所欲，岂非一大快事？

我此时练习白话韵文，颇似新辟一文学殖民地。可惜须单身匹马而往，不能多得同志，结伴同行。然我去志已决。公等假我数年之期。倘此新国尽是沙碛不毛之地，则我或终归老于“文言诗国”，亦未可知。倘幸而有成，则辟除棘荆之后，当开放门户，迎公等同来莅止耳。“狂言人道臣当烹。我自不吐定不快，人言未足为轻重。”足下定笑我狂耳。……（八月四日）

这封信是我对于一班讨论文学的朋友的告别书。我把路线认清楚了，决定努力做白话诗的试验，要用试验的结果来证明我的主张的是非。所以从此之后，我不再和梅、任诸君打笔墨官司了。信中说的“可惜须单身匹马而往，不能多得同志，结伴而行”，也是我当时心里感觉的一点寂寞。我心里最感觉失望的，是我平时最敬爱的一班朋友都不肯和我同去探险。一年多的讨论，还不能说服一两个好朋友，我还妄想要在国内提倡文学革命的大运动吗？

有一天，我坐在窗口吃我自做的午餐，窗下就是一大片长林乱草，远望着赫贞江。我忽然看见一对黄蝴蝶从树梢飞上来；一会儿，一只蝴蝶飞下去了；还有一只蝴蝶独自飞了一会，也慢慢的飞下去，去寻他的同伴去了，我心里颇有点感触，感触到一种寂寞的难受，所以我写了一首白话小诗，题目就叫做《朋友》（后来才改作《蝴蝶》）：

两个黄蝴蝶，双双飞上天。
　不知为什么，一个忽飞还。
剩下那一个，孤单怪可怜。
　也无心上天，天上太孤单。（八月二十三日）[四一]

这种孤单的情绪，并不含有怨望我的朋友的意思。我回想起来，若没有那一班朋友和我讨论，若没有那一日一邮片，三日一长函的朋友切磋的乐趣，我自己的文学主张决不会经过那几层大变化，决不会渐渐结晶成一个有系统的方案，决不会慢慢的寻出一条光明的大路来。况且那年（一九一六）的三月间，梅觐庄对于我的俗话文学的主张，已很明白的表示赞成了。（看上文引他的三月十九日来信。）后来他们的坚决反对，也许是我当时少年意气太盛，叫朋友难堪，反引起他们的反感来了，就使他们不能平心静气的考虑我的历史见解，就使他们走上了反对的路上去。但是因为他们的反驳，我才有实地试验白话诗的决心。庄子说得好："彼出于是，是亦因彼。"〔四二〕一班朋友做了我多年的"他山之错"，我对他们，只有感激，决没有丝毫的怨望。

我的决心试验白话诗，一半是朋友们一年多讨论的结果，一半也是我受的实验主义的哲学的影响。实验主义教训我们：一切学理都只是一种假设；必须要证实了（verified），然后可算是真理。证实的步骤，只是先把一个假设的理论的种种可能的结果都推想出来，然后想法子来试验这些结果是否适用，或是否能解决原来的问题。我的白话文学论不过是一个假设，这个假设的一部分（小说词曲等）已有历史的证实了；其余一部分（诗）还须等待实地试验的结果。我的白话诗的实地试验，不过是我的实验主义的一种应用。所以我的白话诗还没有写得几首，我的诗集已有了名字了，就叫做《尝试集》。我读陆游的诗，有一首诗云：

能仁院前有石像丈余，盖作大像时样也。

江阁欲开千尺像，云龛先定此规模。

斜阳徙倚空长叹，尝试成功自古无。

陆放翁这首诗大概是别有所指；他的本意大概是说：小试而不得大用，是不会成功的，我借他这句诗，做我的白话诗集的名字，并且做了一首诗，说明我的尝试主义：

尝试篇

"尝试成功自古无"，放翁这话未必是。我今为下一转语，自古成功在尝试。请看药圣尝百草，尝了一味又一味。又如名医试丹药，何嫌六百零六次。莫想小试便成功，哪有这样容易事！有时试到千百回，始知前功尽抛弃。即使如此已无愧，即此失败便足记。告人此路不通行，可使脚力莫浪费。我生求师二十年，今得"尝试"两个字。作诗做事要如此，虽未能到颇有志。作"尝试歌"颂吾师，愿大家都来尝试〔四三〕（八月三日）！

这是我的实验主义的文学观。

这个长期讨论的结果，使我自己把许多散漫的思想汇集起来，成为一个系统。一九一六年的八月十九日，我写信给朱经农，中有一段说：

> 新文学之要点，约有八事：
>
> （一）不用典。
>
> （二）不用陈套语。
>
> （三）不讲对仗。
>
> （四）不避俗字俗语。（不嫌以白话作诗词。）
>
> （五）须讲求文法。（以上为形式的方面。）
>
> （六）不作无病之呻吟。
>
> （七）不摹仿古人。
>
> （八）须言之有物。（以上为精神［内容］的方面。）[四四]

那年十月中，我写信给陈独秀先生，就提出这八个“文学革命”的条件。次序也是这样的；不到一个月，我写了一篇《文学改良刍议》，用复写纸钞了两份，一份给《留美学生季报》发表，一份寄给独秀在《新青年》上发表。（《胡适文存》卷一，页七——二三。）在这篇文字里，八件事的次序大改变了：

> （一）须言之有物。
>
> （二）不摹仿古人。
>
> （三）须讲求文法。
>
> （四）不作无病之呻吟。
>
> （五）务去烂调套语。
>
> （六）不用典。
>
> （七）不讲对仗。
>
> （八）不避俗字俗语。

这个新次第是有意改动的。我把“不避俗字俗语”一件放在最后，标题只是很委婉的说“不避俗字俗语”，其实是很郑重的提出我的白话文学的主张。我在那篇文字里说：

> 吾惟以施耐庵、曹雪芹、吴趼人为文学正宗[四五]，故有“不避俗字俗语”之论也。盖吾国言文之背驰久矣。自佛书之输入，译者以文言不足以达意，故

以浅近之文译之，其体已近白话。其后佛氏讲义语录尤多用白话为之者，是为语录体之原始。及宋人讲学，以白话为语录，此体遂成讲学正体。(明人因之。)当是时，白话已久入韵文，观宋人之诗词可见。及至元时，中国北部在异族之下三百余年矣。此三百年中，中国乃发生一种通俗行远之文学，文则有《水浒》《西游》《三国》，曲则尤不可胜计。以今世眼光观之，则中国文学当以元代为最盛；传世不朽之作，当以元代为最多。此无可疑也。当是时，中国之文学最近言文合一，白话几成文学的语言矣。使此趋势不受阻遏，则中国几有一"活文学"出现，而但丁、路得之伟业几发生于神州。不意此趋势骤为明代所阻，政府既以八股取士，而当时文人如何李七子之徒，又争以复古为高〔四六〕。于是此千年难遇言文合一之机会，遂中道夭折矣。然以今世历史进化的眼光观之，则白话文学之为中国文学之正宗，又为将来文学必用之利器，可断言也。以此之故，吾主张今日作文作诗，宜采用俗语俗字。与其用三千年前之死字，不如用二十世纪之活字。与其作不能行远不能普及之秦汉六朝文字，不如作家喻户晓之《水浒》《西游》文字也〔四七〕。

这完全是用我三四月中写出的中国文学史观（见上文引的四月五日日记），稍稍加上一点后来的修正，可是我受了在美国的朋友的反对，胆子变小了，态度变谦虚了，所以此文标题但称"《文学改良刍议》"〔四八〕，而全篇不敢提起"文学革命"的旗子。篇末还说：

上述八事，乃吾年来研思此一大问题之结果。……谓之"刍议"，犹云未定草也。伏惟国人同志有以匡纠是正之。

这是一个外国留学生对于国内学者的谦逊态度。文字题为"刍议"，诗集题为"尝试"，是可以不引起很大的反感的了。

陈独秀先生是一个老革命党，他起初对于我的八条件还有点怀疑（《新青年》二卷二号。其时国内好学深思的少年，如常乃德君，也说"说理纪事之文，必当以白话行之，但不可施于美术文耳。"见《新青年》二卷四号），但他见了我的《文学改良刍议》之后，就完全赞成我的主张；他接着写了一篇《文学革命论》(《新青年》二卷五号)，正式在国内提出"文学革命"的旗帜。他说：

文学革命之气运，酝酿已非一日。其首举义旗之急先锋则为吾友胡适。余甘冒全国学究之敌，高张"文学革命军"之大旗，以为吾友之声援。旗上大书特书吾革命三大主义：

曰：推倒雕琢的，阿谀的贵族文学；建设平易的，抒情的国民文学。

曰：推倒陈腐的，铺张的古典文学；建设新鲜的，立诚的写实文学。

曰：推倒迂晦的，艰涩的山林文学；建设明了的，通俗的社会文学。

独秀之外，最初赞成我的主张的，有北京大学教授钱玄同先生（《新青年》二卷六号通信；又三卷一号通信）[四九]。此后文学革命的运动就从美国几个留学生的课余讨论，变成国内文人学者的讨论了。

《文学改良刍议》是一九一七年一月出版的，我在一九一七年四月九日还写了一封长信给陈独秀先生，信内说：

此事之是非，非一朝一夕所能定，亦非一二人所能定。甚愿国中人士能平心静气与吾辈同力研究此问题。讨论既熟，是非自明。吾辈已张革命之旗，虽不容退缩，然亦决不敢以吾辈所主张为必是，而不容他人之匡正也。……

独秀在《新青年》（第三卷三号）上答我道：

鄙意容纳异议，自由讨论，固为学术发达之原则，独至改良中国文学当以白话为正宗之说，其是非甚明，必不容反对者有讨论之余地；必以吾辈所主张者为绝对之是，而不容他人之匡正也。盖以吾国文化倘已至文言一致地步，则以国语为文，达意状物，岂非天经地义？尚有何种疑义必待讨论乎？其必欲摈弃国语文学，而悍然以古文为正宗者，犹之清初历家排斥西法，乾嘉畴人非难地球绕日之说，吾辈实无余闲与之作此无谓之讨论也。

这样武断的态度，真是一个老革命党的口气。我们一年多的文学讨论的结果，得着了这样一个坚强的革命家做宣传者，做推行者，不久就成为一个有力的大运动了。

（《四十自述》的一章，二十二年。十二月，三日夜脱稿。）[五〇]

注释

〔一〕“做书记”与“做一个书记”

“做书记”，手稿（一四八页，原稿纸1页）和《东方杂志》（一五页）均为“做一个书记”；大系本（3页）、小史本（四一页）、远东本（一〇一页）均无“一个”，当系作者所删。这里的“一个”确系赘词，删去更为简洁。

［二］“多种树，种树有益。”

“多种树，种树有益。”手稿（一四九页，原稿纸2页）作“多种树。种树有益。”中间为句号。《东方杂志》（一五页）和大系本（3页）、小史本（四一页）、六艺本（九一页）、纪念版（111页）、远东本（一〇一页）均作“多种树，种树有益。”中间为逗号，当系作者所改。“多种树”与“种树有益”两个短语之间是因果关系，而且两个短语都很短，应该用逗号。

另外，这三段引文之后的话，即“支票是我们每月渴望的”，手稿（一四九页，原稿纸2页）并未分段，而是顶格书写的。《东方杂志》（一五页）和大系本（3页）、小史本（四一页）、六艺本（九一页）、纪念版（111页）、远东本（一〇一页）、文集本（140页）、画报本（92页）、闽教本（99页）、江西本（108页）等，均顶格排版未分段；而全集本（100页）、北大本（115页）、人文本（128页）、人报本（94页）、民建本（90页）、群言本（174页）、津人本（128页）、岳麓本（74页）、武汉本（97页）、华侨本（97页）、京联本（92页）、海南本（95页）等，均另起一段。简体定本，依照手稿和《东方杂志》不分段，顶格排版。

［三］“真可厌！”与“真可厌——”

“可是钟先生的热心真可厌！”这是表示强烈感情的句子，理当用感叹号，手稿（一四九页，原稿纸2页）、《东方杂志》（一五页）、大系本（3页）、小史本（四二页）、六艺本（九二页）、纪念版（112页）、远东本（一〇二页）、远流本（九八页）等，均为感叹号。可是光明本（28页）、全集本（100页）、全编本（80页）等，却均作破折号，不知何据？人文本（128页）、津人本（128页）、京联本（92页）、万卷本（137页）、中州本（94页）、哈市本（137页）、文史本（116页）、徽教本（86页）等因袭全集，亦作破折号。依理揆之，很可能是因为《东方杂志》（一五页）、大系本（3页）、小史本（四二页）、远东本（一〇二页）等版本都是竖排，全集本便将感叹号看成了破折号。

［四］手稿插入的一段话

“有一天，我又接到了他的一张传单，说中国应该改用字母拼音；说欲求教育普及，非有字母不可。我一时动了气，就写了一封短信去骂他”，手稿（一五〇页，原稿纸3页）中的这段话最初作“有一天，我一时动了气，就写了一封短信去骂他”。后来，作者在中间插入了一段话：“我又接到了他的一张传单，说中国应该改用字母拼音；说欲求教育普及，非有字母不可。”插入了这段话，就使得动气写信骂人有了更为直接的原因。如果没有插入的这段话，就好像是说，“我”还是为上次的那张传单动怒。

“就写了一封短信去骂他，”这句的后面，手稿（一五〇页，原稿纸3页）、初刊本（一五页）、大系本（4页）、小史本（四二页）、六艺本（九二页）、纪念版（112页）、远东本（一〇二页）均作逗号，而全集本（100页）、全编本（80页）、光明本（28页）、人文本（129页）、京联本（92页）、海南本（95页）、万卷本（137页）等，却均误作句号。

另外，“你们这种不通汉文的人，不配谈改良中国文字的问题。你要谈这个问题，必须先费几年工夫，把汉文弄通了，那时你才有资格谈汉字是不是应该废除。”这段话，小史本（四二页）、六艺本（九二页）、远东本（一〇二页）作“你们这种不通汉文的人，不配谈改良中国文字的问题，必须先费几年工夫，把汉文弄通了，那时你才有资格谈汉字是不是应该废除。”也就是说，缺了“。你要谈这个问题”，可能是手民漏掉了。闽教本（100页）、津人本（128页）、群言本（176页）等均沿袭此误。

［五］盛气陵人

“盛气陵人”的“陵”，同“凌”，意思为侵犯、欺侮，今多作“盛气凌人”。手稿（一五〇页，原稿纸3页）、《东方杂志》（一五页）、大系本（4页）、六艺本（九二页）、纪念版（112页）均作“盛气陵人”，小史本（四二页）、远东本（一〇二页）和全集本（100页）、全编本（80页）、海天本（95页）等均作“盛气凌人”。为了反映作品的原貌，简体定本仍作“盛气陵人”。

［六］不该漏掉英文

“‘文学科学研究部’（Institute of Arts and Sciences）”，括号中的英文有些版本漏掉了，譬如人报本（95页）、岳麓本（75页），或许是故意删去的。胡适先生非常重视外文译名，他在中译名称的后面大都标注出外文原名，以免混淆失误。

［七］用书名号，还是用引号？

> 我就同赵元任先生商量，把“中国文字的问题”作为本年文学股的论题，由他和我两个人分做两篇论文，讨论这个问题的两个方面：赵君专论“吾国文字能否采用字母制，及其进行方法”；我的题目是“如何可使吾国文言易于教授”。

这段话中的“吾国文字能否采用字母制，及其进行方法”和“如何可使吾国文言易于教授”，手稿（一五一、一五二页，原稿纸4、5页）和《东方杂志》（一六页）、大系本（4页）、小史本（四二页）、六艺本（九二页）、远东本（一〇二页）、纪念版（112页）、全集本（100页）、全编本（80页）等，均作引号；其中，只有《东方杂志》（一六页）误将“如何可使吾国文言易于教授”引号外面的句号放在引号里面了。而民建本（91页）、画报本（92页）和群言本（176页），均作《吾国文字能否采用字母制，及其进行方法》和《如何可使吾国文言易于教授》，将原来的两处引号改成了书名号。其实，这里所说的并不是两篇文章名，更不是两本书名，而只是针对所要讨论的“这个问题的两个方面”。因此，这两处引号似不宜改为书名号。北大本（116页）前一处用书名号，后一处用引号。原文是说赵元任专门论述“吾国文字能否采用字母制，及其进行方法”这个方面，并没有说这是赵元任的文章名。如果勉强用书名号的话，也只能是后者而不是前者，因为这个问题的前面有“我的题目是”什么，当然这里的“题目”并非文章的标题，而是文章的主题、意旨。简体定本遵照手稿，仍用引号。

［八］话言

手稿（一五四页，原稿纸7页）、《东方杂志》（一六页）、大系本（4页），均作“日用话言之文字”；小史本（四三页）、六艺本（九三页）、远东本（一〇三页）、远流本（九九页）、纪念版（113页）等，均误作“日用语言之文字”；光明本（29页）、全集本（101页）、全编本（81 页）、北大本（116 页）、文集本（141 页）、人文本（130 页）、闽教本（101 页）、江西本（109 页）、画报本（93 页）、武汉本（99 页）、现代本（90 页）、吉大本（110 页）、哈市本（139 页）、徽教本（87 页）、海天本（96 页）等，均沿袭此误作“日用语言之文字”。“者，日用话言之文字，”在手稿中是后插入的，“话言”二字非常清晰。“日用话言之文字”，指的是日常说话所使用的文字，而非“文言”所使用的文字。因为“语言”包括书面语，所以胡适先生不用“语言”这个词，而用“话言”，以示区别。

[九] 应分段而未分段

手稿（一五四页，原稿纸 7 页）、《东方杂志》（一六页）和大系本（5 页），在这段括注文字之后均另起一段，也就是说与下面的“旧法不明此义”一段话是分成两段的；而小史本（四三页）、六艺本（九三页）、远东本（一〇三页）、远流本（九九页）、纪念版（114 页）等，均接排未另段。未分段的原因，很可能是旧时引文的分段只是另起一行，行首并不空两字。因为大系本上段末尾的文字恰好赶在行尾，下一段虽然另起却看不出是分段，所以小史本（四三页）等就误将两段接排了。这也是旧时行款分段的一个弊端，后来分段的段首必须空两字，就不会出现这个问题了。全集本（101 页）、全编本（81 页）、光明本（29 页）、北大本（117 页）、文集本（142 页）、人文本（130 页）、人报本（96 页）、岳麓本（76 页）、闽教本（101 页）、津人本（130 页）、江西本（109 页）、画报本（93 页）、华侨本（98 页）、武汉本（99 页）、京联本（93 页）、海南本（96 页）、群言本（177 页）、民建本（91 页）、万卷本（139 页）、现代本（90 页）、徽教本（87 页）、哈市本（139 页）、吉大本（110 页）、理工本（102 页）、文史本（119 页）、中州本（95 页）、海天本（96 页）等，均沿袭前误而未分段。

[一〇] 一九一五年八月廿六日记

“以上引一九一五年八月廿六日记”，手稿（一五七页，原稿纸 10 页）初作“以上引四年八月廿六夜日记”，后将“四年”改为“一九一五年”，将“夜”字涂去。六艺本（九四页）、远东本（一〇四页）、远流本（一〇〇页）、人文本（130 页）、岳麓本（76 页）、民建本（92 页）、人报本（96 页）、江西本（110 页）等，均作“以上引一九一五年八月廿六日记”；《东方杂志》（一七页）、大系本（5 页）、纪念版（115 页）、全集本（102 页）、全编本（82 页）、画报本（94 页）、闽教本（102 页）、武汉本（99 页）、海南本（97 页）、哈市本（140 页）、徽教本（88 页）、现代本（90 页）等，均作“以上引一九一五年八月二十六日记”，将“廿六”改为“二十六”；光明本（30 页）、文集本（142 页）、北大本（117 页）、华侨本（99 页）、海天本（97 页）等，均作“以上引 1915 年 8 月 26 日记”，将原来的汉字数字改成了阿拉伯数字；京联本（94 页）、理工本（102 页）均作“以上引 1915 年 8 月 26 日日记”，将原来的汉字数字改成了阿拉伯数字，且衍一“日”字；小史本（四四页）、津人本（131 页）等，作“以上引一九一五年八月廿六日日记”，衍一“日”字；群言本（177 页）、吉大本（111 页）均作“以上引一九一五年八月二十六日日记”，将“廿六”改为“二十六”，且衍一“日”字；中州本（96 页）、文史本（120 页）均作“以上引一九一五年八月二十六日日记。”将“廿六”改为“二十六”，且衍一“日”字，括注末尾还多了个句号。

［一一］不应分段而分段

“我提出的四条古文教授法”以下这部分文字，手稿（一五八页，原稿纸11页）并未另起一段，而是顶格书写的。《东方杂志》（一七页）、大系本（5页）、小史本（四四页）、六艺本（九四页）、远东本（一〇五页）、远流本（一〇〇页）、纪念版（115页）、文集本（142页）等，均未另起一段，都是顶格排版。而全集本（102页）、全编本（82页）、光明本（30页）、北大本（118页）、人文本（131页）、津人本（132页）、华侨本（100页）、民建本（92页）、群言本（178页）、人报本（97页）、京联本（94页）、武汉本（99页）、海南本（97页）、徽教本（88页）、吉大本（111页）、理工本（103页）、文史本（120页）、现代本（91页）、中州本（97页）等，均另起一段（前空两格）。

类似这种稿本未分段而有些版本却分段的情况，本章还有一些，如“二”中的：

> ①在这诗里，我第一次用“文学革命”一个名词……
>
> ②诗的末行自然是挖苦我的“文学革命”的狂言……
>
> ③在这短诗里，我特别提出了“诗国革命”的问题……

“三”中的：

> ④任叔永也来信，说他赞成觐庄的主张……
>
> ⑤我自己日记里记着……
>
> ⑥这种说法，何尝不是？……
>
> ⑦我们若把这句话改作古文……
>
> ⑧这封信真叫我高兴，梅觐庄也成了“我辈”了！
>
> ⑨第二段论散文的革命……
>
> ⑩这首词下半阕的口气是很狂的……
>
> ⑪这次改本后，我自跋云……
>
> ⑫前答觐庄书，我提出三事……

“五”中的：

> ⑬叔永不服，回信……
>
> ⑭我的本意只是说“言”字“载”字在文法上的作用……

以上十四处，《东方杂志》（一八至二三页）、大系本（144—152页）、纪念版（117—130页）、全集本（104—116页）、人文本（132—137页）均未分段。小史本（五六页）、六艺本（九六—一〇六页）、远东本（一一八页）、海天本（99—111页）和岳麓本（86页）只有⑭另起一段，文集本（151页）只有⑬另起一段，其余均未分段。

其他版本都是全部或部分另起一段，如光明本（32—43页）、北大本（120—133页）、津人本（134—149页）、华侨本（101—113页）、民建本（93—102页）、京联本（96—107页）、武汉本（101—109页）、海南本（99—110页）、江西本（113—126页）等，全部另起一段；全编本①②③（83、84页），画报本⑤（98页）、⑩（103页）、⑬（106页）另起一段，其余未分段；群言本⑨（188 页）未分段，其余（180—196 页）另起一段；人报本⑤（100 页）未分段，但也不是另行顶格，而是错排在上行“（二月三日）”的后面，其余（98—106 页）另起一段；闽教本⑤（107 页）、⑧（109 页）另起一段，其余（104—115 页）未分段。

手稿《逼上梁山》的“五”并非完璧，一九二页（原稿纸 45 页）之后就缺失了。但从现存手稿与《东方杂志》和大系本的对照情况来看，《东方杂志》和大系本都是严格遵照手稿来排版的。因此，我们可以根据这两个版本来确定后面那些回行而不分段的部分：

①觐庄有点动了气……

②第二段中有这样的话……

③第四段专答他说的……

④叔永来信也说……

⑤对于这一点，我当时颇不心服……

⑥叔永的信上也说……

⑦这样看来，白话文学……

⑧这段话使我感觉他们都有一个根本上的误解……

⑨这是我第一次宣言不做文言的诗词……

⑩这封信是我对于一班讨论文学的朋友的告别书……

⑪这种孤单的情绪，并不含有怨望我的朋友的意思……

⑫陆放翁这首诗大概是别有所指……

⑬这是我的实验主义的文学观。

⑭那年十月中，我写信给陈独秀先生……

⑮这个新次第是有意改动的……

⑯这完全是用我三四月中写出的中国文学史观……

⑰这是一个外国留学生对于国内学者的谦逊态度……

⑱独秀之外，最初赞成我的主张的……

⑲独秀在《新青年》（第三卷三号）上答我……

⑳这样武断的态度，真是一个老革命党的口气……

这二十处，远东本（一一九—一三五页）、小史本（五七—七二页）、六艺本（一〇七—一二二页）纪念版（131—148 页）、全集本（117—132 页）、全编本（94—107 页）、人文本（143—155 页）、岳麓本（87—98 页）亦未分段；而其他版本都是全部或部分另起一段，如文集本①（153 页）、③（154 页）、⑩（158 页）是另起一段；北大本（135—152 页）全都另起一段。

这里的另行不分段和分段是不同的，只有前面的部分已经说完，或是表达了相对完整的意思，后面的部分才能分段。如果前面的部分尚未说完，只是在行文中插入了引文，为了使引文更加醒目，层次更为清晰，便将引文部分另行书写（排版），而且整个引文的行首一般要比非引文部分低（缩）两格，后面的非引文部分仍是紧接着上文来说的，那就不能另起一段。这样的地方如果另起一段，那上文的意思就残缺不全了。由此可见，是否分段，兹事体大，非同小可，因此简体定本全部遵照手稿和《东方杂志》、大系本，回行顶格排版，不另分段。

另外，“我提出的四条古文教授法，都是从我早年的经验里得来的”，这句话中的逗号，手稿（一五八页，原稿纸11页）和纪念版（115页）为逗号，初刊本（一七页）、大系本（5页）、小史本（四四页）、六艺本（九四页）、远东本（一〇五页）均误作分号。推测致误的原因，或是涉上段首句“我是不反对字母拼音的中国文字的”后面的分号而误。上段首句后作分号是对的，因为后面的话中间有三个逗号，共同与首句构成转折关系。而此处不同，“我提出的四条古文教授法，都是从我早年的经验里得来的”，中间只有这一处停顿，不能用分号。分号是介于逗号和句号之间的标点符号，主要用于分隔并列关系的两句分句，也可以是多重复句的第一层分句，或是大句中的并列部分，或是用来分隔作为列举分项出现的并列短语，或是辞书中同一义项的不同释义，此处都不属于这些情况。

［一二］（看《四十自述》，页四四——四六）

“第一条注重讲解古书，是我幼年时最得力的方法”，手稿（一五八页，原稿纸11页）和《东方杂志》（一七页）、大系本（6页），此句后均有括注：“（看《四十自述》，页四四——四六）”，这个括注中的“《四十自述》”指的是亚东初版。但小史本（四四页）没有这个括注，可能是觉得没什么用故意删除的，其实这个括注是很有用的，因为括注所指的内容，正是记述作者幼年时如何得力于讲解古书的，等于现身说法。远东本（一〇五页）和六艺本（九四页）虽然有括注，但括注的内容不同，将括注的内容改为“（看本书的第页一八——二三）”。这是因为远东本将《文学革命》作为《四十自述》的最后一章，所以把《东方杂志》参看《四十自述》的页码改成了远东本的页码。这样改动本也未尝不可——虽然已经不是胡适写的原话了，但关键的问题是“看本书的第页一八——二三”和“看《四十自述》，页四四——四六”所指的内容完全不同。“看《四十自述》，页四四——四六”，指的是亚东初版的页码，与“注重讲解古书，是我幼年时最得力的方法”有关的内容是“九年的家乡教育”第“三”部分的后两段：

> 我一个人不属于这“两元”的阶级。我母亲渴望我读书，故学金特别优厚，第一年就送六块钱，以后每年增加，最后一年加到十二元。这样的学金，在家乡要算“打破纪录”的了。我母亲大概是受了我父亲的叮嘱，她嘱托四叔和禹臣先生为我“讲书”：每读一字，须讲一字的意思；每读一句，须讲一句的意思。我先已认得了近千个“方字”，每个字都经过父母的讲解，故进学堂之后，不觉得很苦。念的几本书虽然有许多是乡里先生讲不明白的，但每天总遇着几句可懂的话。我最喜欢朱子《小学》里的记述古人行事的部分，因为那些部分最容易懂得，所以比较最有趣味。同学之中有念《幼学琼林》的，我常常帮他们的忙，教他们不认得的生字，因此常常借这些书看；他们念大字，我却最爱看《幼学琼林》的小注，因为注文中有许多神话和故事，比《四书》《五经》有趣味多了。
>
> 有一天，一件小事使我忽然明白我母亲增加学金的大恩惠。一个同学的母亲来请禹臣先生代写家信给她的丈夫；信写成了，先生交她的儿子晚上带回家去。一会儿，先生出门去了，这位同学把家信抽出来偷看。他忽然过来问我道：“糜，这信上第一句‘父亲大人膝下’是什么意思？”他比我只小一岁，也念过《四书》，却不懂“父亲大人膝下”是什

么！这时候，我才明白我是一个受特别待遇的人，因为别人每年出两块钱，我去年却送十块钱。我一生最得力的是讲书，父亲母亲为我讲方字，两位先生为我讲书。念古文而不讲解，等于念“揭谛揭谛，波罗揭谛”，全无用处。

而“看本书的第页一八——二三”的内容却是“九年的家乡教育”第“三”部分的前几段：“我父亲死时，我母亲只有二十三岁。……我当时虽不懂得其中的意义，却常常嘴上爱念着玩，大概也是因为喜欢那些重字双声的缘故。”而这部分内容与“注重讲解古书，是我幼年时最得力的方法”毫不相干。

远流本（一〇〇页）将括注的内容改为“（看本书的第页一八——二四）”，而这“第页一八——二四”是“九年的家乡教育”第“三”部分的全部。纪念版（115 页）将括注的内容改为“（看本书〈九年的家乡教育〉第三节）”，也是第“三”部分的全部。海天本（98 页）完全照抄远流本的括注，但海天本的“一八——二四页”不仅包括第“三”部分的全部，还有第“四”部分的一页。而且，海天本的页码是阿拉伯数字，那“（看本书的第一八——二四页）”又去哪里看呢？其实，胡适原来的括注指的是“九年的家乡教育”第“三”部分的最后两段，前面的几段与“注重讲解古书，是我幼年时最得力的方法”并无关涉。

目前出版的相关图书，对于这个括注的处理大致有以下几种情况：

一是删去了括注，也就是没有括注了。如人文本（131 页）、北大本（118 页）、人报本（97 页）、民建本（92 页）、岳麓本（77 页）、画报本（94 页）、津人本（132 页）、群言本（178 页）、海南本（97 页）、武汉本（99 页）、京联本（94 页）、江西本（111 页）、万卷本（140 页）、理工本（103 页）、哈市本（141 页）、吉大本（111 页）、文史本（120 页）、现代本（91 页）、中州本（97 页）等。删去固然简单，但已非原貌，更重要的是没了参看的索引，当然也就失去了参看的内容，无从参看了，这就切断了读者进一步深入研读的路径，损失颇大。

二是按《东方杂志》加了括注，即“（看《四十自述》，页四四——四六）”，如光明本（30 页）、全集本（103 页）、全编本（82 页）等。但因没有注释说明，读者不知道这部《四十自述》是哪个版本，那括注的页码也就不起作用了。虽然有括注，实际上等于没有，而且还徒然增添了读者的疑惑。胡适先生写作本文时，《四十自述》只有一个版本，即亚东初版，自然无须注明版本。

另外，全集本（103 页）和全编本（82 页）将括注的内容置于句号之前亦欠妥：“第一条注重讲解古书，是我幼年时最得力的方法（看《四十自述》，页四四——四六）。”这里的括号是句外括号而非句内括号，因此，这个括注要放在句号之后：“第一条注重讲解古书，是我幼年时最得力的方法。（看《四十自述》，页四四——四六）”

三是按远东本加了括注，即“（看本书的第页一八——二三）”，如闽教本（103 页）。该书还在这里加了注释：“此处指台湾远东本，页码所对应的内容应为‘九年的家乡教育’第二至第三小节部分。”注释本来很必要，遗憾的是这个注释有问题。首先，远东本页码所指内容，如前所述本身就有问题。另外，“九年的家乡教育”共有五个部分，每个部分都有若干小节，这里没有特别说明是第几部分，如果按第一部分的“第二至第三小节”是以下两段内容（一小节就是一个自然段）：

甲午（一八九四）中日战事开始，台湾也在备战的区域，恰好介如四叔来台湾，我父亲便托他把家眷送回徽州故乡，只留二哥嗣秬跟着他在台东。我们于乙未年（一八九五）正月离开台湾，二月初十日从上海起程回绩溪故乡。

那年四月，中日和议成，把台湾割让给日本。台湾绅民反对割台，要求巡抚唐景崧坚守。唐景崧请西洋各国出来干涉，各国不允。台人公请唐为台湾民主国大总统，帮办军务刘永福为主军大总统。我父亲在台东办后山的防务，电报已不通，饷源已断绝。那时他已得脚气病，左脚已不能行动。他守到闰五月初三日，始离开后山。到安平时，刘永福苦苦留他帮忙，不肯放行。到六月廿五日，他双脚都不能动了，刘永福始放他行。六月廿八日到厦门，手足俱不能动了。七月初三日他死在厦门，成为东亚第一个民主国的第一个牺牲者！

这两小节内容与“注重讲解古书，是我幼年时最得力的方法”，却是风马牛不相及也。另外，注释说括注的页码是“指台湾远东本”的页码，但台湾远东本并非只有一个版本，除了“初版”之外，到一九六九年一月四版重排本《四十自述》就已经有四个版本了，这些版本的页码并不完全一致。

四是括注内容不全，如徽教本（88页）作:“第一条注重讲解古书，是我幼年时最得力的方法（看《四十自述》）。”只说“看《四十自述》”，却没说多少页，总不会让读者把《四十自述》全书看一遍吧？此外，还将句外括号误作句内括号。

［一三］王筠《文字蒙求》

王筠（1784—1854），字贯山，号箓（lù）友，山东安丘（今山东安丘市）人。清代道光元年（1821）举人，曾任山西乡宁知县。著名语言文字学家，清代《说文》四大家之一（其他三家是段玉裁、桂馥和朱骏声），著有《说文释例》《说文解字句读》《文字蒙求》等。《文字蒙求》选取《说文解字》中的两千多个常用字，按照象形、指事、会意、形声四书分卷排列，同时做了较为通俗的解释。作者的旨趣在于教儿童识字，故名蒙求。

另外，“第二条主张字源学是在美国时的一点经验：有一个美国同学跟我学中国文字，我买一部王筠的《文字蒙求》给他做课本，觉得颇有功效。”这段话中涉及两处标点，一是“经验”之后，手稿（一五八页，原稿纸11页）和《东方杂志》(一七页）均作冒号；而大系本（6页）、小史本（四四页）、六艺本（九四页）、纪念版（115页）、全集本（103页）、全编本（82页）、海天本（98页）等均作逗号。相比较而言，用冒号更好，因为这句有提示下文的作用。二是“课本”之后，手稿（一五八页，原稿纸11页）、《东方杂志》(一七页）、纪念版（115页）、小史本（四四页）均有一个逗号；而大系本（6页）、六艺本（九四页）、远东本（一〇五页）、全集本（103页）、全编本（82页）、海天本（98页）等均无逗号。应该有逗号，因为这里有明显的停顿。

［一四］《马氏文通》

《马氏文通》十卷，是清末改良主义者、语言学家马建忠（1845—1900）以拉丁文法研究汉文经籍的语言结构规律的中国第一部系统的语法著作。马建忠，别名乾，学名马斯才，字眉叔，江苏丹徒（今属江苏镇江）人。是宋元之交著名史学家、《文献通考》的作者马端临的第二十世孙，他还是韩国国旗的设计者。一八七六年被派往法国留学，专攻法律、政治、外交，兼任郭嵩焘的翻译。一八七九年回国后，成为李鸿章的重要幕僚。

《马氏文通》对之后的汉语语法著作产生了很大影响，例如章士钊的《中等国文典》、陈承泽的《国文法草创》、杨树达的《高等国文法》、黎锦熙的《新著国语文法》都是因袭《马氏文通》的体系。甚至后来吕叔湘的《中国文法要略》、王力的《中国现代语法》也都受其影响。

［一五］《科学》杂志

《科学》月刊杂志，一九一四年夏由杨铨（号杏佛）等几位美国康奈尔大学的中国留学生创办。他们认为中国最缺的莫过于科学，《科学》月刊就是专门向中国介绍科学的杂志，也是中国第一份综合性科学杂志，一九一五年一月在上海由商务印书馆印行。在《科学》月刊上签名的"缘起"人有：胡明复、赵元任、杨杏佛、任鸿隽等。从《科学》创刊到一九二一年，杨杏佛任编辑达七年之久，共主编六卷六十九期杂志。

"一九一五年六月为《科学》作了一篇《论句读及文字符号》的长文"，这句中的"《科学》"，《东方杂志》（一七页）作"《科学》第一号"；而大系本（6页）、小史本（四五页）和远东本（一〇五页）均作"《科学》"，无"第一号"三个字，两者只是详略不同，没有明显的优劣。查手稿（一五九页，原稿纸12页），先是写成了"《科学》第一号"，后来又给"第一号"三个字圈了一个墨勒帛，表示删去。也许是投给《东方杂志》的手稿上没有删去"第一号"三个字，因此发表时便作"《科学》第一号"；后来，胡适先生将此文收入大系本，又将"第一号"三个字删去了。

［一六］分号与逗号的推敲

"在引论中我讨论没有文字符号的三大弊：一为意义不能确定，容易误解，二为无以表示文法上的关系，三为教育不能普及。"手稿（一五九页，原稿纸12页）和《东方杂志》（一七页）、大系本（6页）、小史本（四五页）、六艺本（九五页）、远东本（一〇五页）、远流本（一〇一页）、纪念版（116页）等，均在"误解"和"关系"两处之后用了逗号；而全集本（103页）、全编本（82页）、人文本（131页）、文史本（121页）、徽教本（89页）、吉大本（111页）、理工本（103页）、中州本（97页）等，两处逗号均作分号。两相比较，这两处还是应该用逗号。因为三项内容虽然是并列的，但二、三两项中都没有标点；第一项中虽有一处逗号，但这个停顿很短，即使不停顿也是可以的。手稿"误解"之后的那个逗号又粗又长，显然是描过的，很可能是最初用了分号，随即又改成了逗号。由此可见，胡适先生对这个地方究竟是用分号，还是用逗号，是经过一番推敲的。

［一七］梅觐庄

梅觐庄（1890—1945），名光迪，字迪生，一字觐庄，安徽宣城西梅（今安徽南陵县弋江镇奚滩村）人。学衡派创始人，是中国首位留美文学博士。十二岁应童子试，十八岁肄业于安徽高等学堂。一九一一年，通过第三届庚子赔款留美生考试，赴美入威斯康辛大学。一九一三年夏，转入美国西北大学。一九一五年夏，转入哈佛大学深造，专攻文学。一九二〇年回国，任南开大学英文系主任。一九二一年，任国立东南大学（一九二八年更名中央大学、一九四九年更名为南京大学）洋文系主任。一九二四年赴美讲学，一九二七年回国，任中央大学代理文学院院长，后到美国哈佛大学任教。一九三六年，任浙江大学文理学院副院长兼外国文学系主任。一九三八年，当选为国民参政员。一九三九年文理学院分开，任文学院院长，一九四五年在贵阳逝世。一九四八年，国立浙江大学出版部编辑出版了《梅光迪文录》。一九六八年五月，台湾“国防研究院”与中华大典编印会重新出版了《梅光迪文录》，收《评提倡新文化者》《评今人提倡学术之方法》《论今日吾国学术界之需要》《现今西洋人文主义》《安诺德之文化论》《孔子之风度》《卡莱尔与中国》等十六篇杂文和三篇英文作品，另有附录若干篇。二〇〇〇年二月，辽宁教育出版社出版了由罗岗、陈春艳编的《梅光迪文录》，在原有的基础上，增收了《序与胡适交谊的由来》《致胡适信四十六通》和“日记选录”等，该书被列入国家“九五”重点图书出版规划项目。二〇一一年四月，华中师范大学出版社出版了中华梅氏文化研究会编辑的《梅光迪文存》。该书由北京大学乐黛云教授（哲学家汤一介的夫人）作序，上卷为“文录”和“集外文”；中卷为中英文家书，主要是写给夫人李今英的；下卷是致友人书信五十二通（其中致胡适四十六通）和日记选录。

［一八］唐擘黄

唐擘黄（1891—1987），名唐钺，字擘黄，原名唐柏丸，福建闽侯人。中国现代实验心理学家、心理学史家、心理学翻译家。早年就读于英华书院和福州中等商业学校，一九一一年入北京清华学校，一九一四年毕业后赴美国康奈尔大学修习心理学和哲学，一九一七年入哈佛大学研究院哲学部心理学系深造，一九二〇年获博士学位。一九二一年回国后历任北京大学哲学系、清华大学心理系心理学教授，上海商务印书馆编辑部哲学教育组组长，中央研究院心理研究所第一任所长、研究员。新中国成立后，历任清华大学、北京大学心理系教授。

［一九］绮色佳

绮色佳，今译为伊萨卡，现为纽约州汤普金斯县首府。伊萨卡市区东北方的山顶上，高居着“常春藤”八校中最年轻、规模最大的康奈尔大学，校园景色壮观，气势开阔，自然环境之美，在北美大学里堪称独一无二。四周是原始的嶙峋山石和参天古木，到处有喧哗的溪谷瀑布和石拱吊桥，有山顶静谧的碧碧湖（Beebe Lake），还有山脚下带状的卡尤佳湖（五指湖之一）。胡适先生最早将伊萨卡译成“绮色佳”，徐志摩曾译成“伊的家”。

［二〇］送梅觐庄往哈佛大学诗

胡适先生《送梅觐庄往哈佛大学》的全诗及注释，见于一九一五年九月十七日《胡适日记·藏晖室札记》，后收入《去国集》。

原诗中用了十一个外国名词，《去国集》的注释中，其他十个不仅加了外文，还有解释，唯独“拿破仑”只加了外文而没有解释，外文后面就是句号，可能是因为“拿破仑”尽人皆知，无须注释。

電，戡天縮地顛思瓦特，不羨公輸。戶有餘糈人無菜色此業何嘗屬腐儒？吾狂甚欲斯民溫飽此意何如？』

四年九月二日。

（註）瓦特 James Watt，即發明汽機者。

去國集　四一

送梅覲莊往哈佛大學

一

吾聞子墨子有言：『爲義譬若築牆然能實壞者且實壞，能築者築掀者掀。』（耕柱篇語。掀本作欣，依畢沅說改。）吾曹謀國亦復爾待舉之事何紛紛。所賴人各盡所職，未可責備於一人。同學少年識時務學以致用爲本根爭言『治病須對症今之大患

去國集　四二

弱與貧。但祝天生幾牛敦，還乞千百客兒文，輔以無數愛迭孫，便教國庫富且殷，更無誰某婦無褌。乃練熊羆百萬軍。誰其帥之拿破崙。恢我土宇固我藩，百年奇辱一朝翻。』

二

凡此羣策豈不偉？有人所志不在此。卽如吾友宣城梅，自言『但願作文士。舉世何妨學倍根，我獨遠慕蕭士比。』梅君少年好文史，近更摭拾及歐美。新來爲文頗諧詭，能令公怒令公喜。昨作檄討夫已氏，儻令兒之魄應褫。又能虛心不自是，一稾十易猶未已。梅君梅君毋自鄙。神州文學久枯餒，百年未有健者起。新潮之來不可止，文學革命其時矣。吾輩勢不容坐視，且

胡适《尝试集》附录《去国集》，亚东图书馆一九二〇年三月初版书影（一）

復號召二三子，鞭笞驅除一車鬼，再拜迎入新世紀。以此報國未云菲，縮地戡天差可儗。梅君梅君毋自鄙。

三

作歌今送梅君行，狂言人道臣當烹。我自不吐定不快，人言未足爲重輕。居東何時遊康可，爲我一弔愛謀生，更弔霍桑與索虜，此三子者皆崢嶸。應有『烟士披里純』，爲君奚囊增瓊英。

四年九月十七日。

（註）此詩凡用外國字十一：牛敦 Newton 英國科學家。客兒文 Kelvin 英國近代科學大家。愛迭孫 Edison 美國發明家。拿破崙 Nap

去國集　四三

oleon。倍根 Bacon 英國哲學家，主戡天之說，又創歸納名學，爲科學先導。蕭士比 Shakespeare 英國文學鉅子，舊譯莎士比亞。康可 Concord 地名，去哈佛不遠，十九世紀中葉此邦文人所聚也。愛謀生 Emerson，霍桑 Hawthorne，索虜 Thoreau，以上三人，美國文人，亦哲學家，墓皆在康可。『烟士披里純』 Inspiration 直譯有『神來』之意。梁任公以音譯之，又爲文論之，見飲冰室自由書。

去國集　四四

胡适《尝试集》附录《去国集》，亚东图书馆一九二〇年三月初版书影（二）

"差可儗（nǐ）"，意思是差不多可以比作。"儗"古通"拟"，比拟，比作。"以此报国未云菲：缩地戡天差可儗"，意思是说以文学革命来报效祖国不能说是微薄的小事儿，它差不多可以比作"缩地戡天"，可以和改造天地宇宙相提并论。"缩地"就是收缩土地，将辽阔的大地任意缩小。东晋葛洪在《神仙传·壶公》一书中说："（东汉）费长房有神术，能缩地脉，千里存在，目前宛然，放之复舒如旧也。""戡天"就是胜天，即控制自然界使之为人类服务。"缩地戡天"就是改造天地宇宙，也是比况"倍根"（培根）。因此，胡适在诗中才说："梅生梅生毋自鄙！"不要妄自菲薄。闽教本（104页），将这里的"儗"解释为："准备，打算。"误矣！这里的"儗"是比拟、比作的意思。

长诗的几处标点和分段，各本也有所不同：

> 梅生梅生毋自鄙！神州文学久枯馁，百年未有健者起。新潮之来不可止；文学革命其时矣！吾辈势不容坐视。且复号召二三子，革命军前杖马箠，鞭笞驱除一车鬼，再拜迎入新世纪！以此报国未云菲：缩地戡天差可儗。梅生梅生毋自鄙！

手稿（一六一、一六二页，原稿纸14、15页）、《东方杂志》（三〇一页，原刊一七页）、大系本（6、7页）、六艺本（九六页）、全集本（104页）、全编本（83页）、纪念版（117页）、远东本（106页）、远流本（一〇二页）、五南本（154页）、思行本（124、125页）、北大本（120页）等版本，均如上标点。

"以此报国未云菲"后的冒号，《去国集》和当代本（117页）、西苑本（154页）均作逗号；小史本（四六页）、金城本（186页）、理工本（105页）、群言本（180页）、山东本（90页）等版本，均作分号。

岳麓本（78页）、人报本（98页）等，"新潮之来不可止"后的分号作逗号；"吾辈势不容坐视"后的句号误作逗号；"以此报国未云菲"后的冒号作逗号；"缩地戡天差可儗"后的句号误作逗号。另外，上引长诗末句"梅生梅生毋自鄙"与后面的"作歌今送梅生行"接排，没有另起。万卷本（141页）此处也没有另起。现代本（92页）、武汉本（100页）等，在"百年未有健者起"之后，又另起一段。

"新潮之来不可止"后面用分号还是逗号，作用是不一样的。一九二〇年二月，中华民国政府教育部发布的第五十三号训令《通令采用新式标点符号文》，批准了胡适先生等《请颁行新式标点符号议案（修正案）》，其中关于分号的用法说：

> （乙）两个独立的句子，在文法上没有联络，在意思上是联络的，可用分号分开。
> （例）　他到这个时候还不曾来；我们先走罢。
> （又）　放了他罢；他是一个无罪的好人。
> （又）　这把刀子太钝了；拿那把锯来。
>
> 以上各例，若用句号，便太分开了；若用点号，便太密切了。故分号最相宜。（《胡适文存》卷一，亚东图书馆一九二一年十二月初版，一六三页）

"新潮之来不可止"后面的分号，就是这种用法。但按照现行标点符号的用法，这样的分号一般都用逗号，这可能就是有些版本在"新潮之来不可止"后面用逗号的原因。

"以此报国未云菲"后面用冒号还是用分号或逗号，作用也是不一样的。按照当时"新式标点符号"的用法，冒号有"总结上文"的作用，"以此报国未云菲"是总结上文的，兼有提示下文的作用，所以要用冒号而不能用分号或逗号。冒号"总结上文"的这种用法，在今天的中国台湾仍然延用。如康文炳先生编著的《一次搞懂标点符号》：

> 用于总括性的词语之前，以总结上文。
>
> 想到迎春妹妹折磨死了，史妹妹守着病人，三姊姊远去：这都是命里所招，不能自由。——《红楼梦》（台湾允晨文化实业股份有限公司 2018 年 10 月初版，64 页）

按照现行标点符号的用法，这种用法的冒号一般都用逗号，因此有的版本就把这里的冒号改成了逗号。但不论是按当时"新式标点符号"的用法，还是按现行标点符号的用法，"以此报国未云菲"后面都不能用分号。有的版本用了分号，可能是受上面"新潮之来不可止"后面分号的影响，其实这两处是不一样的。

另外，在《藏晖室札记》卷十一（三二）中，本长诗中的几处感叹号均作句号，"新潮之来不可止"后面用的是逗号（《胡适留学日记》第三册八五〇页）。这是因为胡适当时写日记的时候（一九一五年），还没有规范的标点符号，一般点号就是逗号和句号。后来写《逼上梁山》的时候，"新式标点符号"已经颁行。因此，简体定本《逼上梁山》的标点以手稿和初刊、初版本为依据，而注释中引用日记，仍按原日记的标点。

胡适先生说："此种诗不过是文学史上一种实地试验，前不必有古人。"其实，这首诗乃法效古代歌行体，特别是"梅生梅生毋自鄙"这样的句式，明显仿拟杜甫的《乾元中寓居同谷县作歌七首》：

> 有客有客字子美，白头乱发垂过耳。（其一首二句）
>
> 长镵长镵白木柄，我生托子以为命！（其二首二句）
>
> 有弟有弟在远方，三人各瘦何人强？（其三首二句）
>
> 有妹有妹在钟离，良人早殁诸孤痴。（其四首二句）

大唐乾元二年（759）十一月，杜甫携家人流落到同谷县（治所在今甘肃成县），创作了这七首慷慨悲歌、淋漓呜咽的著名歌行。首句源于《诗经·周颂·臣工之什·有客》："有客有客，亦白其马。"杜甫寓居同谷县，故自称有客。这组歌行，语言通俗，感情真挚，顿挫淋漓，有一唱三叹之致。"篇篇珠玉，语似乐府歌谣，而神情气骨备至，举唐名家莫及"（《唐诗选脉会通评林》引周敬语）。明清之际大思想家王夫之评价此诗说："不绍古响，然唐人亦无及此者。"（《唐诗评选》）故后世不乏仿拟之作，南宋诗人文天祥就曾仿拟做过《六歌》，前五首都是用"有 × 有 ×"的格式开头："有妻有妻出糟糠，自少结发不下堂"。"有妹有妹家流离，良人去后携诸儿（ní）"。"有女有女婉清扬，大者学帖临钟王，小者读字声琅琅"。"有子有子风骨殊，释氏抱送徐卿雏"。"有妾有妾今何如？大者手将玉蟾蜍，次者亲抱汗血驹。"

杜甫是大唐诗圣，而杜甫的这组诗歌又是最为通俗的，胡适先生仿拟杜甫此诗鼓吹白话诗文，或别有一番意义在，就连一二两节的用韵都是与杜诗前二首一样的。胡适先生说"前不必有古人"，也许是一种障眼法；也许是与古人暗合，所谓"阳货无心，貌类孔子"。

[二一]哥仑比亚大学

哥仑比亚大学，今通译为哥伦比亚大学（Columbia University），创办于1754年，位于美国纽约曼哈顿，是一所世界顶级私立研究型大学。至今已经培养了一百多位诺贝尔奖得主，另有四位美国总统（西奥多·罗斯福、富兰克林·罗斯福、艾森豪威尔、奥巴马）和四十多位各国首脑毕业于哥大。除了胡适以外，中国还有一大批文化科技伟人曾就读于该校，如中国近代科学奠基人任鸿隽，著名哲学家冯友兰、金岳霖，著名教育家陶行知，著名诗人徐志摩、闻一多，著名作家梁实秋、许地山，著名历史学家潘光旦，中华民国教育部长、北京大学校长蒋梦麟，南开大学创始校长张伯苓，中国人口学第一人马寅初，中国物理学之父吴大猷，中华民国著名外交家蒋廷黻、顾维钧，中华民国国务总理唐绍仪、周自齐，中共一大广州代表陈公博，中国民主同盟创始人罗隆基等。

手稿（一六四页，原稿纸17页）、《东方杂志》（一八页）、大系本（7页）、六艺本（九六页）、亚东初版（一〇七页）、远流本（一〇三页）、纪念版（118页）、全集本（105页）、人文本（133页）、全编本（84页）等，均作“哥仑比亚大学”。小史本（四六页）、远东本（一〇七页）、文集本（114页）、北大本（121页）等，均作“哥伦比亚大学”。简体定本据手稿和初刊本、初版本作“哥仑比亚大学”，以保持原貌。

[二二]要须作诗如作文

关于诗和文的区别问题，争论已久。较有影响的可能要数南宋诗论家、诗人严羽了。他在《沧浪诗话·诗辨》里说：“诗有别材，非关书也；诗有别趣，非关理也。然非多读书，多穷理，则不能极其至，所谓不涉理路、不落言筌者上也。”所谓“别材”就是诗人对于诗歌创作所具有的一种特别的才能，这种才能更主要的体现在“妙悟”上，而不是体现在语言文字、才学议论的能力上。所谓“别趣”，是指诗歌有一种特别的审美趣味。严羽所谓的“别材”“别趣”，其实只是对诗歌的一种审美鉴赏，并非诗歌的唯一特征，亦非诗与文的根本区别。否则，那些妙悟的禅宗语录就成了绝佳的好诗，而《全唐诗》中的大部分却都不是诗了。

韩愈“以文为诗”，颇受诟病，有人甚至说他不懂诗，理由是诗要用形象思维，不能像散文那样直说。其实不然，诗歌的主要手法是赋、比、兴三种：“赋者，敷陈其事而直言之也”；“比者，以彼物比此物也”；“兴者，先言他物以引起所咏之词也”。形象思维主要体现在“比”上，而“赋”恰恰是“敷陈其事”的直说。如果把形象思维的“比”作为唯一的标准，那《离骚》就不成其为《离骚》了，起码开头的这些都算不得诗：

> 帝高阳之苗裔兮，朕皇考曰伯庸。
> 摄提贞于孟陬兮，惟庚寅吾以降（hóng）。
> 皇览揆余初度兮，肇锡余以嘉名：
> 名余曰正则兮，字余曰灵均。

这些全是“敷陈其事而直言”的“赋”，这种直接的铺陈叙述乃是诗歌最基本的表现手法。诗和文的主要区别还是体现在形式上，也就是韵律格式上，正所谓“文而有节为之诗”（金代李屏山《西岩集·序》）。因此，我们可以说，胡适先生的观点：“由唐诗变到宋诗，无甚玄妙，只是作诗更近于作文！更近于说话。近世诗人欢喜做宋诗，其实他们不曾明白宋诗的长处在那儿。宋朝的大诗人的绝大贡献，只在打破了六朝以来的声律的束缚，努力造成一种近于说话的诗体。”从而提出“要须作诗如作文”，确乎顺应了中国诗史的发展趋势。

［二三］二月三日

这里引用的“吾所持论”一段与上面的“今日文学大病在于徒有形式而无精神”一段，都是胡适一九一六年二月三日答信的内容，前一段是概述答信的大意，后一段是日记里所记的内容，因此这两段话后面都有“二月三日”的括注。但全集本（107 页）、全编本（86 页）、人文本（134 页）、长春本（213 页）、河南本（92 页）、华文本（133 页）、徽教本（93 页）、吉大本（117 页）、津人本（138 页）、民建本（95 页）、群言本（184 页）、万卷本（144 页）、文史本（127 页）、中州本（101 页）等，第二处括注均误作“三月三日”，弄错了月份。京联本（98、99 页）误作“3 月 3 日”，不仅弄错了月份，还将原来的汉字数字改成了阿拉伯数字。查各本《胡适日记》，一九一六年三月的第一篇日记是三月六日，三月三日这天没有日记。“吾所持论”一段见于胡适《藏晖室札记》卷十二第二三条（《胡适留学日记》第三册八四五页；《胡适全集》28 卷第 318 页；《胡适日记全集》第二册第 278 页），是胡适先生一九一六年二月三日的日记。手稿（一六九页，原稿纸 22 页）、《东方杂志》（一九页）、大系本（9 页）、小史本（四八页）、六艺本（九八页）、亚东初版（一〇九页）、远流本（一〇五页）、纪念版（120 页）等，括注中均作“二月三日”。文集本（145 页）、北大本（123 页）、华侨本（104 页）、理工本（108 页）、西苑本（157 页）等，两处括注均作“2 月 3 日”，将原来的汉字数字改成阿拉伯数字，已非原貌。

［二四］圆圈着重号

“这就是”和下段的“文学工具的革命”，手稿（一七二页，原稿纸 25 页）和《东方杂志》（一九页）、大系本（9、10 页）等，都在竖排字的右边加了圆圈着重号；而小史本（四九、五〇页）、六艺本（九九页）、远东本（一一〇页）、远流本（一〇六页）、纪念版（121 页）等，都没有加着重号。文集本（146 页）和全编本（87 页）、武汉本（104 页）、华侨本（105、106 页）、画报本（100 页）加了黑圆点着重号（原稿是小圆圈着重号）；全集本（108 页）、光明本（36 页）等，第一处“这就是”加了黑圆点着重号，第二处“文学工具的革命”却没有加着重号。其他如北大本（125 页）、人文本（135 页）、津人本（139、140 页）、人报本（101 页）、闽教本（108 页）、群言本（184、186 页）、岳麓本（81 页）、京联本（99、100 页）、海南本（103 页）、江西本（117 页）、民建本（96 页）、哈市本（149 页）、徽教本（93、94 页）、吉大本（118 页）、理工本（109、110 页）、文史本（128、129 页）、现代本（96 页）、中州本（102 页）、海天本（103 页）等，都没有加着重号。

着重号在我国是有传统的，古代常用浓圈密点表示，它是用来表示文中特别重要的部分或具有特殊意义的词语，绝非可有可无。五四时期，有人提出以浪线来表示，称为“提要号”“表明线”等，但在实际使用时，多用圆点或圆圈，也有使用双圆圈或三角号的。一九五一年，国家出版总署颁行的《标点符号用法》正式定名为“着重号”，并确定用圆点的形式，一九九〇年

修订颁行的《标点符号用法》和二〇一二年修订颁行的《标点符号用法》继续沿用这种规定。

“这就是‘文学革命’”和“历史上的‘文学革命’全是文学工具的革命”两句中加着重号的部分，前者表示需要指明，后者表示特别重要。为了体现原貌，简体定本仍用圆圈着重号。

另外，后文还有几处加了圆圈着重号，如“小说词曲固可用白话，诗文则不可”，“白话自有白话用处（如作小说演说等），然不能用之于诗”等，《东方杂志》（二五页）、大系本（18页），这几处都在竖排字的右边加了圆圈着重号。小史本（六〇、六一页）、远东本（一二二页）、六艺本（一一〇、一一一页）、远流本（一一八、一一九页）、纪念版（134页）、文集本（154、155页）、光明本（46、47页）、民建本（105页）、画报本（110、111页）、人报本（109页）、津人本（155、156页）、闽教本（118页）、华侨本（118页）、群言本（200页）、武汉本（112页）、京联本（110、111页）、岳麓本（88、89页）、海南本（114页）、江西本（130页）、哈市本（165、166页）、吉大本（131页）、理工本（122页）、文史本（142、143页）、现代本（106页）、中州本（113页）等，都漏掉了着重号。北大本（138页）加了黑圆点着重号。全集本（120页）、全编本（97页）、人文本（145页）、徽教本（105页）等，“白话自有白话用处”漏掉了着重号，其他加了黑圆点着重号。

［二五］汝奴之奴！

“汝奴之奴！”手稿（一七二页，原稿纸25页）在“奴”后有个插入号，加上了一个感叹号“！”可见胡适先生是经过认真思考过的。《东方杂志》（一九页）、大系本（10页）、小史本（四九页）、六艺本（九九页）、远东本（一一〇页）、远流本（一〇六页）等，此处都有感叹号；而纪念版（121页）和全集本（108页）、文集本（144页）、北大本（121页）、人文本（133页）、津人本（139页）、海南本（103页）、武汉本（104页）、京联本（100页）、徽教本（94页）、吉大本（118页）、理工本（109页）、文史本（128页）、现代本（96页）、中州本（102页）等，都漏掉了这个感叹号。

［二六］“四月五夜记”的一段话

这段话，摘自《胡适留学日记》卷十二《吾国历史上的文学革命》（一九一五年四月五夜记），各版本问题如下。

（一）省略号前面句子末尾的句号

这段话中有四处用了省略号，手稿（一七七、一七八页，原稿纸30、31页）、《东方杂志》（二〇页）、大系本（11页）、小史本（五一页）、六艺本（一〇一页）、远东本（一一二页）、远流本（一〇八页）、纪念版（123页）和全集本（110页）、全编本（88、89页）、人文本（137页）等，都在四处省略号前面句子的末尾加了句号。但有些版本把这几个句号全部或部分漏掉了，如京联本（101页）、文史本（130页）、中州本（104页）等，句号全部漏掉；吉大本（120页）第二处句号漏掉。

（二）括注末尾的句号

“倘此革命潮流（革命潮流即天演进化之迹。自其异者言之，谓之革命。自其循序渐进之迹言之，即谓之进化，可也。）不遭明代八股之劫”，句中括注的部分，手稿（一七二页，原稿纸 25 页）、《东方杂志》（一九页）、大系本（10 页）、小史本（五一页）、六艺本（一〇一页）、远东本（一一二页）、远流本（一〇八页）、纪念版（124 页）和全集本（110 页）、全编本（89 页）、人文本（137 页）、人报本（102 页）等，都在末尾加了句号。而文集本（148 页）、北大本（127 页）、群言本（98 页）、闽教本（110 页）、现代本（97 页）等，末尾都没有加标点。这段括注是在句内，按照今天标点符号的一般用法来说，句内括号里的注释性文字末尾可以使用问号和叹号，但不用句号，即使文字较长，中间用了逗号，句末也不用句号。如果是句外括号，括号里的注释性文字末尾则可以用句号。但当时标点符号的使用还没有这样的规范要求，为了反映原貌，简体定本仍然按照原稿加了句号。

另外，《胡适全集》（28 卷 337 页）和《胡适日记全编 2》（安徽教育出版社 2001 年 10 月第 1 版，357 页）都把“可也”后面的句号放到了括号外边：“倘此革命潮流（革命潮流即天演进化之迹。自其异者言之，谓之革命。自其循序渐进之迹言之，即谓之进化，可也）。不遭明代八股之劫”。这样一来就把句子点破了，如果把这个句内括注去掉，原句就成这样了：“倘此革命潮流。不遭明代八股之劫”。“倘此革命潮流”之后是不能停顿的，更不能用句号。

（三）“卻叟”“却叟”“乔叟”

手稿（一七八页，原稿纸 31 页）及《东方杂志》（二〇页）、大系本（11 页）、小史本（五一页）、六艺本（一〇一页）、远东本（一一二页）、纪念版（124 页）等繁体本均作“卻叟”，现代汉语将“卻”作为“却”的异体字，因此简体本多作“却叟”，如光明本（38 页）、全集本（110 页）、《胡适全集》（28 卷 337 页）、北大本（127 页）、人文本（137 页）、哈市本（152 页）、徽教本（96 页）、吉大本（120 页）、理工本（112 页）、文史本（131 页）、中州本（104 页）、海天本（105 页）等。但在古代汉语中，“却”是“卻”的异体字，《汉语大词典》作为繁简字均列字头的大型汉语词典，“却”下只注“同‘卻’”，义项和复音词条都列在“卻”下。也许是这个缘故，有些简体本仍作“卻叟”，如画报本（102 页）、民建本（98 页）、海南本（105 页）等。“卻叟”今译作“乔叟”，即中世纪英国最伟大的诗人杰弗雷·乔叟（Geoffrey Chaucer），因此有的版本就直接译成了“乔叟”，如全集本（89 页）、华侨本（108 页）、吉大本（120 页）等，这会使读者误以为胡适当时就译成了“乔叟”。简体定本按手稿作“卻叟”，以保持原貌，同时也考虑到专有名词用字的特殊性。

（四）马丁路得

“马丁路得”，今作马丁·路德（Martin Luther），是十六世纪欧洲宗教改革倡导者，基督教新教路德宗创始人。手稿（一七八页，原稿纸 31 页）没有在“马丁”和“路得”中间加间隔号，因此《东方杂志》（二〇页）、大系本（11 页）、小史本（五一页）、六艺本（一〇一页）、远东本（一一二页）、远流本（一〇八页）等繁体本，也都没有在“马丁”和“路得”中间加间隔号。繁体本只有纪念版（124 页）加了间隔号。

简体本有的在“马丁”和“路得”中间加了间隔号，如文集本（148 页）、北大本（127 页）、人文本（137 页）、津人本（143 页）、江西本（119 页）、民建本（98 页）、闽教本（110 页）、海南本（105 页）、武汉本（105 页）、哈市本（152 页）、现代本（98 页）、文史本（131 页）、理工本（112 页）、吉大本（120 页）、中州本（104 页）等；有的没在“马丁”和“路得”

中间加间隔号，如人报本（102页）、岳麓本（82页）、群言本（188页）、画报本（102页）、华侨本（108页）等；还有的在本文中的“马丁”和“路得”中间加了间隔号，而在《胡适日记》中“马丁”和“路得”中间却没有加间隔号，同一部书的体例不统一，如全集本（110页）、《胡适全集》（28卷337页）。为了保持原貌，简体定本依据稿本，中间不加间隔号。

（五）我佛山人

“我佛山人”是清代谴责小说家吴趼（jiǎn）人的笔名，意即“我是佛山人”。吴趼人族名宝震，乳名宝大，学名沃尧，字小允，号茧人、趼人，人尊称茧叟、茧翁。笔名有偈、佛、野史氏、岭南将叟、中国少年、我佛山人等。一八六六年五月二十九日，出生于北京宣武门外丞相胡同的家庭寓所“分宜故第”。这里是明代严嵩故相府，因严嵩是江西分宜县人，故称其府第为“分宜故第”。谭正璧编的《中国文学家大辞典》将吴沃尧的出生年误为“一八六七年”（上海书店1981年3月影印本，一七四一页）。

吴趼人出身于官宦世家，十一世祖吴化龙（号煦寰），是佛山吴氏家族的奠基人，明崇祯年间从广东新会县棠美乡迁居广东南海县佛山镇。到清中晚期，吴氏家族已成为佛山第一望族。吴趼人的曾祖吴荣光，是实践佛山吴氏族人“诗书仕宦”传统的典范、“光宗耀祖”的功臣。历嘉庆、道光两朝，为官数十种，曾任湖南巡抚，代理两广总督。他不仅仕途得志，而且笔耕不辍，著有《石云山人文集》《石云山人诗集》《历代名人年谱》《吾学录》《盛京随扈日记》《平瑶日记》《辛丑销夏记》《帖镜》《筠清馆金石录》《筠清馆法帖》《筠清馆制义》《闽湘经义》《吹篪诗略》等，并主修《道光佛山忠义乡志》。

吴趼人的祖父吴莘佘官至工部员外郎，一八六八年去世。时任浙江候补巡检的父亲吴允吉（升福）便带着年幼的吴趼人，一家三口千里南下，奉丧回到了广东南海佛山镇的吴氏大树堂。丁忧期满，吴允吉到浙江宁波做从九品的巡检。一八七九年，十三岁的吴趼人入读著名的佛山书院。一八八二年，四十二岁的吴允吉病逝于任上，吴趼人“至宁波，收殓奠祭，扶柩回乡，家境益窘”（王俊年《吴趼人年谱》，见《中国近代文学研究》第二辑，广东人民出版社1985年9月第1版，234页）。一年后，十七岁的吴趼人不得不到上海江南制造局谋生，起初做书记（抄写工），后升为绘图员。闲暇之余“致力于古文，寝馈三年，而业大进”（杜阶平《书吴趼人》，见魏绍昌编《吴趼人研究资料》，上海古籍出版社1980年4月第1版，21页）。二十五岁时，就撰写小品文向各报刊投稿。一八九七年，吴趼人开始在上海创办小报，先后主持《字林沪报》《采风报》《奇新报》《寓言报》等。从一九〇三年开始，在《新小说》杂志上先后发表《电数奇谈》《九命奇冤》《二十年目睹之怪现状》等，其中《二十年目睹之怪现状》轰动一时，影响深远，为晚清“四大谴责小说”之一（另外三部是李宝嘉的《官场现形记》、刘鹗的《老残游记》和曾朴的《孽海花》）。一九〇六年，他担任《月月小说》杂志总撰述，发表了大量嬉笑怒骂之文。

吴趼人一生清贫，常常囊中羞涩，不得不拼命写作，积劳成疾。一九一〇年十月二十一日，吴趼人在上海搬到新家，当晚因气喘病发作而逝世，年仅四十四岁，死时身上仅有四角小洋钱。后事全部由朋友操办：“杜君（阶平）治其丧，而朋旧各以赙至。”（李葭宁《我佛山人传》，见魏绍昌编《吴趼人研究资料》，上海古籍出版社1980年4月第1版，14页）其灵柩先停放在上海闸北潭子湾广肇山庄，一厝二十年，直到一九三一年九月二十一日才火化，骨灰埋在大场广肇山庄。

吴趼人乃晚清文坛骁将、小说巨擘、报业巨子，然而身后却寂寞萧条。家乡的老宅早已踪迹全无，上海广肇山庄的墓也毁于“文化大革命”，早已荡然无存，令人唏嘘扼腕。据佛山吴氏家族史研究专家任百强先生考证，“茧人”是吴沃尧的号，取此号是为纪念其曾祖吴荣光任贵州巡抚时“引种柞蚕”，让当地苗民老百姓“衣遮身，腹止饥”，而且“永不税”的善举（任百强《我佛山人评传》，香港中国评论学术出版社有限公司 2010 年版,63—68 页）。一八九五年，吴趼人因不慎摔伤了一足，未愈之前是一跛足之人，于是易名为“趼人”。

另据魏绍昌所编《吴趼人研究资料》记载：“吴趼人原号茧人，一日求人书画，赠款书作茧仁，趼人大惊曰：‘茧中之一仁，死且僵矣！’急易作趼字，仍音茧。”（上海古籍出版社 1980 年版，226 页）因为“趼”字很容易误读或误认作“研”字，所以朋友给他写信时，常常误写作“妍人”或“研人”，他曾口占二十八字辨之：“姓氏从来自有真，不曾顽石证前生。古端经手无多日，底事频呼作趼人？”（陈无我《老上海三十年见闻录》，载《中国近代文学研究》第二辑，广东人民出版社 1985 年 9 月第 1 版，224 页）他甚至在报上杜撰故事以自嘲：有人号“吉人”，一天与新结识的一位朋友彼此通了姓名。过了几天，朋友写信称他为“击人”。等两人相见时，吉人笑道：“余手无缚鸡之力，不能击人，贱号乃‘大吉’之‘吉’也。”过了几天，朋友又来信称他“戟人”。吉人见到朋友时说：“余非武夫，焉能舞戟矛？鄙号‘牛眠吉地’之‘吉’。”过了几天，朋友写信又称他为“棘人”（为父母守丧的孝子）。吉人见了大怒，便去跟朋友论理。朋友也发火道：“君自云‘棘’，荆天棘地，非此‘棘’而何？”（《吴趼人全集》第七卷，北方文艺出版社 1998 年 2 月第 1 版，121 页）尽管他再三强调自己是“吴趼人”，但一九三一年九月廿一日为他立的墓碑上，仍赫然刻着“吴研人”三个字。而胡适《四十自述》中的“吴趼人”，《东方杂志》（二九页）、全编本（105 页）、大系本（25 页）、远东本（一三二页）、纪念版（144 页）、华侨本（127 页）等，均误作“吴研人”。

（六）南亭亭长

南亭亭长是晚清小说家李宝嘉（1867—1906）的别号。李宝嘉又名宝凯，字伯元，笔名游戏主人、讴歌变俗人等。他构思精巧，著作颇丰，先后写成了《庚子国变弹词》《官场现形记》《文明小史》《中国现在记》《活地狱》《海天鸿雪记》，以及《李莲英》《海上繁华梦》《南亭笔记》《南亭四话》《滑稽丛话》《尘海妙品》《奇书快睹》《醒世缘弹词》等十多种著作，其中《官场现形记》更是晚清谴责小说的代表作。

（七）洪都百炼生

洪都百炼生是清末小说家刘鹗（1857—1909）的笔名。刘鹗谱名震远，原名孟鹏，字云抟、公约，后更名鹗，字铁云，号老残。他博学多才，精于考古，在数学、医术、水利等方面多有建树。代表作《老残游记》是晚清四大谴责小说之一，发表时署鸿都百炼生，后改为洪都百炼生。全书共二十回，一九〇三年发表于《绣像小说》半月刊上，到十三回因故中止，后重载于《天津日日新闻》。另有天算著作《勾股天元草》《弧三角术》，治河著作《历代黄河变迁图考》《治河七说》《治河续说》，医学著作《人命安和集》（未完成），金石著作《铁云藏陶》《铁云泥封》《铁云藏龟》，诗歌创作《铁云诗存》等。其中的《铁云藏龟》是第一部甲骨文集录，奠定了后来甲骨文研究的基础。

（八）四月五夜记

手稿（一七九页，原稿纸32页）和《东方杂志》（二一页）、大系本（11页）、六艺本（一〇二页）、远东本（一一三页）、远流本（一〇八页）、纪念版（124页）等，均作“四月五夜记”；小史本（五二页）和全集本（111页）、全编本（89页）、人文本（137页）、民建本（98页）、海南本（105页）、画报本（102页）、津人本（143页）、武汉本（105页）、吉大本（121页）、现代本（98页）、中州本（104页）等，均作“四月五日夜记”，衍一“日”字；光明本（38页）、文集本（148页）、北大本（128页）、华侨本（108页）、京联本（102页）、理工本（112页）、文史本（131页）等，均作“4月5日夜记”，不仅衍一“日”字，而且还将原文的汉字数字改成了阿拉伯数字。

［二七］沁园春　誓诗

这首《沁园春·誓诗》初稿作于一九一六年四月十二日，四月十三日抄出初稿，最初发表于一九一七年三月《留美学生季报》春季第一号。《胡适日记》词前有云：“昨日读书不乐，因作一词自遣。”此后又修改数次，一九一六年四月十四日改稿为：

> 更不伤春，更不悲秋：以此誓诗。任花开也好，花飞也好，月圆固好，落日尤奇。春去秋来，干卿甚事，何必与之为笑啼？吾狂甚，耻与天和地，作个奴厮。　何须刻意雕辞。看一朵芙蓉出水时。倘言之不文，行之不远，言之无物，何以文为？为大中华，造新文学，此业吾曹欲让谁？诗材料，有簇新世界，供我驱驰。

词后有记云：

> 今日改昨日之词，似稍胜原稿。
>
> 古人有用庄生“亦与之为无町畦”（《人间世》）一语入诗者（似系韩退之）。今读“何必与之为笑啼”句，偶忆及之，故记之。
>
> 李白诗，“秋水出芙蓉，天然去雕饰”，乃指荷花，非木芙蓉也。

“亦与之为无町畦”，典出《庄子·内篇·人间世》，“町畦”就是界限。说的是鲁国贤人颜阖将被请去做卫国太子的专职老师，实际上等于入了太子的影子内阁。而这位太子禀性乖张，颇不容易伺候，于是他便去请教卫国贤大夫蘧伯玉。他问蘧伯玉：“如今有这样一个人，他天生凶残嗜杀。如果放弃原则迁就他，那势必会危害国家；如果坚持原则规范他，那我自身就可能受到危害。他的那点小聪明足以知道别人的过失，却不能知道这过错是他本人的责任。像这样的主儿，我该怎么办呢？”蘧伯玉说：“首先你自己要谨慎，站稳脚跟。表面上不妨顺从亲近，内心却要暗中诱导。亲近不要太过亲密，诱导不要太过明显。太过亲密就成了投靠，那就会与他一块毁灭；诱导太过明显，你虽然有了名声，却也会招致祸害。‘彼且为婴儿，亦与之为婴儿；彼且为无町畦，亦与之为无町畦；彼且为无崖，亦与之为无崖。’（他如果像个天真的婴孩，你姑且也像个天真的婴孩；他如果跟你不分界线，那你姑且也就跟他不分界线；他如果跟你无拘无束，你姑且也跟他一样无拘无束）这样就可以慢慢地将他引入正轨，达到没有过错的地步。”唐代韩愈曾在《南内朝贺归呈同官》一诗中化用过这个典故：

薄云蔽秋曦，清雨不成泥。罢贺南内衙，归凉晓凄凄。
绿槐十二街，涣散驰轮蹄。余惟戆书生，孤身无所赍。
三黜竟不去，致官九列齐。岂惟一身荣，佩玉冠簪犀。
滉荡天门高，著籍朝厥妻。文才不如人，行又无町畦。
问之朝廷事，略不知东西。况于经籍深，岂究端与倪？……

一九一六年四月十六日胡适第三次改稿为（《日记》标点与《四十自述》本章标点偶有不同）：

〔上半阕同上〕

文章要有神思。到琢句雕辞意已卑。定不师秦七，不师黄九；但求似我，何效人为？语必由衷，言须有物；此意寻常当告谁？从今后，倘傍人门户，不是男儿。（末句又拟改作“从今后，待扫除陈腐，重铸新辞”。）

胡适在后面还加了注释说明：

此一词改之数日始脱稿，犹未能惬意。甚矣，“做诗容易改诗难”也。

朱彝尊《解珮令》词：“不师秦七，不师黄九，倚新声玉田差近。”秦七，秦观也。黄九，山谷也。玉田，张炎（叔夏）也。余借用其语而意自不同。竹垞犹有所师。而余则不师古人耳。

一九一六年四月十八夜第四次改稿为：

更不伤春，更不悲秋，与诗誓之。看花飞叶落，无非乘化，西风残照，正不须悲。无病而呻，壮夫所耻，何必与天为笑啼？生斯世，要鞭笞天地，供我驱驰。　　文章贵有神思。到琢句雕辞意已卑。更文不师韩，诗休学杜，但求似我，何效人为？语必由衷，言须有物，此意寻常当告谁？从今后，倘傍人门户，不是男儿。

一九一六年四月廿六日第五次改稿为：

更不伤春，更不悲秋，与诗誓之。任花飞叶落，何关人事？莺娇草软，不为卿迟。无病而呻，壮夫所耻，何必与天为笑啼！吾狂甚，颇肠非易断，泪不轻垂。　　文章贵有神思。到琢句雕辞意已卑。要不师汉魏，不师唐宋，但求似我，何效人为？语必由衷，言须有物，此意寻常当告谁？从今后，待刬除臭腐，还我神奇。

一九三四年五月七日，胡适在第五次改稿后面写了一段“附记”：

此词修改最多，前后约有十次。但后来回头看看，还是原稿最好，所以《尝试集》里用的是最初的原稿。

改来改去又改了回去，这也是大作家常有的事。当年北宋王安石作《泊船瓜洲》诗：“京口瓜洲一水间，钟山只隔数重山。春风又绿江南岸，明月何时照我还？”起初不想用“绿”字，因为唐人都已经用过了：

东风何时至，已绿湖上山。（丘为《题农父庐舍》）

东风已绿瀛洲草，紫殿红楼觉春好。（李白《侍从宜春花苑奉诏赋龙池柳色初春听新莺百啭歌》）

主人山门绿，小隐湖中花。（常建《闲斋卧雨行药至山馆稍次源亭》）

春岸绿时连梦泽，夕波红处近长安。（白居易《题岳阳楼》）

绿昏晴气春风岸，红深轻纶野水天。（温庭筠《敬答李先生》）

王氏深知创新是文学的生命，因袭是文学的死敌，于是他用“到”——“春风又到江南岸”。但觉得“到”过于平平，于是圈去“到”，注曰：“不好。”改为“过”。复圈去而改为“入”，旋改为“满”。“凡如是十许字”，最后还是用了“绿”。

《沁园春》词凡一一四字，上阕（上片）十三句，四平韵；下阕（下片）十二句，五平韵。排版时上下阕（片）之间要有明显的标志：如果是按句或按韵分行，上下阕之间要空一行，或在下阕开头行首空两格的基础上再空一两格；如果是句句接排，上下阕之间要回行换段，或上下阕之间空两格。手稿（一八〇页，原稿纸 33 页）上阕分为四行，四平韵的韵脚字分别为“诗”“悲”“之”“为”；下阕分为五行，五平韵的韵脚字分别为“疑”“儿”“奇”“谁”“驰”。下阕开头一句（文学革命何疑）在原有空格的基础上又多空了一格，使分阕的地方非常清楚。《东方杂志》（二一页）、大系本（12 页）、小史本（五二页）、六艺本（一〇二页）、远东本（一一三、一一四页），也都是按韵分行，下阕开头一句也都在原有空格的基础上多空了一格，分阕的地方也很清楚。但是上下阕都各少分了一行：上阕：“更安用，为苍天歌哭，作彼奴为！”本应另分一行却接排了，这就没有按原来四平韵的韵脚字来分行。下阕：“诗材料，有簇新世界，供我驱驰。”本应另分一行却也接排了，这就没有按照原来的五平韵的韵脚字来分行。纪念版（125 页）下阕少分了一行。

全集本（111 页）、全编本（89 页）、人文本（138 页）、华侨本（109 页）、江西本（120 页）、武汉本（106 页）、群言本（190 页）、京联本（102 页）、民建本（98 页）、闽教本（111 页）、海南本（106 页）等，也都是按韵分行的；但下阕开头一句却都没有在原空两格的基础上再多空一两格，这就看不出在哪分阕了。而且有些版本的“按韵分行”也有问题，如全集本（111 页）、全编本（89、90 页）、人文本（138 页）、群言本（190 页）、江西本（120 页）、武汉本（106 页）、闽教本（111 页）等，都沿袭了《东方杂志》等版本的错误，上下阕各少分了一行。华侨本（109 页）等，上阕少分了一行。而文集本（148 页）、北大本（128 页）、画报本（102 页）、人报本（103 页）等，都是句句接排的，下阕开头同样接排，没有空两格，根本看不出在哪儿分阕。

［二八］文的文字

手稿（一八三页，原稿纸 36 页）、《东方杂志》（二一页）、大系本（12 页）、小史本（五三页）、六艺本（一〇三页）、远东本（一一四页）、纪念版（126 页）等均作“文的文字”；而全集本（112 页）、人文本（139 页）、京联本（103 页）等，均误作“文之文字”，或涉上文“言之有物”而将“的”讹为“之”。

文集本（149 页）、北大本（129 页）、民建本（99 页）、画报本（103 页）、华侨本（110 页）等，均误作“文的文学”，因简体的“字”与“学”形近而讹。

［二九］克利弗兰

手稿（一八三页，原稿纸 36 页）“克利弗兰（Cleveland）”，《东方杂志》（二一页）、大系本（12 页）、小史本（五三页）、六艺本（一〇三页）、远东本（一一四页）、纪念版（126 页）、全集本（112 页）、全编本（90 页）、北大本（129 页）、人文本（139 页）等，均作“克利佛兰（Cleveland）”，“弗”与“佛”音相近。文集本（149 页）、人报本（104 页）、民建本（99 页）、群言本（192 页）、华侨本（110 页）、画报本（104 页）、津人本（145 页）、京联本（104 页）、岳麓本（83 页）、海天本（107 页）等，也都作“克利佛兰”，且都漏掉了括注的英文“（Cleveland）”；后面的“第二次国际关系讨论会”也漏掉了括注的英文“（Conference of International Relations）”。Cleveland，今译为“克利夫兰”，“夫”与“弗”音更近。简体定本从手稿，作“克利弗兰（Cleveland）”。

［三〇］文言只能说“此乃吾儿之书”

“文言只能说‘此乃吾儿之书’，但不能说‘这书是我儿子的’”，手稿（一八六页，原稿纸 39 页）、《东方杂志》（二二页）、大系本（13 页）、小史本（五四页）、远东本（一一五页）、远流本（一一一页）等，“只能说”和“不能说”的后面都没有停顿的标点，这里也的确没有停顿；而纪念版（127 页）、全集本（113 页）、全编本（91 页）和人文本（139 页）、徽教本（99 页）等，却在“文言只能说”的后面加了一个蛇足的逗号，即“文言只能说，‘此乃吾儿之书’”；后面的“但不能说‘这书是我儿子的’”，同样的句式，“说”后面却又未加逗号。

［三一］文言的文字可读而听不懂

“文言的文字可读而听不懂”，这确是文言不能普遍使用的一大原因，即便是文言训练有素的人，也不能像用白话那样顺利无碍地进行口头交流。这段文字，手稿（一八七页，原稿纸 40 页）、《东方杂志》（二二页）、大系本（13、14 页）、小史本（五五页）、六艺本（一〇四页）、纪念版（127 页）、远东本（一一六页）、纪念版（127 页）、文集本（150 页）、北大本（131 页）等，均作为一个自然段；而全集本（113 页）、全编本（92 页）、人文本（140 页）、津人本（147 页）、京联本（105 页）等，却将这段话分为两段，“今日所需”以下另起一段。这很可能是误解了大系本的版式，因为该本的“今日所需”恰好赶在下一页的开头，而开头又是上空两格，遂以为这是另起一段。其实不然，胡适把《日记》中的谈话大意归纳为九点，下面每一点的内容不管几行，每行都是上空两格排版的。

另外，“凡演说、讲学、笔记”和“乃是一种可读、可听、可歌、可讲、可记的言语”这两句话中的标点，手稿（一八七页，原稿纸 40 页）、《东方杂志》（二二页）、大系本（13、14 页）均作逗号，因为当时还没有把顿号和逗号区别使用，两者都叫“点号”。有些版本改成顿号又改得不彻底甚至不对，有的地方不该改成顿号的也改成顿号了，而应该改成顿号的却仍旧用了逗号，结果反倒造成了混乱。如小史本（五五页）、京联本（105 页）、津人本（147 页）、海南本（108 页）等，都把这两句话改成了：“凡演说、讲学、笔记、文言决不能应用。今日所需，乃是一种可读、可听、可歌、可讲、可记的言语。”其中的“笔记、文言”这处顿号就改错了，这里只能用逗号，因为“笔记”和“文言”不是并列的词语，“演说”“讲学”“笔记”这三个词语是并列的，“文言决不能应用”是针对“演说、讲学、笔记”说的。把原稿“笔记”后的逗号改成顿号，整个意思全乱了。又如，小史本（五四页）的“白话已产生小说、戏剧、语录，诗词，此四者皆有史事可证”一句，顿号改得就不彻底，“语录，诗词”中间的逗号应改为顿号却没有改。再如远东本（一一四页）：“常常和任叔永、唐擘黄、杨杏佛诸君谈论改良中国文学的方法，这时候我已有了具体的方案，就是用白话作文，作诗，作戏曲”，这句话中，“任叔永、唐擘黄、杨杏佛”中间改成了顿号，而“作文，作诗，作戏曲”中的句号却没有改为顿号。类似之处，简体定本从手稿，均作逗号。

［三二］托尔斯太

“托尔斯太”，今译为“托尔斯泰”。手稿（一八九页，原稿纸 42 页）、《东方杂志》二二页）、大系本（14 页）、纪念版（128 页）、文集本（151 页）、北大本（132 页）等，均作“托尔斯太”；小史本（五五页）、六艺本（一〇五页）、远东本（一一六页）、远流本（一一二页）、全集本（114 页）、现代本（101 页）、哈市本（157 页）、徽教本（99 页）、吉大本（125 页）、理工本（116 页）、文史本（136 页）、中州本（108 页）等，均作“托尔斯泰”。简体定本依据手稿，作“托尔斯太”。

［三三］竟把我逼上了决心试做白话诗的路上去

“竟把我逼上了决心试做白话诗的路上去”，手稿（一九〇页，原稿纸 43 页）初作“竟把我逼上了做白话诗的决心”，这显然是不通的，“逼上”“决心”，搭配不当。因此，改为“竟把我逼上了做白话诗的路上去”，这就通了。但是，原句“决心”的意思没有了，而且胡适也并没有走上“做白话诗的路”，更不是要做白话诗人，他创作白话诗，只是用白话写诗的一种尝试，因此又插入了“决心试”三个字。这样一改，就既准确又得体了。

［三四］“死字”与“活字”

胡适先生说任叔永《泛湖即事》诗中“所用‘言’字‘载’字，皆系死字”，如果只从这两个字的生僻义项来说，的确是“死字”，因为这些义项今天早已不用了。但从“载笑载言”来说，又不尽然，因为它是引用的《诗经》成句。如果这样的成句引用都是不能用的“死字”，那胡适先生《沁园春・誓诗》中的“干卿底事”也就不能用了，因为“底”字“何”的义项，现在也早就不用了，也是“死字”。胡适先生当时力倡白话，不免矫枉过正，所以，任叔永不服气也在情理之中。

“任叔永同陈衡哲女士，梅觐庄，杨杏佛，唐擘黄在凯约嘉湖上摇船”一句，手稿（一九〇页，原稿纸 43 页）、小史本（五六页）、江西本（125 页）等，中间均作逗号；而六艺本（一〇五页）、远东本（一一七页）、远流本（一一三页）却改为“任叔永同陈衡哲女士，梅觐庄、杨杏佛、唐擘黄在凯约嘉湖上摇船”，把后两处逗号改成了顿号。如果要用顿号的话，中间三处停顿都应该用顿号，如《东方杂志》（二三页）、大系本（14页）、纪念版（129页）、全集本（115页）、全编本（93页）、人文本（141页）、文集本（151页）、北大本（132页）、民建本（101页）、岳麓本（85页）、津人本（141页）、人报本（105页）、群言本（195页）、闽教本（114页）、武汉本（108页）、画报本（106页）、华侨本（112页）、京联本（106页）、海南本（109页）等，就都改成了顿号，但是这些版本的标准并不统一，同一部书中很多应改用顿号的地方，却又用了逗号。简体定本依据手稿，仍用逗号。

另外，远东本（一一七页）还将“梅觐庄”误成了“梅勤庄”。

［三五］苏东坡用错了“驾言”

苏东坡用错“驾言”的典故，见于《东坡题跋》卷三“记所作诗”条：

> 东坡云：“吾有诗云：‘日日出东门，步寻东城游。城门抱关卒，怪我此何求？我亦无所求，驾言写（通“泻”）我忧。’章子厚谓参（cān）寥曰：‘前步而后驾，何其上下纷纷也？’仆闻之曰：‘吾以尻（kāo）为轮，以神为马，何曾上下乎？’参寥曰：‘子瞻文过有理似孙子荆，子荆曰：“所以枕流，欲洗其耳。”’”

苏轼说自己曾经写过一首《日日出东门》的诗，开头几句说：我天天从城东门出去，徒步沿着东城游走。看守城门的兵卒笑我这样天天出去行走求的是什么呢？其实我也没什么可求的，只是“驾言写我忧”而已。章子厚看到这首诗之后对参寥说：“子瞻这首诗有问题，前面说自己是步行，后面却又说是驾着车，这不是前后自相矛盾吗？一会上车一会下车，为什么要这样频繁地上上下下呢？”

子厚是章惇（dūn）的字，此人乃北宋名士，性格豪爽真率，相貌俊美非凡，举止文雅洒脱，学问广博精深，文章出众，才识超人。嘉祐四年（1059）进士及第，名列第一甲第五名，开封府试第一名。后受到王安石的赏识进入集贤院，参与变法。元祐八年（1093）拜相，累赠观文殿大学士、太师、魏国公。

参寥是宋僧道潜的别号，又称参寥子。善于作诗，与苏轼、秦观（guàn）为诗友。他把章子厚的话告诉了东坡，东坡辩解说：“我用屁股当车轮，以心神为驾车的马，哪有什么上上下下、前后自相矛盾的事啊？”

东坡诗中的“驾言写我忧”，用的是“驾言出游，以写我忧”的典故。这两句诗分别出现在《诗经·邶风·泉水》和《诗经·卫风·竹竿》中，前者是驾车出游，后者为划船出游，诗中的“言”是助词，没有实际意义。东坡引用《诗经》的话，对原句中的“驾”未必在意，只是说自己也像《诗经》中的女主人公一样，以出游的方式来排解宣泄心中的忧愁。而章子厚确是火眼金睛，一下子就看出了问题。可是东坡却用《庄子·大宗师》里的典故“以尻为轮，以神为马”来辩解。原典是说子祀和子舆是参透生死存亡一体的道友，子舆得了佝偻病，子祀去看望他。子舆说：“造物主真是伟大啊，竟然把我变成了这样一个佝偻的人！”子舆佝偻得五脏处于高位，下颏靠拢肚脐，肩膀高过脑顶，颈椎凸指天空。可是他的表情却很恬淡，内心宁静，一副若无其事的样子。子祀说：“你佝偻成这样，自己不觉得厌恶吗？”子舆说：“这有什么值得厌恶的呢？假使把我的屁股变成车轮，把我的灵魂变成马匹，我出行乘坐着就不用驾车马

了。”后人便以“尻轮神马”来比喻随心所欲地神游物外。如元代刘埙《隐居通议》卷二十三（骈俪三）：“尻轮神马，遍从尘外遨游；心印法灯，尽向眼前了彻。”再如清代著名外交家、曾国藩的次子曾纪泽为李竹浯师所作的挽联：“执经负笈，指顾三十三四年，尘榻对遗编，通精诚在斗酒只鸡而外；航海梯山，往还七万七千里，天衢无阂（hé，止）境，瞻灵爽于尻轮神马之间。”（曾纪泽《出使英法俄国日记》光绪五年八月廿三）

东坡的巧妙辩解，不仅解释了章子厚的责难，而且还提高了诗的意境，确乎令人折服。然而，这辩解纵然巧妙，但明眼人也可以看出巧辩背后的文过饰非。因此参寥说：“子瞻文过有理似孙子荆，子荆曰：‘所以枕流，欲洗其耳。’”

孙子荆文过的典故出自《世说新语·排调（tiáo）》：

> 孙子荆年少时欲隐，语王武子“当枕石漱流”，误曰：“漱石枕流。”王曰：“流可枕，石可漱乎？”孙曰：“所以枕流，欲洗其耳；所以漱石，欲砺其齿。”

孙子荆即孙楚（字子荆），西晋文学家。出身于官宦世家，祖父孙资曾任曹魏骠骑将军，父亲孙宏曾任南阳（今河南南阳市）太守。孙楚才气卓绝，爽朗超逸，傲慢不群。曾任佐著作郎、冯翊（píng yì，古冯翊郡的郡治在今陕西大荔县）太守等官。

王武子即王济（字武子），西晋名士，曹魏司空王昶之孙，司徒王浑次子，晋文帝司马昭之婿。才学出众，勇力无敌，风姿英俊，气概超迈。精通《周易》《老子》《庄子》。曾任中书郎、骁骑将军、侍中等官。

孙楚青年时就想要隐居，他曾对王济说：“我应当漱石枕流。”其实他是要说“我应当枕石漱流”，可是一不小心发生了口误，说错了，说成了“漱石枕流”。枕石漱流就是以山石为枕，以溪流漱口，形容高洁之士的隐居生活。语出汉末曹操《秋胡行》（二首之一）诗：“遨游八极，枕石漱流。”

才气卓绝的孙子荆竟然说错了典故，于是王济便反问道：“流可枕，石可漱乎？”水流可以当作枕头来枕吗？山石可以用来漱口吗？孙子荆不肯认错，竟然文过饰非辩解道：“我之所以枕流水，是因为要洗干净自己的耳朵；之所以用石头漱口，是要磨砺自己的牙齿。”

“洗耳”也是个著名的典故。上古时五帝之一的尧，听说许由乃德才俱隆的高士，就打算把天下让给他。于是派遣使者带着符玺找到许由传达尧的话说：“明亮的日月已经升起来了，再用小火把来照亮还有什么意义呢？丰沛的雨水及时降落了，再用水浇地不是徒劳吗？先生如能居于国君之位，天下一定会大治，我感觉到自己的能力实在不够，请允许我把天下交给您。”许由听到这些话认为自己的耳朵被污染了，便跑到颍水之滨洗耳朵。许由的朋友巢父（fǔ）也隐居在这里，这时他正巧牵着牛犊来饮水，便问许由到水边来干什么。许由就把缘由告诉了他，并且说：“我听了这样污秽的话，怎能不赶快洗洗我清白的耳朵呢！”巢父听了，冷笑一声说道：“哼，你不好好隐居却在外面招摇，完全是自找的，还洗什么耳朵！你这一洗耳朵把颍水都弄脏了，这岂不是污染了我这小牛的嘴吗？”于是牵起小牛走向水流的上游去了（参见《庄子·内篇·逍遥游》、汉蔡邕《琴操·河间杂歌·箕山操》和晋皇甫谧《高士传·许由》等）。后遂以“洗耳”表示心性旷达，以接触尘俗的东西为耻辱。

孙楚的回答非常巧妙而有学问，表达了自己高洁旷达、不随流俗的心志。“洗耳”是要效

法许由之高洁，鄙视威权利禄。“砺齿”就是刷牙去垢，因为“齿牙”有称誉说好话的意思，所以“砺齿”可以理解为使自己能够积累口德，时时称誉别人，说别人的好话；同时也是旁敲侧击，讽刺王济口德不好，指摘自己把“枕石漱流”说成了“枕流漱石”，可谓语挟风霜。由于孙楚的巧妙解释，使得“枕流漱石”反倒比原来的“枕石漱流”境界更高，后世常用以指隐居的生活。另外，宋代著名女词人李清照将自己的词集取名为《漱玉集》，“漱玉”即源于“漱石”，而又高于“漱石”。作者以玉质的温润明洁，来比喻作品的温婉明丽；以攻玉的切磋琢磨，来比喻创作的推敲斟酌，含咏芳香，欬唾珠玉，可谓冰寒兰胜。

然而，孙楚的回答虽然堪称巧辩，但其文过饰非却也昭然若揭，所以参寥才以孙楚的“文过有理”来比况东坡。也许正是这个原因，胡适才说：“苏东坡用错了‘驾言’两字，曾为章子厚所笑。这是我们应该引以为训戒的。”

另外，“引以为训戒”的“戒”，《东方杂志》（二三页）、大系本（15页）、小史本（五六页）、六艺本（一〇六页）、远东本（一一八页）、纪念版（130页）、文集本（152页）等，均作“戒”；全集本（116页）改为“诫”，其实不必改，因为“戒”通“诫”，这种相通的字在当时的作品中颇多，改不胜改；北大本（133页）作“戒〔诫〕”，也大可不必，而且该书前面并没有凡例说明这是怎么回事。简体定本仍作“戒”，以保持作品的原貌。

［三六］引号内的感叹号

说什么“中国有活文学！”
说什么“须用白话做文章！”

《东方杂志》（二四页）、大系本（16页）、小史本（五八页）、六艺本（一〇八页）、远东本（一一九页）、远流本（一一五页）等，这两句诗中的感叹号都在引号内，表示胡适在提倡白话诗的时候具有很强烈的感情色彩。可是，纪念版（131页）、全集本（117页）、全编本（95页）、文集本（153页）、光明本（44页）、北大本（135页）、人文本（143页）、民建本（103页）、华侨本（115页）、画报本（108页）、京联本（108页）、闽教本（116页）、海南本（111页）、群言本（197页）、津人本（152页）、武汉本（109页）、徽教本（102页）、吉大本（128页）、理工本（119、120页）、文史本（140页）、现代本（103页）、中州本（111页）等，都把这两处感叹号放在引号外面了。这样一来，两处感叹号就不是胡适原诗本有的了，而是梅觐庄另加上的了。

［三七］冒号不可改

古人叫做“欲”，今人叫做“要”。
古人叫做“至”，今人叫做“到”。
古人叫做“溺”，今人叫做“尿”。
本来同是一字，声音少许变了。
并无雅俗可言，何必纷纷胡闹？
至于古人叫“字”，今人叫“号”；

古人悬梁，今人上吊：
古名虽未必不佳，今名又何尝不妙？
至于古人乘舆，今人坐轿；
古人加冠束帻，今人但知戴帽：
这都是古所没有，而后人所创造。

《东方杂志》（二四页）、大系本（17 页）、小史本（五九页）、文集本（153 页）、北大本（136 页）等，“今人上吊”和“今人但知戴帽”后面的标点都是冒号。这两处冒号都是用在总括性话语的前边，冒号后面的话是对上文的总结。“古名虽未必不佳，今名又何尝不妙”，是对“古人叫‘字’，今人叫‘号’；古人悬梁，今人上吊”的总结。“这都是古所没有，而后人所创造”，是对“古人乘舆，今人坐轿；古人加冠束帻，今人但知戴帽”的总结。

远流本（一一六页）、纪念版（132 页）、华侨本（116 页）、闽教本（117 页）、哈市本（163 页）、吉大本（129 页）等，均将这两处冒号误作分号。分号主要用于分隔并列关系的两句分句，而“古人悬梁，今人上吊”与“古名虽未必不佳，今名又何尝不妙”之间，“古人加冠束帻，今人但知戴帽”与“这都是古所没有，而后人所创造”之间，都不是并列关系的分句，不能用分号。

远东本（一二〇页）、光明本（44 页）、全集本（118 页）、人文本（143 页）、群言本（197 页）、人报本（108 页）、岳麓本（87 页）、画报本（109 页）等，均在“今人上吊”后面作分号，“今人但知戴帽”后面作冒号；而六艺本（一〇九页）则是在“今人上吊”后作冒号，在“今人但知戴帽”后作分号，其实这两处是一样的，都应该用冒号。

另外，《东方杂志》（二四页）还有几处标点错误：

古人叫做“欲，”今人叫做“要。”
古人叫做“至，”今人叫做“到。”
古人叫做“溺，”今人叫做“尿。”
本来同是一字，声音少许变了。
并无雅俗可言，何必纷纷胡闹？
至于古人叫“字，”今人叫“号；”

这些引号内的标点，都应该放在引号的外面。

［三八］出几个白话的嚣俄

“出几个白话的嚣俄”，就是出几个白话的雨果，民国时将法国著名作家雨果（Hugo）音译为“嚣俄”（有人认为是对雨果的粤语音译）。如汪兆铭（精卫）译嚣俄《共和二年之战士》诗，马君武译嚣俄《题阿黛尔遗书》诗，庚辰（鲁迅）译嚣俄《哀尘》，苏曼殊、陈独秀译嚣俄《惨世界》（选段），曾朴译嚣俄《九十三年》，东亚病夫（曾朴）译嚣俄《银瓶怨》，（周）瘦鹃译维克都嚣俄《贫民血》《热爱》，方于、李丹译嚣俄《可怜的人》，等等。

［三九］“皆”或系衍文

“文学革命的手段，要令国中之陶、谢、李、杜敢用白话京调高腔作诗。要令国中之陶、谢、李、杜皆能用白话京调高腔作诗。”前一句中“敢用”之前，小史本（六四页）有一“皆”字，这样，“皆敢用”就与下句的“皆能用”相对为文。但其他各本，如远东本（一二六页）、远流本（一二二页）、六艺本（一一四页）、纪念版（138页）等，均作“敢用”，无作“皆敢用”者，民国五年（1916）七月二十六日胡适的日记与书信（致任鸿隽）亦不作“皆敢用”。一九五八年启明书局出版的《中国新文学运动小史》“敢用”前亦无“皆”字，一九七四年四月，台北“中央研究院”胡适纪念馆再版此书时，只说启明书局本“坊间已不易购得，为应一般读者的要求，本馆因再为印行”，并没有说做过校改，由此推想，小史本或衍一“皆”字，涉下句“皆能用”而衍。

另外，《东方杂志》（二七页）、大系本（21页）在“敢用”与“能用”的右边都加了小圆圈着重号，而小史本（六四页）、远东本（一二六页）、六艺本（一一四页）、纪念版（138页）、北大本（142页）、人报本（112页）、民建本（107页）、画报本（114页）、岳麓本（91页）、群言本（204页）、闽教本（122页）、津人本（160页）、武汉本（115页）、京联本（114页）、海南本（117页）、江西本（134页）、哈市本（170页）、现代本（109页）、理工本（126页）、文史本（146页）、中州本（116页）、海天本（118页）等，都漏掉了着重号。全集本（123页）、文集本（157页）、徽教本（108页）、吉大本（134页）等，不仅漏掉了“敢用”与“能用”下边的着重号，而且还漏掉了“能用”的“能”字，后句便讹为“要令国中之陶、谢、李、杜皆用白话京调高腔作诗”，大乖原意。光明本（50页）在“敢用”下面加了实心黑点着重号，而“能用”下面却没有加着重号。

［四〇］省略号前后的标点

①吾之《去国集》乃是吾绝笔的文言韵文也。……

②今尚需人实地试验白话是否可为韵文之利器耳。……

③足下定笑我狂耳。……

这几句话后面的标点，各版本颇不一致，有些版本自身也不统一。如小史本（六五页）、六艺本（一一五页）、远东本（一二七页）、文集本（158页）、人报本（112页）等版本的②，都是先省略号后句号。这是错误的，因为省略号表示这句话还没有说完，但这里实际上已经说完了；而且省略号后面只能用叹号或问号，不能用其他点号。

京联本（115页）等则是只有省略号没有句号。这也是错误的，因为省略号表示这句话还没有说完，其实这里已经说完了。

群言本（205页）②是先句号后省略号，①③两处却只有省略号而没有句号。

北大本（143、144页）、文集本（158页）、民建本（107、108页）等，②是先省略号后句号，①③两处却只有句号而没有省略号。

武汉本（116页）、画报本（114、115页）、海南本（118页）等，②是只有省略号而没有句号，①③两处却只有句号而没有省略号。

津人本（161、162页）、京联本（114、115页）等，②是先句号后省略号，①③两处却只有省略号而没有句号。

岳麓本（92 页）①③两处是先句号后省略号，②却是只有省略号而没有句号。

简体定本依据《东方杂志》（二七页）和大系本（二二页），先句号后省略号。句号表示这句话已经说完（而且是陈述语气），省略号表示这句话的后面还有别的话。

［四一］《蝴蝶》诗的格式与标点

《蝴蝶》诗的标点格式，各版本颇不一致。手稿《尝试集》第一编和《东方杂志》（二八页）、大系本（22 页）、小史本（六六页）、六艺本（一一六页）、远东本（一二八页）、远流本（一二四页）、纪念版（141 页）等，诗的第二行和第四行都比第一行和第三行低一格。全集本（123 页）、全编本（102 页）、文集本（159 页）、北大本（144、145 页）、人文本（150 页）、哈市本（173 页）、画报本（116 页）、金城本（217 页）、文史本（150 页）、西苑本（174 页）、现代本（111 页）、团结本（198 页）、华中本（127 页）、理工本（129 页）、中州本（118 页）、天地本（149 页）等，都没有缩一格。新诗这种参差的格式，可以使句子产生错落有致、跌宕起伏之美，这种形式后来演化为阶梯诗。在诗意的表达上，也有层递的作用。如果把四行诗的开头都排得齐刷刷的，那原诗的这些效果和作用也就消失了。

这四行小诗，行末的四处标点，手稿《尝试集》第一编全作句号，这样是没有问题的。小史本（六六页）第三行用了冒号，也颇有道理，因为这里的冒号确有提示的作用。《东方杂志》（二八页）、大系本（22、23 页）、远流本（一二四页）、海天本（121 页）等，均将第三行末尾作分号，其实第三行和第四行不是并列关系，因此不能用分号。远东本（一二八页）、纪念版（141 页）、文集本（159 页）、北大本（144、145 页）、京联本（116 页）、华侨本（124 页）、武汉本（117 页）、民建本（108 页）、江西本（136 页）、海南本（119 页）等，均在第二行和第三行末尾用了逗号（其余为句号）；群言本（205 页）在第二行末尾用了逗号（其余为句号）；人报本（113 页）、岳麓本（93 页）在第三行末尾用了逗号（其余为句号），这都是不对的。因为中间这几个逗号，不论是从停顿的长短来看，还是从句子的意思来看，显然并不都是一样的。六艺本（一一六页）、画报本（116 页）第二行末尾作逗号，第三行末尾改作分号，这就更没有道理了。

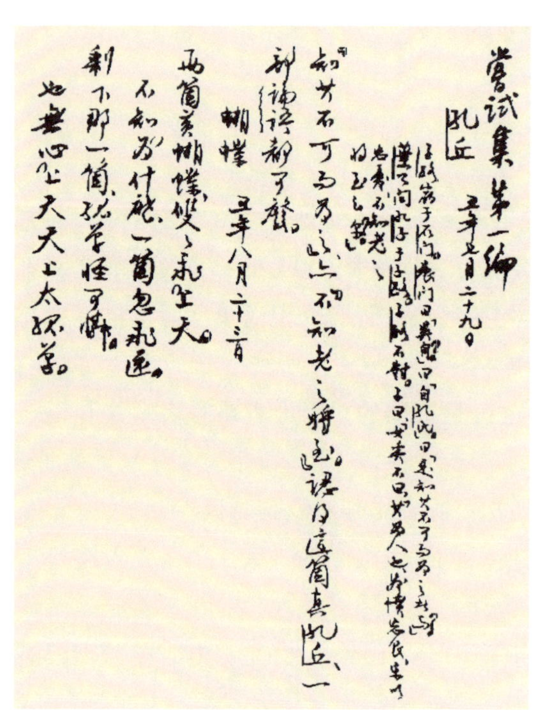
尝试集第一编

蝴蝶 五年八月二十三

两个黄蝴蝶，双双飞上天。
不知为什么，一个忽飞还。
剩下那一个，孤单怪可怜。
也无心上天，天上太孤单。

胡适《尝试集》第一编手迹

［四二］彼出于是，是亦因彼

庄子说得好：“彼出于是，是亦因彼。”

引文中的话出自《庄子·内篇·齐物论》：

> 物无非彼，物无非是。自彼则不见，自知则知之。故曰彼出于是，是亦因彼。

事物都有对立的另一面，各种事物没有哪一件不是彼，也没有哪一件不是此。从彼看不见此，自此看不见彼，因此说，彼出于此，此也起因于彼，事物对立的两个方面是相互并存、相互依赖的。

关于这句引文末尾的标点，各本也有所不同。大系本（23页）、六艺本（一一六页）、远东本（129页）、远流本（一二五页）、全编本（102页）、五南本（187页）、思行本（151页）、当代本（137页）、哈市本（174页）、海天本（121页）、华文本（156页）、徽教本（111页）、武汉本（117页）、现代本（111页）、黄山本（127页）、团结本（199页）等版本，引文末尾的句号都在后引号外。

而初刊本《东方杂志》（二八页）、小史本（六六页）、全集本（126页）、文集本（159页）、港甲本（126页）、港乙本（126页）、纪念版（141页）、北大本（145页）、人文本（150页）、长春本（228页）、海南本（120页）、河南本（101页）、华中本（128页）、画报本（116页）、吉大本（137页）、纪念版（141页）、江西本（136页）、金城本（217页）、津人本（164页）、京联本（116页）、理工本（130页）、民建本（109页）、闽教本（125页）、群言本（206页）、人报本（114页）、山东本（110页）、天地本（149页）、万卷本（159页）、文史本（151页）、西苑本（174页）、岳麓本（93页）、中州本（119页）等版本，引文末尾的句号都在后引号内。

当时的引文标点符号用法与现行的标点符号规则基本一致，凡是把引文作为独立的句子来用，而引文本身又是完整的句子，引文末尾原有的句末点号不变，而且要放在后引号的里边。凡是把引文作为独立的句子来用，而引文本身又不是完整的句子，那么引文末尾原有的点号要去掉，在后引号的外边加上句末点号。“彼出于是，是亦因彼”这个引文，是作为独立的句子来用的，关键要看引文本身是不是完整的句子。《庄子》原文并无标点，标点是后人加的。如果将“彼出于是是亦因彼”看成是完整的句子，即标点为“彼出于是，是亦因彼。”那引文末尾的句号就应该在后引号的里边。如果将“彼出于是是亦因彼”看成是不完整的句子，即标点为“彼出于是，是亦因彼，”那引文末尾原有的逗号就要去掉，在后引号的外面加上句末标点，也就是句号应该在后引号的外边。“是亦因彼”的后边，《庄子》标点本多数为句号，个别标点本为逗号。这样看来，引文末尾的句号放在后引号的里边或外边都不算错。

《逼上梁山》手稿后面部分缺失，因此，我们无法断定胡适先生自己究竟是怎样标点的。胡先生在世时出版的《东方杂志》初刊本、小史本、大系本、六艺本和港甲本、港乙本等几种版本，其中的港甲本和港乙本很可能是盗版，胡先生未必看到。其余四种版本引文末尾的句号，《东方杂志》（二八页）和小史本（六六页）两种在后引号里边，大系本（23页）和六艺本（一一六页）两种在后引号外边。按照版本流布的一般情况来分析，杂志的流传、保存和影响远不如图书，这就是说大系本要比《东方杂志》的流传更广，影响更大。而且大系本又是胡先生自己编选的，后来的六艺本很可能是以大系本为底本进行排版的，而不大可能以初刊的《东方杂志》为底本。如果大系本此处的标点错了，那六艺本也就跟着错了。

另外，一般来说，引文前面有冒号和前引号的，引文末尾的句号大多是在后引号里边，于是很多版本也就按照这样的通例来处理了。我们认为，“彼出于是，是亦因彼”是个完整的句子，因此简体定本将引文末尾的句号放在后引号的里边。这样处理，不仅合乎标点符号的规范，而且也有《东方杂志》初刊本的版本依据。

［四三］“尝试成功自古无”与“自古成功在尝试”

陆游的这首诗见于《剑南诗稿》卷三，诗题为《能仁院前有石像丈余，盖作大像时样也》。乾道九年（1173）夏作于嘉州（今四川乐山市），能仁院即四川乐山市北的能仁寺院。本诗第三句“斜阳徙倚空长叹”，笔者所见宋明以来的各主要版本，如宋刻本《新刊剑南诗稿》、明汲古阁翻宋本《剑南诗稿》、《四部备要》本《剑南诗稿》、清摛藻堂《四库全书荟要》本《剑南诗稿》、世界书局本《陆放翁全集》第二册《剑南诗稿》（一九三六年二月初版，五八页）、商务印书馆国学基本丛书《陆放翁集·剑南诗稿》（一九三三年五月初版，七十七页）等，均作“斜阳徙倚空三叹”，未见作“斜阳徙倚空长叹”的版本。

钱仲联先生的《剑南诗稿校注》卷三（上海古籍出版社 1985 年 9 月第 1 版，三一一页），钱仲联、马亚中主编的《陆游全集校注》卷三（浙江教育出版社 2011 年 12 月第 1 版第一册 240 页），中华书局出版的《陆游集·剑南诗稿》卷三（1978 年 11 月第 1 版，九十七页），傅璇琮先生等主编的《全宋诗》第三十九册陆游三（北京大学出版社 1998 年 12 月第一版，二四三二五页），此诗也都没有异文校勘。而胡适《藏晖室札记》卷十四第二六条（《胡适留学日记》第四册，一〇一九页；《胡适日记全集》第二册，412 页）和《尝试集》第一编的《尝试篇·有序》，均作“斜阳徙倚空长叹”，不知胡适先生是否另有版本依据。

大系本（23 页）、六艺本（一一七页）、远东本（一三〇页）、远流本（一二五页）、纪念版（142 页）、全集本（127 页）、北大本（146 页）、人文本（151 页）、全编本（103 页）、长春本（228 页）、哈市本（175 页）、海天本（122 页）、河南本（101 页）、华侨本（125 页）、华中本（128 页）、徽教本（112 页）、江西本（137 页）、金城本（218 页）、津人本（165 页）、京联本（117 页）、理工本（130 页）、民建本（109 页）、闽教本（126 页）、人报本（114 页）、山东本（111 页）、天地本（150 页）、团结本（199 页）、万卷本（160 页）、文史本（151 页）、西苑本（175 页）、岳麓本（94 页）、中州本（120 页）等众多版本，均作“斜阴徙倚空长叹”，

宋淳熙十四年（1187）严州郡斋刻本《新刊剑南诗稿》卷三书影

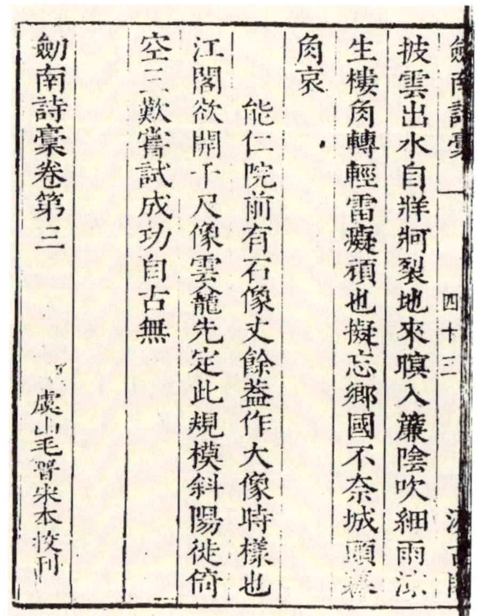
披雲出水自牂牁裂地來瞑入簾陰吹細雨涼
生樓角轉輕雷凝頑也擬忘鄉國不柰城頭暮
角哀
能仁院前有石像丈餘蓋作大像時樣也
江閣欲開千尺像雲龕先定此規模斜陽徙倚
空三歎嘗試成功自古無
劍南詩稾卷第三
虞山毛晉宋本校刊

日本白河立教馆藏明毛晋汲古阁翻宋本《剑南诗稿》卷三书影

劒南詩稾　四十三　汲古閣

披雲出水自牂牱裂地來瞋入簾陰吹細雨涼生樓角轉輕雷凝頑也擬忘鄉國不奈城頭暮角哀

能仁院前有石像丈餘蓋作大像時樣也

江閣欲開千尺像雲龕先定此規模斜陽徙倚空三歎嘗試成功自古無

劒南詩稾卷第三　虞山毛晉宋本校刊

美国哈佛大学图书馆藏明毛晋汲古阁翻宋本《剑南诗稿》卷三书影

再賦荔枝樓

只道文書擾不開未妨高處獨徘徊山橫瓦屋披雲出水自牂牁裂地來瞋入簾陰吹細雨涼生樓角轉輕雷凝頑也擬忘鄉國不奈城頭暮角哀

能仁院前有石像丈餘蓋作大像時樣也

江閣欲開千尺像雲龕先定此規模斜陽徙倚空三歎嘗試成功自古無

劍南詩稿卷第三終

《四部备要》本《剑南诗稿》卷三书影

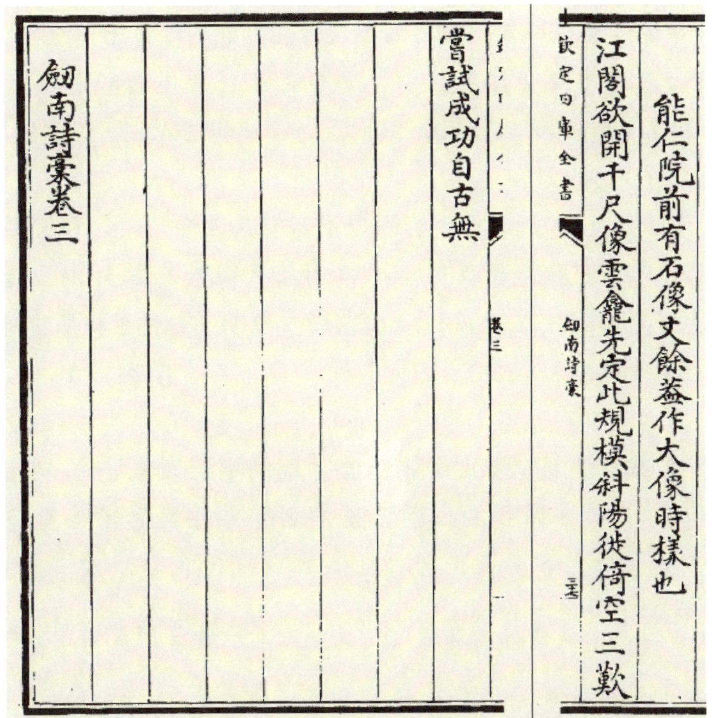
欽定四庫全書

能仁院前有石像丈餘蓋作大像時樣也

江閣欲開千尺像雲龕先定此規模斜陽徙倚空三歎嘗試成功自古無

劒南詩稾卷三

清摛藻堂《四库全书荟要》本《剑南诗稿》卷三书影

将“斜阳”误作“斜阴”。

小史本（六七页）作“斜阴徙倚空长叹：”不仅将“斜阳”误成了“斜阴”，还把“长叹”后面的逗号改成了冒号。

画报本（117页）作“斜险徙倚空长叹”，可能是将繁体的“陰”错看成了“险”。

吉大本（138页）不仅将“斜阳”误成了“斜阴”，还把诗题“能仁院前有石像丈余，盖作

大像时样也。”的标点删去了。对于诗文的题目，有人认为可以不加标点，有人认为应该加标点，若不加标点，有些文字较长的题目会造成阅读的困难。因此，上海古籍出版社出版的《唐诗鉴赏辞典》和《宋诗鉴赏辞典》，诗题都加了标点，只是末尾的标点省去了。更主要的是，胡适原文是有标点的，删去标点就不是原貌了。

文集本（160 页）作“斜阴徙倚空长叹”，不仅将“斜阳”误成了“斜阴”，而且还将“徙倚”误成了“徒倚”。“徙倚”的意思是徘徊、逡巡。“徒倚”不是一个词，只能分开强解为徒然倚靠，那诗句意思就不知所云了。

华文本（156 页）不仅将“斜阳”误作“斜阴”，而且还误将诗题“能仁院前有石像丈余，盖作大像时样也”与诗接排，把诗题当成了诗。

海南本（120 页）、群言本（206 页）、武汉本（117 页）、现代本（112 页）等，作“斜阳徙倚空三叹”，将胡适引诗的“长叹”改成了“三叹”。这样改虽然有版本依据，但由于古诗流传的版本众多，特别是像陆游这样的大诗人，很多选本都有他的诗作，我们不能因为自己没有见过这样的版本，就轻易断定胡适引错了陆游的诗。譬如胡适先生在《每日一诗》中所选的李白的《静夜思》：“床前看月光，疑是地上霜。举头望山月，低头思故乡。”因为这首诗的众多版本都是“床前明月光”，“举头望明月”，所以有人就说胡适写错了。其实，胡适是对的，而我们平时背诵的都是错的（参见拙作《这首天下人皆能吟诵的千古第一绝句，居然是假的？为什么我们一错 400 年》，2018 年 4 月 22 日《上观学习》；《原生态的〈静夜思〉没有“明月”吗？》，2018 年 4 月 24 日上海《解放日报》）。而且，即便胡适先生真的引错了，也不必改，因为改了之后就不是原貌了。

“阴”和“阳”，简体字很相近，也就容易出错，但繁体的“陰”和“陽”并不相近。《东方杂志》（二八页）作“斜陽徙倚空长叹”，不知为什么大系本（23 页）、六艺本（一一七页）、远东本（一三〇页）、远流本（一二五页）、纪念版（142 页）这些繁体版本却都误成了“陰”。

另外，陆游本诗第四句“尝试成功自古无”的“无”字，当读作 mó，这才能与第二句的“模”押韵。

胡适先生说：“陆放翁这首诗大概是别有所指，他的本意大概是说：小试而不得大用，是不会成功的，我借他这句诗，做我的白话诗集的名字，并且做了一首诗，说明我的尝试主义：”

“尝试成功自古无”，放翁这话未必是。我今为下一转语，自古成功在尝试。……

其实，胡适先生误解了陆游的话。“尝试成功自古无”的意思，并不是说通过失败的尝试而最终取得成功的事自古没有，而是说一尝试就能成功而不失败的事自古没有。也就是说，每个成功的背后都有失败的尝试，哪怕是用大石雕凿佛像这样有“佛助”的事情也不例外，你看能仁院里这块大石头，就是起初尝试雕凿佛像而没有成功的石样。“尝试成功自古无”与“自古成功在尝试”主旨是一样的，二者并不矛盾。陆游此诗只是阐述了“失败乃成功之母”这样一个普遍的哲理，并非“别有所指”，更不是说“小试而不得大用，是不会成功的”。

对于古代的文言作品，谁都可能误读误解，不管你的学问和名气有多大，因为文言是一种死语言，没有活人把它作为母语来学习和使用，所以就会留下很多令活人难以理解的死角。汉语的母语是白话，上学之后才开始学习文言，文言实际上是一门准外语，某些地方甚至比任何一门外语都难理解。譬如英语遇到不懂的地方，可以请教英美的人；法语遇到不懂的地方，可以请教法国的人；而文言遇到不懂的地方，却没有哪国人可以请教。

误读误解前代的文言作品，由来已久，即便是经典要集也不例外。譬如《论语·雍也》：

> 伯牛有疾，子问之，自牖执其手，曰："亡之，命矣夫。斯人也而有斯疾也！斯人也而有斯疾也！"

《孔子家语·七十二弟子解》说："伯牛……有恶疾。"司马迁在《史记·仲尼弟子列传》中也说"伯牛有恶疾"。东汉班固《白虎通义·寿命》篇说："冉伯牛危行正言而遭恶疾。"东汉王充《论衡·命义篇》说："伯牛空居而遭恶疾。"《淮南子·精神训》和宋代邢昺《论语注疏》都说伯牛的"恶疾"是"厉"（同"疠"，就是"癞"，恶疮）。北京大学李零教授说伯牛的"恶疾"是"麻风病"。其实伯牛并无"恶疾"，更没有什么"麻风病"，诸家都误解了"亡之，命矣夫"，从标点到词义都有错误。西汉孔安国注曰："亡：丧也。疾甚，故持其手曰丧之。"把"亡"解作丧亡，其实这里的"亡"通"无"，"亡之命矣夫"中间不能用逗号分开，意思是没有致命的病，并非得了不治之症（详见拙作《唐碑论语译释·自序》，中国政法大学出版社 2016 年 8 月第 1 版）。这也从另一个方面证明了胡适先生以白话取代文言的正确。

"转语"，指禅宗拨转心机，使人恍然大悟的机锋话语。《尝试篇》诗按照现代汉语的韵辙为"一七韵"，但"可使脚力莫浪费"的"费"字并非"一七韵"，不押韵，但按照古汉语的韵是可以押韵的。

［四四］括号内的句号

"（以上为精神［内容］的方面。）"括注的末尾，《东方杂志》（二九页）、纪念版（143 页）、全集本（128 页）的括号内都有句号，大系本（25 页）、小史本（六八页）、六艺本（一一八页）、远东本（一三一页）、岳麓本（95 页）、人报本（115 页）等，括号内文字的末尾都没有句号。这个括注内的末尾句号，按照现行标点符号使用法是可以省略的。但是，这里的八项内容，其中三项都有括注，括号内文字的末尾都有句号：

（四）不避俗字俗语。（不嫌以白话作诗词。）

（五）须讲求文法。（以上为形式的方面。）

（八）须言之有物。（以上为精神［内容］的方面。）

如果把括号内文字的末尾句号全部省略是可以的，如全编本（104 页）。但大系本（25 页）、小史本（六八页）、六艺本（一一八页）、远东本（一三一页）、岳麓本（95 页）、人报本（115 页）、海天本（123 页）等，前两项都没有省略句号，最后一项却省略了，这样体例就不统一了。

还有的版本把这三项括号内文字末尾的句号都移到了后括号外边，前括号之前的句号省略了，如文集本（161 页）、北大本（147 页）、闽教本（127 页）等。按照现行标点符号使用法也是可以的，但要贯彻始终，不乱体例才行。但下面紧接着的一处括注"（《胡适文存》卷一，页七一二三。）"《东方杂志》二九页、大系本 25 页、北大本（147 页）却作"。（《胡适文存》卷一，页 7——23。）"，括号内文字末尾的句号并没有省略，自乱体例（还将原文的汉字数字改成了阿拉伯数字）；全集本（128页）、人文本（152页）等，将括号内文字末尾的句号移到了后括号外边，但前括号之前的句号却没有省略，造成括号前后都有句号，这就等于同一地方用了两个句号。津人本（167页）、京联本（118页）等，将括注内的起讫页码"页七——二三"误作"页七一二三"，把一字线当成了"一"，页码就成七千一百二十三了。小史本（六八页）、远东本（一三一页）、纪念版（144页）、文集本（161页）、岳麓本（95页）、华侨本（127页）、画报本（118页）、民建本（110页）、群言本（208页）、人报本（116页）、武汉本（118页）、海南本（122页）、海天本（123页）等，均漏掉了这个括注。

［四五］吴趼人

"吴趼人"（参看注释〔二六〕之（五）"我佛山人"），《东方杂志》（二九页）、纪念版（144页）、大系本（25页）、六艺本（一一九页）、纪念版（144页）、远东本（一三二页）、华侨本（127页）、海天本（124页）等，均误作"吴研人"。

［四六］何李七子

"何李七子"，指的是明代弘治、正德年间（1488—1521）的七位著名文学家，即李梦阳、何景明、王九思、康海、徐祯卿、边贡、王廷相。"七子"以何景明、李梦阳为代表，其文学主张被后人概括为"文必秦汉，诗必盛唐"。明代嘉靖、隆庆年间（1522—1572）的著名文学家李攀龙、王世贞、谢榛、宗臣、梁有誉、徐中行和吴国伦也被称为"七子"，为了区别，便称"何李七子"为"前七子"，称李攀龙、王世贞等为"后七子"。

"政府既以八股取士，而当时文人如何李七子之徒，又争以复古为高"，这句中的"如"是例如的意思，《东方杂志》（三〇页）、小史本（七〇页）均作"如"；而大系本（26页）、六艺本（一二〇页）、远东本（一三三页）、纪念版（145页）、文集本（161页）、全集本（129页）、全编本（105页）、北大本（149页）、人文本（153页）、津人本（168页）、岳麓本（96页）、华侨本（128页）、画报本（119页）、民建本（111页）、群言本（210页）、人报本（117页）、京联本（119页）、闽教本（128页）、武汉本（119页）、海南本（123页）、江西本（140页）、海天本（124页）等，均讹为"以"，这就讲不通了。

令人疑惑不解的是，全集本的"整理说明"称："本卷收入的《四十自述》是以亚东版《四十自述》及《东方杂志》三十一卷一期发表的《逼上梁山》一文为底本校勘整理的"，而《东方杂志》（三〇页）明明作"如"，全集本为什么要改为"以"呢？

［四七］秦汉六朝文字

《东方杂志》（三〇页）："与其作不能行远不能普及之秦汉六朝文字，不如作家喻户晓之《水浒》《西游》文字也。"这是个选择关系的复句，上下两个分句相对为文："秦汉六朝文字"对"《水浒》《西游》文字"，十分工整。然而，大系本（26页）、小史本（七〇页）、六艺本（一二〇页）、远东本（一三三页）、纪念版（145页）、全集本（129页）、全编本（105页）、人文本（153页）、岳麓本（96页）、人报本（117页）、闽教本（129页）、江西本（140页）、海天本（125页）等，均作："与其作不能行远不能普及之秦汉六朝，不如作家喻户晓之

《水浒》《西游》文字也。"脱漏了前一分句的"文字"，这样一来，上下句就对不上了。而且"作""秦汉六朝"，动宾也搭配不当。

另外，全集本是以"《东方杂志》三十一卷一期发表的《逼上梁山》一文为底本校勘整理的"（整理说明），而《东方杂志》（三〇页）"文字"二字并无缺漏，全集本不知为什么没有"文字"。

北大本（149页）作"与其作不能行远不能普及之秦汉六朝〔文字〕"，为什么要把"文字"放在六角括号里呢？按照文献整理的一般规则，放在六角括号里的字表示原文有缺漏，整理者根据上下文意思增补上的。可是，《东方杂志》（三〇页）原文并无缺漏。放在六角括号里的字有时也可以表示所据版本缺漏，整理者据他本增补。但北大本的"出版说明"中却没有提到《逼上梁山》所据的版本。文末的括注只说"原载1934年1月1日《东方杂志》第3卷第1期，收入1935年10月15日上海良友图书印刷公司出版的《中国新文学大系·建设理论集》"，并未说明以哪个版本为底本。而且北京大学出版社早在一九九八年就出版了欧阳哲生先生编的《胡适文集》，文集本（162页）作"与其作不能行远不能普及之秦汉六朝文字"，并无缺漏。北大本出版于二〇一三年，惜乎没有依据自己出版社出版过的权威版本。

［四八］"《文学改良刍议》"的引号与书名号

这里的"文学改良刍议"，《东方杂志》（三〇页）和大系本（26页）既有引号，又有曲线书名号，两种符号并用。此处手稿缺失，不知道是《东方杂志》和大系本有误，还是手稿就是如此。倘若手稿如此，那可能是胡适先生认为"文学改良刍议"是文章的篇名，当然要加书名号；而这里又是称引，因此又要加引号。从现行标点符号的使用情况来看，这里可以只用书名号，譬如全编本（106页）、文集本（162页）都只用了书名号。但胡适手稿中此类情况的标点基本都是只用引号，如小史本（七〇页）、远东本（一三三页）、全集本（130页）等，就都去掉了曲线书名号，只保留引号，也许就是这个原因。为了保存原貌，简体定本仍遵循《东方杂志》（三〇页）和大系本（26页），书名号与引号并用。

［四九］钱玄同赞成胡适的文学改良主张

钱玄同（1887—1939），原名钱夏，字德潜，号疑古、逸谷，又称疑古玄同，五四运动前夕改名玄同，浙江吴兴（今浙江湖州市）人。吴越国太祖武肃王钱镠之后，中国现代思想家、文学家、"五四"新文化运动的倡导者。次子钱三强是中国"两弹一星"的元勋、清华大学物理系教授、中国科学院院士，曾任中国科学院副院长，兼浙江大学校长、中国科协副主席、中国科协名誉主席、中国物理学会理事长等职。

一九一七年一月，胡适先生在《新青年》二卷五号发表《文学改良刍议》之后，钱玄同立即在该刊二卷六号发表与陈独秀的通信《赞文艺改良附论中国文学之分期》作为声援：

> 顷见六号（注者按：当作"五号"）《新青年》胡适之先生《文学刍议》，极为佩服。其斥骈文不通之句，及主张白话体文学说最精辟……具此识力，而言改良文艺，其结果必佳良无疑。惟选学妖孽，桐城谬种，见此又不知若何咒骂，虽然得此辈多咒骂一声，便是价值增加一分也。（《钱玄同文集》第一卷1页，中国人民大学出版社2000年8月第1版）

一九一七年三月一日，钱玄同又在《新青年》三卷一号发表与陈独秀的通信《反对用典及其他》：

> 胡君“不用典”之论最精，实足祛千年来腐臭文学之积弊……后世文人无铸造新词之材，乃力竞趋于用典，以欺世人，不学者从而震惊之，以渊博相称誉。于是习非成是，一若文不用典，即为俭学之征，此实文学窳败之一大原因。（同上 4 页）

在钱玄同的倡议和影响下，《新青年》从一九一八年第四卷第一号开始用白话文出版，钱玄同成为《新青年》的轮流编辑之一。在这期间，他曾动员鲁迅给《新青年》写文章，鲁迅的小说《狂人日记》就是在他的催促下写出的第一篇白话小说，也是第一次用“鲁迅”做笔名。

［五〇］落款的标点

本文末尾括号中落款的标点，除了句末有的加句号，有的不加句号之外，中间的标点也颇不一致。

第一种作：“《四十自述》的一章，二十二年。十二月，三日夜脱稿。”在“章”字后面加逗号，在“年”字后面加句号，在“月”字后面加逗号。如《东方杂志》（三一页）、大系本（27 页）、全编本（107 页）等。

第二种作：“《四十自述》的一章。二十二年，十二月，三日夜脱稿。”在“章”字的后面加句号，在“年”字和“月”字后面均加逗号。如纪念版（148 页）、全集本（132 页）、津人本（172 页）、京联本（122 页）等。

第三种作：“《四十自述》的一章，二十二年十二月三日夜脱稿”，只在“章”字的后面加逗号，“年”字和“月”字后面都不加标点。如文集本（163 页）、光明本（58 页）、北大本（152 页）、华侨本（131 页）、民建本（113 页）、武汉本（122 页）等。

第四种作：“《四十自述》的一章，二十二年。十二月三日夜脱稿。”在“章”字的后面加逗号，在“年”字后面加句号，“月”字的后面不加标点。如六艺本（一二二页）、远东本（一三五页）、岳麓本（98 页）、人报本（118 页）、闽教本（131 页）、海天本（127 页）等。

第五种作：“《四十自述》的一章，二十二年，十二月三日夜脱稿。”在“章”字和“年”字后面加逗号，“月”字的后面不加标点。如画报本（122 页）、江西本（143 页）等。

另外，小史本（七二页）作：“二十二年十二月三日夜脱稿。”因为这一章已经作为《中国新文学运动小史》的一部分，所以删去了“《四十自述》的一章”。后面的部分没有标点，应属于第三种。还有些版本没有落款，如人文本（155 页）、群言本（214 页）、海南本（125 页）、华中本（135 页）、金城本（226 页）、天地本（154 页）等。

在这些不同的标点中，第一种应该是胡适先生的原稿。之所以在“年”字后面加句号，是因为《四十自述》的这一章写于民国“二十二年”。后面的“十二月，三日夜”只是“脱稿”时的时间，而不是全文的写作时间。也就是说，“这一章”是在民国“二十二年”这一年当中写出来的，而不是在“十二月”这三天当中写出来的，更不是在“十二月三日”这一天或一夜写出来的。如果“年”字后面不用句号而用逗号，或者“年”字和“月”字后面都不加标点，那就只能表示“脱稿”的时间，而不能表示该文是在这年当中写成的。

附录

一个狱吏推爷

——我父亲独力营造一个宗祠的故事

评述

《一个狄克推多》在胡适手稿中是《四十自述》的第二章，原计划可能要分几个部分来写，但写完了第一部分之后，第二部分只写了一个序号“(二)”就搁笔了，后来再也没有提起过这篇。

“狄克推多”是英语 Dictator 的音译，意译为独裁官或独裁者，原是罗马共和国时期至高无上的职位。胡适这里借指父亲胡传，他在家乡独立营造了一个宗祠，很有魄力，颇具专断，就像个“狄克推多”一样。

据胡传的回忆录记载，安徽绩溪上庄村内的胡氏宗祠原竣工于一八四〇年，一八六一年太平军犯境时被毁。胡氏宗族当年建造祠堂时，曾做过一次丁口统计，以便按口派捐，那时全族男女老幼约六千人。太平军覆灭后的第二年（1865），胡氏宗族做第二次人口调查，拟再按口派捐，重建宗祠。调查结果显示，战乱后剩余人口不过一千二百人左右，减少了百分之八十。可见战乱给人民带来怎样的灾难，难怪古人有“宁做太平犬，不做乱离人”的慨叹。

宗祠记录着家族的辉煌与传统，是家族的圣殿，是汉民族悠久历史和传统文化的象征与标志，其影响力与历史价值无与伦比。这里既是举行祭祖活动的场所（里面供奉着祖先的神主牌位），又是从事家族宣传、执行族规家法、议事宴饮的地方。既是宗族的象征，又是文化的流脉，正所谓：

溯祖德宗功，奕叶簪缨推望族；
别兰孙桂子，万年诗礼继先声。

上古时代，只有天子才能建宗庙，士大夫建宗庙属于僭越行为。民间建造家族祠堂，可以追溯到唐五代时期，宋代朱熹提倡每个家族建立一个奉祀高、曾、祖、祢四世神主的祠堂四龛。祠堂是族权与神权交织的中心，体现宗法制家国一体的特征，是凝聚民族团结的场所。因此，汉民族对宗祠的建设都非常重视，甚至把它看得比私塾还重要。

重建上庄胡氏宗祠之初，大家都认为这件事非休宁的梯青先生出来领头不可。梯青先生家财富裕，人丁众多，自己和儿子都是贡生，侄子是举人，在刑部做官。可是梯青先生却一口回绝了，他说道光二十年建宗祠的时候，族里有男女六千人，而且是太平时代，家家有余财。即便是这样，也修了整整十年。现在大乱之后，族里总人口不到一千二百人，又多是穷苦的人家，上哪去筹这么大一笔款子来造祠堂？“我劝你们不要做梦”。

大家虽然都知道梯青先生说的是实情，但这回“长毛之乱”，徽州遭劫最惨，死人最多，胡氏宗族死了四千多人。“这时候若没有个宗祠来办‘上牌’‘登谱’的事，日子久了，更没有法子来算这笔烂账了。所以重建宗祠是一件不可缓的事。”

就在大家一筹莫展的时候，二十五岁的胡传担起了这个重任，他不但是该项工程粗工细活主要的规划者和执行人，有时还要说服和克制族中守旧分子的反对。经过十一年的艰苦努力，共费制钱一千三百三十万，胡氏宗祠终于竣工了。在这项伟大的工程中，他所遗留的记录替后世留下了当年聚族而居的农村里的生活状况、社会组织和社会公益

活动等极珍贵的第一手资料。

胡适写《四十自述》“本想从这四十年中挑出十来个比较有趣味的题目，用每个题目来写一篇小说式的文字”，略如第一篇写《我的母亲的订婚》。因此，胡适便选取修建宗祠这个故事来写父亲。可是，对于胡适来说，写母亲与写父亲却截然不同。母亲抚养他长大成人，母亲的形象在他心目中非常真切，非常清晰。而父亲去世时（1895 年）胡适只有三岁，他对父亲可以说是毫无印象。仅凭父亲遗留的记录要想把故事写好，殊非易事。另外，写《我的母亲的订婚》，可以发挥想象，适当虚构，这既不会影响母亲的形象，也不会影响别人。写《一个狄克推多——我父亲独立营造一个宗祠的故事》就不同了，这是关乎宗族历史的大事，涉及宗族里的好多人，想象虚构的空间太小，只能写实。但胡适又没有足够的时间和精力去向知情的族人调查询问，而且许多知情的族人恐怕也都已作古，与其乱写，不如不写，所以中途辍笔也可能是这方面的原因。

正文

（一）

同治四年（一八六五）冬至。

自从咸丰十一年我们的宗祠被长毛贼烧为平地[一]，到今年是第五年了。上年（一八六四）官兵打破南京，平定江浙，我们皖南才得安定。上庄的人渐渐从各处山坞里回到家乡。头一件事是埋葬各家的死人和村内村外的无主死尸。第二件事是修葺残破的屋宇。第三件事是筹办粮米，补种田地，并凑钱雇人到远地买粮食。这三件大事都不是容易的事。直到上年秋天，大家才想到宗祠的事。祠堂是烧了，只剩东边一所文会，只好把文会修葺起来[二]，设立祖先神主，冬至春分都在这里祭祀，宗祠司事人也在这里会议[三]。

今年族里众丁会议重造宗祠，大家都说，这件事非休宁的梯青先生出来领头不可。梯青先生是胡开文笔墨庄的一派，家财富裕，人丁众多，嫡堂兄弟二十多人，子侄辈四五十人；他自己是个贡生，他儿子也是个贡生，他侄儿子是个举人，在刑部做官[四]。可怜我们上庄自从开族以来，读书的人虽然不少，却只有过这一个举人，也只有过这一位芝麻大的京官，所以合族的人没有不敬重这一支的。他们虽然住家在休宁，离上庄一百几十里，但族中有大事总须请教梯青先生。

今年族中司事到休宁请梯青先生出来倡造祠堂，不料他老人家一口回绝不肯干。他说：“宗祠是道光二十年（一八四〇）造成的，那时候，我们族里号称‘千灶万丁’，实数足有男女六千人。那是太平时代，家家有余财。然而也要整整十年才把祠堂造成。现在经过大乱之后，十成里死了不止八成，男男女女总算起来不到一千二百人，又多是穷苦的人家。这时候那里去筹这笔大款子来造祠堂？我劝

你们不要做梦。最好把这事搁起，过了十年二十年，也许有法子想。我老了，事体又多，离家又太远，我怎么能管造祠堂的大事？”

各位司事碰了这个钉子，都扫兴而归。他们也知道梯青先生说的是族中实在情形，照眼前的生计状况，款子也实在无法可筹。但这回长毛之乱，徽州遭劫最惨，死人最多。咸丰十年长毛进来，到同治三年才退完，这五年之中，杀死的，饿死的，病死的，真是不计其数。我们这一族里，便死了四千多人。这时候若没有个宗祠来办“上牌”“登谱”的事，日子久了，更没有法子来算这笔烂账了。

所以重建宗祠是一件不可缓的事。

所以今年冬至，族中又在文会里会议这件事。族众公举出十个司事来。司事的人都愁经费无处出。内中一个年纪最轻的司事，名叫守珊，号铁花，长辈都叫他“珊”，孩子们叫他“三（珊）先生”。他是今年新补廪的秀才，年纪只有二十五岁，行辈又很低，但他的天资高，又从患难里淘练出来，最有胆气，最有担当，所以族中长老也都看重他。在这冬至会议的座上，他站起来说：“这是一件大工程，必须作十年八年的打算，筹款的法子必须第一要容易行，第二要能持久。怎样才是易行而又能持久的法子呢？必须要‘多其取之之方，而少其取之之数’，门类要多，数目要少，才可以叫人人都担负得起。人人担负得起，才可以持久。”

大家都赞成这个意思，便请三先生去定章程。他说：“章程已拟有一个在此，请大家商量决定。”他从袖管里抽出一张单子来，念道：

> 宗祠工程捐款分为四类：
>
> 一、丁口捐，每年每男丁出钱二百文，每女口出钱一百文。〔五〕
>
> 二、工捐，每壮丁年十五以上，六十以下，每年各工作二日，不自来工作者每工出钱一百四十文。
>
> 三、铺户捐，在外开店铺之丁众，量其每年盈余之数，每年出钱自一千文至数十千文不等。
>
> 四、辛捐，在外经商而无店业者，依其辛俸之数，每年出钱若干文。〔六〕

大家听了都说这法子行得通，遂拣好日子，公祭祖宗，把章程张贴出去，次第计画兴工。

（二）

注释

[一]咸丰十一年

“自从咸丰十一年我们的宗祠被长毛贼烧为平地”，这句初作“我们的宗祠被长毛贼烧为平地”，后来才在前面加上了具体时间“自从咸丰十一年”。如果不加具体时间，人们就会误以为“宗祠被长毛贼烧为平地”是在“同治四年（一八六五）冬至”。

“咸丰十一年”即一八六一年农历辛酉，这一年，大清国可谓多灾多难，各地反抗，此起彼伏。春节前夕，文宗咸丰皇帝爱新觉罗·奕訢（zhǔ）就逃到热河躲避兵乱。农历二月，英、法公使进驻京师，建立使馆。三、四月间，捻军进至泰安与肥城、长清交界处与清兵激战，由肥城进入长清县境。七月十七日，三十岁的咸丰帝在承德避暑山庄病逝，同治帝六岁即位，载垣、肃顺等八人为“赞襄政务王大臣”，辅弼幼主，掌管朝政。八月，捻军再次渡运河北上，进入平阴、历城县境。九月，慈禧太后和奕䜣发动“北京政变”，废除“赞襄政务”，慈禧太后垂帘听政。八月二十六日，晚清中兴名臣、镇匪荡寇的湘军重要首领、湖北布政使胡林翼在武昌咯血而死，终年四十九岁。十一月，捻军在龙山镇、唐王道口、韩家桥等处击垮清军和团练的防堵，再次进至章丘、长山一带。

[二]文会

“文会”，原指文士饮酒赋诗或切磋学问的聚会，这里指专供文士饮酒赋诗或切磋学问的会所。

[三]会议

“会议”，这里是动词，是“聚合众人商议”的意思。

[四]他侄儿子是个举人，在刑部做官

“他侄儿子是个举人，在刑部做官”，初作“他侄儿子在刑部做官”，后来又加上了“是个举人”，这样才与下句相互吻合，否则下句的“却只有过这一个举人”就显得有些突兀。“侄儿子”就是侄子、侄儿，哥哥或弟弟的儿子。

[五]钱

“宗祠工程捐款”说明中出现了五个“钱”字，这几个“钱”字在手稿中是“⺨”，它是“钱”的异体字。因其笔画少写起来快，所以深为民间所喜爱。譬如旧时中医开药方时，每味药的数量（重量）“钱”都写作“⺨”。全集本（455页）这五个“钱”字，均误作“乎”，这样一来话就不通了。

[六]辛捐　辛俸

“辛捐”“辛俸”的“辛”，是“薪”的俗简字。这很可能是胡传回忆录中的原字，胡适誊抄过来的。全集本（455 页）分别作“辛［薪］捐”“辛［薪］俸”，以便读者理解。全编本（222 页）分别作“辛捐”“辛［薪］俸”，为什么“辛捐”不注，只注“辛［薪］俸”呢？那只能理解为“辛俸”当作“薪俸”，而“辛捐”不当作“薪捐”，这显然不对。如果只注“辛［薪］捐”而不注“辛俸”，也还说得通，前面注了，紧接着这个类似的“辛俸”则可以不注了，但不能前面不注后面注。

版本简称

北大本——《胡适自述》（北京大学出版社 2013 年 8 月第 1 版）

长春本——《胡适文集 · 自述卷》（何卓恩编，长春出版社 2013 年 1 月第 1 版）

大系本——《中国新文学大系》第一集《建设理论集 · 历史的引子 · 逼上梁山》（胡适编选，上海良友图书印刷公司 1935 年 10 月 15 日初版）

当代本——《孤独与大胆 胡适自述》（龙桃选编，当代中国出版社 2014 年 1 月第 1 版）

东方杂志——《东方杂志》“时贤自传”栏目《逼上梁山——文学革命的开始》（1934 年 1 月 1 日第三十一卷第一号）

纺织本——《学问与人生 · 胡适四十自述评注本》（惠文评注，中国纺织出版社 2015 年 1 月第 1 版）

港甲本——《四十自述》（世界文摘出版社 1954 年 6 月港版）

港乙本——《四十自述》（世界文摘出版社 1957 年 11 月港版）

光明本——《胡适精品集 8 · 四十自述 · 自序》，《胡适精品集 11 · 逼上梁山》（胡明主编，光明日报出版社 1998 年 2 月第一版）

哈市本——《胡适四十自述》（哈尔滨出版社 2017 年 3 月第 1 版）

海南本——《四十自述》（海南出版社 2017 年 1 月第 1 版）

海天本——《胡适自述》（海星编，海天出版社 1992 年 12 月第 1 版）

河南本——《学人自述文丛 · 四十自述》（王法周编，河南人民出版社 2004 年 5 月第 1 版）

华侨本——《中国现代作家自述文丛 · 四十自述》（陈漱渝、刘天华主编，中国华侨出版社 1994 年 9 月第 1 版）

华文本——《胡适四十自述》（华文出版社 2013 年 1 月第 1 版）

华中本——《胡适自述》（华中科技大学出版社 2014 年 10 月第 1 版）

画报本——《四十自述》（中国画报出版社 2016 年 7 月第 1 版）

黄山本——《胡适自传》（黄山书社 1996 年 11 月第 1 版）

徽教本——《胡适著译精品选 · 四十自述》（安徽教育出版社 1999 年 10 月第 1 版）

吉大本——《胡适四十自述》（吉林大学出版社 2015 年 5 月第 1 版）

纪念版——《四十自述》（台北“中央研究院”胡适纪念馆编印，台北“中央研究院”近代史所 2015 年 2 月初版）

江西本——《四十自述》(江西人民出版社 2016 年 4 月第 1 版)
金城本——《胡适自传》(金城出版社 2013 年 6 月第 1 版)
津人本——《胡适四十自述》(天津人民出版社 2015 年 9 月第 1 版)
京联本——《四十自述》(北京联合出版公司 2014 年 7 月第 1 版)
理工本——《胡适文集 · 四十自述》(北京理工大学出版社 2016 年 8 月第 1 版)
六艺本——《四十自述》(台北六艺出版社一九五四年三月初版)
民国丛书本——《四十自述》(《民国丛书》第二编第 86 册,上海书店出版社 1990 年 12 月第一版)
民建本——《四十自述》(民主与建设出版社 2015 年 5 月第 1 版)
闽教本——《胡适的自传》(肖伊绯编,福建教育出版社 2014 年 11 月第 1 版)
全编本——《胡适传记作品全编》第一卷上《四十自述》(耿云志、李国彤编,东方出版中心 1999 年 1 月第一版)
全集本——《胡适全集》第 18 册《四十自述》(季羡林主编,安徽教育出版社 2003 年 9 月第 1 版)
群言本——《四十自述 胡适自传》(群言出版社 2015 年 7 月第 1 版)
人报本——《胡适四十自述》(人民日报出版社 2013 年 1 月第 1 版)
人文本——《胡适自传》(沈卫威编,人民文学出版社 2013 年 5 月第 1 版)
思行本——《胡适四十自述》(思行文化传播有限公司 2015 年 7 月初版)
山东本——《胡适三书 · 四十自述》(山东文艺出版社 2014 年 6 月第 1 版)
天地本——《我的母亲》(四川出版集团天地出版社 2013 年 9 月第一版)
团结本——《胡适自叙》(团结出版社 1996 年 4 月第一版)
外研本——《汉英对照四十自述》(外语教学与研究出版社 2016 年 5 月第 1 版)
万卷本——《胡适自述 我的歧路》(王禹翰主编,万卷出版公司 2014 年 10 月第 1 版)
文海本——《四十自述》(近代中国史料丛刊续编第九十六辑,沈云龙主编,文海出版社有限公司 1974—1982 年初版)
文集本——《胡适文集》第 1 册《四十自述》(欧阳哲生编,北京大学出版社 1998 年 11 月第一版)
文联本——《中国现代散文名家名作原版库 · 四十自述》(中国文联出版公司 1993 年 10 月第 1 版)
文史本——《胡适四十自述》(中国文史出版社 2013 年 5 月第 1 版)
五南本——《四十自述》(五南图书出版股份有限公司 2013 年 6 月初版)
武汉本——《胡适四十自述》(武汉出版社 2015 年 9 月第 1 版)
西苑本——《胡适自述:传奇故事》(张明林编著,西苑出版社 2011 年 1 月第 1 版)
现代本——《胡适四十自述》(现代出版社 2017 年 6 月第 1 版)
小史本——《中国新文学运动小史 · 逼上梁山》(台北"中央研究院"胡适纪念馆 1958 年 6 月初版)
雅致本——《雅致经典系列 · 四十自述》(海南出版社 1997 年 3 月第 2 版)

亚东初版——《四十自述》（亚东图书馆 1933 年 9 月初版）
亚东五版——《四十自述》（亚东图书馆 1939 年 1 月 5 版）
亚东七版——《四十自述》（亚东图书馆 1941 年 1 月 7 版）
亚东八版——《四十自述》（亚东图书馆 1947 年 6 月 8 版）
言实本——《四十自述》（中国言实出版社 2014 年 10 月第 1 版）
伊犁本——《名家作品经典胡适散文集 · 我的母亲》（伊犁人民出版社 2000 年 3 月第 1 版）
远东本——《四十自述》（远东图书公司 1969 年 1 月 4 版重排本）
远流本——《胡适作品集①〈四十自述〉》（台北远流出版事业股份有限公司 1986 年 6 月 30 日初版）
岳麓本——《四十自述 · 我在六十岁以前 · 我的半生》（岳麓书社 1998 年 8 月第 1 版）
浙美本——《我怎样到外国去》（浙江人民美术出版社 2016 年 8 月第 1 版）
中州本——《民国经典文库 · 胡适四十自述》（中州古籍出版社 2016 年 1 月第 2 版）

后　记

在本书即将付梓之际，我要衷心感谢耿云志先生、欧阳哲生先生、李又宁先生、黄克武先生为本书题词，衷心感谢美国普林斯顿大学教授周质平先生赐教，衷心感谢台湾“中研院”教授吴启讷先生惠赐资料。另外，还要感谢陈虎先生，他在责编本书的过程中提出了不少重要的建议和意见。

作家蒋子龙先生曾经慨叹道：“天下的编辑与编辑、主编与主编，差别何其之大！”他以构建房屋为喻：“作家是锤头，编辑是锤把；作家是水泥柱，编辑是水泥柱里的钢筋。”“作家碰上一个什么样的编辑，很有可能会决定他的作品的成败”。正如孟子所说：“夫子言之，于我心有戚戚焉。”（《孟子·梁惠王上》）

二〇二一年八月十日

张立华记于北京后沙峪之居广居

◎初刊影印 初版影印

胡適《四十自述》手稿彙校評注（中）

张立华 汇校评注

中華書局

1914 年胡适留学时期的照片

目录

初刊影印

初版影印

初刊影印

新月

第三卷　第一號

上海新月書店發行

民國十九年三月十日

我的母親的訂婚

——四十自述的一章——

胡適

（一）

太子會（註一）是我們家鄉秋天最熱鬧的神會，但這一年的太子會卻使許多人失望。神傘一隊過去了。都不過是本村各家的綾傘，沒有什麼新鮮花樣。去年大家都說，恆有綢緞莊預備了一頂珍珠傘。因爲怕三先生說話，故今年他家不敢拿出來。崑腔今年有四隊，總算不寂寞。崑腔子弟都穿着「半截長衫」，上身是白竹布，下半是湖色杭綢。每人小手指上掛着湘妃竹柄的小紈扇，吹唱時紈扇垂在笙笛下面搖擺着。

扮戲今年有六齣，都是「正戲」，沒有一齣花旦戲。這也是三先生的主意。後村的子弟本來要扮一齣翠屏山，也因爲怕三先生說話，改了長坂坡。其實七月的日光底下，甘糜二夫人臉上的粉已被汗洗光了，就有潘巧雲也不會怎樣特別出色。不過看會的人的心裏總覺得後村很漂亮的小棣沒有扮潘巧雲的機會，只扮作了糜夫人，未免太可惜了。

今年最掃興的是沒有扮戲的「抬閣」。後村的人早就練好了兩架「抬閣」，一架是龍虎閣，一架是小上坟。不料三先生今年回家過會場，他說抬閣太高了，小孩子熱天受不了暑氣，萬一跌下來，不是小事體。他極力阻止，抬閣就扮不成了。

粗樂和崑腔一隊一隊的過去了。扮戲一齣一齣的過去了。接着便是太子的神轎。路旁的觀衆帶着小孩的，都喊道，「拜呵！拜呵！」許多穿着白地藍花布褂的男女小孩都合掌拜揖。

神轎的後面便是拜香的人！有的穿着夏布長衫，捧着柱香；有的穿着短衣，拿着香爐掛，爐裏燒着檀香。還有一些許願更重的，今天來「弔香」還願；他們上身穿着白布褂，扎着朱青布裙，遠望去不容易分別男女。他們把香爐弔在銅鈎上，把鈎子鈎在手腕肉裏，塗上香灰，便可不流血。今年弔香的人很多，有的只弔在左手腕上，有的雙手都弔；有的只弔一個小香爐，有的一雙手腕上弔着兩個香爐。他們都是虔誠還願的人，懸着掛香爐的手腕，跟着神轎走多少里路，雖然有自家人跟着打扇，但也有半途中了暑熱走不動的。

★　★　★

馮順弟攙着她的兄弟，跟着她的姑媽，站在路邊石磴上看會。她今年十四歲了，家在十里外的中屯，有個姑媽嫁在上莊，今年輪着上莊做會，故她的姑丈家接她姊弟來看會。

她是個農家女子，從貧苦的經驗裏得着不少的知識，故雖是十四歲的女孩兒，却很有成人的見識。她站在路旁聽着傍人批評今年的神會，句句總帶着三先生。「三先生今年在家過會，可把會弄糟了。」「可不是呢？抬閣也沒有了。」「三先生還沒有到家，八都的鴉片烟館都關門了，賭場也都不敢開了。七月會場上沒有賭場，又沒有烟燈，這是多年沒有的事。」

看會的人，你一句，他一句，順弟都聽在心裏。她心想，三先生必是一個了不得的人，能叫賭場烟館不敢開門。

會過完了，大家紛紛散了。忽然她聽見有人低聲說，「三先生來了！」她抬起頭來，只見路上的人都紛紛讓開一條路；只聽見許多人都叫「三先生」。

前面走來了兩個人。一個高大的中年人，面容紫黑，有點短鬚，兩眼有威光，令人不敢正眼看他；他穿着苧布大袖短衫，苧布大脚管的袴子，脚下穿着蔴布鞋子，手裏拿着一桿旱烟管。和他同行的是一個老年人，瘦瘦身材，花白鬍子，也穿着短衣，拿着旱烟管。順弟的姑媽低低說，「那個黑面的，是三先生；那邊是月吉先生，他的學堂就在我們家的前面。聽人說三先生在北邊做官，走過了萬里長城，還走了幾十日，都是沒有人烟的地方，多天凍殺人，夏天熱殺人；多天凍塌鼻子，夏天蚊虫有蒼蠅那麼大。三先生肯吃苦，不怕日頭不怕風，在萬里長城外住了幾年，把臉晒的像包龍圖一樣。」

這時候，三先生和月吉先生已走到她們面前，他們站住說了一句話，三先生獨自下坡去了；月吉先生却走過來招呼順弟的姑媽，和她們同行回去。

月吉先生見了順弟，便問道，「燦嫂，這是你家金灶舅的小孩子嗎？」

「是的。順弟，誠厚，叫聲月吉先生。」

月吉先生一眼看見了順弟腦後的髮辮，不覺贓道，「燦嫂，你看這姑娘的頭髮一直拖到地！這是貴相！是貴相！許了人家沒有？」

這一問把順弟羞的滿臉排紅，她牽着她弟弟的手往前飛跑，也不顧她姑媽了。

她姑媽一面贓，「不要跌了！」回頭對月吉先生說，「還不曾許人家。這孩子很穩重，很懂事。我家金灶哥總想許個好好人家，所以今年十四歲了，還不曾許人家。」

月吉先生說，「你開一個八字給我，我給她排排看。你不要忘了。」

他到了自家門口，還回過頭來說：「不要忘記，叫燦哥鈔個八字給我。」

★　★　★

（二）

順弟在上莊過了會場，她姑丈送她姊弟回中屯去。七月裏天氣熱，日子又長，他們到日頭快落山時才起身，走了十里路，到家時天還沒全黑。

順弟的母親剛牽了牛進欄，見了他們，忙着款待姑丈過夜。

「爸爸還沒有回來嗎？」順弟問。

「姊姊，我們去接他。」姊姊和弟弟不等母親回話，都出去了。

他們到了村口，遠遠望見他們的父親挑着一担石頭進村來。他們趕上去喊着爸爸，姊姊弟弟每人從挑子裏拿了一塊石頭，捧着跟他走。他挑到他家的舊屋基上，把石子倒下去，自己跳下去，把石子鋪平，才上來挑起空担回家去。

順弟問，「這是第三担了嗎？」

她父親點點頭，只問他們看的會好不好，戲好不好，一同回家去。

★　★　★

順弟的父親姓馮，小名金灶。他家歷代務農，辛辛苦苦掙起了一點點小產業，居然有幾畝自家的田，一所自家的屋。金灶十三四歲的時候，長毛賊到了徽州，中屯是績溪北鄉的大路，整個村子被長毛燒成平地。金灶的一家老幼都被殺了，只剩他一人，被長毛擄去。長毛軍中的小頭目看這個小孩子有氣力，能喫苦，便把他臉上刺了「太平天國」四個藍字，叫他不能逃走。軍中有個裁縫，見這孩子可憐，收他做徒弟，叫他跟着學裁縫。金灶學了一手好裁縫，在長毛營裏混了幾年，從績溪跟到寧國，廣德，居然被他逃走出來。但因為面上刺了字，捉住他的人可以請賞，故他不敢白日露面。他每日躲在破屋塌裏，挨到夜間，才敢趕路。他吃了種種困苦，好容易回到家鄉，只尋得一片焦土，幾座焦墻，一村的丁壯留賸的不過二三十人。

金灶是個肯努力的少年，他回家之後，便尋出自家的荒田，努力耕種。有餘力便幫人家種田，做裁縫。不上十年，他居然修葺了村裏一間未燒完的磚屋，娶了一個妻子。夫妻都能苦做苦吃，故漸漸能有點積蓄，漸漸撑起了一個小小的家庭。

他們頭胎生下一個女兒。在那大亂之後，女兒是不受歡迎的，故她的名字叫做順弟，取個下胎生個弟弟的吉兆。隔了好幾年，果然生了一個兒子，他們都很歡喜。

金灶爲人最忠厚；他的裁縫手藝在附近村中常有僱主，人都說他誠實勤謹。外村的人都尊敬他，叫他金灶官。

但金灶有一樁最大的心願。他總想重建他祖上傳下來，被長毛燒了的老屋。他一家人都被殺完了，剩下他這一個人，他覺得天留他一個人是爲中興他的祖業的。他立下了一個誓願：要在老屋基上建造起一所更大又更講究的新屋。

他費了不少工夫，把老屋基爬開，把燒殘磚瓦拆掃乾淨，準備重新墊起一片高地基，好在上面起造一所高爽乾燥的新屋。他每日天未明便起來了；天剛亮，便到村口溪頭去揀選石子，挑一大担回來，鋪墊地基。來回挑了三担之後，他才下田去做工；到了晚上歇工時，他又去挑三担石子，才吃晚飯。農忙過後，他出村幫人家做裁縫，每天也要先挑三担石子，才去上工；晚間吃了飯回來，又要挑三担石子，才肯休息。

這是他的日常工課，家中的妻子女兒都知道他的心願，女流們不能幫他挑石頭，又不能勸他休息，勸他也沒有用處。有時候，他實在疲乏了，挑完石子回家，倒在竹椅上吸旱烟，眼望着十幾歲的女兒和幾歲的兒子，微微嘆一口氣。

順弟是已懂事的了，她看見她父親這樣辛苦做工，她心裏好不難過。她常常自恨不是個男子，不能代她父親下溪頭去挑石頭。她只能每日早晚到村口去接着她父親，從他的担子裏摔出一兩塊石頭來，拿到屋基上，也算是分担了他的一點辛苦。

看看屋基漸漸墊高了，但磚瓦木料却全沒有着落。高敞的新屋還只存在她一家人的夢裏。順弟有時做夢，夢見她是個男子，做了官回家看父母，新屋早已造好了，她便在黑漆的大門外下轎。下轎來又好像做官的不是她，是她兄弟。

（三）

這一年，順弟十七歲了。

一天的下午，金灶在三里外的張家店做裁縫，忽然走進了一個中年婦人，叫聲「金灶舅」。他認得她是上莊的星五嫂，她娘家離中屯不遠，所以他從小認得她。她是三先生的伯母，她的丈夫星五先生也是八都的有名紳士，所以人都叫她「星五先生娘」。

金灶招呼她坐下。她開口道：「巧極了，我本打算到中屯看你去，走到了張家店，才知道你在這裏做活。巧極了。金灶舅，我來尋你，是想開你家順弟的八字。」

金灶問是誰家。

星五先生娘說：「就是我家大姪兒三哥。」

「三先生？」

「是的。三哥今年四十七，前頭討的七都的玉環，死了十多年了。玉環生下了兒女一大堆，——三個兒子，三個女，——現在都長大了。不過他在外頭做官，沒有個家眷，實在不方便。所以他寫信來家，要我們給他定一頭親事。」

金灶說，「我們種田人家的女兒那配做官太太？這件事不用提。」

星五先生娘說：「我家三哥有點怪脾氣。他今年寫信回來，說，一定要討一個做莊家人家的女兒。」

「什麼道理呢？」

「他說，做莊家人家的人身體好，不會像玉環那樣痨病鬼。他又說，莊家人家曉得艱苦。」

金灶說：「這件事不會成功的。一來呢，我們配不上做官人家。二來，我家女人一定不肯把女兒給人做塡房。三來，三先生家的兒女都大了，他家大兒子大女兒都比順弟大好幾歲，這樣人家的晚娘是不容易做的。這個八字不用開了。」

星五先生娘說：「你不要客氣。順弟很穩重，是個有福氣的人。金灶舅，你莫怪我直

言，順弟今年十七歲了，眼睛一䀹，二十歲到頭上，你𨚫裏去尋一個靑頭郎？塡房有什麽不好？三哥信上說了，新人過了門，他就要帶上任去。家裏的兒女，大女兒出嫁了；大兒子今年做親，留在家裏；二女兒是從小給了人家了；三女兒也留在家裏。將來在任上只有兩個雙胞胎的十五歲小孩子，他們又都在學堂裏。這個家也沒有什麽難照應。」

金灶是個老實人，他也明白她的話有駁不倒的道理。家鄉風俗，女兒十三四歲總得定親了。十七八歲的姑娘總是做塡房的居多。他們夫婦因爲疼愛順弟，總想許個念書人家，所以把她瘩誤了。這是他們做父母的說不出的心事。所以他今天很有點躊躇。

星五先生娘見他躊躇，又說道：「金灶舅，你不用多心。你回去問問金灶舅母，開個八字。我今天回娘家去，明朝我來取。八字對不對，辰肖合不合，誰也不知道。開個八字總不妨事。」

金灶一想，開個八字誠然不妨事，他便答應了。

★　　★　　★

這一天，他從張家店回家，順弟帶了弟弟放牛去了，還沒有回來。他放下針線包和熨斗，便在門裏板凳上坐下來吸旱煙。他的妻子見他有心事的樣子，忙過來問他。他把星五嫂的話對她說了。

她聽了大生氣，忙問，「你不曾答應她開八字？」

他說，「我說要囘家商量商量。不過開個八字給他家，也不妨事。」

她說，「不行。我不肯把女兒許給快五十歲的老頭子。他家兒女一大堆，這個晚娘不好做。做官的人家看不起我們莊家人家的女兒，將來讓人家把女兒欺負煞，誰來替我們伸冤？我不開八字。」

他慢吞吞的說，「順弟今年十七歲了，許人家也不容易。三先生是個好人。——」

她更生氣了，「是的，都是我的不是。我不該心高，擔誤了女兒的終身。女兒沒有人家要了，你便想送給人家做填房，做晚娘。做填房也可以，但三先生家可不行。他家是做官人家，將來人家一定說我們貪圖人家有勢力，把女兒賣了，想換個做官的女壻。我背不起這個惡名。別人家都行，三先生家我不肯。女兒沒人家要，我養她一世。」

他們夫妻吵了一場，後來金灶說，「不要吵了。這是順弟自家的事，吃了夜飯，我們問問她自己。好不好？」她也答應了。

晚飯後，順弟看着兄弟睡下，囘到菜油燈下做鞋。金灶開口說，「順弟，你母親有句話要問你。」

順弟抬起頭來，問媽有什麼話。她媽說，「你爸爸有話問你，不要朝我身上推。」

順弟看她媽有點氣，不知道是怎麼一囘事，只好問她爸。她爸對她說，「上莊三先生要討一個填房，他家今天叫人來開你的八字。你媽嫌他年紀太大，四十七歲了，比你大三十歲，家中又有一大堆兒女。晚娘不容易做，我們怕將來害了你一世，所以要問問你自己。」

他把今天星五嫂的話說了一遍。

順弟早已低下頭去做針線，半晌不肯開口。她媽也不開口。

她爸也不說話了。

順弟雖不開口，心裏却在那兒思想。她好像閉了眼睛，看見她的父親在天剛亮的時候挑着一大担石頭進村來；看見那大塊屋基上堆着他一担一担的挑來的石頭；看見她父親晚上坐在黑影地裏沉思歎氣。一會兒，她又彷彿看見她做了官回來，在新屋的大門口下轎。一會兒，她的眼前又彷彿現出了那紫黑面孔，兩眼射出威光的三先生。……

她心裏這樣想：這是她幫她父母的機會到了。做塡房可以多接聘金。前妻兒女多，又是做官人家，聘金財禮總應該更好看點。她將來總還可以幫她父母的忙。她父親一生夢想的新屋總可以成功。……三先生是個好人，人人都敬重他，只有開賭場煙館的人怕他恨他。……

她母親說話的聲音打斷了她的思想。她媽說，「對了我們，有什麼話不好說？你說罷！」

順弟抬起眼睛來，見她爸媽都望着她自己。她低下頭去，紅着臉說道：「只要你們倆都說他是個好人，請你們倆作主。」她接著又加上一句話，「男人家四十七歲也不能算是年紀大。」

她爸歎了一口氣。她媽可氣的跳起來了，忿忿的說，「好呵！你想做官太太了！好罷！

聽你情願罷！」

順弟聽了這句話，又羞又氣，手裏的鞋面落在地上，眼淚直滾下來。她拾起鞋面，一聲不響，走到她房裏去哭了。

★　★　★

經過了這一番家庭會議之後，順弟的媽明白她女兒是願意的了，她可不明白她情願賣身來幫助爹媽的苦心，所以她不指望這門親事成功。

她怕開了八字去，萬一辰肖相合，便難回絕了。她打定主意，要開一張假八字給媒人拿去。第二天早晨，她到祠堂蒙館去，請先生開一個庚帖，故意錯報了一天生日。又錯報了一個時辰。先生翻開萬年歷，把甲子查明寫好，她拿回去交給金灶。

那天下午，星五先生娘到張家店拿到了庚帖，高興的很。回到了上莊，她便去尋着月吉先生，請他把三先生和她的八字排排看。

月吉先生看了八字，問是誰家女兒。

「中屯金灶官家的順弟。」

月吉先生說，「這個八字開錯了。小村鄉的蒙館先生連官本（俗稱歷書爲官本）也不會查，把八個字鈔錯了四個字。」

星五先生娘說，「你怎麽知道八字開錯了？」

月吉先生說，「我算過她的八字，所以記得。大前年村裏七月會，我看見這女孩子，她不是燦嫂的姪女嗎？圓圓面孔，有一點雀斑，頭髮很長，是嗎？面貌並不美，却穩重的很，不像個莊家人家的孩子。我那時問燦嫂討了她的八字來算算看。我算過的八字，三五年不會忘記的。」

他抽開書桌的抽屜，尋出一張字條來，說，「可不是呢？在這裏了。」他提起筆來，把庚帖上的八字改正，又把三先生的八字寫出。他排了一會，對星五先生娘說，「八字是對的，不用再去對了。星五嫂，你的眼力不差，這個人配得上三哥。相貌是小事，八字也是小事，金灶官家的規矩好。你明天就去開禮單。三哥那邊，我自己寫信去。」

★　★　★

過了兩天，星五先生娘到了中屯，問金灶官開「禮單」。她埋怨道，「你們村上的先生不中用，把八字開錯了，幾幾乎誤了事。」

金灶嫂心裏明白，便問誰說八字開錯了的。星五先生娘一五一十的把月吉先生的話說了。金灶夫妻都很詫異，他們都說，這是前世注定的姻緣。金灶嫂現在也不反對了。他們答應開禮單，叫她隔幾天來取。

★　★　★

馮順弟便是我的母親，三先生便是我的父親鐵花先生。在我父親的日記上，有這樣幾段載：

「〔光緒十五年（一八八九）二月〕十六日，行五十里，抵家。……

廿一日，遣媒人訂約於馮姓，擇定三月十二日迎娶。……

三月十一日，遣輿詣七都中屯迎娶馮氏。

十二日，馮氏至。行合巹禮。謁廟。

十三日，十四日，宴客。……

四月初六日，往中屯，叩見岳丈岳母。

初七日，由中屯歸。……

五月初九日，起程赴滬，天雨，行五十五里，宿旌之新橋。」

十九，六，廿六。

（註一）　太子會是皖南很普遍的神會，據說太子神是唐朝安史亂時保障江淮的張巡許遠。何以稱「太子」，却還沒有滿意的解釋。

新月

第三卷　第三號

上海新月書店發行

九年的家鄉教育

——四十自述的一章——

胡適

（一）

我生在光緒十七年十一月十七日（一八九一年十二月十七），那時候我家寄住在上海大東門外。我生後兩個月，我父親便被臺灣巡撫邵友濂奏調往臺灣；江蘇巡撫奏請免調，沒有效果。我父親於十八年二月底到臺灣，我母親和我搬到川沙住了一年。十九年（一八九三）二月廿六日我們一家（我母，四叔介如，二哥嗣秬，三哥嗣秠）也從上海到臺灣。我們在臺南住了十個月。十九年五月，我父親做臺東直隸州知州，兼統鎮海後軍各營。臺東是新設的州，一切草創，故我父不帶家眷去。到十九年底，我們才到臺東。我們在臺東住了整一年。

甲午（一八九四）中日戰事開始，臺灣也在備戰的區域，恰好介如四叔來臺灣，我父親便托他把家眷送回徽州故鄉，只留二哥嗣秬跟着他在臺東。我們於乙未年（一八九五）正月離開臺灣，二月初十日從上海起程回績溪故鄉。

那年四月，中日和議成，把臺灣割讓給日本。臺灣紳民反對割臺，要求巡撫唐景崧堅守。唐景崧請西洋各國出來干涉，各國不允。臺人公請唐爲臺灣民主國大總統，幫辦軍務劉永福爲主軍大總統。我父親在臺東辦後山的防務，電報已不通，餉源已斷絕。那時他已得脚氣病，左脚已不能行動。他守到閏五月初三日，始離開後山。到安平時，劉永福苦苦留他幫忙，不肯放行。到六月廿五日，他雙脚都不能動了，劉永福始放他行。六月廿八日到廈門，手足俱不能動了。七月初三日他死在廈門，成爲東亞第一個民主國的第一個犧牲者！

這時候我只有三歲零八個月。我彷彿記得我父死信到家時，我母親正在家中老屋的前堂，她坐在房門口的椅子上。她聽見讀信人讀到我父親的死信，身子往後一倒，連椅子倒在房門檻上。東邊房門口坐的珍伯母也放聲大哭起來。一時滿屋都是哭聲，我只覺得天地都翻覆了！我只彷彿記得這一點悽慘的情狀，其餘都不記得了。

（二）

我父親死時，我母親只有二十三歲。我父初娶馮氏，結婚不久便遭太平天國之亂，同治二年（一八六三）死在兵亂裏。次娶曹氏，生了三個兒子，三個女兒，死於光緒四年（一八七八）。我父親因家貧，又有志遠游，故久不續娶。到光緒十五年（一八八九），他在江蘇候補，生活稍稍安定，他才續娶我的母親。我母親結婚後三天，我的大哥嗣稼也娶親了。那時我的大姊已出嫁生了兒子。大姊比我母親大七歲。大哥比她大兩歲。二姊是從小抱給人家的。三姊比我母親小三歲，二哥三哥（孿生的）比她小四歲。這樣一個家庭裏忽然來了一個十七歲的後母，她的地位自然十分困難，她的生活自然免不了苦痛。

結婚後不久，我父親把她接到了上海同住。她脫離了大家庭的痛苦，我父又很愛她，每日在百忙中教她認字讀書，這幾年的生活是很快樂的。我小時也很得我父親鍾愛，不滿三歲時，他便把教我母親的紅紙方字教我認。父親作教師，母親便在傍作助教。我認的是生字，她便借此温她的熟字。他太忙時，她便是代理教師。我們離開臺灣時，她認得了近千字，我也認了七百多字。這些方字都是我父親親手寫的楷字，我母親終身保存着，因爲這些方塊紅箋上都是我們三個人的最神聖的團居生活的記念。

我母親二十三歲便做了寡婦，從此以後，又過了二十三年。這二十三年的生活眞是十分苦痛的生活，只因爲還有我這一點骨血，她含辛茹苦，把全副希望寄託在我的渺茫不可知的將來，這一點希望居然使她掙扎着活了二十三年。

我父親在臨死之前兩個多月，寫了幾張遺囑，我母親和四個兒子每人各有一張，每張只有幾句話。給我母親的遺囑上說穈兒（我的名字叫嗣穈，穈字音門）天資頗聰明，應該令他讀書。給我的遺囑也教我努力讀書上進。這寥寥幾句話在我的一生很有重大的影響。我十一歲的時候，二哥和三哥都在家，有一天我母親問他們道：「穈今年十一歲了。你老子叫他念書。你們看看他念書念得出嗎？」二哥不曾開口，三哥冷笑道，「哼，念書！」二哥始終沒有說什麽。我母親忍氣坐了一會，囘到了房裏才敢掉眼淚。她不敢得罪他們，因爲一家的財政權全在二哥的手裏，我若出門求學是要靠他供給學費的。所以她只能掉眼淚，終不敢哭。

但父親的遺囑究竟是父親的遺囑，我是應該念書的。況且我小時很聰明，四鄉的人都知道三先生的小兒子是能夠念書的。所以隔了兩年，三哥往上海醫肺病，我便跟他出門求學了。

（二）

我在臺灣時，大病了半年，故身體很弱。回家鄉時，我號稱五歲了，還不能跨一個七八寸高的門檻。但我母親望我念書的心很切，故到家的時候，我才滿三歲零幾個月，便在我四叔父介如先生（名玠）的學堂裏讀書了。我的身體太小，他們抱我坐在一隻高櫈子上面。我坐上了便爬不下來，還要別人抱下來。但我在學堂並不算最低級的學生，因爲我進學堂之前已認得近一千字了。

因爲我的程度不算「破蒙」的學生，故我不須念三字經，千字文，百家姓，神童詩一類的書。我念的第一部書是我父親自己編的一部四言韻文，叫做「學爲人詩」，他親筆鈔寫了給我的。這部書說的是做人的道理。我把開頭幾行鈔在這裏：

爲人之道，在率其性。
子臣弟友，循理之正；
謹乎庸言，勉乎庸行；

以學爲人，以期作聖。……

以下分說五倫。最後三節，因爲可以代表我父親的思想，我也鈔在這裏：

五常之中，不幸有變，
名分攸關，不容稍紊。
義之所在，身可以殉。
求仁得仁，無所尤怨。

古之學者，察於人倫，
因親及親，九族克敦；
因愛推愛，萬物同仁。
能盡其性，斯爲聖人。

經籍所載，師儒所述，
爲人之道，非有他術，
窮理致知，返躬踐實，
黽勉於學，守道勿失。

我念的第二部書也是我父親編的一部四言韻文，名叫「原學」，是一部略述哲理的書。這兩部書雖是韻文，先生仍講不了，我也懂不了。

我的第三部書叫做「律詩六鈔」，我不記是誰選的了。三十多年來，我不曾重見這部書，故沒有機會考出此書的編者；依我的猜測，似是姚鼐的選本，但我不敢堅持此說。這一冊詩全是律詩，我讀了雖不懂得，却背的很熟。至今回憶，却完全不記得了。

我雖不曾讀三字經等書，却因爲聽慣了別的小孩子高聲誦讀，我也能背這些書的一部分，尤其是那五七言的神童詩，我差不多能從頭背到底。這本書後面的七言句子，如

人心曲曲灣灣水，

世事重重疊疊山。

我當時雖不懂得其中的意義，却常常嘴上愛念着玩，大概也是因爲喜歡那些重字雙聲的緣故。

* * *

我念的第四部書以下，除了詩經，便都是散文的了。我依誦讀的次序，把這些書名寫在下面：

(4)孝經。

(5)朱子的小學，江永集註本。

(6)論語。以下四書皆用朱子註本。

(7)孟子。

(8)大學與中庸。(四書皆連註文讀。)

(9)詩經,朱子集傳本。(註文讀一部分。)

(10)書經,蔡沈註本。(以下三書不讀註文。)

(11)易經,朱子本義本。

(12)禮記,陳澔註本。

讀到了論語的下半部,我的四叔父介如先生選了潁州府阜陽縣的訓導,要上任去了,便把家塾移交給族兄禹臣先生(名觀象)。四叔是個紳董,常常被本族或外村請出去議事或和案子;他又喜歡打紙牌(徽州紙牌,每副一百五十五張),常常被明達叔公,映基叔,祝封叔,茂張叔等人邀出去打牌。所以我們的工課很鬆,四叔往往在出門之前,給我們「上一進書」,叫我們自己念;他到天將黑時,回來一趟,把我們的習字紙加了圈,放了學,才又出門去。

四叔的學堂裏只有兩個學生,一個是我,一個是四叔的兒子嗣秫,比我大幾歲。嗣秫承繼給瑜嬸(星五伯公的二子,珍伯瑜叔,皆無子,我家三哥承繼珍伯,秫哥承繼瑜嬸。)她很溺愛他,不肯管束他,故四叔一走開,秫哥就溜到竈下或後堂去玩了。(他們和四叔住一屋,學堂在這屋的東邊小屋內。)我的母親管的嚴厲,我又不大覺得念書是苦事,故我一個人坐在學堂裏溫書念書,到天黑才回家。

禹臣先生接收家塾後，學生便增多了。先是五個，後來添到十多個，四叔家的小屋不夠用了，便移到一所大屋——名叫來新書屋——裏去。最初添的三個學生，有兩個是守瓚叔的兒子，嗣昭，嗣逵。嗣昭比我大兩三歲，天資不算笨，却不愛讀書，最愛「逃學」，我們土話叫做「賴學」。他逃出去，往往躲在麥田或稻田裏，寧可睡在田裏挨餓，却不願念書。先生往往差嗣秫去捉；有時候，嗣昭被捉回來了，總得挨一頓毒打；有時候，連嗣秫也不回來了，——樂得不回來了，因爲這是「奉命差遣」，不算是逃學！

我常覺得奇怪，爲什麽嗣昭要逃學？爲什麽一個人情願挨餓，挨打，挨大家笑罵，而不情願念書？後來我稍懂得世事，才明白了。瓚叔自小在江西做生意，後來在九江開布店，才娶妻生子；一家人都說江西話，回家鄉時，嗣昭弟兄都不容易改口音；說話改了，而嗣昭念書常帶江西音，常常因此喫戒方或喫「作瘤栗」。（鉤起五指，打在頭上，常打起瘤子，故叫做「作瘤栗」。）這是先生不原諒，難怪他不願念書。

還有一個原因。我們家鄉的蒙館學金太輕，每個學生每年只送兩塊銀元。先生對於這一類學生，自然不肯耐心教書，每天只教他們念死書，背死書，從來不肯爲他們「講書」。小學生初念有韻的書，也還不十分叫苦。後來念幼學瓊林，四書，一類的散文，他們自然毫不覺得有趣味，因爲全不懂得書中說的是什麽。因爲這個緣故，許多學生常常賴學；先有嗣昭，後來有個士祥，都是有名的「賴學胚」。他們都屬於這每年兩元錢的階級。因爲逃學，先生生了氣，打的更利害。越打的利害，他們越要逃學。

我一個人不屬於這「兩元」的階級。我母親渴望我讀書，故學金特別優厚，第一年便送六塊錢，以後每年增加，最後一年加到十二元。這樣的學金，在家鄉要算「打破紀錄」的了。我母親大概是受了我父親的叮囑，她囑托四叔和禹臣先生爲我「講書」：每讀一字，須講一字的意思；每讀一句，須講一句的意思。我先已認得了近千個「方字」，每個字都經過父母的講解，故進學堂之後，不覺得很苦。念的幾本書雖然有許多是鄉裏先生講不明白的；但每天總遇着幾句可懂的話。我最喜歡朱子小學裏的記述古人行事的部分，因爲那些部分最容易懂得，所以比較最有趣味。同學之中有念幼學瓊林的，我常常幫他們的忙，教他們不認得的生字，因此常常借這些書看；他們念大字，我却最愛看幼學瓊林的小註，因爲註文中有許多神話和故事，比四書五經有趣味多了。

有一天，一件小事使我忽然明白我母親增加學金的大恩惠。一個同學的母親來請禹臣先生代寫家信給她的丈夫；信寫成了，先生交她的兒子晚上帶回家去。一會兒，先生出門去了，這位同學把家信抽出來偷看。他忽然過來問我道：「麋，這信上第一句『父親大人膝下』是什麼意思？」他比我只小一歲，也念過四書，却不懂「父親大人膝下」是什麼！這時候，我才明白我是一個受特別待遇的人，因爲別人每年出兩塊錢，我去年却送十塊錢。我一生最得力的是講書：父親母親爲我講方字，兩位先生爲我講書。念古文而不講解，等於念

「揭諦揭諦，波羅揭諦」，全無用處。

（四）

當我九歲時，有一天我在四叔家東邊小屋裏玩耍。這小屋前面是我們的學堂，後邊有一間臥房，有客來便住在這裏。這一天沒有課，我偶然走進那臥房裏去，偶然看見桌子下一隻美孚煤油板箱裏的廢紙堆中露出一本破書。我偶然檢起了這本書，兩頭都被老鼠咬壞了，書面也扯破了。但這一本破書忽然爲我開闢了一個新天地，忽然在我的兒童生活史上打開了一個新鮮的世界！

這本破書原來是一本小字木板的第五才子，我記得很清楚，開始便是「李逵打死殷天錫」一回。我在戲台上早已認得李逵是誰了，便站在那隻美孚破板箱邊，把這本水滸傳殘本一口氣看完了。不看倘可，看了之後，我的心裏很不好過：這一本的前面是些什麽？後面是些什麽？這兩個問題，我都不能回答，却最急要一個回答。

我拿了這本書去尋我的五叔，因爲他最會「說笑話」（「說笑話」便是「講故事」，小說書叫做「笑話書」），應該有這種笑話書。不料五叔竟沒有這書，他叫我去尋守煥哥。守煥哥說，「我沒有第五才子，我替你去借一部；我家中有部第一才子，你先拿去看，好吧？」第一才子便是三國演義，他很鄭重的捧出來，我很高興的捧回去。

後來我居然得着水滸傳全部。三國演義也看完了。從此以後，我到處去借小說看。五

叔，守煥哥，都幫了我不少的忙。三姊夫（周紹瑾）在上海鄉間周浦開店，他吸鴉片煙，最愛看小說書，帶了不少回家鄉；他每到我家來，總帶些正德皇帝下江南，七劍十三俠一類的書來送給我。這是我自己收藏小說的起點。我的大哥（嗣稼）最不長進，也是吃鴉片煙的，但鴉片煙燈是和小說書常作伴的，——五叔，守煥哥，三姊夫都是吸鴉片煙的，——所以他也有一些小說書。大嫂認得一些字，嫁粧裏帶來了好幾種彈詞小說，如雙珠鳳之類。這些書不久都成了我的藏書的一部分。

三哥在家鄉時多；他同二哥都進過梅溪書院，都做過南洋公學的師範生，舊學都有根柢，故三哥看小說很有選擇，我在他書架上只尋得三部小說：一部紅樓夢，一部儒林外史，一部聊齋志異。二哥有一次回家，帶了一部新譯出的經國美談，講的是希臘的愛國志士的故事，是日本人做的。這是我讀外國小說的第一步。

幫助我借小說最出力的是族叔近仁，便是民國十二年和顧頡剛先生討論古史的胡堇人。他比我大幾歲，已「開筆」做文章了，十幾歲就考取了秀才。我同他不同學堂，但常常相見，成了最要好的朋友。他天才很高，也肯用功，讀書比我多，家中也頗有藏書。他看過的小說，常借給我看。我借到的小說，也常借給他看。我們兩人各有一個小手摺，把看過的小說都記在上面，時時交換比較，看誰看的書多。這兩個摺子後來都不見了，但我記得離開家鄉時，我的摺子上好像已有了三十多部小說了。

這裏所謂「小說」，包括彈詞，傳奇，以及筆記小說在內。雙珠鳳在內，琵琶記也在內；聊齋，夜雨秋燈錄，夜譚隨錄，蘭苕館外史，寄園寄所寄，虞初新志等等也在內。從薛仁貴征東，薛丁山征西，五虎平西，粉粧樓一類最無意義的小說，到紅樓夢和儒林外史一類的第一流作品，這裏面的程度已是天懸地隔了。我到離開家鄉時，還不能了解紅樓夢和儒林外史的好處。但這一大類都是白話小說，我在不知不覺之中得了不少的白話散文的訓練，在十幾年後於我很有用處。

看小說還有一樁絕大的好處，便是幫助我把文字弄通順了。那時候正是廢八股時文的時代，科舉制度本身也動搖了。二哥三哥在上海受了時代思潮的影響，故不要我「開筆」做八股文，也不要我學做策論經義。他們只要先生給我講書，教我讀書。但學堂裏念的書，越到後來，越不好懂了。詩經起初還好懂，讀到大雅，便難懂了；讀到周頌，更不可懂了。書經有幾篇，如五子之歌，我讀的很起勁；但盤庚三篇，我總讀不熟。我在學堂九年，只有盤庚害我挨了一次打。後來隔了十多年，我才知道尚書有今文和古文兩大類，向來學者都說古文諸篇是假的，今文是眞的；盤庚屬於今文一類，應該是眞的。但我研究盤庚用的代名詞最雜亂不成條理，故我總疑心這三篇書是後人假造的。有時候，我自己想，我的懷疑盤庚，也許暗中含有報那一個「作瘤栗」的仇恨的意味罷？

周頌，尚書，周易等書都是不能幫助我作通順文字的。但小說書却給了我絕大的幫助。

從三國演義讀到聊齋志異和虞初新志，這一跳雖然跳的太遠，但因爲書中的故事實在有趣味，故我能細細讀下去。石印本的聊齋志異有圈點，故更容易讀。到我十二三歲時，已能對本家姊妹們講說聊齋故事了。那時候，四叔的女兒巧菊，禹臣先生的妹子廣菊多菊，祝封叔的女兒杏仙，和本家姪女翠蘋定嬌等，都在十五六歲之間；她們常常邀我去，請我講故事。我們平常請五叔講故事時，忙着替他點火，裝旱烟，替他搥背。現在輪到我受人巴結了。我不用人裝煙搥背，她們聽我說完故事，總去泡炒米，或做蛋炒飯來請我吃。她們繡花做鞋，我講鳳仙，蓮香，張鴻漸，江城。這樣的講書，逼我把古文的故事翻譯成績溪土話，遂使我更了解古文的文理。所以我到十四歲來上海開始作古文時，便能做很像樣的文字了。

（五）

我小時身體弱，不能跟着野蠻的孩子們一塊兒玩。我母親也不准我和他們亂跑亂跳。小時不曾養成活潑遊戲的習慣，無論在什麼地方，我總是文謅謅地。所以家鄉老輩都說我「像個先生樣子」，遂叫我做「穈先生」。這個綽號叫出去之後，人都知道三先生的小兒子叫做穈先生了。既有「先生」之名，我不能不裝出點「先生」樣子，更不能跟着頑童們「野」了。有一天，我在我家八字門口和一班孩子「擲銅錢」，一位老輩走過，見了我，笑道：「穈先生也擲銅錢嗎？」我聽了羞愧的面紅耳熱，覺得大失了「先生」的身分！

大人們鼓勵我裝先生樣子，我也沒有嬉戲的能力和習慣，又因爲我確是喜歡看書，故我一生可算是不曾享過兒童遊戲的生活。每年秋天，我的庶祖母同我到田裏去「監割」，（頂好的田，水旱無憂，收成最好，佃戶每約田主來監割，打下穀子，兩家平分。）我總是坐在小樹下看小說。十一二歲時，我稍活潑一點，居然和一羣同學組織了一個戲劇班，做了一些木刀竹鎗，借得了幾副假鬍鬚，就在村口田裏做戲。我做的往往是諸葛亮，劉備一類的文角兒；只有一次我做史文恭，被花榮一箭從椅子上射倒下去，這算是我最活潑的玩藝兒了。

我在這九年（一八九五——一九〇四）之中，只學得了讀書寫字兩件事。在文字和思想（看下章）的方面，不能不算是打了一點底子。但別的方面都沒有發展的機會。有一次我們村裏「當朋」（八都凡五村，稱爲「五朋」，每年一村輪着做太子會，名爲「當朋」。），籌備太子會，有人提議要派我加入前村的崑腔隊裏學習吹笙或吹笛。族裏長輩反對，說我年紀太小，不能跟着太子會走遍五朋。於是我便失掉了這學習音樂的唯一機會。三十年來，我不曾拿過樂器，也全不懂音樂；究竟我有沒有一點學音樂的天資，我至今還不知道。至於學圖畫，更是不可能的事。我常常用竹紙蒙在小說書的石印繪像上，摹畫書上的英雄美人。有一天，被先生看見了，挨了一頓大罵，抽屜裏的圖畫都被搜出撕毀了。於是我又失掉了學做畫家的機會。

但這九年的生活，除了讀書看書之外，究竟給了我一點做人的訓練。在這一點上，我的恩師便是我的慈母。

每天天剛亮時，我母親便把我喊醒，叫我披衣坐起。我從不知道她醒來坐了多久了。她看我清醒了，便對我說昨天我做錯了什麽事，說錯了什麽話，要我認錯，要我用功讀書。有時候她對我說父親的種種好處，她說：「你總要踏上你老子的脚步。我一生只曉得這一個完全的人，你要學他，不要跌他的股。」（跌股便是丟臉，出醜。）她說到傷心處，往往掉下淚來。到天大明時，她才把我的衣服穿好，催我去上早學。學堂門上的鎖匙放在先生家裏；我先到學堂門口一望，便跑到先生家裏去敲門。先生家裏有人把鎖匙從門縫裏遞出來，我拿了跑回去，開了門，坐下念生書。十天之中，總有八九天我是第一個去開學堂門的。等到先生來了，我背了生書，才回家吃早飯。

我母親管束我最嚴，她是慈母兼任嚴父。但她從來不在別人面前罵我一句，打我一下。我做錯了事，她只對我一望，我看見了她的嚴厲眼光，便嚇住了。犯的事小，她等到第二天早晨我睡醒時才教訓我。犯的事大，她等到晚上人靜時，關了房門，先責備我，然後行罰，或罰跪，或擰我的肉。無論怎樣重罰，總不許我哭出聲音來。她教訓兒子不是借此出氣叫別人聽的。

有一個初秋的傍晚，我吃了晚飯，在門口玩，身上只穿着一件單背心。這時候我母親的妹子玉英姨母在我家住，她怕我冷了，拿了一件小衫出來叫我穿上。我不肯穿，她說：「穿上吧，涼了。」我隨口回答：「娘（涼）什麽！老子都不老子呀。」我剛說了這句話，一抬頭，看見母親從家裏走出，我趕快把小衫穿上。但她已聽見這句輕薄的話了。晚上人靜後，她罰我跪下，重重的責罰了一頓。她說：「你沒了老子，是多麼得意的事！好用來說嘴！」她氣的坐着發抖，也不許我上床去睡。我跪着哭，用手擦眼淚，不知擦進了什麼微菌，後來足足害了一年多的眼翳病。醫來醫去，總醫不好。我母親心裏又悔又急，聽說眼翳可以用舌頭舔去，有一夜她把我叫醒，她眞用舌頭舔我的病眼。這是我的嚴師，我的慈母。

* * * *

我母親二十三歲做了寡婦，又是當家的後母。這種生活的痛苦，我的笨筆寫不出一萬分之一二。家中財政本不寬裕，全靠二哥在上海經營調度。大哥從小便是敗子，吸鴉片煙，賭博，錢到手就光，光了便回家打主意，見了香爐便拿出去賣，撈着錫茶壺便拿出去押。我母親幾次邀了本家長輩來，給他定下每月用費的數目。但他總不夠用，到處都欠下煙債賭債。每年除夕我家中總有一大羣討債的，每人一盞燈籠，坐在大廳上不肯去。大哥早已避出去了。大廳的兩排椅子上滿滿的都是燈籠和債主。我母親走進走出，料理年夜飯，謝竈神，壓歲錢等事，只當做不曾看見這一羣人。到了近半夜，快要「封門」了，我母親才走後門出去，央一位鄰舍本家到我家來，每一家債戶開發一點錢。做好做歹的，這一羣討債的才一個一個提着燈籠走出去。一會兒，大哥敲門回來了。我母親從不罵他一句。並且因爲是新年，她臉上從不露出一點怒色。這樣的過年，我過了六七次。

大嫂是個最無能而又最不懂事的人，二嫂是個很能幹而氣量很窄小的人。她們常常鬧意見，只因爲我母親的和氣榜樣，她們還不曾有公然相罵相打的事。她們鬧氣時，只是不說話，不答話，把臉放下來，叫人難看；二嫂生氣時，臉色變青，更是怕人。她們對我母親鬧氣時，也是如此。我起初全不懂得這一套，後來也漸漸懂得看人的臉色了。我漸漸明白，世間最可厭惡的事莫如一張生氣的臉；世間最下流的事莫如把生氣的臉擺給旁人看。這比打駡還難受。

我母親的氣量大，性子好，又因爲做了後母後婆，她更事事留心，事事格外容忍。大哥的女兒比我只小一歲，她的飲食衣料總是和我的一樣。我和她有小爭執，總是我吃虧，母親總是責備我，要我事事讓她。後來大嫂二嫂都生了兒子了，她們生氣時便打駡孩子來出氣，一面打，一面用尖刻有刺的話駡給別人聽。我母親只裝做不聽見。有時候，她實在忍不住了，便悄悄走出門去，或到左鄰立大嫂家去坐一會，或走後門到後鄰度嫂家去閑談。她從不和兩個嫂子吵一句嘴。

每個嫂子一生氣，往往十天半個月不歇，天天走進走出，板着臉，咬着嘴，打駡小孩子出氣。我母親只忍耐着，忍到實在不可再忍的一天，她也有她的法子。這一天的天明時，她便不起床，輕輕的哭一場。她不駡一個人，只哭她的丈夫，哭她自己苦命，留不住她丈夫來照管她。她先哭時，聲音很低，漸漸哭出聲來。我醒了起來勸她，她不肯住。這時候，我總聽得見前堂（二嫂住前堂東房）或後堂（大嫂住後堂西房）有一扇房門開了，一個嫂子走出房向廚房走去。不多一會，那位嫂子來敲我們的房門了。我開了房門，她走進來，捧着一碗熱茶，送到我母親床前，勸她止哭，請她喝口熱茶。我母親慢慢停住哭聲，伸手接了茶碗。那位嫂子站着勸一會，才退出去。沒有一句話提到什麼人，也沒有一個字提到這十天半個月來的氣臉，然而各人心裏明白，泡茶進來的嫂子總是那十天半個月來鬧氣的人。奇怪的很，這一哭之後，至少有一兩個月的太平清靜日子。

我母親待人最仁慈，最溫和，從來沒有一句傷人感情的話。但她有時候也很有剛氣，不受一點人格上的侮辱。我家五叔是個無正業的浪人，有一天在煙館裏發牢騷，說我母親家中有事總請某人幫忙，大概總有什麼好處給他。這句話傳到了我母親耳朵裏，她氣的大哭，請了幾位本家來，把五叔喊來，她當面質問他她給了某人什麼好處。直到五叔當衆認錯賠罪，她才能休。

我在我母親的教訓之下住了九年，受了她的極大極深的影響。我十四歲（其實只有十二歲零兩三個月）便離開她了，在這廣漠的人海裏獨自混了二十多年，沒有一個人管束過我。如果我學得了一絲一毫的好脾氣，如果我學得了一點點待人接物的和氣，如果我能寬恕人，體諒人，——我都得感謝我的慈母。

十九，十一，廿一夜。

新月

第三卷　第四號

上海新月書店發行

從拜神到無神

胡適

——四十自述的第三章——

（一）

紛紛歌舞賽蛇蟲，

酒醴牲牢告潔豐。

果有神靈來護佑，

天寒何故不臨工？

這是我父親在鄭州辦河工時（光緒十四年，一八八八）做的十首「鄭工合龍紀事詩」的一首。他自己有註道：

霜雪既降，凡俗所謂「大王」「將軍」化身臨工者，皆絕跡不復見矣。

「大王」「將軍」都是祀典裏的河神；河工區域內的水蛇蝦蟆往往被認爲大王或將軍的化身，往往享受最隆重的祠祭禮拜。河工是何等大事，而國家的治河官吏不能不向水蛇蝦蟆磕頭乞憐，眞是一個民族的最大恥辱。我父親這首詩不但公然指斥這種迷信，並且用了一個很淺近的證據，證明這種迷信的荒謬可笑。這一點最可表現我父親的思想的傾向。

我父親不曾受過近世自然科學的洗禮，但他很受了程頤朱熹一系的理學的影響。理學家因襲了古代的自然主義的宇宙觀，用「氣」和「理」兩個基本觀念來解釋宇宙，敢說「天即理也」，「鬼神者，二氣（陰陽）之良能也」。這種思想，雖有不澈底的地方，很可以破除不少的迷信。況且程朱一系極力提倡「格物窮理」，教人「即物而窮其理」，這便是近世科學的態度。我父親做的「原學」，開端便說：

天地絪縕，萬物化生。

這便是採納了理學家的自然主義的宇宙觀。他做的「學爲人詩」的結論是：

爲人之道，非有他術：

窮理致知，反躬踐實，

黽勉於學，守道勿失。

這便是接受了程朱一系格物窮理的治學態度。

這些話都是我四五歲時便念熟了的。先生怎樣講解，我記不得了；我當時大概完全不懂得這些話的意義。我父親死的太早，我離開他時，還只是三歲小孩，所以我完全不曾受着他的思想的直接影響。他留給我的，大概有兩方面：一方面是遺傳，因爲我是「我父親的兒子」。一方面是他留下了一點程朱理學的遺風；我小時跟着四叔念朱子的小學，便是理學的遺風；四叔家和我家的大門上都貼着「僧道無緣」的條子，也便是理學家庭的一個招牌。

我記得我家新屋大門上的「僧道無緣」一條子，從大紅色褪到粉紅，又漸漸變成了淡白色，後來竟完全剝落了。我家中的女眷都是深信神佛的。我父親死後，四叔又上任做學官去了，家中的女眷便自由拜神佛了。女眷的宗教領袖是星五伯娘，她到了晚年，吃了長齋，拜佛念經，四叔和三哥（是她過繼的孫子）都不能勸阻她，後來又添上了二哥的丈母，也是吃長齋念佛的，她常來我家中住。這兩位老太婆做了好朋友，常勸誘家中的幾房女眷信佛。家中人有病痛，往往請她們念經許願還願。

二哥的丈母頗認得字，帶來了玉歷鈔傳，妙莊王經一類的善書，常給我們講說目連救母遊地府，妙莊王的公主（觀音）出家修行，等等故事。我把她帶來的書都看了，又在戲台上看了觀音娘娘出家全本連台戲，故腦子裏裝滿了地獄的慘酷景象。

後來三哥得了肺癆病，生了幾個孩子都不曾養大。星五伯娘常爲三哥拜神佛，許願，甚至於招集和尚在家中放焰口超度冤魂。三哥自己不肯參加行禮，伯娘常叫我去代替三哥跪拜行禮。我自己幼年身體也很虛弱，多病痛，所以我母親也常請伯娘帶我去燒香拜佛。依家鄉的風俗，我母親也曾把我許在觀音菩薩座下做弟子，還給我取了一個佛名，上一字是個「觀」字，下一字我忘了。我母親愛我心切，時時教我拜佛拜神總須誠心敬禮。每年她同我上外婆家去，十里路上所過廟宇路亭，凡有神佛之處，她總教我拜揖。有一年我害肚痛，眼睛裏又起翳，她代我許願：病好之後親自到古塘山觀音菩薩座前燒香還願。後來我病好了，她親自跟伯娘帶了我去朝拜古塘山。山路很難走，她的脚是終年疼的，但她爲了兒子，步行朝山，上山時走幾步便須坐下歇息，却總不說一聲苦痛。我這時候自然也是很誠心的跟着她們禮拜。

我母親盼望我讀書成名，故常常叮囑我每天要拜孔夫子。禹臣先生學堂壁上掛着一幅硃印石刻的吳道子畫的孔子像，我們每晚放學時總得對他拜一個揖。我到大姊家去拜年，看見了外甥章硯香（比我大幾歲）供着一個孔夫子神龕，是用大紙匣子做的，用紅紙剪的神位，用火柴盒子做的祭桌，桌子上貼着金紙剪的香爐燭臺和供獻，神龕外邊貼着許多紅紙金紙的聖廟匾額對聯，寫着「德配天地，道冠古今」一類的句子。我看了這神龕，心裏好生羡慕，回到家裏，也造了一座小聖廟。我在家中尋到了一隻燕窩匣子，做了聖廟大庭；又把匣子中間挖空一方塊，用一隻午時茶小匣子糊上去，做了聖廟的內堂，堂上也設了祭桌，神位，香爐，燭台等等。我在兩廂又添設了顏淵子路一班聖門弟子的神位，也都有小祭桌。我借得了一部聯語類編，鈔出了許多聖廟聯匾句子，都用金銀錫箔做成匾對，請近仁叔寫了貼上。這一座孔廟很費了我不少的心思。我母親見我這樣敬禮孔夫子，她十分高興，給我一張小桌子專供這神龕，並且給我一個銅香爐；每逢初一和十五，她總教我焚香敬禮。

這座小聖廟，因爲我母親的加意保存，到我廿七歲從外國回家時，還不曾毀壞。但我的宗教虔誠却早已摧毀破壞了。我在十一二歲時便已變成了一個無神論者。

（二）

有一天，我正在温習朱子的小學，念到了一段司馬温公的家訓，其中有論地獄的話，說：

形既朽滅，神亦飄散，雖有剉燒舂磨，亦無所施。

我重讀了這幾句話，忽然高興的直跳起來。目連救母，玉歷鈔傳等書裏的地獄慘狀，都呈現在我眼前，但我覺得都不怕了。放焰口的和尚陳設在祭壇上的十殿閻王的畫像，和十八層地獄的種種牛頭馬面用鋼叉把罪人叉上刀山，叉下油鍋，拋下奈何橋下去喂餓狗毒蛇，——這種種慘狀也都呈現在我眼前，但我現在覺得都不怕了。我再三念這句話：「形既朽滅，神亦飄散，雖有剉燒舂磨，亦無所施。」我心裏很高興，眞像地藏王菩薩把錫杖一指，打開地獄門了。

這件事我記不清在那一年了，大概在十一歲時。這時候，我已能夠自己看古文書了。禹臣先生教我看綱鑑易知錄，後來又教我改看御批通鑑集覽。易知錄有句讀，故我不覺喫力。通鑑集覽須我自己用硃筆點讀，故讀的很遲緩。有一次二哥從上海回來，見我看御批通鑑集覽，他不贊成；他對禹臣先生說，不如看資治通鑑。於是我便點讀資治通鑑了。這是我研究中國史的第一步。我不久便很喜歡這一類的歷史書，並且感覺朝代帝王年號的難記，便想編一部「歷代帝王年號歌訣」！近仁叔很鼓勵我做此事，我眞動手編這部七字句的歷史歌訣了。此稿已遺失了，我已不記得這件野心工作編到了那一朝代。但這也可算是我的「整理國故」的破土工作。可是誰也想不到司馬光的資治通鑑竟會大大的影響我的宗教信仰，竟會使我變成一個無神論者。

有一天，我讀到資治通鑑第一百三十六卷，中有一段記范縝（齊梁時代人，死時約在西曆五一〇年）反對佛教的故事，說：

縝著神滅論，以爲「形者神之質，神者形之用也。神之於形，猶利之於刀。未聞刀沒而利存，豈容形亡而神在哉？」此論出，朝野諠譁，難之，終不能屈。

我先已讀司馬光論地獄的話了，故我讀了這一段議論，覺得非常明白，非常有理。司馬光的話教我不信地獄，范縝的話使我更進一步，便走上了無鬼神的路。范縝用了一個譬喻，說形和神的關係就像刀子和刀口的鋒利一樣；沒有刀子，便沒有刀子的「快」了；那麽，沒有形體，還能有神魂嗎？這個譬喻是很淺顯的，恰恰合一個初開知識的小孩子的程度，所以我越想越覺得范縝說的有道理。司馬光引了這三十五個字的神滅論，居然把我腦子裏的無數鬼神都趕跑了。從此以後，我便不知不覺的成了一個無鬼無神的人。

我那時並不知道范縝的神滅論全文載在梁書（卷四八）裏，也不知道當時許多人駁他的文章保存在弘明集裏。我只讀了「這三十五個字，便換了一個人。大概司馬光也受了范縝的影響，故有「形既朽滅，神亦飄散」的議論；大概他感謝范縝，故他編通鑑時，硬把神滅論摘了最精采的一段，插入他的不朽的歷史裏。他決想不到，八百年後這三十五個字竟感悟了一個十一二歲的小孩子，竟影響了他一生的思想。

通鑑又記述范縝和竟陵王蕭子良討論「因果」的事，這一段在我的思想上發生了很大的影響。原文如下：

子良篤好釋氏，招致名僧，講論佛法。道俗之盛，江左未有。或親爲衆僧賦食行水，世頗以爲失宰相體。

范縝盛稱無佛。子良曰，「君不信因果，何得有富貴貧賤？」縝曰，「人生如樹花同發，隨風而散，或拂簾幌，墜茵席之上；或關籬牆，落糞溷之中。墜茵席者，殿下是也。落糞溷者，下官是也。貴賤雖復殊途，因果竟在何處？」子良無以難。

這一段議論也只是一個譬喻，但我當時讀了只覺得他說的明白有理，遂熟讀了記在心裏。我當時實在還不能了解范縝的議論的哲學意義。他主張一種「偶然論」，用來破壞佛教的果報輪迴說。我小時聽慣了佛家果報輪迴的教訓，最怕來世變猪變狗，忽然看見了范縝不信因果的譬喻，我心裏非常高興，胆子便大的多了。他和司馬光的神滅論教我不怕地獄；他的無因果論教我不怕輪迴。我喜歡他們的話，因爲他們教我不怕。我信服他們的話，因爲他們教我不怕。

（三）

我的思想經過了這回解放之後，便不能虔誠的拜神拜佛了。但我在我母親面前，還不敢公然說出不信鬼神的議論。她叫我上分祠裏去拜祖宗，或去燒香還願，我總不敢不去。滿心裏的不願意，我終不敢讓她知道。

我十三歲的正月裏，我到大姊家去拜年，住了幾天，到十五日早晨，才和外甥硯香同回我家去看燈。他家的一個長工挑着新年糕餅等物事，跟着我們走。

半路上到了中屯外婆家，我們進去歇脚，吃了點心，又繼續前進。中屯村口有個三門亭，供着幾個神像。我們走進亭子，我指着神像對硯香說，「這裏沒有人看見，我們來把這幾個爛泥菩薩拆下來拋到毛廁裏去，好嗎？」

這樣突然主張毀壞神像，把我的外甥嚇住了。他雖然聽我說過無鬼無神的話，却不曾想到我會在這路亭裏提議實行搗毀神像。他的長工忙勸阻我道：「糜舅，菩薩是不好得罪的。」我聽了這話，更不高興，偏要拾石子去擲神像。恰好村子裏有人下來了，硯香和那長工便把我勸走了。

我們到了我家中，我母親煮麵給我們吃，我剛吃了幾筷子，聽見門外鑼鼓響，便放下麵，跑出去看舞獅子了。這一天來看燈的客多，家中人都忙着照料客人，誰也不來管我吃了多少麵。我陪着客人出去玩，也就忘了肚子餓了。

晚上陪客人吃飯，我也喝了一兩杯燒酒。酒到了餓肚子裏，便有點作怪。晚飯後，我跑

出大門外，被風一吹，我有點醉了，便喊道：「月亮，月亮，下來看燈！」別人家的孩子也跟着喊，「月亮，月亮，下來看燈！」

門外的喊聲被屋裏人聽見了，我母親便叫人來喚我回去。我怕她責怪，便跑出去了。來人追上去，我跑的更快。有人對我母親說，我今晚上喝了燒酒，怕是醉了。我母親自己出來喚我，這時候我已被人追回來了。但跑多了，我眞有點醉了，便和他們抵抗，不肯回家。母親抱住我，我仍喊着要月亮下來看燈。許多人圍攏來看，我仗着人多，嘴裏仍舊亂喊。母親把我拖進房裏，一羣人便擁進房來看。

這時候，那位跟我們來的章家長工走到我母親身邊，低低的說：「外婆（他跟着我的外甥稱呼），糜舅今夜怕不是吃醉了罷？今天我們從中屯出來，路過三門亭，糜舅要把那幾個菩薩拖下來丟到毛廁裏去。他今夜嘴裏亂說話，怕是得罪了神道，神道怪下來了。」

這幾句話，他低低的說，我靠在母親懷裏，全聽見了。我心裏正怕喝醉了酒，母親要責罰我；現在我聽了長工的話，忽然想出了一條妙計。我想：「我胡鬧，母親要打我；菩薩胡鬧，她不會責怪菩薩。」於是我便鬧的更兇，說了許多瘋話，好像眞有鬼神附在我身上一樣！

我母親着急了，叫硯香來問，硯香也說我日裏的確得罪了神道。母親便叫別人來抱住我，她自己去洗手焚香，向空中禱告三門亭的神道，說我年小無知，觸犯了神道，但求神道寬洪大量，不計較小孩子的罪過，寬恕了我。我們將來一定親到三門亭去燒香還願。

這時候，鄰舍都來看我，擠滿了一屋子的人，有些婦女還提着「火篭」（徽州人冬天用瓦罏裝炭火，外面用篾絲作籃子，可以隨身攜帶，名爲火篭），房間裏悶熱的很。我熱的臉都紅了，眞有點像醉人。

忽然門外有人來報信，說，「龍燈來了，龍燈來了！」男男女女都往外跑，都想趕到十字街口去等候看燈。一會兒，一屋子的人都散完了，只賸下我和母親兩個人。房裏的悶熱也消除了，我也疲倦了，就不知不覺的睡着了。

母親許的願好像是靈應了。第二天，她教訓了我一場，說我不應該瞎說，更不應該在神道面前瞎說。但她不曾責罰我，我心裏高興，萬想不到我的責罰却在一個月之後。

過了一個月，母親同我上中屯外婆家去。她拿出錢來，在外婆家辦了豬頭供獻，備了香燭紙錢，她請我母舅領我到三門亭裏去謝神還願。我母舅是個虔誠的人，他恭恭敬敬的擺好供獻，點起香燭，陪着我跪拜謝神。我忍住笑，恭恭敬敬的行了禮，——心裏只怪我自己當日扯謊時不曾想到這樣比挨打還更難爲情的責罰！

直到我二十七歲回家時，我才敢對母親說那一年元宵節附在我身上胡鬧的不是三門亭的神道，只是我自己。母親也笑了。

十九，十二，廿五，在北京。

新月

第三卷　第七號

上海新月書店發行

在上海（一九〇四——一九一〇）（一）

——四十自述的第四章——

胡　適

一

光緒甲辰年（一九〇四）的春天，三哥的肺病已到了很危險的時期，他決定到上海去醫治。我母親也決定叫我跟他到上海去上學。那時我名爲十四歲，其實只有十二歲有零。這一次我和母親分別之後，十四年之中，我只回家三次，和她在一塊的時候還不滿六個月。她只有我一個人，只因爲愛我太深，望我太切，所以她硬起心腸，送我向遠地去求學。臨別的時候，她裝出很高興的樣子，不曾掉一滴眼淚。我就這樣出門去了，向那不可知的人海裏去尋求我自己的教育和生活，——孤另另的一個小孩子，所有的防身之具只是一個慈母的愛，一點點用功的習慣，和一點點懷疑的傾向。

我在上海住了六年（一九〇四——一九一〇），換了四個學校（梅溪學堂，澄衷學堂，中國公學，中國新公學）。這是我一生的第二個段落。

我父親生平最佩服一個朋友——上海張煥綸先生（字經甫）。張先生是提倡新教育最早的人，他自己辦了一個梅溪書院，後來改做梅溪學堂。二哥三哥都在梅溪書院住過，所以我到了上海也就進了梅溪學堂。我只見過張煥綸先生一次，不久他就死了。現在談中國教育史的人，很少能知道這一位新教育的老先鋒了。他死了二十二年之後，我在巴黎見着趙詒璹先生（字頌南，無錫人），他是張先生的得意學生，他說他在梅溪書院很久，最佩服張先生的人格，受他的感化最深。他說，張先生教人的宗旨只是一句話：「千萬不要僅僅做個自了漢。」我坐在巴黎鄉間的草地上，聽着趙先生談話，想着趙先生夫婦的刻苦生活和奮鬪精神，——這時候，我心裏想：張先生的一句話影響了他的一個學生的一生，張先生的教育事業不算是失敗。

梅溪學堂的課程是很不完備的，只有國文，算學，英文三項。分班的標準是國文程度。英文算學的程度雖好，國文不到頭班，仍不能畢業。國文到了頭班，英文算學還很幼稚，却可以畢業。這個辦法雖然不算頂好，但這和當時教會學堂的偏重英文，都是過渡時代的特別情形。

我初到上海的時候，全不懂得上海話。進學堂拜見張先生時，我穿着藍呢的夾袍，絳色呢大袖馬褂，完全是個鄉下人。許多小學生圍攏來看我這鄉下人。因爲我不懂話，又不曾「開筆」做文章，所以暫時編在第五班，差不多是最低的一班。班上讀的是文明書局的蒙學

讀本，英文班上用華英初階，算學班上用筆算數學。

我是讀了許多古書的，現在讀蒙學讀本，自然毫不費力，所以有工夫專讀英文算學。這樣過了六個星期。到了第四十二天，我的機會來了。教蒙學讀本的沈先生大概也瞧不起這樣淺近的書，更料不到這班小孩子裏面有人起來駁正他的錯誤。這一天，他講的一課書裏有這樣一段引語：

傳曰，二人同心，其利斷金。同心之言，其臭如蘭。

沈先生隨口說這是左傳上的話。我那時已勉強能說幾句上海話了，等他講完之後，我拿着書，走到他的桌邊，低聲對他說：這個「傳曰」是易經的繫辭傳，不是左傳。先生臉紅了，說，「儂讀過易經？」我說讀過。他又問，「阿曾讀過別樣經書？」我說讀過詩經書經禮記。他問我做過文章沒有，我說沒有做過。他說，「我出個題目，撥儂做做試試看。」他出了「孝弟說」三個字，我回到座位上，勉強寫了一百多字，交給先生看。他看了對我說，「儂跟我來。」我捲了書包，跟他下樓走到前廳。前廳上東面是頭班，西面是二班。沈先生到二班課堂上，對教員顧先生說了一些話，顧先生就叫我坐在末一排的桌子上。我才知道我一天之中升了四班，居然做第二班的學生了。

可是我正在歡喜的時候，抬頭一看，就得發愁了。這一天是星期四，是作文的日子。黑板上寫着兩個題目：

論題：原日本之所由強。

經義題：古之爲關也將以禦暴，今之爲關也將以爲暴。

我從來不知道「經義」是怎樣做的，所以想都不敢去想他。可是日本在天南地北，我還不很清楚，這個「原日本之所由強」又從那裏說起呢？既不敢去問先生，班上同學又沒有一個熟人，我心裏頗怪沈先生太鹵莽，不應該把我升的這麼高，這麼快。

忽然學堂的茶房走到廳上來，對先生說了幾句話，呈上一張字條。先生看了字條，對我說，我家中有要緊事，派了人來領我回家，卷子可以帶回去做，下星期四交卷。我正在着急，聽了先生的話，鈔了題目，逃出課堂，趕到門房，才知道三哥病危，二哥在漢口沒有回來，店裏（我家那時在上海南市開一個公義油棧）的管事慌了，所以趕人來領我回去。

我趕到店裏，三哥還能說話。但不到幾個鐘頭，他就死了，死時他的頭還靠在我手腕上。第三天，二哥從漢口趕到。喪事辦了之後，我把升班的事告訴二哥，並且問他「原日本之所由強」一個題目應該參攷一些什麼書。二哥檢了明治維新三十年史，壬寅新民叢報彙編，……一類的書，裝了一大籃，叫我帶回學堂去翻看。費了幾天的工夫，才勉強湊了一篇論說交進去。不久我也會做「經義」了。幾個月之後，我居然算是頭班學生了，但英文還不曾讀完華英初階，算學還只做到「利息」。

這一年梅溪學堂改爲梅溪小學，年底要辦畢業第一班。我們聽說學堂裏要送張在貞，王言，鄭璋和我四個人到上海道衙門去考試。我和王鄭二人都不願意去考試，都不等到考試日期，就離開學堂了。

爲什麽我們不屑受上海道的考試呢？這一年之中，我們都經過了思想上的一種激烈變動，都自命爲「新人物」了。二哥給我的一大籃子的「新書」，其中很多是梁啓超先生一派人的著述；這時代是梁先生的文章最有勢力的時代，他雖不曾明白提倡種族革命，却在一班少年人的腦海裏種下了不少革命種子。有一天，王言君借來了一本鄒容的革命軍，我們幾個人傳觀，都很受感動。借來的書是要還人的，所以我們到了晚上，等舍監查夜過去之後，偷偷起來點着蠟燭，輪流鈔了一本革命軍。正在傳鈔革命軍的少年，怎肯投到官廳去考試呢？

這一年是日俄戰爭的第一年。上海的報紙上每天登着很詳細的戰事新聞，愛看報的少年學生都感覺絕大的興奮。這時候中國的輿論和民衆心理都表同情於日本，都痛恨俄國，又都痛恨清政府的宣告中立。仇俄的心理增加了不少排滿的心理。這一年，上海發生了幾件刺激人心的案子。一件是革命黨萬福華在租界內鎗擊前廣西巡撫王之春，因爲王之春從前是個聯俄派。一件是上海黃浦灘上一個寧波木匠周生有被一個俄國水兵無故砍殺。這兩件事都引起上海報紙的注意；尤其是那年新出現的時報，天天用簡短沉痛的時評替周生有喊冤，攻擊上海的官廳。我們少年人初讀這種短評，沒有一個不受刺激的。周生有案的判決使許多人失

望。我和王言鄭璋三個人都恨極了上海道袁海觀，所以連合寫了一封長信去痛罵他。這封信是匿名的，但我們總覺得不願意去受他的考試。所以我們三個人都離開梅溪學堂了。（王言是黟縣人，後來不知下落了；鄭璋是潮陽人，後改名仲誠，畢業於復旦，不久病死。）

二

我進的第二個學堂是澄衷學堂。這學堂是寧波富商葉成忠先生創辦的，原來的目的是教育寧波的貧寒子弟；後來規模稍大，漸漸成了上海一個有名的私立學校，來學的人便不限止於寧波人了。這時候的監督是章一山先生，總教是白振民先生。白先生和我二哥是同學，他看見了我在梅溪作的文字，勸我進澄衷學堂。光緒乙巳年（一九〇五），我就進了澄衷學堂。

澄衷共有十二班，課堂分東西兩排，最高一班稱爲東一齋，第二班爲西一齋，以下直到西六齋。這時候還沒有嚴格規定的學制，也沒有什麼中學小學的分別。用現在的名稱來分，可說前六班爲中學，其餘六班爲小學。澄衷的學科比較完全多了，國文英文算學之外，還有物理化學博物圖畫諸科。分班略依各科的平均程度，但英文算學程度過低的都不能入高班。

我初進澄衷時，因英文算學太低，被編在東三齋（第五班）。下半年便升入東二齋（第三班），第二年（丙午，一九〇六）又升入西一齋（第二班）。澄衷管理很嚴，每月有月考，每半年有大考，月考大考都出榜公佈，考前三名的有獎品。我的考試成績常常在第一，故一年升了四班。我在這一年半之中，最有進步的是英文算學。教英文的謝昌熙先生，陳××先生，張鏡人先生，教算學的郁先生，都給了我很多的益處。

我這時候對於算學最感覺興趣，常常在宿舍息燈之後，起來演習算學問題。臥房裏沒有桌子，我想出一個法子來，把蠟燭放在帳子外床架上，我伏在被窩裏，仰起頭來，把石板放在枕頭上做算題。因為下半年要跳過一班，所以我須要自己補習代數。我買了一部丁福保先生編的代數書，在一個夏天把初等代數習完了，下半年安然升班。

這樣的用功，睡眠不夠，遂影響到身體的健康。有一個時期，我的兩隻耳朵幾乎全聾了。但後來身體漸漸復原，耳朵也不聾了。我小時身體多病，出門之後，逐漸強健。重要的原因我想是因為我在梅溪和澄衷兩年半之中從來不曾缺一點鐘體操的工課。我從沒有加入競爭的運動，但我在體操的時間很用氣力做種種體操。

澄衷的教員之中，我受楊千里先生（天驥）的影響最大。我在東三齋時，他是西二齋的國文教員，人都說他思想很新。我去看他，他很鼓勵我，在我的作文稿本上題了「言論自由」四個字。後來我在東二齋和西一齋，他都做過國文教員。有一次，他教我們班上買吳汝綸刪節的嚴復譯本天演論來做讀本，這是我第一次讀天演論，高興的很。他出的作文題目也很特別，有一次的題目是「物競天擇，適者生存，試申其義」。（我的一篇，前幾年澄衷校長曹錫爵先生曾在舊課卷內尋出，至今還保存在校內。）這種題目自然不是我們十幾歲小孩子能發揮的，但讀天演論，做「物競天擇」的文章，都可以代表那個時代的風氣。

天演論出版之後，不上幾年，便風行到全國，竟做了中學生的讀物了。讀這書的人，很少能了解赫胥黎在科學史和思想史上的貢獻。他們能了解的只是那「優勝劣敗」的公式在國際政治上的意義。在中國屢次戰敗之後，在庚子辛丑大恥辱之後，這個「優勝劣敗，適者生存」的公式確是一種當頭棒喝，給了無數人一種絕大的刺激。幾年之中，這種思想遂像野火一樣，延燒着許多少年人的心和血。「天演」「物競」「淘汰」「天擇」等等術語都漸漸成了報紙文章的熟語，漸漸成了一班愛國志士的「口頭禪」。還有許多人愛用這種名詞做自己或兒女的名字。我有兩個同學，一個叫做孫競存，一個叫做楊天擇。我自己的名字也是這種風氣底下的紀念品。我在學堂裏的名字是胡洪騂。有一天的早晨，我請我二哥代我想一個表字，二哥一面洗臉，一面說：「就用『物競天擇適者生存』的『適』字，好不好？」我很高興，就用「適之」二字。（二哥字紹之，三哥字振之。）後來我發表文字，偶然用「胡適」作筆名，直到考試留美官費時（一九一〇）我才正式用「胡適」的名字。

我在澄衷一年半，看了一些課外的書籍。嚴復譯的羣己權界論，像是在這時代讀的。嚴先生的文字太古雅，所以少年人受他的影響沒有梁啓超的影響大。梁先生的文章，明白曉暢之中，帶着濃摯的熱情，使讀的人不能不跟着他走，不能不跟着他想。有時候，我們跟他走到一點上，還想望前走，他却打住了，或是換了方向走了。在這種時候，我們不免感覺一點失望。但這種失望也正是他的大恩惠。因爲他盡了他的能力，把我們帶到了一個境界，原指望我們感覺不滿足，原指望我們更朝前走。跟着他走，我們固然得感謝他；他引起了我們的好奇心，指着一個未知的世界叫我們自己去探尋，我們更得感謝他。

我個人受了梁先生無窮的恩惠。現在追想起來，有兩點最分明。第一是他的新民說，第二是他的中國學術思想變遷之大勢。梁先生自號「中國之新民」，又號「新民子」，他的雜誌也叫做新民叢報，可見他的全副心思貫注在這一點。「新民」的意義是要改造中國的民族，要把這老大的病夫民族改造成一個新鮮活潑的民族。他說：

> 未有四肢已斷，五臟已瘵，筋脉已傷，血輪已涸，而身猶能存者；則亦未有其民愚陋怯弱渙散混濁而國猶能立者。……苟有新民，何患無新制度，無新政府，無新國家！（新民說敍論）

他的根本主張是：

> 吾思之，吾重思之，今日中國羣治之現象殆無一不當從根柢處摧陷廓清，除舊而布新者也。（新民議）

說的更沉痛一點：

> 然則救危亡求進步之道將奈何？曰，必取數千年横暴混濁之政體，破碎而齏粉之，使

數千萬如虎如狼如蝗如蝝如賊如蛆之官吏失其社鼠城狐之憑藉，然後能滌盪腸胃以上於進步之途也！必取數千年腐敗柔媚之學說，廓清而辭闢之，使數百萬如蠹魚如鸚鵡如水母如畜犬之學子毋得搖筆弄舌舞文嚼字，爲民賊之後援，然後能一新耳目以行進步之實也！而其所以達此目的之方法有二：一曰無血之破壞，二曰有血之破壞。……中國如能爲無血之破壞乎？吾馨香而祝之。中國如不得不爲有血之破壞乎？吾衰絰而哀之。（新民說，論進步）

我們在那個時代讀這樣的文字，沒有一個人不受他的震盪感動的。他在那時代（我那時讀的是他在壬寅癸卯做的文字）主張最激烈，態度最鮮明，感人的力量也最深刻。他很明白的提出一個革命的口號：

破壞亦破壞，不破壞亦破壞！（同上）

後來他雖然不堅持這個態度了，而許多少年人却衝上前去，不肯縮回來了。

新民說的最大貢獻在於指出中國民族缺乏西洋民族的許多美德。梁先生很不客氣的說：

五色人相比較，白人最優。以白人相比較，條頓人最優。以條頓人相比較，盎格魯撒遜人最優。（敍論）

他指出我們所最缺乏而最須採補的是公德，是國家思想，是進取冒險，是權利思想，是自由，是自治，是進步，是自尊，是合羣，是生利的能力，是毅力，是義務思想，是尚武，是

私德，是政治能力。他在這十幾篇文字裏，抱着滿腔的血誠，懷着無限的信心，用他那枝「筆鋒常帶情感」的健筆，指揮那無數的歷史例證，組織成那些能使人鼓舞，使人掉淚，使人感激奮發的文章。其中如論毅力等篇，我在二十五年後重讀，還感覺到他的魔力。何况在我十幾歲最容易受感動的時期呢？

新民說諸篇給我開闢了一個新世界，使我徹底相信中國之外還有很高等的民族，很高等的文化；中國學術思想變遷之大勢也給我開闢了一個新世界，使我知道四書五經之外中國還有學術思想。梁先生分中國學術思想史爲七個時代：

一、胚胎時代　春秋以前

二、全盛時代　春秋末及戰國

三、儒學統一時代　兩漢

四、老學時代　魏晉

五、佛學時代　南北朝，唐

六、儒佛混合時代　宋元明

七、衰落時代　近二百五十年

我們現在看這個分段，也許不能滿意。（梁先生自己後來也不滿意，他在清代學術概論裏已不認近二百五十年爲衰落時代了。）但在二十五年前，這是第一次用歷史眼光來整理中國舊學術思想，第一次給我們一個「學術史」的見解。所以我最愛讀這篇文章。不幸梁先生做了幾章之後，忽然停止了，使我大失望。甲辰以後，我在新民叢報上見他續作此篇，我高興極了。但我讀了這篇長文，終感覺不少大失望。第一，他論「全盛時代」，說了幾萬字的緒論，却把「本論」（論諸家學說之根據及其長短得失）全擱下了，只註了一個「闕」字。他後來只補作了「子墨子學說」一篇，其餘各家始終沒有補。第二，「佛學時代」一章的本論一節也全沒有做。第三，他把第六個時代（宋元明）整個擱起不提。這一部學術思想史中間闕了三個最要緊的部分，使我眼巴巴的望了幾年。我在那失望的時期，自己忽發野心，心想：「我將來若能替梁任公先生補作這幾章闕了的中國學術思想史，豈不是很光榮的事業？」我越想越高興，雖然不敢告訴人，却真打定主意做這件事了。

這一點野心便是我後來做中國哲學史的種子。我從那時候起，便留心讀周秦諸子的書。我二哥勸我讀朱子的近思錄，這是我讀理學書的第一部。梁先生的德育鑑和節本明儒學案，也是這個時期出來的。這些書引我去讀宋明理學書，但我讀的並不多，只讀了王守仁的傳習錄和正誼堂叢書內的程朱語錄。

我在澄衷的第二年，發起各齋組織「自治會」。有一次，我在自治會演說，題目是「論性」。我駁孟子性善的主張，也不贊成荀子的性惡說。我承認王陽明的性「無善無惡，可善可惡」是對的。我那時正讀英文的格致讀本（The Science Readers），懂得了一點點最淺近的科學知識，便搬出來應用了！孟子曾說：

人性之善也，猶水之就下也。人無有不善，水無有不下。

我說：孟子不懂得科學，——我們在那時候還叫做「格致」，——不知道水有保持水平的道理，又不知道地心吸力的道理。「水無有不下」，並非水性向下，只是地心吸力引他向下。吸力可以引他向下，高地的蓄水塔也可以使自來水管裏的水向上。水無上無下，只保持他的水平，却又可上可下，正像人性本無善無惡，却又可善可惡！

我這篇性論很受同學的歡迎，我也很得意，以爲我眞用科學證明告子王陽明的性論了！

* * *

我在澄衷只住了一年半，但英文和算學的基礎都是在這裏打下的。澄衷的好處在於管理的嚴肅，考試的認眞。還有一椿好處，就是學校辦事人眞能注意到每個學生的工課和品行。白振民先生自己雖不教書，却認得個個學生，時時叫學生去問話。因爲考試的成績都有很詳細的記錄，故每個學生的能力都容易知道。天資高的學生，可以越級升兩班；中等的可以半年升一班；下等的不升班，不升班就等於降半年了。這種編制和管理，是很可以供現在辦中學的人參考的。

我在西一齋做了班長，不免有時和學校辦事人衝突。有一次，爲了班上一個同學被開除的事，我向白先生抗議無效，又寫了一封長信去抗議。白先生懸牌責備我，記我大過一次。

我雖知道白先生很愛護我，但我當時心裏頗感覺不平，不願繼續在澄衷了。恰好夏間中國公學招考，有朋友勸我去考；考取之後，我就在暑假後（一九〇六）搬進中國公學去了。

廿，三，十八，北京。

第三卷 第十號

上海新月書店發行

在上海（二）

——四十自述的第五章——

胡　適

（一）

中國公學是因爲光緒乙巳年（一九〇五）日本文部省頒布取締中國留學生規則，我國的留日學生認爲侮辱中國，其中一部分憤慨回國的人在上海創辦的。當風潮最烈的時候，湖南陳天華投海自殺，勉勵國人努力救國，一時人心大震動，所以回國的很多。回國之後，大家主張在國內辦一個公立的大學。乙巳十二月中，十三省的代表全體會決議，定名爲「中國公學」。次年（丙午，一九〇六）春天在上海新靶子路黄板橋北租屋開學。但這時侯反對取締規則的風潮已漸漸鬆懈了，許多官費生多回去復學了。上海那時還是一個眼界很小的商埠，看見中國公學裏許多剪髮洋裝的少年人自己辦學堂，都認爲奇怪的事。政府官吏疑心他們是革命黨，社會叫他們做怪物。所以贊助捐錢的人很少，學堂開門不到一個半月，便陷入了絕境。公學的幹事姚弘業先生（湖南益陽人）激於義憤，遂於三月十三日投江自殺，遺書幾千字，說，「我之死，爲中國公學死也。」遺書發表之後，輿論都對他表敬意，社會受了一大震動，贊助的人稍多，公學才稍稍站得住。

我也是當時讀了姚烈士的遺書大受感動的一個小孩子。夏天我去投考，監考的是總教習馬君武先生。國文題目是「言志」，我不記得說了一些什麽，後來君武先生告訴我，他看了我的卷子，拿去給譚心休彭施滌先生傳觀，都說是爲公學得了一個好學生。

我搬進公學之後，見許多同學都是剪了辮子，穿着和服，拖着木屐的；又有一些是內地剛出來的老先生，帶着老花眼鏡，捧着水煙袋的。他們的年紀都比我大的多；我是做慣班長的人，到這裏才感覺我是個小孩子。不久我已感得公學的英文數學都很淺，我在甲班裏很不費氣力。那時候，中國教育界的科學程度太淺，中國公學至多不過可比現在的兩級中學程度，然而有好幾門功課都不能不請日本教員來教。如高等代數，解析幾何，博物學，最初都是日本人教授，由懂日語的同學翻譯。甲班的同學有朱經農李琴鶴等，都曾担任翻譯。又有幾位同學還兼任學校的職員或教員，如但懋辛便是我們的體操教員。當時的同學和我年紀不相上下的，只有周烈忠，李駿，孫粹存，孫競存等幾個人。教員和年長的同學都把我們看作小弟弟，特別愛護我們，鼓勵我們。我和這一班年事稍長，閱歷較深的師友們往來，受他們的影響最大。我從小本來就沒有過小孩子的生活，現在天天和這班年長的人在一塊，更覺得自己不是個小孩子了，

中國公學的教職員和同學之中，有不少的革命黨人。所以在這裏要看東京出版的民報，

是最方便的。暑假年假中，許多同學把民報縫在枕頭裏帶回內地去傳觀。還有一些激烈的同學往往強迫有辮子的同學剪去辮子。但我在公學三年多，始終沒有人強迫我剪辮，也沒有人勸我加入同盟會。直到二十年後，但懋辛先生才告訴我，當時校裏的同盟會員曾商量過，大家都認我將來可以做學問，他們要愛護我，所以不勸我參加革命的事。但在當時，他們有些活動也並不瞞我。有一晚十點鐘的時候，我快睡了，但君來找我，說，有個女學生從日本回國，替朋友帶了一隻手提小皮箱，江海關上要檢查，她說沒有鑰匙，海關上不放行。但君因爲我可以說幾句英國話，要我到海關上去辦交涉。我知道箱子裏是危險的違禁品，遂跟了他到海關碼頭，這時候已過十一點鐘，誰都不在了。我們只好快快回去。第二天，那位女學生也走了，箱子她丟在關上不要了。

我們現在看見上海各學校都用國語講授，決不能想像二十年前的上海還完全是上海話的世界，各學校全用上海話教書，學生全得學上海話。中國公學是第一個用「普通話」教授的學校。學校裏的學生，四川湖南河南廣東的人最多，其餘各省的人也差不多全有。大家都說「普通話」，教員也用「普通話」。江浙的教員，如宋耀如，王仙華，沈翔雲諸先生，在講堂上也都得勉強說官話。我初入學時，只會說徽州話和上海話；但在學校不久也就會說「普通話」了。我的同學中四川人最多；四川話清楚乾淨，我最愛學他，所以我說的普通話最近於四川話。二三年後，我到四川客棧（元記厚記等）去看朋友，四川人只問「貴府是川東，是川南？」他們都把我看作四川人了。

中國公學創辦的時候，同學都是創辦人。職員都是同學中舉出來的，所以沒有職員和學生的界限。當初創辦的人都有革命思想，想在這學校裏試行一種民主政治的制度。姚弘業烈士遺書中所謂「以大公無我之心，行共和之法」，即是此意。全校的組織分爲「執行」與「評議」兩部。執行部的職員（教務幹事，庶務幹事，齋務幹事）都是評議部舉出來的，有一定的任期，並且對於評議部要負責任。評議部是班長和室長組織成的，有監督和彈劾職員之權。評議部開會時，往往有激烈的辯論，有時直到點名熄燈時方才散會。評議員之中，最出名的是四川人龔從龍，口齒清楚，態度從容，是一個好議長。這種訓練是很有益的。我年紀太小，第一年不夠當評議員，有時在門外聽聽他們的辯論，不禁感覺我們在澄衷學堂的自治會眞是兒戲。

（二）

我第一學期住的房間裏有好幾位同學都是江西萍鄉和湖南醴陵人，他們是鄰縣人，說的話我聽不大懂。但不到一個月，我們狠相熟了。他們都是二三十歲的人了；有一位鍾文恢（號古愚）已有鬍子，人叫他做鍾鬍子。他告訴我，他們現在組織了一個學會，叫做競業學會，目的是「對於社會，就與改良；對於個人，爭自濯磨」，所以定了這個名字。他介紹我進這個會，我答應了。鍾君是會長，他帶我到會所裏去，給我介紹了一些人。會所在校外北四川路厚福里。會中住的人大概多是革命黨。有個楊卓林，還有個廖德璠，後來是都因謀革命被殺的。會中辦事最熱心的人，鍾君之外，有謝寅杰和丁洪海兩君，他兩人維持會務最久。

競業學會的第一件事業就是創辦一個白話的旬報，就叫做競業旬報。他們請了一位傅君劍先生（號鈍根）來做編輯。旬報的宗旨，傅君說，共有四項：一振興教育，二提倡民氣，三改良社會，四主張自治。其實這都是門面話，骨子裏是要鼓吹革命。他們的意思是要「傳布於小學校之靑年國民，」所以決定用白話文。胡梓方先生（後來的詩人胡詩廬）作發刊辭，其中有一段說：

今世號通人者，務爲艱深之文，陳過高之義，以爲士大夫勸，而獨不爲彼什伯千萬倍里巷鄉閭之子計，則是智益智，愚益愚，智日少，愚日多也。顧可爲治乎哉？

又有一位會員署名「大武」作文「論學官話的好處」，說：

諸位呀，要救中國，先要聯合中國的人心。要聯合中國的人心，先要統一中國的言語。……但現今中國的語言也不知有多少種，如何叫他們合而爲一呢？……除了通用官話，更別無法子了。但是官話的種類也很不少，有南方官話，有北方官話，有北京官話。現在中國全國通行官話，只須摹倣北京官話，自成一種普通國語哩。

這班人都到過日本，又多數是中國公學的學生，所以都感覺「普通國語」的需要。「國語」一個目標，屢見於競業旬報的第一期，可算是提倡最早的了。

競業旬報第一期是丙午年（一九〇六）九月十一日出版的。同住的鍾君看見我常看小說，又能作古文，就勸我爲旬報作白話文。第一期裏有我的一篇通俗「地理學」，署名「期自勝生」。那時候我正讀老子，愛上了「自勝者强」一句話，所以取了個別號叫「希彊」，又自稱「期自勝生」。這篇文字是我的第一篇白話文字，所以我鈔其中說「地球是圓的」一段在這裏做一個紀念：

譬如一個人立在海邊，遠遠的望這來往的船隻。那來的船呢，一定是先看見他的桅杆頂，以後方能夠看見他的風帆，他的船身一定在最後方可看見。那去的船呢，却恰恰與來的相反，他的船身一定先看不見，然後看不見他的風帆，直到後來方才看不見他的桅杆頂。這是什麼緣故呢？因爲那地是圓的，所以來的船在那地的低處慢慢行上來，我們看去自然先看見那桅杆頂了。那去的船也是這個道理，不過同這個相反罷了。……諸君們如再不相信，可捉一隻蒼蠅擺在一隻蘋果上，叫他從下面爬到上面來，可不是先看見他的頭然後再看見他的脚麽？……

這段文字已充分表現出我的文章的長處和短處了。我的長處是明白清楚，短處是淺顯。這時候我還不滿十五歲。二十五年來，我抱定一個宗旨，做文字必須要叫人懂得，所以我從來不

怕人笑我的文字淺顯。

我做了一個月的白話文，胆子大起來了，忽然決心做一部長篇的章回小說。小說的題目叫做「眞如島」，用意是「破除迷信，開通民智」。我擬了四十回的回目，便開始寫下去了。第一回就在旬報第三期上發表（丙午十月初一日），回目是：

廣善仁疑心致疾

孫紹武正論袪迷

這小說的開場一段是：

話說江西廣信府貴溪縣城外有一個熱鬧的市鎮叫做神權鎮，鎮上有一條街叫做福兒街。這街盡頭的地方有一所高大的房子。有一天下午的時候，這屋的樓上有二人在那裏說話。一個是一位老人，年紀大約五十以外的光景，鬢髮已略有些花白了，躺在一張牀上，把頭靠近牀沿，身上蓋了一條厚被，面上甚是消瘦，好像是重病的模樣。一個是一位十八九歲的後生，生得儀容端整，氣概軒昂，坐在牀前一只椅子上，聽那個老人說話。……

我小時最痛恨道教，所以這部小說的開場就放在張天師的家鄉。但我實在不知道貴溪縣的地理風俗，所以不久我就把書中的主人翁孫紹武搬到我們徽州去了。

競業旬報出到第十期，便停辦了。我的小說續到第六回，也停止了。直到戊申年（一九〇八）三月十一日，旬報復活，第十一期才出世。但傅君劍已不來了，編輯無人負責，我也不大高興投稿了。到了戊申七月，旬報第二十四期以下就歸我編輯。從第二十四期到第三十八期，我做了不少的文字，有時候全期的文字，從論說到時聞，差不多都是我做的。冀如島也從第二十四期上續作下去，續到第十一回，旬報停刊了，我的小說也從此停止了。這時期我改用了「鐵兒」的筆名。

這幾十期的競業旬報給了我一個絕好的自由發表思想的機會，使我可以把在家鄉和在學校得着的一點點知識和見解，整理一番，用明白清楚的文字敘述出來。旬報的辦事人從來沒有干涉我的言論，所以我能充分發揮我的思想，尤其是我對於宗教迷信的思想。例如冀如島小說第八回裏，孫紹武這樣討論「因果」的問題：

這「因果」二字，很難說的。從前有人說，「譬如窗外這一樹花兒，枝枝朶朶都是一樣，何曾有什麼好歹善惡的分別？不多一會，起了一陣狂風，把一樹花吹一個『花落花飛飛滿天』，那許多花朶，有的吹上簾櫳，落在錦茵之上；有的吹出牆外，落在糞溷之中。這落花的好歹不同，難道好說是這幾枝花的善惡報應不成？」這話很是，但是我的意思却還不止此。大約這因果二字是有的。有了一個因，必收一個果。譬如吃飯自然會飽，吃酒自然會醉。有了吃飯吃酒兩件原因，自然會生出醉飽兩個結果來。但是吃飯是飯的作用生出飽來，種瓜是瓜的作用生出新瓜來。其中並沒有什麼人爲之主宰。如果有什麽人爲主宰，什麽上帝哪，菩薩哪，既能罰惡人於既作孽之後，爲什麽不能禁之於未作孽之前呢？……「天」要是眞有這麽大的能力，何不把天下的人個個都成了善人呢？……「天」既生了惡人，讓他在世間作惡，後來又叫他受許多報應，這可不是書上說的「出爾反爾」麽？……總而言之，「天」既不能使人不作惡，便不能罰那惡人。……

落花一段引的是范縝的話（看自述第三章），後半是我自己的議論。這是很不遲疑的無神論。這時候我另在旬報上發表了一些「無鬼叢話」，第一條就引司馬溫公「形既朽滅，神亦飄散，雖有剉燒舂磨，亦無所施」的話，和范縝「神之於形，猶利之於刀」的話。（參看第三章）第二條引蘇東坡的詩「耕田欲雨刈欲晴，去得順風來者怨。若使人人禱輒遂，造物應須日千變」。第二條痛駡西遊記和封神榜，其中有這樣的話：

> 夫士君子處頹敝之世，不能摩頂放踵敝口焦舌以挽滔滔之狂瀾，曷若隱遯窮邃，與木石終其身！更安忍隨波逐流，阿諛取容於當世，用自私利其身？（本條前面說封神榜的作者把書稿送給他的女兒作嫁資，其壻果然因此發財。所以此處有「自私利」的話。）天壤間果有鬼神者，則地獄之設正爲此輩！此其人更安有著書資格耶！（叢話原是用文言作的。）

這是戊申（一九〇八）年八月發表的。誰也夢想不到說這話的小孩子在十五年後（一九二三）

居然很熱心的替西遊記作兩萬字的考證！如果他有好材料，也許他將來還替封神榜作考證哩！

在無鬼叢話的第三條裏，我還接着說：

王制有之：「託於鬼神時日卜筮以亂衆者，誅」。吾獨怪夫數千年來之掌治權者，之以濟世明道自期者，乃懵然不之注意，惑世誣民之學說得以大行，遂舉我神州民族投諸極黑暗之世界！嗟夫，吾昔謂「數千年來僅得許多膿包皇帝，混帳聖賢」，吾豈好詈人哉？吾豈好詈人哉？

這裏很有「衛道」的臭味，但也可以表現我在不滿十七歲時的思想路子。叢話第四條說：

吾嘗持無鬼之說，論者或咎余，謂舉一切地獄因果之說而摧陷之，使人人敢於爲惡，殊悖先王神道設教之旨。此言余不能受也。今日地獄因果之說盛行，而惡人益多，民德日落，神道設教之成效果何如者！且處茲思想競爭時代，不去此種種魔障，思想又烏從而生耶？

這種誇大的口氣，出在一個十七歲孩子的筆下，未免叫人讀了冷笑。但我現在回看我在那時代的見解，總算是自己獨立想過幾年的結果，比起現今一班在幾個抽象名詞裏翻觔斗的少年人們，我還不感覺慚愧。

競業旬報上的一些文字，我早已完全忘記了。前年中國國民黨的中央宣傳部曾登報徵求全份的競業旬報，——大概他們不知道這裏面一大半的文字是胡適做的，——似乎也沒有效果。我靠幾個老朋友的幫忙，搜求了幾年，至今還不曾湊成全份。今年回頭看看這些文字，眞有如同隔世之感。但我很詫異的是有一些思想後來成爲我的重要出發點的，在那十七八歲的時期已有了很明白的傾向了。例如我在旬報第三十六期上發表一篇「苟且」，痛論隨便省事不肯澈底思想的毛病，說「苟且」二字是中國歷史上的一場大瘟疫，把幾千年的民族精神都瘟死了。我在眞如島小說第十一回（旬報三十七期）論扶乩的迷信，也說：

程正翁，你想罷。別說沒有鬼神，即使有鬼神，那關帝呂祖何等尊嚴，豈肯聽那一二張符訣的號召？這種道理總算淺極了，稍微想一想，便可懂得。只可憐我們中國人總不肯想，只曉得隨波逐流，隨聲附和。國民愚到這步田地，照我的眼光看來，這都是不肯思想之故。所以宋朝大儒程伊川說「學原於思」，這區區四個字簡直是千古至言。——鄭先生說到這裏，回過頭來，對翼華翼璜道：程子這句話，你們都可寫作座右銘。

「學原於思」一句話是我在澄衷學堂讀朱子近思錄時注意到的。我後來的思想走上了赫胥黎和杜威的路上去，也正是因爲我從十幾歲時就那樣十分看重思想的方法了。

又如那時代我在李莘伯辦的安徽白話報上發表的一篇「論承繼之不近人情」（轉載在旬報廿九期），我不但反對承繼兒子，並且根本疑問「爲什麼一定要兒子？」此文的末尾有一

段說

我如今要薦一個極孝順永遠孝順的兒子給我們中國四萬萬同胞。這個兒子是誰呢？便是「社會」。……

你看那些英雄豪傑仁人義士的名譽，萬古流傳，永不湮沒；全社會都崇拜他們，紀念他們；無論他們有子孫沒有子孫，我們紀念着他們，總不少減；也只爲他們有功於社會，所以社會永永感謝他們，紀念他們。阿噲噲，這些英雄豪傑仁人義士的孝子賢孫多極了，多極了！……一個人能做許多有益於大衆有功於大衆的事業，便可以把全社會都成了他的孝子賢孫。列位要記得：兒子孫子，親生的，承繼的，都靠不住。只有我所薦的孝子順孫是萬無一失的。

這些意思，最初起於我小時看見我的三哥出繼珍伯父家的痛苦情形，是從一個具問題上慢慢想出來的一些結論。這一點種子，在四五年後，我因讀培根（Bacon）的論文有點感觸，在日記裏寫成我的「無後主義」。在十年之後，又因爲我母親之死引起了一些感想，我才寫成「不朽：我的宗教」一文，發揮「社會不朽」的思想。

這幾十期的競業旬報，不但給了我一個發表思想和整理思想的機會，還給了我一年多作白話文的訓練。清朝末年出了不少的白話報，如中國白話報，杭州白話報，安徽俗話報，寧波白話報，潮洲白話報，都沒有長久的壽命。光緒宣統之間，范鴻仙等辨國民白話日報，李李莘伯辦安徽白話報，都有我的文字，但這兩個報都只有幾個月的壽命。競業旬報出到四十期，要算最長壽的白話報了。我從第一期投稿起，直到他停辦時止，中間不過有短時期沒有我的文字。和競業旬報有編輯關係的人，如傅君劍，如張丹斧，如葉德爭，都沒有我的長久關係，也沒有我的長期訓練。我不知道我那幾十篇文字在當時有什麼影響，但我知道這一年多的訓練給了我自己絕大的好處。白話文從此成了我的一種工具。七八年之後，這件工具使我能夠在中國文學革命的運動裏做一個開路的工人。

（三）

我進中國公學不到半年，就得了脚氣病，不能不告假醫病。我住在上海南市瑞興泰茶葉店裏養病，偶然翻讀吳汝綸選的一種古文讀本，其中第四册全是古詩歌。這是我第一次讀古體詩歌，我忽然感覺很大的興趣。病中每天讀熟幾首。不久就把這一册古詩讀完了。我小時曾讀一本律詩，毫不覺得有興味；這回看了這些樂府歌辭和五七言詩歌，才知道詩歌原來是這樣自由的，才知道做詩原來不必先學對仗。我背熟的第一首詩是木蘭辭，第二首是飲馬長城窟行，第三是古詩十九首。一路下去，直到陶潛杜甫，我都喜歡讀。讀完了吳汝綸的選本，我又在二哥的藏書裏尋得了陶淵明集和白香山詩選，後來又買了一部杜詩鏡詮。這時代我專讀古體歌行，不肯再讀律詩；偶然也讀一些五七言絕句。

有一天，我回學堂去，路過競業旬報社，我進去看傅君劍，他說不久就要回湖南去了。我回到了宿舍，寫了一首送別詩，自己帶給君劍，問他像不像詩。這詩我記不得了，只記得開端是「我以何因緣，得交傅君劍」。君劍很誇獎我的送別詩，但我終有點不自信。過了一天，他送了一首「留別適之卽和贈別之作」來，用日本捲箋寫好，我打開一看，眞嚇了一跳。他詩中有「天下英雄君與我，文章知己友兼師」兩句，在我這剛滿十五歲的小孩子的眼裏，這眞是受寵若驚了！「難道他是說謊話哄小孩子嗎？」我忍不住這樣想。君劍這幅詩箋，我趕快藏了，不敢給人看。然而他這兩句鼓勵小孩子的話可害苦我了！從此以後，我就發憤讀詩，想要做個詩人了。有時候，我在課堂上，先生在黑板上解高等代數的算式，我却在斯密司的大代數學底下翻詩韻合璧，練習簿上寫的不是算式，是一首未完的紀游詩。一兩年前我半夜裏偸點着蠟燭，伏在枕頭上演習代數問題，那種算學興趣現在都被做詩的新興趣趕跑了！我在病脚氣的幾個月之中發見了一個新世界，同時也決定了我一生的命運。我從此走上了文學史學的路，後來幾次想矯正回來，想走到自然科學的路上去，但興趣已深，習慣已成，終無法挽回了。

丁未正月（一九〇七）我遊蘇州，三月與中國公學全體同學旅行到杭州，我都有詩紀遊。我那時全不知道「詩韻」是什麼，只依家鄉的方音，念起來同韻便算同韻。在西湖上寫了一首絕句，只押了兩個韻脚，楊千里先生看了大笑，說，一個字在「尤」韻，一個字在「蕭」

我才知道做詩要硬記詩韻，並且不妨犧牲詩的意思來遷就詩的韻脚。

丁未五月，我因脚氣病又發了，遂回家鄉養病。（我們徽州人在上海得了脚氣病，必須趕緊回家鄉，行到錢塘江的上游，脚腫便漸漸退了。）我在家中住了兩個多月，母親很高興。從此以後，我十年不歸家（一九〇七——一九一七），那是母親和我都沒有料到的。那一次在家，和近仁叔相聚甚久，他很鼓勵我作詩。在家中和路上我都有詩。這時候我讀了不少白居易的詩，所以我這時期的詩，如在家鄉做的棄父行，很表現長慶集的影響。

丁未以後，我在學校裏頗有少年詩人之名，常常和同學們唱和。有一次我做了一首五言律詩，押了一個「頹」字韻，同學和教員和作的詩有十幾首之多。同學中如湯昭（保民），朱經（經農）任鴻雋（叔永）沈翼孫（燕謀）等都能作詩；教員中如胡梓方先生，石一參先生等，也都愛提倡詩詞。梓方先生卽是後來出名的詩人胡詩廬，這時候他教我們的英文，英文教員能做中國詩詞，這是當日中國公學的一種特色。還有一位英文教員姚康侯先生，是辜鴻銘先生的學生，也是很講究中國文學的。辜先生譯的癡漢騎馬歌，其實是姚康侯先生和幾位同門修改潤色的。姚先生在課堂上常教我們翻譯，從英文譯漢文，或從漢文譯英文。有時候，我們自己從讀本裏挑出愛讀的英文詩，邀幾個能詩的同學分頭翻譯成中國詩，拿去給姚先生和胡先生評改。姚先生常勸我們看辜鴻銘譯的論語，他說這是翻譯的模範。但五六年後，我得讀辜先生譯的中庸，感覺很大的失望。大概當時所謂翻譯，都側重自由的意譯，務必要「典雅」，而不妨變動原文的意義與文字。這種訓練也有他的用處，可以使學生時時想到中西文字異同之處，時時想某一句話應該怎樣翻譯，才可算「達」與「雅」。我記得我們試譯 Thomas Campbell 的 Soldier's Deram 一篇詩，中有 Scarecrow 一個字，我們大家想了幾天，想不出一個典雅的譯法。但是這種工夫，現在回想起來，不算是浪費了的。

我初學做詩，不敢做律詩，因爲我不曾學過對對子，覺得那是很難的事。戊申（一九〇八）以後，我偶然試做一兩首五言律詩來送朋友，覺得並不很難，後來我也常常做五七言律詩了。做慣律詩之後，我才明白這種體裁是似難而實易的把戲：不必有內容，不必有情緒，不必有意思，只要會變戲法會搬運典故，會調音節，會對對子，就可以謅成一首律詩。這種體裁最宜於做沒有內容的應酬詩，無論是殿廷上應酬皇帝，或寄宿舍裏送別朋友，把頭搖幾搖，想出了中間兩聯，湊上一頭一尾，就是一首詩了：如果是限韻或和韻的詩，只消從韻脚上去着想，那就更容易了。大概律詩的體裁和步韻的方法，所以不能廢除，正因爲這都是最方便的戲法。我那時讀杜甫的五言律詩最多，所以我做的五律頗受他的影響。七言律詩，我覺得沒有一首能滿意的，所以我做了幾首之後就不做了。

現在我把我在那時做的詩鈔幾首在這裏，也算一個時期的紀念：

秋日夢返故居　（戊申八月）

秋高風怒號，客子中懷亂。撫枕一太息，悠悠歸里閈。入門拜慈母，母方撫孫玩。齊兒見叔來，牙牙似相喚。拜母復入室，諸嫂同炊爨。問答乃未已，舉頭日已旰。方期長聚首，豈復疑夢幻？年來歷世故，遭際多變患。耿耿苦思家，聽人譏斥鷃。（玩字原作弄，是誤用方音，前年改玩字。）

軍人夢 （譯 Thomas Campbell's A Soldier's Dream） （戊申）

笳聲銷歇暮雲沉，耿耿天河燦列星。戰士創痍橫滿地，倦者酣眠創者逝。枕戈藉草亦蘧然，時見芻人影搖曳。長夜沉沉夜未央，陶然入夢已三次。夢中忽自顧，身已離行伍，秋風拂襟袖，獨行殊踽踽。惟見日東出，迎我歸鄉土。縱橫阡陌間，盡是釣遊跡，時聞老農刈稻歌，又聽牛羊嗥山脊。歸來戚友咸燕集，誓言不復相離別。嬌兒數數親吾額，少婦情深自嗚咽。舉室爭言君已倦，幸得歸休免征戰。驚回好夢日熹微，夢魂渺渺成虛願。 （芻人原作芻靈，今年改。）

酒醒 （己酉）

酒能銷萬慮，已分醉如泥。燭淚流乾後，更聲斷續時，醒來還苦憶，起坐一沉思。窗外東風峭，星光淡欲垂。

女優陸菊芬演紡棉花 （己酉）

永夜親機杼，悠悠念遠人。朱絃纖指弄，一曲翠眉顰。滿座天涯客，無端旅思新。未

在上海

一七

應兒女語，爭奈不勝春！

秋柳　有序　（己酉）

秋日適野，見萬木皆有衰意。而柳以弱質，際茲高秋，獨能迎風而舞，意態自如。豈老氏所謂能以弱存者耶？感而賦之。

但見蕭飂萬木摧，尚餘垂柳拂人來。西風莫笑長條弱，也向西風舞一回。（西風莫笑，原作「憑君漫說」，民國五年改。長條原作「柔條」，十八年改。）

新月

第四卷　第四號

上海新月書店發行

我怎樣到外國去

胡適

——四十自述的第六章——

（一）

戊申（一九〇八）九月間，中國公學鬧出了一次大風潮，結果是大多數學生退學出來，另組織一個中國新公學。這一次的風潮爲的是一個憲法的問題。

中國公學在最初的時代，純然是一個共和國家，評議部爲最高立法機關，執行部的幹事卽由公選產生出來。不幸這種共和制度實行了九個月（丙午二月至十一月），就修改了。修改的原因，約有幾種：一是因爲發起的留日學生逐漸減少，而新招來的學生逐漸加多，已不是當初發起時學生與辦事人完全不分界限的情形了。二是因爲社會和政府對於這種共和制度都很疑忌。三是因爲公學既無校舍，又無基金，有請求官款補助的必要，所以不能不避免外界對於公學內部的疑忌。

爲了這種種原因，公學的辦事人就在丙午（一九〇六）年的冬天，請了鄭孝胥張謇熊希齡等幾十人作中國公學的董事，修改章程，於是學生主體的制度就變成了董事會主體的制度。董事會根據新章程，公舉鄭孝胥爲監督。一年後，鄭孝胥辭職，董事會又舉夏敬觀爲監督。這兩位都是有名的詩人，他們都不常到學校，所以我們也不大覺得監督制的可畏。

可是在董事會與監督之下，公學的幹事就不能由同學公選了。評議部是新章所沒有的。選舉的幹事改爲學校聘任的教務長，庶務長，齋務長了。這幾位辦事人，外面要四出募捐，裏面要担負維持學校的責任，自然感覺他們的地位有穩定的必要。况且前面已說過，校章的修改也不是完全沒有理由的。但我們少年人可不能那樣想。中國公學的校章上明明載着「非經全體三分之二承認，不得修改」。這是我們的憲法上載着的唯一的修正方法。三位幹事私自修改校章，是非法的。評議部的取消也是非法的。這裏面也還有個人的問題。當家日子久了，總難免「貓狗皆嫌」。何况同學之中有許多本是幹事諸君的舊日同輩的朋友呢？在校上課的同學自然在學業上日日有長進，而幹事諸君辦事久了，學問上沒有進境，却當着教務長一類的學術任務，自然有時難免受舊同學的輕視。法的問題和這種人的問題混合在一塊，風潮就不容易避免了。

代議制的評議部取消之後，全體同學就組織了一個「校友會」，其實就等於今日各校的學生會。校友會和三幹事爭了幾個月，幹事容應了校章可由全體學生修改。又費了幾個月的時間，校友會把許多修正案整理成一個草案，又開了幾次會，才議定了一本校章。一年多的爭執，經過了多少度的磋商，新監督夏先生與幹事諸君均不肯承認這新改的校章。

到了戊申（一九〇八）九月初三日，校友會開大會報告校章交涉的經過，會尚未散，監督忽出布告，完全否認學生有訂改校章之權，這竟是完全取消幹事承認全體修改校章的布告了。接着又出了兩道布告，一道說「集會演說，學堂懸爲厲禁。……校友會以後不准再行開會」。一道說學生代表朱經朱紱華「倡首煽衆，私發傳單，侮辱職員，要挾發布所自改印章程，屢誡不悛，純用意氣，實屬有意破壞公學。照章應即斥退，限一日內搬移出校。」

初四日，全體學生簽名停課，在操場上開大會。下午幹事又出布告，開除學生羅君毅，周烈忠，文之孝等七人，并且說：「如仍附從停課，即當將停課學生全行解散，另行組織。」初五日，教員出來調停，想請董事會出來挽救。但董事會不肯開會。初七日學生大會遂決議籌備萬一學校解散後的辦法。

初八日董事陳三立先生出來調停，但全校人心已到了很激昂的程度，不容易挽回了。初九日，校中布告：「今定於星期日暫停膳食。所有被脅諸生可先行退出校外，暫住數日。准於今日午後一時起，在寰球中國學生會發給旅膳費。俟本公學此將案辦結後，再行佈告來校上課，」

這樣的壓迫手段激起了校中絕大多數同學的公憤。他們決定退學，遂推舉幹事籌備另創新校的事。退學的那一天，秋雨淋漓，大家冒雨搬到愛而近路慶祥里新租的校舍裏。廚房雖然尋來了一家，飯廳上桌櫈都不夠，碗碟也不夠。大家都知道這是我們自己創立的學校，所以不但不叫苦，還要各自掏腰包，捐出錢來作學校的開辦費。有些學生把綢衣，金鍊，都拿

去當了錢來捐給學堂做開辦費。

十天之內，新學校籌備完成了，居然聘教員，排工課，正式開課了。校名定爲「中國新公學」；學生有一百六七十人。在這風潮之中，最初的一年因爲我是新學生，又因爲我告了長時期的病假，所以沒有參與同學和幹事的爭執；到了風潮正激烈的時期，我被舉爲大會書記，許多記錄和宣言都是我做的；雖然不在被開除之列，也在退學之中。朱經，李琴鶴，羅君毅被舉作幹事。有許多舊教員都肯來擔任教課。學校雖然得着社會上一部人的同情，捐款究竟很少，經常費很感覺困難。李琴鶴君擔任教務幹事，有一天他邀我到他房裏談話，他要我擔任低級各班的英文，每星期教課三十點鐘，月薪八十元；但他聲明，自家同學作教員，薪俸是不能全領的，總得欠着一部份。

我這時候還不滿十七歲，雖然換了三個學堂，始終沒有得着一張畢業證書。我若繼續上課，明年可以畢業了。但我那時確有不能繼續求學的情形。我家本沒有錢。父親死後，只剩幾千兩的存款，存在同鄉店家生息，一家人全靠這一點出息過日子。後來存款的店家倒帳了，分攤起來，我家分得一點小店業。我的二哥是個有幹才的人，他往來漢口上海兩處，把這點小店業變來變去，又靠他的同學朋友把他們的積蓄寄存在他的店裏，所以他能在幾年之中合夥撐起一個規模較大的瑞興泰茶葉店。但近幾年之中，他的性情變了，一個拘謹的人變成了放浪的人；他的費用變大了，精力又不能貫注到店事，店中所托的人又不很可靠，所以店業一年不如一年。後來我家的虧空太大了，上海的店業不能不讓給債權人。當戊申的下半年，我家只剩漢口一所無利可圖的酒棧了。這幾個月以來，我沒有錢住宿舍，就寄居在競業旬報社裏（也在慶祥里）。從七月起，我擔任旬報的編輯，每出一期報，社中送我十塊錢的編輯費。住宿和飯食都歸社中擔負。我家中還有母親，眼前就得要我寄錢贍養了。母親也知道家中破產就在眼前，所以寄信來要我今年回家去把婚事辦了。我斬釘截鐵的阻止了這件事，名義上是說求學要緊，其實是我知道家中沒有錢給我辦婚事。

正在這個時候，李琴鶴君來勸我在新公學作教員。我想了一會，就答應了。從此以後，我每天教六點鐘的英文，還要改作文卷子。十七八歲的少年人，精力正强，所以還能夠勉强支持下去，直教到第二年（一九〇九）冬天中國新公學解散時爲止。

以學問論，我那時怎配教英文？但我是個肯負責任的人，肯下苦功去預備工課，所以這一年之中還不曾有受窘的時候。我教的兩班後來居然出了幾個有名的人物：饒毓泰（樹人），楊銓（杏佛），嚴莊（敬齋）都做過我的英文學生。後來我還在校外收了幾個英文學生，其中有一個就是張奚若。可惜他們都不是專習英國文學的；不然，我可真「抖」了！

競業旬報停刊之後，我搬進新公學去住。這一年的教書生活雖然很苦，於我自己却有很大的益處。我在中國公學兩年，受姚康侯和王雲五兩先生的影響很大，他們都最注重文法上的分析，所以我那時雖不大能說英國話，却喜歡分析文法的結構，尤其喜歡拿中國文法來做比較。現在做了英文教師，我更不能不把字字句句的文法弄的清楚。所以這一年之中，我雖沒有多讀英國文學書，却在文法方面得着很好的練習。

×　×　×　×

中國新公學在最困苦的情形之下支持了一年多，這段歷史是很悲壯的。那時候的學堂多不講究圖書儀器的設備，只求做到教員好，工課緊，管理嚴，就算好學堂了。新公學的同學因爲要爭一口氣，所以成績很好，管理也不算壞。但經費實在太窮，教員只能拿一部分的薪俸，幹事處常常受收房捐和收巡捕捐的人的惡氣；往往因爲學校不能付房捐與巡捕捐，同學們大家湊出錢來，借給幹事處。有一次幹事朱經農君（卽朱經）感覺學校經費困難已到了絕地，他憂愁過度，神經錯亂，出門亂走，走到了徐家匯的一條小河邊，跳下河去，幸遇人救起，不曾喪命。

這時候，中國公學的吳淞新校舍已開始建築了，但學生很少。內地來的學生，到了上海，知道了兩個中國公學的爭持，大都表同情于新公學，所以新公學的學生總比老公學多。例如張奚若（原名耘）等一些陝西學生，到了上海，趕不上招考時期，他們甯可在新公學附近租屋補習，却不肯去老公學報名。所以「中國新公學」的招牌一天不去，「中國公學」是一天不得安穩發展的。老公學的職員萬不料我們能支持這麽久。他們也知道我們派出去各省募捐的代表，如朱紱華朱經農辞傳斌等，都有有力的介紹，也許有大規模的官款補助的可能。新公學募款若成功，這個對峙的局面更不容易打消了。

老公學的三幹事之中，張邦傑（俊生）先生當風潮起時在外省募款未歸；他回校後極力主張調停，收回退學的學生。不幸張先生因建築吳淞校舍，積勞成病，不及見兩校的合併就死了。新公學董事長李平書先生因新校經濟不易維持，也贊成調停合併。調停的條件大致是：凡新公學的學生願意回去的，都可回去；新公學的工課成績全部承認；新公學所有虧欠的債務，一律由老公學担負清償。新公學一年之中虧欠已在一萬元以上，捐款究竟只是一種不能救急的希望；職員都是少年人，犧牲了自己的學業來辦學堂，究竟不能持久。所以到了己酉（一九〇九）十月，新公學接受了調停的條件，決議解散：願回舊校者，自由回去。我有題新校合影的五律二首，七律一首，可以紀念我們在那時候的感情，所以我鈔在這裏：

十月題新校合影，時公學將解散。

無奈秋風起，艱難又一年。顚危俱有責，成敗豈由天？黯黯愁茲別，悠悠祝汝賢。不堪回首處，滄海已桑田。

此地一爲別，依依無限情。淒涼看日落，蕭瑟聽風鳴。應有天涯感，無忘城下盟！相攜入圖畫，萬慮苦相縈。

十月再題新校教員合影，

也知湖越同舟誼，無奈驚濤動地來。江上飛鳥猶繞樹，尊前殘蠟已成灰。曇花幻相空餘恨，鴻爪遺痕亦可哀。莫笑勞勞作芻狗，且論臭味到岑苔。

這都算不得詩，但「應有天涯感，無忘城下盟」兩句確是當時的心理。合併之後，有許多同學都不肯回老公學去，也是爲此。這一年的經驗，爲一個理想而奮鬥，爲一個團體而犧牲，爲共同生命而合作，這些都在我們一百六十多人的精神上留下磨不去的影子。二十年來，無人寫這一段歷史，所以我寫這幾千字，給我的一班老同學留一點「鴻爪遺痕」。

×　　×　　×　　×

少年人的理想主義受打擊之後，反動往往是很激烈的。在戊申己酉（一九〇八—九）兩年之中，我的家事敗壞到不可收拾的地步。己酉年，大哥和二哥回家，主張分析家產；我寫信回家，說我現在已能自立了，不要家中的產業。其實家中本沒有什麼產業可分，分開時，兄弟們每人不過得着幾畝田，半所屋而已。那一年之中，我母親最心愛的一個妹子和一個弟弟先後死了；她自己也病倒了。我在新公學解散之後，得了兩三百元的欠薪，前途茫茫，毫無把握，那敢回家去？只好寄居在上海，想尋一件可以吃飯養家的事。在那個憂愁煩悶的時候，又遇着一班浪漫的朋友，我就跟着他們墮落了。

（註）這一段是去年（一九三一）夏間寫的，寫成之後，我恐怕我的記載有不正確或不公平的地方，所以把原稿送給王敬芳先生（搏沙），請他批評修改。他是我們攻擊

的幹事之一，是當日風潮的一個主要目標。但事隔二十多年，我們都可以用比較客觀的眼光來回看當年的舊事了。他看了之後，寫了一封幾千字的長信給我，承認我的話「說的非常心平氣和，且設身處地的委曲體諒，令我極端佩服」，又指出一些與當日事實不符的地方。他指出的錯誤，我都改正了。所以這一段小史，雖是二十多年後追記的，應該沒有多大的錯誤。我感謝王先生的修正，並且盼望我的老同學朱經農羅君毅諸先生也給我同樣的修正。

王先生在他的長信裏說了幾句很感慨的話，我認爲很值得附錄在此。他說：

『我是當初反對取締規則最力的人，但是今日要問我取締規則到底對于中國學生有多大害處，我實在答應不出來。你是當時反對公學最力的人，看你這篇文章，今昔觀察也就不同的多了。我想青年人往往因感情的衝動，理智便被壓抑了。中國學校的風潮，大多數是由于這種原因。學校中少一分風潮，便多一分成就。盼望你注意矯正這種流弊。』

我是贊成這話的，但是我要補充一句：學校的風潮不完全由于青年人的理智被感情壓抑了，其中往往是因爲中年人和青年人同樣的失去了運用理智的能力。專責備青年人是不公允的。中國公學最近幾次的風潮都是好例子。

一九三二，九，廿七。

(二)

中國新公學有一個德國教員，名叫何德梅，(Ottomeir)，他的父親是德國人，母親是中國人，他能說廣東話，上海話，官話。什麼中國人的玩意兒，他全會。我從新公學出來，就搬在他隔壁的一所房子裏住，這兩所房子是通的，他住東屋，我和幾個四川朋友住西屋。和我同住的人，有林君墨（恕）但怒剛（懋辛）諸位先生；離我們不遠，住着唐桂梁（蟒）先生，是唐才常的兒子。這些人都是日本留學生，都有革命黨的關係；在那個時候各地的革命都失敗了，黨人死的不少，這些人都很不高興，都很牢騷。何德梅常邀這班人打馬將，我不久也學會了。我們打牌不賭錢，誰贏誰請吃雅敍園。我們這一班人都能喝酒，每人面前擺一大壺，自斟自飲。從打牌到喝酒，從喝酒又到叫局，從叫局到吃花酒，不到兩個月，我都學會了。

幸而我們都沒有錢，所以都只能玩一點窮開心的玩意兒：賭博到吃館子爲止，逛窰子到吃『鑲邊』的花酒或打一場合股份的牌爲止。有時候，我們也同去看戲。林君墨和唐桂梁發起學唱戲，請了一位小喜祿來教我們唱戲，同學之中有歐陽予倩，後來成了中國戲劇界的名人。我最不行，一句也學不會，不上兩天我就不學了。此外，我還有一班小朋友，同鄉有許怡蓀程樂亭章希呂諸人，舊同學有鄭仲誠張蜀川鄭鉄如諸人。怡蓀見我隨着一班朋友發牢騷，學頹落，他常常規勸我。但他在吳淞復旦公學上課，是不常來的，而這一班玩的朋友是天天見面的，所以我那幾個月之中眞是在昏天黑地裏胡混。有時候，整夜的打牌；有時候連日的大醉。

有一個晚上，鬧出亂子來了。那一晚我們在一家「堂子」裏吃酒，喝的不少了，出來又到一家去「打茶圍」。那晚上雨下的很大，下了幾點鐘還不止。君墨桂梁留我打牌，我因爲明天要教書（那時我在華童公學教小學生的國文），所以獨自僱人力車走了。他們看我能談話，能在一疊「局票」上寫詩詞，都以爲我沒有喝醉，也就讓我一個人走了。

其實我那時已大醉了，談話寫字都只是我的「下意識」的作用，我全不記憶。出門上車以後，我就睡着了。

直到第二天天明時，我才醒來，眼睛還沒有睜開，就覺得自己不是睡在床上，是睡在硬的地板上！我疑心昨夜喝醉了，睡在家中的樓板上，就喊了一聲「老彭！」——老彭是我僱的一個湖南僕人。喊了兩聲，沒有人答應，我已坐起來了，眼也睜開了。

奇怪的很！我睡在一間黑暗的小房裏，只有前面有亮光，望出去好像沒有門。我仔細一看，口外不遠還好像有一排鐵柵欄。我定神一聽，聽見欄杆外有皮鞋走路的聲響。一會兒，狄託狄託的走過來了，原來是一個中國巡捕走過去。

我有點明白了，這大概是巡捕房，只不知道我怎樣到了這兒來的。我想起來問一聲，這

時候才覺得我一隻腳上沒有鞋子，又覺得我身上的衣服都是濕透了的。我摸來摸去，摸不着那一隻皮鞋，只好光着一隻襪子站起來，扶着牆壁走出去，隔着栅欄招呼那巡捕，問他這是什麼地方。

他說：「這是巡捕房」。

「我怎麼會進來的？」

他說：「你昨夜喝醉了酒，打傷了巡捕，半夜後進來的。」

「什麼時候我可以出去？」

「天剛亮一會，早呢！八點鐘有人來，你就知道了。」

我在亮光之下，才看見我的舊皮袍不但是全濕透了，衣服上還有許多汚泥。我又覺得臉上有點疼，用手一摸，才知道臉上也有汚泥，並且有破皮的疤痕。難道我眞同人打了架嗎？

這是一個春天的早晨，一會兒就是八點鐘了。果然有人來叫我出去。

在一張寫字桌子邊，一個巡捕頭坐着，一個渾身泥汚的巡捕立着回話。那巡捕頭問：

「就是這個人？」

「就是他。」

「你說下去。」

那渾身泥汚的巡捕說：

「昨夜快十二點鐘時候，我在海甯路上班，雨下的正大。忽然（他指着我）他走來了，手裏拿着一隻皮鞋敲着牆頭，狄托狄托的響。我拿巡捕燈一照，他開口就駡。」

「駡什麽？」

「他駡『外國奴才！』我看他喝醉了，怕他闖禍，要帶他到巡捕房裏來。他就用皮鞋打我，我手裏有燈，抓不住他，被他打了好幾下。後來我抱住他，搶了他的鞋子，他就和我打起來了。兩個人抱住不放，滚在地上。下了一夜的大雨，馬路上都是水，兩個人在泥水裏打滚。我的燈也打碎了，身上臉上都被他打了。他臉上的傷是在石頭上擦破了皮。我吹叫子，喚住了一部空馬車，兩個馬夫幫我捉住他，關在馬車裏，才能把他送進來。我的衣服是烘乾了，但是衣服上的泥都不敢弄掉，這都是在馬路當中滚的。」

我看他臉上果然有傷痕，但也像是擦破了皮，不像是皮鞋打的。他解開上身，也看不出什麽傷痕。

巡捕頭問我，我告訴了我的眞姓名和職業，他聽說我是在華童公學教書的，自然不願得罪我。他說，還得上堂問一問，大概要罰幾塊錢。

他把桌子上放着的一隻皮鞋和一條腰帶還給我。我穿上了鞋子，才想起我本來穿有一件緞子馬褂。我問他要馬褂，他問那泥污的巡捕，他回說：「昨夜他就沒有馬褂。」

我心裏明白了。

我住在海甯路的南林里，那一帶在大雨的半夜裏是很冷靜的。我上了車就睡着了。車夫到了南林里附近，一定是問我到南林里第幾衖。我大概睡的很熟，不能囘答了。車夫叫我不醒，也許推我不醒，他就起了壞心思；把我身上的錢摸去了，又把我的馬褂剝去了。帽子也許是他拿去了的，也許是丟了的。他大概還要剝我的皮袍，不想這時候，我的「下意識」醒了，就和他抵抗。那一帶是沒有巡捕的，車夫大概是拉了車子跑了，我大概追他不上，自己也走了。皮鞋是跳舞鞋式的，沒有鞋帶，所以容易掉下來；也許是我跳下車來的時候就掉下來了，也許我拾起了一隻鞋子來追趕那車夫。車夫走遠了，我赤着一隻脚在雨地裏自然追不上。我慢慢的依着「下意識」走囘去。醉人往往愛裝面子，所以我丟了東西反唱起歌來了，——也許唱歌是那個巡捕的胡說，因爲我的意識生活是不會唱歌的。

這是我自己用想像來補充的一段，是沒有法子證實的了。但我想到在車上熟睡的一段，不禁有點不寒而慄，身上的水濕和臉上的微傷那能比那時剩的生命的危險呢？

上午開堂問事的時候，幾分鐘就完了，我被罰了五元，做那個巡捕的養傷費和賠燈費。巡捕頭許我寫一封短信叫人送到我的家中。那時候鄭鐵如（現在的香港中國銀行行長）住在我家中，我信上托他帶點錢來準備做罰款。

我到了家中，解開皮袍，裏面的綿襖也濕透了，一解開來，裏面熱氣蒸騰！濕衣裹在身上睡了一夜，全蒸熱了。我照鏡子，見臉上的傷都只是皮膚上的微傷，不要緊的。可是一夜

的濕氣倒是可怕，

同住的有一位四川學生，姓徐，醫道頗好。我請他用猛藥給我解除濕氣。他下了很重的瀉藥，泄了幾天；可是後來我手指上和手腕上還發出了四處的腫毒。

那天我在鏡子裏看見我臉上的傷痕，和渾身的泥濕，我忍不住歎一口氣，想起「天生我材必有用」的詩句，心裏百分懊悔，覺得對不住我的慈母，——我那在家鄉時時刻刻懸念着我，期望着我的慈母！我沒有掉一滴眼淚，但是我已經過了一次精神上的大轉機。

我當日在床上就寫信去辭了華童公學的職務，因爲我覺得我的行爲玷辱了那個學校的名譽。況且我已決心不做那教書的事了。

那一年（庚戌，一九一〇）是考試留美賠款官費的第二年。聽說，考試取了備取的還有留在淸華學校的希望。我決定關起門來預備去應考試。

許怡蓀來看我，也力勸我擺脫一切去考留美官費。我所慮的有幾點：一是要籌養母之費，二是要還一點小債務，三是要籌兩個月的費用和北上的旅費。怡蓀答應替我去設法。後來除他自已之外，幫助我的有程樂亭的父親松堂先生，和我的族叔祖節甫先生。

我閉戶讀了兩個月的書，就和二哥紹之一同北上。到了北京，二哥的好朋友楊景蘇先生（志洵）的厚待，介紹我住在新在建築中的女子師範學校（後來的女師大）校舍裏，所以費用極省。在北京一個月，我不曾看過一次戲。

楊先生指點我讀舊書，要我從十三經註疏用功起。我讀漢儒的經學，是從這個時候起的。

留美考試分兩場，第一場考國文英文，及格者才許考第二場的各種科學。國文試題爲「不以規矩不能成方圓說」，我想這個題目不容易發揮，又因我平日喜歡看雜書，就做了一篇亂談考據的短文，開卷就說：

矩之作也，不可考矣。規之作也，其在周之末世乎？

下文我說周髀算經作圓之法足證其時尙不知道用規作圓；又孔子說「不踰矩」，而不並舉規矩，至墨子孟子始以規矩並用，足證規之晚出。這完全是一時異想天開的考據，不料那時看卷子的先生也有考據癖，大賞識這篇短文，批了一百分。英文考了六十分，頭場平均八十分，取了第十名。第二場考的各種科學，如西洋史，如動物學，如物理學，都是我臨時抱佛脚預備起來的，所以考的很不得意；幸虧頭場的分數佔了大便宜，所以第二場我還考了個第五十五名。取送出洋的共七十名，我很挨近榜尾了。

南下的旅費是楊景蘇先生借的。到了上海，節甫叔祖許我每年遇必要時可以墊錢寄給我的母親供家用。怡蓀也答應幫忙。沒有這些好人的幫助，我是不能北去，也不能放心出國的。

我在學校裏用胡洪騂的名字；這回北上應考，我怕考不取爲朋友學生所笑，所以臨時改用胡適的名字。從此以後，我就叫胡適了。

一九三二，九，廿七夜。

胡適之先生最近新著

淮南王書

實價六角

淮南子這部書是一輛垃圾車，陰陽，儒墨，名法各家精粗的思想都混雜在裏面，簡直找不出它一個中心的思想，這給與歷代的學者一個苦悶！現今胡適先生做了一番檢垃圾的工作，給了這部書以一個淸晰的面目，把這裏所有的精華都有條例的寫了出來，使我們毫不費力地瞭解了。這眞是適之先生近來一件有價値的工作，而對讀者尤是一種很貴重的貢獻。

東方雜誌

第三十一卷 第一號

逼上梁山

胡適

——文學革命的開始——

一

提起我們當時討論「文學革命」的起因，我不能不想到那時清華學生監督處的一個怪人。這個人叫做鍾文鰲，他是一個基督教徒，受了傳教士和青年會的很大的影響。他在華盛頓的清華學生監督處做一個書記，他的職務是每月寄發各地學生應得的月費。他想利用他發支票的機會來做一點社會改革的宣傳。他印了一些宣傳品，和每月的支票夾在一個信封裏寄給我們。他的小傳單有種種花樣，大致是這樣的口氣：

「不滿二十五歲不娶妻。」

「廢除漢字，取用字母。」

「多種樹，種樹有益。」

支票是我們每月渴望的；可是鍾文鰲先生的小傳單未必都受我們的歡迎。我們拆開信，把支票抽出來，就把這個好人的傳單拋在字紙簍裏去。

可是鍾先生的熱心真可厭！他不管你看不看，每月總照樣夾帶一兩張小傳單給你。我們平時厭惡這種青年會宣傳方法的，總覺得他這樣濫用職權是不應該的。有一天，我又接到了他的一張傳單，說中國應該改用字母拼音；說欲求教育普及，非有字母不可。我一時動了氣，就寫了一封短信去罵他，信上的大意是說：「你們這種不通漢文的人，不配談改良中國文字的問題。你要談這個問題，必須先費幾年工夫，把漢文弄通了，那時你纔有資格談漢字是不是應該廢除。」

這封信寄出去之後，我就有點懊悔了。等了幾天，鍾文鰲先生沒有回信來，我更覺得我不應該這樣「盛氣陵人」。我想，這個問題不是一駡就可完事的。我既然說鍾先生不夠資格討論此事，我們夠資格的人就應該用點心思才力去研究這個問題。不然，我們就應該受鍾先生的訓斥了。

那一年恰好東美的中國學生會新成立了一個「文學科學研究部」(Institute of Arts and Sciences),我是文學股的委員,負有準備年會時分股討論的責任。我就同趙元任先生商量,把「中國文字的問題」作爲本年文學股的論題,由他和我兩個人分做兩篇論文,討論這個問題的兩個方面。趙君專論「吾國文字能否採用字母制,及其進行方法」;我的題目是「如何可使吾國文言易於教授。」趙君後來覺得一篇不夠,連做了幾篇長文,說吾國文字可以採用音標拼音,並且詳述贊成與反對的理由。他後來是「國語羅馬字」的主要製作人,這幾篇主張中國拼音文字的論文是國語羅馬字的歷史的一種重要史料。

我的論文是一種過渡時代的補救辦法。我的日記裏記此文大旨如下:

(一)漢文問題之中心在於「漢文究可爲傳授教育之利器否」一問題。

(二)漢文所以不易普及者,其故不在漢文,而在教之之術之不完。同一文字也,甲以講書之故而通文,能讀書作文;乙以徒事誦讀不求講解之故而終身不能讀書作文。可知受病之源在於教法。

(三)舊法之弊,蓋有四端:

(1)漢文乃是半死之文字,不當以教活文字之法教之。(活文字者,日用語言之文字,如英法文是也,如吾國之白話是也。死文字者,如希臘拉丁,非日用之語言,已陳死矣。半死文字者,以其中尚有日用之分子在也。如犬字是已死之字,狗字是活字;乘馬是死語,騎馬是活語。故曰半死之文字也。)

舊法不明此義,以爲徒事朗誦,可得字義,此其受病之源。教死文字之法,與教外國文字略相似,須用翻譯之法,譯死語爲活語,前謂「講書」是也。

(2)漢文乃是視官的文字,非聽官的文字。凡一字有二要,一爲其聲,一爲其義:無論何種文字,皆不能同時並達此二者。字母的文字但能傳聲,不能達意;象形會意之文字,但可達意而不能傳聲。今之漢文已失象形會意指事之特長,而教者又不復知說文學。其結果遂令吾國文字既不能傳聲,又不能達意。向之有一短者,今乃並失其所長。學者不獨須強記字音,又須強記字義,是事倍而功半也。欲救此弊,當鼓勵字源學,當以古體與今體同列教科書中;小學教科當先令童蒙習象形指事之字,次及淺易之會意字,次及淺易之形聲字。中學以上皆當習字源學。

(3)吾國文本有文法。文法乃教文字語言之捷徑,今當鼓勵文法學,列爲必須之學科。

(4)吾國向不用文字符號,致文字不易普及;而文法之不講,亦

未始不由於此，今當力求採用一種規定之符號，以求文法之明顯易解，及意義之確定不易。（以上引一九一五年八月二十六日記）

我是不反對字母拼音的中國文字的；但我的歷史訓練（也許是一種保守性）使我感覺字母的文字不是容易實行的，而我那時還沒有想到白話可以完全替代文言，所以我那時想要改良文言的教授方法，使漢文容易教授。我那段日記的前段還說：

當此字母制未成之先，今之文言終不可廢置，以其為僅有之各省交通之媒介也，以其為僅有之教育授受之具也。

我提出的四條古文教授法，都是從我早年的經驗裏得來的。第一條注重講解古書，是我幼年時最得力的方法。（看四十自述頁四四——四六）第二條主張字源學，是在美國時的一點經驗：有一個美國同學跟我學中國文字，我買一部王筠的文字蒙求給他做課本，覺得頗有功效。第三條講求文法，是我崇拜馬氏文通的結果，也是我學習英文的經驗的教訓。第四條講標點符號的重要，也是學外國文得來的教訓；我那幾年想出了種種標點的符號，一九一五年六月為「科學」第一號作了一篇「論句讀及文字符號」的長文，約有一萬字，凡規定符號十種，在引論中我討論沒有文字符號的三大弊：一為意義不能確定，容易誤解，二為無以表示文法上的關係，三為教育不能普及。我在日記裏自跋云：

吾之有意於句讀及符號之學也久矣。此文乃數年來關於此問題之思想結晶而成者，初非一時興到之作也。後此文中，當用此制。七月二日。

二

以上是一九一五年夏季的事。這時候我已承認白話是活文字，古文是半死的文字。那個夏天，任叔永（鴻雋）梅覲莊（光迪）楊杏佛（銓）唐擘黃（鉞）都在綺色佳(Ithaca)過夏，我們常常討論中國文學的問題。從中國文字問題轉到中國文學問題，這是一個大轉變。這一班人中，最守舊的是梅覲莊，他絕對不承認中國古文是半死或全死的文字。因為他的反駁，我不能不細細想過我自己的立場。他越駁越守舊，我倒漸漸變的更激烈了。我那時常提到中國文學必須經過一場革命；「文學革命」的口號，就是那個夏天我們亂談出來的。

梅覲莊新從芝加哥附近的西北大學畢業出來，在綺色佳過了夏，要往哈佛大學去。九月十七日，我做了一首長詩送他，詩中有這兩段很大膽的宣言：

梅生梅生毋自鄙！神州文學久枯餒，百年未有健者起。新潮之來不可止；文學革命其時矣！吾輩勢不容坐視，且復號召二三子，革命軍前杖馬箠，鞭笞驅除一車鬼，再拜迎入新世紀！以此報國未云菲：縮地戡天差可儗。梅生梅生毋自鄙！

作歌今送梅生行，狂言人道臣當烹。我自不吐定不快，人言未足爲重輕。

在這詩裏我第一次用「文學革命」一個名詞。這首詩頗引起了一些小風波。原詩共有四百二十字全篇用了十一個外國字的譯音。任叔永把那詩裏的一些外國字連綴起來做了一首遊戲詩送我往紐約：

牛敦愛迭孫，培根客爾文，
索虜與霍桑，「煙士披里純」
鞭笞一車鬼，爲君生瓊英。
文學今革命，作歌送胡生。

詩的末行自然是挖苦我的「文學革命」的狂言。所以我可不能把這詩當作遊戲看。我在九月十九日的日記裏記了一行：

右叔永戲贈詩，知我乎？罪我乎？

九月二十日我離開綺色佳，轉學到紐約去進哥侖比亞大學。在火車上用叔永的遊戲詩的韻脚，寫了一首很莊重的答詞，寄給綺色佳的各位朋友：

詩國革命何自始？要須作詩如作文。
琢鏤粉飾喪元氣，貌似未必詩之純。
小人行文頗大膽，諸公一一皆人英。
願共僇力莫相笑，我輩不作腐儒生。

在這短詩裏，我特別提出了「詩國革命」的問題，並且提出了一個「要須作詩如作文」的方案。從這個方案上，惹出了後來做白話詩的嘗試。

我認定了中國詩史上的趨勢，由唐詩變到宋詩，無甚玄妙，只是作詩更近於作文！更近於說話。近世詩人歡喜做宋詩，其實他們不曾明白宋詩的長處在那兒。宋朝的大詩人的絕大貢獻，只在打破了六朝以來的聲律的束縛，努力造成一種近於說話的詩體。我那時的主張頗受了讀宋詩的影響，所以說「要須作詩如作文」，又反對「琢鏤粉飾」的詩。

那時我初到紐約，覲莊初到康橋，各人都很忙，沒有打筆墨官司的餘暇。但這只是暫時的停戰，偶一接觸，又爆發了。

三

一九一六年，我們的爭辯最激烈，也最有效果。爭辯的起點，仍舊是我的「要須作詩如作文」的一句詩。梅覲莊曾駁我道：

足下謂詩國革命始於「作詩如作文」，迪頗不以爲然。詩文截然兩途。詩之文字（Poetic diction）與文之文字（Prose diction）自有詩文以來（無論中西）已分道而馳。足下爲詩界革命家，改良「詩之文字」則可。若僅移「文之文字」於詩，即謂之革命，則不可也。……一言以蔽之，吾國求詩界革命，當於詩中求之，與文無涉也。若移「文之文字」於詩，即謂之革命，則詩界革命不成問題矣。以其太易易也。

任叔永也來信說他贊成覲莊的主張。我覺得自己很孤立，但我終覺得

他們兩人的說法都不能使我心服。我不信詩與文是完全截然兩途的。我答他們的信說我的主張並不僅僅是以「文之文字」入詩。我的大意是：

　　今日文學大病在於徒有形式而無精神，徒有文而無質，徒有鏗鏘之韻，貌似之辭而已。今欲救此文勝之弊宜從三事入手：第一須言之有物；第二須講文法；第三當用「文之文字」時，不可避之。三者皆以質救文勝之敝也。（二月三日）

我自己日記裏記着：

　　吾所持論固不徒以「文之文字」入詩而已。然不避「文之文字」，自是吾論詩之一法。……古詩如白香山之道州民，如老杜之自京赴奉先詠懷，如黃山谷之題蓮華寺，何一非用「文之文字」，又何一非用「詩之文字」耶？（二月三日）

　　這時候，我已髣髴認識了中國文學問題的性質。我認清了這問題在於「有文而無質」。怎麼纔可以救這「文勝質」的毛病呢？我那時的答案還沒有敢想到白話上去，我只敢說「不避文的文字」而已。但這樣膽小的提議，我的一班朋友都還不能了解。梅覲莊的固執「詩的文字」與「文的文字」的區別，自不必說。任叔永也不能完全了解我的意思。他有信來說：

　　……要之，無論詩文，皆當有質。有文無質，則成吾國近世萎靡腐朽之文學，吾人正當廓而清之。然使以文學革命自命者，乃言之無文，欲其行遠，得乎？近來頗思吾國文學不振，其最大原因，乃在文人無學。救之之法，當從績學入手，徒於文字形式上討論，無當也。（二月十日）

這種說法何嘗不是？但他們都不明白「文字形式」往往是可以妨礙束縛文學的本質的。「舊皮囊裝不得新酒」，是西方的老話。我們也有「工欲善其事，必先利其器」的古話。文字形式是文學的工具；工具不適用，如何能達意表情？

　　從二月到三月，我的思想上起了一個根本的新覺悟。我曾徹底想過：一部中國文學史只是一部文字形式（工具）新陳代謝的歷史，只是「活文學」隨時起來替代了「死文學」的歷史。文學的生命全靠能用一個時代的活的工具來表現一個時代的情感與思想。工具僵化了，必須另換新的，活的，這就是「文學革命」。例如水滸傳上石秀說的：

　　你這與奴才做奴才的奴才！

我們若把這句話改作古文，「汝奴之奴！」或他種譯法，總不能有原文的力量。這豈不是因為死的文字不能表現活的話語？此種例證何止千百？所以我們可以說，歷史上的「文學革命」全是文學工具的革命。叔永諸人全不知道工具的重要，所以說「徒於文字形式上討論無當也」。他們忘了歐洲近代文學史的大教訓！若沒有各國的活語言作新工具，若近代歐洲文人都還須用那已死的拉丁文作工具，歐洲近代文學的勃興是可能的嗎？歐洲各國的文學革命只是文學工具的革命。中國文學史上的幾番革命也都是文學工具的革命。這是我的新覺悟。

我到此時纔把中國文學史看明白了，纔認清了中國俗話文學（從宋儒的白話語錄到元朝明朝的白話戲曲和白話小說）是中國的正統文學，是代表中國文學革命自然發展的趨勢的。我到此時纔敢正式承認中國今日需要的文學革命是用白話替代古文的革命，是用活的工具替代死的工具的革命。

一九一六年三月間，我曾寫信給梅覲莊，略說我的新見解，指出宋元的白話文學的重要價值。覲莊究竟是研究過西洋文學史的人，他回信居然很贊成我的意見。他說：

來書論宋元文學，甚啓聾瞶。文學革命自當從「民間文學」(Folklore, Popular poetry, Spohen language, etc.) 入手，此無待言。惟非經一番大戰爭不可。驟言俚俗文學，必爲舊派文家所訕笑攻擊。但我輩正歡迎其訕笑攻擊耳。(三月十九日)

這封信眞叫我高興，梅覲莊也成了「我輩」了！

我在四月五日把我的見解寫出來，作爲兩段很長的日記。第一段說：

文學革命，在吾國史上非創見也。即以韻文而論：三百篇變而爲騷，一大革命也。又變爲五言七言之詩，二大革命也。賦之變爲無韻之駢文，三大革命也。古詩之變爲律詩，四大革命也。詩之變爲詞，五大革命也。詞之變爲曲，爲劇本，六大革命也。何獨於吾所持文學革命論而疑之！

第二段論散文的革命：

文亦幾遭革命矣。孔子至於秦漢，中國文體始臻完備。……六朝之文亦有絕妙之作，然其時駢儷之體大盛，文以工巧雕琢見長，文法遂衰。韓退之之「文起八代之衰」，其功在於恢復散文，講求文法，此亦一革命也。唐代文學革命家不僅韓氏一人，初唐之小說家皆革命功臣也。「古文」一派至今爲散文正宗，然宋人談哲理者似悟古文之不適於用，於是語錄體興焉。語錄體者，以俚語說理記事。……此亦一大革命也。……至元人之小說，此體始臻極盛。……總之，文學革命至元代而登峯造極。其時詞也，曲也，劇本也，小說也，皆第一流之文學，而皆以俚語爲之。其時吾國眞可謂有一種「活文學」出世。儻此革命潮流（革命潮流即天演進化之迹。自其異者言之，謂之革命；自其循序漸進之迹言之，即謂之進化，可也。）不遭明代八股之劫，不受諸文人復古之劫，則吾國之文學必已爲俚語的文學，而吾國之語言早成爲言文一致之語言，可無疑也。但丁 (Dante) 之創意大利文，卻叟 (Chaucer) 之創英吉利文，馬丁路得 (Martin Luther) 之創德意志文，未足獨有千古矣。惜乎，五百餘年來，半死之古文，半死之詩詞，復奪此「活文學」之地位，而「半死文學」遂苟延殘喘，以至於今日。今日之文學，獨我佛山人，南亭亭長，洪都百鍊生

諸公之小說可稱「活文學」耳。文學革命何可更緩耶？何可更緩耶！（四月五夜記）

從此以後我覺得我已從中國文學演變的歷史上尋得了中國文學問題的解決方案，所以我更自信這條路是不錯的。過了幾天，我作了一首沁園春詞，寫我那時的情緒：

沁園春　誓詩

更不傷春，更不悲秋，以此誓詩。任花開也好，花飛也好，月圓固好，日落何悲？我聞之曰，「從而天頌，孰與制天而用之？」更安用，爲蒼天歌哭，作彼奴爲！

文學革命何疑！且準備搴旗作健兒。要前空千古，下開百世，收他臭腐，還我神奇。爲大中華，造新文學，此業吾曹欲讓誰？詩材料，有簇新世界，供我驅馳。（四月十三日）

這首詞下半闋的口氣是很狂的，我自己覺得有點不安，所以修改了好多次。到了第三次修改，我把「爲大中華，造新文學，此業吾曹欲讓誰」的狂言全删掉了，下半闋就改成了這個樣子：

……文章要有神思，到琢句雕詞意已卑。定不師秦七，不師黃九，但求似我，何效人爲！語必由衷，言須有物，此意尋常當告誰！從今後，儻傍人門戶，不是男兒！

這次改本後，我自跋云：

吾國文學大病有三：一曰無病而呻，……二曰摹仿古人，……三曰言之無物。……頃所作詞，專攻此三弊，豈徒責人，亦以自誓耳。（四月十七日）

前答覲莊書，我提出三事：言之有物，講文法，不避「文的文字」。此跋提出的三弊，除「言之無物」與前第一事相同，餘二事是添出的。後來我主張的文學改良的八件，此時已有了五件了。

四

一九一六年六月中，我往克利佛蘭（Cleveland）赴「第二次國際關係討論會」（Conference of International Relations）。去時來時都經過綺色佳，去時在那邊住了八天，常常和任叔永，唐擘黃，楊杏佛諸君談論改良中國文學的方法，這時候我已有了具體的方案，就是用白話作文，作詩，作戲曲。日記裏記我談話的大意有九點：

（一）今日之文言乃是一種半死的文字。

（二）今日之白話是一種活的語言。

（三）白話並不鄙俗，俗儒乃謂之俗耳。

(四)白話不但不鄙俗，而且甚優美適用。凡言要以達意爲主，其不能達意者，則爲不美。如說，「趙老頭回過身來，爬在街上，撲通撲通的磕了三個頭，」若譯作文言，更有何趣味？

(五)凡文言之所長，白話皆有之。而白話之所長，則文言未必能及之。

(六)白話並非文言之退化，乃是文言之進化。其進化之迹，略如下述：

(1)從單音的進而爲複音的。

(2)從不自然的文法進而爲自然的文法。例如「舜何人也」變爲「舜是什麼人」；「己所不欲」變爲「自己不要的」。

(3)文法由繁趨簡。例如代名詞的一致。

(4)文言之所無，白話皆有以補充。例如文言只能說「此乃吾兒之書」，但不能說「這書是我兒子的」。

(七)白話可以產生第一流文學。白話已產生小說，戲劇，語錄，詩詞，此四者皆有史事可證。

(八)白話的文學爲中國千年來僅有之文學。其非白話的文學，如古文，如八股，如筆記小說，皆不足與於第一流文學之列。

(九)文言的文字可讀而聽不懂；白話的文字既可讀，又聽得懂。凡演說，講學，筆記，文言決不能應用。今日所需，乃是一種可讀，可聽，可歌，可講，可記的言語。要讀書不須口譯，演說不須筆譯；要施諸講壇舞臺而皆可，誦之村嫗婦孺皆可懂。不如此者，非活的言語，也決不能成爲吾國之國語，也決不能產生第一流的文學。

（七月六日追記）

七月二日我回紐約時，重過綺色佳，遇見梅覲莊，我們談了半天。晚上我就走了。日記裏記此次談話的大致如下：

吾以爲文學在今日不當爲少數文人之私產，而當以能普及最大多數之國人爲一大能事。吾又以爲文學不當與人事全無關係；凡世界有永久價値之文學，皆嘗有大影響於世道人心者也。覲莊大攻此說，以爲 Utilitarian（功利主義）；又以爲偸得 Tolstoi（託爾斯太）之緒餘；以爲此等十九世紀之舊說，久爲今人所棄置。

余聞之大笑。夫吾之論中國文學，全從中國一方面着想，初不管歐西批評家發何議論。吾言而是也，其爲 Utilitarian，其爲 Tolstoyan 又何損其爲是。吾言而非也，但當攻其所以非之處，不必問其爲 Utilitarian 抑爲 Tolstoyan 也。（七月十三日追記）

五

我回到紐約之後不久，綺色佳的朋友們遇着了一件小小的不幸事故，產生了一首詩，引起了一場大筆戰，竟把我逼上了決心試做白話詩的路上去。

七月八日，任叔永同陳衡哲女士、梅覲莊、楊杏佛、唐擘黃在凱約嘉湖上搖船，近岸時船翻了，又遇着大雨，雖沒有傷人，大家的衣服都濕了。叔永做了一首四言的「泛湖卽事」長詩，寄到紐約給我看。詩中有「言櫂輕楫，以滌煩疴」；又有「猜謎賭勝，載笑載言」等等句子。恰好我是曾做「詩三百篇中『言』字解」的，看了「言櫂輕楫」的句子，有點不舒服，所以我寫信給叔永說：

……再者，詩中所用「言」字「載」字，皆係死字；又如「猜謎賭勝，載笑載言」二句，上句爲二十世紀之活字，下句爲三千年前之死句，殊不相稱也。……（七月十六日）

叔永不服，回信說：

足下謂「言」字「載」字爲死字，則不敢謂然。如足下意，豈因詩經中曾用此字，吾人今日所用字典便不當搜入耶？「載笑載言」固爲「三千年前之語」，然可用以達我今日之情景，卽爲今日之語，而非「三千年前之死語」，此君我不同之點也。……（七月十七日）

我的本意只是說「言」字「載」字在文法上的作用，在今日還未能確定，我們不可輕易亂用。我們應該鑄造今日的活語來「達我今日之情景」，不當亂用意義不確定的死字。蘇東坡用錯了「駕言」兩字，曾爲章子厚所笑。這是我們應該引爲訓戒的。

這一點本來不很重要，不料竟引起了梅覲莊出來代抱不平。他來信說：

足下所自矜爲「文學革命」眞諦者，不外乎用「活字」以入文，於叔永詩中稍古之字皆所不取，以爲非「二十世紀之活字」。此種論調，固足下所恃爲嘵嘵以提倡「新文學」者，迪又聞之素矣。夫文學革新，須洗去舊日腔套，務去陳言，固矣。然此非盡屏古人所用之字，而另以俗語白話代之之謂也。……足下以俗語白話爲向來文學上不用之字，驟以入文，似覺新奇而美，實則無永久價値。因其向未經美術家之鍛鍊，徒諉諸愚夫愚婦，無美術觀念者之口，歷世相傳，愈趨愈下，鄙俚乃不可言。足下得之，乃矜矜自喜，眩爲創獲，異矣！如足下之言，則人間材智，教育，選擇，諸事，皆無足算，而村農傖夫皆足爲詩人美術家矣。甚至非洲之黑蠻，南洋之土人，其言文無分者，最有詩人美術家之資格矣。何足下之醉心於俗語白話如是耶？至於無所謂「活文學」，亦與足下前此言之。……文字者，世界上最守舊之物也。……一字意義之變遷，必經數十或數百年而後成，又須經文學大家承認之，而恆人始沿用之焉。足下乃視改革文字如是之易易乎？……總之，吾輩言文學革命，須謹愼以出之。尤須先精究吾國文字，始敢言改革。欲加用新字，須先用美術以鍛鍊之；非僅以俗語白話代之，卽可了事者也。（俗語白話亦有可用者，惟必須經美術家

之鍛鍊耳。）如足下言乃以暴易暴耳，豈得謂之改良乎？……（七月十七日）

覲莊有點動了氣，我要和他開開玩笑，所以做了一首一千多字的白話遊戲詩回答他。開篇就是描摹老梅生氣的神氣：

「人閑天又涼」，老梅上戰場。
拍桌罵胡適，說話太荒唐！
說什麽「中國有活文學」！
說什麽「須用白話做文章」！
文字那有死活！白話俗不可當！
……

第二段中有這樣的話：

老梅牢騷發了，老胡呵呵大笑。
且請平心靜氣，這是什麽論調！
文字沒有古今，卻有死活可道。
古人叫做「欲」，今人叫做「要」。
古人叫做「至」，今人叫做「到」。
古人叫做「溺」，今人叫做「尿」。
本來同是一字，聲音少許變了。
並無雅俗可言，何必紛紛胡鬧？
至於古人叫「字」，今人叫「號」；
古人懸梁，今人上吊：
古名雖未必不佳，今名又何嘗不妙？
至於古人乘輿，今人坐轎；
古人加冠束幘，今人但知戴帽：
這都是古所沒有，而後人所創造。
若必叫帽作巾，叫轎作輿，
豈非張冠李戴，認虎作豹？
……

第四段專答他說的「白話須鍛鍊」的意思：

今我苦口嘵舌，算來卻是爲何？
正要求今日的文學大家，
把那些活潑潑的白話，
拿來鍛鍊，拿來琢磨，
拿來作文演說，作曲作歌：——
出幾個白話的嚣俄，
和幾個白話的東坡，
那不是「活文學」是什麽？
那不是「活文學」是什麽？
……

這首「打油詩」是七月二十二日做的，一半是少年朋友的游戲，一半是我有意試做白話的韻文。但梅任兩位都大不以爲然。覲莊來信大罵我他說：

> 讀大作如兒時聽「蓮花落」，眞所謂革盡古今中外詩人之命者！足下誠豪健哉！……（七月二十四日）

叔永來信也說：

> 足下此次試驗之結果，乃完全失敗；蓋足下所作，白話則誠白話矣，韻則有韻矣，然卻不可謂之詩。蓋詩詞之爲物，除有韻之外，必須有和諧之音調，審美之辭句，非如寶玉所云「押韻就好」也。……（七月二十四夜）

對於這一點，我當時頗不心服，曾有信替自己辯護，說我這首詩，當作一首 Satire（嘲諷詩）看，並不算是失敗，但這種「戲台裏喝采」實在大可不必。我現在回想起來，也覺得自己好笑。

但這一首游戲的白話詩，本身雖沒有多大價值，在我個人做白話詩的歷史上，可是很重要的。因爲梅任諸君的批評竟逼得我不能不努力試做白話詩了。覲莊的信上曾說：

> 文章體裁不同。小說詞曲固可用白話，詩文則不可。

叔永的信上也說：

> 要之，白話自有白話用處(如作小說演說等)，然不能用之於詩。

這樣看來，白話文學在小說詞曲演說的幾方面，已得梅任兩君的承認了。覲莊不承認白話可作詩與文，叔永不承認白話可用來作詩。覲莊所謂「文」自然是指古文辭類纂一類的書裏所謂「文」(近來有人叫做「美文」)，在這一點上，我毫不狐疑，因爲我在幾年前曾做過許多白話的議論文，我深信白話文是不難成立的。現在我們的爭點，只在「白話是否可以作詩」的一個問題了。白話文學的作戰，十仗之中已勝了七八仗。現在只賸一座詩的壁壘，還須用全力去搶奪。待到白話征服這個詩國時，白話文學的勝利就可說是十足的了。所以我當時打定主意，要作先鋒去打這座未投降的壁壘：就是要用全力去試做白話詩。

叔永的長信上還有幾句話使我更感覺這種試驗的必要。他說：

> 如凡白話皆可爲詩，則吾國之京調高腔，何一非詩？……烏乎適之，吾人今日言文學革命，乃誠見今日文學有不可不改革之處，非特文言白話之爭而已。……以足下高才有爲，何爲舍大道不由，而必旁逸斜出，植美卉於荊棘之中哉？……今且假定足下之文學革命成功，將令吾國作詩皆京調高腔，而陶謝李杜之流永不復見於神州，則足下之功又何如哉，心所謂危，不敢不告。……足下若見聽，則請從他方面講文學革命，勿徒以白話詩爲事矣。……（七月二十四夜）

這段話使我感覺他們都有一個根本上的誤解。梅任諸君都贊成「文學革命」，他們都「誠見今日文學有不可不改革之處」，但他們贊成的文學革命只是一種空蕩蕩的目的，沒有具體的計畫，也沒有下手的途徑。等到我提出了一個具體的方案（用白話做一切文學的工具）

他們又都不贊成了。他們都說文學革命決不是「文言白話之爭而已」。他們都說文學革命應該有「他方面」應該走「大道」。究竟那「他方面」是什麽方面呢？究竟那「大道」是什麽道呢？他們又都說不出來了；他們只知道決不是白話！

我也知道光有白話算不得新文學，我也知道新文學必須有新思想和新精神。但是我認定了：無論如何，死文字決不能產生活文學。若要造一種活的文學，必須有活的工具。那已產生的白話小說詞曲，都可證明白話是最配做中國活文學的工具的。我們必須先把這個工具擡高起來，使他成爲公認的中國文學工具，使他完全替代那半死的或全死的老工具。有了新工具，我們方才談得到新思想和新精神等等其他方面。這是我的方案。現在反對的幾位朋友已承認白話可以作小說戲曲了，他們還不承認白話可以作詩。這種懷疑，不僅是對於白話詩的局部懷疑，實在還是對於白話文學的根本懷疑。在他們的心裏，詩與文是正宗，小說戲曲還是旁門小道。他們不承認白話詩文，其實他們是不承認白話可作中國文學的唯一工具。所以我決心要用白話來征服詩的壁壘，這不但是試驗白話詩是否可能，這就是要證明白話可以做中國文學的一切門類的唯一工具。

白話可以作詩，本來是毫無可疑的。杜甫白居易寒山拾得邵雍王安石陸游的白話詩都可以舉來作證。詞曲裏的白話更多了。但何以我的朋友們還不能承認白話詩的可能呢？這有兩個原因：第一是因爲白話詩確是不多；在那無數的古文詩裏，這兒那兒的幾首白話詩在數量上確是很少的。第二是因爲舊日的詩人詞人只有偶然用白話做詩詞的，沒有用全力做白話詩詞的，更沒有自覺的做白話詩詞的。所以現在這個問題還不能光靠歷史材料的證明，還須等待我們用實地試驗來證明。

所以我答叔永的信上說：

> 總之，白話未嘗不可以入詩，但白話詩尚不多見耳。古之所少有，今日豈必不可多作乎？……
>
> 白話之能不能作詩，此一問題全待吾輩解決。解決之法，不在乞憐古人，謂古之所無今必不可有；而在吾輩實地試驗。一次「完全失敗」，何妨再來？若一次失敗便「期期以爲不可」，此豈「科學的精神」所許乎？……
>
> 高腔京調未嘗不可成爲第一流文學。……適以爲但有第一流文人肯用高腔京調著作，便可使京調高腔成第一流文學。病在文人膽小不敢用之耳。元人作曲可以取仕宦，下之亦可謀生，故名士如高則誠關漢卿之流皆肯作曲作雜劇。今之高腔京調皆不文不學之戲子爲之，宜其不能佳矣。此則高腔京調之不幸也。
>
> ……
>
> 足下亦知今日受人崇拜之莎士比亞，即當時唱京調高腔者乎？……與莎氏並世之倍根著「論集」(Essays)，有拉丁文英

文兩種本子;書既出世,倍根自言,其他日不朽之名當賴拉丁文
一本,而英文本則但以供一般普通俗人之傳誦耳,不足輕重也。
此可見當時之英文的文學,其地位皆與今日京調高腔不相上
下。……

吾絕對不認「京調高腔」與「陶謝李杜」爲勢不兩立之物。
今且用足下之文字以述吾夢想中之文學革命之目的,曰:

(1)文學革命的手段,要令國中之陶謝李杜敢用白話京調高
腔作詩。要令國中之陶謝李杜皆能用白話京調高腔作詩。

(2)文學革命的目的,要令中國有許多白話京調高腔的陶謝
李杜,要令白話京調高腔之中產出幾許陶謝李杜。

(3)今日決用不着陶謝李杜的陶謝李杜。何也?時代不同也。

(4)吾輩生於今日,與其作不能行遠不能普及的五經兩漢六
朝八家文字,不如作家喻戶曉的水滸西遊文字。與其作似陶
似謝似李似杜的詩,不如作不似陶不似謝不似李杜的白話
詩。與其作一個作「眞詩」,走「大道」,學這個學那個的陳
伯嚴鄭蘇龕,不如作一個實地試驗「旁逸斜出」「舍大道而
弗由」的胡適。

此四者乃適夢想中文學革命之宣言書也。

嗟夫,叔永,吾豈好立異以爲高哉?徒以「心所謂是,不敢不爲。」
吾志決矣。吾自此以後,不更作文言詩詞。吾之去國集乃是吾絕
筆的文言韻文也。……(七月二十六日)

這是我第一次宣言不做文言的詩詞。過了幾天,我再答叔永道:

古人說「工欲善其事,必先利其器。」文字者,文學之器也。我私
心以爲文言決不足爲吾國將來文學之利器。施耐菴曹雪芹諸
人已實地證明作小說之利器在於白話。今尚需人實地試驗白
話是否可爲韻文之利器耳。……

我自信頗能用白話作散文,但尚未能用之於韻文。私心頗欲以
數年之力,實地練習之。倘數年之後,竟能用文言白話作文作詩,
無不隨心所欲,豈非一大快事?

我此時練習白話韻文,頗似新闢一文學殖民地。可惜須單身匹
馬而往,不能多得同志,結伴同行。然我去志已決。公等假我數年
之期。倘此新國盡是沙磧不毛之地,則我或終歸老於「文言詩
國」,亦未可知。倘幸而有成,則闢除荊棘之後,當開放門戶,迎公
等同來蒞止耳。「狂言人道臣當烹。」我自不吐定不快,人言未足
爲重輕。」足下定笑我狂耳。……(八月四日)

這封信是我對於一班討論文學的朋友的告別書。我把路線認清楚了,決定努力做白話詩的試驗,要用試驗的結果來證明我的主張的是非。所以從此以後,我不再和梅任諸君打筆墨官司了。信中說的「可惜須單身匹馬而往,不能多得同志,結伴同行,」也是我當時心裏感覺的一點寂寞。我心裏最感覺失望的是我平時最敬愛的一班朋友都不肯和

我同去探險。一年多的討論還不能說服一兩個好朋友，我還妄想要在國內提倡文學革命的大運動嗎？

有一天，我坐在窗口吃我自做的午餐，窗下就是一大片長林亂草，遠望着赫貞江。我忽然看見一對黃蝴蝶從樹梢飛上來；一會兒，一隻蝴蝶飛下去了；還有一隻蝴蝶獨自飛了一會，也慢慢的飛下去，去尋他的同伴去了。我心裏頗有點感觸，感觸到一種寂寞的難受，所以我寫了一首白話小詩，題目就叫做「朋友」（後來才改作「蝴蝶」）：

兩個黃蝴蝶，雙雙飛上天。
不知爲什麼，一個忽飛還。
賸下那一個，孤單怪可憐；
也無心上天，天上太孤單。

（八月二十三日）

這種孤單的情緒，並不含有怨望我的朋友的意思。我回想起來，若沒有那一班朋友和我討論，若沒有那一日一郵片三日一長函的朋友切磋的樂趣，我自己的文學主張決不會經過那幾層大變化，決不會漸漸結晶成一個有系統的方案，決不會慢慢的尋出一條光明的大路來。況且那年（一九一六）的三月間，梅覲莊對於我的俗話文學的主張已很明白的表示贊成了。（看上文引他的三月十九日來信。）後來他們的堅決反對，也許是我當時的少年意氣太盛，叫朋友難堪，反引起他們的反感來了，就使他們不能平心靜氣的考慮我的歷史見解，就使他們走

上了反對的路上去。但是因爲他們的反駁，我才有實地試驗白話詩的決心。莊子說得好：「彼出於是，是亦因彼。」一班朋友做了我多年的「他山之錯」，我對他們只有感激，決沒有絲毫的怨望。

我的決心試驗白話詩，一半是朋友們一年多討論的結果，一半也是我受的實驗主義的哲學的影響。實驗主義教訓我們：一切學理都只是一種假設；必須要證實了（verified），然後可算是眞理。證實的步驟只是先把一個假設的理論的種種可能的結果都推想出來，然後想法子來試驗這些結果是否適用，或是否能解決原來的問題。我的白話文學論不過是一個假設，這個假設的一部分（小說詞曲等）已有歷史的證實了；其餘一部分（詩）還須等待實地試驗的結果。我的白話詩的實地試驗，不過是我的實驗主義的一種應用。所以我的白話詩還沒有寫得幾首，我的詩集已有了名字了，就叫做「嘗試集」。我讀陸游的詩，有一首詩云：

能仁院前有石像丈餘，蓋作大像時樣也。
江閣欲開千尺像，雲龕先定此規模。
斜陽徙倚空長歎，嘗試成功自古無。

陸放翁這首詩大概是別有所指，他的本意大概是說：小試而不得大用，是不會成功的。我借他這句詩，做我的白話詩集的名字，並且做了一首詩，說明我的嘗試主義：

嘗試篇

「嘗試成功自古無」，放翁這話未必是。我今爲下一轉語，自古成功在嘗試。請看藥聖嘗百草，嘗了一味又一味。又如名醫試丹藥，何嫌六百零六次？莫想小試便成功，那有這樣容易事！有時試到千百回，始知前功盡拋棄。即使如此已無愧，即此失敗便足記。告人此路不通行，可使腳力莫浪費。我生求師二十年，今得「嘗試」兩個字。作詩做事要如此，雖未能到頗有志。作「嘗試歌」頌吾師，願大家都來嘗試！（九月三日）

這是我的實驗主義的文學觀。

這個長期討論的結果使我自己把許多散漫的思想滙集起來，成爲一個系統。一九一六年的八月十九日，我寫信給朱經農，中有一段說：

新文學之要點，約有八事：

(一)不用典。

(二)不用陳套語。

(三)不講對仗。

(四)不避俗字俗語。（不嫌以白話作詩詞。）

(五)須講求文法。（以上爲形式的方面。）

(六)不作無病之呻吟。

(七)不摹倣古人。

(八)須言之有物。（以上爲精神（內容）的方面。）

那年十月中我寫信給陳獨秀先生，就提出這八個「文學革命」的條件。次序也是這樣的。不到一個月，我寫了一篇文學改良芻議，用複寫紙鈔了兩份，一份給留美學生季報發表，一份寄給獨秀，在新青年上發表。（胡適文存卷一，頁七——二三。）在這篇文字裏，八件事的次序大改變了：

(一)須言之有物。

(二)不摹倣古人。

(三)須講求文法。

(四)不作無病之呻吟。

(五)務去爛調套語。

(六)不用典。

(七)不講對仗。

(八)不避俗字俗語。

這個新次第是有意改動的。我把「不避俗字俗語」一件放在最後，標題只是很委婉的說「不避俗字俗語」，其實是很鄭重的提出我的白話文學的主張。我在那篇文字裏說：

吾惟以施耐菴曹雪芹吳研人爲文學正宗，故有「不避俗字俗語」之論也。蓋吾國言文之背馳久矣。自佛書之輸入，譯者以文言不足以達意，故以淺近之文譯之，其體已近白話。其後佛氏講義語錄尤多用白話爲之者，是爲語錄體之原始。及宋人講學，以白話爲語錄，此體遂成講學正體。（明人因之。）當是時，白話已久入詞文，觀宋人之詩詞可見。及至元時，中國北部在異族之下三百餘年矣。此三百年中，中國乃發生一種通俗行遠之文學。文則有水滸西遊三國，曲則尤不可勝計。以今世眼光觀之，則中國文學當以元代為最盛；傳世不朽之作，當以元代為最多。此無可疑也。當是時，中國之文學最近言文合一，白話幾成文學的語言矣。使此趨勢不受阻遏，則中國幾有一「活文學」出現，而但丁路得之偉業幾發生於神州。不意此趨勢驟為明代所阻，政府既以八股取士，而當時文人如何李七子之徒又爭以復古為高。於是此千年難遇言文合一之機會遂中道夭折矣。然以今世歷史進化的眼光觀之，則白話文學之為中國文學之正宗，又為將來文學必用之利器，可斷言也。以此之故，吾主張今日作文作詩，宜採用俗語俗字。與其用三千年前之死字，不如用二十世紀之活字。與其作不能行遠不能普及之秦漢六朝文字，不如作家喻戶曉之水滸西遊文字也。

這完全是用我三四月中寫出的中國文學史觀（見上文引的四月五日日記）稍稍加上一點後來的修正。可是我受了在美國的朋友的反對，膽子變小了，態度變謙虛了，所以此文標題但稱「文學改良芻議」，而全篇不敢提起「文學革命」的旗子。篇末還說：

上述八事，乃吾年來研思此一大問題之結果。……謂之「芻議」，猶云未定草也。伏惟國人同志有以匡糾是正之。

這是一個外國留學生對於國內學者的謙遜態度。文字題為「芻議」，詩集題為「嘗試」，是可以不引起很大的反感的了。

陳獨秀先生是一個老革命黨，他起初對於我的八條件還有點懷疑（新青年二卷二號）。其時國內好學深思的少年，如常乃悳君，也說「說理紀事之文，必當以白話行之，但不可施於美術文耳」（見新青年二卷四號）。但他見了我的文學改良芻議之後，就完全贊成我的主張；他接着寫了一篇文學革命論（新青年二卷五號），正式在國內提出「文學革命」的旗幟。他說：

文學革命之氣運，醞釀已非一日。其首舉義旗之急先鋒，則為吾友胡適。余甘冒全國學究之敵，高張「文學革命軍」之大旗，以為吾友之聲援。旗上大書特書吾革命三大主義：

曰，推倒雕琢的阿諛的貴族文學，建設平易的抒情的國民文學。

曰，推倒陳腐的鋪張的古典文學，建設新鮮的立誠的寫實文學。

曰，推倒迂晦的艱澀的山林文學，建設明瞭的通俗的社會文學。

獨秀之外，最初贊成我的主張的，有北京大學教授錢玄同先生（新青年二卷六號通信，又三卷一號通信）。此後文學革命的運動就從美國幾個留學生的課餘討論，變成國內文人學者的討論了。

文學改良芻議是一九一七年一月出版的，我在一九一七年四月九日還寫了一封長信給陳獨秀先生，信內說：

此事之是非，非一朝一夕所能定，亦非一二人所能定。甚願國中

人士能平心靜氣與吾輩同力研究此問題。討論既熟，是非自明。吾輩已張革命之旗，雖不容退縮，然亦決不敢以吾輩所主張爲必是而不容他人之匡正也。……

獨秀在新青年（第三卷三號）上答我道：

鄙意容納異議自由討論固爲學術發達之原則，獨至改良中國文學當以白話爲正宗之說，其是非甚明，必不容反對者有討論之餘地；必以吾輩所主張者爲絕對之是而不容他人之匡正也。蓋以吾國文化倘已至文言一致地步，則以國語爲文，達意狀物，豈非天經地義？尙有何種疑義必待討論乎？其必欲擯棄國語文學，而悍然以古文爲正宗者，猶之淸初曆家排斥西法，乾嘉疇人非難地球繞日之說，吾輩實無餘閑與之作此無謂之討論也。

這樣武斷的態度，眞是一個老革命黨的口氣。我們一年多的文學討論的結果得着了這樣一個堅強的革命家做宣傳者，做推行者，不久就成爲一個有力的大運動了。

四十自述的一章，二十二年，十二月，三日夜脫稿。

初版影印

四十自述
胡適著
亞東圖書館印行

胡適·四十自述

第一册

目次

自序

我在這十幾年中，因爲深深的感覺中國最缺乏傳記的文學，所以到處勸我的老輩朋友寫他們的自傳。不幸的很，這班老輩朋友雖然都答應了，終不肯下筆。最可悲的一個例子是林長民先生，他答應了寫他的五十自述作他五十歲生日的紀念；到了生日那一天，他對我說：『適之，今年實在太忙了，自述寫不成了；明年生日我一定補寫出來。』不幸他慶祝了五十歲的生日之後，不上半年，他就死在郭松齡的戰役裏，他那富於浪漫意味的一生就成了一部人間永不能讀的逸書了！

梁啓超先生也曾同樣的允許我。他自信他的體力精力都很強，所以他不肯開始寫他的自傳。誰也不料那樣一位生龍活虎一般的中年作家只活了五十五歲！雖然他的信札和詩文留下了絕多的傳記材料，但誰能有他那樣『筆鋒常帶情感』的健筆來寫他那五十五年最關重要又最有趣味的生活呢！中國近世歷史與中國現代文學就都因此受了一樁無法補救的絕大損失了。

我有一次見着梁士詒先生，我很誠懇的勸他寫一部自敘，因爲我知道他在中國政治史與財政史上都曾扮演過很重要的脚色，所以我希望他替將來的史家留下一點史料。我也知道他寫的自傳也許是要替他自己洗刷他的罪惡；但這是不妨事的，有訓練的史家自有防弊的方法；最要緊的是要他自己寫他心理上的動機，黑幕裏的線索，和他站在特殊地位的觀察。前兩個月，我讀了梁士詒先生的訃告，他的自敘或年譜大概也就成了我的夢想了。

此外，我還勸告過蔡元培先生，張元濟先生，高夢旦先生，陳獨秀先生，熊希齡先生，葉景葵先生。我盼望他們都不要叫我失望。

前幾年，我的一位女朋友忽然發憤寫了一部六七萬字的自傳，我讀了很感動，認爲中國婦女的自傳文學的破天荒的寫實創作。但不幸她在一種精神病態中把這部稿本全燒了。當初她每寫成一篇寄給我看時，我因爲尊重她的意思，不曾替她留一個副本，至今引爲憾事。

我的四十自述，只是我的『傳記熱』的一個小小的表現。這四十年的生活可分作三個階段，留學以前爲一段，留學的七年（一九一〇——一九一七）爲一段，歸國以後（一九一七——一九三一）爲一段。我本想一氣寫成，但因爲種種打斷，只寫成了這第一段的六章。現在我又出國去了，歸期還不能確定，所以我接受了亞東圖書館的朋友們的勸告，先印行這幾章。這幾章都先在新月月刊上發表過，現在我都從頭校改過，事實上的小錯誤和文字上的疎忽，都改正了。我的朋友周作人先生，葛祖蘭先生，和族叔堇人先生，都曾矯正我的錯誤，都是我最感謝的。

關於這書的體例，我要聲明一點。我本想從這四十年中挑出十來個比較有趣味的題目，用每個題目來寫一篇小說式的文字，略如第一篇寫我的父母的結婚。這個計畫曾經得死友徐志摩的熱烈的贊許，我自己也很高興，因爲這個方法是自傳文學上的一條新路子，並且可以讓我（遇必要時）用假的人名地名描寫一些太親切的情緒方面的生活。但我究竟是一個受史學訓練深于文學訓練的人，寫完了第一篇，寫到了自己的幼年生活，就不知不覺的抛棄了小說的體裁，回到了謹嚴的歷史敍述的老路上去了。這一變頗使志摩失望，但他讀了那寫家庭和鄉村教育的一章，也曾表示贊許；還有許多朋友寫信來說這一章比前一章更動人。從此以後，我就爽性這樣寫下去了。因爲第一章只是用小說體追寫一個傳說，其中寫那太子會頗有川想像補充的部分，雖經堇人叔來信指出，我也不去更動了。但因爲傳聞究竟與我自己的親見親聞有別，所以我把這一章提出，稱爲『序幕』。

我的這部自述雖然至今沒寫成，幾位舊友的自傳，如郭沫若先生的，如李季先生的，都早已出版了。自傳的風氣似乎已開了。我很盼望我們這幾個三四十歲的人的自傳的出世可以引起一班老年朋友的興趣，可以使我們的文學裏添出無數的可讀而又可信的傳記來。我們抛出幾塊磚瓦，只是希望能引出許多塊美玉寶石來；我們赤裸裸的敘述我們少年時代的瑣碎生活，爲的是希望社會上做過一番事業的人也會赤裸裸的記載他們的生活，給史家做材料，給文學開生路。

胡　適。

二二，六，二七，在太平洋上。

著者的父親

著者的母親

四十歲時的著者

序幕

我的母親的訂婚

一

太子會【註】是我們家鄉秋天最熱閙的神會，但這一年的太子會却使許多人失望。

神傘一隊過去了。都不過是本村各家的綾傘，沒有什麽新鮮花樣。去年大家都說，恆有綢緞莊預備了一頂珍珠傘。因爲怕三先生說話，故今年他家不敢拿出來。

四十自述　一

崑腔今年有四隊，總算不寂寞。崑腔子弟都穿着『半截長衫』，上身是白竹布，下半是湖色杭綢。每人小手指上掛着湘妃竹柄的小紈扇，吹唱時紈扇垂在笙笛下面搖擺着。

扮戲今年有六齣，都是『正戲』，沒有一齣花旦戲。這也是三先生的主意。後村的子弟本來要扮一齣翠屏山，也因爲怕三先生說話，改了長坂坡。其實七月的日光底下，廿麋二夫人臉上的粉已被汗洗光了，就有潘巧雲也不會怎樣特別出色。不過看會的人的心裏總覺得後村很漂亮的小棣沒有扮潘巧雲的機會，只扮作了麋夫人，未免太可惜了。

今年最掃興的是沒有扮戲的『抬閣』。後村的人早就練好了兩架『抬閣』，一架是龍虎鬬，一架是小上坟。不料三先生今年回家過會場，他說抬閣太高了，小孩子熱天受不了暑氣，萬一跌下來，不是小事體。他極力阻止，抬閣就扮不成了。

粗樂和崑腔一隊一隊的過去了。扮戲一齣一齣的過去了。接着便是太子的神轎。路旁的觀衆帶着小孩的，都喊道，『拜呵！拜呵！』許多穿着白地藍花布褂的男女小孩都合掌拜揖。

神轎的後面便是拜香的人！有的穿着夏布長衫，捧着柱香；有的穿着短衣，拿着香爐掛，爐裏燒着檀香。還有一些許願更重的，今天來『弔香』還願；他們上身穿着白布褂，扎着朱青布裙，遠望去不容易分別男女。他們把香爐弔在銅鈎上，把鈎子鈎在手腕肉裏，塗上香灰，便可不流血。今年弔香的人很多，有的只弔在左手腕上，有的雙手都弔；有的只弔一個小香爐，有的一隻手腕上弔着兩個香爐。他們都是虔誠還願的人，懸着掛香爐的手腕，跟着神轎走多少里路，雖然有自家人跟着打扇，但也有半途中了暑熱走不動的。

*　*　*　*

馮順弟攙着她的兄弟，跟着她的姑媽，站在路邊石磴上看會。她今年十四歲了，家在十里外的中屯，有個姑媽嫁在上莊，今年輪着上莊做會，故她的姑丈家接她姊弟來看會。

她是個農家女子，從貧苦的經驗裏得着不少的知識，故雖是十四歲的女孩兒，却很有成人的見識。她站在路旁聽着旁人批評今年的神會，句句總帶着三先生。『三先生今年在家過會，可把會弄糟了。』『可不是呢？抬閣也沒有了。』『三先生還沒有到家，八都的鴉片烟館都關門了，賭場也都不敢開了。七月會場上沒有賭場，又沒有煙燈，這是多年沒有的事。』

看會的人，你一句，他一句，順弟都聽在心裏。她心想，三先生必是一個了不得的人，能叫賭場煙館不敢開門。

會過完了，大家紛紛散了。忽然她聽見有人低聲說，『三先生來了！』她抬起頭來，只見路上的人都紛紛讓開一條路；只聽見許多人都叫『三先生』。

前面走來了兩個人。一個高大的中年人，面容紫黑，有點短鬚，兩眼有威光，令人不敢正眼看他；他穿着苧布大袖短衫，苧布大脚管的袴子，脚下穿着蔴布鞋子，手裏拿着一桿旱煙管。和他同行的是一個老年人，瘦瘦身材，花白鬍子，也穿着短衣，拿着旱煙管。

順弟的姑媽低低說，『那個黑面的，是三先生；那邊是月吉先生，他的學堂就在我們家的前面。聽人說三先生在北邊做官，走過了萬里長城，還走了幾十日，都是沒有人煙的地方，冬天凍殺人，夏天熱殺人；冬天凍塌鼻子，夏天蚊蟲有蒼蠅那麼大。三先生肯吃苦，不怕日頭不怕風，在萬里長城外住了幾年，把臉曬的像包龍圖一樣。』

這時候，三先生和月吉先生已走到她們面前，他們站住說了一句話，三先生獨自下坡去了；月吉先生却走過來招呼順弟的姑媽，和她們同行回去。

月吉先生見了順弟，便問道，『燦嫂，這是你家金灶舅的小孩子嗎？』

『是的。順弟，誠厚，叫聲月吉先生。』

月吉先生一眼看見了順弟腦後的髮辮，不覺贓道，『燦嫂，你看這姑娘的頭髮一直拖到地！這是貴相！是貴相！許了人家沒有？』

這一問把順弟羞的滿臉緋紅，她牽着她弟弟的手往前飛跑，也不顧她姑媽了。

她姑媽一面喊，『不要跌了！』回頭對月吉先生說，『還不曾許人家。這孩子很穩重，很懂事。我家金灶哥總想許個好好人家，所以今年十四歲了，還不曾許人家。』

月吉先生說，『你開一個八字給我，我給她排排看。你不要忘了。』

他到了自家門口，還囘過頭來說：『不要忘記，叫燦哥鈔個八字給我。』

二

順弟在上莊過了會場，她姑丈送她姊弟回中屯去。七月裏天氣熱，日子又長，他們到日頭快落山時才起身，走了十里路，到家時天還沒全黑。

順弟的母親剛牽了牛進欄，見了他們，忙着款待姑丈過夜。

『爸爸還沒有囘來嗎？』順弟問。

『姊姊，我們去接他。』姊姊和弟弟不等母親回話，都出去了。

他們到了村口，遠遠望見他們的父親挑着一担石頭進村來。他們趕上去喊着爸爸，姊姊弟弟每人從挑子裏拿了一塊石頭，捧着跟他走。他挑到他家的舊屋基上，把石子倒下去，自己跳下去，把石子鋪平，才上來挑起空担回家去。

順弟問，『這是第三担了嗎？』

她父親點點頭，只問他們看的會好不好，戲好不好，一同回家去。

* * * * *

順弟的父親姓馮，小名金灶。他家歷代務農，辛辛苦苦掙起了一點點小產業，居然有幾畝自家的田，一所自家的屋。金灶十三四歲的時候，長毛賊到了徽州，中屯是績溪北鄉的大路，整個村子被長毛燒成平地。長毛軍中的小頭目看這個小孩子有氣力，能喫苦，就把他臉上刺了『太平天國』四個藍字，叫他不能逃走。軍中有個裁縫，見這孩子可憐，收他做徒弟，叫他跟着學裁縫。金灶學了一手好裁縫，在長毛營裏混了幾年，從績溪跟到甯國，廣德，居然被他逃走出來。但因爲面上刺了字，捉住他的人可以請賞，所以他不敢白日露面。他每日躲在破屋場裏，挨到夜間，才敢趕路。他吃了種種困苦，好容易回到家鄉，只尋得一片焦土，幾座焦牆，一村的丁壯留賸的不過二三十人。

金灶是個肯努力的少年，他回家之後，尋出自家的荒田，努力耕種。有餘力就幫人家種田，做裁縫。不上十年，他居然修葺了村裏一間未燒完的磚屋，娶了一個妻子。夫妻都能苦做苦吃，漸漸有了點積蓄，漸漸撑起了一個小小的家庭。

他們頭胎生下一個女兒。在那大亂之後，女兒是不受歡迎的，所以她的名字叫做順弟，取個下胎生個弟弟的吉兆。隔了好幾年，果然生了一個兒子，他們都很歡喜。

金灶爲人最忠厚；他的裁縫手藝在附近村中常有僱主，人都說他誠實勤謹。外村的人都尊敬他，叫他金灶官。

但金灶有一樁最大的心願。他總想重建他祖上傳下來，被長毛燒了的老屋。他一家人都被殺完了，剩下他這一個人，他覺得天留他一個人是爲中興他的祖業的。他立下了一個誓願：要在老屋基上建造起一所更大又更講究的新屋。

他費了不少工夫，把老屋基爬開，把燒殘磚瓦拆掃乾淨，準備重新墊起一片高地基，好在上面起造一所高爽乾燥的新屋。他每日天未明就起來了；天剛亮，就到村口溪頭去揀選石子，挑一大担回來，鋪墊地基。來回挑了三担之後，他才下田去做工；到了晚上歇工時，他又去挑三担石子，才吃晚飯。農忙過後，他出村幫人家做裁縫，每天也要先挑三担石子，才去上工；晚間吃了飯回來，又要挑三担石子，才肯休息。

這是他的日常功課，家中的妻子女兒都知道他的心願，女流們不能幫他挑石頭，又不能勸他休息，勸他也沒有用處。有時候，他實在疲乏了，挑完石子回家，倒在竹椅上吸旱烟，眼望着十幾歲的女兒和幾歲的兒子，微微嘆一口氣。

順弟是已懂事的了，她看見她父親這樣辛苦做工，她心裏好不難過。她常常自恨不是個男子，不能代她父親下溪頭去挑石頭。她只能每日早晚到村口去接着她父親，從他的担子裏捧出一兩塊石頭來，拿到屋基上，也算是分担了他的一點辛苦。

看看屋基漸漸墊高了，但磚瓦木料却全沒有着落。高敞的新屋還只存在她一家人的夢裏。順弟有時做夢，夢見她是個男子，做了官回家看父母，新屋早已造好了，她就在黑漆的大門外下轎。下轎來又好像做官的不是她，是她兄弟。

三

這一年，順弟十七歲了。

一天的下午，金灶在三里外的張家店做裁縫，忽然走進了一個中年婦人，叫聲『金灶舅』。他認得她是上莊的星五嫂，她娘家離中屯不遠，所以他從小認得她。她是三先生的伯母，她的丈夫星五先生也是八都的有名紳士，所以八都叫她『星五先生娘』。

金灶招呼她坐下。她開口道：『巧極了，我本打算到中屯看你去，走到了張家店，才知道你在這裏做活。巧極了。金灶舅，我來尋你，是想開你家順弟的八字。』

金灶問是誰家。

星五先生娘說：『就是我家大姪兒三哥。』

『三先生？』

『是的。三哥今年四十七，前頭討的七部的玉環，死了十多年了。玉環生下了兒女一大堆，——三個兒子，三個女，——現在都長大了。不過他在外頭做官，沒有個家眷，實在不方便。所以他寫信來家，要我們給他定一頭親事。』

金灶說，『我們種田人家的女兒那配做官太太？這件事不用提。』

星五先生娘說：『我家三哥有點怪脾氣。他今年寫信回來，說，一定要討一個做莊家人家的女兒。』

『什麽道理呢？』

『他說，做莊家人家的人身體好，不會像玉環那樣癆病鬼。

他又說，莊家人家曉得艱苦。』

金灶說：『這件事不會成功的。一來呢，我們配不上做官人家。二來，我家女人一定不肯把女兒給人做填房。三來，三先生家的兒女都大了，他家大兒子大女兒都比順弟大好幾歲，這樣人家的晚娘是不容易做的。這個八字不用開了。』

星五先生娘說：『你不要客氣。順弟很穩重，是個有福氣的人。金灶舅，你莫怪我直言，順弟今年十七歲了，眼睛一眨，二十歲到頭上，你那裏去尋一個青頭郎？填房有什麼不好？三哥信上說了，新人過了門，他就要帶上任去。家裏的兒女，大女兒出嫁了；大兒子今年做親，留在家裏；二女兒是從小給了人家了；三女兒也留在家裏。將來在任上只有兩個雙胞胎的十五歲小孩子，他們又都在學堂裏。這個家也沒有什麼難照應。」

金灶是個老實人，他也明白她的話有駁不倒的道理。家鄉風俗，女兒十三四歲總得定親了。十七八歲的姑娘總是做塡房的居多。他們夫婦因爲疼愛順弟，總想許個念書人家，所以把她擔誤了。這是他們做父母的說不出的心事。所以他今天很有點躊躇。星五先生娘見他躊躇，又說道：「金灶舅，你不用多心。你回去問問金灶舅母，開個八字。我今天回娘家去，明朝我來取。八字對不對，辰肖合不合，誰也不知道。開個八字總不妨事。」

金灶一想，開個八字誠然不妨事，他就答應了。

* * * *

這一天，他從張家店回家，順弟帶了弟弟放牛去了，還沒有回來。他放下針線包和熨斗，便在門裏板凳上坐下來吸旱煙。他的妻子見他有心事的樣子，忙過來問他。他把星五嫂的話對她說了。

她聽了大生氣，忙問，『你不曾答應她開八字？』

他說，『我說要回家商量商量。不過開個八字給他家，也不妨事。』

她說，『不行。我不肯把女兒許給快五十歲的老頭子。他家兒女一大堆，這個晚娘不好做。做官的人家看不起我們莊家人家的女兒，將來讓人家把女兒欺負煞，誰來替我們伸冤？我不開八字。』

他慢吞吞的說，『順弟今年十七歲了，許人家也不容易。三先生是個好人。——』

她更生氣了，『是的，都是我的不是。我不該心高，擔誤了女兒的終身。女兒沒有人家要了，你就想送給人家做塡房，做晚娘。做塡房也可以，三先生家可不行。他家是做官人家，將來人家一定說我們貪圖人家有勢力，把女兒賣了，想換個做官的女壻。我背不起這個惡名。別人家都行，三先生家我不肯。女兒沒人家要，我養她一世。』

他們夫妻吵了一場，後來金灶說，『不要吵了。這是順弟自家的事，吃了夜飯，我們問問她自己。好不好？』她也答應了。

晚飯後，順弟看着兄弟睡下，回到菜油燈下做鞋。金灶開口說，『順弟，你母親有句話要問你。』

順弟抬起頭來，問媽有什麼話。她媽說，『你爸爸有話問你，不要朝我身上推。』

順弟看她媽有點氣，不知道是怎麼一回事，只好問她爸。她爸對她說，『上莊三先生要討個塡房，他家今天叫人來開你的八字。你媽嫌他年紀太大，四十七歲了，比你大三十歲，家中又有一大堆兒女。晚娘不容易做，我們怕將來害了你一世，所以要問問你自己。』

他把今天星五嫂的話說了一遍。

順弟早已低下頭去做針線，半晌不肯開口。她媽也不開口。她爸也不說話了。

順弟雖不開口，心裏却在那兒思想。她好像閉了眼睛，看見她的父親在大剛亮的時候挑着一大担石頭進村來；看見那大塊屋基上堆着他一担一担的挑來的石頭；看見她父親晚上坐在黑影地裏沉思歎氣。一會兒，她又彷彿看見她做了官回來，在新屋的大門口下轎。一會兒，她的眼前又彷彿現出了那紫黑面孔，兩眼射出威光的三先生。……

她心裏這樣想：這是她幫她父母的機會到了。做塡房可以多接聘金。前妻兒女多，又是做官人家，聘金財禮總應該更好看點。她將來總還可以幫她父母的忙。她父親一生夢想的新屋總可以成功。……三先生是個好人，人人都敬重他，只有開賭場煙館的人怕他恨他。……

她母親說話的聲音打斷了她的思想。她媽說，『對了我們，有什麼話不好說？你說罷！』

順弟抬起眼睛來，見她爸媽都望着她自己。她低下頭去，紅着臉說道：『只要你們倆都說他是個好人，請你們倆作主。』她接着又加上一句話，『男人家四十七歲也不能算是年紀大。』她爸歎了一口氣。她媽可氣的跳起來了，忿忿的說，『好呵！你想做官太太了！好罷！聽你情願罷！』

順弟聽了這句話，又羞又氣，手裏的鞋面落在地上，眼淚直滾下來。她拾起鞋面，一聲不響，走到她房裏去哭了。

＊　＊　＊　＊

經過了這一番家庭會議之後，順弟的媽明白她女兒是願意的了，她可不明白她情願賣身來幫助爹媽的苦心，所以她不指望這門親事成功。

她怕開了八字去，萬一辰肖相合，就難回絕了；萬一八字不合，旁人也許要笑她家高攀不上做官人家。她打定主意，要開一張假八字給媒人拿去。第二天早晨，她到祠堂蒙館去，請先生開一個庚帖，故意錯報了一天生日，又錯報了一個時辰。先生翻開萬年曆，把甲子查明寫好，她拿回去交給金灶。

那天下午，星五先生娘到張家店拿到了庚帖，高興的很。回到了上莊，她就去尋着月吉先生，請他把三先生和她的八字排排看。

月吉先生看了八字，問是誰家女兒。

『中屯金灶官家的順弟。』

月吉先生說，『這個八字開錯了。小村鄉的蒙館先生連官本（俗稱曆書爲官本）也不會査，把八個字鈔錯了四個字。』

星五先生娘說，『你怎麼知道八字開錯了？』

月吉先生說，『我算過她的八字，所以記得。大前年村裏七月會，我看見這女孩子，她不是燦嫂的姪女嗎？圓圓面孔，有一點雀斑，頭髮很長，是嗎？而貌並不美，倒穩重的很，不像個莊家人家的孩子。我那時問燦嫂討了她的八字來算算看。我算過的八字，三五年不會忘記的。』

他抽開書桌的抽屜，尋出一張字條來，說，『可不是呢？在這裏了。』他提起筆來，把庚帖上的八字改正，又把三先生的八字寫出。他排了一會，對星五先生娘說，『八字是對的，不用再去對了。星五嫂，你的眼力不差，這個人配得上三哥。相貌是小事，八字也是小事，金灶官家的規矩好。你明天就去開禮單。三哥那邊，我自己寫信去。」

* * * *

過了兩天，星五先生娘到了中屯，問金灶官開『禮單』。她埋怨道，『你們村上的先生不中用，把八字開錯了，幾幾乎誤了事。』

金灶嫂心裏明白，問誰說八字開錯了的。星五先生娘一五一十的把月吉先生的話說了。金灶夫妻都很詫異，他們都說，這是前世注定的姻緣。金灶嫂現在也不反對了。他們答應開禮單，叫她隔幾天來取。

* * * *

馮順弟就是我的母親，三先生就是我的父親鐵花先生。在我父親的日記上，有這樣幾段記載：

『「光緒十五年（一八八九）二月」十六日，行五十里，抵家。……

二十一日，遣媒人訂約於馮姓，擇定三月十二日迎娶。

……

三月十一日，遣輿詣七都中屯迎娶馮氏。

十二日，馮氏至。行合巹禮。謁廟。

十三日，十四日，宴客。……

四月初六日，往中屯，叩見岳丈岳母。

初七日，由中屯歸。……

五月初九日，起程赴滬，天雨，行五十五里，宿旌之新橋。」

十九，六，廿六。

【註】太子會是皖南很普遍的神會，據說太子神是唐朝安史亂時保障江淮的張巡許遠。何以稱「太子」，現在還沒有滿意的解釋。

我的母親的訂婚

二八

（一）

九年的家鄉教育

一

我生在光緒十七年十一月十七日（一八九一年十二月十七），那時候我家寄住在上海大東門外。我生後兩個月，我父親被臺灣巡撫邵友濂奏調往臺灣；江蘇巡撫奏請免調，沒有效果。我父親於十八年二月底到臺灣，我母親和我搬到川沙住了一年。十九年（一八九三）二月二十六日我們一家（我母，四叔介如，二哥嗣

秬，三哥嗣秠）也從上海到臺灣。我們在臺南住了十個月。十九年五月，我父親做臺東直隸州知州，兼統鎮海後軍各營。臺東是新設的州，一切草創，故我父不帶家眷去。到十九年底，我們才到臺東。我們在臺東住了整一年。

甲午（一八九四）中日戰事開始，臺灣也在備戰的區域，恰好介如四叔來臺灣，我父親便托他把家眷送回徽州故鄉，只留二哥嗣秬跟着他在臺東。我們於乙未年（一八九五）正月離開臺灣，二月初十日從上海起程回績溪故鄉。

那年四月，中日和議成，把臺灣割讓給日本。臺灣紳民反對割臺，要求巡撫唐景崧堅守。唐景崧請西洋各國出來干涉，各國不允。臺人公請唐爲臺灣民主國大總統，幫辦軍務劉永福爲主軍大總統。我父親在臺東辦後山的防務，電報已不通，餉源已斷絕。那時他已得脚氣病，左脚已不能行動。他守到閏五月初三日，始離開後山。到安平時，劉永福苦苦留他幫忙，不肯放行。到六月廿五日，他雙脚都不能動了，劉永福始放他行。六月廿八日到廈門，手足俱不能動了。七月初三日他死在廈門，成爲東亞第一個民主國的第一個犧牲者！

這時候我只有三歲零八個月。我彷彿記得我父死信到家時，我母親正在家中老屋的前堂，她坐在房門口的椅子上。她聽見讀信人讀到我父親的死信，身子往後一倒，連椅子倒在房門檻上。東邊房門口坐的珍伯母也放聲大哭起來。一時滿屋都是哭聲，我只覺得天地都翻覆了！我只彷彿記得這一點悽慘的情狀，其餘都不記得了。

二

我父親死時，我母親只有二十三歲。我父初娶馮氏，結婚不久便遭太平天國之亂，同治二年（一八六三）死在兵亂裏。次娶曹氏，生了三個兒子，三個女兒，死於光緒四年（一八七八）。我父親因家貧，又有志遠游，故久不續娶。到光緒十五年（一八八九），他在江蘇候補，生活稍稍安定，他才續娶我的母親。我母親結婚後三天，我的大哥嗣稼也娶親了。那時我的大姊已出嫁生了兒子。大姊比我母親大七歲。大哥比她大兩歲。二姊是從小抱給人家的。三姊比我母親小三歲，二哥三哥（孿生的）比她小四歲。這樣一個家庭裏忽然來了一個十七歲的後母，她的地位自然十分困難，她的生活自然免不了苦痛。

結婚後不久，我父親把她接到了上海同住。她脫離了大家庭的痛苦，我父又很愛她，每日在百忙中教她認字讀書，這幾年的生活是很快樂的。我小時也很得我父親鍾愛，不滿三歲時，他就把教我母親的紅紙方字教我認。父親作教師，母親便在旁作助教。我認的是生字，她便借此溫她的熟字。他太忙時，她就是代理教師。我們離開臺灣時，她認得了近千字，我也認了七百多字。這些方字都是我父親親手寫的楷字，我母親終身保存着，因爲這些方塊紅箋上都是我們三個人的最神聖的團居生活的記念。

我母親二十三歲就做了寡婦，從此以後，又過了二十三年。

這二十三年的生活眞是十分苦痛的生活，只因爲還有我這一點骨血，她含辛茹苦，把全副希望寄託在我的渺茫不可知的將來，這一點希望居然使她掙扎着活了二十三年。

我父親在臨死之前兩個多月，寫了幾張遺囑，我母親和四個兒子每人各有一張，每張只有幾句話。給我母親的遺囑上說穈兒（我的名字叫嗣穈，穈字音門）天資頗聰明，應該令他讀書。給我的遺囑也教我努力讀書上進。這寥寥幾句話在我的一生很有重大的影響。我十一歲的時候，二哥和三哥都在家，有一天我母親問他們道：『穈今年十一歲了。你老子叫他念書。你們看看他念書念得出嗎？』二哥不曾開口，三哥冷笑道，『哼，念書！』二哥始終沒有說什麼。我母親忍氣坐了一會，回到了房裏才敢掉眼淚。她不敢得罪他們，因爲一家的財政權全在二哥的手裏，我若出門求學是要靠他供給學費的。所以她只能掉眼淚，終不敢哭。

但父親的遺囑究竟是父親的遺囑，我是應該念書的。況且我小時很聰明，四鄉的人都知道三先生的小兒子是能夠念書的。所以隔了兩年，三哥往上海醫肺病，我就跟他出門求學了。

三

我在臺灣時，大病了半年，故身體很弱。回家鄉時，我號稱五歲了，還不能跨一個七八寸高的門檻。但我母親望我念書的心很切，故到家的時候，我才滿三歲零幾個月，就在我四叔父介如先生（名玠）的學堂裏讀書了。我的身體太小，他們抱我坐在一隻高櫈子上面。我坐上了就爬不下來，還要別人抱下來。但我在學堂並不算最低級的學生，因爲我進學堂之前已認得近一千字了。

因爲我的程度不算『破蒙』的學生，故我不須念三字經，千字文，百家姓，神童詩一類的書。我念的第一部書是我父親自己編的一部四言韻文，叫做『學爲人詩』，他親筆鈔寫了給我的。這部書說的是做人的道理。我把開頭幾行鈔在這裏：

爲人之道，在率其性。
子臣弟友，循理之正；
謹乎庸言，勉乎庸行；
以學爲人，以期作聖。……

以下分說五倫。最後三節，因爲可以代表我父親的思想，我也鈔在這裏：

五常之中，不幸有變，
名分攸關，不容稍紊。
義之所在，身可以殉。
求仁得仁，無所尤怨。

古之學者，察於人倫，
因親及親，九族克敦；
因愛推愛，萬物同仁。
能盡其性，斯爲聖人。

經籍所載，師儒所述，」

爲人之道，非有他術：
窮理致知，返躬踐實，
黽勉於學，守道勿失。

我念的第二部書也是我父親編的一部四言韻文，名叫『原學』，是一部略述哲理的書。這兩部書雖是韻文，先生仍講不了，我也懂不了。

我念的第三部書叫做『律詩六鈔』，我不記是誰選的了。三十多年來，我不曾重見這部書，故沒有機會考出此書的編者；依我的猜測，似是姚鼐的選本，但我不敢堅持此說。這一册詩全是律詩，我讀了雖不懂得，却背的很熟。至今回憶，却完全不記得了。

我雖不會讀三字經等書，却因爲聽慣了別的小孩子高聲誦讀，我也能背這些書的一部分，尤其是那五七言的神童詩，我差不多能從頭背到底。這本書後面的七言句子，如

人心曲曲灣灣水，

世事重重疊疊山。

我當時雖不懂得其中的意義，却常常嘴上愛念着玩，大概也是因爲喜歡那些重字雙聲的緣故。

我念的第四部書以下，除了詩經，就都是散文的了。我依誦讀的次序，把這些書名寫在下面：

(4) 孝經。

（5）朱子的小學，江永集註本。
（6）論語。以下四書皆用朱子註本。
（7）孟子。
（8）大學與中庸。（四書皆連註文讀。）
（9）詩經，朱子集傳本。（註文讀一部分。）
（10）書經，蔡沈註本。（以下三書不讀註文。）
（11）易經，朱子本義本。
（12）禮記，陳澔註本。

讀到了論語的下半部，我的四叔父介如先生選了潁州府阜陽縣的訓導，要上任去了，就把家塾移交給族兄禹臣先生（名觀象）。四叔是個紳董，常常被本族或外村請出去議事或和案子；

他又喜歡打紙牌（徽州紙牌，每副一百五十五張），常常被明達叔公，映基叔，祝封叔，茂張叔等人邀出去打牌。所以我們的功課很鬆，四叔往往在出門之前，給我們『上一進書』，叫我們自己念；他到天將黑時，回來一趟，把我們的習字紙加了圈，放了學，才又出門去。

四叔的學堂裏只有兩個學生，一個是我，一個是四叔的兒子嗣秫，比我大幾歲。嗣秫承繼給瑜嬸。（星五伯公的二子，珍伯瑜叔，皆無子，我家三哥承繼珍伯，秫哥承繼瑜嬸。）她很溺愛他，不肯管束他，故四叔一走開，秫哥就溜到竈下或後堂去玩了。（他們和四叔住一屋，學堂在這屋的東邊小屋內。）我的母親管的嚴厲，我又不大覺得念書是苦事，故我一個人坐在學堂裏溫書念書，到天黑才回家。

禹臣先生接收家塾後，學生就增多了。先是五個，後來添到十多個，四叔家的小屋不夠用了，就移到一所大屋——名叫來新書屋——裏去。最初添的三個學生，有兩個是守瓚叔的兒子，嗣昭，嗣逵。嗣昭比我大兩三歲，天資不算笨，却不愛讀書，最愛『逃學』，我們土話叫做『賴學』。他逃出去，往往躲在麥田或稻田裏，寧可睡在田裏挨餓，却不願念書。先生往往差嗣秕去捉；有時候，嗣昭被捉回來了，總得挨一頓毒打；有時候，連嗣秕也不回來了，——樂得不回來了，因爲這是『奉命差遣』，不算是逃學！

我常覺得奇怪，爲什麼嗣昭要逃學？爲什麼一個人情願挨餓，挨打，挨大家笑罵，而不情願念書？後來我稍懂得世事，才明白了。璜叔自小在江西做生意，後來在九江開布店，才娶妻生子；一家人都說江西話，回家鄉時，嗣昭弟兄都不容易改口音；說話改了，而嗣昭念書常帶江西音，常常因此喫戒方或喫『作瘤栗』。（鉤起五指，打在頭上，常打起瘤子，故叫做『作瘤栗』。）這是先生不原諒，難怪他不願念書。

還有一個原因。我們家鄉的蒙館學金太輕，每個學生每年只送兩塊銀元。先生對於這一類學生，自然不肯耐心教書，每天只教他們念死書，背死書，從來不肯爲他們『講書』。小學生初念有韻的書，也還不十分叫苦。後來念幼學瓊林，四書一類的散文，他們自然毫不覺得有趣味，因爲全不懂得書中說的是什麼。

因爲這個緣故，許多學生常常賴學；先有嗣昭，後來有個士祥，都是有名的『賴學胚』。他們都屬於這每年兩元錢的階級。因爲逃學，先生生了氣，打的更利害。越打的利害，他們越要逃學。

我一個人不屬於這『兩元』的階級。我母親渴望我讀書，故學金特別優厚，第一年就送六塊錢，以後每年增加，最後一年加到十二元。這樣的學金，在家鄉要算『打破紀錄』的了。我母親大概是受了我父親的叮囑，她囑托四叔和禹臣先生爲我『講書』：每讀一字，須講一字的意思；每讀一句，須講一句的意思。我先已認得了近千個『方字』，每個字都經過父母的講解，故進學堂之後，不覺得很苦。念的幾本書雖然有許多是鄉裏先生講不明白的，但每天總過着幾句可懂的話。我最喜歡朱子小學裏的記述古人行事的部分，因爲那些部分最容易懂得，所以比較最有趣味。同學之中有念幼學瓊林的，我常常幫他們的忙，教他們不認得的生字，因此常常借這些書看；他們念大字，我却最愛看幼學瓊林的小註，因爲註文中有許多神話和故事，比四書五經有趣味多了。

有一天，一件小事使我忽然明白我母親增加學金的大恩惠。一個同學的母親來請禹臣先生代寫家信給她的丈夫；信寫成了，先生交她的兒子晚上帶回家去。一會兒，先生出門去了，這位同學把家信抽出來偷看。他忽然過來問我道：『糜，這信上第一句「父親大人膝下」是什麼意思？』他比我只小一歲，也念過四書，却不懂『父親大人膝下』是什麼！這時候，我才明白我是一個受特別待遇的人，因爲別人每年出兩塊錢，我去年却送十塊錢。我一生最得力的是講書：父親母親爲我講方字，兩位先生爲我講書。念古文而不講解，等於念『揭諦揭諦，波羅揭諦』，全無用處。

四

當我九歲時，有一天我在四叔家東邊小屋裏玩耍。這小屋前面是我們的學堂，後邊有一間臥房，有客來便住在這裏。這一天沒有課，我偶然走進那臥房裏去，偶然看見桌子下一隻美孚煤油板箱裏的廢紙堆中露出一本破書。我偶然檢起了這本書，兩頭都被老鼠咬壞了，書面也扯破了。但這一本破書忽然爲我開闢了一個新天地，忽然在我的兒童生活史上打開了一個新鮮的世界！

這本破書原來是一本小字木板的第五才子，我記得很清楚，開始便是『李逵打死殷天錫』一回。我在戲台上早已認得李逵是誰了，便站在那隻美孚破板箱邊，把這本水滸傳殘本一口氣看完了。不看尙可，看了之後，我的心裏很不好過：這一本的前面是些什麼？後面是些什麼？這兩個問題，我都不能回答，却最急要一個回答。

我拿了這本書去尋我的五叔，因爲他最會『說笑話』（『說笑話』就是『講故事』，小說書叫做『笑話書』），應該有這種笑話書。不料五叔竟沒有這書，他叫我去尋守煥哥。守煥哥說，『我沒有第五才子，我替你去借一部；我家中有部第一才子，你先拿去看，好吧？」第一才子便是三國演義，他很鄭重的捧出來，我很高興的捧回去。

後來我居然得着水滸傳全部。三國演義也看完了。從此以後，我到處去借小說看。五叔，守煥哥，都幫了我不少的忙。三姊夫（周紹瑾）在上海鄉間周浦開店，他吸鴉片煙，最愛看小說書，帶了不少回家鄉；他每到我家來，總帶些正德皇帝下江南，七劍十三俠一類的書來送給我。這是我自己收藏小說的起點。我的大哥（嗣稼）最不長進，也是吃鴉片煙的，但鴉片煙燈是和小說書常作伴的，——五叔，守煥哥，三姊夫都是吸鴉片煙的，——所以他也有一些小說書。大嫂認得一些字，嫁粧裏帶來了好幾種彈詞小說，如雙珠鳳之類。這些書不久都成了我的藏書的一部分。

三哥在家鄉時多；他同二哥都進過梅溪書院，都做過南洋公學的師範生，舊學都有根柢，故三哥看小說很有選擇。我在他書架上只尋得三部小說：一部紅樓夢，一部儒林外史，一部聊齋志異。二哥有一次回家，帶了一部新譯出的經國美談，講的是希臘的愛國志士的故事，是日本人做的。這是我讀外國小說的第一步。

幫助我借小說最出力的是族叔近仁，就是民國十二年和顧頡剛先生討論古史的胡堇人。他比我大幾歲，已『開筆』做文章了，十幾歲就考取了秀才。我同他不同學堂，但常常相見，成了最要好的朋友。他天才很高，也肯用功，讀書比我多，家中也頗有藏書。他看過的小說，常借給我看。我借到的小說，也常借給他看。我們兩人各有一個小手摺，把看過的小說都記在上面，時時交換比較，看誰看的書多。這兩個摺子後來都不見了，但我記得離開家鄉時，我的摺子上好像已有了三十多部小說了。

這裏所謂『小說』，包括彈詞，傳奇，以及筆記小說在內。雙珠鳳在內，琵琶記也在內；聊齋，夜雨秋燈錄，夜譚隨錄，蘭苕館外史，寄園寄所寄，虞初新志等等也在內。從薛仁貴征東，薛丁山征西，五虎平西，粉粧樓一類最無意義的小說，到紅樓夢和儒林外史一類的第一流作品，這裏面的程度已是天懸地隔了。我到離開家鄉時，還不能了解紅樓夢和儒林外史的好處。但這一大類都是白話小說，我在不知不覺之中得了不少的白話散文的訓練，在十幾年後於我很有用處。

看小說還有一樁絕大的好處，就是幫助我把文字弄通順了。那時候正是廢八股時文的時代，科舉制度本身也動搖了。二哥三哥在上海受了時代思潮的影響，所以不要我『開筆』做八股文，也不要我學做策論經義。他們只要先生給我講書，教我讀書。但學堂裏念的書，越到後來，越不好懂了。詩經起初還好懂，讀到大雅，就難懂了；讀到周頌，更不可懂了。書經有幾篇，如五子之歌，我讀的很起勁；但盤庚三篇，我總讀不熟。我在學堂九年，只有盤庚害我挨了一次打。後來隔了十多年，我才知道尚書有今文和古文兩大類，向來學者都說古文諸篇是假的，今文是眞的；盤庚屬於今文一類，應該是眞的。但我研究盤庚用的代名詞最雜亂不成條理，故我總疑心這三篇書是後人假造的。有時候，我自己想，我的懷疑盤庚，也許暗中含有報那一個『作瘤栗』的仇恨的意味罷？

周頌，尚書，周易等書都是不能幫助我作通順文字的。但小說書却給了我絕大的幫助。從三國演義讀到聊齋志異和虞初新志，這一跳雖然跳的太遠，但因為書中的故事實在有趣味，所以我能細細讀下去。石印本的聊齋志異有圈點，所以更容易讀。到我十二三歲時，已能對本家姊妹們講說聊齋故事了。那時候，四叔的女兒巧菊，禹臣先生的妹子廣菊多菊，祝封叔的女兒杏仙，和本家姪女翠蘋定嬌等，都在十五六歲之間；她們常常邀我去，請我講故事。我們平常請五叔講故事時，忙着替他點火，裝旱烟，替他搥背。現在輪到我受人巴結了。我不用人裝煙搥背，她們聽我說完故事，總去泡炒米，或做蛋炒飯來請我吃。她們繡花做鞋，我講鳳仙，蓮香，張鴻漸，江城。這樣的講書，逼我把古文的故事翻譯成績溪土話，使我更了解古文的文理。所以我到十四歲來上海開始作古文時，就能做很像樣的文字了。

五

我小時身體弱，不能跟着野蠻的孩子們一塊兒玩。我母親也不准我和他們亂跑亂跳。小時不曾養成活潑遊戲的習慣，無論在什麼地方，我總是文謅謅地。所以家鄉老輩都說我『像個先生樣子』，遂叫我做『穈先生』。這個綽號叫出去之後，人都知道三先生的小兒子叫做糜先生了。既有『先生』之名，我不能不裝出點『先生』樣子，更不能跟着頑童們『野』了。有一天，我在我家八字門口和一班孩子『擲銅錢』，一位老輩走過，見了我，笑道：『糜先生也擲銅錢嗎？』我聽了羞愧的面紅耳熱，覺得大失了『先生』的身分！

大人們鼓勵我裝先生樣子，我也沒有嬉戲的能力和習慣，又因爲我確是喜歡看書，所以我一生可算是不曾享過兒童遊戲的生活。每年秋天，我的庶祖母同我到田裏去『監割』（頂好的田，兩家平分。），我總是坐在小樹下看小說。十一二歲時，我稍活潑一點，居然和一羣同學組織了一個戲劇班，做了一些木刀竹鎗，借得了幾副假鬍鬚，就在村口田裏做戲。我做的往往是諸葛亮，劉備一類的文角兒；只有一次我做史文恭，被花榮一箭從椅子上射倒下去，這算是我最活潑的玩藝兒了。

我在這九年（一八九五——一九〇四）之中，只學得了讀書寫字兩件事。在文字和思想（看下章）的方面，不能不算是打了一點底子。但別的方面都沒有發展的機會。有一次我們村裏「當朋」（八都凡五村，稱爲「五朋」，每年一村輪着做太子會，名爲「當朋」。），籌備太子會，有人提議要派我加入前村的崑腔隊裏學習吹笙或吹笛。族裏長輩反對，說我年紀太小，不能跟着太子會走遍五朋。於是我失掉了這學習音樂的唯一機會。三十年來，我不曾拿過樂器，也全不懂音樂；究竟我有沒有一點學音樂的天資，我至今還不知道。至於學圖畫，更是不可能的事。我常常用竹紙蒙在小說書的石印繪像上，摹畫書上的英雄美人。有一天，被先生看見了，挨了一頓大駡，抽屜裏的圖畫都被搜出撕毀了。於是我又失掉了學做畫家的機會。

但這九年的生活，除了讀書看書之外，究竟給了我一點做人的訓練。在這一點上，我的恩師就是我的慈母。

每天天剛亮時，我母親就把我喊醒，叫我披衣坐起。我從不知道她醒來坐了多久了。她看我清醒了，才對我說昨天我做錯了什麼事，說錯了什麼話，要我認錯，要我用功讀書。有時候她對我說父親的種種好處，她說：『你總要踏上你老子的脚步。我一生只曉得這一個完全的人，你要學他，不要跌他的股。』（跌股便是丟臉，出醜。）她說到傷心處，往往掉下淚來。到天大明時，她才把我的衣服穿好，催我去上早學。學堂門上的鎖匙放在先生家裏；我先到學堂門口一望，便跑到先生家裏去敲門。先生家裏有人把鎖匙從門縫裏遞出來，我拿了跑回去，開了門，坐下念生書。十天之中，總有八九天我是第一個去開學堂門的。等到先生來了，我背了生書，才回家吃早飯。

我母親管束我最嚴，她是慈母兼任嚴父。但她從來不在別人面前罵我一句，打我一下。我做錯了事，她只對我一望，我看見了她的嚴厲眼光，就嚇住了。犯的事小，她等到第二天早晨我眼醒時才教訓我。犯的事大，她等到晚上人靜時，關了房門，先責備我，然後行罰，或罰跪，或擰我的肉。無論怎樣重罰，總不許我哭出聲音來。她教訓兒子不是借此出氣叫別人聽的。

有一個初秋的傍晚，我吃了晚飯，在門口玩，身上只穿着一件單背心。這時候我母親的妹子玉英姨母在我家住，她怕我冷了，拿了一件小衫出來叫我穿上。我不肯穿，她說：『穿上吧，涼了。』我隨口回答：『娘（涼）什麼！老子都不老子呀。』我剛說了這句話，一抬頭，看見母親從家裏走出，我趕快把小衫穿上。但她已聽見這句輕薄的話了。晚上人靜後，她罰我跪下，重重的責罰了一頓。她說：『你沒了老子，是多麼得意的事！好用來說嘴！』她氣的坐着發抖，也不許我上床去睡。我跪着哭，用手擦眼淚，不知擦進了什麼微菌，後來足足害了一年多的眼翳病。醫來醫去，總醫不好。我母親心裏又悔又急，聽說眼翳可以用舌頭舔去，有一夜她把我叫醒，她眞用舌頭舔我的病眼。這是我的嚴師，我的慈母。

* * * *

我母親二十三歲做了寡婦，又是當家的後母。這種生活的痛苦，我的笨筆寫不出一萬分之一二。家中財政本不寬裕，全靠二哥在上海經營調度。大哥從小就是敗子，吸鴉片煙，賭博，錢到手就光，光了就回家打主意，見了香爐就拿出去賣，撈着錫茶壺就拿出去押。我母親幾次邀了本家長輩來，給他定下每月用費的數目。但他總不夠用，到處都欠下煙債賭債。每年除夕我家中總有一大羣討債的，每人一盞燈籠，坐在大廳上不肯去。大哥早已避出去了。大廳的兩排椅子上滿滿的都是燈籠和債主。我母親走進走出，料理年夜飯，謝竈神，壓歲錢等事，只當做不曾看見這一羣人。到了近半夜，快要「封門」了，我母親才走後門出去，央一位鄰舍本家到我家來，每一家債戶開發一點錢。做好做歹的，這一羣討債的才一個一個提着燈籠走出去。一會兒，大哥敲門回來了。我母親從不罵他一句。並且因爲是新年，她臉上從不露出一點怒色。這樣的過年，我過了六七次。

大嫂是個最無能而又最不懂事的人，二嫂是個很能幹而氣量很窄小的人。她們常常鬧意見，只因爲我母親的和氣榜樣，她們還不曾有公然相罵相打的事。她們鬧氣時，只是不說話，不答話，把臉放下來，叫人難看；二嫂生氣時，臉色變青，更是怕人。她們對我母親鬧氣時，也是如此。我起初全不懂得這一套，後來也漸漸懂得看人的臉色了。我漸漸明白，世間最可厭惡的事莫如一張生氣的臉；世間最下流的事莫如把生氣的臉擺給旁人看。這比打罵還難受。

我母親的氣量大，性子好，又因爲做了後母後婆，她更事事留心，事事格外容忍。大哥的女兒比我只小一歲，她的飲食衣料總是和我的一樣。我和她有小爭執，總是我吃虧，母親總是責備我，要我事事讓她。後來大嫂二嫂都生了兒子了，她們生氣時便打罵孩子來出氣，一面打，一面用尖刻有刺的話罵給別人聽。我母親只裝做不聽見。有時候，她實在忍不住了，便悄悄走出門去，或到左鄰立大嫂家去坐一會，或走後門到後鄰度嫂家去閒談。她從不和兩個嫂子吵一句嘴。

每個嫂子一生氣，往往十天半個月不歇，天天走進走出，板着臉，咬着嘴，打罵小孩子出氣。我母親只忍耐着，忍到實在不可再忍的一天，她也有她的法子。這一天的天明時，她就不起床，輕輕的哭一場。她不罵一個人，只哭她的丈夫，哭她自己苦命，留不住她丈夫來照管她。她先哭時，聲音很低，漸漸哭出聲來。我醒了起來勸她，她不肯住。這時候，我總聽得見前堂（二嫂住前堂東房）或後堂（大嫂住後堂西房）有一扇房門開了，一個嫂子走出房向廚房走去。不多一會，那位嫂子來敲我們的房門了。我開了房門，她走進來，捧着一碗熱茶，送到我母親床前，勸她止哭，請她喝口熱茶。我母親慢慢停住哭聲，伸手接了茶碗。那位嫂子站着勸一會，才退出去。沒有一句話提到什麼人，也沒有一個字提到這十天半個月來的氣臉，然而各人心裏明白，泡茶進來的嫂子總是那十天半個月來鬧氣的人。奇怪的很，這一哭之後，至少有一兩個月的太平清靜日子。

我母親待人最仁慈，最溫和，從來沒有一句傷人感情的話。但她有時候也很有剛氣，不受一點人格上的侮辱。我家五叔是個無正業的浪人，有一天在煙館裏發牢騷，說我母親家中有事總請某人幫忙，大概總有什麼好處給他。這句話傳到了我母親耳朵裏，她氣的大哭，請了幾位本家來，把五叔喊來，她當面質問他她給了某人什麼好處。直到五叔當衆認錯賠罪，她才罷休。

我在我母親的教訓之下住了九年，受了她的極大極深的影響。我十四歲（其實只有十二歲零兩三個月）就離開她了，在這廣漠的人海裏獨自混了二十多年，沒有一個人管束過我。如果我學得了一絲一毫的好脾氣，如果我學得了一點點待人接物的和氣，如果我能寬恕人，體諒人，——我都得感謝我的慈母。

十九，十一，廿一夜。

（二）從拜神到無神

一

紛紛歌舞賽蛇蟲，
酒醴牲牢告潔豐。
果有神靈來護佑，
天寒何故不臨工？

這是我父親在鄭州辦河工時（光緒十四年，一八八八）做的十首

『鄭工合龍紀事詩』的一首。他自己有註道：

霜雪既降，凡俗所謂『大王』『將軍』化身臨工者，皆絕跡不復見矣。

『大王』『將軍』都是祀典裏的河神；河工區域內的水蛇蝦蟆往往被認爲大王或將軍的化身，往往享受最隆重的祠祭禮拜。河工是何等大事，而國家的治河官吏不能不向水蛇蝦蟆磕頭乞憐，眞是一個民族的最大恥辱。我父親這首詩不但公然指斥這種迷信，並且用了一個很淺近的證據，證明這種迷信的荒誕可笑。這一點最可表現我父親的思想的傾向。

我父親不曾受過近世自然科學的洗禮，但他很受了程頤朱熹一系的理學的影響。理學家因襲了古代的自然主義的宇宙觀，用

『氣』和『理』兩個基本觀念來解釋宇宙，敢說『天卽理也』，『鬼神者，二氣（陰陽）之良能也』。這種思想，雖有不澈底的地方，很可以破除不少的迷信。況且程朱一系極力提倡『格物窮理』，教人『卽物而窮其理』，這就是近世科學的態度。我父親做的『原學』，開端便說：

天地氤氳，萬物化生。

這是採納了理學家的自然主義的宇宙觀。他做的『學爲人詩』的結論是：

爲人之道，非有他術：
窮理致知，反躬踐實，
黽勉於學，守道勿失。

這是接受了程朱一系格物窮理的治學態度。

還些話都是我四五歲時就念熟了的。先生怎樣講解，我記不得了；我當時大概完全不懂得這些話的意義。我父親死的太早，我離開他時，還只是三歲小孩，所以我完全不曾受着他的思想的直接影響。他留給我的，大概有兩方面：一方面是遺傳，因爲我是『我父親的兒子』。一方面是他留下了一點程朱理學的遺風；我小時跟着四叔念朱子的小學，就是理學的遺風；四叔家和我家的大門上都貼着『僧道無緣』的條子，也就是理學家庭的一個招牌。

我記得我家新屋大門上的『僧道無緣』條子，從大紅色褪到粉紅，又漸漸變成了淡白色，後來竟完全剝落了。我家中的女眷都是深信神佛的。我父親死後，四叔又上任做學官去了，家中的女眷就自由拜神佛了。女眷的宗教領袖是星五伯娘，她到了晚年，吃了長齋，拜佛念經，四叔和三哥（是她過繼的孫子）都不能勸阻她，後來又添上了二哥的丈母，也是吃長齋念佛的，她常來我家中住。這兩位老太婆做了好朋友，常勸誘家中的幾房女眷信佛。家中人有病痛，往往請她們念經許願還願。

二哥的丈母頗認得字，帶來了玉歷鈔傳，妙莊王經一類的善書，常給我們講說目連救母遊地府，妙莊王的公主（觀音）出家修行等等故事。我把她帶來的書都看了，又在戲台上看了觀音娘娘出家全本連台戲，所以腦子裏裝滿了地獄的慘酷景象。

後來三哥得了肺癆病，生了幾個孩子都不曾養大。星五伯娘常爲三哥拜神佛，許願，甚至於招集和尚在家中放焰口超度寃魂。三哥自己不肯參加行禮，伯娘常叫我去代替三哥跪拜行禮。我自己幼年身體也很虛弱，多病痛，所以我母親也常請伯娘帶我去燒香拜佛。依家鄉的風俗，我母親也曾把我許在觀音菩薩座下做弟子，還給我取了一個佛名，上一字是個『觀』字，下一字我忘了。我母親愛我心切，時時教我拜佛拜神總須誠心敬禮。每年她同我上外婆家去，十里路上所過廟宇路亭，凡有神佛之處，她總教我拜揖。有一年我害肚痛，眼睛裏又起翳，她代我許願：病好之後親自到古塘山觀音菩薩座前燒香還願。後來我病好了，她親自跟伯娘帶了我去朝拜古塘山。山路很難走，她的脚是終年疼的，但她爲了兒子，步行朝山，上山時走幾步便須坐下歇息，却總不說一聲苦痛。我這時候自然也是很誠心的跟着她們禮拜。

我母親盼望我讀書成名，所以常常叮囑我每天要拜孔夫子。禹臣先生學堂壁上掛着一幅硃印石刻的吳道子畫的孔子像，我們每晚放學時總得對他拜一個揖。我到大姊家去拜年，看見了外甥章硯香（比我大幾歲）供着一個孔夫子神龕，是用大紙匣子做的，用紅紙剪的神位，用火柴盒子做的祭桌，桌子上貼着金紙剪的香爐燭臺和供獻，神龕外邊貼着許多紅紙金紙的聖廟匾額對聯，寫着『德配天地，道冠古今』一類的句子。我看了這神龕，心裏好生羨慕，回到家裏，也造了一座小聖廟。我在家中尋到了一隻燕窩匣子，做了聖廟大庭；又把匣子中間挖空一方塊，用一隻午時茶小匣子糊上去，做了聖廟的內堂，堂上也設了祭桌，神位，香爐，燭台等等。我在兩廂又添設了顏淵子路一班聖門弟子的神位，牠都有小祭桌。我借得了一部聯語類編，鈔出了許多聖廟聯匾句子，都用金銀錫箔做成匾對，請近仁叔寫了貼上。這一座孔廟很費了我不少的心思。我母親見我這樣敬禮孔夫子，她十分高興，給我一張小桌子專供這神龕，並且給我一個銅香爐；每逢初一和十五，她總教我焚香敬禮。

這座小聖廟，因為我母親的加意保存，到我二十七歲從外國回家時，還不曾毀壞。但我的宗教虔誠却早已摧毀破壞了。我在十一二歲時便已變成了一個無神論者。

二

有一天，我正在温習朱子的小學，念到了一段司馬温公的家訓，其中有論地獄的話，說：

形既朽滅，神亦飄散，雖有剉燒舂磨，亦無所施。……

我重讀了這幾句話，忽然高興的直跳起來。目連救母，玉歷鈔傳等書裏的地獄慘狀，都呈現在我眼前，但我覺得都不怕了。放焰口的和尚陳設在祭壇上的十殿閻王的畫像，和十八層地獄的種種牛頭馬面用鋼叉把罪人叉上刀山，叉下油鍋，拋下奈何橋下去喂餓狗毒蛇，——這種種慘狀也都呈現在我眼前，但我現在覺得都不怕了。我再三念這句話：『形既朽滅，神亦飄散，雖有剉燒舂磨，亦無所施。』我心裏很高興，眞像地藏王菩薩把錫杖一指，打開地獄門了。

這件事我記不清在那一年了，大概在十一歲時。這時候，我已能夠自己看古文書了。禹臣先生教我看綱鑑易知錄，後來又教我改看御批通鑑輯覽。易知錄有句讀，故我不覺喫力。通鑑輯覽須我自己用硃筆點讀，故讀的很遲緩。有一次二哥從上海回來，見我看御批通鑑輯覽，他不贊成；他對禹臣先生說，不如看資治通鑑。於是我就點讀資治通鑑了。這是我研究中國史的第一步。我不久便很喜歡這一類的歷史書，並且感覺朝代帝王年號的難記，就想編一部『歷代帝王年號歌訣』！近仁叔很鼓勵我做此事，我眞動手編這部七字句的歷史歌訣了。此稿已遺失了，我已不記得這件野心工作編到了那一朝代。但這也可算是我的『整理國故』的破土工作。可是誰也想不到司馬光的資治通鑑竟會大大的影響我的宗教信仰，竟會使我變成一個無神論者。

有一天，我讀到資治通鑑第一百三十六卷，中有一段記范縝（齊梁時代人，死時約在西歷五一〇年）反對佛教的故事，說：

縝著神滅論，以爲『形者神之質，神者形之用也。神之於形，猶利之於刀。未聞刀沒而利存，豈容形亡而神在哉？』此論出，朝野諠譁，難之，終不能屈。

我先已讀司馬光論地獄的話了，所以我讀了這一段議論，覺得非常明白，非常有理。司馬光的話教我不信地獄，范縝的話使我更進一步，就走上了無鬼神的路。范縝用了一個譬喻，說形和神的關係就像刀子和刀口的鋒利一樣；沒有刀子，便沒有刀子的『快』了；那麽，沒有形體，還能有神魂嗎？這個譬喻是很淺顯的，恰恰合一個初開知識的小孩子的程度，所以我越想越覺得范縝說的有道理。司馬光引了這三十五個字的神滅論，居然把我腦子裏的無數鬼神都趕跑了。從此以後，我不知不覺的成了一個無鬼無神的人。

我那時並不知道范縝的神滅論全文載在梁書（卷四八）裏，也不知道當時許多人駁他的文章保存在弘明集裏。我只讀了這三十五個字，就換了一個人。大概司馬光也受了范縝的影響，所以有『形既朽滅，神亦飄散』的議論；大概他感謝范縝，故他編通鑑時，硬把神滅論摘了最精采的一段，插入他的不朽的歷史裏。他決想不到，八百年後這三十五個字竟感悟了一個十一二歲的小孩子，竟影響了他一生的思想。

通鑑又記述范縝和竟陵王蕭子良討論『因果』的事，這一段在我的思想上也發生了很大的影響。原文如下：

子良篤好釋氏，招致名僧，講論佛法。道俗之盛，江左未有。或親爲衆僧賦食行水，世頗以爲失宰相體。

范縝盛稱無佛。子良曰，『君不信因果，何得有富貴貧賤？』縝曰，『人生如樹花同發，隨風而散，或拂簾幌，墜茵席之上；或關籬牆，落糞溷之中。墜茵席者，殿下是也。落糞溷者，下官是也。貴賤雖復殊途，因果竟在何處？』子良無以難。

這一段議論也只是一個譬喻，但我當時讀了只覺得他說的明白有理，就熟讀了記在心裏。我當時實在還不能了解范縝的議論的哲學意義。他主張一種『偶然論』，用來破壞佛教的果報輪迴說。我小時聽慣了佛家果報輪迴的教訓，最怕來世變猪變狗，忽然看見了范縝不信因果的譬喻，我心裏非常高興，胆子就大的多了。他和司馬光的神滅論教我不怕地獄；他的無因果論教我不怕輪迴。我喜歡他們的話，因爲他們教我不怕。我信服他們的話，因爲他們教我不怕。

三

我的思想經過了這回解放之後，就不能虔誠拜神拜佛了。但我在我母親面前，還不敢公然說出不信鬼神的議論。她叫我上分祠裏去拜祖宗，或去燒香還願，我總不敢不去，滿心裏的不願，意，我終不敢讓她知道。

我十三歲的正月裏，我到大姊家去拜年，住了幾天，到十五日早晨，才和外甥硯香同回我家去看燈。他家的一個長工挑着新年糕餅等物事，跟着我們走。

半路上到了中屯外婆家，我們進去歇脚，吃了點心，又繼續前進。中屯村口有個三門亭，供着幾個神像。我們走進亭子，我指着神像對硯香說，『這裏沒有人看見，我們來把這幾個爛泥菩薩拆下來拋到毛廁裏去，好嗎？』

這樣突然主張毀壞神像，把我的外甥嚇住了。他雖然聽我說過無鬼無神的話，却不曾想到我會在這路亭裏提議實行搗毀神像。他的長工忙勸阻我道：『麋舅，菩薩是不好得罪的。』我聽了這話，更不高興，偏要拾石子去擲神像。恰好村子裏有人下來了，硯香和那長工就把我勸走了。

我們到了我家中，我母親煮麵給我們吃，我剛吃了幾筷子，聽見門外鑼鼓響，便放下麵，跑出去看舞獅子了。這一天來看燈的客多，家中人都忙着照料客人，誰也不來管我吃了多少麵。我陪着客人出去玩，也就忘了肚子餓了。

晚上陪客人吃飯，我也喝了一兩杯燒酒。酒到了餓肚子裏，有點作怪。晚飯後，我跑出大門外，被風一吹，我有點醉了，便喊道：『月亮，月亮，下來看燈！』別人家的孩子也跟着喊，『月亮，月亮，下來看燈！』

門外的喊聲被屋裏人聽見了，我母親叫人來喚我回去。我怕她責怪，就跑出去了。來人追上去，我跑的更快。有人對我母親說，我今晚上喝了燒酒，怕是醉了。我母親自己出來喚我，這時候我已被人追回來了。但跑多了，我眞有點醉了，就和他們抵抗，不肯回家。母親抱住我，我仍喊着要月亮下來看燈。許多人圍攏來看，我仗着人多，嘴裏仍舊亂喊。母親把我拖進房裏，一羣人擁進房來看。

這時候，那位跟我們來的章家長工走到我母親身邊，低低的說：『外婆（他跟着我的外甥稱呼），麇舅今夜怕不是吃醉了罷？今天我們從中屯出來，路過三門亭，麇舅要把那幾個菩薩拖下來丟到毛廁裏去。他今夜嘴裏亂說話，怕是得罪了神道，神道怪下來了。』

這幾句話，他低低的說，我靠在母親懷裏，全聽見了。我心裏正怕喝醉了酒，母親要責罰我；現在我聽了長工的話，忽然想出了一條妙計。我想：『我胡鬧，母親要打我；菩薩胡鬧，她不會責怪菩薩。』於是我就鬧的更兇，說了許多瘋話，好像眞有鬼神附在我身上一樣！

我母親着急了，叫硯香來問，硯香也說我日裏的確得罪了神道。母親就叫別人來抱住我，她自己去洗手焚香，向空中禱告三門亭的神道，說我年小無知，觸犯了神道，但求神道寬洪大量，不計較小孩子的罪過，寬恕了我。我們將來一定親到三門亭去燒香還願。

這時候，鄰舍都來看我，擠滿了一屋子的人，有些婦女還提

着『火箭』（徽州人冬天用瓦罏裝炭火，外面用篾絲作籃子，可以隨身攜帶，名為火箭），房間裏悶熱的很。我熱的臉都紅了，眞有點像醉人。

忽然門外有人來報信，說，『龍燈來了，龍燈來了！』男男女女都往外跑，都想趕到十字街口去等候看燈。一會兒，一屋子的人都散完了，只賸下我和母親兩個人。房裏的悶熱也消除了，我也疲倦了，就不知不覺的睡着了。

母親許的願好像是靈應了。第二天，她教訓了我一場，說我不應該瞎說，更不應該在神道面前瞎說。但她不曾責罰我，我心裏高興，萬想不到我的責罰却在一個月之後。

過了一個月，母親同我上中屯外婆家去。她拿出錢來，在外婆家辦了豬頭供獻，備了香燭紙錢，她請我母舅領我到三門亭裏去謝神還願。我母舅是個虔誠的人，他恭恭敬敬的擺好供獻，點起香燭，陪着我跪拜謝神。我忍住笑，恭恭敬敬的行了禮，——心裏只怪我自己當日扯謊時不曾想到這樣比挨打還更難爲情的責罰！

直到我二十七歲回家時，我才敢對母親說那一年元宵節附在我身上胡鬧的不是三門亭的神道，只是我自己。母親也笑了。

十九，十二，廿五，在北京。

（三）

在上海（一）

一

光緒甲辰年（一九〇四）的春天，三哥的肺病已到了很危險的時期，他決定到上海去醫治。我母親也決定叫我跟他到上海去上學。那時我名爲十四歲，其實只有十二歲有零。這一次我和母親分別之後，十四年之中，我只回家三次，和她在一塊的時候還不滿六個月。她只有我一個人，只因爲愛我太深，望我太切，所

以她硬起心腸，送我向遠地去求學。臨別的時候，她裝出很高興的樣子，不曾掉一滴眼淚。我就這樣出門去了，向那不可知的人海裏去尋求我自己的教育和生活，——孤另另的一個小孩子，所有的防身之具只是一個慈母的愛，一點點用功的習慣，和一點點懷疑的傾向。

我在上海住了六年（一九〇四——一九一〇），換了四個學校（梅溪學堂，澄衷學堂，中國公學，中國新公學）。這是我一生的第二個段落。

＊　＊　＊　＊

我父親生平最佩服一個朋友——上海張煥綸先生（字經甫）。張先生是提倡新教育最早的人，他自己辦了一個梅溪書院，後來改爲梅溪學堂。二哥三哥都在梅溪書院住過，所以我到了上海也就進了梅溪學堂。我只見過張煥綸先生一次，不久他就死了。現在談中國教育史的人，很少能知道這一位新教育的老先鋒了。他死了二十二年之後，我在巴黎見着趙詒璹先生（字頌南，無錫人），他是張先生的得意學生，他說他在梅溪書院很久，最佩服張先生的人格，受他的感化最深。他說，張先生教人的宗旨只是一句話：『千萬不要僅僅做個自了漢。』我坐在巴黎鄉間的草地上，聽着趙先生談話，想着趙先生夫婦的刻苦生活和奮鬭精神，——這時候，我心裏想：張先生的一句話影響了他的一個學生的一生，張先生的教育事業不算是失敗。

梅溪學堂的課程是很不完備的，只有國文，算學，英文三頂。分班的標準是國文程度。英文算學的程度雖好，國文不到頭班，仍不能畢業。國文到了頭班，英文算學還很幼稚，却可以畢業。這個辦法雖然不算頂好，但這和當時教會學堂的偏重英文，都是過渡時代的特別情形。

我初到上海的時候，全不懂得上海話。進學堂拜見張先生時，我穿着藍呢的夾袍，絳色呢大袖馬褂，完全是個鄉下人。許多小學生圍攏來看我這鄉下人。因爲我不懂話，又不曾『開筆』做文章，所以暫時編在第五班，差不多是最低的一班。班上讀的是文明書局的蒙學讀本，英文班上用華英初階，算學班上用筆算數學。

我是讀了許多古書的，現在讀蒙學讀本，自然毫不費力，所以有工夫專讀英文算學。這樣過了六個星期。到了第四十二天，我的機會來了。教蒙學讀本的沈先生大概也瞧不起這樣淺近的書，更料不到這班小孩子裏面有人起來駁正他的錯誤。這一天，他講的一課書裏有這樣一段引語：

傳曰，二人同心，其利斷金。同心之言，其臭如蘭。

沈先生隨口說這是左傳上的話。我那時已勉強能說幾句上海話了，等他講完之後，我拿着書，走到他的桌邊，低聲對他說：這個『傳曰』是易經的繫辭傳，不是左傳。先生臉紅了，說，『儂讀過易經？』我說讀過。他又問，『阿曾讀過別樣經書？』我說讀過詩經書經禮記。他問我做過文章沒有，我說沒有做過。他說，『我出個題目，撥儂做做試試看。』他出了『孝弟說』三個字，我回到座位上，勉強寫了一百多字，交給先生看。他看了對我說，『儂跟我來。』我捲了書包，跟他下樓走到前廳。前廳上東面是頭班，西面是二班。沈先生到二班課堂上，對教員顧先生說了一些話，顧先生就叫我坐在末一排的桌子上。我才知道我一天之中升了四班，居然做第二班的學生了。

可是我正在歡喜的時候，抬頭一看，就得發愁了。這一天是星期四，是作文的日子。黑版上寫着兩個題目：

論題：原日本之所由強。

經義題：古之爲關也將以禦暴，今之爲關也將以爲暴。

我從來不知道『經義』是怎樣做的，所以想都不敢去想他。可是日本在天南地北，我還不很清楚，這個『原日本之所由強』又從那裏說起呢？既不敢去問先生，班上同學又沒有一個熟人，我心裏頗怪沈先生太鹵莽，不應該把我升的這麼高，這麼快。

忽然學堂的茶房走到廳上來，對先生說了幾句話，呈上一張字條。先生看了字條，對我說，我家中有要緊事，派了人來領我回家，卷子可以帶回去做，下星期四交卷。我正在着急，聽了先生的話，鈔了題目，逃出課堂，趕到門房，才知道三哥病危，二哥在漢口沒有回來，店裏（我家那時在上海南市開一個公義油棧）的管事慌了，所以趕人來領我回去。

我趕到店裏，三哥還能說話。但不到幾個鐘頭，他就死了，死時他的頭還靠在我手腕上。第三天，二哥從漢口趕到。喪事辦了之後，我把升班的事告訴二哥，並且問他『原日本之所由強』

一個題目應該參考一些什麼書。二哥檢了明治維新三十年史，壬寅新民叢報彙編……一類的書，裝了一大籃，叫我帶回學堂去翻看。費了幾天的工夫，才勉強湊了一篇論說交進去。不久我也會做『經義』了。幾個月之後，我居然算是頭班學生了，但英文還不曾讀完華英初階，算學還只做到『利息』。

這一年梅溪學堂改爲梅溪小學，年底要辦畢業第一班。我們聽說學堂裏要送張在貞，王言，鄭璋和我四個人到上海道衙門去考試。我和王鄭二人都不願意去考試，都不等到考試日期，就離開學堂了。

爲什麼我們不願受上海道的考試呢？這一年之中，我們都經過了思想上的一種激烈變動，都自命爲『新人物』了。二哥給我的一大鑑子的『新書』，其中很多是梁啓超先生一派人的著述；這時代是梁先生的文章最有勢力的時代，他雖不曾明白提倡種族革命，却在一班少年人的腦海裏種下了不少革命種子。有一天，王言君借來了一本鄒容的革命軍，我們幾個人傳觀，都很受感動。借來的書是要還人的，所以我們到了晚上，等舍監查夜過去之後，偷偷起來點着蠟燭，輪流鈔了一本革命軍。正在傳鈔革命軍的少年，怎肯投到官廳去考試呢？

這一年是日俄戰爭的第一年。上海的報紙上每天登着很詳細的戰事新聞，愛看報的少年學生都感覺絕大的興奮。這時候中國的輿論和民衆心理都表同情於日本，都痛恨俄國，又都痛恨清政府的宣告中立。仇俄的心理增加了不少排滿的心理。這一年，上海發生了幾件刺激人心的案子。一件是革命黨萬福華在租界內鎗擊前廣西巡撫王之春，因爲王之春從前是個聯俄派。一件是上海黃浦灘上一個寧波木匠周生有被一個俄國水兵無故砍殺。這兩件事都引起上海報紙的注意；尤其是那年新出現的時報，天天用簡短沉痛的時評替周生有喊冤，攻擊上海的官廳。我們少年人初讀這種短評，沒有一個不受刺激的。周生有案的判決使許多人失望。我和王言鄭璋三個人都恨極了上海道袁海觀，所以連合寫了一封長信去痛罵他。這封信是匿名的，但我們總覺得不願意去受他的考試。所以我們三個人都離開梅溪學堂了。（王言是黟縣人，後來不知下落了；鄭璋是潮陽人，後改名仲誠，畢業於復旦，不久病死。）

二

我進的第二個學堂是澄衷學堂。這學堂是寧波富商葉成忠先生創辦的，原來的目的是教育寧波的貧寒子弟；後來規模稍大，漸漸成了上海一個有名的私立學校，來學的人便不限止於寧波人了。這時候的監督是章一山先生，總教是白振民先生。白先生和我二哥是同學，他看見了我在梅溪作的文字，勸我進澄衷學堂。光緒乙巳年（一九〇五），我就進了澄衷學堂。

澄衷共有十二班，課堂分東西兩排，最高一班稱爲東一齋，第二班爲西一齋，以下直到西六齋。這時候還沒有嚴格規定的學制，也沒有什麼中學小學的分別。用現在的名稱來分，可說前六班爲中學，其餘六班爲小學。澄衷的學科比較完全多了，國文英文算學之外，還有物理化學博物圖畫諸科。分班略依各科的平均程度，但英文算學程度過低的都不能入高班。

我初進澄衷時，因英文算學太低，被編在東三齋（第五班）。下半年便升入東二齋（第三班），第二年（丙午，一九〇六）又升入西一齋（第二班）。澄衷管理很嚴，每月有月考，每半年有大考，月考大考都出榜公佈，考前三名的有獎品。我的考試成績常常在第一，故一年升了四班。我在這一年半之中，最有進步的是英文算學。教英文的謝昌熙先生，陳詩豪先生，張鏡人先生，教算學的郁耀卿先生，都給了我很多的益處。

我這時候對於算學最感覺興趣，常常在宿舍息燈之後，起來演習算學問題。臥房裏沒有桌子，我想出一個法子來，把蠟燭放在帳子外床架上，我伏在被窩裏，仰起頭來，把石板放在枕頭上做算題。因爲下半年要跳過一班，所以我須要自己補習代數。我買了一部丁福保先生編的代數書，在一個夏天把初等代數習完了，下半年安然升班。

這樣的用功，睡眠不夠，就影響到身體的健康。有一個時期，我的兩隻耳朵幾乎全聾了。但後來身體漸漸復原，耳朵也不聾了。我小時身體多病，出門之後，逐漸強健。重要的原因我想是因爲我在梅溪和澄衷兩年半之中從來不曾缺一點鐘體操的功課。我從沒有加入競賽的運動，但我上體操的課，總很用氣力做種種體操。

澄衷的教員之中，我受楊千里先生（天䮵）的影響最大。我在東三齋時，他是西二齋的國文教員，人都說他思想很新。我去看他，他很鼓勵我，在我的作文稿本上題了『言論自由』四個字。後來我在東二齋和西一齋，他都做過國文教員。有一次，他教我們班上買吳汝綸刪節的嚴復譯本天演論來做讀本，這是我第一次讀天演論，高興的很。他出的作文題目也很特別，有一次的題目是『物競天擇，適者生存，試申其義』。（我的一篇，前幾年澄衷校長曹錫爵先生和現在的校長葛祖蘭先生曾在舊課卷內尋出，至今還保存在校內。）這種題目自然不是我們十幾歲小孩子能發揮的，但讀天演論，做『物競天擇』的文章，都可以代表那個時代的風氣。

天演論出版之後，不上幾年，便風行到全國，竟做了中學生的讀物了。讀這書的人，很少能了解赫胥黎在科學史和思想史上的貢獻。他們能了解的只是那『優勝劣敗』的公式在國際政治上的意義。在中國屢次戰敗之後，在庚子辛丑大恥辱之後，這個『優勝劣敗，適者生存』的公式確是一種當頭棒喝，給了無數人一種絕大的刺激。幾年之中，這種思想像野火一樣，延燒着許多少年人的心和血。『天演』『物競』『淘汰』『天擇』等等術語都漸漸成了報紙文章的熟語，漸漸成了一班愛國志士的『口頭禪』。還有許多人愛用這種名詞做自己或兒女的名字。陳炯明不是號競存嗎？我有兩個同學，一個叫做孫競存，一個叫做楊天擇。我自己的名字也是這種風氣底下的紀念品。我在學堂裏的名

字是胡洪騂。有一天的早晨，我請我二哥代我想一個表字，二哥一面洗臉，一面說：『就用「物競天擇適者生存」的「適」字，好不好？』我很高興，就用『適之』二字。（二哥字紹之，三哥字振之。）後來我發表文字，偶然用『胡適』作筆名，直到考試留美官費時（一九一〇）我才正式用『胡適』的名字。

我在澄衷一年半，看了一些課外的書籍。嚴復譯的羣己權界論，像是在這時代讀的。嚴先生的文字太古雅，所以少年人受他的影響沒有梁啓超的影響大。梁先生的文章，明白曉暢之中，帶着濃摯的熱情，使讀的人不能不跟着他走，不能不跟着他想。有時候，我們跟他走到一點上，還想望前走，他倒打住了，或是換了方向走了。在這種時候，我們不免感覺一點失望。但這種失望也正是他的大恩惠。因爲他盡了他的能力，把我們帶到了一個境界，原指望我們感覺不滿足，原指望我們更朝前走。跟着他走，我們固然得感謝他；他引起了我們的好奇心，指着一個未知的世界叫我們自己去探尋，我們更得感謝他。

我個人受了梁先生無窮的恩惠。現在追想起來，有兩點最分明。第一是他的新民說，第二是他的中國學術思想變遷之大勢。梁先生自號『中國之新民』，又號『新民子』，他的雜誌也叫做新民叢報，可見他的全副心思貫注在這一點。『新民』的意義是要改造中國的民族，要把這老大的病夫民族改造成一個新鮮活潑的民族。他說：

未有四肢已斷，五臟已瘵，筋脈已傷，血輪已涸，而身

猶能存者；則亦未有其民愚陋怯弱渙散混濁而國猶能立者。……苟有新民，何患無新制度，無新政府，無新國家！（新民說敘論）

他的根本主張是：

吾思之，吾重思之，今日中國羣治之現象殆無一不當從根柢處摧陷廓清，除舊而布新者也。（新民議）

說的更沉痛一點：

然則救危亡求進步之道將奈何？曰，必取數千年橫暴混濁之政體，破碎而齏粉之，使數千萬如虎如狼如蝗如蝻如蜮如蛆之官吏失其社鼠城狐之憑藉，然後能滌盪腸胃以上於進步之途也！必取數千年腐敗柔媚之學說，廓清而辟闢之，使數百萬如蠹魚如鸚鵡如水母如畜犬之學子毋得搖筆弄舌舞文嚼字，爲民賊之後援，然後能一新耳目以行進步之實也！而其所以達此目的之方法有二：一曰無血之破壞，二曰有血之破壞。……中國如能爲無血之破壞乎？吾馨香而祝之。中國如不得不爲有血之破壞乎？吾衰絰而哀之。（新民說，論進步）

我們在那個時代讀這樣的文字，沒有一個人不受他的震盪感動的。他在那時代（我那時讀的是他在壬寅癸卯做的文字）主張最激烈，態度最鮮明，感人的力量也最深刻。他很明白的提出一個革命的口號：

破壞亦破壞，不破壞亦破壞！（同上）

後來他雖然不堅持這個態度了，而許多少年人衝上前去，可不肯縮回來了。

新民說的最大貢獻在於指出中國民族缺乏西洋民族的許多美德。梁先生很不客氣的說：

五色人相比較，白人最優。以白人相比較，條頓人最優。以條頓人相比較，盎格魯撒遜人最優。（敘論）

他指出我們所最缺乏而最須採補的是公德，是國家思想，是進取冒險，是權利思想，是自由，是自治，是進步，是自尊，是合羣，是生利的能力，是毅力，是義務思想，是尚武，是私德，是政治能力。他在這十幾篇文字裏，抱着滿腔的血誠，懷着無限的信心，用他那枝『筆鋒常帶情感』的健筆，指揮那無數的歷史例證，組織成那些能使人鼓舞，使人掉淚，使人感激奮發的文章。其中如論毅力等篇，我在二十五年後重讀，還感覺到他的魔力。何況在我十幾歲最容易受感動的時期呢？

新民說諸篇給我開闢了一個新世界，使我澈底相信中國之外還有很高等的民族，很高等的文化；中國學術思想變遷之大勢也給我開闢了一個新世界，使我知道四書五經之外中國還有學術思想。梁先生分中國學術思想史為七個時代：

（一）胚胎時代　春秋以前

（二）全盛時代　春秋末及戰國

（三）儒學統一時代　兩漢

（四）老學時代　魏晉

（五）佛學時代　南北朝，唐

（六）儒佛混合時代　宋元明

（七）衰落時代　近二百五十年

我們現在看這個分段，也許不能滿意。（梁先生自己後來也不滿意，他在清代學術概論裏已不認近二百五十年爲衰落時代了。）但在二十五年前，這是第一次用歷史眼光來整理中國舊學術思想，第一次給我們一個『學術史』的見解。所以我最愛讀這篇文章。不幸梁先生做了幾章之後，忽然停止了，使我大失望。甲辰以後，我在新民叢報上見他續作此篇，我高興極了。但我讀了這篇長文，終感覺不少的失望。第一，他論『全盛時代』，說了幾萬字的緒論，却把『本論』（論諸家學說之根據及其長短得失）

全擱下了，只註了一個『闕』字。他後來只補作了『子墨子學說』一篇，其餘各家始終沒有補。第二，『佛學時代』一章的本論一節也全沒有做。第三，他把第六個時代（宋元明）整個擱起不提。這一部學術思想史中間闕了三個最要緊的部分，使我眼巴巴的望了幾年。我在那失望的時期，自己忽發野心，心想：『我將來若能替梁任公先生補作這幾章闕了的中國學術思想史，豈不是很光榮的事業？』我越想越高興，雖然不敢告訴人，却眞打定主意做這件事了。

這一點野心就是我後來做中國哲學史的種子。我從那時候起，就留心讀周秦諸子的書。我二哥勸我讀朱子的近思錄，這是我讀理學書的第一部。梁先生的德育鑑和節本明儒學案，也是這個時期出來的。這些書引我去讀宋明理學書，但我讀的並不多，只讀了王守仁的傳習錄和正誼堂叢書內的程朱語錄。

我在澄衷的第二年，發起各齋組織『自治會』。有一次，我在自治會演說，題目是『論性』。我駁孟子性善的主張，也不贊成荀子的性惡說。我承認王陽明的性『無善無惡，可善可惡』是對的。我那時正讀英文的格致讀本（The Science Readers），懂得了一點點最淺近的科學知識，就搬出來應用了！孟子曾說：

人性之善也，猶水之就下也。人無有不善，水無有不下。

我說：孟子不懂得科學，——我們在那時候還叫做『格致』，——不知道水有保持水平的道理，又不知道地心吸力的道理。

『水無有不下』，並非水性向下，只是地心吸力引他向下。吸力可以引他向下，高地的蓄水塔也可以使自來水管裏的水向上。水無上無下，只保持他的水平，却又可上可下，正像人性本無善無惡，却又可善可惡！

我這篇性論很受同學的歡迎，我也很得意，以爲我眞用科學證明告子王陽明的性論了！

* * * *

我在澄衷只住了一年半，但英文和算學的基礎都是在這裏打下的。澄衷的好處在於管理的嚴肅，考試的認眞。還有一椿好處，就是學校辦事人眞能注意到每個學生的功課和品行。白振民先生自己雖不教書，却認得個個學生，時時叫學生去問話。因爲考試的成績都有很詳細的記錄，故每個學生的能力都容易知道。天資高的學生，可以越級升兩班；中等的可以半年升一班；下等的不升班，不升班就等於降半年了。這種編制和管理，是很可以供現在辦中學的人參考的。

我在西一齋做了班長，不免有時和學校辦事人衝突。有一次，爲了班上一個同學被開除的事，我向白先生抗議無效，又寫了一封長信去抗議。白先生懸牌責備我，記我大過一次。我雖知道白先生很愛護我，但我當時心裏頗感覺不平，不願繼續在澄衷了。恰好夏間中國公學招考，有朋友勸我去考；考取之後，我就在暑假後（一九〇六）搬進中國公學去了。

廿，三，十八，北京。

（四）

在上海（二）

一

中國公學是因爲光緒乙巳年（一九〇五）日本文部省頒布取締中國留學生規則，我國的留日學生認爲侮辱中國，其中一部分憤慨回國的人在上海創辦的。當風潮最烈的時候，湖南陳天華投海自殺，勉勵國人努力救國，一時人心大震動，所以回國的很多。回國之後，大家主張在國內辦一個公立的大學。乙巳十二月中，十三省的代表全體會決議，定名爲『中國公學』。次年（丙午，一九〇六）春天在上海新靶子路黄板橋北租屋開學。但這時候反對取締規則的風潮已漸漸鬆懈了，許多官費生多回去復學了。上海那時還是一個眼界很小的商埠，看見中國公學裏許多剪髮洋裝的少年人自己辦學堂，都認爲奇怪的事。政府官吏疑心他們是革命黨，社會叫他們做怪物。所以贊助捐錢的人很少，學堂開門不到一個半月，就陷入了絕境。公學的幹事姚弘業先生（湖南益陽人）激於義憤，遂於三月十三日投江自殺，遺書幾千字，說，『我之死，爲中國公學死也。』遺書發表之後，輿論都對他表敬意，社會受了一大震動，贊助的人稍多，公學才稍稍站得住。

我也是當時讀了姚烈士的遺書大受感動的一個小孩子。夏天我去投考，監試的是總教習馬君武先生。國文題目是『言志』，我不記得說了一些什麼，後來君武先生告訴我，他看了我的卷子，拿去給譚心休彭施滌先生傳觀，都說是爲公學得了一個好學生。

我搬進公學之後，見許多同學都是剪了辮子，穿着和服，拖着木屐的；又有一些是內地剛出來的老先生，帶着老花眼鏡，捧着水煙袋的。他們的年紀都比我大的多；我是做慣班長的人，到這裏才感覺我是個小孩子。不久我已感得公學的英文數學都很淺，我在甲班裏很不費氣力。那時候，中國教育界的科學程度太淺，中國公學至多不過可比現在的兩級中學程度，然而有好幾門功課都不能不請日本教員來教。如高等代數，解析幾何，博物學，最初都是日本人教授，由懂日語的同學翻譯。甲班的同學有宋耀農李琴鶴等，都曾担任翻譯。又有幾位同學還兼任學校的職員或教員，如但懋辛便是我們的體操教員。當時的同學和我年紀不相上下的，只有周烈忠，李駿，孫絳存，孫競存等幾個人。教員和年長的同學都把我們看作小弟弟，特別愛護我們，鼓勵我們。我和這一班年事稍長，閱歷較深的師友們往來，受他們的影響最大。我從小本來就沒有過小孩子的生活，現在天天和這班年長的人在一塊，更覺得自己不是個小孩子了。

中國公學的教職員和同學之中，有不少的革命黨人。所以在這裏要看東京出版的民報，是最方便的。暑假年假中，許多同學把民報縫在枕頭裏帶回內地去傳觀。還有一些激烈的同學往往強迫有辮子的同學剪去辮子。但我在公學三年多，始終沒有人強迫我剪辮，也沒有人勸我加入同盟會。直到二十年後，但懋辛先生才告訴我，當時校裏的同盟會員曾商量過，大家都認我將來可以做學問，他們要愛護我，所以不勸我參加革命的事。但在當時，他們有些活動也並不瞞我。有一晚十點鐘的時候，我快睡了，但君來找我，說，有個女學生從日本回國，替朋友帶了一隻手提小皮箱，江海關上要檢查，她說沒有鑰匙，海關上不放行。但君因爲我可以說幾句英國話，要我到海關上去辦交涉。我知道箱子裏是危險的違禁品，就跟了他到海關碼頭，這時候已過十一點鐘，誰都不在了。我們只好快快回去。第二天，那位女學生也走了，箱子她丟在關上不要了。

我們現在看見上海各學校都用國語講授，決不能想像二十年前的上海還完全是上海話的世界，各學校全用上海話教書、學生全得學上海話。中國公學是第一個用『普通話』教授的學校。學校裏的學生，四川湖南河南廣東的人最多，其餘各省的人也差不多全有。大家都說『普通話』，教員也用『普通話』。江浙的教員，如宋躍如，王仙華，沈翔雲諸先生，在講堂上也都得勉強說官話。我初入學時，只會說徽州話和上海話；但在學校不久也就會說『普通話』了。我的同學中四川人最多；四川話清楚乾淨，我最愛學他，所以我說的普通話最近於四川話。二三年後，我到四川客棧（元記厚記等）去看朋友，四川人只問，『貴府是川東，是川南？』他們都把我看作四川人了。

中國公學創辦的時候，同學都是創辦人，職員都是同學中舉出來的，所以沒有職員和學生的界限。當初創辦的人都有革命思想，想在這學校裏試行一種民主政治的制度。姚弘業烈士遺書中所謂『以大公無我之心，行共和之法』，即是此意。全校的組織分爲『執行』與『評議』兩部。執行部的職員（教務幹事，庶務幹事，齋務幹事）都是評議部舉出來的，有一定的任期，並且對於評議部要負責任。評議部是班長和室長組織成的，有監督和彈劾職員之權。評議部開會時，往往有激烈的辯論，有時直到點名熄燈時方才散會。評議員之中，最出名的是四川人龔從龍，口齒清楚，態度從容，是一個好議長。這種訓練是很有益的。我年紀太小，第一年不夠當評議員，有時在門外聽聽他們的辯論，不禁感覺我們在澄衷學堂的自治會眞是兒戲。

二

我第一學期住的房間裏有好幾位同學都是江西萍鄉和湖南醴陵人，他們是鄰縣人，說的話我聽不大懂。但不到一個月，我們很相熟了。他們都是二三十歲的人了；有一位鍾文烣（號古愚）已有鬍子，人叫他做鍾鬍子。他告訴我，他們現在組織了一個學會，叫做競業學會，目的是『對於社會，競與改良；對於個人，爭自濯磨』，所以定了這個名字。他介紹我進這個會，我答應了。鍾君是會長，他帶我到會所裏去，給我介紹了一些人。會所在校外北四川路厚福里。會中住的人大概多是革命黨。有個楊卓林，還有個廖德璠，後來是都因謀革命被殺的。會中辦事最熱心的人，鍾君之外，有謝寅杰和丁洪海兩君，他兩人維持會務最久。

競業學會的第一件事業就是創辦一個白話的旬報，就叫做競業旬報。他們請了一位傅君劍先生（號鈍根）來做編輯。旬報的宗旨，傅君說，共有四項：一振興教育，二提倡民氣，三改良社會，四主張自治。其實這都是門面話，骨子裏是要鼓吹革命。他們的意思是要『傳布於小學校之青年國民』，所以決定用白話文。胡梓方先生（後來的詩人胡詩廬）作發刊辭，其中有一段說：

在上海

今世號通人者，務爲艱深之文，陳過高之義，以爲士大夫勸，而獨不爲彼什伯千萬倍里巷鄉閭之子計，則是智益智，愚益愚，智日少，愚日多也。顧可爲治乎哉？

又有一位會員署名『大武』作文『論學官話的好處』，說：

諸位呀，要救中國，先要聯合中國的人心。要聯合中國的人心，先要統一中國的言語。……但現今中國的語言也不知有多少種，如何叫他們合而爲一呢？……除了通用官話，更別無法子了。但是官話的種類也很不少，有南方官話，有北方官話，有北京官話。現在中國全國通行官話，只須摹倣北京官話，自成一種普通國語哩。

這班人都到過日本，又多數是中國公學的學生，所以都感覺『普通國語』的需要。『國語』一個目標，屢見於競業旬報的第一期，可算是提倡最早的了。

競業旬報第一期是丙午年（一九〇六）九月十一日出版的。同住的鍾君看見我常看小說，又能作古文，就勸我爲旬報作白話文。第一期裏有我的一篇通俗『地理學』，署名『期自勝生』。那時候我正讀老子，愛上了『自勝者彊』一句話，所以取了個別號叫『希彊』，又自稱『期自勝生』。這篇文字是我的第一篇白話文字，所以我鈔其中說『地球是圓的』一段在這裏做一個紀念：

譬如一個人立在海邊，遠遠的望這來往的船隻。那來的船呢，一定是先看見他的桅杆頂，以後方能夠看見他的風帆，他的船身一定在最後方可看見。那去的船呢，却恰恰與來的相反，他的船身一定先看不見，然後看不見他的風帆，直到後來方才看不見他的桅杆頂。這是什麼緣故呢？因爲那地是圓的，所以來的船在那地的低處慢慢行上來，我們看去自然先看見那桅杆頂了。那去的船也是這個道理，不過同這個相反罷了。……諸君們如再不相信，可捉一隻蒼蠅擺在一隻蘋果上，叫他從下面爬到上面來，可不是先看見他的頭然後再看見他的脚麽？

……

這段文字已充分表現出我的文章的長處和短處了。我的長處是明白清楚，短處是淺顯。這時候我還不滿十五歲。二十五年來，我抱定一個宗旨，做文字必須要叫人懂得，所以我從來不怕人笑我的文字淺顯。

我做了一個月的白話文，胆子大起來了，忽然決心做一部長篇的章回小說。小說的題目叫做『眞如島』，用意是『破除迷信，開通民智』。我擬了四十回的回目，便開始寫下去了。第一回就在旬報第三期上發表（丙午十月初一日），回目是：

廣善仁疑心致疾

孫紹武正論祛迷

這小說的開場一段是：

話說江西廣信府貴溪縣城外有一個熱鬧的市鎭叫做神權鎭，鎭上有一條街叫做福兒街。這街盡頭的地方有一所高大的房子。有一天下午的時候，這屋的樓上有二人在那裏說話。一個是一位老人，年紀大約五十以外的光景，鬢髮已略有些花白了，躺在一張牀上，把頭靠近牀沿，身上蓋了一條厚被，面上甚是消瘦，好像是重病的模樣。一個是一位十八九歲的後生，生得儀容端整，氣概軒昂，坐在牀前一只椅子上，聽那個老人說話。……

我小時最痛恨道教，所以這部小說的開場就放在張天師的家鄉。但我實在不知道貴溪縣的地理風俗，所以不久我就把書中的主人翁孫紹武搬到我們徽州去了。

競業旬報出到第十期，便停辦了。我的小說續到第六回，也停止了。直到戊申年（一九〇八）三月十一日，旬報復活，第十一期才出世。但傅君劍已不來了，編輯無人負責，我也不大高興投稿了。到了戊申七月，旬報第二十四期以下就歸我編輯。從第二十四期到第三十八期，我做了不少的文字，有時候全期的文字，從論說到時聞，差不多都是我做的。眞如島也從第二十四期上續作下去，續到第十一回，旬報停刊了，我的小說也從此停止了。這時期我改用了『鐵兒』的筆名。

這幾十期的競業旬報給了我一個絕好的自由發表思想的機會，使我可以把在家鄉和在學校得着的一點點知識和見解，整理一番，用明白清楚的文字敍述出來。旬報的辦事人從來沒有干涉我的言論，所以我能充分發揮我的思想，尤其是我對於宗教迷信的思想。例如眞如島小說第八回裏，孫紹武這樣討論『因果』的問題：

在上海

這『因果』二字，很難說的。從前有人說，『譬如窗外這一樹花兒，枝枝朶朶都是一樣，何曾有什麼好歹善惡的分別？不多一會，起了一陣狂風，把一樹花吹一個「花落花飛飛滿天」，那許多花朶，有的吹上簾櫳，落在錦茵之上；有的吹出牆外，落在糞溷之中。這落花的好歹不同，難道好說是這幾枝花的善惡報應不成？』這話很是，但是我的意思却還不止此。大約這因果二字是有的。有了一個因，必收一個果。譬如吃飯自然會飽，吃酒自然會醉。有了吃飯吃酒兩件原因，自然會生出醉飽兩個結果來。但是吃飯是飯的作用生出飽來，種瓜是

一二六

瓜的作用生出新瓜來。其中並沒有什麼人爲之主宰。如果有什麼人爲主宰，什麼上帝哪，菩薩哪，既能罰惡人於既作孽之後，爲什麼不能禁之於未作孽之前呢？……『天』要是眞有這麼大的能力，何不把天下的人個個都成了善人呢？……『天』既生了惡人，讓他在世間作惡，後來又叫他受許多報應，這可不是書上說的『出爾反爾』麽？……總而言之，『天』既不能使人不作惡，便不能罰那惡人。……

落花一段引的是范縝的話（看本書第二章），後半是我自己的議論。這是很不遲疑的無神論。這時候我另在旬報上發表了一些『無鬼叢話』，第一條就引司馬温公『形既朽滅，神亦飄散，雖有剉燒舂磨，亦無所施』的話，和范縝『神之於形，猶利之於刀』的話（參看第二章）。第二條引蘇東坡的詩『耕田欲雨刈欲晴，去得順風來者怨。若使人人禱輒遂，造物應須日千變』。第三條痛罵西遊記和封神榜，其中有這樣的話：

夫士君子處頹敝之世，不能靡頂放踵敝口焦舌以挽滔滔之狂瀾，曷若隱遯窮邃，與木石終其身！更安忍隨波逐流，阿諛取容於當世，用自私利其身？（本條前面說封神榜的作者把書稿送給他的女兒作嫁資，其壻果然因此發財。所以此處有『自私利』的話。）天壤間果有鬼神者，則地獄之設正爲此輩！此其人更安有著書資格耶！

（叢話原是用文言作的。）

這是戊申（一九〇八）年八月發表的。誰也夢想不到說這話的小孩子在十五年後（一九二三）居然很熱心的替西遊記作兩萬字的考證！如果他有好材料，也許他將來還替封神榜作考證哩！

在無鬼叢話的第三條裏，我還接着說：

王制有之：『託於鬼神時日卜筮以亂衆者，誅。』吾獨怪夫數千年來之掌治權者，之以濟世明道自期者，乃懵然不之注意，惑世誣民之學說得以大行，遂舉我神州民族投諸極黑暗之世界！嗟夫，吾昔謂『數千年來僅得許多膽包皇帝，混帳聖賢』，吾豈好詈人哉？吾豈好詈人哉？

這裏很有『衞道』的臭味，但也可以表現我在不滿十七歲時的思想路子。叢話第四條說：

吾嘗持無鬼之說，論者或咎余，謂舉一切地獄因果之說而摧陷之，使人人敢於爲惡，殊悖先王神道設教之旨。此言余不能受也。今日地獄因果之說盛行，而惡人益多，民德日落，神道設教之成效果何如者！且處茲思想競爭時代，不去此種種魔障，思想又烏從而生耶？

這種誇大的口氣，出在一個十七歲孩子的筆下，未免叫人讀了冷笑。但我現在回看我在那時代的見解，總算是自己獨立想過幾年的結果，比起現今一班在幾個抽象名詞裏翻觔斗的少年人們，我還不感覺慚愧。

競業旬報上的一些文字，我早已完全忘記了。前年中國國民黨的中央宣傳部曾登報徵求全份的競業旬報，——大概他們不知道這裏面一大半的文字是胡適做的，——似乎也沒有效果。我靠幾個老朋友的幫忙，搜求了幾年，至今還不曾湊成全份。今年回頭看看這些文字，眞有如同隔世之感。但我很詫異的是有一些思想後來成爲我的重要出發點的，在那十七八歲的時期已有了很明白的傾向了。例如我在旬報第三十六期上發表一篇『苟且』，痛論隨便省事不肯澈底思想的毛病，說『苟且』二字是中國歷史上的一場大瘟疫，把幾千年的民族精神都瘟死了。我在眞如島小說第十一回（旬報三十七期）論扶乩的迷信，也說：

程正翁，你想能。別說沒有鬼神，即使有鬼神，那關帝呂祖何等尊嚴，豈肯聽那一二張符訣的號召？這種道理總算淺極了，稍微想一想，便可懂得。只可憐我們中國人總不肯想，只曉得隨波逐流，隨聲附和。國民愚到這步田地，照我的眼光看來，這都是不肯思想之故。所以宋朝大儒程伊川說『學原於思』，這區區四個字簡直是千古至言。——鄭先生說到這裏，回過頭來，對冀華冀璜道：程子這句話，你們都可寫作座右銘。

『學原於思』一句話是我在澄衷學堂讀朱子近思錄時注意到的。我後來的思想走上了赫胥黎和杜威的路上去，也正是因爲我從十幾歲時就那樣十分看重思想的方法了。

又如那時代我在李莘伯辦的安徽白話報上發表的一篇『論承繼之不近人情』（轉載在旬報廿九期），我不但反對承繼兒子，並且根本疑問『爲什麼一定要兒子』？此文的末尾有一段說：

我如今要薦一個極孝順永遠孝順的兒子給我們中國四萬萬同胞。這個兒子是誰呢？便是『社會』。……你看那些英雄豪傑仁人義士的名譽，萬古流傳，永不湮沒；全社會都崇拜他們，紀念他們；無論他們有子孫沒有子孫，我們紀念着他們，總不少減；也只爲他們有功於社會，所以社會永永感謝他們，紀念他們。阿噲噲，這些英雄豪傑仁人義士的孝子賢孫多極了，多極了！……一個人能做許多有益於大衆有功於大衆的事業，便可以把全社會都成了他的孝子賢孫。列位要記得：兒子孫子，親生的，承繼的，都靠不住。只有我所薦的孝子

順孫是萬無一失的。

這些意思，最初起於我小時看見我的三哥出繼珍伯父家的痛苦情形，是從一個眞問題上慢慢想出來的一些結論。這一點種子，在四五年後，我因讀培根（Bacon）的論文有點感觸，在日記裏寫成我的『無後主義』。在十年之後，又因爲我母親之死引起了一些感想，我才寫成『不朽：我的宗教』一文，發揮『社會不朽』的思想。

這幾十期的競業旬報，不但給了我一個發表思想和整理思想的機會，還給了我一年多作白話文的訓練。清朝末年出了不少的白話報，如中國白話報，杭州白話報，安徽俗話報，寧波白話報，潮州白話報，都沒有長久的壽命。光緒宣統之間，范鴻仙等辦國民白話日報，李莘伯辦安徽白話報，都有我的文字，但這兩個報都只有幾個月的壽命。競業旬報出到四十期，要算最長壽的白話報了。我從第一期投稿起，直到他停辦時止，中間不過有短時期沒有我的文字。和競業旬報有編輯關係的人，如傅君劍，如張丹斧，如葉德爭，都沒有我的長久關係，也沒有我的長期訓練。我不知道我那幾十篇文字在當時有什麼影響，但我知道這一年多的訓練給了我自己絕大的好處。白話文從此成了我的一種工具。七八年之後，這件工具使我能夠在中國文學革命的運動裏做一個開路的工人。

三

我進中國公學不到半年，就得了脚氣病，不能不告假醫病。我住在上海南市瑞興泰茶葉店裏養病，偶然翻讀吳汝綸選的一種古文讀本，其中第四册全是古詩歌。這是我第一次讀古體詩歌，我忽然感覺很大的興趣。病中每天讀熟幾首。不久就把這一册古詩讀完了。我小時曾讀一本律詩，毫不覺得有興味；這回看了這些樂府歌辭和五七言詩歌，才知道詩歌原來是這樣自由的，才知道做詩原來不必先學對仗。我背熟的第一首詩是木蘭辭，第二首是飲馬長城窟行，第三是古詩十九首。一路下去，直到陶潛杜甫，我都喜歡讀。讀完了吳汝綸的選本，我又在二哥的藏書裏尋得了陶淵明集和白香山詩選，後來又買了一部杜詩鏡詮。這時代我專讀古體歌行，不肯再讀律詩；偶然也讀一些五七言絕句。

有一天，我回學堂去，路過競業旬報社，我進去看傅君劍，他說不久就要回湖南去了。我回到了宿舍，寫了一首送別詩，自己帶給君劍，問他像不像詩。這詩我記不得了，只記得開端是「我以何因緣，得交傅君劍」。君劍很誇獎我的送別詩，但我終有點不自信。過了一天，他送了一首「留別適之卽和贈別之作」來，用日本捲箋寫好，我打開一看，眞嚇了一跳。他詩中有「天下英雄君與我，文章知己友兼師」兩句，在我這剛滿十五歲的小孩子的眼裏，這眞是受寵若驚了！「難道他是說謊話哄小孩子嗎？」我忍不住這樣想。君劍這幅詩箋，我趕快藏了，不敢給人看。然而他這兩句鼓勵小孩子的話可害苦我了！從此以後，我就發憤讀詩，想要做個詩人了。有時候，我在課堂上，先生在黑板上解高等代數的算式，我却在斯密司的大代數學底下翻詩韻合璧，練習簿上寫的不是算式，是一首未完的紀遊詩。一兩年前我半夜裏偷點着蠟燭，伏在枕頭上演習代數問題，那種算學興趣現在都被做詩的新興趣趕跑了！我在病脚氣的幾個月之中發見了一個新世界，同時也決定了我一生的命運。我從此走上了文學史學的路，後來幾次想矯正回來，想走到自然科學的路上去，但興趣已深，習慣已成，終無法挽回了。

丁未正月（一九〇七）我遊蘇州，三月與中國公學全體同學旅行到杭州，我都有詩紀遊。我那時全不知道『詩韻』是什麼，只依家鄉的方音，念起來同韻便算同韻。在西湖上寫了一首絕句，只押了兩個韻脚，楊千里先生看了大笑，說，一個字在

『尤』韻，一個字在『蕭』韻。他替我改了兩句，意思全不是我的了。我才知道做詩要硬記詩韻，並且不妨犧牲詩的意思來遷就詩的韻脚。

丁未五月，我因脚氣病又發了，遂回家鄉養病。（我們徽州人在上海得了脚氣病，必須趕緊回家鄉，行到錢塘江的上游，脚腫便漸漸退了。）我在家中住了兩個多月，母親很高興。從此以後，我十年不歸家（一九〇七——一九一七），那是母親和我都沒有料到的。那一次在家，和近仁叔相聚甚久，他很鼓勵我作詩。在家中和路上我都有詩。這時候我讀了不少白居易的詩，所以我這時期的詩，如在家鄉做的棄父行，很表現長慶集的影響。

丁未以後，我在學校裏頗有少年詩人之名，常常和同學們唱和。有一次我做了一首五言律詩，押了一個『禎』字韻，同學和教員和作的詩有十幾首之多。同學中如湯昭（保民），朱經（經農），任鴻雋（叔永），沈翼孫（燕謀）等，都能作詩；教員中如胡梓方先生，石一參先生等，也都愛提倡詩詞。梓方先生即是後來出名的詩人胡詩廬，這時候他教我們的英文，英文教員能做中國詩詞，這是當日中國公學的一種特色。還有一位英文教員姚康侯先生，是辜鴻銘先生的學生，也是很講究中國文學的。辜先生譯的癡漢騎馬歌，其實是姚康侯先生和幾位同門修改潤色的。姚先生在課堂上常教我們翻譯，從英文譯漢文，或從漢文譯英文。有時候，我們自己從讀本裏挑出愛讀的英文詩，邀幾個能詩的同學分頭翻譯成中國詩，拿去給姚先生和胡先生評改。姚先生常勸我們看辜鴻銘譯的論語，他說這是翻譯的模範。但五六年後，我得讀辜先生譯的中庸，感覺很大的失望。大概當時所謂翻譯，都側重自由的意譯，務必要『典雅』，而不妨變動原文的意義與文字。這種訓練也有他的用處，可以使學生時時想到中西文字異同之處，時時想某一句話應該怎樣翻譯，才可算『達』與『雅』。我記得我們試譯一首英文詩，中有 Scarecrow 一個字，我們大家想了幾天，想不出一個典雅的譯法。但是這種工夫，現在回想起來，不算是浪費了的。

我初學做詩，不敢做律詩，因爲我不曾學過對對子，覺得那是很難的事。戊申（一九〇八）以後，我偶然試做一兩首五言律詩來送朋友，覺得並不很難，後來我也常常做五七言律詩了。做慣律詩之後，我才明白這種體裁是似難而實易的把戲；不必有內容，不必有情緒，不必有意思，只要會變戲法，會搬運典故，會調音節，會對對子，就可以謅成一首律詩。這種體裁最宜於做沒有內容的應酬詩，無論是殿廷上應酬皇帝，或寄宿舍裏送別朋友，把頭搖幾搖，想出了中間兩聯，湊上一頭一尾，就是一首詩了；如果是限韻或和韻的詩，只消從韻脚上去着想，那就更容易了。大概律詩的體裁和步韻的方法所以不能廢除，正因爲這都是最方便的戲法。我那時讀杜甫的五言律詩最多，所以我做的五律頗受他的影響。七言律詩，我覺得沒有一首能滿意的，所以我做了幾首之後就不做了。

現在我把我在那時做的詩鈔幾首在這裏，也算一個時期的紀念：

秋日夢返故居（戊申八月）

秋高風怒號，客子中懷亂。撫枕一太息，悠悠歸里閈。

入門拜慈母，母方撫孫玩。齊兒見叔來，牙牙似相喚。

拜母復入室，諸嫂同炊爨。問答乃未已，舉頭日已旰。

方期長聚首，豈復疑夢幻？年來歷世故，遭際多憂患。

耿耿苦思家，聽人識斥鷃。（玩字原作弄，是誤用方

音，前年改玩字。）

軍人夢（譯 Thomas Campbell's A Soldier's Dream）（戊申）

笳聲銷歇暮雲沉，耿耿天河燦列星。戰士創痍橫滿地，

在上海

一四六

（五）我怎樣到外國去

一

戊申（一九〇八）九月間，中國公學鬧出了一次大風潮，結果是大多數學生退學出來，另組織一個中國新公學。這一次的風潮爲的是一個憲法的問題。

中國公學在最初的時代，純然是一個共和國家，評議部爲最高立法機關，執行部的幹事即由公選產生出來。不幸這種共和制

度實行了九個月（丙午二月至十一月），就修改了。修改的原因，約有幾種：一是因爲發起的留日學生逐漸減少，而新招來的學生逐漸加多，已不是當初發起時學生與辦事人完全不分界限的情形了。二是因爲社會和政府對於這種共和制度都很疑忌。三是因爲公學既無校舍，又無基金，有請求官款補助的必要，所以不能不避免外界對於公學內部的疑忌。

爲了這種種原因，公學的辦事人就在丙午（一九〇六）年的冬天，請了鄭孝胥張謇熊希齡等幾十人作中國公學的董事，修改章程，於是學生主體的制度就變成了董事會主體的制度。董事會根據新章程，公舉鄭孝胥爲監督。一年後，鄭孝胥辭職，董事會又舉夏敬觀爲監督。這兩位都是有名的詩人，他們都不常到學校，所以我們也不大覺得監督制的可畏。

可是在董事會與監督之下，公學的幹事就不能由同學公選了。評議部是新章所沒有的。選舉的幹事改爲學校聘任的教務長，庶務長，齋務長了。這幾位辦事人，外面要四出募捐，裏面要担負維持學校的責任，自然感覺他們的地位有穩定的必要。況且前面已說過，校章的修改也不是完全沒有理由的。但我們少年人可不能那樣想。中國公學的校章上明明載着『非經全體三分之二承認，不得修改』。這是我們的憲法上載着的唯一的修正方法。三位幹事私自修改校章，是非法的。評議部的取消也是非法的。這裏面也還有個人的問題。當家日子久了，總難免『貓狗皆嫌』。何況同學之中有許多本是幹事諸君的舊日同輩的朋友呢？

在校上課的同學自然在學業上日日有長進，而幹事諸君辦事久了，學問上沒有進境，却當着教務長一類的學術任務，自然有時難免受舊同學的輕視。法的問題和這種人的問題混合在一塊，風潮就不容易避免了。

代議制的評議部取消之後，全體同學就組織了一個「校友會」，其實就等於今日各校的學生會。校友會和三幹事爭了幾個月，幹事答應了校章可由全體學生修改。又費了幾個月的時間，校友會把許多修正案整理成一個草案，又開了幾次會，才議定了一本校章。一年多的爭執，經過了多少度的磋商，新監督夏先生與幹事諸君均不肯承認這新改的校章。

到了戊申（一九〇八）九月初三日，校友會開大會報告校章

交涉的經過，會尚未散，監督忽出布告，完全否認學生有訂改校章之權，這竟是完全取消幹事承認全體修改校章的布告了。接着又出了兩道布告，一道說『集會演說，學堂懸爲厲禁。……校友會以後不准再行開會』。一道說學生代表朱經朱紱華『倡首煽衆，私發傳單，侮辱職員，要挾發布所自改印章程，屢誡不悛，純用意氣，實屬有意破壞公學。照章應卽斥退，限一日內搬移出校。』

初四日，全體學生簽名停課，在操場上開大會。下午幹事又出布告，開除學生羅君毅，周烈忠，文之孝等七人，並且說：『如仍附從停課，卽當將停課學生全行解散，另行組織。』初五日，教員出來調停，想請董事會出來挽救。但董事會不肯開會。

初七日學生大會遂決議籌備萬一學校解散後的辦法。

初八日董事陳三立先生出來調停，但全校人心已到了很激昂的程度，不容易挽回了。初九日，校中布告：『今定於星期日暫停膳食。所有被脅諸生可先行退出校外，暫住數日。准於今日午後一時起，在寰球中國學生會發給旅膳費。俟本公學將此案辦結後，再行佈告來校上課。』

這樣的壓迫手段激起了校中絕大多數同學的公憤。他們決定退學，遂推舉幹事籌備另創新校的事。退學的那一天，秋雨淋漓，大家冒雨搬到愛而近路慶祥里新租的校舍裏。廚房雖然尋來了一家，飯廳上桌櫈都不夠，碗碟也不夠。大家都知道這是我們自己創立的學校，所以不但不叫苦，還要各自掏腰包，捐出錢來作學校的開辦費。有些學生把綢衣，金錶，都拿去當了錢來捐給學堂做開辦費。

十天之內，新學校籌備完成了，居然聘教員，排功課，正式開課了。校名定爲『中國新公學』；學生有一百六七十人。在這風潮之中，最初的一年因爲我是新學生，又因爲我告了長時期的病假，所以沒有參與同學和幹事的爭執；到了風潮正激烈的時期，我被舉爲大會書記，許多記錄和宣言都是我做的；雖然不在被開除之列，也在退學之中。朱經，李琴鶴，羅君毅被舉作幹事。有許多舊教員都肯來担任教課。學校雖然得着社會上一部份人的同情，捐款究竟很少，經常費很感覺困難。李琴鶴君担任教務幹事，有一天他邀我到他房裏談話，他要我担任低級各班的英文，每星期教課三十點鐘，月薪八十元；但他聲明，自家同學作教員，薪俸是不能全領的，總得欠着一部份。

我這時候還不滿十七歲，雖然換了三個學堂，始終沒有得着一張畢業證書。我若繼續上課，明年可以畢業了。但我那時確有不能繼續求學的情形。我家本沒有錢。父親死後，只剩幾千兩的存款，存在同鄉店家生息，一家人全靠這一點出息過日子。後來存款的店家倒帳了，分攤起來，我家分得一點小店業。我的二哥是個有幹才的人，他往來漢口上海兩處，把這點小店業變來變去，又靠他的同學朋友把他們的積蓄寄存在他的店裏，所以他能在幾年之中合夥撐起一個規模較大的瑞興泰茶葉店。但近幾年之中，他的性情變了，一個拘謹的人變成了放浪的人；他的費用變大了，精力又不能貫注到店事，店中所托的人又不很可靠，所以店業一年不如一年。後來我家的虧空太大了，上海的店業不能不讓給債權人。當戊申的下半年，我家只剩漢口一所無利可圖的酒棧（兩儀棧）了。這幾個月以來，我沒有錢住宿舍，就寄居在競業旬報社裏（也在慶祥里）。從七月起，我担任旬報的編輯，每出一期報，社中送我十塊錢的編輯費。住宿和飯食都歸社中担負。我家中還有母親，眼前就得要我寄錢贍養了。母親也知道家中破產就在眼前，所以寄信來要我今年回家去把婚事辦了。我斬釘截鐵的阻止了這件事，名義上是說求學要緊，其實是我知道家中沒有餘錢給我辦婚事，我也沒有錢養家。

正在這個時候，李琴鶴君來勸我在新公學作教員。我想了一會，就答應了。從此以後，我每天教六點鐘的英文，還要改作文卷子。十七八歲的少年人，精力正強，所以還能夠勉強支持下去，直教到第二年（一九〇九）冬天中國新公學解散時爲止。

以學問論，我那時怎配教英文？但我是個肯負責任的人，肯下苦功去預備功課，所以這一年之中還不曾有受窘的時候。我教的兩班後來居然出了幾個有名的人物：饒毓泰（樹人），楊銓（杏佛），嚴莊（敬齋），都做過我的英文學生。後來我還在校外收了幾個英文學生，其中有一個就是張奚若。可惜他們後來都不是專習英國文學；不然，我可眞『抖』了！

競業旬報停刊之後，我搬進新公學去住。這一年的教書生活雖然很苦，於我自己却有很大的益處。我在中國公學兩年，受姚康侯和王雲五兩先生的影響很大，他們都最注重文法上的分析，所以我那時雖不大能說英國話，却喜歡分析文法的結構，尤其喜歡拿中國文法來做比較。現在做了英文教師，我更不能不把字字句句的文法弄的清楚。所以這一年之中，我雖沒有多讀英國文學書，却在文法方面得着很好的練習。

* * * *

中國新公學在最困苦的情形之下支持了一年多，這段歷史是很悲壯的。那時候的學堂多不講究圖書儀器的設備，只求做到教員好，功課緊，管理嚴，就算好學堂了。新公學的同學因爲要爭一口氣，所以成績很好，管理也不算壞。但經費實在太窮，教員只能拿一部分的薪俸，幹事處常常受收房捐和收巡捕捐的人的惡氣；往往因爲學校不能付房捐與巡捕捐，同學們大家湊出錢來，借給幹事處。有一次幹事朱經農君（卽朱經）感覺學校經費困難已到了絕地，他憂愁過度，神經錯亂，出門亂走，走到了徐家滙的一條小河邊，跳下河去，幸遇人救起，不曾喪命。

這時候，中國公學的吳淞新校舍已開始建築了，但學生很少。內地來的學生，到了上海，知道了兩個中國公學的爭持，大都表同情于新公學，所以新公學的學生總比老公學多。例如張奚若（原名耘）等一些陝西學生，到了上海，趕不上招考時期，他們寧可在新公學附近租屋補習，却不肯去老公學報名。所以『中國新公學』的招牌一天不去，『中國公學』是一天不得安穩發展的。老公學的職員萬不料我們能支持這麼久。他們也知道我們派出去各省募捐的代表，如朱紱華朱經農薛傳斌等，都有有力的介紹，也許有大規模的官款補助的可能。新公學募款若成功，這個對峙的局面更不容易打消了。

老公學的三幹事之中，張邦傑先生（俊生）當風潮起時在外省募款未歸；他回校後極力主張調停，收囘退學的學生。不幸張先生因建築吳淞校舍，積勞成病，不及見兩校的合併就死了。新公學董事長李平書先生因新校經濟不易維持，也贊成調停合併。調停的條件大致是：凡新公學的學生願意回去的，都可回去；新公學的功課成績全部承認；新公學所有虧欠的債務，一律由老公學担負清償。新公學一年之中虧欠已在一萬元以上，捐款究竟只是一種不能救急的希望；職員都是少年人，犧牲了自己的學業來辦學堂，究竟不能持久。所以到了己酉（一九〇九）十月，新公學接受了調停的條件，決議解散：願回舊校者，自由回去。我有題新校合影的五律二首，七律一首，可以紀念我們在那時候的感情，所以我鈔在這裏：

十月題新校合影時公學將解散

無奈秋風起，艱難又一年。顛危俱有責，成敗豈由天？
黯黯愁茲別，悠悠祝汝賢。不堪回首處，滄海已桑田。

此地一爲別，依依無限情。淒涼看日落，蕭瑟聽風鳴。
應有天涯感，無忘城下盟！相攜入圖畫，萬慮苦相縈。

十月再題新校教員合影

也知胡越同舟誼，無奈驚濤動地來。江上飛鳥猶繞樹，

尊前殘蠟已成灰。曇花幻相空餘恨，鴻爪遺痕亦可哀。

莫笑勞勞作芻狗，且論臭味到岑苦。

這都算不得詩，但『應有天涯感，無忘城下盟』兩句確是當時的心理。合併之後，有許多同學都不肯回老公學去，也是為此。這一年的經驗，為一個理想而奮鬥，為一個團體而犧牲，為共同生命而合作，這些都在我們一百六十多人的精神上留下磨不去的影子。二十年來，無人寫這一段歷史，所以我寫這幾千字，給我的一班老同學留一點『鴻爪遺痕』。

* * * *

少年人的理想主義受打擊之後，反動往往是很激烈的。在戊申己酉（一九〇八—九）兩年之中，我的家事敗壞到不可收拾的地步。己酉年，大哥和二哥回家，主張分析家產；我寫信回家，說我現在已能自立了，不要家中的產業。其實家中本沒有什麽產業可分，分開時，兄弟們每人不過得着幾畝田，半所屋而已。那一年之中，我母親最心愛的一個妹子和一個弟弟先後死了，她自己也病倒了。我在新公學解散之後，得了兩三百元的欠薪，前途茫茫，毫無把握，那敢回家去？只好寄居在上海，想尋一件可以吃飯養家的事。在那個憂愁煩悶的時候，又遇着一班浪漫的朋友，我就跟着他們墮落了。

【註】這一段是去年（一九三一）夏間寫的，寫成之後，我恐怕我的記載有不正確或不公平的地方，所以把

原稿送給王敬芳先生（摶沙），請他批評修改。他是我們攻擊的幹事之一，是當日風潮的一個主要目標。但事隔二十多年，我們都可以用比較客觀的眼光來回看當年的舊事了。他看了之後，寫了一封幾千字的長信給我，承認我的話「說的非常心平氣和，且設身處地的委曲體諒，令我極端佩服」，又指出一些與當日事實不符的地方。他指出的錯誤，我都改正了。所以這一段小史，雖是二十多年後追記的，應該沒有多大的錯誤。我感謝王先生的修正，並且盼望我的老同學朱經農羅君毅諸先生也給我同樣的修正。

王先生在他的長信裏說了幾句很感慨的話，我認爲很值得附錄在此。他說：

『我是當初反對取締規則最力的人，但是今日要問我取締規則到底對於中國學生有多大害處，我實在答應不出來。你是當時反對公學最力的人，看你這篇文章，今昔觀察也就不同的多了。我想青年人往往因感情的衝動，理智便被壓抑了。中國學校的風潮，大多數是由于這種原因。學校中少一分風潮，便多一分成就。盼望你注意矯正這種流弊。』

我是贊成這話的，但是我要補充一句：學校的風潮不完全由于青年人的理智被感情壓抑了，其中往往是因爲中年人和青年人同樣的失去了運用理智的能力。專責備青年人是不公允的。中國公學最近幾次的風潮都是好例子。

廿一，九，廿七。

二

中國新公學有一個德國教員，名叫何德梅（Ottomeir），他的父親是德國人，母親是中國人，他能說廣東話，上海話，官話。什麽中國人的玩意兒，他全會。我從新公學出來，就搬在他隔壁的一所房子裏住，這兩所房子是通的，他住東屋，我和幾個四川朋友住西屋。和我同住的人，有林君墨（恕）但怒剛（懋辛）諸位先生；離我們不遠，住着唐桂梁（蟒）先生，是唐才常的兒

子。這些人都是日本留學生，都有革命黨的關係；在那個時候各地的革命都失敗了，黨人死的不少，這些人都很不高興，都很牢騷。何德梅常邀這班人打馬將，我不久也學會了。我們打牌不賭錢，誰贏誰請吃雅叙園。我們這一班人都能喝酒，每人面前擺一大壺，自斟自飲。從打牌到喝酒，從喝酒又到叫局，從叫局到吃花酒，不到兩個月，我都學會了。

幸而我們都沒有錢，所以都只能玩一點窮開心的玩意兒：賭博到吃館子爲止，逛窰子到吃『鑲邊』的花酒或打一場合股份的牌爲止。有時候，我們也同去看戲。林君墨和唐桂梁發起學唱戲，請了一位小喜祿來敎我們唱戲，同學之中有歐陽予倩，後來成了中國戲劇界的名人。我最不行，一句也學不會，不上兩天我就不學了。此外，我還有一班小朋友，同鄉有許怡蓀程樂亭章希呂諸人，舊同學有鄭仲誠張蜀川鄭鐵如諸人。怡蓀見我隨着一班朋友發牢騷，學墮落，他常常規勸我。但他在吳淞復旦公學上課，是不常來的，而這一班玩的朋友是天天見面的，所以我那幾個月之中眞是在昏天黑地裏胡混。有時候，整夜的打牌；有時候，連日的大醉。

* * *

有一個晚上，鬧出亂子來了。那一晚我們在一家『堂子』裏吃酒，喝的不少了，出來又到一家去『打茶圍』。那晚上雨下的很大，下了幾點鐘還不止。君墨桂梁留我打牌，我因爲明天要教書（那時我在華童公學教小學生的國文），所以獨自僱人力車走了。他們看我能談話，能在一疊『局票』上寫詩詞，都以爲我沒有喝醉，也就讓我一個人走了。

其實我那時已大醉了，談話寫字都只是我的『下意識』的作用，我全不記憶。出門上車以後，我就睡着了。

直到第二天天明時，我才醒來，眼睛還沒有睜開，就覺得自己不是睡在床上，是睡在硬的地板上！我疑心昨夜喝醉了，睡在家中的樓板上，就喊了一聲『老彭』！——老彭是我僱的一個湖南僕人。喊了兩聲，沒有人答應，我已坐起來了，眼也睜開了。

奇怪的很！我睡在一間黑暗的小房裏，只有前面有亮光，望出去好像沒有門。我仔細一看，口外不遠還好像有一排鐵柵欄。我定神一聽，聽見欄杆外有皮鞋走路的聲響。一會兒，狄託狄託的走過來了，原來是一個中國巡捕走過去。

我有點明白了，這大概是巡捕房，只不知道我怎樣到了這兒來的。我想起來問一聲，這時候才覺得我一隻脚上沒有鞋子，又覺得我身上的衣服都是濕透了的。我摸來摸去，摸不着那一隻皮鞋；只好光着一隻襪子站起來，扶着牆壁走出去，隔着柵欄招呼那巡捕，問他這是什麼地方。

他說：『這是巡捕房。』

『我怎麼會進來的？』

他說：『你昨夜喝醉了酒，打傷了巡捕，半夜後進來的。』

『什麼時候我可以出去？』

『天剛亮一會，早呢！八點鐘有人來，你就知道了。』

我在亮光之下，才看見我的舊皮袍不但是全濕透了，衣服上還有許多污泥。我又覺得臉上有點疼，用手一摸，才知道臉上也有污泥，並且有破皮的疤痕。難道我眞同人打了架嗎？

這是一個春天的早晨，一會兒就是八點鐘了。果然有人來叫我出去。

在一張寫字桌邊，一個巡捕頭坐着，一個渾身泥污的巡捕立着回話。那巡捕頭問：

「就是這個人？」

「就是他。」

「你說下去。」

那渾身泥污的巡捕說：

「昨夜快十二點鐘時候，我在海寧路上班，雨下的正大。忽然（他指着我）他走來了，手裏拿着一隻皮鞋敲着牆頭，狄托狄托的響。我拿巡捕燈一照，他開口就罵。」

「罵什麽？」

「他罵『外國奴才』！我看他喝醉了，怕他闖禍，要帶他到巡捕房裏來。他就用皮鞋打我，我手裏有燈，抓不住他，被他打了好幾下。後來我抱住他，搶了他的鞋子，他就和我打起來了。兩個人抱住不放，滚在地上。下了一夜的大雨，馬路上都是水，兩個人在泥水裏打滚。我的燈也打碎了，身上臉上都被他打了。他臉上的傷是在石頭上擦破了皮。我吹叫子，喚住了一部空馬車，兩個馬夫幫我捉住他，關在馬車裏，才能把他送進來。我的衣服是烘乾了，但是衣服上的泥都不敢弄掉，這都是在馬路當中滾的。』

我看他臉上果然有傷痕，但也像是擦破了皮，不像是皮鞋打的。他解開上身，也看不出什麼傷痕。

巡捕頭問我，我告訴了我的眞姓名和職業，他聽說我是在華童公學教書的，自然不願得罪我。他說，還得上堂問一問，大概要罰幾塊錢。

他把桌子上放着的一隻皮鞋和一條腰帶還給我。我穿上了鞋子，才想起我本來穿有一件緞子馬褂。我問他要馬褂，他問那泥污的巡捕，他回說：『昨夜他就沒有馬褂。』

我心裏明白了。

我住在海寧路的南林里，那一帶在大雨的半夜裏是很冷靜的。我上了車就睡着了。車夫到了南林里附近，一定是問我到南林里第幾衖。我大概睡的很熟，不能回答了。車夫叫我不醒，也許推我不醒，他就起了壞心思，把我身上的錢摸去了，又把我的馬褂剝去了。帽子也許是他拿去了的，也許是丟了的。他大概還要剝我的皮袍，不想這時候我的『下意識』醒過來了，就和他抵抗。那一帶是沒有巡捕的，車夫大概是拉了車子跑了，我大概追他不上，自己也走了。皮鞋是跳舞鞋式的，沒有鞋帶，所以容易掉下來；也許是我跳下車來的時候就掉下來了，也許我拾起了一隻鞋子來追趕那車夫。車夫走遠了，我赤着一隻脚在雨地裏自然追不上。我慢慢的依着『下意識』走回去。醉人往往愛裝面子，所以我丟了東西反唱起歌來了，——也許唱歌是那個巡捕的胡說，因爲我的意識生活是不會唱歌的。

這是我自己用想像來補充的一段，是沒有法子證實的了。但我想到在車上熟睡的一段，不禁有點不寒而慄，身上的水濕和臉上的微傷那能比那時刻的生命的危險呢？

巡捕頭許我寫一封短信叫人送到我的家中。那時候鄭鐵如（現在的香港中國銀行行長）住在我家中，我信上托他帶點錢來準備做罰款。

上午開堂問事的時候，幾分鐘就完了，我被罰了五元，做那個巡捕的養傷費和賠燈費。

我到了家中，解開皮袍，裏面的綿襖也濕透了，一解開來，

裹面熱氣蒸騰：濕衣裹在身上睡了一夜，全蒸熱了！我照鏡子，見臉上的傷都只是皮膚上的微傷，不要緊的。可是一夜的濕氣倒是可怕。

同住的有一位四川醫生，姓徐，醫道頗好。我請他用猛藥給我解除濕氣。他下了很重的瀉藥，泄了幾天；可是後來我手指上和手腕上還發出了四處的腫毒。

* * * *

那天我在鏡子裹看見我臉上的傷痕，和渾身的泥濕，我忍不住歎一口氣，想起『天生我材必有用』的詩句，心裹百分懊悔，覺得對不住我的慈母，——我那在家鄉時時刻刻懸念着我，期望着我的慈母！我沒有掉一滴眼淚，但是我已經過了一次精神上的大轉機。

我當日在床上就寫信去辭了華童公學的職務，因爲我覺得我的行爲玷辱了那個學校的名譽。況且我已決心不做那教書的事了。

那一年（庚戌，一九一〇）是考試留美賠款官費的第二年。聽說，考試取了備取的還有留在清華學校的希望。我決定關起門來預備去應考試。

許怡蓀來看我，也力勸我擺脫一切去考留美官費。我所慮的有幾點：一是要籌養母之費，二是要還一點小債務，三是要籌兩個月的費用和北上的旅費。怡蓀答應替我去設法。後來除他自己之外，幫助我的有程樂亭的父親松堂先生，和我的族叔祖節甫先生。

我閉戶讀了兩個月的書，就和二哥紹之一同北上。到了北京，蒙二哥的好朋友楊景蘇先生（志洵）的厚待，介紹我住在新在建築中的女子師範學校（後來的女師大）校舍裏，所以費用極省。在北京一個月，我不曾看過一次戲。楊先生指點我讀舊書，要我從十三經註疏用功起。我讀漢儒的經學，是從這個時候起的。

留美考試分兩場，第一場考國文英文，及格者才許考第二場的各種科學。國文試題爲『不以規矩不能成方圓說』，我想這個題目不容易發揮，又因我平日喜歡看雜書，就做了一篇亂談考據的短文，開卷就說：

矩之作也，不可考矣。規之作也，其在周之末世乎？下文我說周髀算經作圓之法足證其時尚不知道用規作圓；又孔子說『不踰矩』，而不並舉規矩，至墨子孟子始以規矩並用，足證規之晚出。這完全是一時異想天開的考據，不料那時看卷子的先生也有考據癖，大賞識這篇短文，批了一百分。英文考了六十分，頭場平均八十分，取了第十名。第二場考的各種科學，如西洋史，如動物學，如物理學，都是我臨時抱佛脚預備起來的，所以考的很不得意。幸虧頭場的分數佔了大便宜，所以第二場我還考了個第五十五名。取送出洋的共七十名，我很挨近榜尾了。

南下的旅費是楊景蘇先生借的。到了上海，節甫叔祖許我每年遇必要時可以墊錢寄給我的母親供家用。怡蓀也答應幫忙。沒有這些好人的幫助，我是不能北去，也不能放心出國的。

我在學校裏用胡洪騂的名字；這回北上應考，我怕考不取爲朋友學生所笑，所以臨時改用胡適的名字。從此以後，我就叫胡適了。

廿一，九，廿七夜。

我怎樣到外國去

一八〇

中華民國二十二年九月初版

四十自述 第一册

實價大洋七角
郵費二分半

有著作權
翻印必究

著者 胡適

印刷兼發行者 亞東圖書館

發行所 上海五馬路棋盤街西首 亞東圖書館

初版影印

THE ORIENTAL BOOK COMPANY
上海亞東圖書館

中國新文學大系

趙家璧主編

第一集

一九三五，八，三十付排

一九三五，十，十五初版

總序導言

版權所有

不准翻印

No. 381

普及版每本大洋二元

逼上梁山

——文學革命的開始——

胡　適

一

提起我們當時討論「文學革命」的起因，我不能不想到那時清華學生監督處的一個怪人。這個人叫做鍾文鰲，他是一個基督教徒，受了傳教士和青年會的很大的影響。他在華盛頓的清華學生監督處做書記，他的職務是每月寄發各地學生應得的月費。他想利用他發支票的機會來做一點社會改革的宣傳。他印了一些宣傳品，和每月的支票夾在一個信封裏寄給我們。他的小傳單有種種花樣，大致是這樣的口氣：

「不滿二十五歲不娶妻。」

「廢除漢字，取用字母。」

「多種樹，種樹有益。」

支票是我們每月渴望的；可是鍾文鰲先生的小傳單未必都受我們的歡迎。我們拆開信，把支票抽出來，就把這個好人的傳單抛在字紙簍裏去。

可是鍾先生的熱心眞可厭！他不管你看不看，每月總照樣夾帶一兩張小傳單給你。我們平時厭惡這種靑年

會宣傳方法的，總覺得他這樣濫用職權是不應該的。有一天，我又接到了他的一張傳單，說中國應該改用字母拼音；說欲求教育普及，非有字母不可。我一時動了氣，就寫了一封短信去罵他，信上的大意是說：「你們這種不通漢文的人，不配談改良中國文字的問題。你要談這個問題，必須先費幾年工夫，把漢文弄通了，那時你纔有資格談漢字是不是應該廢除。」

這封信寄出去之後，我就有點懊悔了。等了幾天，鍾文鰲先生沒有回信來，我更覺得我不應該這樣「盛氣陵人」。我想，這個問題不是一駡就可完事的。我既然說鍾先生不夠資格討論此事，我們夠資格的人就應該用點心思才力去研究這個問題。不然，我們就應該受鍾先生的訓斥了。

那一年恰好東美的中國學生會新成立了一個「文學科學研究部」(Institute of Arts and Sciences)，我是文學股的委員，負有準備年會時分股討論的責任。我就同趙元任先生商量，把「中國文字的問題」作爲本年文學股的論題，由他和我兩個人分做兩篇論文，討論這個問題的兩個方面：趙君專論「吾國文字能否採用字母制，及其進行方法」；我的題目是「如何可使吾國文言易於教授」。趙君後來覺得一篇不夠，連做了幾篇長文，說吾國文字可以採用音標拼音，並且詳述贊成與反對的理由。他後來是「國語羅馬字」的主要製作人；這幾篇主張中國拼音文字的論文是國語羅馬字的歷史的一種重要史料。

我的論文是一種過渡時代的補救辦法。我的日記裏記此文大旨如下：

(一)漢文問題之中心在於「漢文究可爲傳授教育之利器否」一問題。

(二)漢文所以不易普及者，其故不在漢文，而在教之之術之不完。同一文字也，甲以講書之故而通文，能讀書作文；乙以徒事誦讀不求講解之故而終身不能讀書作文。可知受病之源在於教法。

(三)舊法之弊，蓋有四端：

(1)漢文乃是半死之文字，不當以教活文字之法教之。(活文字者，日用語言之文字，如英法文是也，如吾國之白話是也。死文字者，如希臘拉丁，非日用之語言，已陳死矣。半死文字者，以其中尚有日用之分子在也。如犬字是已死之字，狗字是活字；乘馬是死語，騎馬是活語。故曰半死之文字也。）舊法不明此義，以爲徒事朗誦，可得字義，此其受病之源。教死文字之法，與教外國文字略相似，須用翻譯之法，譯死語爲活語，前謂「講書」是也。

（2）漢文乃是視官的文字，非聽官的文字。凡一字有二要，一爲其聲，一爲其義：無論何種文字，皆不能同時並達此二者。字母的文字但能傳聲，不能達意，象形會意之文字，但可達意而不能傳聲。今之漢文已失象形會意指事之特長；而教者又不復知說文學。其結果遂令吾國文字既不能傳聲，又不能達意。向之有一短者，今乃並失其所長。學者不獨須強記字音，又須強記字義，是事倍而功半也。欲救此弊，當鼓勵字源學，當以古體與今體同列教科書中；小學教科當先令童蒙習象形指事之字，次及淺易之會意字，次及淺易之形聲字。中學以上皆當習字源學。

（3）吾國文本有文法。文法乃教文字語言之捷徑，今當鼓勵文法學，列爲必須之學科。

（4）吾國向不用文字符號，致文字不易普及；而文法之不講，亦未始不由於此，今當力求採用一種規定之符號，以求文法之明顯易解，及意義之確定不易。（以上引一九一五年八月二十六日記）

我是不反對字母拼音的中國文字的；但我的歷史訓練（也許是一種保守性）使我感覺字母的文字不是容易實行的，而我那時還沒有想到白話可以完全替代文言，所以我那時想要改良文言的教授方法，使漢文容易教授。我那段日記的前段還說：

當此字母制未成之先，今之文言終不可廢置，以其爲僅有之各省交通之媒介也，以其爲僅有之教育授受之具也。

我提出的四條古文教授法；都是從我早年的經驗裏得來的。第一條注重講解古書，是我幼年時最得力的方法。

（看四十自述，頁四四——四六）第二條主張字源學是在美國時的一點經驗，有一個美國同學跟我學中國文字，我買一部王筠的文字蒙求給他做課本覺得頗有功效。第三條講求文法是我崇拜馬氏文通的結果，也是我學習英文的經驗的教訓。第四條講標點符號的重要也是學外國文得來的教訓；我那幾年想出了種種標點的符號，一九一五年六月爲「科學」作了一篇「論句讀及文字符號」的長文，約有一萬字，凡規定符號十種，在引論中我討論沒有文字符號的三大弊：一爲意義不能確定，容易誤解，二爲無以表示文法上的關係，三爲教育不能普及。我在日記裏自跋云：

吾之有意於句讀及符號之學也久矣。此文乃數年來關於此問題之思想結晶而成者，初非一時興到之作也。後此文中，當用此制。七月二日。

二

以上是一九一五年夏季的事。這時候我已承認白話是活文字，古文是半死的文字。那個夏天，任叔永（鴻雋），梅覲莊（光迪），楊杏佛（銓），唐擘黃（鉞）都在綺色佳（Ithaca）過夏，我們常常討論中國文學的問題。從中國文字問題轉到中國文學問題，這是一個大轉變。這一班人中，最守舊的是梅覲莊，他絕對不承認中國古文是半死或全死的文字。因爲他的反駁，我不能不細細想過我自己的立場。他越駁越守舊，我倒漸漸變的更激烈了。我那時常提到中國文學必須經過一場革命；「文學革命」的口號，就是那個夏天我們亂談出來的。

梅覲莊新從芝加哥附近的西北大學畢業出來，在綺色佳過了夏，要往哈佛大學去。九月十七日，我做了一首長詩送他，詩中有這兩段很大膽的宣言：

梅生梅生毋自鄙！神州文學久枯餒，百年未有健者起。新潮之來不可止；文學革命其時矣！吾輩勢不容坐視。且復號召二三子，革命軍前杖馬箠；鞭笞驅除一車鬼，再拜迎入新世紀！以此報國未云菲：縮地戡天差可儗。梅生梅生毋自鄙！

作歌今送梅生行　狂言人道臣當烹。我自不吐定不快，人言未足爲重輕。

在這詩裏，我第一次用「文學革命」一個名詞。這首詩頗引起了一些小風波。原詩共有四百二十字，全篇用了十一個外國字的譯音。任叔永把那詩裏的一些外國字連綴起來，做了一首遊戲詩送我往紐約：

牛敦愛迭孫，培根客爾文，
索虜與霍桑，「烟士披里純」：
鞭笞一車鬼，爲君生瓊英。
文學今革命，作歌送胡生。

詩的末行自然是挖苦我的「文學革命」的狂言。所以我可不能把這詩當作遊戲看。我在九月十九日的日記裏記了一行：

右叔永戲贈詩，知我乎？罪我乎？

九月二十日，我離開綺色佳，轉學到紐約去進哥侖比亞大學，在火車上用叔永的遊戲詩的韻脚，寫了一首很莊重的答詞，寄給綺色佳的各位朋友：

詩國革命何自始？要須作詩如作文。
琢鏤粉飾喪元氣，貌似未必詩之純。
小人行文頗大膽，諸公一一皆人英。
願共僇力莫相笑，我輩不作腐儒生。

在這短詩裏，我特別提出了「詩國革命」的問題，並且提出了一個「要須作詩如作文」的方案。從這個方案上，惹出了後來做白話詩的嘗試。

我認定了中國詩史上的趨勢，由唐詩變到宋詩，無甚玄妙，只是作詩更近於作文！更近於說話。近世詩人歡喜做宋詩，其實他們不曾明白宋詩的長處在那兒。宋朝的大詩人的絕大貢獻，只在打破了六朝以來的聲律的束縛，努力造成一種近於說話的詩體。我那時的主張頗受了讀宋詩的影響，所以說「要須作詩如作文」，又反對「琢鏤粉飾」的詩。

那時我初到紐約，覲莊初到康橋，各人都很忙，沒有打筆墨官司的餘暇。但這只是暫時的停戰，偶一接觸，又爆發了。

三

一九一六年，我們的爭辯最激烈，也最有效果。爭辯的起點，仍舊是我的「要須作詩如作文」的一句詩。梅覲莊曾駁我道：

足下謂詩國革命始於「作詩如作文」，迪頗不以爲然。詩文截然兩途。詩之文字（Poetic diction）與文之文字（Prose diction.）自有詩文以來（無論中西，）已分道而馳。足下爲詩界革命家，改良「詩之文字」則可。若僅移「文之文字」於詩，即謂之革命，則不可也。……一言以蔽之，吾國求詩界革命，當於詩中求之，與文無涉也。若移「文之文字」於詩，即謂之革命，則詩界革命不成問題矣。以其太易易也。

任叔永也來信，說他贊成覲莊的主張。我覺得自己很孤立，但我終覺得他們兩人的說法都不能使我心服。我不信詩與文是完全截然兩途的。我答他們的信，說我的主張並不僅僅是以「文之文字」入詩。我的大意是：

今日文學大病在於徒有形式而無精神，徒有文而無質，徒有鏗鏘之韻，貌似之辭而已。今欲救此文勝之弊，宜從三事入手：第一須言之有物，第二須講文法，第三，當用「文之文字」時，不可避之。三者皆

以質救文勝之敝也。（二月三日）

我自己日記裏記着：

吾所持論，固不徒以「文之文字」入詩而已。然不避「文之文字」，自是吾論詩之一法。……古詩如白香山之道州民，如老杜之自京赴奉先詠懷，如黃山谷之題蓮華寺，何一非用「文之文字」，又何一非用「詩之文字」耶？（二月三日）

這時候，我已髣髴認識了中國文學問題的性質。我認清了這問題在於「有文而無質」。怎麼纔可以救這「文勝質」的毛病呢？我那時的答案還沒有敢想到白話上去，我只敢說「不避文的文字」而已。但這樣膽小的提議，我的一班朋友都還不能了解。梅覲莊的固執「詩的文字」與「文的文字」的區別，自不必說。任叔永也不能完全了解我的意思。他有信來說：

……要之，無論詩文，皆當有質。有文無質，則成吾國近世萎靡腐朽之文學，吾人正當廓而清之。然使以文學革命自命者，乃言之無文，欲其行遠，得乎？近來頗思吾國文學不振，其最大原因，乃在文人無學。救之之法，當從績學入手。徒於文字形式上討論，無當也。（二月十日。）

這種說法，何嘗不是？但他們都不明白「文字形式」往往是可以妨礙束縛文學的本質的。「舊皮囊裝不得新酒」，是西方的老話。我們也有「工欲善其事，必先利其器」的古話。文字形式是文學的工具；工具不適用，如何能達意表情？

從二月到三月，我的思想上起了一個根本的新覺悟。我曾徹底想過：一部中國文學史只是一部文字形式（工具）新陳代謝的歷史，只是「活文學」隨時起來替代了「死文學」的歷史。文學的生命全靠能用一個時代的活的工具來表現一個時代的情感與思想。工具僵化了，必須另換新的，活的，這就是「文學革命」。例如水滸傳上石秀說的：

你這與奴才做奴才的奴才！

我們若把這句話改作古文，「汝奴之奴！」或他種譯法，總不能有原文的力量。這豈不是因為死的文字不能表現活的話語？此種例證，何止千百？所以我們可以說：歷史上的「文學革命」全是文學工具的革命。叔永諸人全不知道工具的重要，所以說「徒於文字形式上討論，無當也」。他們忘了歐洲近代文學史的大教訓！若沒有各國的活語言作新工具，若近代歐洲文人都還須用那已死的拉丁文作工具，歐洲近代文學的勃興是可能的嗎？歐洲各國的文學革命只是文學工具的革命。中國文學史上幾番革命也都是文學工具的革命。這是我的新覺悟。

我到此時纔把中國文學史看明白了，纔認清了中國俗話文學（從宋儒的白話語錄到元朝明朝的白話戲曲和白話小說）是中國的正統文學，是代表中國文學革命自然發展的趨勢的。我到此時纔敢正式承認中國今日需要的文學革命是用白話替代古文的革命，是用活的工具替代死的工具的革命。

一九一六年三月間，我曾寫信給梅覲莊，略說我的新見解，指出宋元的白話文學的重要價值。覲莊究竟是研究過西洋文學史的人，他回信居然很贊成我的意見。他說：

來書論宋元文學，甚啓聾聵。文學革命自當從「民間文學」(Folklore, Popular poetry, Spoken language, etc.）入手，此無待言。惟非經一番大戰爭不可。驟言俚俗文學，必為舊派文家所訕笑攻擊。但我輩正歡迎其訕笑攻擊耳。（三月十九日）

這封信真叫我高興，梅覲莊也成了「我輩」了！

我在四月五日把我的見解寫出來，作為兩段很長的日記。第一段說：

文學革命，在吾國史上，非創見也。即以韻文而論：三百篇變而為騷，一大革命也。又變為五言七言之詩，二大革命也。賦之變為無韻之駢文，三大革命也。古詩之變為律詩，四大革命也。詩之變為詞，五大革命也。詞之變為曲，為劇本，六大革命也。何獨於吾所持文學革命論而疑之！

第二段論散文的革命：

文亦幾遭革命矣。孔子至於秦漢，中國文體始臻完備。……六朝之文亦有絕妙之作。然其時駢儷之體大盛，文以工巧雕琢見長，文法遂衰。韓退之之「文起八代之衰」，其功在於恢復散文，講求文法，此亦一革命也。唐代文學革命家，不僅韓氏一人；初唐之小說家皆革命功臣也。「古文」一派，至今爲散文正宗，然宋人談哲理者，似悟古文之不適於用，於是語錄體興焉。語錄體者，以俚語說理記事。……此亦一大革命也。……至元人之小說，此體始臻極盛。……總之，文學革命至元代而登峯造極●其時詞也，曲也，劇本也，小說也，皆第一流之文學，而皆以俚語爲之。其時吾國眞可謂有一種「活文學」出世。儻此革命潮流（革命潮流卽天演進化之迹。自其異者言之，謂之革命。自其循序漸進之迹言之，卽謂之進化，可也。）不遭明代八股之刼，不受諸文人復古之刼，則吾國之文學必已爲俚語的文學，而吾國之語言早成爲言文一致之語言，可無疑也。但丁（Dante）之創意大利文，卻叟（Chaucer）之創英吉利文，馬丁路得（Martin Luther）之創德意志文，未足獨有千古矣。惜乎，五百餘年來，半死之古文。半死之詩詞，復奪此「活文學」之地位，而「半死文學」遂苟延殘喘以至於今日。今日之文學，獨我佛山人，南亭亭長，洪都百鍊生諸公之小說可稱「活文學」耳。文學革命何可更緩耶？何可更緩耶！

（四月五夜記）

從此以後，我覺得我已從中國文學演變的歷史上尋得了中國文學問題的解決方案，所以我更自信這條路是不錯的。過了幾天，我作了一首沁園春詞，寫我那時的情緒：

沁園春　誓詩

更不傷春，更不悲秋，以此誓詩。

任花開也好，花飛也好，月圓固好，日落何悲？

我聞之曰，「從而天頌，孰與制天而用之？」更安用，爲蒼天歌哭，作彼奴爲！

文學革命何疑！

且準備搴旗作健兒。

要前空千古，下開百世，收他臭腐，還我神奇。

爲大中華，造新文學，此業吾曹欲讓誰？詩材料，有簇新世界，供我驅馳。（四月十三日）

這首詞下半闋的口氣是很狂的，我自己覺得有點不安，所以修改了好多次。到了第三次修改，我把「爲大中華，造新文學，此業吾曹欲讓誰」的狂言，全删掉了，下半闋就改成了這個樣子：

……文章要有神思，

到琢句雕詞意已卑。

定不師秦七，不師黃九，但求似我，何效人爲！

語必由衷，言須有物，此意尋常當告誰！從今後，儻傍人門戶，不是男兒！

這次改本後，我自跋云：

吾國文學大病有三：一曰無病而呻，……二曰摹仿古人，……三曰言之無物。……頃所作詞，專攻此三弊，豈徒責人，亦以自誓耳。（四月十七日）

前答觀莊書，我提出三事：言之有物，講文法，不避「文的文字」；此跋提出的三弊，除「言之無物」與前第一事相同，餘二事是添出的。後來我主張的文學改良的八件，此時已有了五件了。

四

一九一六年六月中，我往克利佛蘭(Cleveland)赴「第二次國際關係討論會」(Conference of International

Relations），去時來時都經過綺色佳，去時在那邊住了八天，常常和任叔永，唐擘黃，楊杏佛諸君談論改良中國文學的方法，這時候我已有了具體的方案，就是用白話作文，作詩，作戲曲。日記裏記我談話的大意有九點：

(一)今日之文言乃是一種半死的文字。

(二)今日之白話是一種活的語言。

(三)白話並不鄙俗，俗儒乃謂之俗耳。

(四)白話不但不鄙俗，而且甚優美適用。凡言要以達意爲主，其不能達意者，則爲不美。如說，「趙老頭回過身來，爬在街上，撲通撲通的磕了三個頭，」若譯作文言，更有何趣味？

(五)凡文言之所長，白話皆有之。而白話之所長，則文言未必能及之。

(六)白話並非文言之退化，乃是文言之進化，其進化之迹，略如下述：

(1)從單音的進而爲複音的。

(2)從不自然的文法進而爲自然的文法。例如「舜何人也」變爲「舜是什麽人」；「己所不欲」變爲「自己不要的」。

(3)文法由繁趨簡。例如代名詞的一致。

(4)文言之所無，白話皆有以補充。例如文言只能說「此乃吾兒之書」，但不能說「這書是我兒子的」。

(七)白話可以產生第一流文學。白話已產生小說，戲劇，語錄，詩詞，此四者皆有史事可證。

(八)白話的文學爲中國千年來僅有之文學。其非白話的文學，如古文，如八股，如筆記小說，皆不足與於第一流文學之列。

(九)文言的文字可讀而聽不懂；白話的文字既可讀，又聽得懂。凡演說，講學，筆記，文言決不能應用。

今日所需，乃是一種可讀，可聽，可歌，可講，可記的言語。要讀書不須口譯，演說不須筆譯；要施諸講壇舞臺而皆可，誦之村嫗婦孺皆可懂。不如此者，非活的言語也，決不能成為吾國之國語也，決不能產生第一流的文學也。（七月六日追記）

七月二日，我回紐約時，重過綺色佳，遇見梅覲莊，我們談了半天，晚上我就走了。日記裏記此次談話的大致如下：

吾以為文學在今日不當為少數文人之私產，而當以能普及最大多數之國人為一大能事。吾又以為文學不當與人事全無關係；凡世界有永久價值之文學，皆嘗有大影響於世道人心者也。覲莊大攻此說，以為 Utilitarian（功利主義，）又以為偷得 Tolstoi（託爾斯太）之緒餘；以為此等十九世紀之舊說，久為今人所棄置。

余聞之大笑。夫吾之論中國文學，全從中國一方面着想，初不管歐西批評家發何議論。吾言而是也，其為 Utilitarian，其為 Tolstoyan 又何損其為是。吾言而非也，但當攻其所以非之處，不必問其為 Utilitarian 抑為 Tolstoyan 也。（七月十三日追記）

五

我回到紐約之後不久，綺色佳的朋友們遇着了一件小小的不幸事故，產生了一首詩，引起了一場大筆戰，竟把我逼上了決心試做白話詩的路上去。

七月八日，任叔永同陳衡哲女士、梅覲莊、楊杏佛、唐擘黃在凱約嘉湖上搖船，近岸時船翻了，又遇着大雨。雖沒有傷人，大家的衣服都溼了。叔永做了一首四言的「泛湖卽事」長詩，寄到紐約給我看。詩中有「言櫂輕楫，以滌煩疴」；又有「猜謎賭勝，載笑載言」等等句子。恰好我是曾做「詩三百篇中『言』字解」的，看了「言權輕楫」的句子，有點不舒服，所以我寫信給叔永說：

……再者，詩中所用「言」字「載」字，皆係死字；又如「猜謎賭勝，載笑載言」二句，上句爲二十世紀之活字，下句爲三千年前之死句，殊不相稱也。……（七月十六日）

叔永不服，回信說：

足下謂「言」字「載」字爲死字，則不敢謂然。如足下意，豈因詩經中曾用此字，吾人今日所用字典便不當搜入耶？「載笑載言」固爲「三千年前之語」，然可用以達我今日之情景，卽爲今日之語，而非「三千年前之死語」，此君我不同之點也。……（七月十七日）

我的本意只是說「言」字「載」字在文法上的作用，在今日還未能確定，我們不可輕易亂用。我們應該鑄造今日的活語來「達我今日之情景」，不當亂用意義不確定的死字。蘇東坡用錯了「駕言」兩字，曾爲章子厚所笑。這是我們應該引爲訓戒的。

這一點本來不很重要，不料竟引起了梅覲莊出來代抱不平：他來信說：

足下所自矜爲「文學革命」眞諦者，不外乎用「活字」以入文，於叔永詩中稍古之字，皆所不取，以爲非「二十世紀之活字」。此種論調，固足下所恃爲曉曉以提倡「新文學」者，迪又聞之素矣。夫文學革新，須洗去舊日腔套，務去陳言，固矣。然此非盡屛古人所用之字，而另以俗語白話代之之謂也。……足下以俗語白話爲向來文學上不用之字，驟以入文，似覺新奇而美，實則無永久價値。因其向未經美術家之鍛鍊，徒諉諸愚夫愚婦，無美術觀念者之口，歷世相傳，愈趨愈下，鄙俚乃不可言。足下得之，乃矜矜自喜，眩爲創獲，異矣！如足下之言，則人間材智，教育，選擇，諸事，皆無足算，而村農傖夫皆足爲詩人美術家矣。甚至非洲之黑蠻，南洋之土人，其言文無分者，最有詩人美術家之資格矣。何足下之醉心於俗語白話如是耶？至於無所謂「活文學」，亦與足下前此言之。……文字者，世界上最守舊之物也。……一字意義之變遷，必經數十或數百年而後成，又須經文學大家承認之，而恆人始沿用之焉。足下乃視改革文字如是之易易乎？……總之，吾輩言文學革命，須謹愼以出之。尤須先精究吾國文字，始敢言改革。欲加用新字，須先用美術以鍛鍊之。非僅以俗語白話代之，卽可了事者也。（俗語白話亦有可用者，惟必須經美術家之鍛鍊耳。）如足下言，乃以暴易暴耳，豈得謂之改良乎？……（七月十七日）

覲莊有點動了氣，我要和他開開玩笑，所以做了一首一千多字的白話遊戲詩囘答他。開篇就是描摹老梅生氣的神氣：

「人閑天又涼」，老梅上戰場。
拍桌罵胡適，說話太荒唐！
說什麽「中國有活文學！」
說什麽「須用白話做文章！」
文字那有死活！白話俗不可當！
……

第二段中有這樣的話：

老梅牢騷發了，老胡呵呵大笑。
且請平心靜氣，這是什麽論調！
文字沒有古今，卻有死活可道。
古人叫做「欲」，今人叫做「要」。
古人叫做「至」，今人叫做「到」。

古人叫做「溺」，今人叫做「尿」。
本來同是一字，聲音少許變了。
並無雅俗可言，何必紛紛胡鬧？
至於古人叫「字」，今人叫「號」；
　古人懸梁，今人上吊：
古名雖未必不佳，今名又何嘗不妙？
至於古人乘輿，今人坐轎；
　古人加冠束幘，今人但知戴帽：
這都是古所沒有，而後人所創造。
若必叫帽作巾，叫轎作輿，
豈非張冠李戴，認虎作豹？
……
第四段專答他說的「白話須鍛鍊」的意思：
今我苦口曉舌，算來卻是爲何？
正要求今日的文學大家，
把那些活潑潑的白話，
拿來鍛鍊，拿來琢磨，
拿來作文演說，作曲作歌：——
出幾個白話的嚣俄，

和幾個白話的東坡，
那不是「活文學」是什麼？
那不是「活文學」是什麼？
……

這首「打油詩」是七月二十二日做的，一半是少年朋友的游戲，一半是我有意試做白話的韻文。但梅任兩位都大不以爲然。覲莊來信大駡我，他說：

讀大作如兒時聽「蓮花落」，眞所謂革盡古今中外詩人之命者！足下誠豪健哉！……（七月二十四日）

叔永來信也說：

足下此次試驗之結果，乃完全失敗；蓋足下所作，白話則誠白話矣，韻則有韻矣，然卻不可謂之詩。蓋詩詞之爲物，除有韻之外，必須有和諧之音調，審美之辭句，非如寶玉所云「押韻就好」也。……（七月二十四夜）

對於這一點，我當時頗不心服，曾有信替自己辯護，說我這首詩，當作一首Satire（嘲諷詩）看，並不算是失敗，但這種「戲台裏喝采」，實在大可不必。我現在回想起來，也覺得自己好笑。

但這一首游戲的白話詩，本身雖沒有多大價值，在我個人做白話詩的歷史上，可是很重要的。因爲梅任諸君的批評竟逼得我不能不努力試做白話詩了。覲莊的信上曾說：

文章體裁不同。小說詞曲固可用白話，詩文則不可。

叔永的信上也說：

要之，白話自有白話用處（如作小說演說等），然不能用之於詩。

這樣看來，白話文學在小說詞曲演說的幾方面，已得梅任兩君的承認了。覲莊不承認白話可作詩與文，叔永

不承認白話可用來作詩。觀莊所謂「文」自然是指古文辭類纂一類的書裏所謂「文」（近來有人叫做「美文」）。在這一點上，我毫不狐疑，因爲我在幾年前曾做過許多白話的議論文，我深信白話文是不難成立的。現在我們的爭點，只在「白話是否可以作詩」的一個問題了。白話文學的作戰，十仗之中，已勝了七八仗。現在只剩一座詩的壁壘，還須用全力去搶奪。待到白話征服這個詩國時，白話文學的勝利就可說是十足的了，所以我當時打定主意，要作先鋒去打這座未投降的壁壘：就是要用全力去試做白話詩。

叔永的長信上還有幾句話使我更感覺這種試驗的必要。他說：

如凡白話皆可爲詩，則吾國之京調高腔，何一非詩？……烏乎適之，吾人今日言文學革命，乃誠見今日文學有不可不改革之處，非特文言白話之爭而已。……以足下高才有爲，何爲舍大道不由，而必旁逸斜出，植美卉於荆棘之中哉？……今且假定足下之文學革命成功，將令吾國作詩皆京調高腔，而陶謝李杜之流永不復見於神州，則足下之功又何如哉，心所謂危，不敢不告。……足下若見聽，則請從他方面講文學革命，勿徒以白話詩爲事矣。……（七月二十四夜）

這段話使我感覺他們都有一個根本上的誤解。梅任諸君都贊成「文學革命」，你們都「誠見今日文學有不可不改革之處。」但他們贊成的文學革命，只是一種空蕩蕩的目的，沒有具體的計劃，也沒有下手的途徑。等到我提出了一個具體的方案（用白話做一切文學的工具），他們又都不贊成了。他們都說，文學革命決不是「文言白話之爭而已」。他們都說，文學革命應該有「他方面」，應該走「大道」。究竟那「他方面」是什麼方面呢？究竟那「大道」是什麼道呢？他們又都說不出來了；他們只知道決不是白話！

我也知道光有白話算不得新文學，我也知道新文學必須有新思想和新精神。但是我認定了：無論如何，死文字決不能產生活文學。若要造一種活的文學，必須有活的工具。那已產生的白話小說詞曲，都可證明白話是最配做中國活文學的工具的。我們必須先把這個工具擡高起來，使他成爲公認的中國文學工具，使他完全替代那半死的或全死的老工具。有了新工具，我們方才談得到新思想和新精神等等其他方面。這是我的方案。現在反對的幾位朋友已承認白話可以作小說戲曲了。他們還不承認白話可以作詩。這種懷疑，不僅是對於白話詩的局部懷疑，實在還是對於白話文學的根本懷疑。在他們的心裏，詩與文是正宗，小說戲曲還是旁門小道。他們不承認白話詩文，其實他們是不承認白話可作中國文學的唯一工具。所以我決心要用白話來征服詩的壁壘，這不但是試驗白話詩是否可能，這就是要證明白話可以做中國文學的一切門類的唯一工具。

白話可以作詩，本來是毫無可疑的。杜甫白居易寒山拾得邵雍王安石陸游的白話詩都可以舉來作證。詞曲裏的白話更多了。但何以我的朋友們還不能承認白話詩的可能呢？這有兩個原因：第一是因爲白話詩確是不多；在那無數的古文詩裏，這兒那兒的幾首白話詩在數量上確是很少的。第二是因爲舊日的詩人詞人只有偶然用白話做詩詞的，沒有用全力做白話詩詞的，更沒有自覺的做白話詩詞的。所以現在這個問題還不能光靠歷史材料的證明，還須等待我們用實地試驗來證明。

所以我答叔永的信上說：

總之，白話未嘗不可以入詩，但白話詩尚不多見耳。古之所少有，今日豈必不可多作乎？……白話之能不能作詩，此一問題全待吾輩解決。解決之法，不在乞憐古人，謂古之所無，今必不可有；而在吾輩實地試驗。一次「完全失敗」，何妨再來？若一次失敗，便「期期以爲不可」，此豈「科學的精神」所許乎？……

高腔京調未嘗不可成爲第一流文學。……適以爲但有第一流文人肯用高腔京調著作，便可使京調高腔成第一流文學。病在文人膽小不敢用之耳。元人作曲可以取仕宦，下之亦可謀生，故名士如高則誠、關漢卿之流皆肯作曲作雜劇。今之高腔京調皆不文不學之戲子爲之，宜其不能佳矣。此則高腔京調之不幸也。

……

足下亦知今日受人崇拜之莎士比亞，卽當時唱京調高腔者乎？…與莎氏並世之倍根著「論集」(Essays)，有拉丁文英文兩種本子；書旣出世，倍根自言，其他日不朽之名當賴拉丁文一本；而英文本則但以供一般普通俗人之傳誦耳，不足輕重也。此可見當時之英文的文學，其地位皆與今日京調高腔不相上下。…吾絕對不認「京調高腔」與「陶謝李杜」爲勢不兩立之物。今且用足下之文字以述吾夢想中之文學革命之目的，曰：

(1)文學革命的手段，要令國中之陶謝李杜敢用白話京調高腔作詩。要令國中之陶謝李杜皆能用白話京調高腔作詩。

(2)文學革命的目的，要令中國有許多白話京調高腔的陶謝李杜，要令白話京調高腔之中產出幾許陶謝李杜。

(3)今日決用不着陶謝李杜的陶謝李杜。何也？時代不同也。

(4)吾輩生於今日，與其作不能行遠不能普及的五經兩漢六朝八家文字，不如作家喻戶曉的水滸西遊文字。與其作似陶似謝似李似杜的詩，不如作不似陶不似謝不似李杜的白話詩。與其作一個「眞詩」，走「大道」，學這個，學那個的陳伯嚴鄭蘇龕，不如作一個實地試驗，「旁逸斜出」，「舍大道而弗由」的胡適。

此四者，乃適夢想中文學革命之宣言書也。

嗟夫，叔永，吾豈好立異以爲高哉？徒以「心所謂是，不敢不爲。」吾志決矣。吾自此以後，不更作文言詩詞。吾之去國集乃是吾絕筆的文言韻文也。……(七月二十六日)

這是我第一次宣言不做文言的詩詞。過了幾天，我再答叔永道：

古人說：「工欲善其事，必先利其器。」文字者，文學之器也。我私心以爲文言決不足爲吾國將來文學之利器。施耐菴曹雪芹諸人已實地證明作小說之利器在於白話。今尚需人實地試驗白話是否可爲韻文之利器耳……。

我自信頗能用白話作散文，但尚未能用之於韻文。私心頗欲以數年之力，實地練習之。倘數年之後，竟能用文言白話作文作詩，無不隨心所欲，豈非一大快事？

我此時練習白話韻文，頗似新闢一文學殖民地。可惜須單身匹馬而往，不能多得同志，結伴同行。然我去志已決。公等假我數年之期。倘此新國盡是沙磧不毛之地，則我或終歸老於「文言詩國」，亦未可知。倘幸而有成，則闢除荊棘之後，當開放門戶，迎公等同來蒞止耳。「狂言人道臣當烹。」我自不吐定不快，人言未足爲輕重。」足下定笑我狂耳。……（八月四日）

這封信是我對於一班討論文學的朋友的告別書。我把路線認清楚了，決定努力做白話詩的試驗，要用試驗的結果來證明我的主張的是非。所以從此以後，我不再和梅任諸君打筆墨官司了。信中說的「可惜須單身匹馬而往，不能多得同志，結伴同行，」也是我當時心裏感覺的一點寂寞。我心裏最感覺失望的，是我平時最敬愛的一班朋友都不肯和我同去探險。一年多的討論，還不能說服一兩個好朋友，我還妄想要在國內提倡文學革命的大運動嗎？

有一天，我坐在窗口吃我自做的午餐，窗下就是一大片長林亂草，遠望着赫貞江。我忽然看見一對黃蝴蝶從樹梢飛上來；一會兒，一隻蝴蝶飛下去了；還有一隻蝴蝶獨自飛了一會，也慢慢的飛下去，去尋他的同伴去了，我心裏頗有點感觸，感觸到一種寂寞的難受，所以我寫了一首白話小詩，題目就叫做「朋友」（後來才改作「蝴蝶」）：

兩個黃蝴蝶，雙雙飛上天。

不知爲什麼，一個忽飛還，

賸下那一個，孤單怪可憐；

也無心上天，天上太孤單。

（八月二十三日）

這種孤單的情緒，並不含有怨望我的朋友的意思。我回想起來，若沒有那一班朋友和我討論，若沒有那一日一郵片，三日一長函的朋友切磋的樂趣，我自己的文學主張決不會經過那幾層大變化，決不會漸漸結晶成一個有系統的方案，決不會慢慢的尋出一條光明的大路來。況且那年（一九一六）的三月間，梅覲莊對於我的俗話文學的主張，已很明白的表示贊成了。（看上文引他的三月十九日來信。）後來他們的堅決反對，也許是我當時的少年意氣太盛，叫朋友難堪，反引起他們的反感來了，就使他們不能平心靜氣的考慮我的歷史見解，就使他們走上了反對的路上去。但是因爲他們的反駁，我才有實地試驗白話詩的決心。莊子說得好：「彼出於是，是亦因彼」。一班朋友做了我多年的「他山之錯」，我對他們，只有感激，決沒有絲毫的怨望。

我的決心試驗白話詩，一半是朋友們一年多討論的結果，一半也是我受的實驗主義的哲學的影響。實驗主義教訓我們：一切學理都只是一種假設；必須要證實了（verified），然後可算是眞理。證實的步驟，只是先把一個假設的理論的種種可能的結果都推想出來，然後想法子來試驗這些結果是否適用，或是否能解決原來的問題。我的白話文學論不過是一個假設，這個假設的一部分（小說詞曲等）已有歷史的證實了；與餘一部分（詩）還須等待實地試驗的結果。我的白話詩的實地試驗，不過是我的實驗主義的一種應用。所以我的白話詩還沒有寫得幾首，我的詩集已有了名字了，就叫做「嘗試集」。我讀陸游的詩，有一首詩云：

能仁院前有石像丈餘，蓋作大像時樣也。

江閣欲開千尺像，雲龕先定此規模。

斜陰徒倚空長歎，嘗試成功自古無。

陸放翁這首詩大概是別有所指；他的本意大概是說：小試而不得大用，是不會成功的，我借他這句詩，做我的白話詩集的名字；並且做了一首詩，說明我的嘗試主義：

嘗試篇

「嘗試成功自古無」，放翁這話未必是。我今爲下一轉語，自古成功在嘗試。請看藥聖嘗百草，嘗了一味又一味。又如名醫試丹藥，何嫌六百零六次。莫想小試便成功，那有這樣容易事！有時試到千百回，始知前功盡拋棄。即使如此已無媿，即此失敗便足記。告人此路不通行，可使脚力莫浪費。我生求師二十年，今得「嘗試」兩個字。作詩做事要如此，雖未能到頗有志。作「嘗試歌」頌吾師，願大家都來嘗試！（八月三日）

這是我的實驗主義的文學觀。

這個長期討論的結果，使我自己把許多散漫的思想滙集起來，成爲一個系統。一九一六年的八月十九日，我寫信給朱經農，中有一段說：

新文學之要點，約有八事：

(一)不用典。

(二)不用陳套語。

(三)不講對仗。

(四)不避俗字俗語。(不嫌以白話作詩詞。)

(五)須講求文法。(以上爲形式的方面。)

(六)不作無病之呻吟。

(七)不摹倣古人。

（八）須言之有物。（以上爲精神〔內容〕的方面）

那年十月中，我寫信給陳獨秀先生，就提出這八個「文學革命」的條件。次序也是這樣的：不到一個月，我寫了一篇文學改良芻議，用複寫紙鈔了兩份，一份給留美學生季報發表，一份寄給獨秀在新青年上發表。（胡適文存卷一，頁七——二三。）在這篇文字裏，八件事的次序大改變了：

（一）須言之有物。
（二）不摹倣古人。
（三）須講求文法。
（四）不作無病之呻吟。
（五）務去爛調套語。
（六）不用典。
（七）不講對仗。
（八）不避俗字俗語。

這個新次第是有意改動的。我把「不避俗字俗語」一件放在最後，標題只是很委婉的說「不避俗字俗語」其實是很鄭重的提出我的白話文學的主張。我在那篇文字裏說：

吾惟以施耐菴曹雪芹吳研人爲文學正宗，故有「不避俗字俗語」之論也。蓋吾國言文之背馳久矣。自佛書之輸入。譯者以文言不足以達意，故以淺近之文譯之，其體已近白話。其後佛氏講義語錄尤多用白話爲之者，是爲語錄體之原始。及宋人講學，以白話爲語錄，此體遂成講學正體。（明人因之。）當是時，白話已久入韻文，觀宋人之詩詞可見。及至元時，中國北部在異族之下三百餘年矣。此三百年中，中國乃發生一種通俗行遠之文學，文則有水滸西遊三國，曲則尤不可勝計。以今世眼光觀之，則中國文學當以元代爲最盛；傳世不朽之作，當以元代爲最多。此無可疑也。當是時，中國之文學最近言文合一，白話幾成文學的語言矣。使此趨勢不受阻遏，則中國幾有一「活文學」出現，而但丁路得之偉業幾發生於神州。不意此趨勢驟爲明代所阻，政府旣以八股取士，而當時文人以何李七子之徒，又爭以復古爲高。於是此千年難遇言文合一之機會，遂中道夭折矣。然以今世歷史進化的眼光觀之，則白話文學之爲中國文學之正宗，又爲將來文學必用之利器，可斷言也。以此之故，吾主張今日作文作詩，宜採用俗語俗字。與其用三千年前之死字，不如用二十世紀之活字。與其作不能行遠不能普及之秦漢六朝，不如作家喻戶曉之水滸西遊文字也。

這完全是用我三四月中寫出的中國文學史觀（見上文引的四月五日日記，）稍稍加上一點後來的修正，可是我受了在美國的朋友的反對，膽子變小了，態度變謙虛了，所以此文標題但稱「文學改良芻議」，而全篇不敢提起「文學革命」的旗子。篇末還說：

上述八事，乃吾年來研思此一大問題之結果。……謂之「芻議」，猶云未定草也。伏惟國人同志有以匡糾是正之。

這是一個外國留學生對於國內學者的謙遜態度。文字題爲「芻議」，詩集題爲「嘗試」，是可以不引起很大的反感的了。

陳獨秀先生是一個老革命黨，他起初對於我的八條件還有點懷疑（新青年二卷二號。其時國內好學深思的少年，如常乃悳君，也說「說理紀事之文，必當以白話行之，但不可施於美術文耳。」見新青年二卷四號，）但他見了我的文學改良芻議之後，就完全贊成我的主張；他接着寫了一篇文學革命論（新青年二卷五號），正式在國內提出「文學革命」的旗幟。他說：

文學革命之氣運，醞釀已非一日。其首舉義旗之急先鋒則爲吾友胡適。余甘冒全國學究之敵，高張「文學革命軍」之大旗，以爲吾友之聲援。旗上大書特書吾革命三大主義：曰：推倒雕琢的，阿諛的貴族文學；建設平易的，抒情的國民文學。曰：推倒陳腐的，鋪張的古典文學；建設新鮮的，立誠的寫實文學。曰：推倒迂晦的，艱澀的山林文學；建設明瞭的，通俗的社會文學。

獨秀之外，最初贊成我的主張的，有北京大學教授錢玄同先生（新青年二卷六號通信）。又三卷一號通信。此後文學革命的運動就從美國幾個留學生的課餘討論，變成國內文人學者的討論了。

文學改良芻議是一九一七年一月出版的，我在一九一七年四月九日還寫了一封長信給陳獨秀先生，信內說：

此事之是非，非一朝一夕所能定，亦非一二人所能定。甚願國中人士能平心靜氣與吾輩同力研究此問題。討論既熟，是非自明。吾輩已張革命之旗，雖不容退縮，然亦決不敢以吾輩所主張爲必是，而不容他人之匡正也。……

獨秀在新青年（第三卷三號）上答我道：

鄙意容納異議，自由討論，固爲學術發達之原則，獨至改良中國文學當以白話爲正宗之說，其是非甚明，必不容反對者有討論之餘地；必以吾輩所主張者爲絕對之是，而不容他人之匡正也。蓋以吾國文化倘已至文言一致地步，則以國語爲文，達意狀物，豈非天經地義？倘有何種疑義必待討論乎？其必欲擯棄國語文學，而悍然以古文爲正宗者，猶之清初曆家排斥西法，乾嘉疇人非難地球繞日之說，吾輩實無餘閑與之作此無謂之討論也。

這樣武斷的態度，眞是一個老革命黨的口氣。我們一年多的文學討論的結果，得着了這樣一個堅強的革命家做宣傳者，做推行者，不久就成爲一個有力的大運動了。

（四十自述的一章，二十二年。十二月，三日夜脫稿。）

◎**手稿影印 简体释文**

张立华　汇校评注

胡适《四十自述》手稿汇校评注（上）

中華書局

1916年胡适在哥伦比亚大学校园

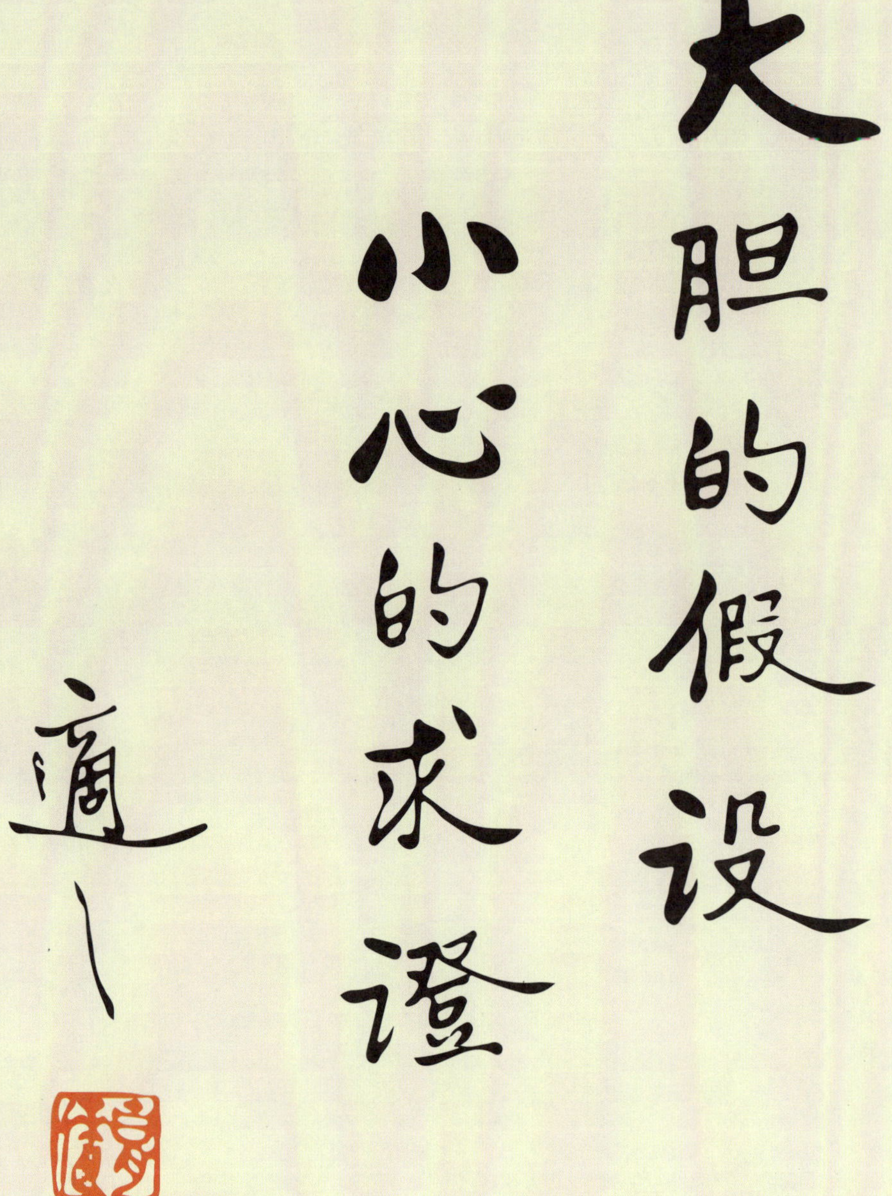
大胆的假设
小心的求证
适之

芥子里面

藏着大千世界

录胡适先生句

敬题立华先生新著

耿云志

二〇一八、十二月

中国社会科学院文史哲学部委员、近代史研究所研究员，中国现代文化学会会长、胡适研究会名誉会长、中国近代思想研究中心理事长耿云志先生为本书题词

《四十自述》是胡适早年人生经历的真实写照。张立华兄将此著的手稿本、新月初刊本和亚东版单行本辑成一书，可见此著成书之脉络。汇校评注，这是笨功夫，更是真功夫。此著是胡适文献整理的一项新收获。

欧阳哲生

2020年十二月五日于北京

北京大学历史学系教授、博士生导师，教育部“长江学者”特聘教授，胡适研究会会长欧阳哲生先生为本书题词

胡適經典 详注精评。

六經注我 我注六經。

李又宁 2016.12.18
北京

美国纽约圣若望大学（St. John's University）亚洲研究所所长、胡适研究国际学会理事长兼董事长李又宁教授为本书题词

稽古右文追馬鄭
索隱正義梅[illegible]評
經稟聖裁型萬世
春秋大義三傳功

黄克武
2016.12.18 北京

台湾“中研院”近代史研究所研究员兼所长、台湾师范大学历史学系兼任教授黄克武先生为本书题词

目录

卷首寄语

胡适先生是中华近百年来的文化巨擘，中华『国文』之父，『五四』新文化运动的领袖。他的《四十自述》，既是一部伟大的白话自传，又是一部伟人成长史。你从中可以看到，一个贫穷且半文盲的母亲，是怎样把儿子培养成文化伟人的。如果你也想做一个伟大的母亲，却又苦于教子无方，请读此书！

孔子曰：『性相近也，习相远也。』人与人的区别之所以霄壤云泥，是因为后天学习浸染的不同。所谓：『染于苍则苍，染于黄则黄。』胡适三岁已经识字七百多，八岁读《水浒传》《三国演义》《红楼梦》《儒林外史》等小说。十二岁赴上海求学，因为读过《四书》和《诗经》《尚书》《周易》《礼记》《资治通鉴》等，一天就跳了三级。十四岁开始发表文章和白话小说，后来又边上学边做英语教师。十九岁参加公费留美考试，作文得了一百分。如果你羡慕伟大不想平庸，希望得到伟人的浸染和成功的方法，请读此书！

阅读大作家的手稿，从改笔中契悟匠心，这『确是极有益处的』方法，鲁迅先生当年曾慨叹：『没有这样的环境和遗产，是中国的文学青年的先天的不幸。』本书不仅有手稿，而且还有对作者改笔匠心的契悟分析。如果你想提高自己的写作水平和写作能力，请读此书！

『书犹药也，善读者可以医愚。』药必真实，方能疗疾；书必真实，方能医愚。本书乃胡适先生真实的自传，这里不仅有传主得意的『过五关』，也有失意的『走麦城』，而且还有『吃花酒』、殴警察、进班房、遭罚款的浪荡堕落。而伟人所以伟大，是因为能从堕落的泥淖中跳出来，在清清的沧浪中涤净污秽，然后『挂云帆』『济沧海』，踏上新的征程，抵达理想的彼岸！如果你也想跳出泥淖、实现理想，请读此书！

阅读伟人的史传是增智益识的不二法门，但这史传须有校勘精审的善本和精辟翔实的评注才好，否则就会有『三豕涉河』之谬，食『传』不化之虞。本书对手稿本、初刊本和初版本等进行精审汇校，为读者提供了一部准确规范的简体定本。本书还在注释中指出了目前数十种版本的各种纰谬，使阅读这些版本的读者免受别风淮雨之害，避免以讹传讹，贻害他人。每章之前有精辟的评述，每章之后有对疑难问题和相关知识的注解，不仅为读者扫除了阅读障碍，扩展了视野，而且将大大提高读者思辨解惑的能力。如果你想有一双明辨是非、精鉴不惑的慧眼，请读此书！

孔子的《春秋》是儒家『五经』之一，但如果不读《左传》，就很难理解《春秋》的历史价值；如果不读《公羊传》和《穀梁传》，就很难理解《春秋》的哲学价值。如果不读本书，读者就很难充分体悟《四十自述》的思想价值、文学价值、史学价值和教育价值。

谨以此书献给那些不甘平庸、追求智慧、追求成功的读者，当它伴随你登上理想峰巅的时候，请不要忘了给它一个深深的吻！

经典倘若无人校，鲁鱼亥豕难知道。
书可医愚书要好，药须优质方奏效。
经典无注实难通，书读百遍枉费功。
蛙声一片终何用？到头仍是糊涂虫。
经典为何要鉴评？炉鞴之妙未易明。
捻茎推敲神来笔，纵有灵犀须点通。

凡例

一、影印释文

本书上册为《四十自述》手稿的四色影印和简体释文，释文排在每页手稿的内侧，以便对比阅读。释文的行款格式和文字、标点等，完全按手稿释出，除了用简体字之外，不做任何改动。

本书中册为《四十自述》各篇的初刊影印和《四十自述》一书的初版影印。

二、版本汇校

本书下册为《四十自述》的简体定本和评述注释。从《自序》到第五章，以亚东初版《四十自述》为底本，以手稿本和《新月》初刊本为主要参校本，以其他版本为辅助参校本，进行校勘评注。第六章《逼上梁山——文学革命的开始》，以大系本为底本，以手稿本、六艺本和《东方杂志》为主要参校本，以其他版本为辅助参校本，进行校勘评注。为了节省篇幅，引用版本都用简称并标明具体页码，以便查考。

三、篇前评述

本书第三册的《四十自述》简体定本，每篇（含《自序》和附录的《一个狄克推多》）之前都有评述。评述内容包括该篇的历史背景、写作情况、出版信息、思想艺术、价值影响等诸多方面，力求为读者提供全方位的信息。

四、篇后注释

本书在每篇（包括《自序》和附录的《一个狄克推多》）之后均有注释，注释的内容包括文字标点、词语文句、行款格式、人物事件、文化知识、改笔研究等等，举凡一般读者可能会遇到的阅读障碍和应当了解而未必了解的信息，均有注释。

简体定本的文字标点和行款格式，原则上依据初版本（只是取消了专名号），初版本与手稿本、初刊本等不一致的地方，择善而从，并在注释中说明各本的异同以及去取的理由。

手稿本、初刊初版本的文字语句等如果有与现行规范不一致的地方，一般不做改动，个别需要改动的地方或虽未改动但需要说明的地方均加注释。如：『文诌诌地』，不改为『文绉绉的』；『身分』，不改为『身份』；『钞写』，不改为『抄写』；『想像』，不改为『想象』；『精采』，不改为『精彩』。

其他如疑问代词『那』，也不改为『哪』；『的』『地』『得』也不按现行规范改动。

手稿本、初刊初版本的标点符号与现行规范不一致的地方，一般也不改动，以保持原貌，体现标点符号的历史演变情况。凡改动的地方，均加注释说明。

（一）破折号与一字线

起止时间中的连接线，原文用的都是破折号，简体定本仍用破折号而不改为一字线。『评述』和『注释』中非引文内容的起止时间，则用一字线。如：（1865—1953）。

（二）顿号与逗号

《四十自述》原文没有顿号，因为当时的标点符号中就没有顿号，凡是按现行标点符号应该用顿号的地方，大多用逗号，如『香炉，烛台等等』；『我做的往往是诸葛亮，刘备一类的文角儿』。简体定本仍用逗号。

原文有些并列的专有名词间不加逗号，因为每个专有名词都有专名号（专名线），专名之间不会混淆，所以其间就不加逗号。简体定本取消了专名号，为了避免混淆，就在其间酌加了顿号。如『据说太子神是唐朝安史乱时保障江淮的张巡、许远』；『禹臣先生的妹子广菊、多菊』。原文『张巡许远』『广菊多菊』中间都没有顿号，简体定本加了顿号，并有注释说明。

原文有些并列的专有名词很短，读起来其间并不停顿，原文中间没有逗号，简体定本也不加顿号。如：『甘縻二夫人』；『宋元明』。

原文并列的书名之间用了逗号，如『《三字经》，《千字文》，《百家姓》，《神童诗》』，简体定本不做改动。

原文带引号的并列成分中间，有的用了逗号，有的没用逗号，简体定本均不做改动。如：

不如作一个实地试验，『旁逸斜出』，『舍大道而弗由』的胡适。

『天演』『物竞』『淘汰』『天择』等等术语都渐渐成了报纸文章的熟语，渐渐成了一班爱国志士的『口头禅』。

（三）书名和篇名

原书在书名和篇章名相连时标注体例不统一，如引用梁启超《新民说》中的两段话，括注中书名和篇名分别为『（《新民说》叙论）』和『（《新民说》，《论进步》）』。前者的书名加了书名号，篇名却没有加书名号；后者书名和篇名都分别加了书名号，中间用逗号分开。『叙论』是《新民说》的第一节，《论进步》是《新民说》的第十一节，按说标注体例应该一致。但后者的标注好像是两本书，完全看不出《论进步》是《新民说》中的一节。简体定本按照现行标点符号的用法标注为『（《新民说·叙论》）』『（《新民说·论进步》）』，并在注释中加以说明。

（四）原注与译名

原书中胡适先生的原注，简体定本全部按原样保存，不做任何改动，以保持原貌。而且，这些地方都加了新的注释，说明原注的情况等。

原书中有些译名与现行规范不一致，简体定本一仍其旧，不做改动。如『卻叟』不改为『乔叟』，『嚣俄』不改为『雨果』，『托尔斯太』不改为『托尔斯泰』。

（五）数字问题

原书中的数字（包括年月日等时间数字）多用汉字，简体定本一律不做改动，需要时在注释中加以说明。如『廿一，九，廿七』，其中的『廿』，既不改为『二十』，更不改为阿拉伯数字。

从安徽上庄拱到太平洋彼岸的卒子

——《胡适〈四十自述〉手稿汇校评注》序

中国象棋和国际象棋中都有卒子，也就是『卒』或『兵』，它们在两种象棋里都是数量最多的棋子，都是站在最前方，都是只能向前不能后退，而且每次只能走一格（国际象棋『兵』第一步可以走两格）。所不同的是，中国象棋中的卒子永远只是一个小兵，即便过河之后也只是稍微厉害了一点点，除了向前之外，还可以向左或向右移动。当它拱到对方的底线时，基本就没用了，因为它既不能向前，也不能后退，只能在底线上左右移动。而国际象棋中的卒子（兵），一旦拱到对方的底线，那可就大不一样了，它立即就升变为除了『王』以外的『后』『车』『马』『象』中的任何一个棋子。

国际象棋中的『后』（王后），是威力最大的棋子，走法为每步不限格数，横、直、斜向进退皆可。在空棋盘上，『后』在棋盘角能攻击二十一格，在棋盘中心区域能攻击二十七格。因此，当卒子（兵）拱到对方底线升变时，一般都选择『升后』。

十九世纪末二十世纪初，在中国安徽绩溪上庄这个贫瘠的山村里有一个草根卒子，从上庄一直拱到太平洋的彼岸，他就是后来『五四』新文化运动的领袖——胡适。

一九三〇年六月，虚岁四十岁的胡适，开始写他的自传《四十自述》，分章陆续在《新月》杂志上发表。从序幕《我的母亲的订婚》开始，一直写到一九三二年九月的第五章《我怎样到外国去》。一九三三年九月，由亚东图书馆出版单行本《四十自述》。

一九三三年十二月三日，《四十自述》的又一章《逼上梁山——文学革命的开始》脱稿，发表在一九三四年一月一日出版的《东方杂志》第三十一卷第一号上。一九五四年三月，台北六艺出版社将《逼上梁山》这章与前几章合在一起，出版全本的《四十自述》。

《四十自述》是胡适这个卒子「升后」之前的自传，记述了他从上庄拱到太平洋彼岸的历史，被誉为中国白话自传的开风气之作。

英国历史学家、散文家托马斯·卡莱尔(Thomas Carlyle)说：「历史是无数传记的结晶，世界历史就是大人物的传记。」（《关于英雄》）然而，中国的传记却十分贫乏，多为史家所撰之短传略传，缺乏长篇传记，尤其缺乏长篇自传。胡适先生很早就注意到了这个问题，他在一九一四年九月二十三日的日记中写道：

> 东方无长篇自传，余所知之自传，惟司马迁之《自叙》，王充之《自纪篇》，江淹之《自叙》。中惟王充《自纪篇》最长，凡四千五百字，而议论居十之八，以视弗兰克林之《自传》尚不可得，无论三巨册之斯宾塞矣。（《胡适留学日记·藏晖室札记卷七》，商务印书馆一九四七年十一月第一版第二册四六九页）

胡适先生不仅发现了「无长篇自传」的东方戈壁空白，他还要填补这片空白，使之变成绿洲，于是便有了这部《四十自述》。尽管由于种种原因，胡适先生最终没能写完这部自传，但这并不影响它的伟大。正如未完成的圣家族大教堂仍然是巴塞罗那的象征和高迪的杰作一样，《四十自述》以其晓畅精练的语言、至真至爱的情感、文史得兼的笔触、独具匠心的炉鞴，成为近现代文化史上白话自传的典范！

一、汇校定本　信息准确

英国文艺复兴时期最重要的散文家、哲学家弗朗西斯·培根有句众所周知的名言，那就是「读史使人明智」。培根被誉为现代生活精神的伟大先驱，近代实验科学的鼻祖，因而他的这句名言便被后人广泛引用，奉为圭臬。然而，引用者们却忽略了「读史使人明智」的一个重要前提，即所读之史必须真实。因为智慧来源于经验，历史是前人实践经验的真实记录，历史不真实就是所记录的并非前人的实践经验，那就非但不能使人明智，反而会使人弱智，使人愚昧，甚至愚昧至极。这就如同药虽然可以治病，但首先必须保证是真药，如果服用的是假药，那就非但不能治好病，还会加重病情，甚而至于危及生命。

传记，主要指史传(不包括假传记之名的小说、影视剧本等)，是历史的主流和骨干，因此，要想通过读史传使人明智，首先必须保证史传的真实，信息的可靠，否则，明智便无从谈起。

史传的不真实一是主观使然，譬如故意篡改历史、虚构历史、掩饰历史、颠倒历史等的谀颂型史传和抹黑型史传等；二是客观使然，譬如史传在流传刊布过程中出现的各种错误等。前者在正常的社会历史中出现的不多，但在集权专制的时代会大量甚至普遍存在。后者在古今中外的各种史传中几乎都有，因此，史传的善本，特别是那些校注精审的善本，就显得弥足珍贵。

明代初年，浙江金华有位名医叫戴元礼（名思恭，字符礼），明太祖时，拜为御医，明惠帝即位后，封为太医院使，著有《证治备要》等。据明代陆深《金台纪闻》所载，戴元礼奉诏入南京时，见南京有一医家，上门去买药的人挤得满满的，医家忙得不可开交，应接不暇。戴元礼心想，这必是一位深于医术的人，便留意观察。发现这位医家也只是按方发剂，并没有什么特别的地方。戴元礼大为不解，便每天都去观察，非要看个究竟不可。一天，有位买药的人买完药已经出了门，医家跑出去追上买药的人告诉他说：『临煎药时下一块锡。』然后便挥挥手让买药的人走了。戴元礼非常诧异，因为医方药书中金、银、玉、石、铜、铁都可以入汤药，只有锡不入药。于是特意向医家询问，医家回答说：『这是古方上说的。』戴元礼回去从古代医书中查到了这个药方，药方下面的确注明煎药时加上一块锡。戴元礼心想，会不会是医书出了问题呢？他找来该医书的多种版本进行校对，终于在一种古本上发现，这个『锡』字原来是『餳（饧）』字之讹。也就是说，这个古方注明在煎药时加上一块饴糖，而不是加上一块锡。戴元礼急忙把这个情况告诉了医家，免得贻害病人。陆深在文末感叹道：『呜呼！不辨饧、锡而医者，世胡可以弗谨哉？』

饴糖是一味常用的中药，能补中缓急，润肺止咳，解毒。因为饴糖黏滑，还能医治误吞稻芒。《古今录验方》记载：『治误吞稻芒：白饧频食。』如果这里的『饧』也误作『锡』，『白锡频食』那岂不是让人立时毙命吗？

中国古籍的校注早在西汉时就已经成为一种专门的学术，至清代乾嘉而鼎盛。重要的经典几乎都有校注精审的善本，清除了许许多多的书山之虎，后世称便。可是现代经典的校注还远未引起人们的重视，像胡适先生这样的思想文化大师的经典作品，目前还没有校注精审的善本，而《胡适〈四十自述〉手稿汇校评注》，便想做一块现代经典校注的引玉之砖。

本书第五章及其以前的部分，以亚东初版为底本，以手稿本和《新月》初刊本为主要参校本，以其他版本为辅助参校本，进行校勘评注。第六章《逼上梁山——文学革命的开始》，以大系本为底本，以手稿本和《东方杂志》为主要参校本，以其他版本为辅助参校本，进行校勘评注。前后引用的各种版本七十余种，引用时均标其版本和具体页码，以便查考。

就《四十自述》目前的版本来说，有专家整理的版本（挂名的丛书编委会不在其中）优于没有专家整理的版本，但都存在这样或那样的一些问题，有些问题还相当严重，相当普遍。如第一章《九年的家乡教育》五：

有时候，她实在忍不住了，便悄悄走出门去，或到左邻立大嫚家去坐一会，或走后门到后邻度嫂家去闲谈。她从不和两个嫂子吵一句嘴。

这里的『立大嫚』，初刊本（一七页）作『立大嫂』，亚东初版（六一页）作『立大嫚』。究竟哪个对呢？手稿本虽然没有这句原话，却有『立大嫚』其人：『我天天听见隔壁立大嫚家的婆媳争吵和姑嫂不和』，而且『嫚』字写得工整清晰。由此可以证明，初刊本作『立大嫂』，乃手民之误。因这句话的前后都有两处『嫂』字，所以就把字形相近的『嫚』误成了『嫂』。亚东初版是经胡适先生校订过的，改正了这个错误，可是后来不少的版本，却仍然沿袭初刊本的错误作『立大嫂』。如远流本（三二页）、全集本（三八页）、文集本（五五页）、北大本（四二页）、全编本（二八页）、人文本（六二页）、津人本（四六页）、画报本（三三页）、武汉本（三一页）、海南本（三五页）、雅致本（四四〇页）、徽教本（二八页）、言实本（三二页）、理工本（三三页）、京联本（三四页）、文史本（四一页）、现代本（二八页）、民建本（四七页）、群言本（三五页）、中州本（三四页）、吉大本（三五页）、万卷本（一七页）、长春本（一五九页）、河南本（三一页）、西苑本（三〇页）、海天本（三一页）等二十多种版本，均误作『立大嫂』。人报本（三七页），更是将『立大嫚』讹成了『立大熳』。

一九五九年一月二十六日（星期一），胡适先生还专门谈到过『立大嫚』的『嫚』：

胡颂平做好《四十自述》的勘误表。先生看见『立大嫚』的『嫚』字，说：『绩溪的妇女是跟孩子称呼他人的。譬如父亲哥哥的太太，我的母亲跟孩子的口气喊他伯母。伯母两个字念得快时便念成了「嫚」字；父亲弟弟的太太叫作「婶」。你们温州怎样称呼的？』胡颂平说：『也是跟小孩称呼的；不过把伯母两字念成「姆」字，婶字还是念「婶」的。』先生说：『这个「嫚」字应该做个注解。』（胡颂平《胡适之先生晚年谈话录》，台北联经事业出版公司一九八四年五月初版第九页）

看来，『这个「嫚」字』还真『应该做个注解』。否则，即便没有讹为『立大嫂』，也会把『嫚』理解为对女孩子的昵称，也就是姑娘。小嫚就是小姑娘，大嫚就是大姑娘。因为山东等北方方言就是这个意思，而字典辞书上也都是这样注解的。

『嫚』在所有辞书中都没有伯母的意思，如果『立大嫚』的『嫚』是伯母的意思，那它很可能是『妈』的音变（弱化），『大嫚』实际上就是『大妈』，这才能有伯母的意思。

白话文来自口语，而不少口语词往往有音无字，或无定字，其中还有一部分口语词属于方言土语，只在小部分地区使用。这样的词语一旦进入书面，就会造成一般读者的误解或不解，这也是白话文的一大弊端。在没有『语同音』的情况下，九州八方人人『我手写我口』，势必造成一般人的阅读困难。而文言则具有超方言性，写作时不规范的字词，特别是不规范的方言土语不得阑入。唐代诗豪刘禹锡有一次要写一首重阳节的诗，古代重阳节有食糕的习俗，还会把一片糕搭在儿女头额上，祝愿他们步步登高。刘禹锡『欲用糕字，以《五经》中无之，辍不复为。』因为《五经》中没有『糕』这个字，诗便没有写成。但与欧阳修一同撰写《新唐书》的大文豪宋祁（子京）却颇不以为然，他在《九日食糕》诗中说：『飙馆轻霜拂曙袍，糗糍花饮斗分曹。刘郎不敢题糕字，虚负诗中一世豪。』（宋·邵博《邵氏闻见后录》卷十九）估计在刘禹锡之前，『糕』这个口语词还没有取得进入文言的『绿卡』，全唐诗中只有白居易的《九日登西原宴望（同诸兄弟作）》和薛逢的《九日雨中言怀》用过『糕』字，这应该是在刘禹锡『欲用糕字』之后。到了宋祁的时候，经过两百多年的语言发展，『糕』已经加入文言的『国籍』了。

本书的汇校，对各种版本中出现的字词问题、标点问题、行款格式问题等，都进行了全面的校勘，并有翔实的说明，使读者不仅知其然，而且知其所以然。如果没有这样翔实的注解说明，读者有时就会无所适从，不知道究竟谁对谁错。

另外，本书在对相关历史人物和历史事件进行注释的时候，非常重视第一手资料，力求翔实可靠。譬如赵元任先生逝世的时间问题，《中国大百科全书》三种版本都是『一九八二年二月二十五日』（中国大百科全书出版社二〇〇二年九月第一版『语言文字』卷第五一四页，二〇〇九年三月第二版第二十八册一三八页，一九九八年十月简明版第二版第十一册六〇九二页），《不列颠百科全书·国际中文版》也是一九八二年二月二十五日（中国大百科全书出版社一九九九年四月第一版第十八册四九一页）。而赵元任的二女儿赵新那和丈夫黄培云编著的《赵元任年谱》却说父亲是一九八二年二月二十四日周三上午十一时逝世（《赵元任年谱》，商务印书馆一九九八年十二月第一版五四三页）。一九八二年四月十三日，《人民日报》刊登赵如兰致亲友的公开信时还加了编者按：『在我国和国际上享有盛誉的语言学家（同时还是哲学家和音乐家）赵元任教授，今年二月二十四日在美国逝世。』

赵如兰对父亲赵元任逝世时间的记载无疑是最权威的，这里明明白白写的是二月二十四日，那么四种百科全书为什么却偏偏说是二月二十五日呢？这很可能是时差的问题。赵元任先生逝世的剑桥市，位于马萨诸塞州，与波士顿市区隔查尔斯河相对，属于美国东部标准时区。二月二十四日是冬令时，这时的北京时间比美国东部时间早十三个小时，剑桥市的二十四日上午十一点正好是北京时间的二十四日二十四点，也是北京时间

二十五日的零点。这样一注释，读者之惑便可迎刃而解了。

有了史传真实的前提，是不是就可以『读史使人明智』了呢？也还未必。因为至少还须读史者能够真正读懂史传，不仅要读懂史传的字面意思，还要读懂史传字面背后的隐微之义。

二、解疑释难　补苴发微

春秋时候，鲁国国君鲁哀公在史书中读到上古时代舜的乐官『夔一足』，大惑不解。于是他问孔子说：『听说舜的乐官只有一只脚（一条腿），这是真的吗？』孔子回答说：『昔日舜想用音乐教化天下，就让重（zhòng）黎去寻求能以音乐教化百姓的贤才，重黎就把夔从民间选拔出来进荐给舜，舜就任用他为乐正。于是夔正定六律，和谐五声，以调和八风，因而天下八方完全归服。重黎还想多找些像夔这样的人，舜说：「音乐是天地之气的精华，政治得失的关键，所以只有圣人才能使音乐和谐，而和谐则是音乐的根本。夔能使音乐和谐，以此安定天下，就是圣人了。像夔这样的圣人，有一个就足够了。」所以说「夔一足」，并不是说「夔只有一只脚」啊！』（战国·吕不韦《吕氏春秋·慎行论·察传》）如果没有孔子的解说，鲁哀公们一辈子都会误以为舜的乐官夔只有一只脚。这还只是读懂史传的字面意思，至于读懂史传字面背后的隐微之义，那就更有难度了。

太史公司马迁在《史记·匈奴列传》赞曰：『孔氏著《春秋》，隐、桓之间则章（同『彰』），至定、哀之际则微，为其切当世之文罔（同『网』），而褒忌讳之辞也。』（唐·刘知幾《史通·外篇·惑经》引《史记》。今本《史记·匈奴列传》后半句作：『为其切当世之文而罔褒，忌讳之辞也。』『罔而』倒乙，后人标点破句，语不可解）

《春秋》是孔子所著现存最早的一部编年体史书，记事起于鲁隐公元年（前七二二），止于鲁哀公十四年（前四八一），记载了十二代君主，凡二百四十二年。司马迁说孔子所著的《春秋》，对于鲁隐公、鲁桓公时期的事情写得显著明白，到了鲁定公和鲁哀公时期，则记述得隐晦含蓄，因为后面的历史太切近当代政治，为了不触及『文罔』，便多有忌讳的文辞。

整个一部《春秋》只有一万七千多字，二百四十二年平均下来每年七十多个字，不仅惜墨如金，而且遣词精微。端赖《春秋左氏传》补其史料，《春秋公羊传》和《春秋穀梁传》发其隐微，这才使《春秋》的史学价值和哲学价值得以彰显。如果没有『三传』的注释，《春秋》几不可读。宋代大文学家、政治家王安石早年读《春秋》，每每大惑不解，以为简直就像『断烂朝报』。后来读了『三传』才有所开悟。『传』就是对经典的诠释，『三传』对《春秋》的诠释极为精到，因此后世将『三传』与《春秋》并列为儒家经典，足见经典注释之重要。

譬如齐鲁长勺之战，这是我国春秋时期的一场著名战役，被后世奉为经典战例。但《春秋》中对齐鲁长勺之战的记载只有十三个字：『十年春，王正月，公败齐师于长勺。』而《左传》却为这十三个字作了二百二十二个字的传，这就是被选入初中语文教材的经典课文《曹刿论战》。尽管这篇传的字数几乎是原经典的二十倍，但它仍然是不刊之论，令人不能赞一词。战前曹刿与乡人的问答，入见后与庄公的问答，战中曹刿的指挥若定，战后曹刿对于庄公疑问的解答，层层推进，环环相扣，针线绵密，盛水不漏。情节跌宕起伏，人物栩栩如生，发人深思，引人入胜，真可谓千古第一传注也！

《四十自述》是语言清通的白话自传，字面上难懂的地方比较少。因而笔者的评注集中在两个方面：一是对人物、事件、背景等史料的介绍和补充，此为法《左传》而『传其事』；二是对作者思想观点和艺术手法等的评述阐发，此为法《公羊》《穀梁》而『传其义』。三传注《春秋》的高度虽然是后人望尘莫及的，但将其作为效法的榜样和追求的目标应该是允许的，正如孔子的高足公西华所说：『非曰能之，愿学焉。』（《论语·先进》第二十五章）

『传其事』的史料要尽量做到真实全面，拣选得当，应有皆有，应无皆无。譬如胡适先生在《四十自述·自序》中说：『我还劝告过蔡元培先生，张元济先生，高梦旦先生，陈独秀先生，熊希龄先生，叶景葵先生。我盼望他们都不要叫我失望。』那么，这几位先生对于胡适先生的『劝告』都是怎样回应的呢？他们后来写没写自传呢？是否令胡适先生失望了呢？本书都有翔实的史料注释。

作者在《自序》中还说：

> 前几年，我的一位女朋友忽然发愤写了一部六七万字的自传，我读了很感动，认为中国妇女的自传文学的破天荒的写实创作。但不幸她在一种精神病态中把这部稿本全烧了。当初她每写成一篇寄给我看时，我因为尊重她的意思，不曾替她留一个副本，至今引为憾事。

那这位『烧了』自传的『女朋友』是谁呢？著名现代文学史家夏志清先生认为是陈衡哲：

> 在《四十自述·自序》（民国二十二年）里，胡适提到过『一位女朋友』毁稿的憾事……胡适教出了不少女弟子，但称得上是他知己「女朋友」的就只有陈衡哲一人，我想焚稿的自传作者即是陈自己。清末民初的新女性，虽出身书香人家，她们努力向上求学，在家庭里受到的阻

> 力还是很大的。陈最后顾虑到她父母的清名，把稿子烧了，的确是憾事。（《新文学的传统・小论陈衡哲》，台北时报文化出版事业有限公司一九六九年十月版，第一三三页）

笔者在注释中先是论述了夏志清先生所作结论的轻率和论证的不合理：其一，夏先生说：『胡适教出了不少女弟子，但称得上是他知己「女朋友」的就只有陈衡哲一人，我想焚稿的自传作者即是陈自己。』但陈衡哲并非胡适的『女弟子』。其二，胡适先生所说那位『女朋友』，是『在一种精神病态中把这部稿本全烧了』，但陈衡哲并没有发生过这种『精神病态』。因此，说陈衡哲『烧了』自传，于理难通。其三，陈衡哲自传的出版使陈衡哲烧自传的说法不攻自破。一九三五年，陈衡哲以『陈南华』的笔名出版了十多万字的英文自传《一个年轻中国女孩的自传》。夏先生出版《新文学的传统》一书时，陈衡哲的自传已经出版了三十多年，夏先生难免孤陋之嫌。

然后，笔者通过手稿本的《自序》证明，烧掉自传的人是朱毅农，那部自传的名字叫《去影》。由此可见，手稿是多么地重要。胡适先生在发表时将手稿的『去影』删去了，只说『我的一位女朋友忽然发愤写了一部六七万字的自传』，这也是一种『为尊者讳』吧。

『传其义』要尽量做到见人所未见，发人所未发。譬如笔者对第六章『逼上梁山——文学革命的开始』所作的评述阐发：

> 『文学革命』是胡适先生对中国文化的最大贡献，他也因此被誉为中华国文之父、『五四』新文化运动的领袖……那么……以白话取代文言究竟有什么意义呢？
>
> 汉语的母语是白话，但在白话文通行之前，汉语的阅读写作却都不是用白话，而是用文言。这就是说，汉语的读写都不是用母语。我们知道，不管一个人会多少种外语，不管他的外语水平有多高，一般来说都只能用母语思维。那么，当他用非母语写作的时候，在思维和文字表述的过程中就会多一个翻译的中转站，也就是多了一个障碍，这无疑会严重影响其表达效果。因此，能用非母语写作而成为大诗人、大作家的实在是凤毛麟角。使用汉语的人用母语白话思维，而写作时却用文言来表述，同样会严重影响其表达效果。最受人们喜爱的四大小说名著之所以都是用白话写成的，最重要的原因就是母语思维和文字表述之间没有翻译中转的障碍。而用文言写成的小说，永远也达不到这样的效果。
>
> ……
>
> 胡适先生高峰独步，慧眼独具，他将文言与白话做了深入分析比较，得出了令人信服的结论：『文言的文字可读而听不懂；白话的文字

既可读，又听得懂。凡演说，讲学，笔记，文言决不能应用。今日所需，乃是一种可读，可听，可歌，可讲，可记的言语。要读书不须口译，演说不须笔译；要施诸讲坛舞台而皆可，诵之村妪妇孺皆可懂。不如此者，非活的言语也，决不能成为吾国之国语也，决不能产生第一流的文学也。』

……

经过数年的激烈博弈，白话最终取代了统治两千多年的文言，中华民族终于完成了从母语思维到文字表述的直通车。这是中国文化史上的一座里程碑！今天，当你自由无碍地用白话母语进行思维写作时，你是否仰望过这座巍峨的丰碑？你是否看到了这座丰碑上面有一行若隐若现、永不磨灭的大字——中国新文化运动的领袖胡适之。

三、推敲改笔　契悟匠心

手稿的最大价值就是留下了大量的改笔，这是作者匠心独运的轨迹。读者通过对这些推敲改笔的研究，可以契悟作者的匠心，从而提高赏鉴和写作的能力。

北宋大作家黄庭坚（字鲁直，号山谷道人）早年诗文写得并不出众，后来在相国寺得到一册宋祁《新唐书》的手稿，回到家里便仔细研读，从此以后，文章写得一天比一天好。因为黄庭坚从宋祁的改笔中契悟到了从最初构思到最终定稿的推敲过程（宋·朱弁《曲洧旧闻》卷四）。可是，大作家流传下来的手稿很少，正如鲁迅先生所慨叹的那样：『我们中国却偏偏缺少这样的教材。』『也许是因为向来崇尚「一挥而就」「文不加点」的缘故罢，又大抵是全本干干净净，看不出苦心删改的痕迹来。……读书人家的子弟熟悉笔墨，木匠的孩子会玩斧凿，兵家儿早识刀枪，没有这样的环境和遗产，是中国的文学青年的先天的不幸。』（《且介亭杂文二集·不应该那么写》）胡适先生《四十自述》的手稿，修改痕迹比比皆是，从文字标点的窜易，到行款格式的改动；从字句的增删，到段落的调整，各种情况林林总总，不一而足。这不仅是『中国的文学青年的』万幸，也是今天所有读者的万幸。

譬如《自序》的手稿劝朋友写自传，只提到林长民一人，这与首句『十年中』『常常劝』不相副——好像是说，『十年中』『常常劝』的只有林长民一个人，这显然不合文意。因此，发表时增加了劝梁启超、蔡元培、张元济、陈独秀等很多朋友写自传，这不仅拭去了初稿的白璧微瑕，而且也使内容更为丰富充实。

再如第六章『逼上梁山』——：

有一天，我又接到了他的一张传单，说中国应该改用字母拼音；说欲求教育普及，非有字母不可。我一时动了气，就写了一封短信去骂他……

手稿中的这段话，最初作：『有一天，我一时动了气，就写了一封短信去骂他。』后来，作者在中间插入了一段话：『我又接到了他的一张传单，说中国应该改用字母拼音；说欲求教育普及，非有字母不可。』插入了这段话，就使得动气写信骂人有了更为直接的原因。如果没有插入的这段话，就好像是说，『我』还是为上次的那张传单动怒。

又如第六章『逼上梁山』一：

在引论中我讨论没有文字符号的三大弊：一为意义不能确定，容易误解，二为无以表示文法上的关系，三为教育不能普及。

手稿一五七页（原稿纸一二页）和《东方杂志》（一七页）、大系本（六页）、小史本（四五页）、远东本（一〇五页）、远流本（一〇一页）等，均在『误解』和『关系』两处之后用了逗号；而全集本（一〇三页）、全编本（八二页）、人文本（一三一页）等很多版本，两处逗号均作分号。两相比较，这两处还是应该用逗号更好。因为三项内容虽然是并列的，但二、三两项中都没有标点；第一项中虽有一处逗号，但这个停顿很短，即使不停顿也是可以的。手稿『误解』之后的那个逗号又粗又长，显然是描过的，很可能是最初用了分号，随即又改成了逗号。由此可见，胡适先生对这个地方究竟是用分号，还是用逗号，是经过再三推敲的。

爱尔兰著名作家、英国唯美主义艺术运动的倡导者奥斯卡·王尔德说过：『我花了一个上午的时间去掉一个逗号，到了下午我又把它放了回去。』为了一个标点都要再三推敲的大师才是真正的大师，为了一个标点都要再三推敲的经典才能成为真正的经典！

史传真实的前提和扫除读史障碍的评注都有了，再『读史』就可以『使人明智』了吧？那还要看你怎么读。像读小说那样一目十行地『读史』，与『明智』是毫无关系的，正如台湾著名作家王文兴先生所说：『快读等于未读。』阿尔卑斯山谷大路边有这样一块标语牌：『慢慢走，欣赏啊！』本书上面也有一块类似的标语牌：『慢慢读，契悟啊！』只有契悟地『读史』才能『使人明智』，舍此别无他途。

从对本书的契悟阅读中，读者可以了解到胡适这个卒子，是如何利用自己的智慧和努力，从安徽上庄这个贫穷的山村一步一步地拱到太平洋彼岸的。

胡适先生也喜欢以卒子自喻。一九三八年九月十七日，国民政府宣布任命胡适为驻美大使。当时胡适正在瑞士出席国际历史学会会议，接到任命后，便立即着手准备离欧启程赴任。十月五日，胡适抵达华盛顿，六日到大使馆视事。

据《胡适日记》记载，一九三八年十月三十一日，陈光甫来找胡适商谈向美借款的事宜。陈光甫是胡适的好友，上海商业储蓄银行创始人，当时两人正在进行中国向美借款的谈判。商谈之后，他俩共同给国内发了一个电报。最终他们促成了数额两千五百万美元的中美『桐油借款』。一九三九年和一九四〇年又促成了两笔总额为四千五百万美元的贷款，为抗战做出了重要贡献。

这次公事谈完之后，陈光甫向胡适要一张照片。胡适就在自己的一张小照上题写了一首诗：

> 略有几茎白发，心情已近中年，
> 做了过河小卒，只许拼命向前。

后来，胡适先生把这首诗编入《尝试后集》时，将『做了过河小卒，只许拼命向前』，改为『做了过河卒子，只能拼命向前』。并在诗的后面写了短跋：

> 光甫同我当时都在华盛顿为国家做一点战时工作，那是国家最危急的时期，故有『过河卒子』的话。八年后，在卅五年（一九四六）的国民大会期中，我为人写了一些单条立幅，其中偶然写了这四行小诗。

胡适先生曾手书本诗赠『雪屏先生』。雪屏即陈雪屏（一九〇一——一九九九），曾任北京大学心理学教授，一九四八年代理国民政府教育部长，后任台湾『教育厅长』『考选部长』『行政院秘书长』等职。胡适先生书赠的条幅没有署具体时间，故未审书赠于何时。但诗的文字有两处改动，

将前两句的『略有几茎白发，心情已近中年』，改成了『偶有几茎白发，心情微近中年』。后来这幅作品在香港拍卖行拍出了一百二十二万元港币的天价。书法作品的价值，在很大程度上体现的是作者的价值而未必是作品本身的价值。二〇一一年，胡适先生的水墨洒金笺《行书四条屏》，以五百二十九万元拍出。二〇二〇年，《胡适留学日记》手稿十八册，拍卖成交价将近一亿四千万元，创下了『最贵日记』的世界拍卖纪录。

胡适先生已经逝世五十多年了，而他的作品却一直受到广大读者的欢迎和喜爱。这是因为他的思想，他的智慧，他的人格魅力，在影响和感动着后人。正如胡适先生所翻译的英国诗人罗伯特·勃朗宁的那首诗《你总有爱我的一天》：

你总有爱我的一天！
我能等着你的爱慢慢地长大。
你手里提的那把花，
不也是四月下的种子，六月开的吗？

胡适先生的《四十自述》，至今已有七十多个版本，每个版本又不知重版了多少次。这主要是因为，该书真实详细地记录了这个中国草根卒子『升后』之前的全过程。深入细致地研究这个卒子『升后』之前的每个足迹，对于今天有志于『升后』的所有『卒子』，特别是草根『卒子』，都具有切实可行的借鉴意义。在国际象棋中，每一个卒子都有『升后』的希望，只要你智慧地拼命向前。这些丰富的智慧，就在本书的字里行间。

谨以此书献给所有希望『升后』的卒子！

是为序。

张立华记于北京后沙峪之居广居

二〇二〇年十一月二十八日

张立华，中国教育发展战略学会传统文化教育专业委员会学术委员，编审。曾在大学任教，讲授训诂学等课程，后任杂志社总编辑及出版社传统文化编辑部主任。著述及主编的图书有《胡适手稿》（四色线装四十八册，载入二〇一五年《中国出版年鉴》）、《唐碑论语译释》、《中国哲理诗话》等百余种，发表学术文章近百篇。

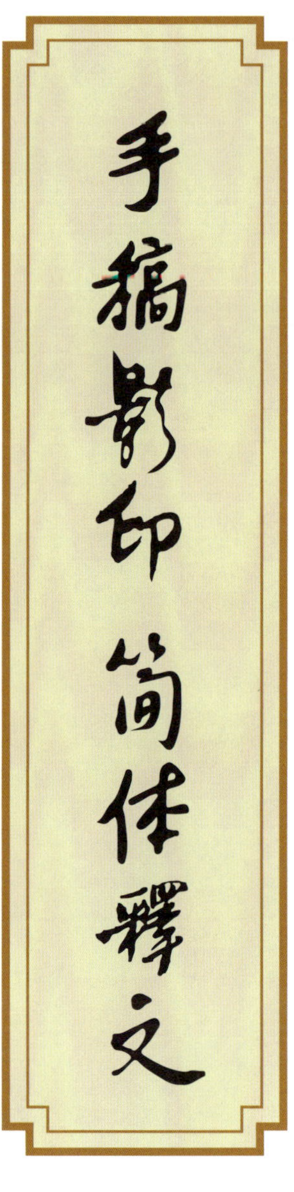
手稿影印 简体释文

释文

自述的目次　第一次拟稿

(1) 我的母亲的订婚，

(2) 一个狄克推多，

(3) 十年的乡村私塾，——十三岁的无神论者

(4) 六年的上海学校，——中国公学与《竞业旬报》

(5) 一场大醉

(6) 几乎做了一个基督教徒

(7) 乐观

(8) 说老实话——非攻

(9) 治学方法

释文

(10) 文学革命

(12) 我的母亲的死——丧礼

(14) 我崇拜的几个神

(16) 记梦

(11) 我的订婚与结婚

(13) 北京大学

(15) 胡说几种

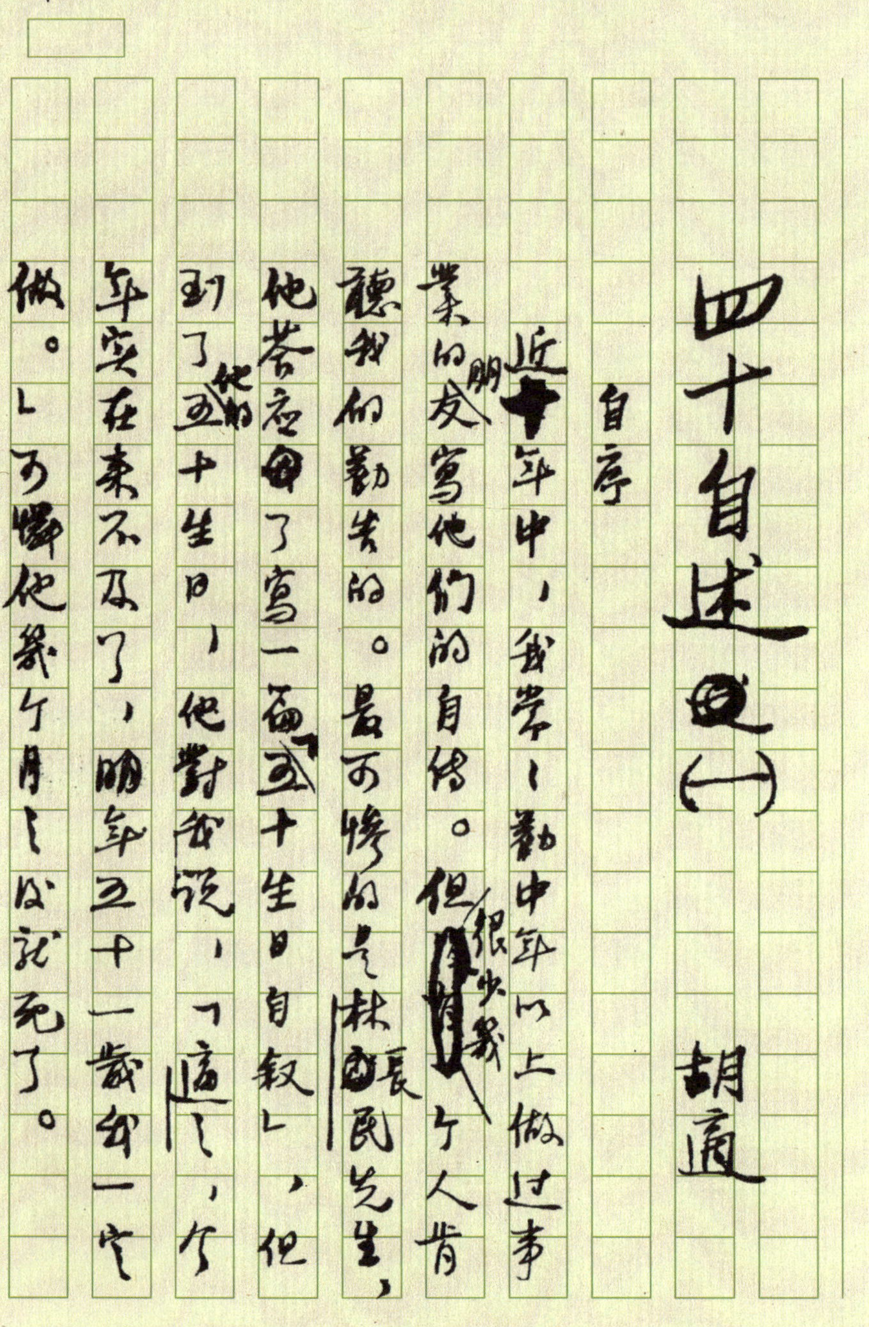
四十自述（一）　胡適

自序

近十年中，我常常勸中年以上做過事業的朋友寫他們的自傳。但很少幾個人肯聽我的勸告的。最可慘的是林長民先生，他答應了寫一篇「五十生日自敘」，但到了他的五十生日，他對我說，「適之，今年實在來不及了，明年五十一歲我一定做。」可憐他幾個月之後就死了。

释文

四十自述（一）

自序

胡适

近十年中，我常常劝中年以上做过事业的朋友写他们的自传。但很少几个人肯听我的劝告的。最可惨的是林长民先生，他答应了写一篇『五十岁生日自叙』，但到了他的五十岁生日，他对我说，『适之，今年实在来不及了，明年五十一岁我一定做。』可怜他几个月之后就死了。

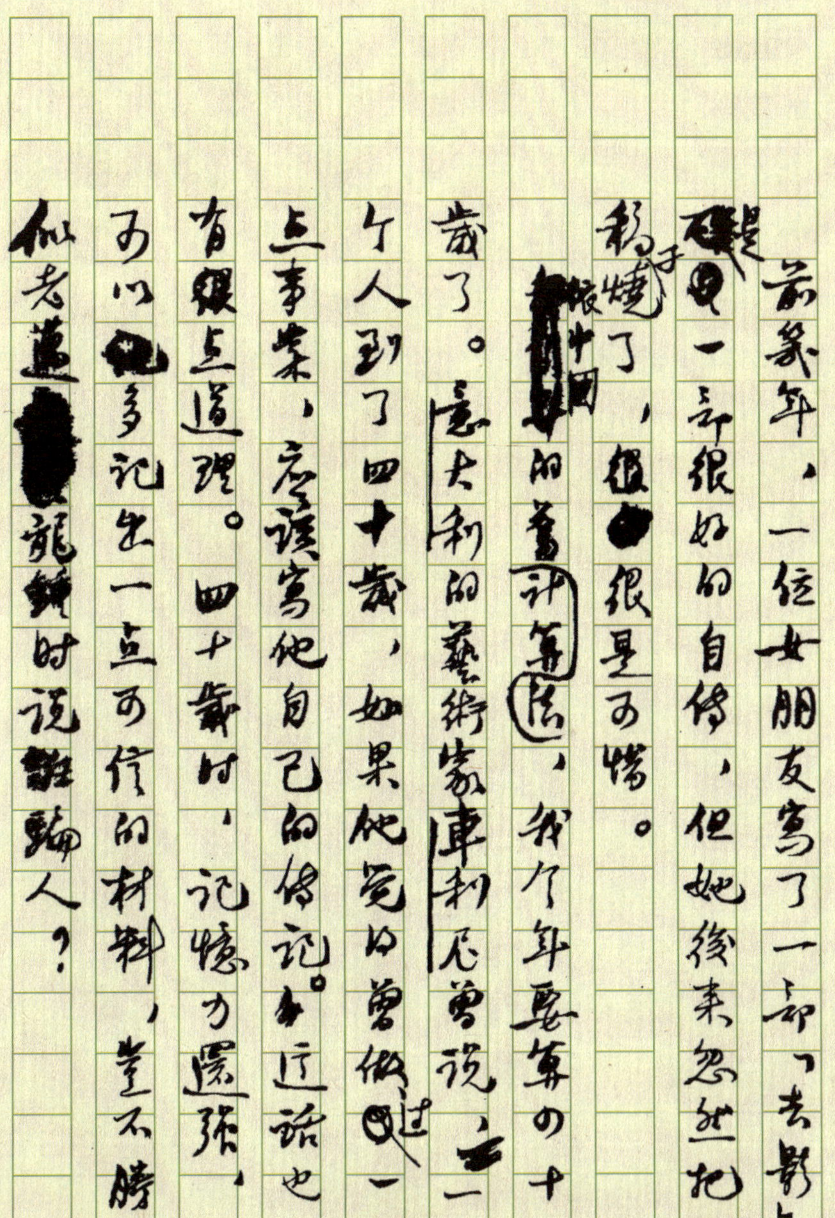

释文

前几年，一位女朋友写了一部『去影』是一部很好的自传，但她后来忽然把稿子烧了，很是可惜。依中国的旧法计算，我今年要算四十岁了。意大利的艺术家车利尼曾说，一个人到了四十岁，如果他觉得曾做过一点事业，应该写他自己的传记。这话也有点道理。四十岁时，记忆力还强，可以多记出一点可信的材料，岂不胜似老迈龙钟时说诳骗人？

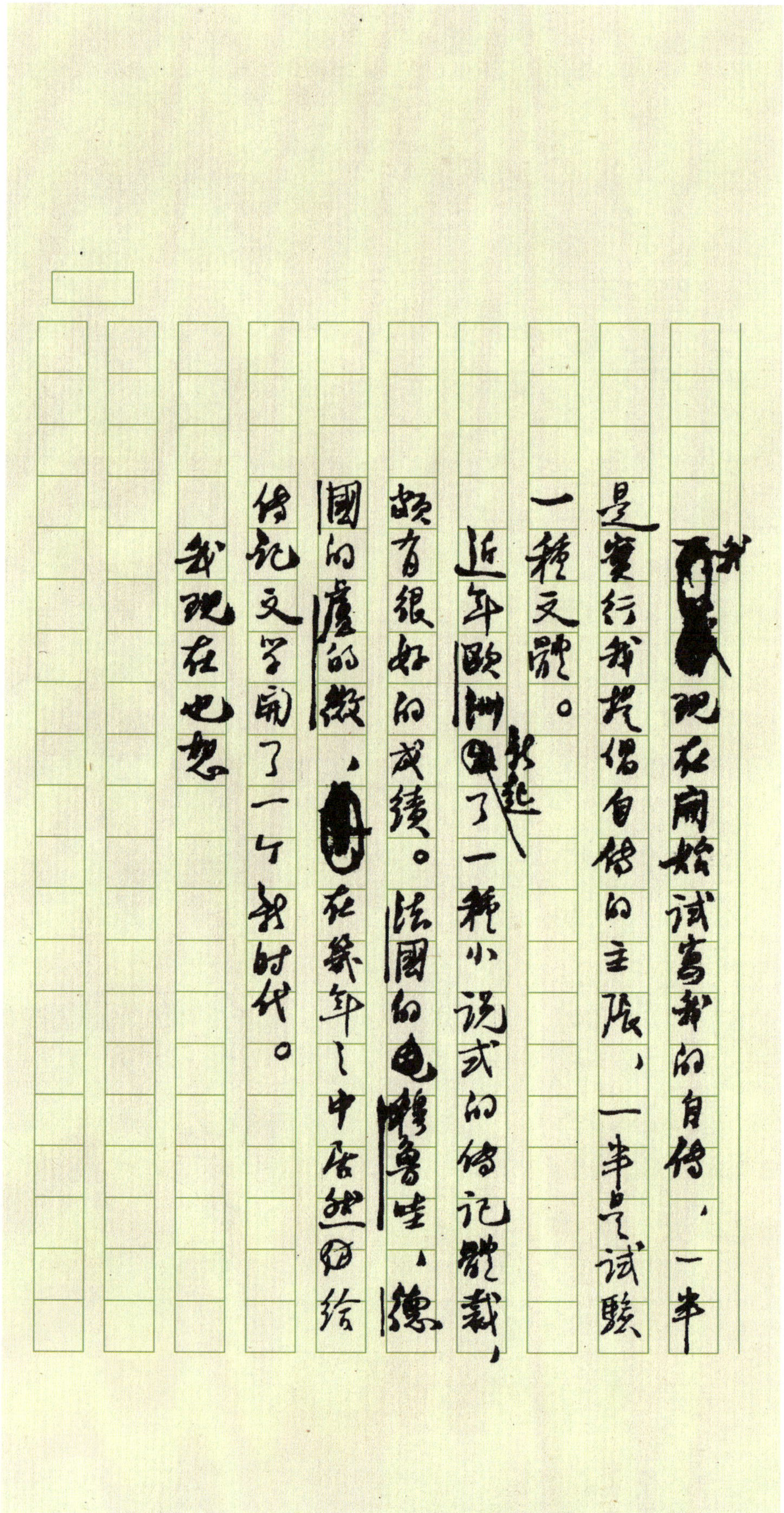

我现在开始试写我的自传，一半是实行我提倡自传的主张，一半是试验一种文体。

近年欧洲新起了一种小说式的传记体裁，颇有很好的成绩。法国的穆鲁哇，德国的卢的微，在几年之中居然给传记文学开了一个新时代。

我现在也想

释文

我现在开始试写我的自传，一半是实行我提倡自传的主张，一半是试验一种文体。

近年欧洲新起了一种小说式的传记体裁，颇有很好的成绩。法国的穆鲁哇，德国的卢的微，在几年之中居然给传记文学开了一个新时代。

我现在也想

（手稿序文未完）

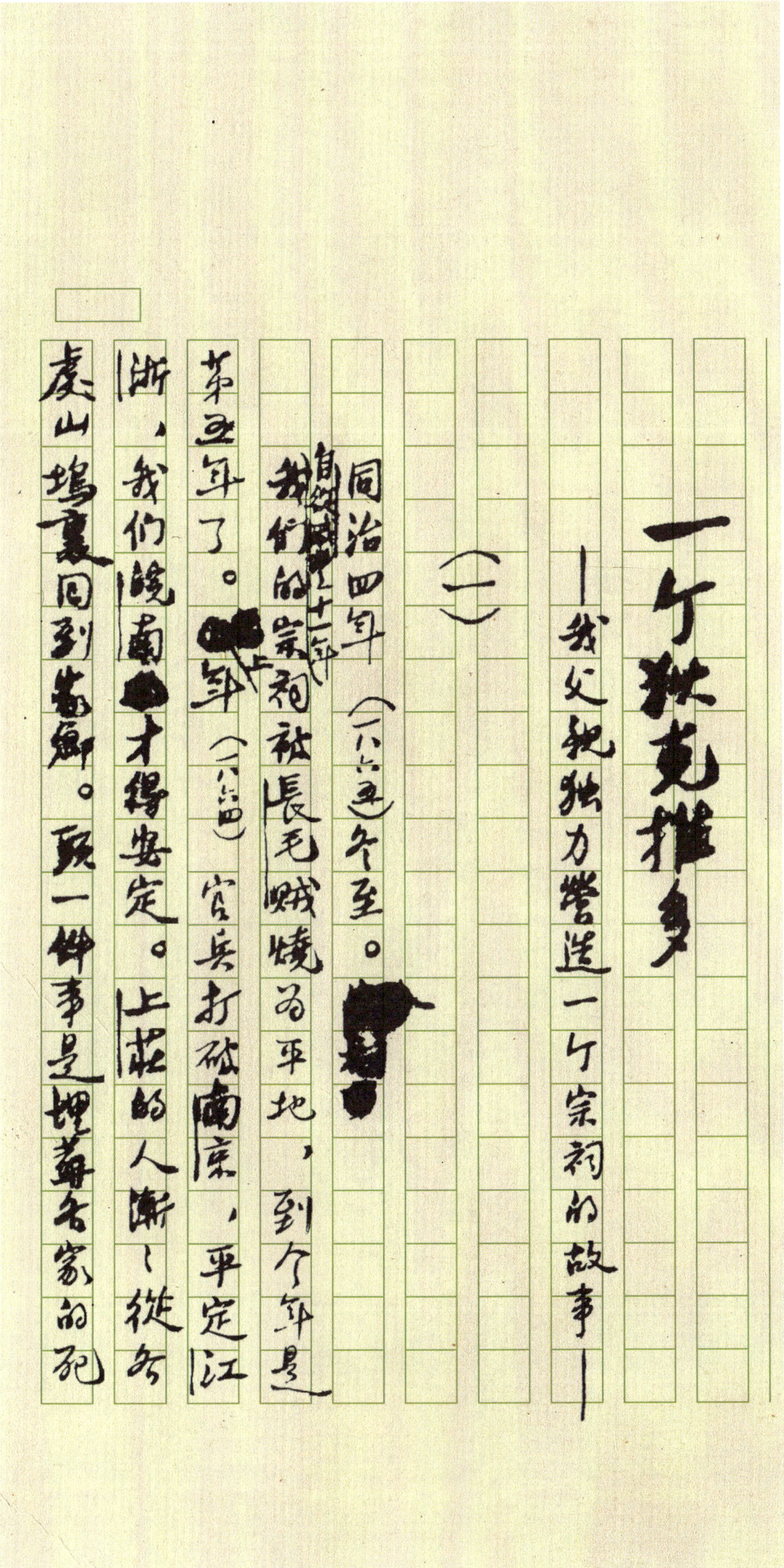
一个狄克推多
——我父亲独力营造一个宗祠的故事——
（一）
同治四年（一八六五）冬至。自从咸丰十一年我们的宗祠被长毛贼烧为平地，到今年是第五年了。（一八六四）官兵打破南京，平定江浙，我们皖南才得安定。上庄的人渐渐从各处山坞里回到家乡。头一件事是埋葬各家的死

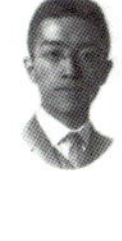

释文

一个狄克推多

——我父亲独立营造一个宗祠的故事——

（一）

同治四年（一八六五）冬至。

自从咸丰十一年我们的宗祠被长毛贼烧为平地，到今年是第五年了。上年（一八六四）官兵打破南京，平定江浙，我们皖南才得安定。上庄的人渐渐从各处山坞里回到家乡。头一件事是埋葬各家的死

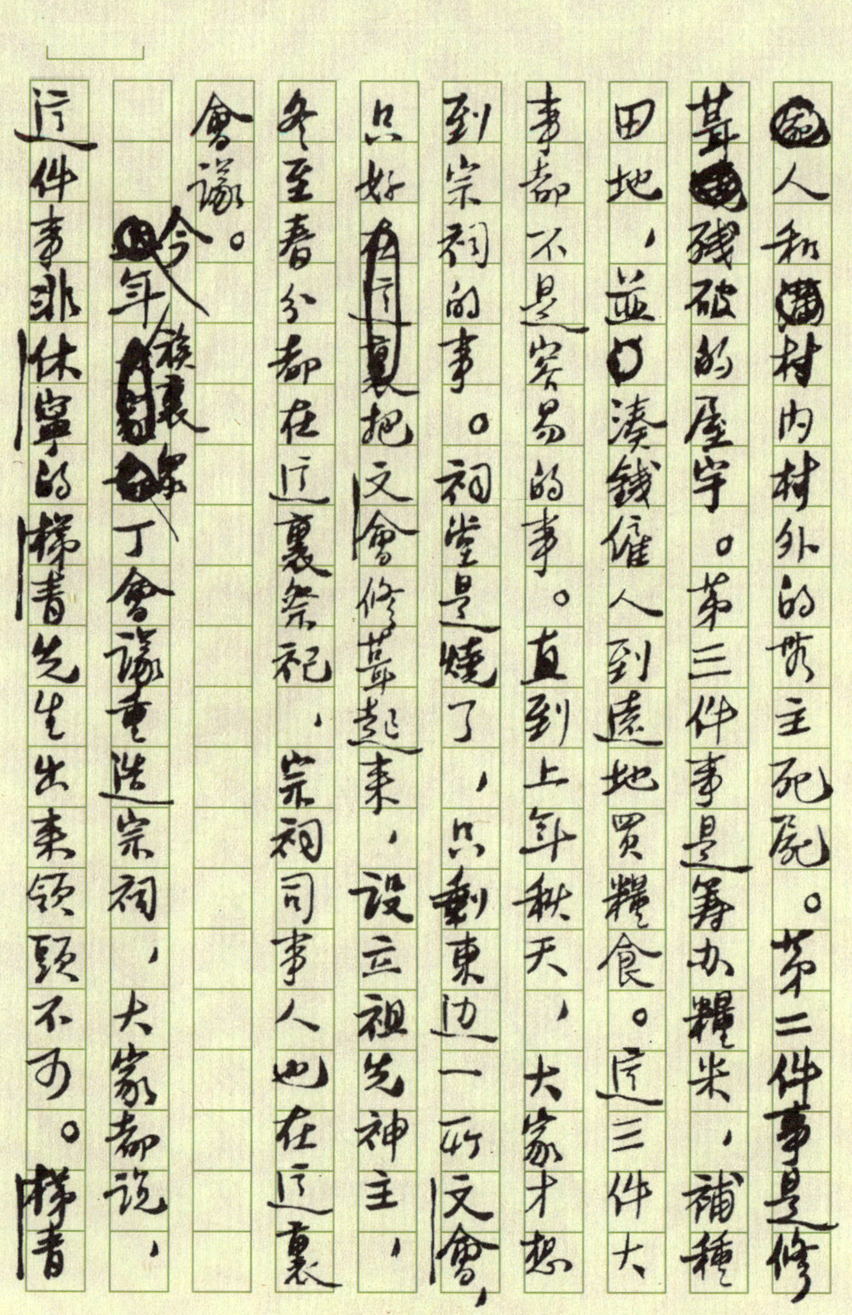

释文

人和村内村外的无主死尸。第二件事是修葺残破的屋宇。第三件事是筹办粮米，补种田地，并凑钱雇人到远地买粮食。这三件大事都不是容易的事。直到上年秋天，大家才想到宗祠的事。祠堂是烧了，只剩东边一所文会，只好把文会修葺起来，设立祖先神主，冬至春分都在这里祭祀，宗祠司事人也在这里会议。

今年族里众丁会议重造宗祠，大家都说，这件事非休宁的梯青先生出来领头不可。梯青

释文

先生是胡开文笔墨庄的一派，家财富裕，人丁众多，嫡堂兄弟二十多人，子侄辈四五十人；他自己是个贡生，他儿子也是个贡生，他侄儿子是个举人，在刑部做官。可怜我们上庄自从开族以来，读书的人虽然不少，却只有过这一个举人，也只有过这一位芝麻大的京官，所以合族的人没有不敬重这一支的。他们虽然住家在休宁，离上庄一百几十里，但族中有大事总须请教梯青先生。

今年族中司事到休宁请梯青先生出来倡造祠堂，不料他老人家一口回绝不肯干。他说：

释文

『宗祠是道光二十年（一八四〇）造成的，那时候，我们族里号称「千灶万丁」，实数足有男女六千人。那是太平时代，家家有馀财。然而也要整整十年才把祠堂造成。现在经过大乱之后，十成里死了不止八成，男男女女总算起来不到一千二百人，又多是穷苦的人家。这时候那里去筹这笔大款子来造祠堂？我劝你们不要做梦。最好把这事搁起，过了十年二十年，也许有法子想。我老了，事体又多，离家又太远，我怎么能管造祠堂的大事？』

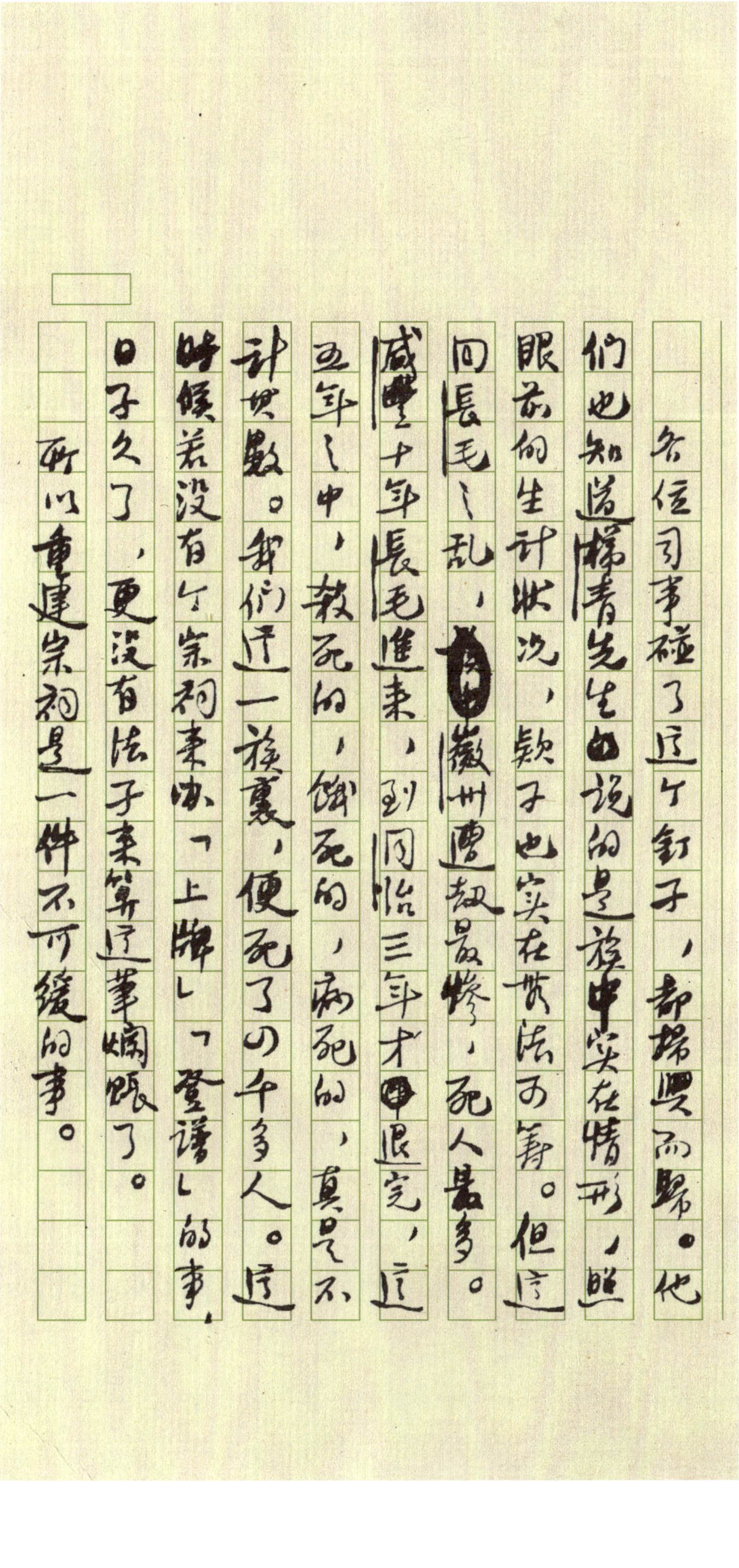
各位司事碰了這個釘子，都掃興而歸。他們也知道梯青先生說的是族中實在情形，照眼前的生計狀況，款子也實在無法可籌。但這回長毛之亂，[illegible]徽州遭劫最慘，死人最多。咸豐十年長毛進來，到同治三年才退完，這五年之中，殺死的，餓死的，病死的，真是不計其數。我們這一族裏，便死了四千多人。這時候若沒有個宗祠來辦「上牌」「登譜」的事，日子久了，更沒有法子來算這筆爛賬了。所以重建宗祠是一件不可緩的事。

释文

各位司事碰了这个钉子，都扫兴而归。他们也知道梯青先生说的是族中实在情形，照眼前的生计状况，款子也实在无法可筹。但这回长毛之乱，徽州遭劫最惨，死人最多。咸丰十年长毛进来，到同治三年才退完，这五年之中，杀死的，饿死的，病死的，真是不计其数。我们这一族里，便死了四千多人。这时候若没有个宗祠来办『上牌』『登谱』的事，日子久了，更没有法子来算这笔烂账了。

所以重建宗祠是一件不可缓的事。

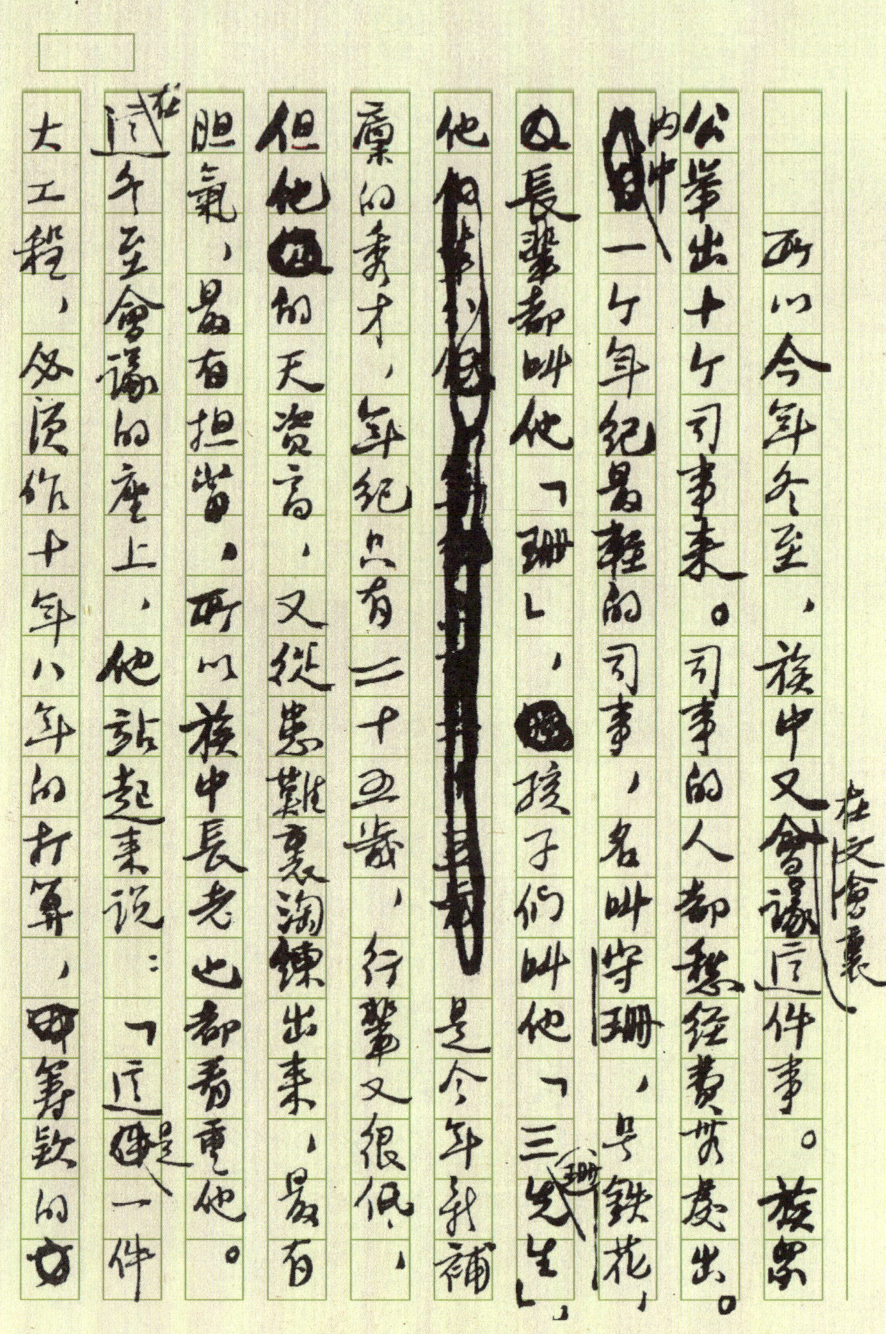

释文

所以今年冬至，族中又在文会里会议这件事。族众公举出十个司事来。司事的人都愁经费无处出。内中一个年纪最轻的司事，名叫守珊，号铁花，长辈都叫他『珊』，孩子们叫他『三（珊）先生』，他是今年新补廪的秀才，年纪只有二十五岁，行辈又很低，但他的天资高，又从患难里淘练出来，最有胆气，最有担当，所以族中长老也都看重他。在这冬至会议的座上，他站起来说：『这是一件大工程，必须作十年八年的打算，筹款的

释文

法子必须第一要容易行，第二要能持久。怎样才是易行而又能持久的法子呢？必须要「多其取之之方，而少其取之之数」，门类要多，数目要少，才可以叫人人都担负得起。人人担负得起，才可以持久。」

大家都赞成这个意思，便请三先生去定章程。他说：『章程已拟有一个在此，请大家商量决定。』他从袖管里抽出一张单子来，念道：

宗祠工程捐款分为四类：

一，丁口捐，每年每男丁出钱二百文，每

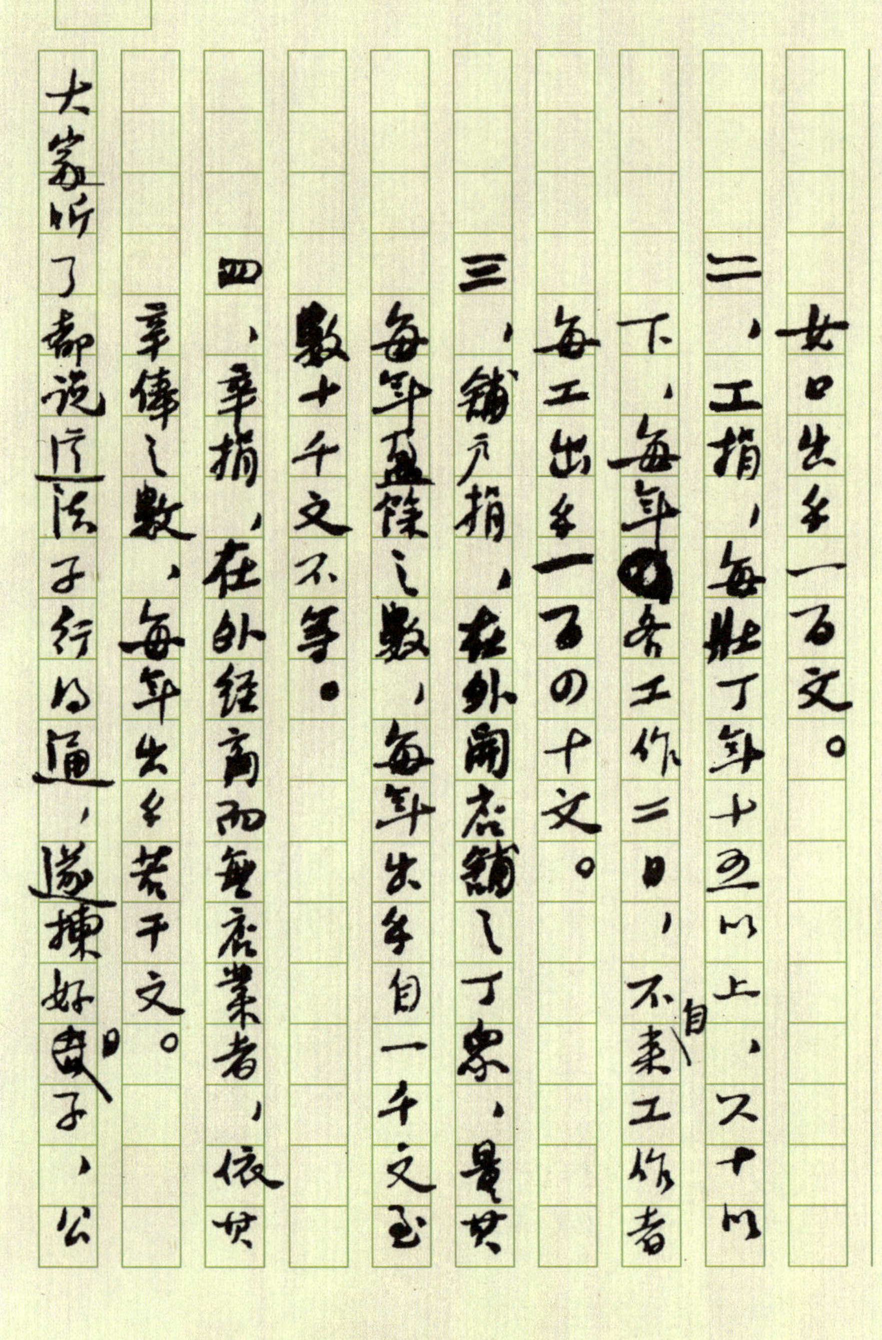

释文

女口出钱一百文。

二，工捐，每壮丁年十五以上，六十以下，每年各工作二日，不自来工作者每工出钱一百四十文。

三，铺户捐，在外开店铺之丁众，量其每年盈馀之数，每年出钱自一千文至数十千文不等。

四，辛捐，在外经商而无店业者，依其辛俸之数，每年出钱若干文。

大家听了都说这法子行得通，遂拣好日子，公

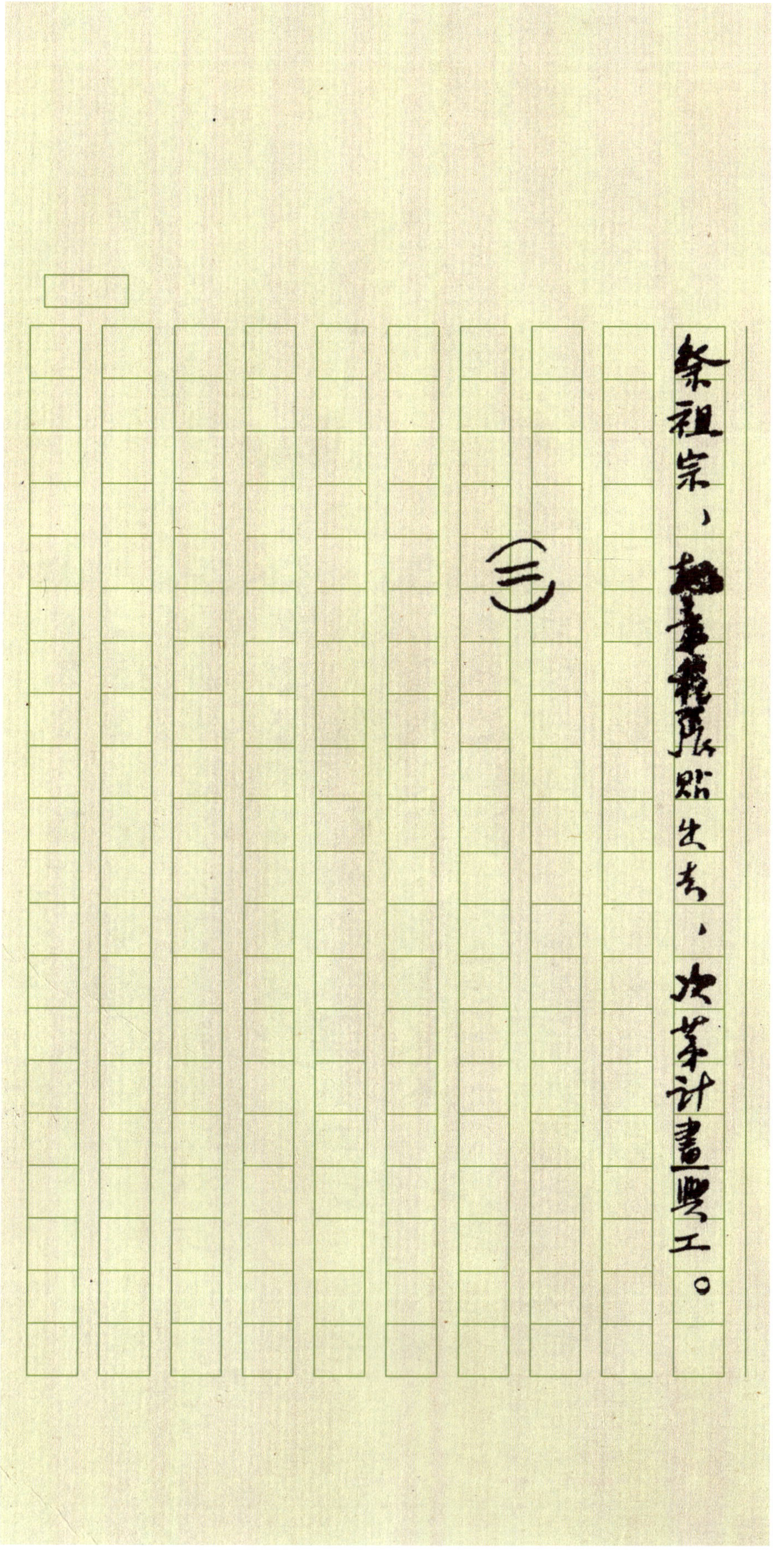

祭祖宗，把章程張貼出去，次第計畫興工。

（三）

释文

祭祖宗，把章程张贴出去，次第计画兴工。

（二）

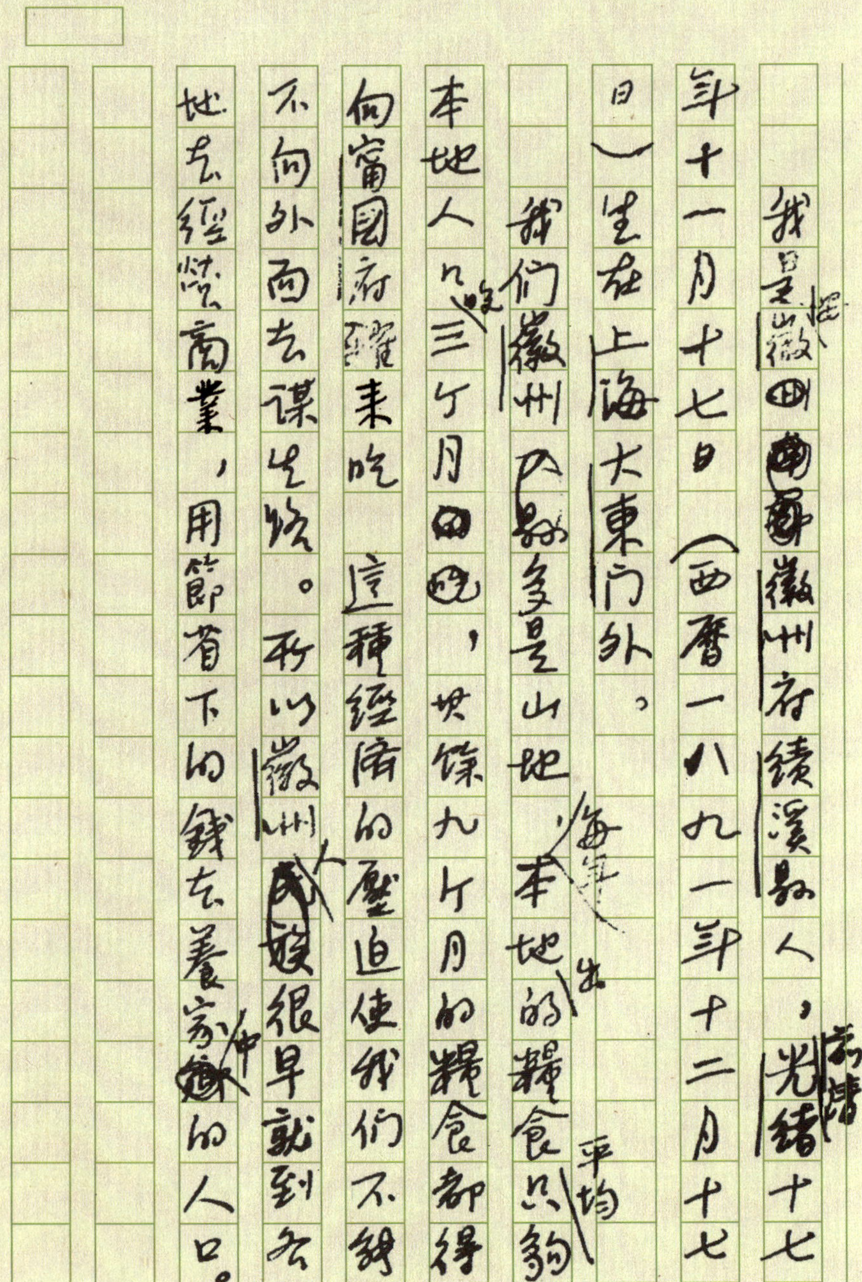

释文

我的家乡（标题为注者所加）

我是安徽徽州府绩溪县人，前清光绪十七年十一月十七日（西历一八九一年十二月十七日）生在上海大东门外。

我们徽州多是山地，每年本地出的粮食平均只够本地人口吃三个月，其馀九个月的粮食都得向宁国府籴来吃。这种经济的压迫使我们不能不向外面去谋生路。所以徽州人很早就到各地去经营商业，用节省下的钱去养家中的人口。

释文

在过去的一千多年，徽州人的足迹走遍了中国各省，尤其是江西，浙江，江苏，福建各省。徽州人能吃苦，生活很简单，又有诚实的信用，所以他们往往能从极贫穷的生活里挣扎到小康或大富的地位。他们卖茶叶，卖杂货，开押店和当铺，经营全国的盐务。在宁波人和广东人没有大活动之前，徽州人可算是中国的犹太人，或中国的苏格兰人。俗话说，『无徽不成镇』，这就是说，一个地方若没有徽州人，就没有商店，就不会变一个市镇。俗话又有『徽

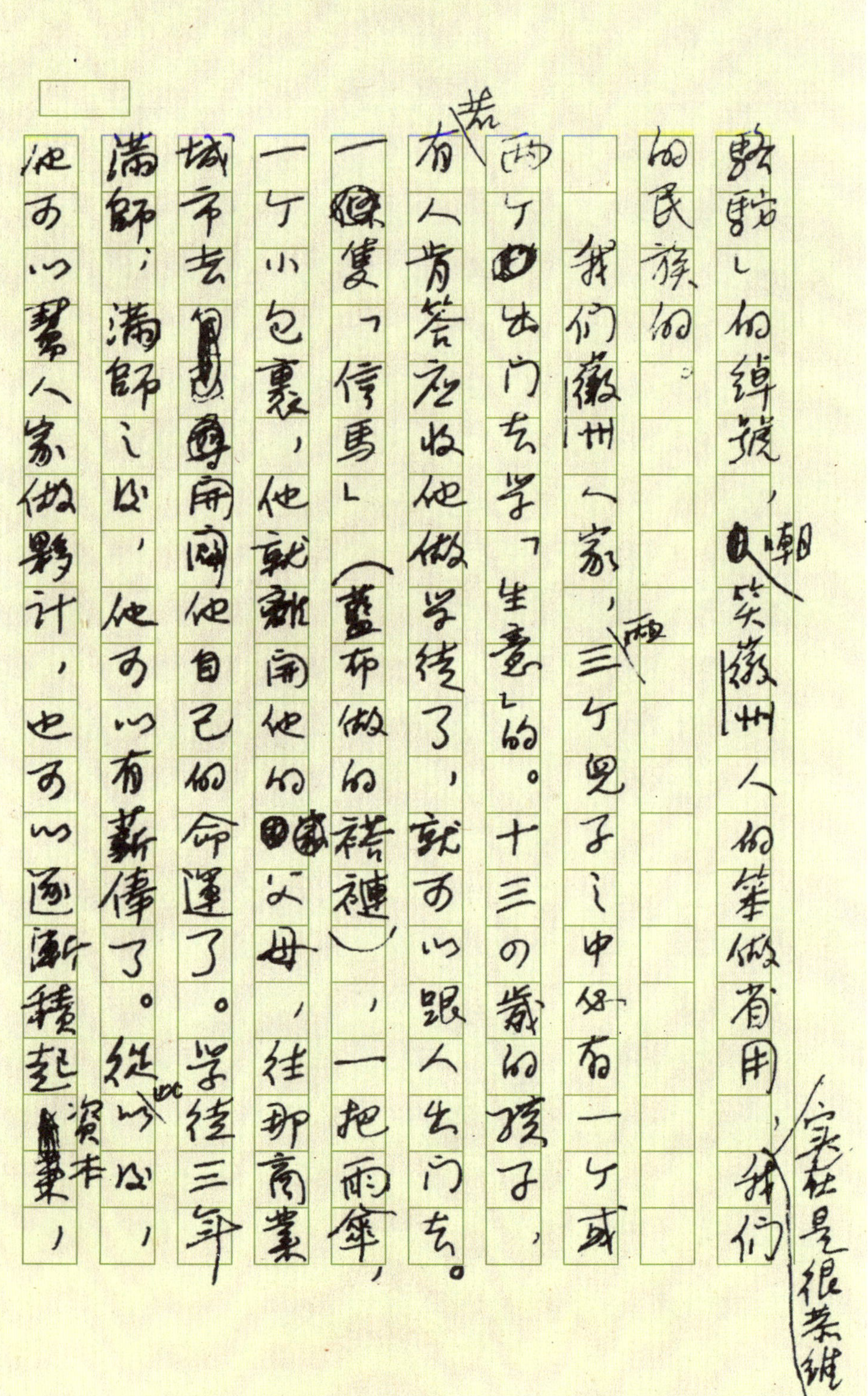

释文

骆驼』的绰号，嘲笑徽州人的笨做省用，实在是很恭维我们的民族的。

我们徽州人家，两三个儿子之中必有一个或两个出门去学『生意』的。十三四岁的孩子，若有人肯答应收他做学徒了，就可以跟人出门去。一只『信马』（蓝布做的褡裢），一把雨伞，一个小包裹，他就离开他的父母，往那商业城市去开辟他自己的命运了。学徒三年满师；满师之后，他可以有薪俸了。从此以后，他可以帮人家做伙计，也可以逐渐积起资本，

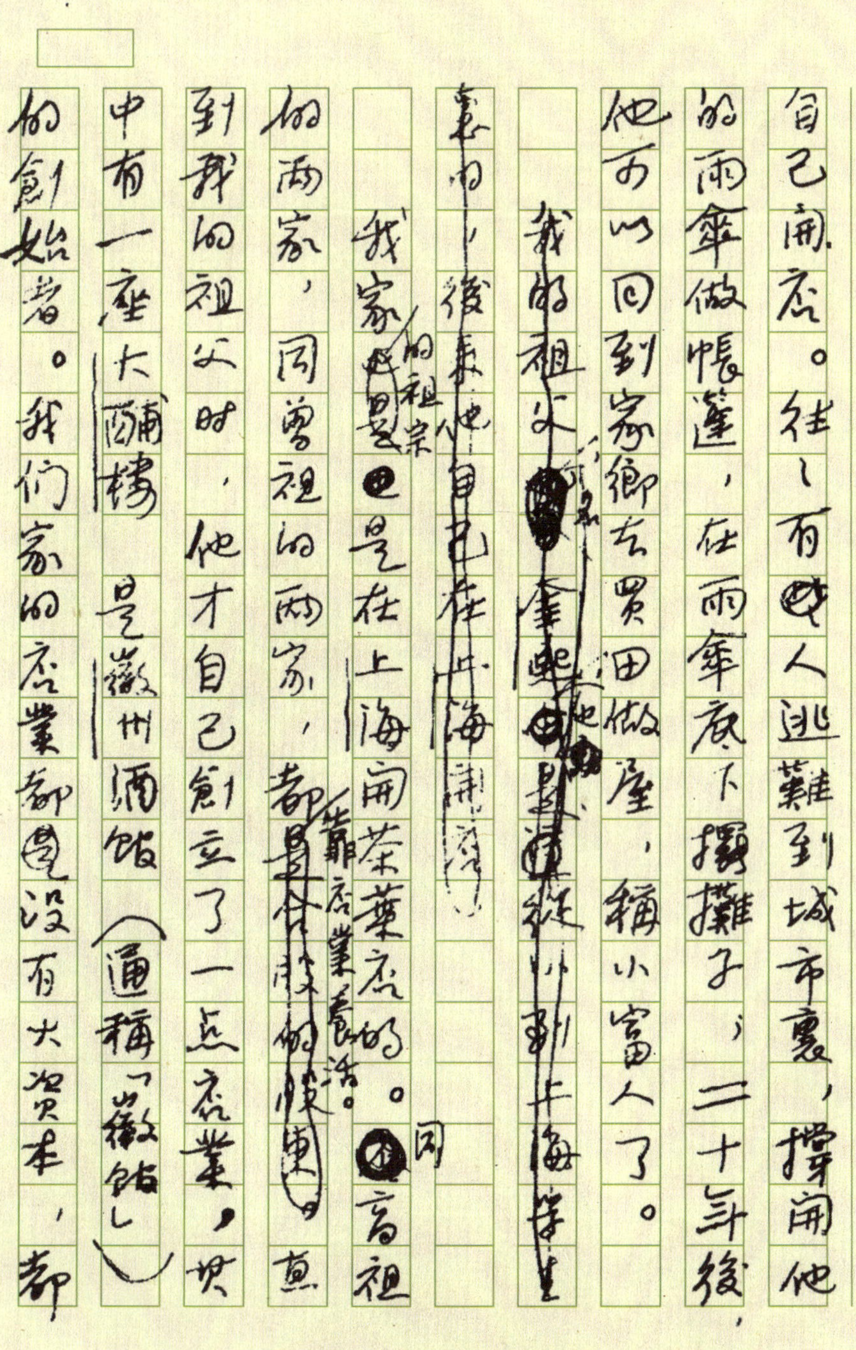

释文

自己开店。往往有人逃难到城市里，撑开他的雨伞做帐篷，在雨伞底下摆摊子；二十年后，他可以回到家乡去买田做屋，称小富人了。

我家的祖宗是在上海开茶叶店的。同高祖的两家，同曾祖的两家，都靠店业养活。直到我的祖父时，他才自己创立了一点店业，其中有一座大酺楼，是徽州酒馆（通称『徽馆』）的创始者。我们家的店业都没有大资本，都

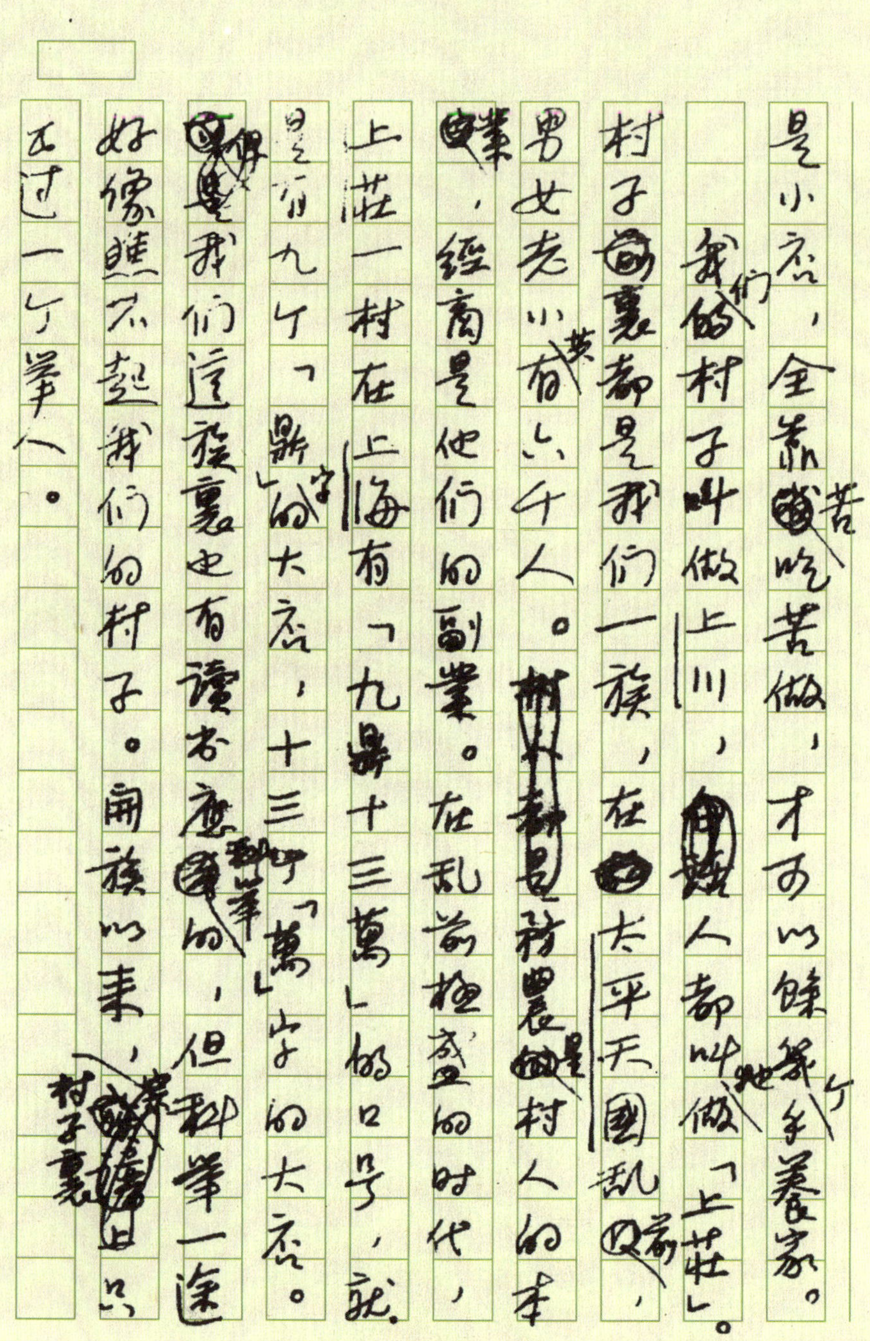

释文

是小店，全靠苦吃苦做，才可以馀几个钱养家。

我们的村子叫做上川，人都叫它做『上庄』。村子里都是我们一族，在太平天国乱前，男女老小共有六千人。务农是村人的本业，经商是他们的副业。在乱前极盛的时代，上庄一村在上海有『九鼎十三万』的口号，就是有九个『鼎』字的大店，十三个『万』字的大店。我们这族里也有读书应科举的，但科举一途好像瞧不起我们的村子。开族以来，村子里只出过一个举人。

释文

我的伯祖星五先生（名奎照）是一个有道德的秀才

（手稿这部分未完，下面又重写了）

我的父母（标题为注者所加）

（一）

我生于前清光绪十七年十一月十七日（西历一八九一年十二月十七）。那时我的父亲（名传，守［注者按：『守』当作『字』］守三，号铁花，生一八四一，死一八九五）在江苏省候补，派在上海做淞沪各督卡总巡，所以我家住在上海大东门外。我们的老家在安徽绩溪县的上庄。

我家本是小商人，我的高祖在上海附近的川沙创立了一所茶叶店；我的祖父（名奎熙）

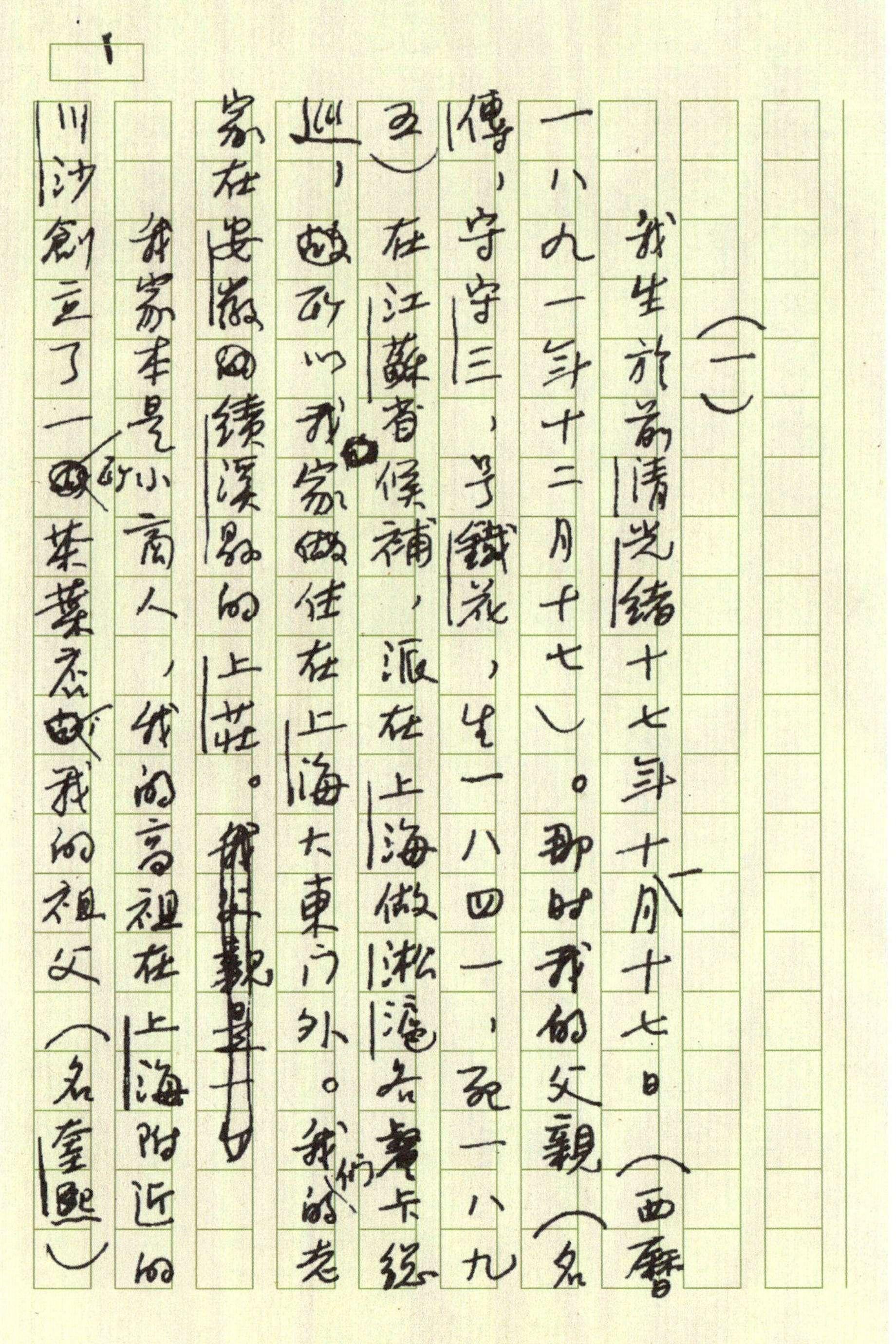

2

释文

又在上海设了几处小店业。我家中人口众多，全靠这几处小店养活。我的伯祖（祖父的哥哥，名奎照，字星五）是个有道德的优贡，在家乡管理家务；我的祖父在上海经营店业，养活一个二十馀口的大家庭。中间经过太平天国之乱，绩溪的家乡完全被毁，上海川沙的店业也被毁了。我的祖父在乱后辛苦经营，勉强把店业恢复起来。我的父亲虽是读书人，但在这种艰难困苦中磨练出来，变成了一个最能吃苦耐劳的干才。他的少年经验，都详细记载在他自著的《钝夫年谱》里（不久可以印行）。他壮年时最出力的一件事，是他费了十二年的工夫，主持我们一族的宗祠的重建。宗祠在乱时被毁，他被族人推举出来主持重建的计画；一切捐款和采料的工作，和一切礼仪规模的考订，都由他一人担任。一个壮年后辈，在那宗法社会里，须受种种的牵掣和阻挠。他的才力和诚意居然使他排除一切困难，把这件公共事业办成功。

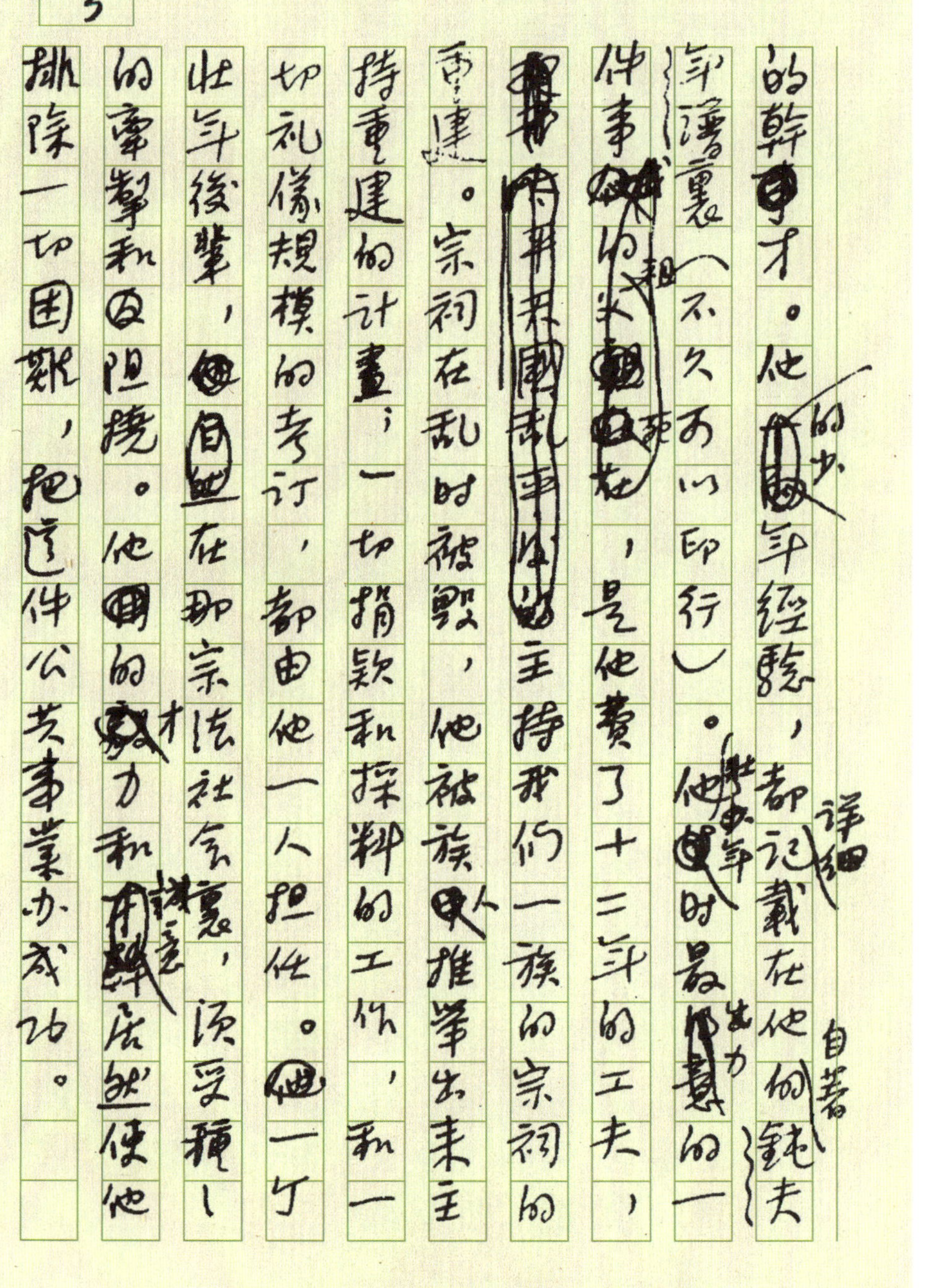

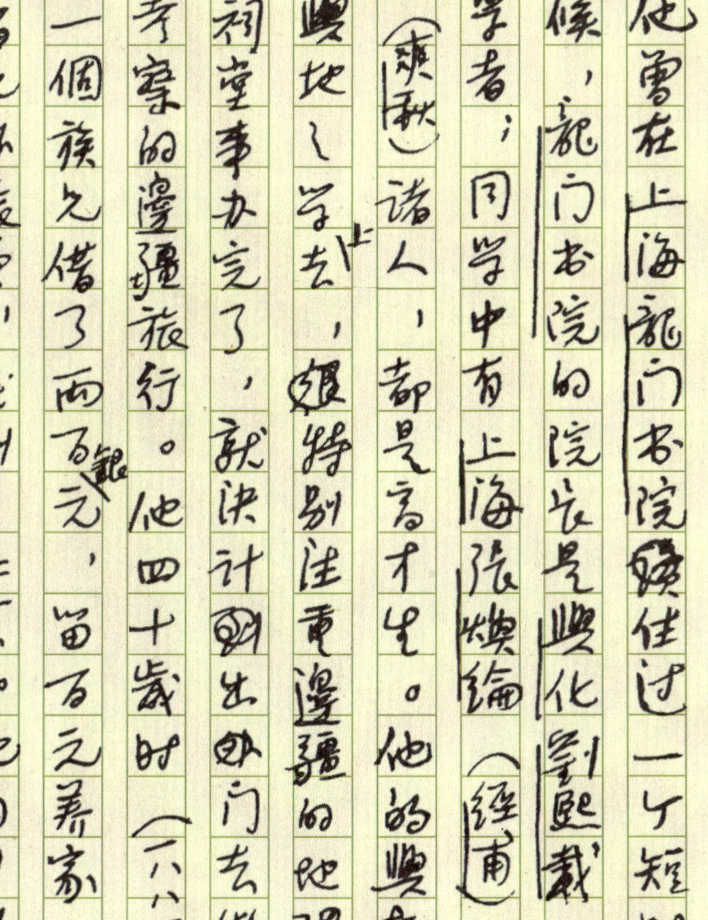

释文

他曾在上海龙门书院住过一个短时期。那时候，龙门书院的院长是兴化刘熙载，是一位大学者；同学中有上海张焕纶（经甫），桐庐袁昶（爽秋）诸人，都是高才生。他的兴趣渐渐走到舆地之学上去，特别注重边疆的地理。他等到祠堂事办完了，就决计出门去做一点实地考察的边疆旅行。他四十岁时（一八八一），向一个族兄借了两百银元，留百元养家，自己带了百元作旅费，就到了北京。他的目的是要游历东三省。那时吴大澂在宁古塔防边，我

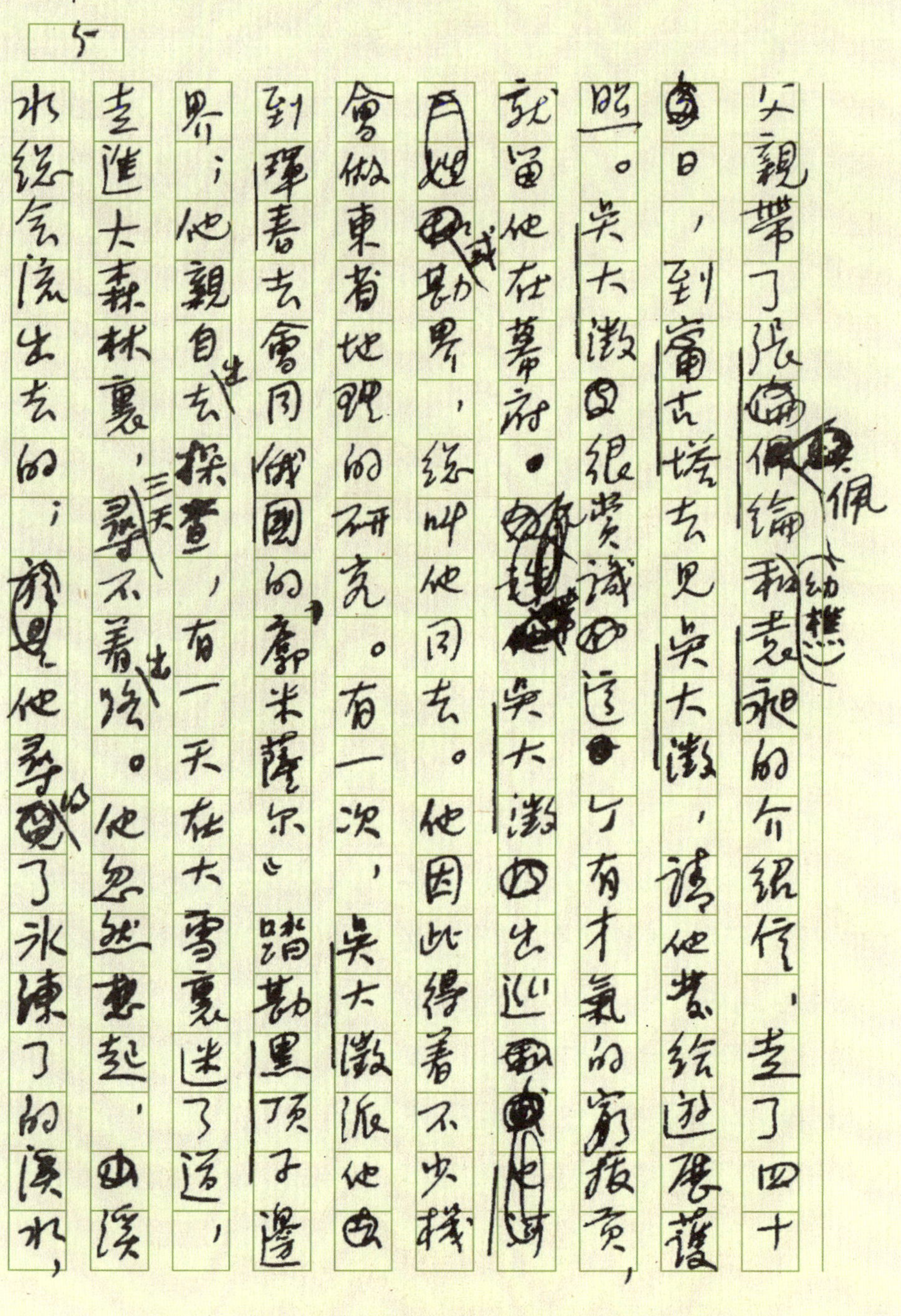

释文

父亲带了张佩纶（幼樵）和袁昶的介绍信，走了四十日，到宁古塔去见吴大澂，请他发给游历护照。吴大澂很赏识这个有才气的穷拔贡，就留他在幕府。吴大澂出巡或勘界，总叫他同去。他因此得着不少机会做东省（注者按：『东省』，民国时期对东三省的省称。）地理的研究。有一次，吴大澂派他到珲春去会同俄国的『廓米萨尔』踏勘黑顶子边界；他亲自出去探查，有一天在大雪里迷了道，走进大森林里，三天寻不着出路。他忽然想起，溪水总会流出去的；他寻得了冰冻了的溪水，

6

跟着水路出去，居然出了險。對于這件用思想來解決一個困難的經驗，他很得意，曾做一首長詩紀念這回迷路的經過，題為「窩棘行」，因為本地的人叫大森林做「窩棘」。

他的耐勞與好學，使那位有學者風度的吳大澂很敬重他。有一天，吳大澂拿出一個稿子給他看，原來他不讓我父親知道，已上了一個專摺奏保他的「賢才」，摺中有「有體有用，實足為國家幹濟之才，不僅備一方牧令之選」的話。政府准他以知縣留在吉林任用。他在吉

释文

跟着水路出去，居然出了险。对于这件用思想来解决一个困难的经验，他很得意，曾做一首长诗纪念这回迷路的经过，题为『窝棘行』，因为本地的人叫大森林做『窝棘』。

他的耐劳与好学，使那位有学者风度的吴大澂很敬重他。有一天，吴大澂拿出一个稿子给他看，原来他不让我父亲知道，已上了一个专折奏保他的『贤才』，折中有『有体有用，实足为国家干济之才，不仅备一方牧令之选』的话。政府准他以知县留在吉林任用。他在吉

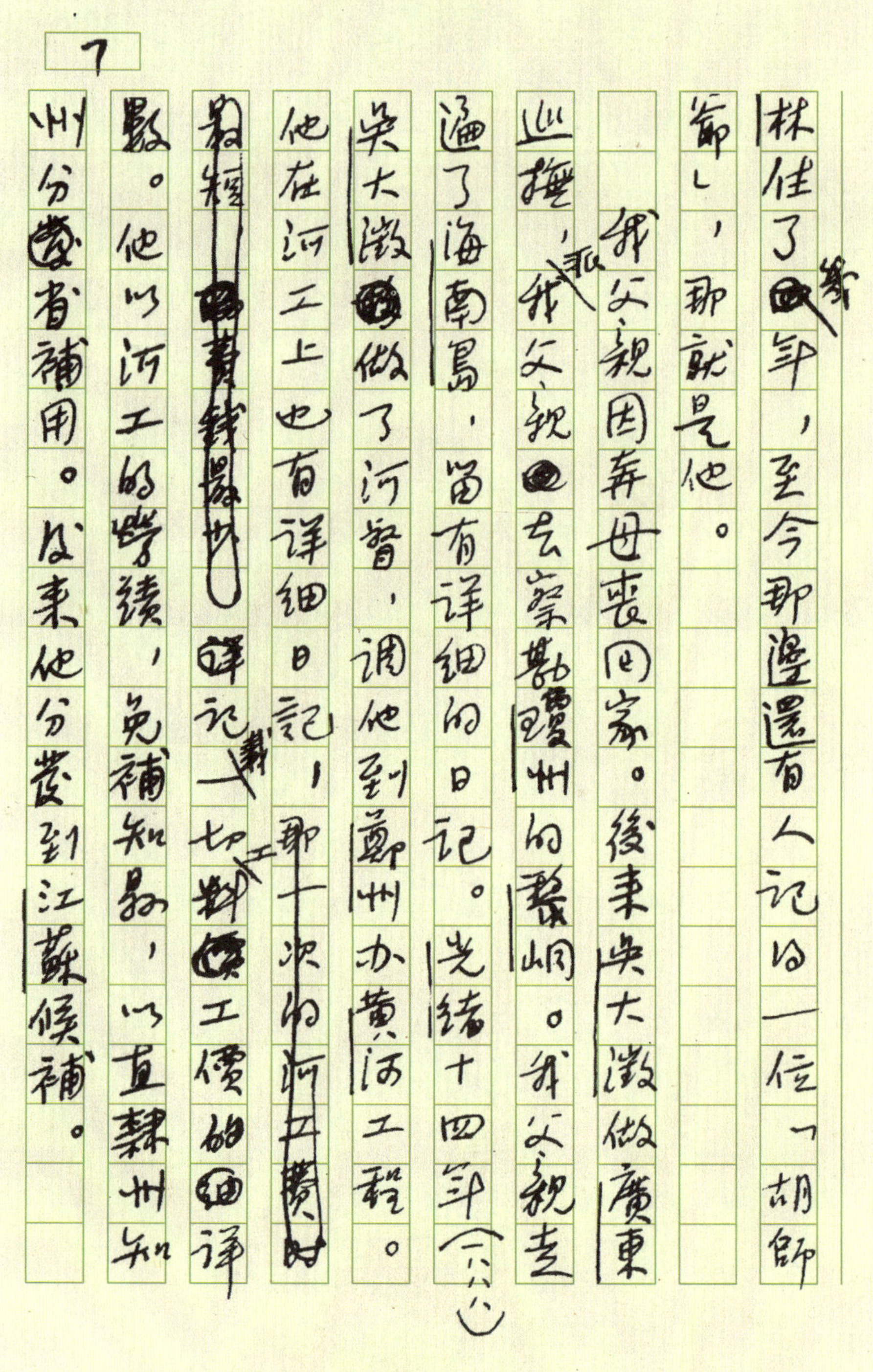

释文

林住了几年，至今那边还有人记得一位『胡师爷』，那就是他。

我父亲因奔母丧回家。后来吴大澂做广东巡抚，派我父亲去察勘琼州的黎峒。我父亲走遍了海南岛，留有详细的日记。光绪十四年（一八八八）吴大澂做了河督，调他到郑州办黄河工程。他在河工上也有详细日记，记载一切工料工价的详数。他以河工的劳绩，免补知县，以直隶州知州分省补用。后来他分发到江苏候补。

释文

我父亲原配的冯氏，在太平天国乱中殉节死了。继娶的曹氏，生了三个儿子，三个女儿，因病死了。我父亲因要出外做事，所以十一年不曾续娶。直到他四十九岁时（一八八九），他才续娶我的母亲冯氏。

我的母亲是农家的女儿，她的父亲冯金灶（灶即竈字），是一个农夫，兼做裁缝，是一个勤俭忠厚的好人。她的母亲也是一个能苦做的忠厚妇人。

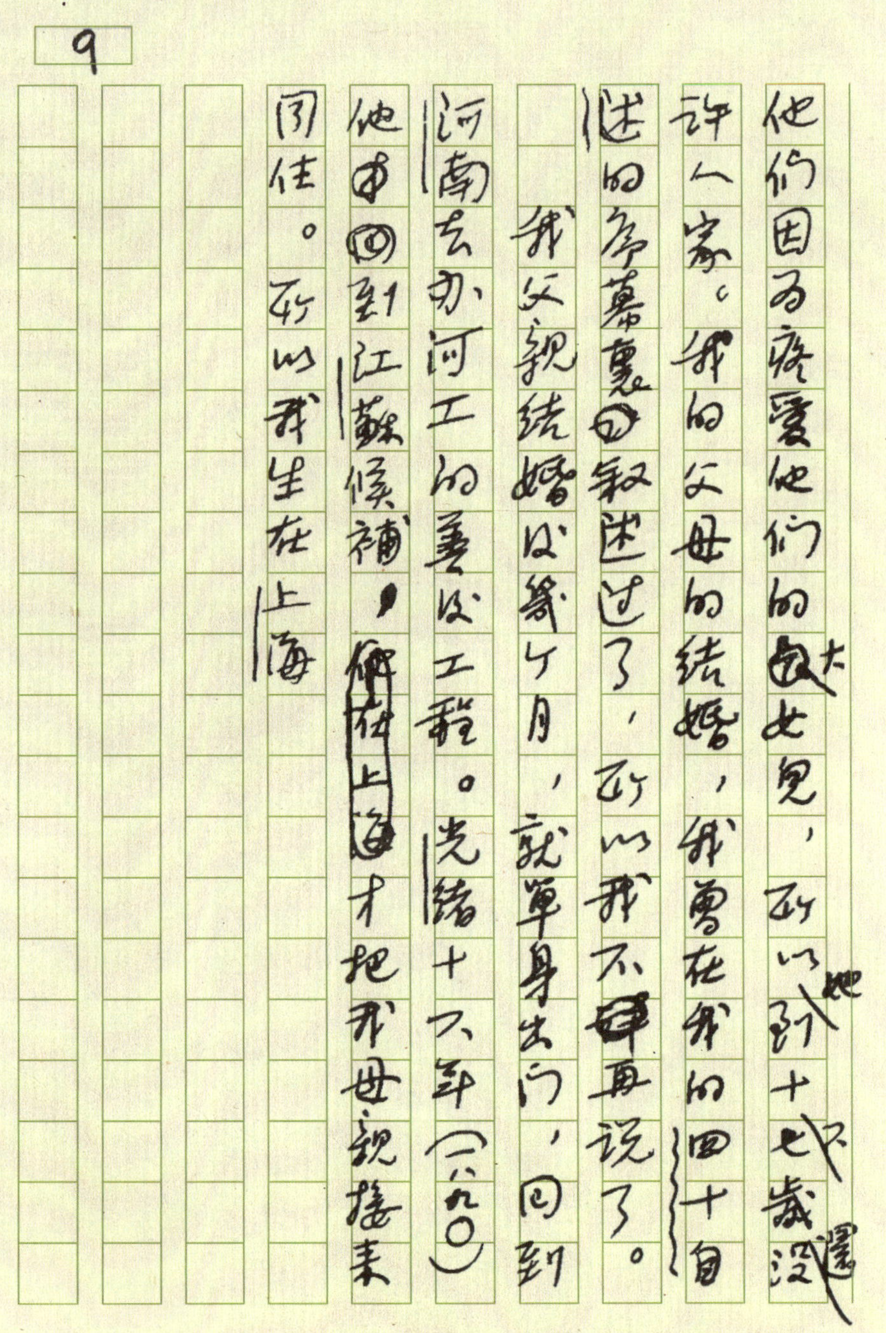

释文

他们因为疼爱他们的大女儿，所以她到十六七岁还没许人家。我的父母的结婚，我曾在我的《四十自述》的序幕里叙述过了，所以我不再说了。

我父亲结婚后几个月，就单身出门，回到河南去办河工的善后工程。光绪十六年（一八九〇）他到江苏候补，才把我母亲接来同住。所以我生在上海

10

释文

一个无神论者（标题为注者所加）

（二）

我父亲不久就被调到台湾，在那边做了三年多的事；我母亲和我也到台湾住了近两年。中日战事的结果，把台湾割让给日本。我父亲从台东出来，已得了脚气病，两脚都不能动了。路上他被刘永福苦苦留住，不能赶到上海去医病。乙未（一八九五）七月他死在厦门。那时候我母亲只有二十三岁，我只有五岁，其实还不满四岁。

我们一家的生计只靠我父亲遗下的几千两银的存

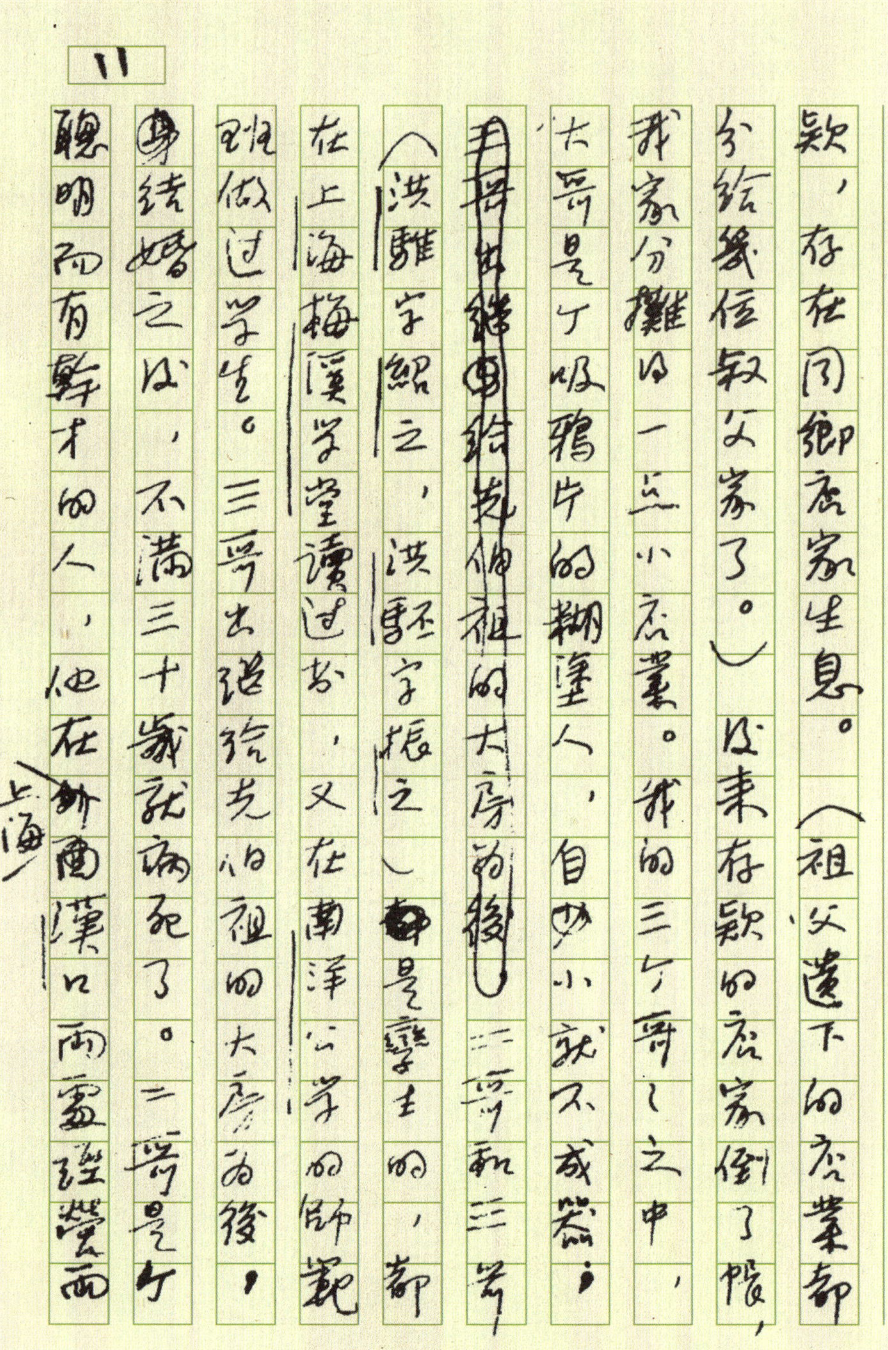

释文

款，存在同乡店家生息。（祖父遗下的店业都分给几位叔父家了。）后来存款的店家倒了帐，我家分摊得一点小店业。我的三个哥哥之中，大哥是个吸鸦片的糊涂人，自小就不成器；二哥和三哥（洪骓字绍之，洪驱字振之）是孪生的，都在上海梅溪学堂读过书，又在南洋公学的师范班做过学生。三哥出继给先伯祖的大房为后，结婚之后，不满三十岁就病死了。二哥是个聪明而有干才的人，他在上海汉口两处经营两

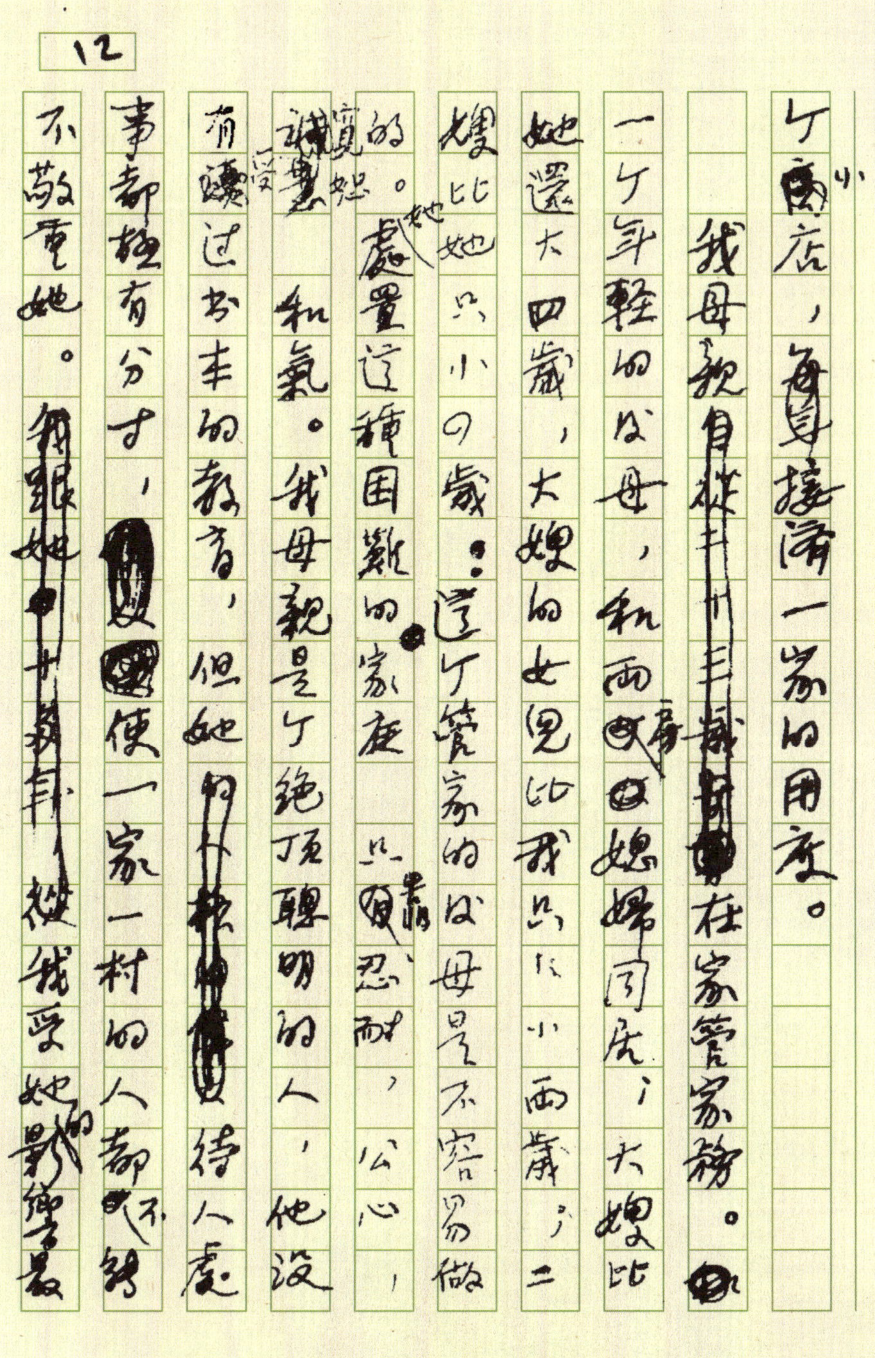

释文

个小店，接济一家的用度。

我母亲在家管家务。一个年轻的后母，和两房媳妇同居；大嫂比她还大四岁，大嫂的女儿比我只小两岁；二嫂比她只小四岁：这个管家的后母是不容易做的。她处置这种困难的家庭，只靠忍耐，公心，宽恕，和气。我母亲是个绝顶聪明的人，他没有受过书本的教育，但她待人处事都极有分寸，使一家一村的人都不能不敬重她。我受她的影响最

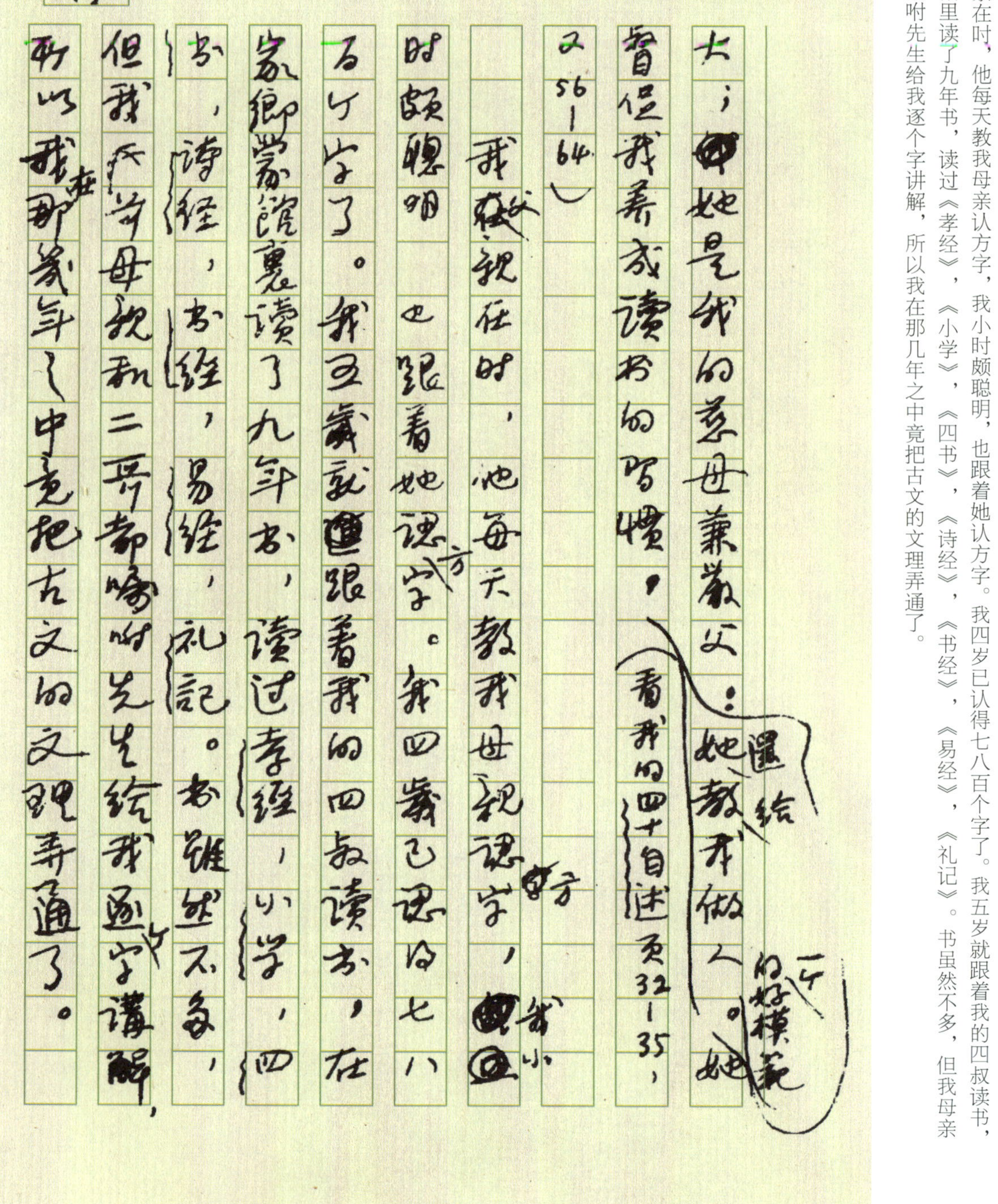

大；她是我的慈母兼严父：她督促我养成读书的习惯，她还教给我做人的一个好模范。（看我的《四十自述》页 32–35，又 56–64）

我父亲在时，他每天教我母亲认方字，我小时颇聪明，也跟着她认方字。我四岁已认得七八百个字了。我五岁就跟着我的四叔读书，在家乡蒙馆里读了九年书，读过《孝经》，《小学》，《四书》，《诗经》，《书经》，《易经》，《礼记》。书虽然不多，但我母亲和二哥都嘱咐先生给我逐个字讲解，所以我在那几年之中竟把古文的文理弄通了。

14

释文

帮助我把文理弄通顺的最大工具，是许多小说书。我在那几年之中看了三十多部小说；又常常被一班堂房姊妹们邀去说故事，使我不能不把《聊斋志异》一类的古文短篇故事翻译成家乡的土话：这种训练使我格外明白古文的文理。那些白话的小说，如《水浒传》之类，也不知不觉的给了我不少的白话文的训练。

讲书和看书也使我了解书中的内容。我虽然不能完全了解『天命之谓性』一类的话，然而有

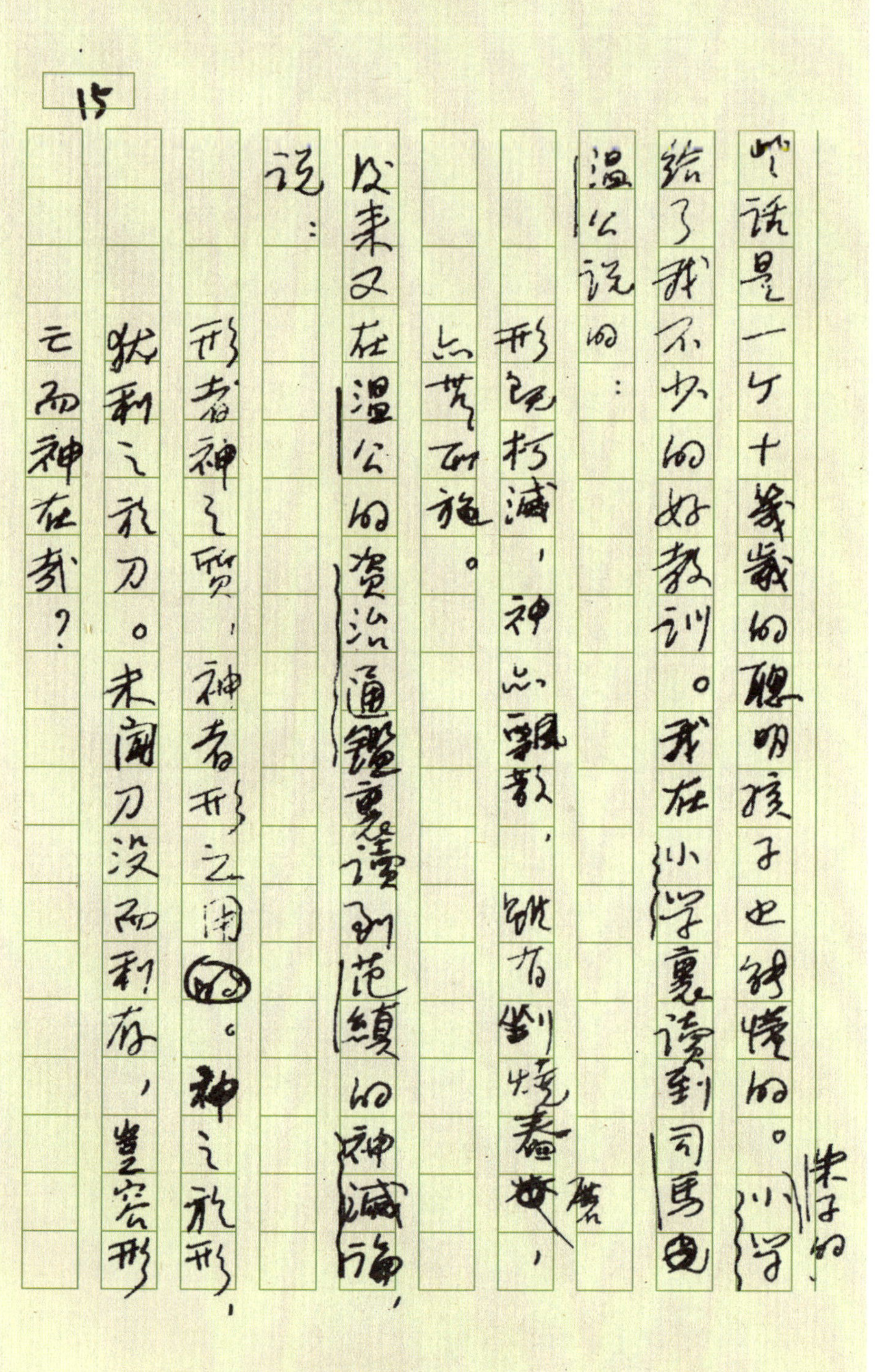

释文

些话是一个十几岁的聪明孩子也能懂的。朱子的《小学》给了我不少的好教训。我在《小学》里读到司马温公说的：

形既朽灭，神亦飘散，虽有剉烧舂磨，亦无所施。

后来又在温公的《资治通鉴》里读到范缜的《神灭论》，说：

形者神之质，神者形之用。神之于形，犹利之于刀。未闻刀没而利存，岂容形亡而神在哉？

16

這種無神論使我幼時的宗教迷信都根本動搖了。我從那拜神佛的迷信環境裏出來，十二三歲時，已成了一個無神論者。（四十自述頁65—84）

我在家鄉住了九年，在思想上也種下了一點解放的種子。此外，還有一點很有用的收穫，就是我那時年紀雖小，却頗懂事了。我看了我祖父派下五房的家庭，看了我自己的母親怎麽吃兩個嫂嫂的苦，我天天聽見隔壁立大嫂家的婆媳爭吵和姑嫂不和，我

释文

这种无神论使我幼时的宗教迷信都根本动摇了。我从那拜神佛的迷信环境里出来，十二三岁时，已成了一个无神论者。（《四十自述》页65－84）

我在家乡住了九年，在本国文字方面总算打下了一点根底，在思想上也种下了一点解放的种子。此外，还有一点很有用的收获，就是我认识了中国的旧家庭。我那时年纪虽小，却颇懂事了。我看了我祖父派下五房的家庭，看了我自己的母亲怎么吃两个嫂嫂的苦，我天天听见隔壁立大嫂家的婆媳争吵和姑嫂不和，我

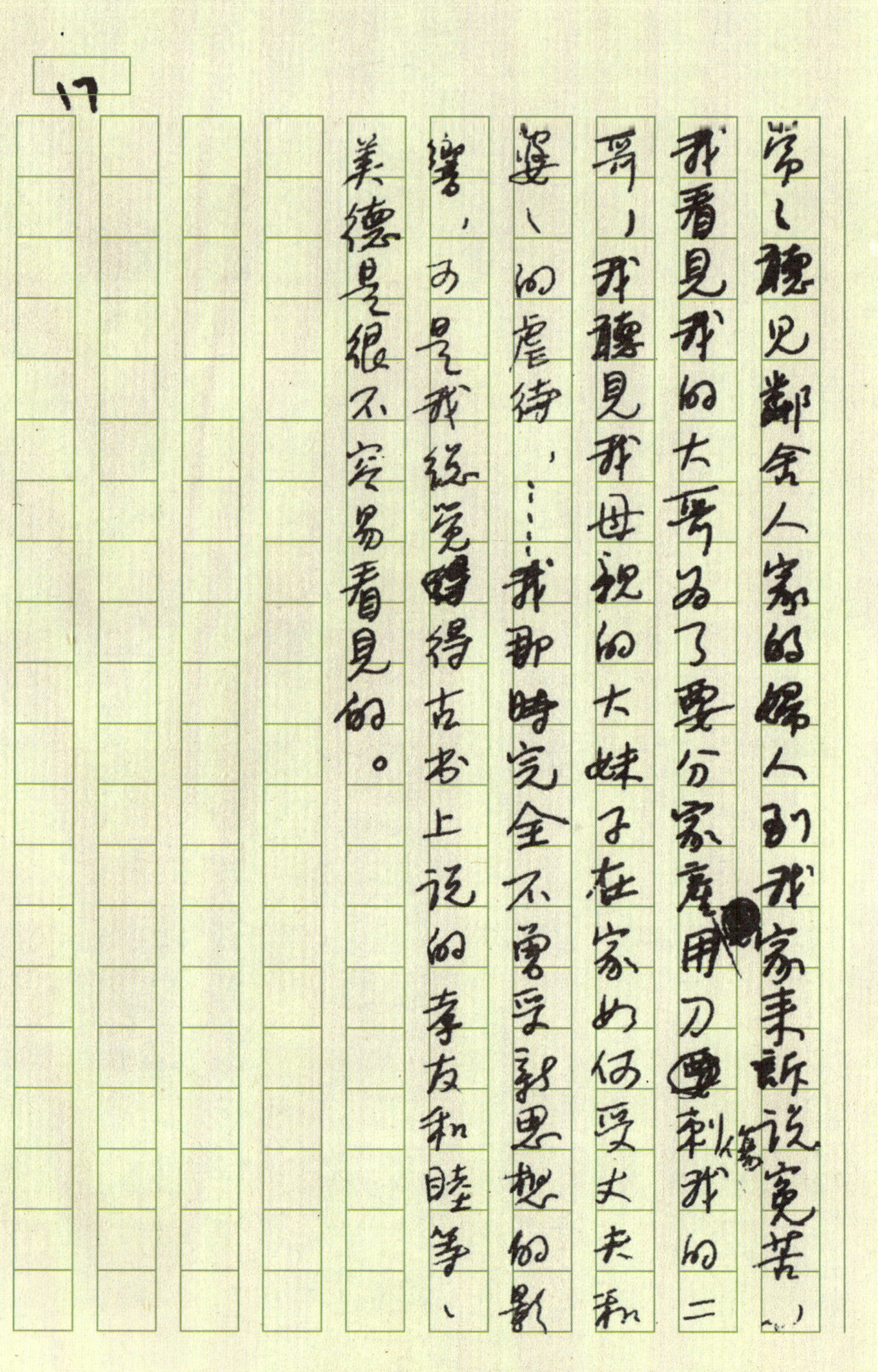

粹文

常常听见邻舍人家的妇人到我家来诉说冤苦，我看见我的大哥为了要分家产用刀刺伤我的二哥，我听见我母亲的大妹子在家如何受丈夫和婆婆的虐待，……我那时完全不曾受新思想的影响，可是我总觉得古书上说的孝友和睦等等美德是很不容易看见的。

在上海（一）（标题为注者所加）

（三）

光绪甲辰的春天（一九〇四），我跟了三哥到上海，他去医肺病，我去进学堂。那时我名为十四岁，其实只有十二岁零几个月。从此以后，我在上海住了六年（一九〇四—一九一〇），换了四个学堂：梅溪学堂，澄衷学堂，中国公学，中国新公学。我从此离开了家庭，开始过那自己照管自己的生活，过那自己对自己负责任的生活。

在梅溪学堂的一年，我学得了一点做古文的门径，把文字做通顺了；

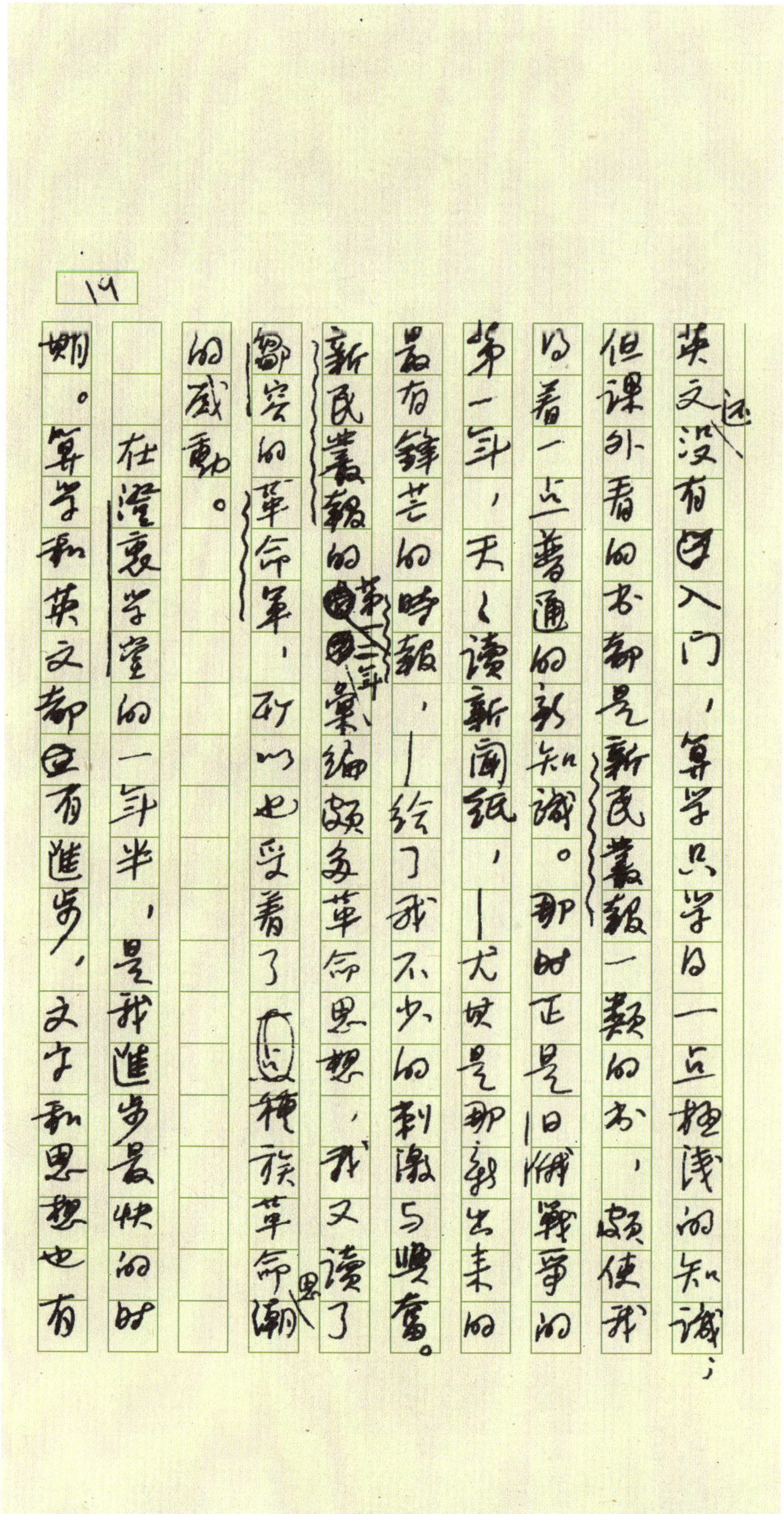

英文还没有入门，算学只学得一点极浅的知识；但课外看的书都是《新民丛报》一类的书，颇使我得着一点普通的新知识。那时正是日俄战争的第一年，天天读新闻纸，——尤其是那新出来的最有锋芒的《时报》，——给了我不少的刺激与兴奋。《新民丛报》的第一二年汇编颇多革命思想，我又读了邹容的《革命军》，所以也受着了种族革命思潮的感动。

在澄衷学堂的一年半，是我进步最快的时期。算学和英文都有进步，文字和思想也有

20

释文

点成熟的样子。严复的译本，梁启超的散文论著，夹杂着一些宋明理学的书，都给了一些思想的材料。

在中国公学住了两年多，在功课上的进步不算怎样快，但我却在课外学得了几件东西。第一是学会了『普通话』。我们的徽州土话是很不好懂的；那时上海各学堂里全用上海话，所以我学会了上海话；中国公学是各省留学日本的学生因为『取缔风潮』罢学回国创办的，各省人都有，而四川湖南人最多，所

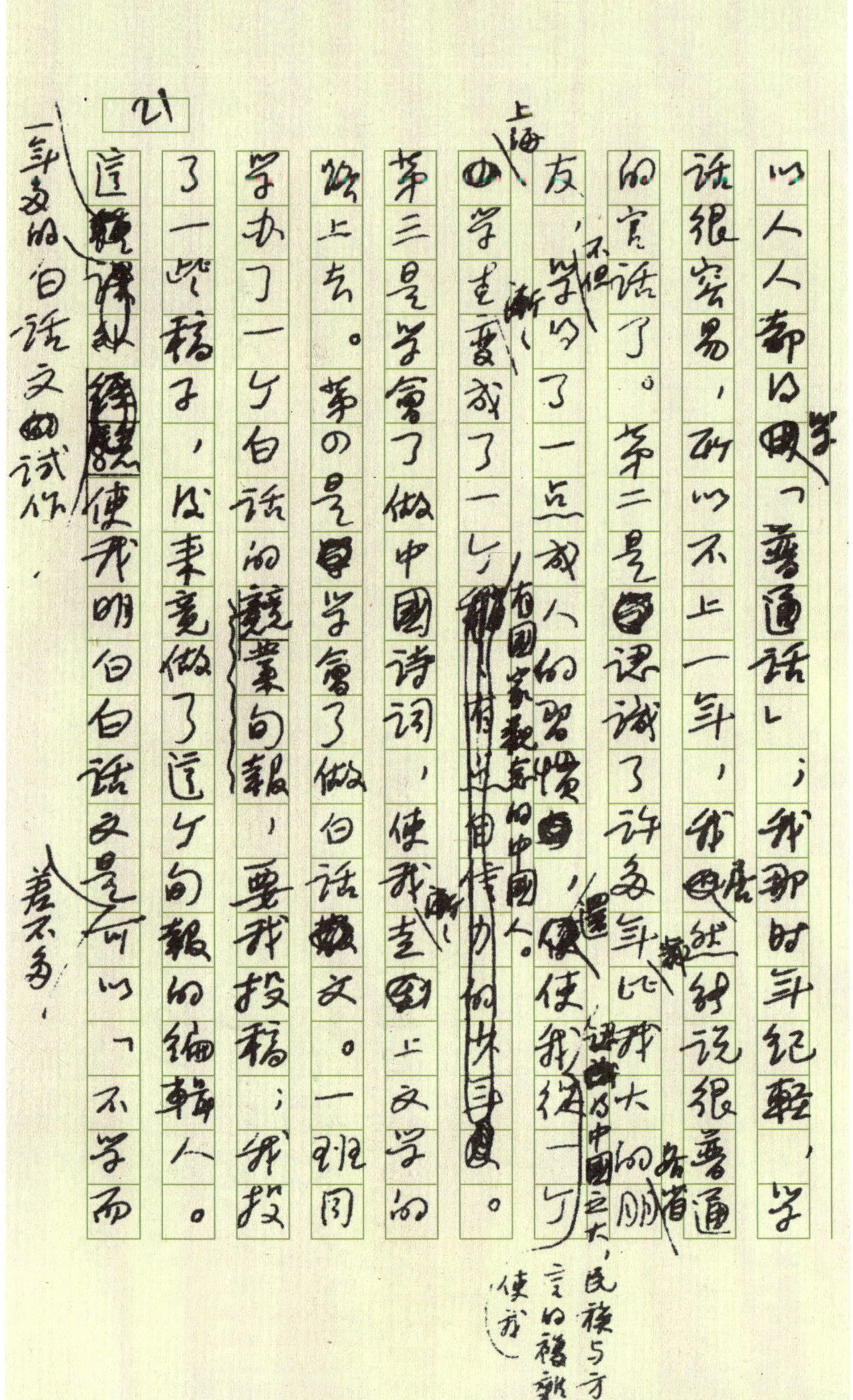

释文

以人人都得学『普通话』；我那时年纪轻，学话很容易，所以不上一年，我居然能说很普通的官话了。第二是认识了许多年岁比我大的各省朋友，不但学得了一点成人的习惯，还使我认得中国之大，民族与方言的复杂，使我从一个上海学生渐渐变成了一个有国家观念的中国人。第三是学会了做中国诗词，使我渐渐走上文学的路上去。第四是学会了做白话文。一班同学办了一个白话的《竞业旬报》，要我投稿；我投了一些稿子，后来竟做了这个旬报的编辑人。这一年多的白话文试作，使我明白白话文是差不多可以『不学而

22

释文

能』的一种工具；使我试用这种新工具发表我少年时代的思想，因此把我早年的一点知识思想整理出一点条理来，至少把自己的思路弄清楚了；最重要的是这点训练给了我不少的自信力，使我能在七八年后大胆的提倡白话文学的运动。（参看《四十自述》页85—146）

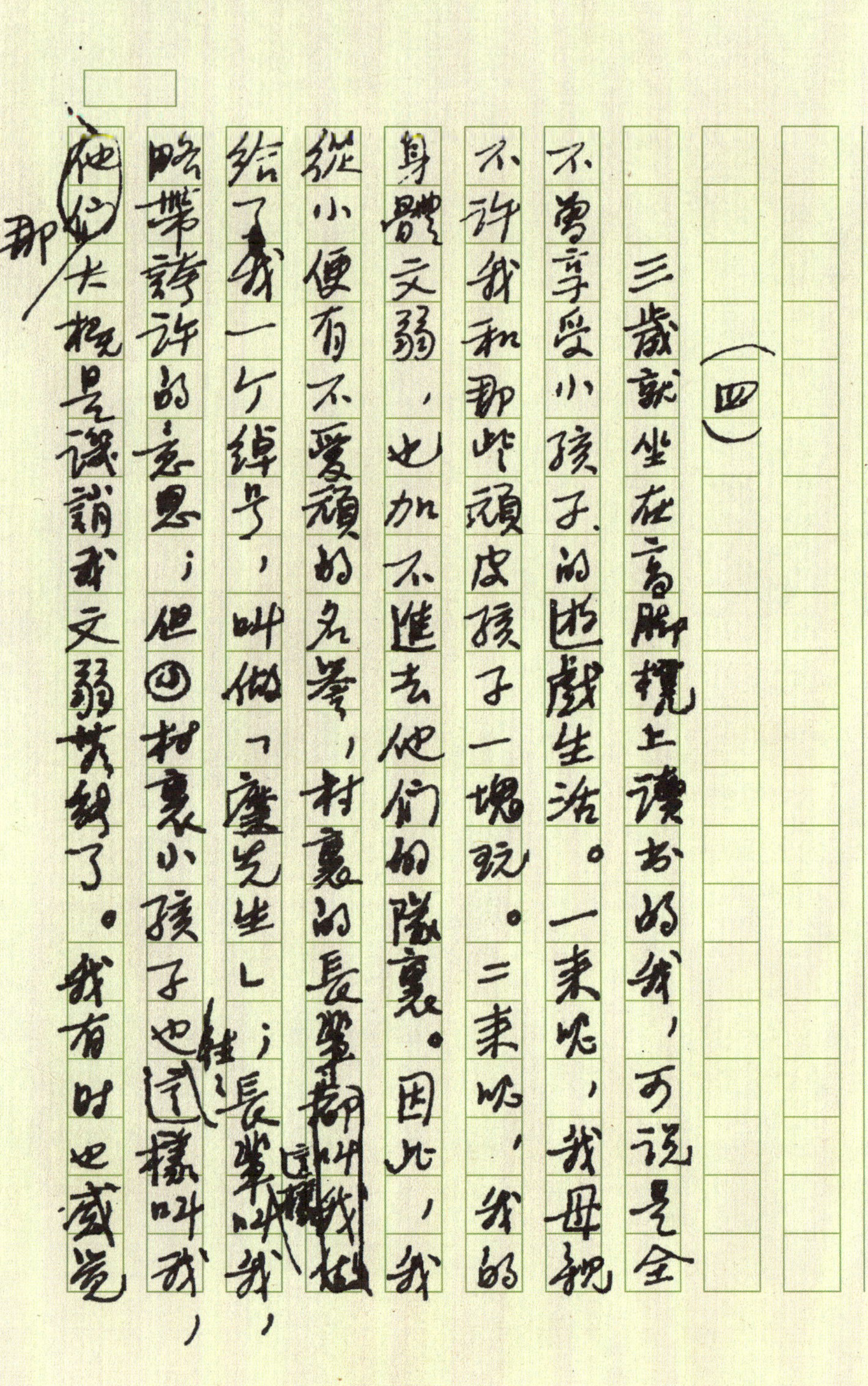

『糜先生』（标题为注者所加）

（四）

三岁就坐在高脚凳上读书的我，可说是全不曾享受小孩子的游戏生活。一来呢，我母亲不许我和那些顽皮孩子一块玩。二来呢，我的身体文弱，也加不进去他们的队里。因此，我从小便有不爱顽的名誉，村里的长辈给了我一个绰号，叫做『糜先生』；长辈这样叫我，略带夸许的意思；但村里小孩子也往往这样叫我，那大概是讥诮我文弱无能了。我有时也感觉

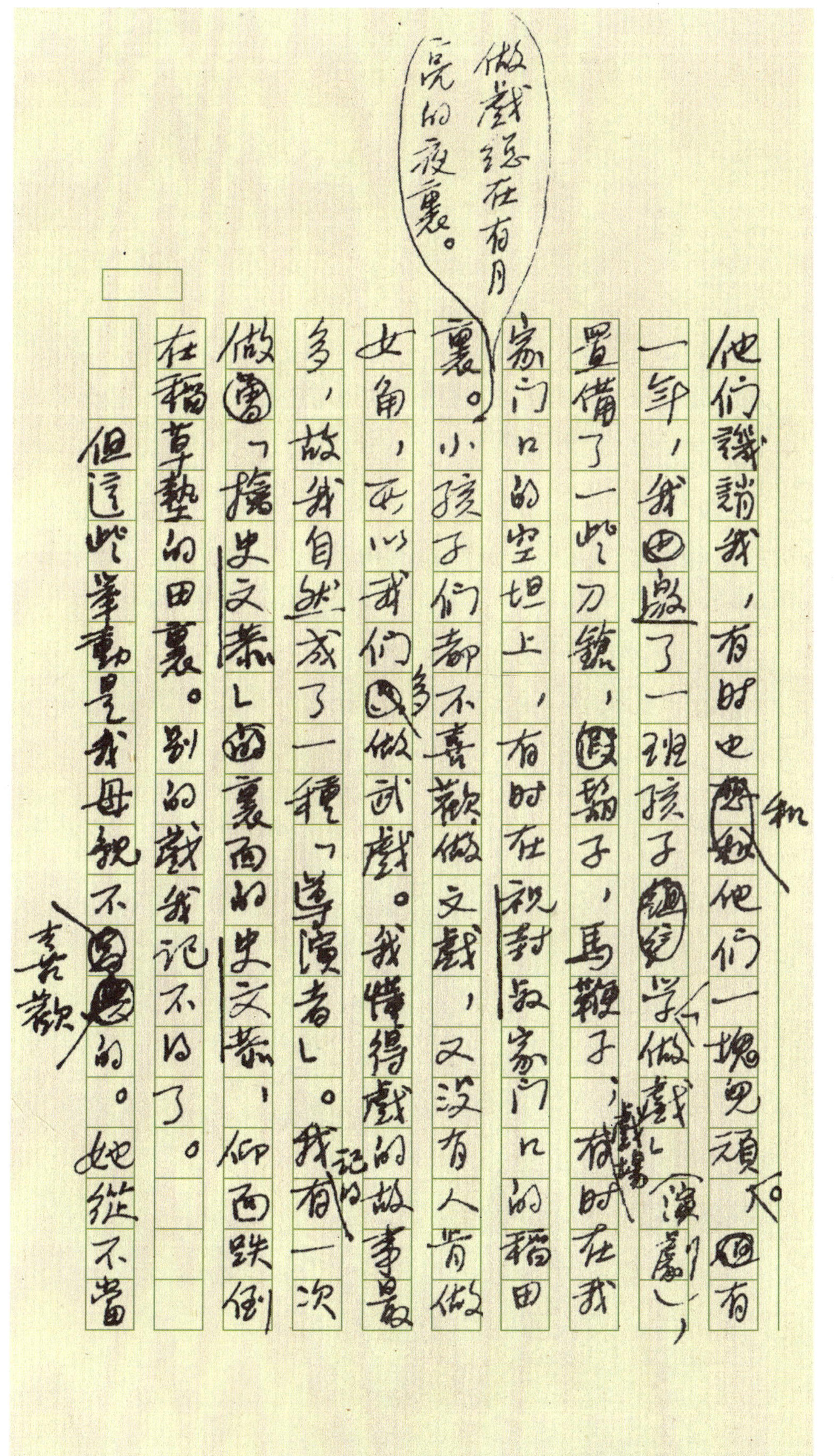

释文

他们讥诮我，有时也和他们一块儿顽。有一年，我邀了一班孩子学『做戏』（演剧），置备了一些刀枪，胡子，马鞭子；戏场有时在我家门口的空坦上，有时在祝封叔家门口的稻田里。做戏总在有月亮的夜里。小孩子们都不喜欢做文戏，又没有人肯做女角，所以我们多做武戏。我懂得戏的故事最多，故我自然成了一种『导演者』。我记得有一次做『擒史文恭』里面的史文恭，仰面跌倒在稻草垫的田里。别的戏我记不得了。

但这些举动是我母亲不喜欢的。她从不当

释文

众人面前责骂我，有时她知道我跟着一班孩子去顽了，她只叫人去喊我回家。夜静上床时，或第二天睡醒时，她才教训我，教我不要跟着那些孩子『嬉野了心』。（我们土话叫游戏为嬉。）

但是，有一种游戏，比月下稻田里做武戏有害的多多，她却不知道禁止我。这就是看小说。她认得的近千字，我父亲死后很少温习的机会。有时候她晚上督责我温习那几匣方字，她借此温习她认过的字。但她从不曾有机会读书，又从不敢让别人知道她认得字，故她认得

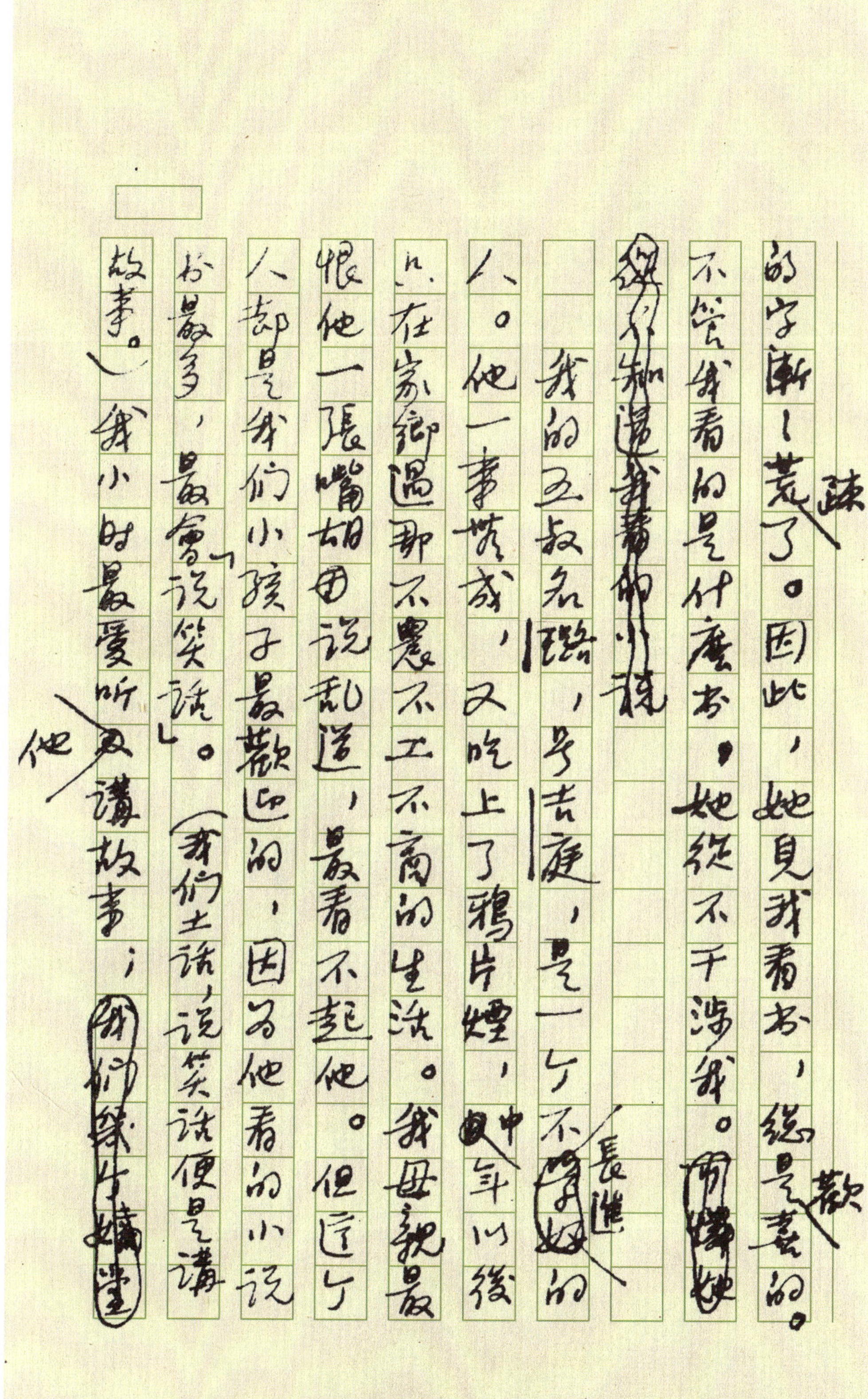

释文

的字渐渐荒疏了。因此，她见我看书，总是欢喜的。不管我看的是什么书，她从不干涉我。

我的五叔名璐，号吉庭，是一个不长进的人。他一事无成，又吃上了鸦片烟，中年以后只在家乡过那不农不工不商的生活。我母亲最恨他一张嘴胡说乱道，最看不起他。但这个人却是我们小孩子最欢迎的，因为他看的小说书最多，最会『说笑话』。（我们土话，说笑话便是讲故事。）我小时最爱听他讲故事；

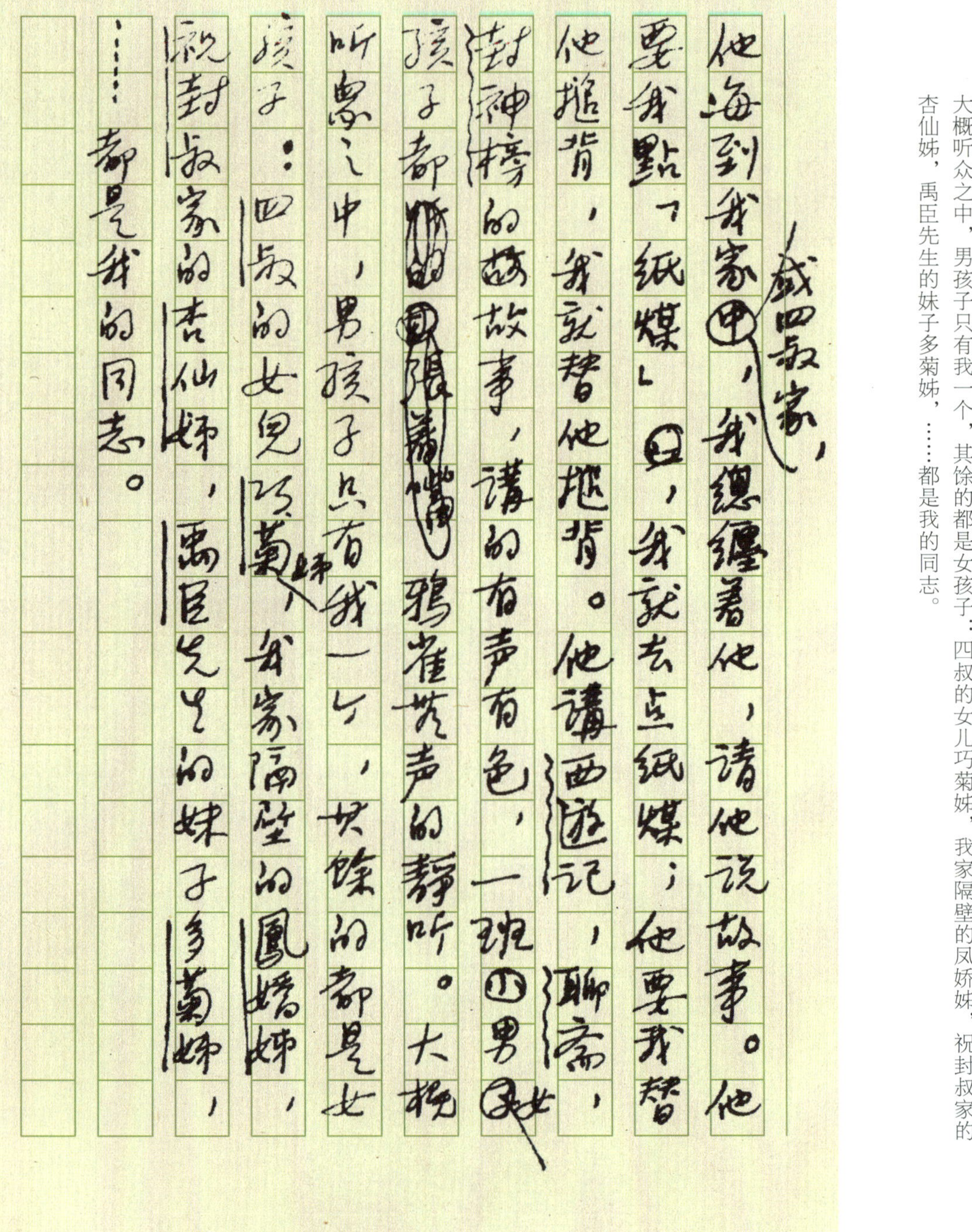

释文

他每到我家或四叔家，我总缠着他，请他说故事。他要我点『纸煤』，我就去点纸煤；他要我替他捶背，我就替他捶背。他讲《西游记》，《聊斋》，《封神榜》的故事，讲的有声有色，一班男女孩子都鸦雀无声的静听。大概听众之中，男孩子只有我一个，其馀的都是女孩子：四叔的女儿巧菊姊，我家隔壁的凤娇姊，祝封叔家的杏仙姊，禹臣先生的妹子多菊姊，……都是我的同志。

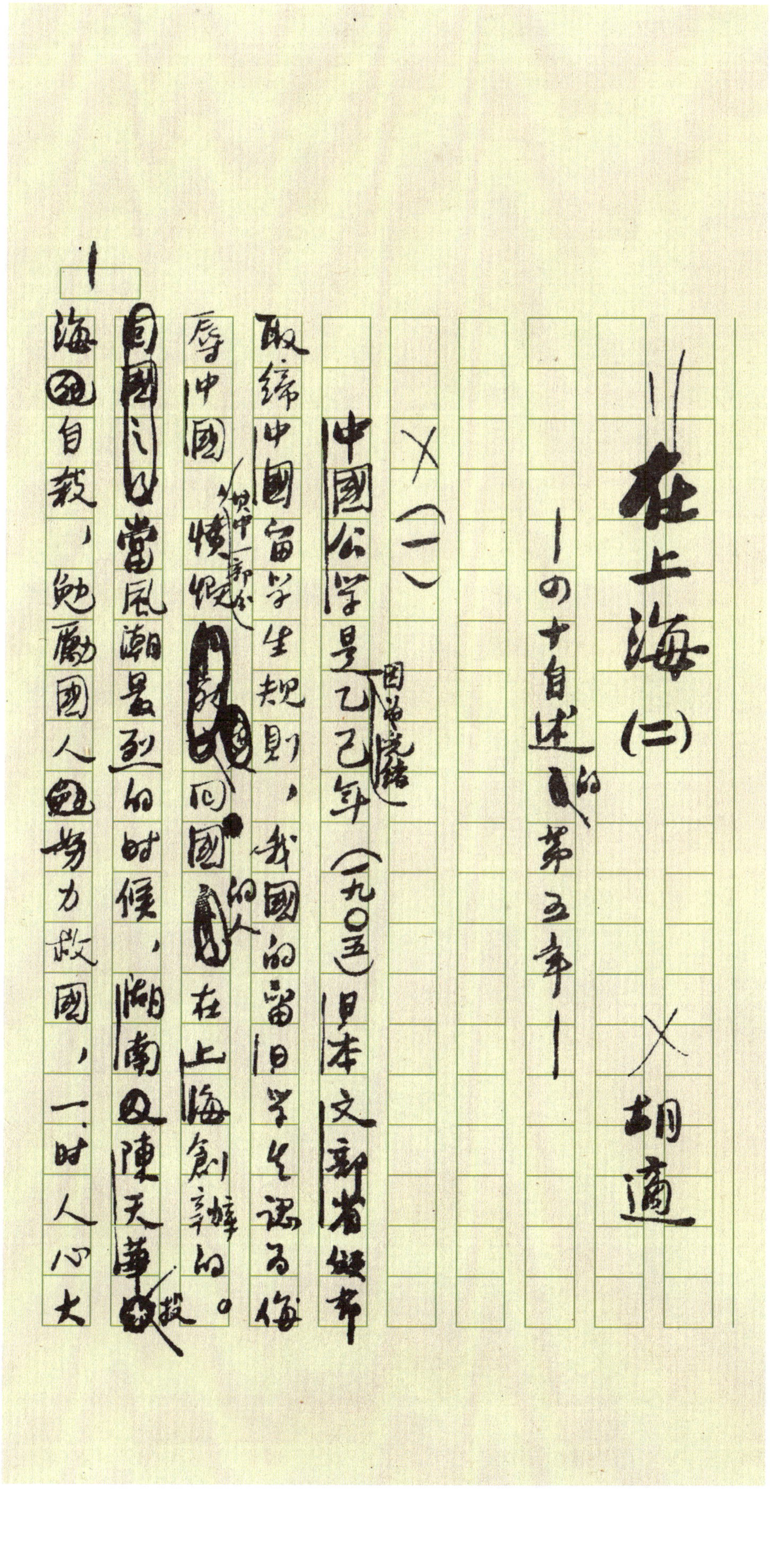

释文

在上海（二）

——四十自述的第五章——

胡适

（一）

中国公学是因为光绪乙巳（一九〇五）日本文部省颁布取缔中国留学生规则，我国的留日学生认为侮辱中国，其中一部分愤慨回国的人在上海创办的。当风潮最烈的时候，湖南陈天华投海自杀，勉励国人努力救国，一时人心大

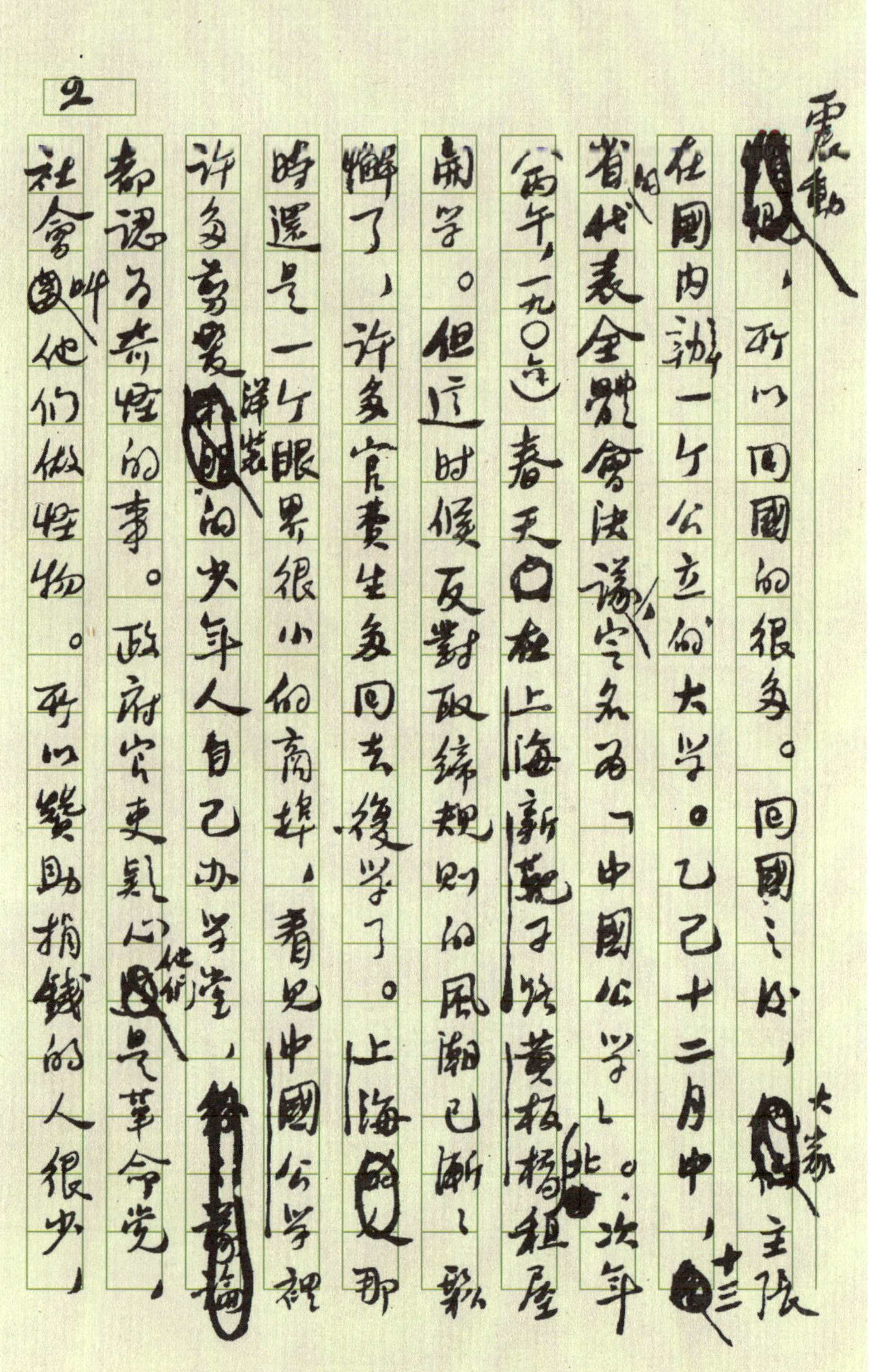

释文

震动，所以回国的很多。回国之后，大家主张在国内办一个公立的大学。乙巳十二月中，十三省的代表全体会决议，定名为『中国公学』。次年（丙午，一九〇六）春天在上海新靶子路黄板桥北租屋开学。但这时候反对取缔规则的风潮已渐渐松懈了，许多官费生多回去复学了。上海那时还是一个眼界很小的商埠，看见中国公学里许多剪发洋装的少年人自己办学堂，都认为奇怪的事。政府官吏疑心他们是革命党，社会叫他们做怪物。所以赞助捐钱的人很少，

3

学堂開門不到一个半月，便陷入了絕境。公学的幹事姚弘業先生（湖南益陽人）激於義憤，遂于三月十三日投江自殺，遺書几千字，說，「我之死，為中國公学死也。」遺書發表之後，輿論都對他表敬意，社會受了一大震動，贊助的人稍多，公学才稍稍站得住。

我也是當時讀了姚烈士的遺書大受感動的一个小孩子。夏天我去投考，監考的是總教習馬君武先生。國文題目是「言志」，我不記得說了一些什麼，後來君武先生告訴我，他看

释文

学堂开门不到一个半月，便陷入了绝境。公学的干事姚弘业先生（湖南益阳人）激于义愤，遂于三月十三日投江自杀，遗书几千字，说，『我之死，为中国公学死也。』遗书发表之后，舆论都对他表敬意，社会受了一大震动，赞助的人稍多，公学才稍稍站得住。

我也是当时读了姚烈士的遗书大受感动的一个小孩子。夏天我去投考，监考的是总教习马君武先生。国文题目是『言志』，我不记得说了一些什么，后来君武先生告诉我，他看

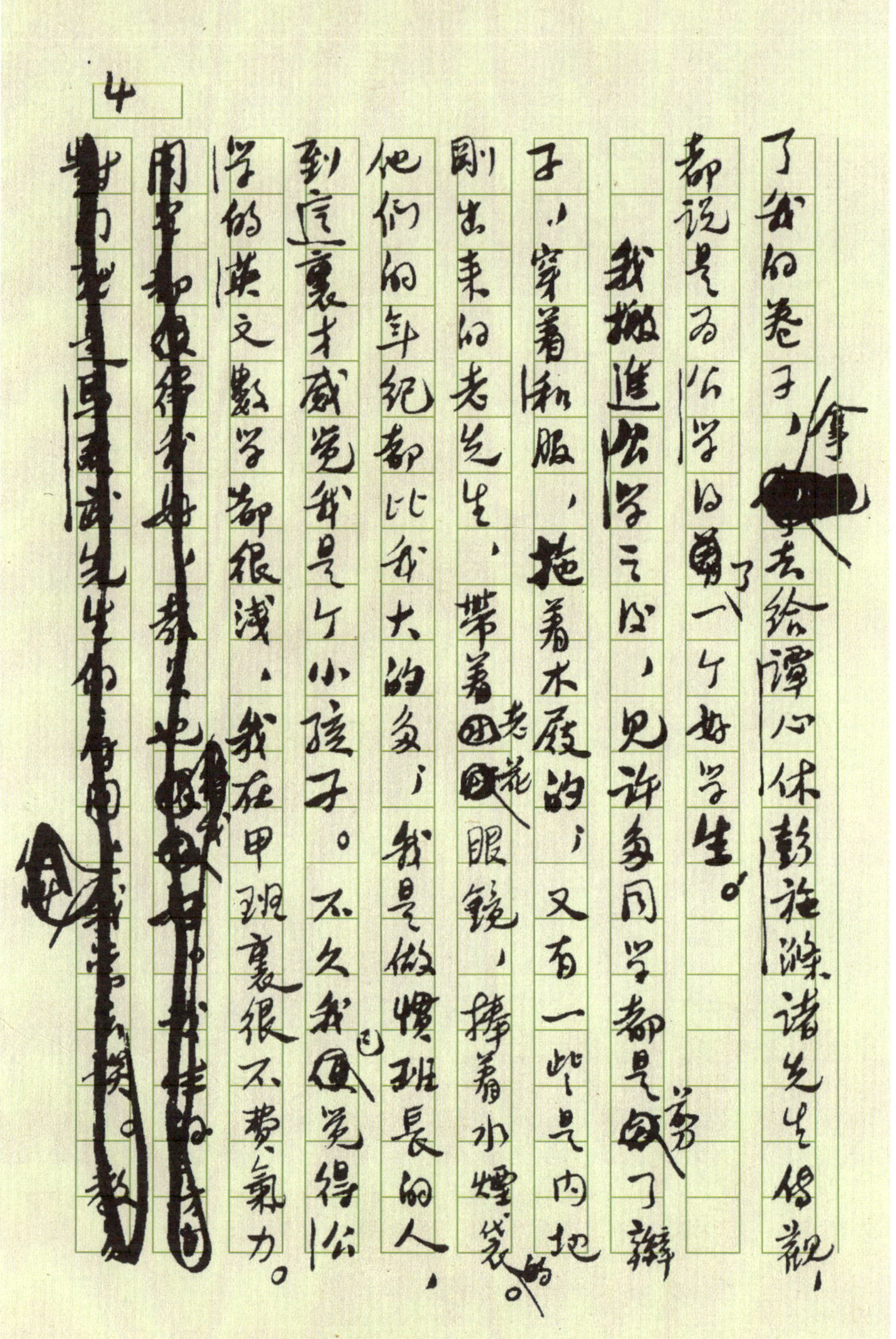

释文

了我的卷子，拿去给谭心休彭施涤诸先生传观，都说是为公学得了一个好学生。

我搬进公学之后，见许多同学都是剪了辫子，穿着和服，拖着木屐的；又有一些是内地刚出来的老先生，带着老花眼镜，捧着水烟袋的。他们的年纪都比我大的多；我是做惯班长的人，到这里才感觉我是个小孩子。不久我已觉得公学的英文数学都很浅，我在甲班里很不费气力。

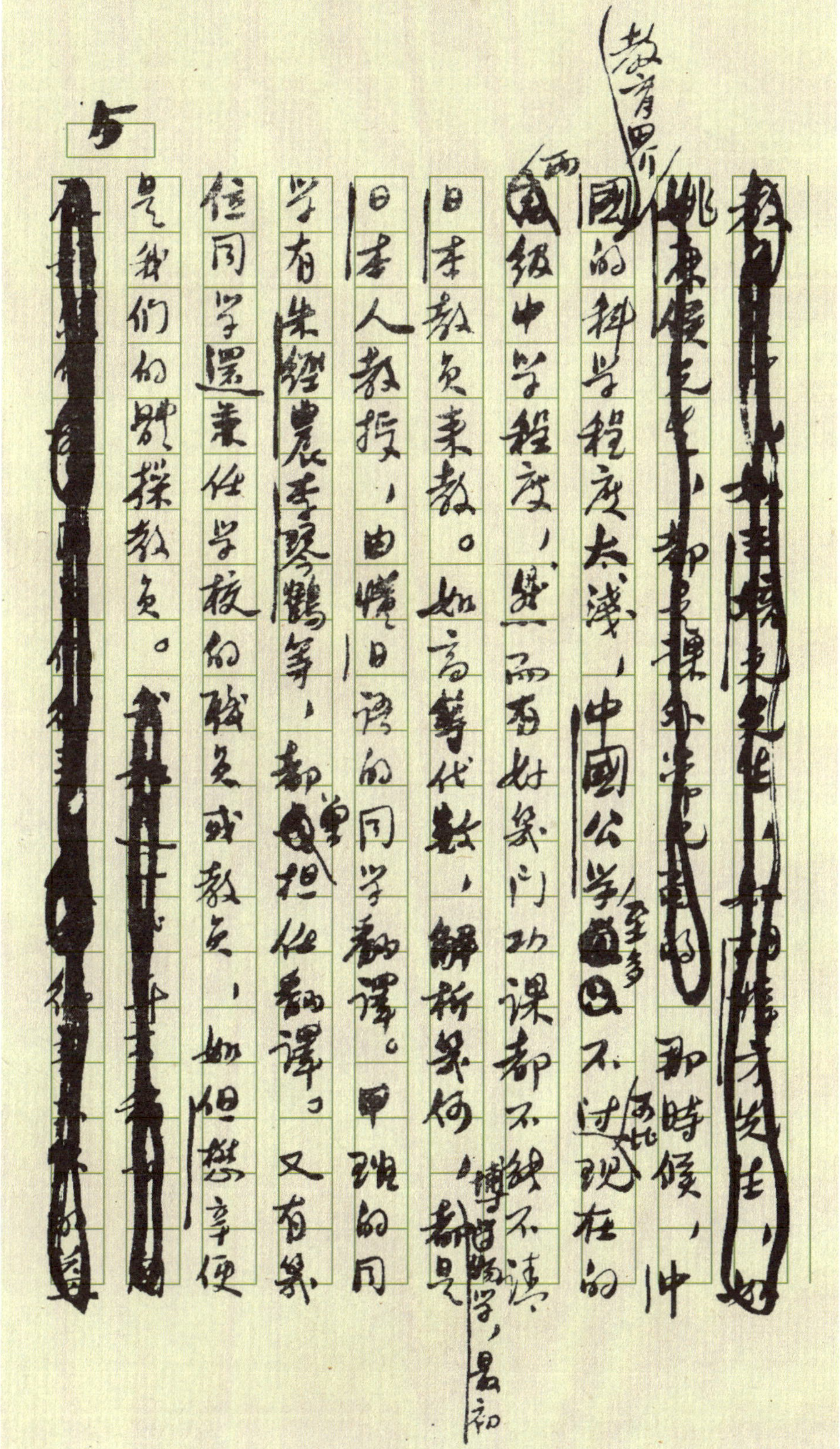

5

释文

那时候，中国教育界的科学程度太浅，中国公学至多不过可比现在的两级中学程度，然而有好几门功课都不能不请日本教员来教。如高等代数，解析几何，博物学，最初都是日本人教授，由懂日语的同学翻译。甲班的同学有朱经农李琴鹤等，都曾担任翻译。又有几位同学还兼任学校的职员或教员，如但懋辛便是我们的体操教员。

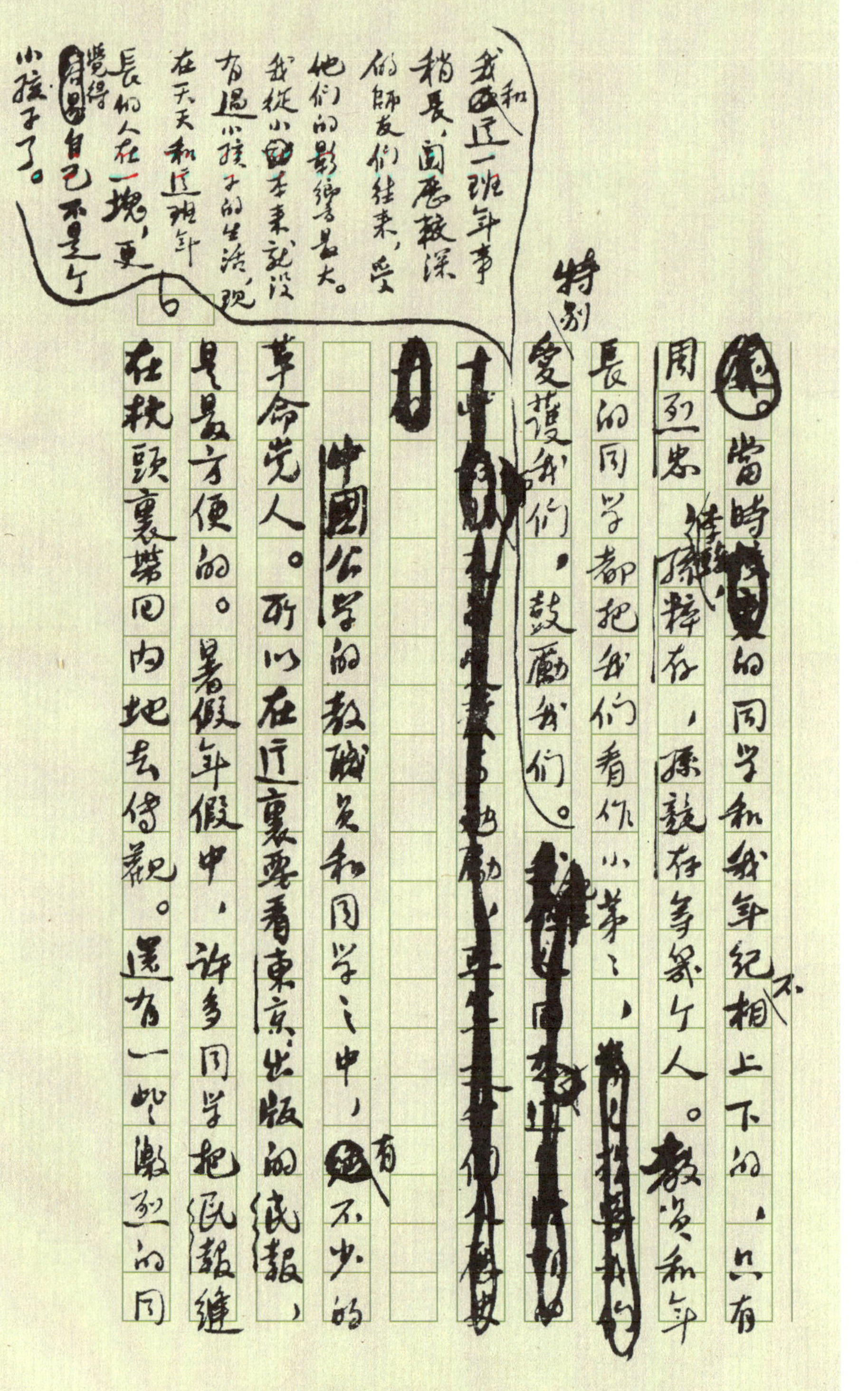

释文

当时的同学和我年纪不相上下的，只有周烈忠，李骏，孙粹存，孙竞存等几个人。教员和年长的同学都把我们看作小弟弟，特别爱护我们，鼓励我们。我和这一班年事稍长，阅历较深的师友们往来，受他们的影响最大。我从小本来就没有过小孩子的生活，现在天天和这班年长的人在一块，更觉得自己不是个小孩子了。

中国公学的教职员和同学之中，有不少的革命党人。所以在这里要看东京出版的《民报》，是最方便的。暑假年假中，许多同学把《民报》缝在枕头里带回内地去传观。还有一些激烈的同

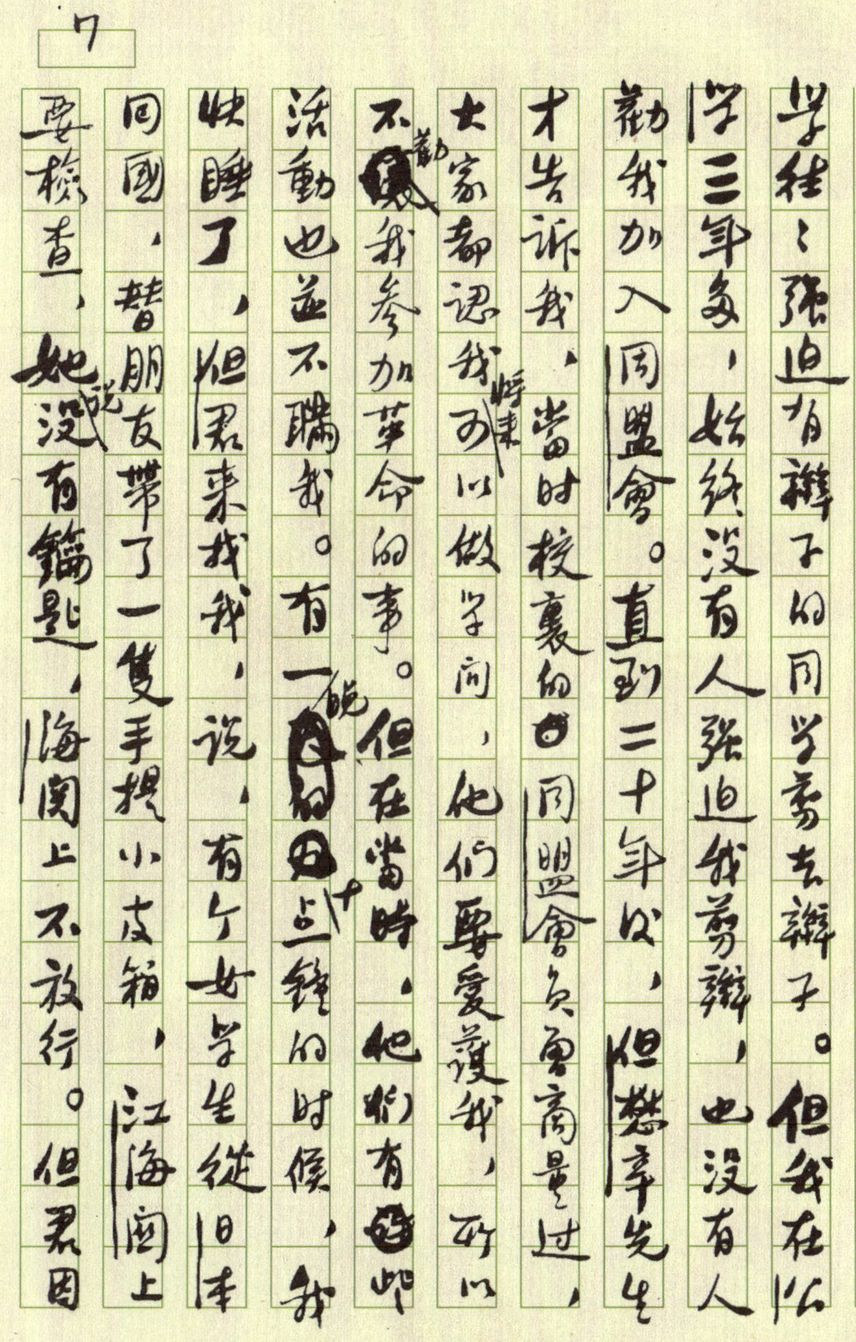

释文

学往往强迫有辫子的同学剪去辫子。但我在公学三年多，始终没有人强迫我剪辫，也没有人劝我加入同盟会。直到二十年后，但懋辛先生才告诉我，当时校里的同盟会员曾商量过，大家都认为我将来可以做学问，他们要爱护我，所以不劝我参加革命的事。但在当时，他们有些活动也并不瞒我。有一晚十点钟的时候，我快睡了，但君来找我，说，有个女学生从日本回国，替朋友带了一只手提小皮箱，江海关上要检查，她说没有钥匙，海关上不放行。但君因

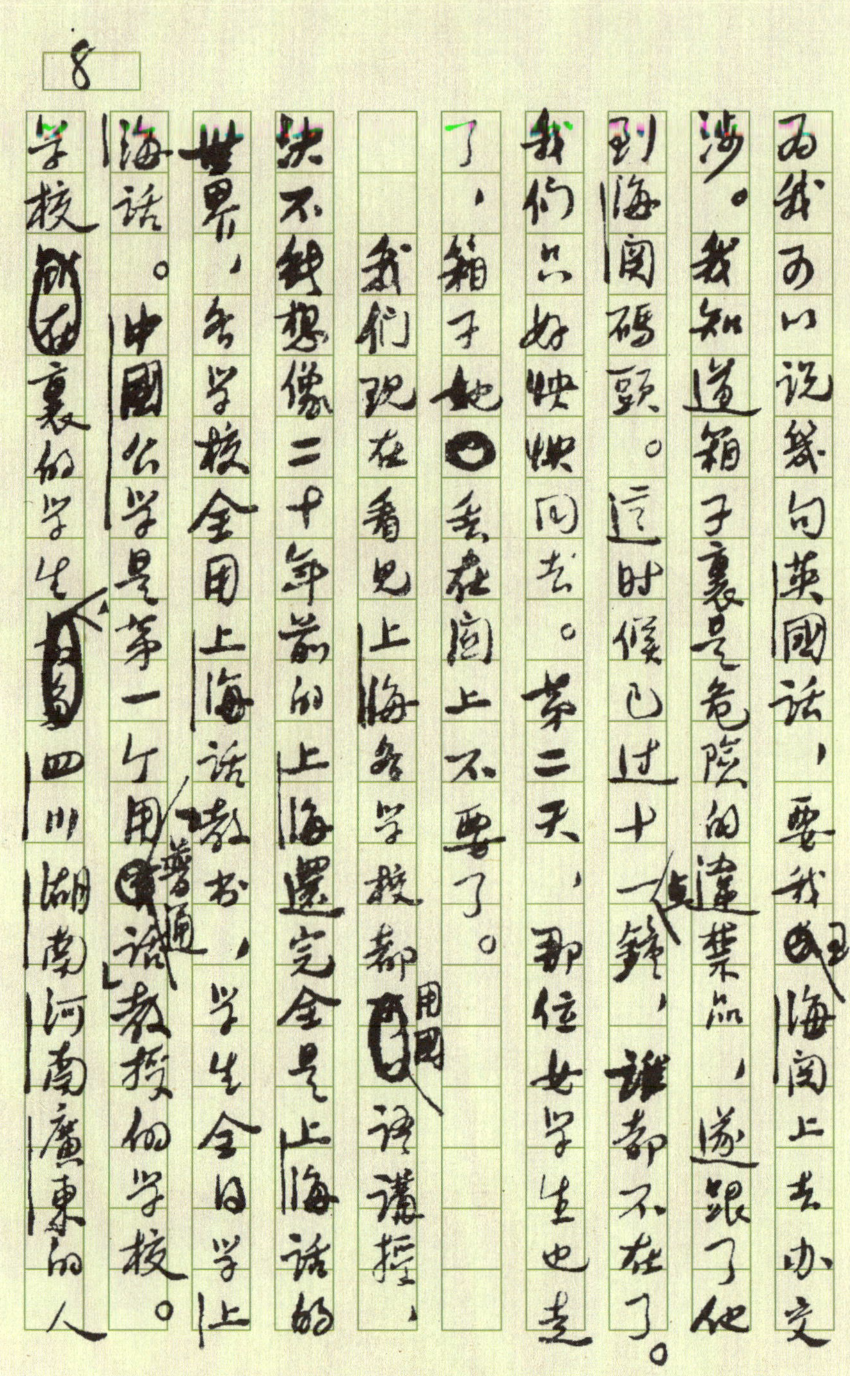

释文

为我可以说几句英国话，要我到海关上去办交涉。我知道箱子里是危险的违禁品，遂跟了他到海关码头。这时候已过十一点钟，谁都不在了。我们只好快快回去。第二天，那位女学生也走了，箱子她丢在关上不要了。

我们现在看见上海各学校都用国语讲授，决不能想像二十年前的上海还完全是上海话的世界，各学校全用上海话教书，学生全得学上海话。中国公学是第一个用『普通话』教授的学校。学校里的学生，四川湖南河南广东的人

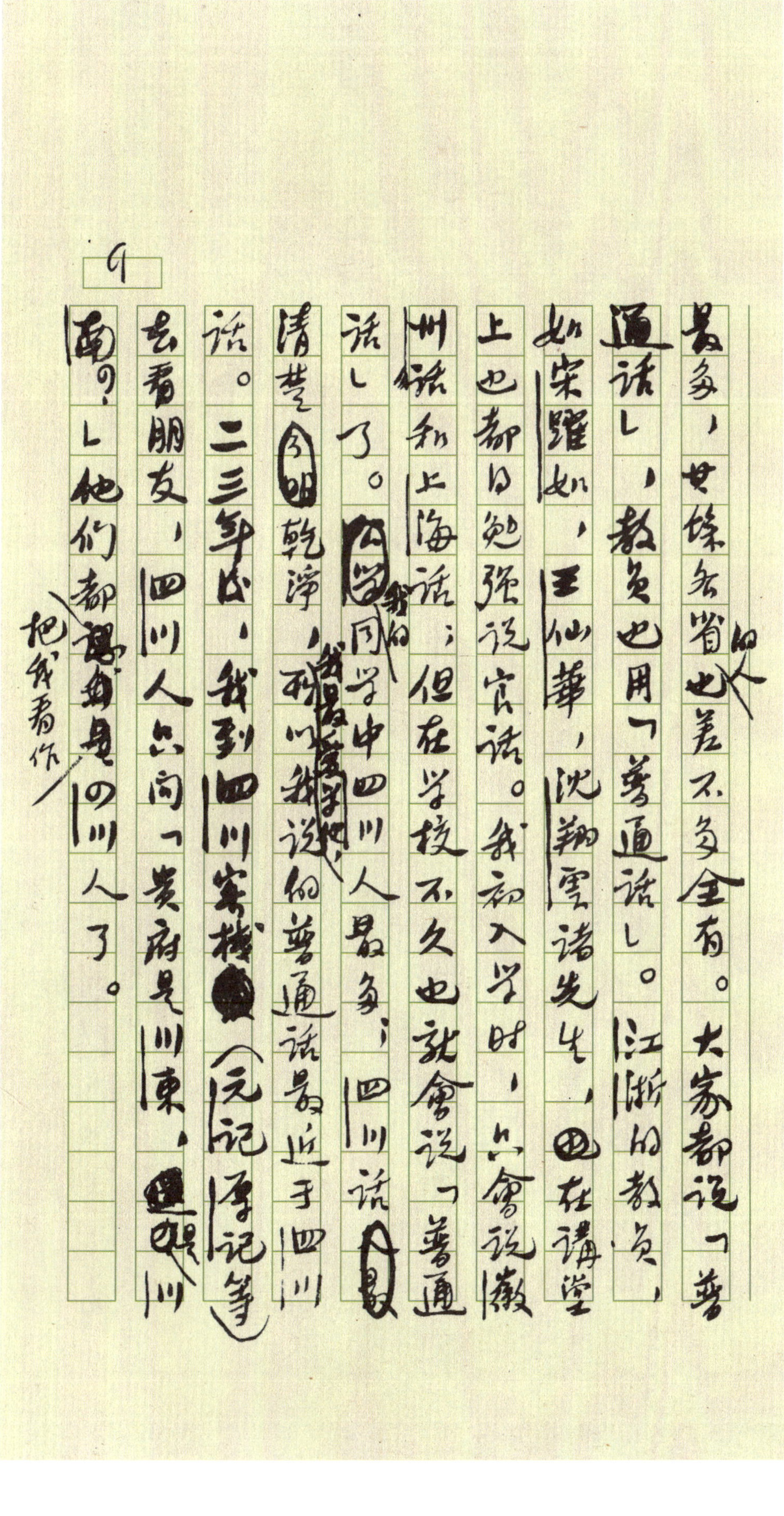

9

最多，其餘各省的人也差不多全有。大家都説「普通話」，教員也用「普通話」。江浙的教員，如宋躍如，王仙華，沈翔雲諸先生，也都得勉强説官話。我初入學時，只會説徽州話和上海話；但在學校不久也就會説「普通話」了。我的同學中四川人最多；四川話清楚乾淨，我最愛學他，所以我説的普通話最近于四川話。二三年後，我到四川客棧（元記厚記等）去看朋友，四川人只問「貴府是川東，是川南？」他們都把我看作四川人了。

释文

最多，其馀各省的人也差不多全有。大家都说『普通话』，教员也用『普通话』。江浙的教员，如宋跃如，王仙华，沈翔云诸先生，在讲堂上也都得勉强说官话。我初入学时，只会说徽州话和上海话；但在学校不久也就会说『普通话』了。我的同学中四川人最多；四川话清楚干净，我最爱学他，所以我说的普通话最近于四川话。二三年后，我到四川客栈（元记厚记等）去看朋友，四川人只问『贵府是川东，是川南？』他们都把我看作四川人了。

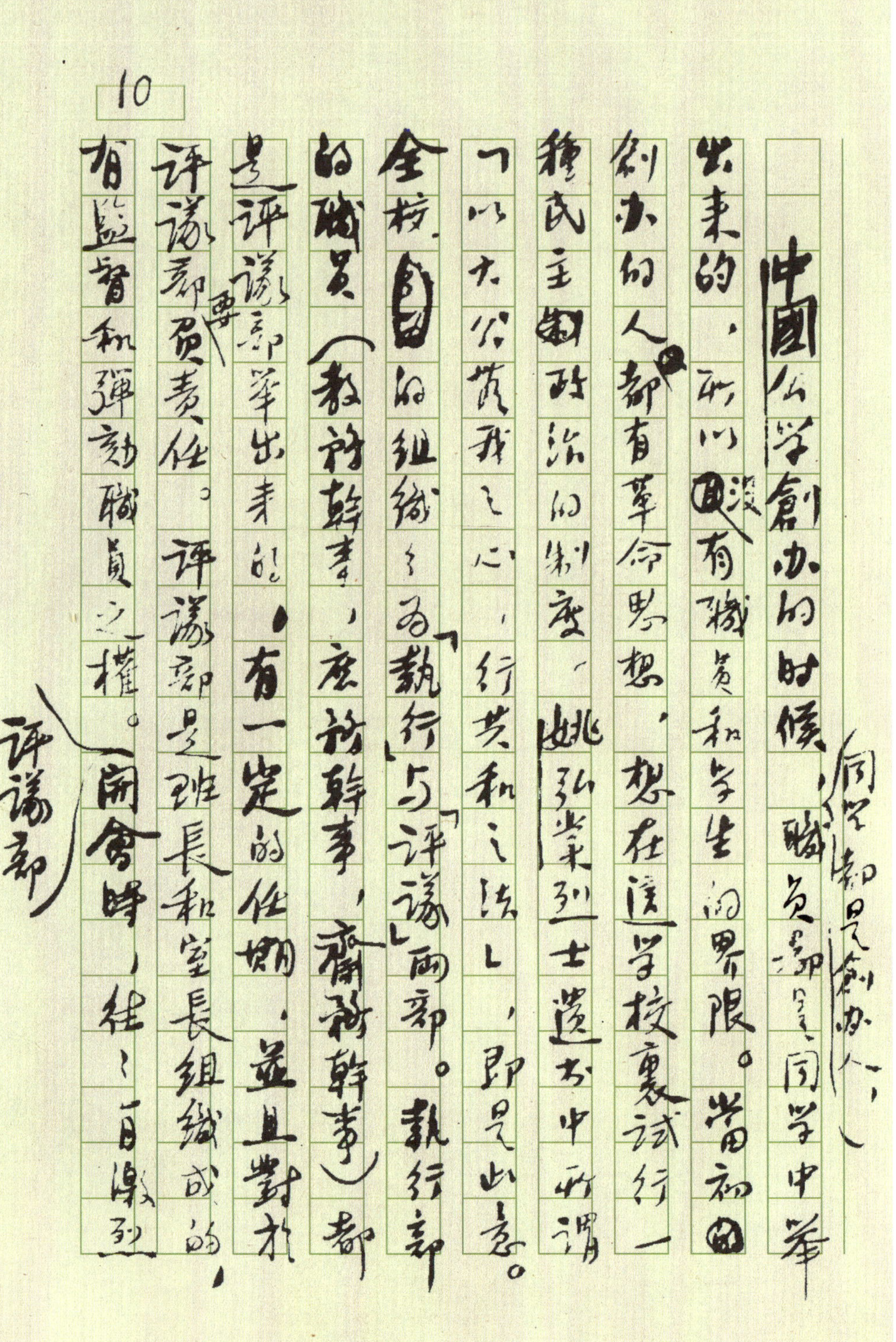

释文

中国公学创办的时候，同学都是创办人，职员都是同学中举出来的，所以没有职员和学生的界限。当初创办的人都有革命思想，想在这学校里试行一种民主政治的制度，姚弘业烈士遗书中所谓『以大公无我之心，行共和之法』，即是此意。全校的组织分为『执行』与『评议』两部。执行部的职员（教务干事，庶务干事，斋务干事）都是评议部举出来的，有一定的任期，并且对于评议部要负责任。评议部是班长和室长组织成的，有监督和弹劾职员之权。评议部开会时，往往有激烈

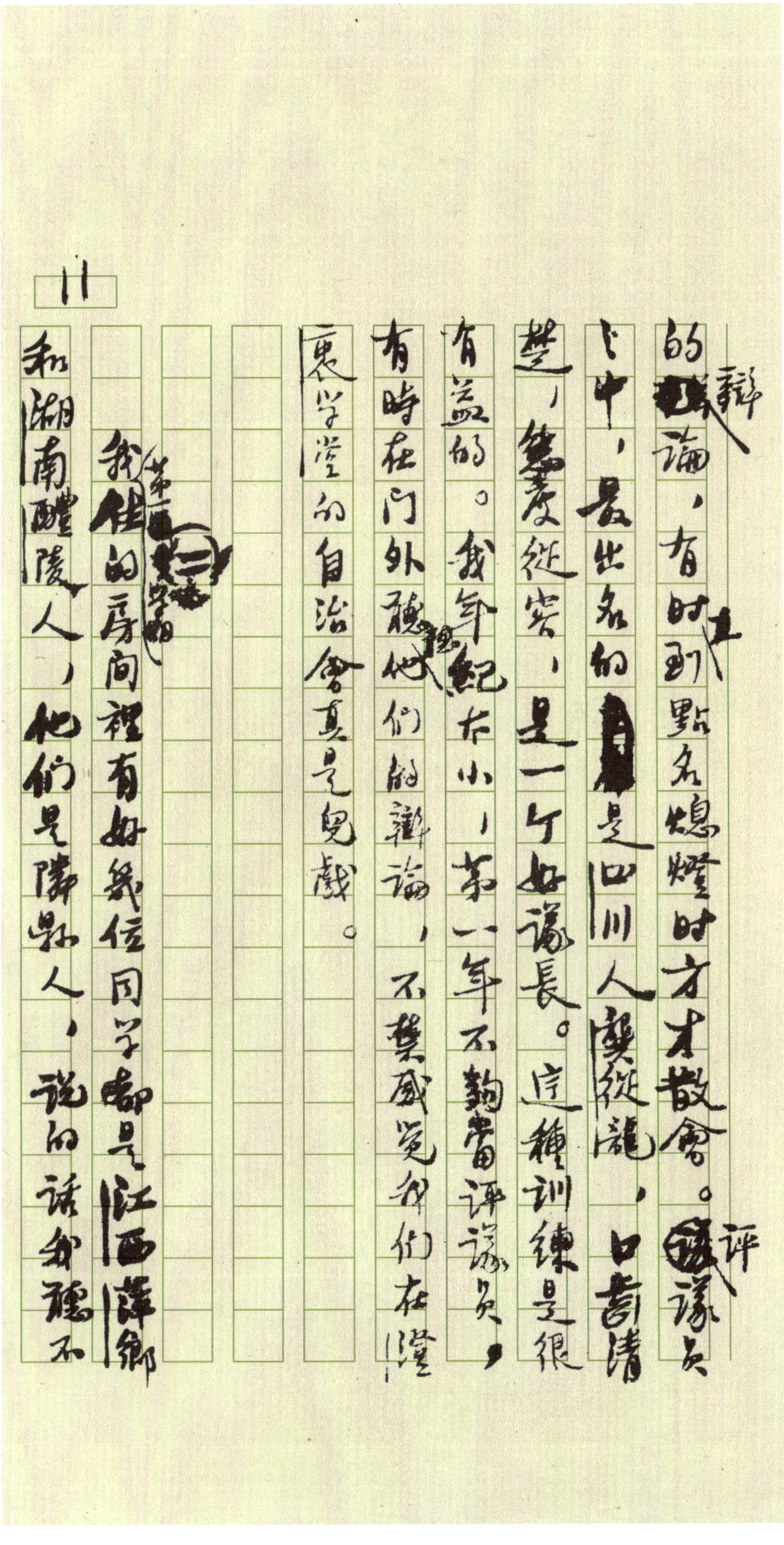

释文

的辩论，有时直到点名熄灯时方才散会。评议员之中，最出名的是四川人龚从龙，口齿清楚，态度从容，是一个好议长。这种训练是很有益的。我年纪太小，第一年不够当评议员，有时在门外听听他们的辩论，不禁感觉我们在澄衷学堂的自治会真是儿戏。

（二）

我第一学期住的房间里有好几位同学都是江西萍乡和湖南醴陵人，他们是邻县人，说的话我听不

释文

大懂。但不到一个月，我们狠相熟了。他们都是二三十岁的人了。；有一位钟文恢（号古愚）已有胡子，人叫他做钟胡子。他告诉我，他们现在组织了一个学会，叫做竞业学会，目的是『对于社会，竞与改良；对于个人，争自濯磨』，所以定了这个名字。他介绍我进这个会，我答应了。钟君是会长，他带我到会所里去，给我介绍了一些人。会所在校外北四川路厚福里。会中住的人大概多是革命党。有个杨卓林，还有个廖德璠，后来是都因谋革命被杀的。会中

13

释文

办事最热心的人，钟君之外，有谢寅杰和丁洪海两君，他两人维持会务最久。

竞业学会的第一件事业就是创办一个白话的旬报，就叫做《竞业旬报》。他们请了一位傅君剑先生（号钝根）来做编辑。《旬报》的宗旨，傅君说，共有四项，一振兴教育，二提倡民气，三改良社会，四主张自治。其实这都是门面话，骨子里是要鼓吹革命。他们的意思是要『传布于小学校之青年国民』，所以决定用白话文。胡梓方先生（后来的诗人胡诗庐）

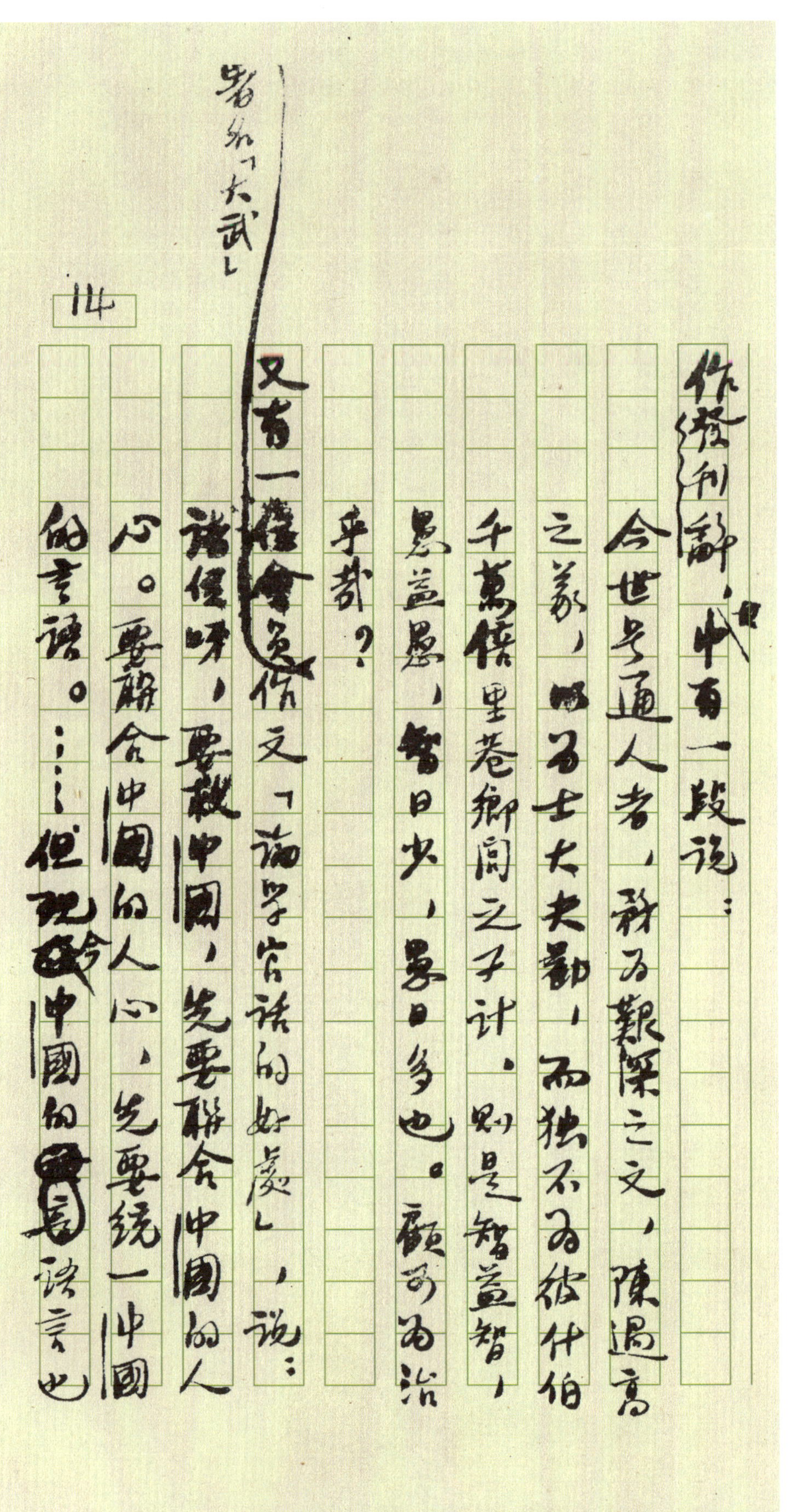

释文

作《发刊辞》，其中有一段说：

今世号通人者，务为艰深之文，陈过高之文，以为士大夫劝，而独不为彼什伯千万倍里巷乡闾之子计。则是智益智，愚益愚，智日少，愚日多也。顾可为治乎哉？

又有一位会员署名『大武』作文『论学官话的好处』，说：

诸位呀，要救中国，先要联合中国的人心。要联合中国的人心，先要统一中国的言语。……但现今中国的语言也

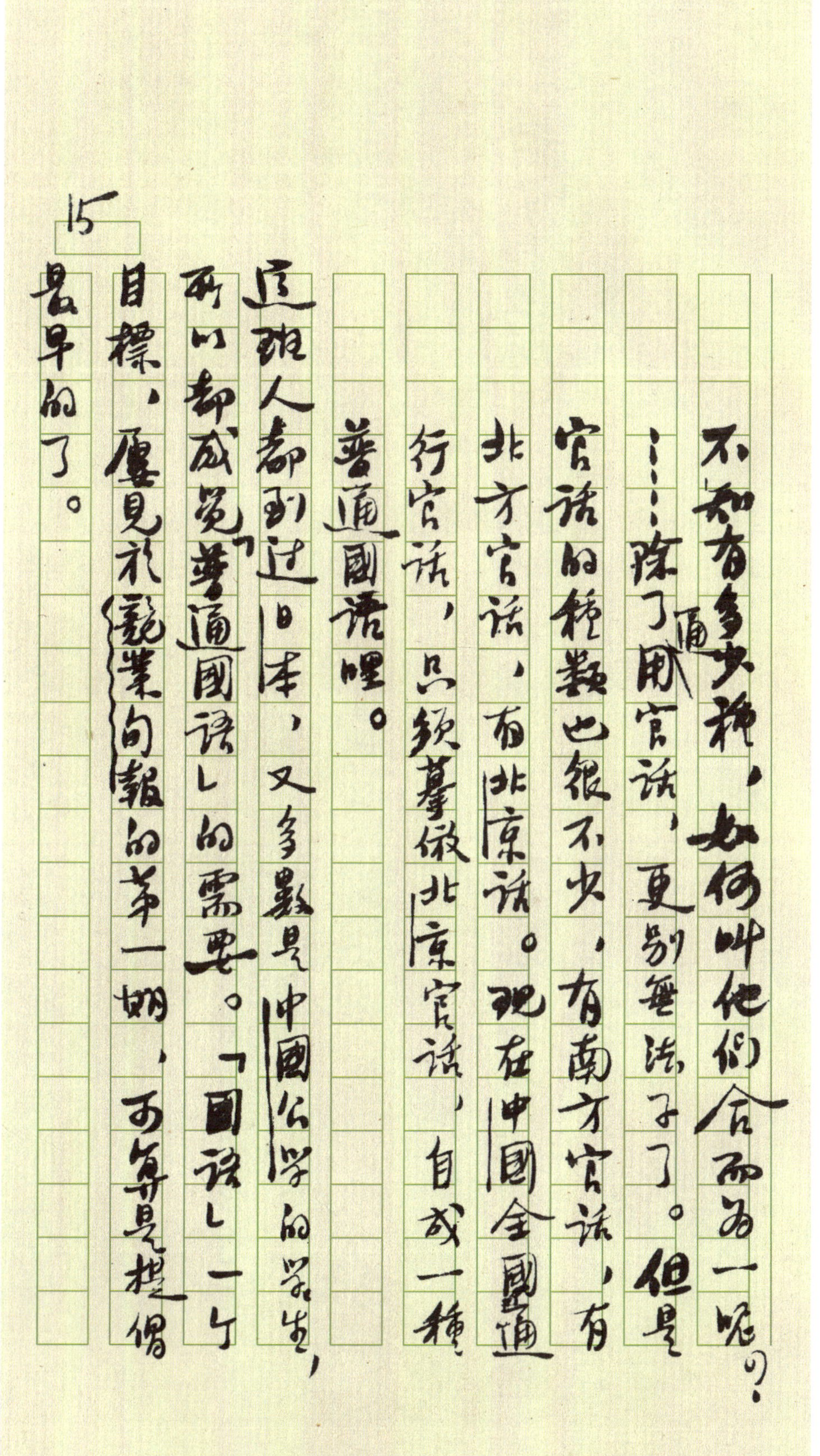

释文

不知有多少种，如何叫他们合而为一呢？……除了通用官话，更别无法子了。但是官话的种类也很不少，有南方官话，有北方官话，有北京话。现在中国全国通行官话，只须摹仿北京官话，自成一种普通国语哩。

这班人都到过日本，又多数是中国公学的学生，所以都感觉『普通国语』的需要。『国语』一个目标，屡见于《竞业旬报》的第一期，可算是提倡最早的了。

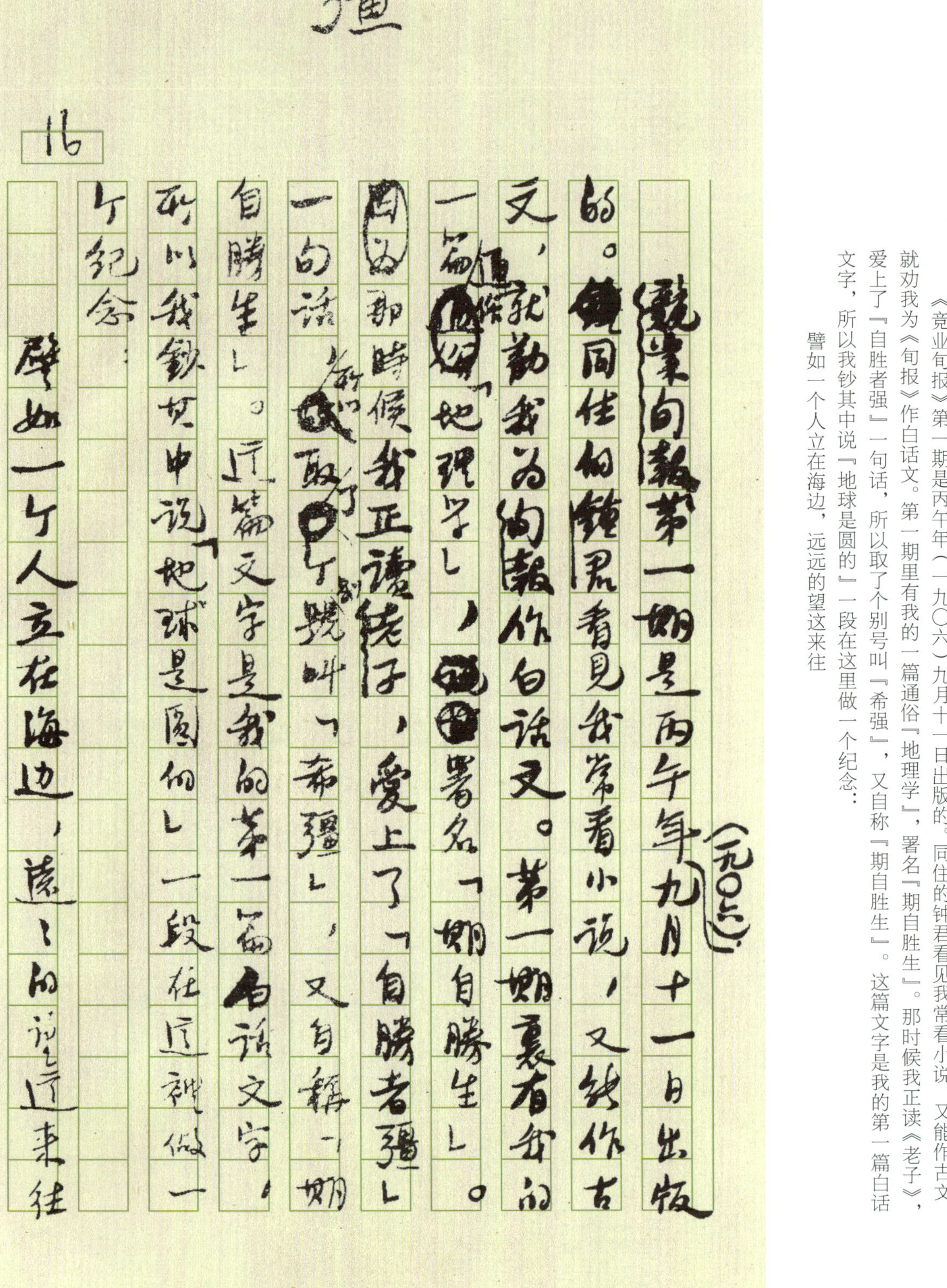

释文

《竞业旬报》第一期是丙午年（一九〇六）九月十一日出版的。同住的钟君看见我常看小说，又能作古文，就劝我为《旬报》作白话文。第一期里有我的一篇通俗『地理学』，署名『期自胜生』。那时候我正读《老子》，爱上了『自胜者强』一句话，所以取了个别号叫『希强』，又自称『期自胜生』。这篇文字是我的第一篇白话文字，所以我钞其中说『地球是圆的』一段在这里做一个纪念：

譬如一个人立在海边，远远的望这来往

17

释文

的船只。那来的船呢，一定是先看见他的桅杆顶，以后方能够看见他的风帆，他的船身一定在最后方可看见。那去的船呢，却恰恰与来的相反，他的船身一定先看不见，然后看不见他的风帆，直到后来方才看不见他的桅杆顶。这是什么缘故呢？因为那地是圆的，所以来的船在那地的低处慢慢行上来，我们看去自然先看见那桅杆顶了。那去的船也是这个道理，不过同这个相反罢了。……

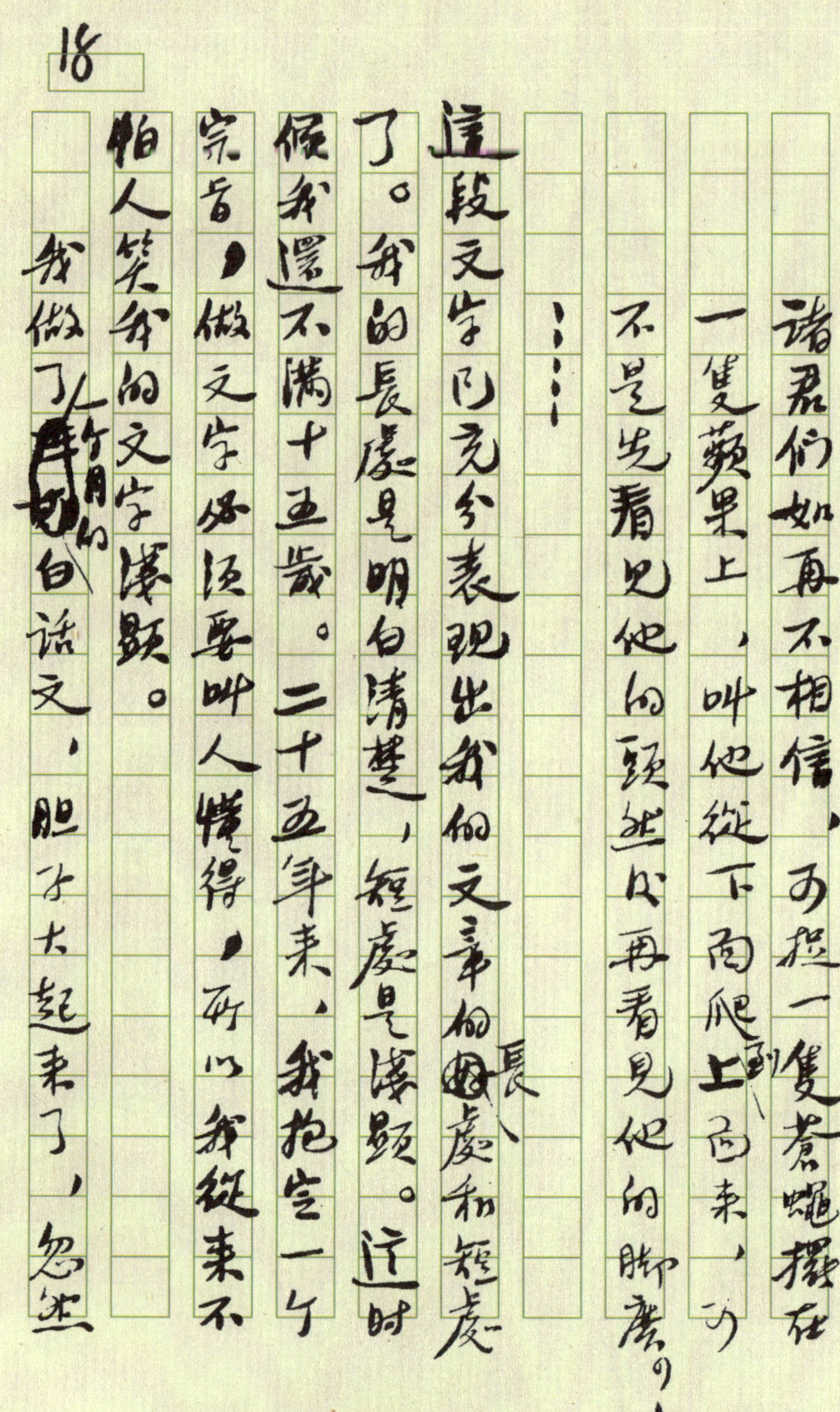

释文

诸君们如再不相信，可捉一只苍蝇摆在一只苹果上，叫他从下面爬到上面来，可不是先看见他的头然后再看见他的脚么？……

这段文字已充分表现出我的文章的长处和短处了。我的长处是明白清楚，短处是浅显。这时候我还不满十五岁。二十五年来，我抱定一个宗旨，做文字必须要叫人懂得，所以我从来不怕人笑我的文字浅显。

我做了一个月的白话文，胆子大起来了，忽然

19

释文

决心做一部长篇的章回小说。小说的题目叫做『真如岛』，用意是『破除迷信，开通民智』。我拟了四十回的回目，便开始写下去了。第一回就在《旬报》第三期上发表（丙午十月初一日），回目是：

虞善仁疑心致疾

孙绍武正论祛迷

这小说的开场一段是：

话说江西广信府贵溪县城外有一个热闹的市镇叫做神权镇，镇上有一条街叫做福

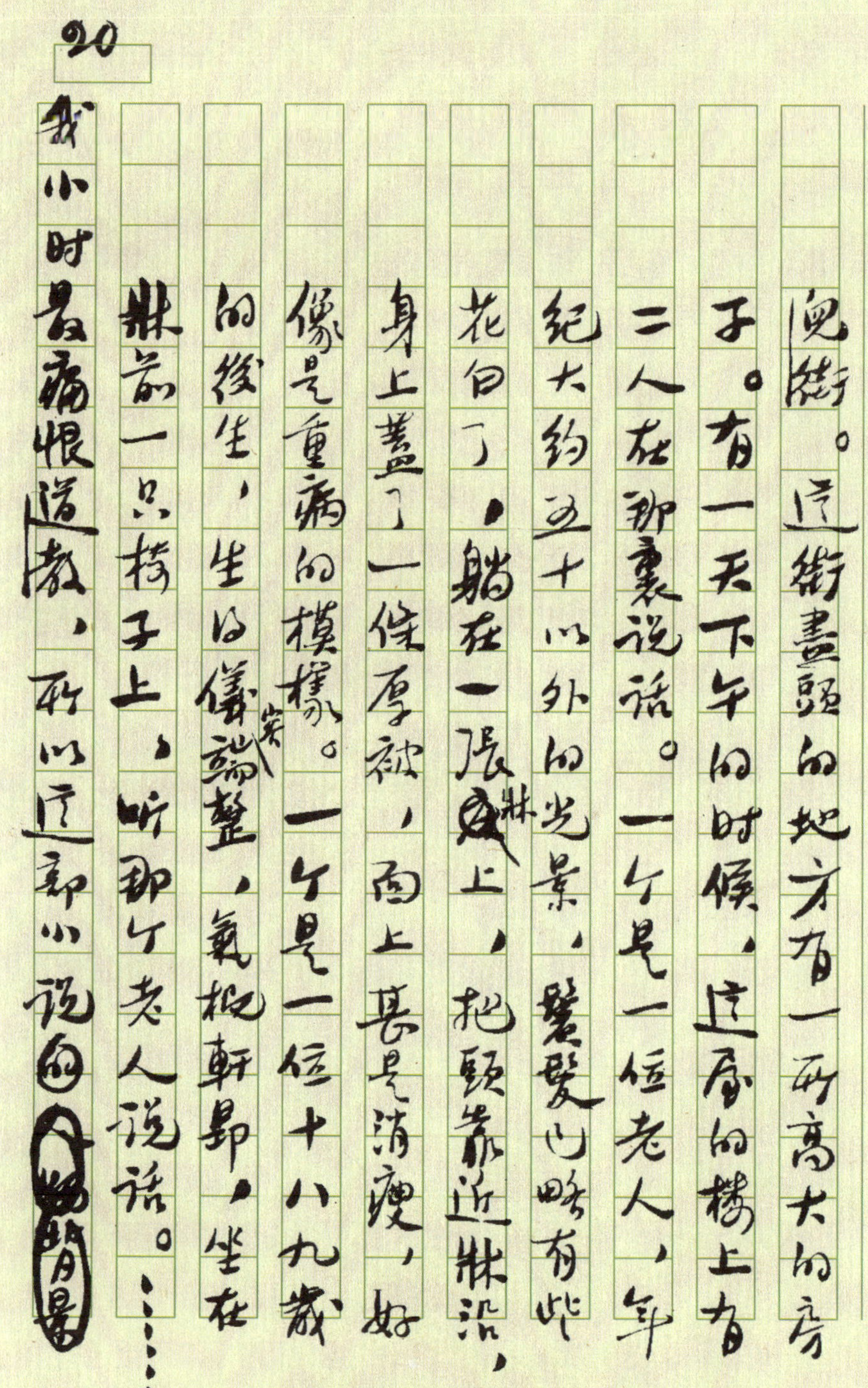

释文

儿街。这街尽头的地方有一所高大的房子。有一天下午的时候，这屋的楼上有二人在那里说话。一个是一位老人，年纪大约五十以外的光景，鬓发已略有些花白了，躺在一张床上，把头靠近床沿，身上盖了一条厚被，面上甚是消瘦，好像是重病的模样。一个是一位十八九岁的后生，生得仪容端整，气概轩昂，坐在床前一只椅子上，听那个老人说话。……

我小时候最痛恨道教，所以这部小说

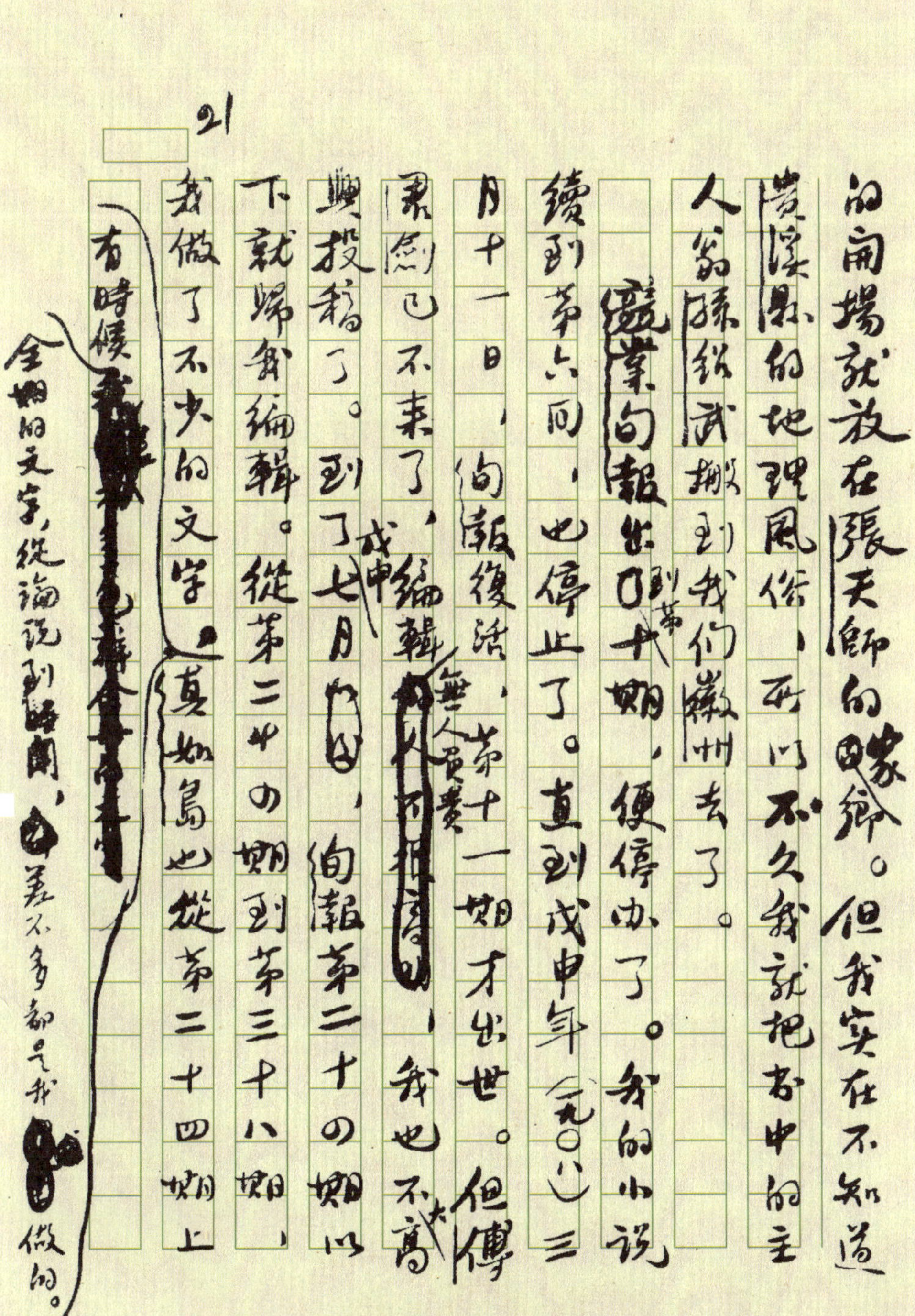

释文

的开场就放在张天师的家乡。但我实在不知道贵溪县的地理风俗，所以不久我就把书中的主人翁孙绍武搬到我们徽州去了。

《竞业旬报》出到第十期，便停办了。我的小说续到第六回，也停止了。直到戊申年（一九〇八）三月十一日，《旬报》复活，第十一期才出世。但傅君剑已不来了，编辑无人负责，我也不大高兴投稿了。到了戊申七月，《旬报》第二十四期以下就归我编辑。从第二十四期到第三十八期，我做了不少的文字。有时候全期的文字，从论说到时闻，差不多都是我做的。《真如岛》也从第二十四期上

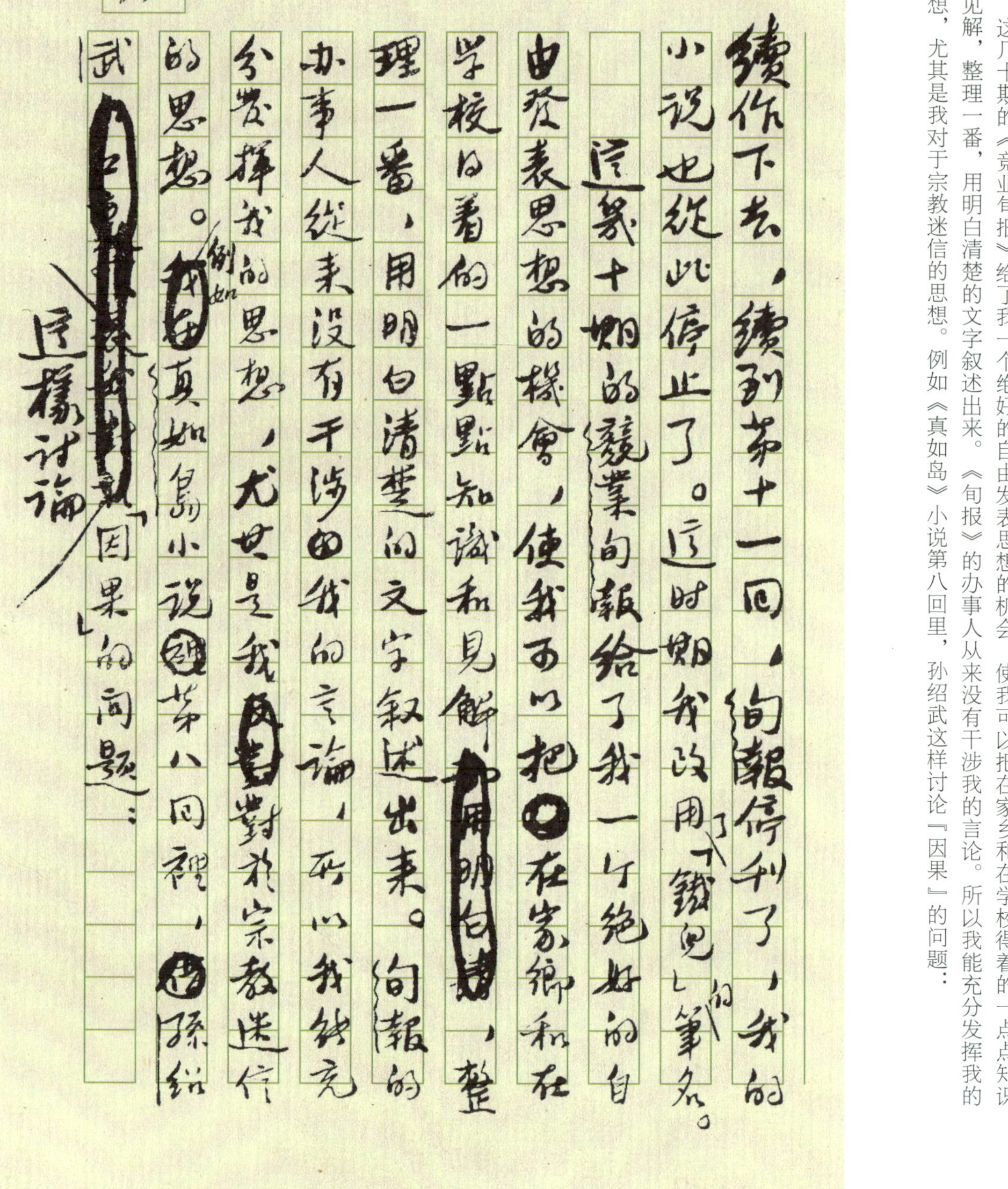

释文

续作下去，续到第十一回，《旬报》停刊了，我的小说也从此停止了。这时期我改用了『铁儿』的笔名。

这几十期的《竞业旬报》给了我一个绝好的自由发表思想的机会，使我可以把在家乡和在学校得着的一点点知识和见解，整理一番，用明白清楚的文字叙述出来。《旬报》的办事人从来没有干涉我的言论。所以我能充分发挥我的思想，尤其是我对于宗教迷信的思想。例如《真如岛》小说第八回里，孙绍武这样讨论『因果』的问题：

93

释文

这『因果』二字，很难说的。从前有人说，『譬如窗外这一树花儿，枝枝朵朵都是一样，何曾有什么好歹善恶的分别？不多一会，起了一阵狂风，把一树花吹一个「花落花飞满天」，那许多花朵，有的吹上帘栊，落在锦茵之上；有的吹出墙外，落在粪溷之中。这落花的好歹不同，难道好说是这几枝花的善恶报应不成？』这话很是，但是我的意思却还不止此。大约这因果二字是有的。

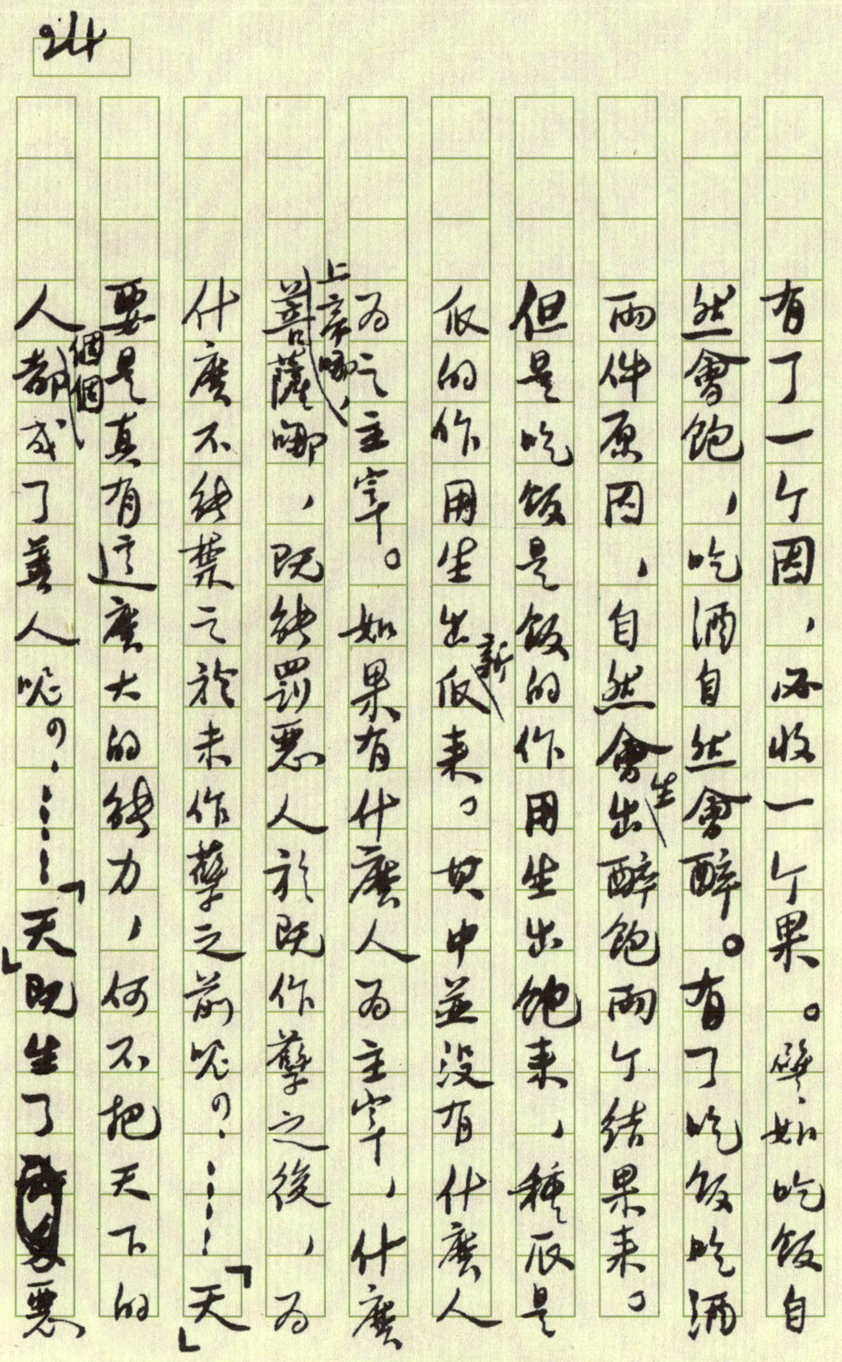

释文

有了一个因，必收一个果。譬如吃饭自然会饱，吃酒自然会醉。有了吃饭吃酒两件原因，自然会生出醉饱两个结果来。但是吃饭是饭的作用生出饱来，种瓜是瓜的作用生出新瓜来。其中并没有什么人为之主宰。如果有什么人为主宰，什么上帝哪，菩萨哪，既能罚恶人于既作孽之后，为什么不能禁之于未作孽之前呢？……『天』要是真有这么大的能力，何不把天下的人个个都成了善人呢？……『天』既生了恶

释文

人，让他在世间作恶，后来又叫他受许多报应，这可不是书上说的『出尔反尔』么？……总而言之，『天』既不能使人不作恶，便不能罚那恶人。……

落花一段引的是范缜的话（看《自述》第三章），后半是我自己的议论。这是很不迟疑的无神论。这时候我另在《旬报》上发表了一些『无鬼丛话』，第一条就引司马温公『形既朽灭，神亦飘散，虽有锉烧舂磨，亦无所施』的话，和范缜『神之于形，犹利之于刀』的话。（参考第三章）第二

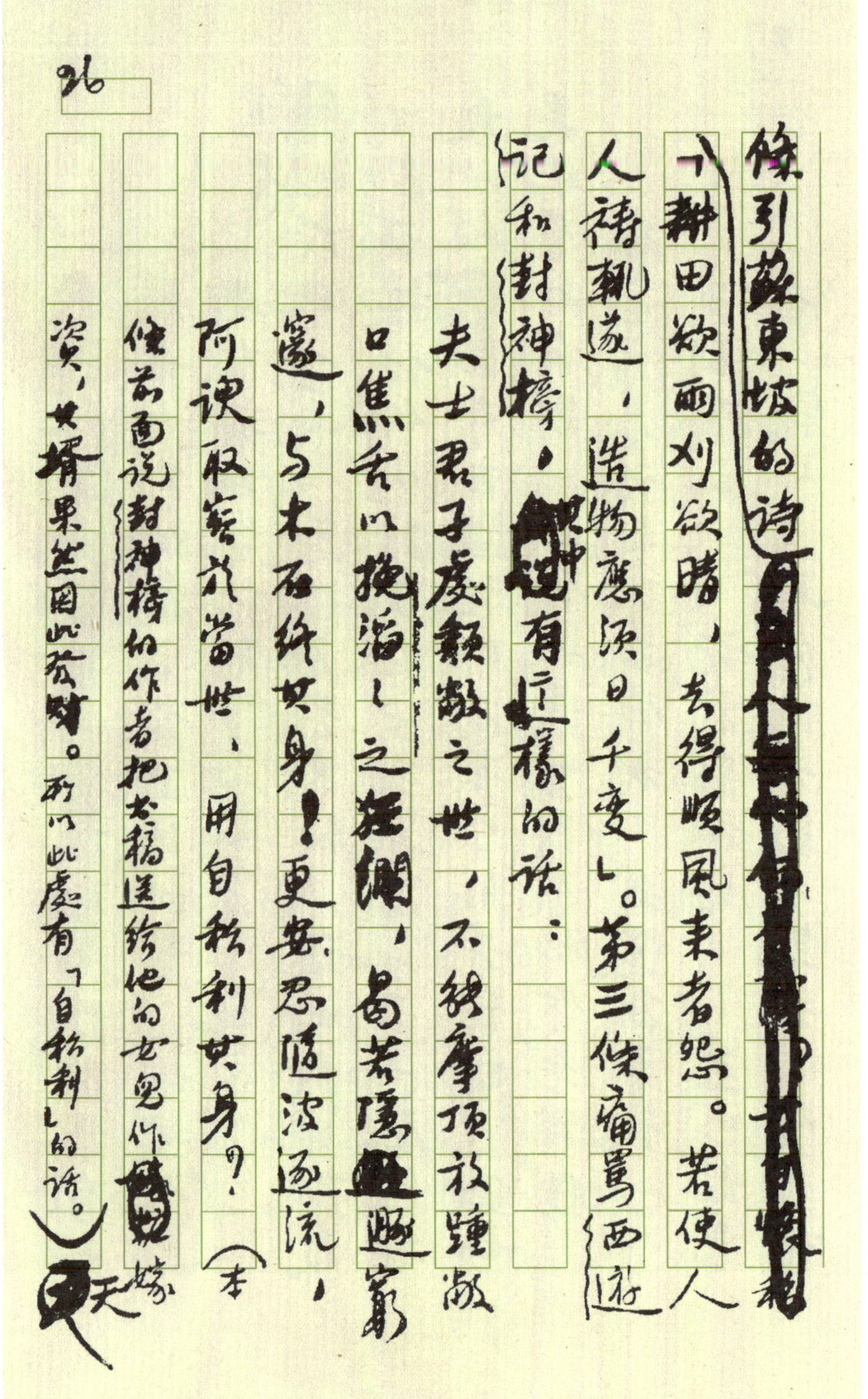

释文

条引苏东坡的诗『耕田欲雨刈欲晴，去得顺风来者怨。若使人人祷辄遂，造物应须日千变』。第三条痛骂《西游记》和《封神榜》，其中有这样的话：

夫士君子处颓敝之世，不能摩顶放踵敝口焦舌以挽滔滔之狂澜，曷若隐遁穷邃，与木石终其身！更安忍随波逐流，阿谀取容于当世，用自私利其身？（本条前面说《封神榜》的作者把书稿送给他的女儿作嫁资，其婿果然因此发财。所以此处有『自私利』的话。）天

29

释文

不能受也。今日地狱因果之说盛行，而恶人益多，民德日落，神道设教之成效果何如者！且处兹思想竞争时代，不去此种种魔障，思想又乌从而生耶？

这种夸大的口气，出在一个十七岁孩子的笔下，未免叫人读了冷笑。但我现在回看我在那时代的见解，总算是自己独立想过几年的结果，比起现今一班在几个抽象名词里翻筋斗的少年人们，我还不感觉惭愧。

《竞业旬报》上的一些文字，我早已完全忘记

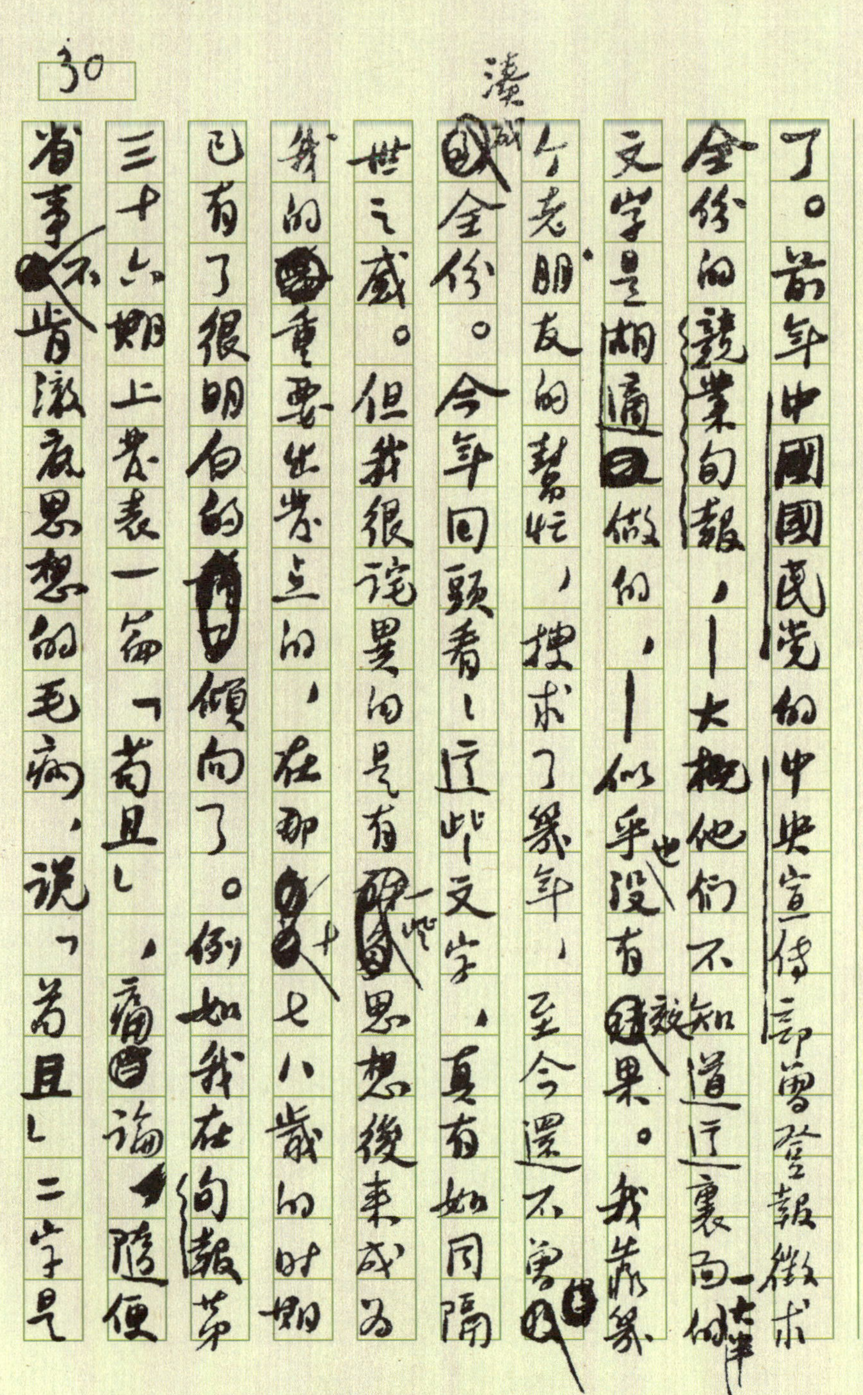

释文

了。前年中国国民党的中央宣传部曾登报征求全份的《竞业旬报》，——大概他们不知道这里面一大半的文字是胡适做的，——似乎也没有效果。我靠几个老朋友的帮忙，搜求了几年，至今还不曾凑成全份。今年回头看看这些文字，真有如同隔世之感。但我很诧异的是有一些思想后来成为我的重要出发点的，在那十七八岁的时期已有了很明白的倾向了。例如我在《旬报》第三十六期上发表一篇『苟且』，痛论随便省事不肯澈底思想的毛病，说『苟且』二字是

31

释文

中国历史上的一场大瘟疫，把几千年的民族精神都瘟死了。我在《真如岛》小说第十一回（《旬报》三十七期）论扶乩的迷信，也说：

程正翁，你想罢。别说没有鬼神，即使有鬼神，那关帝吕祖何等尊严，岂肯听那一二张符诀的号召？这种道理总算浅极了，稍微想一想，便可懂得。只可怜我们中国人总不肯想，只晓得随波逐流，随声附和。国民愚到这步田地，照我的眼光看来，这都是不肯思想之故。所以宋

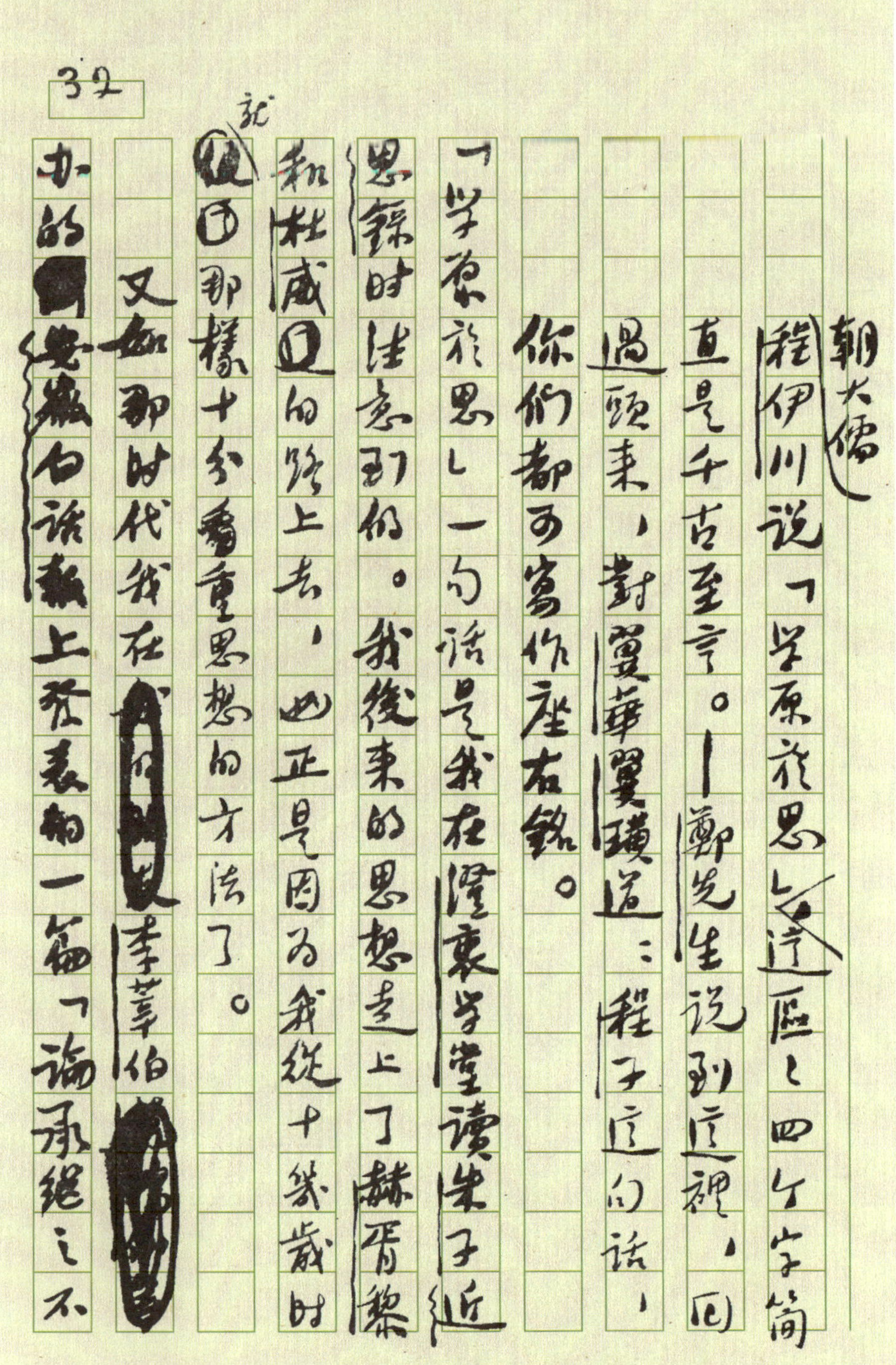

释文

朝大儒程伊川说『学原于思』，这区区四个字简直是千古至言。——郑先生说到这里，回过头来，对翼华翼璜道：程子这句话，你们都可写作座右铭。

『学原于思』一句话是我在澄衷学堂读朱子《近思录》时注意到的。我后来的思想走上了赫胥黎和杜威的路上去，也正是因为我从十几岁时就那样十分看重思想的方法了。

又如那时代我在李莘伯办的《安徽白话报》上发表的一篇『论承继之不

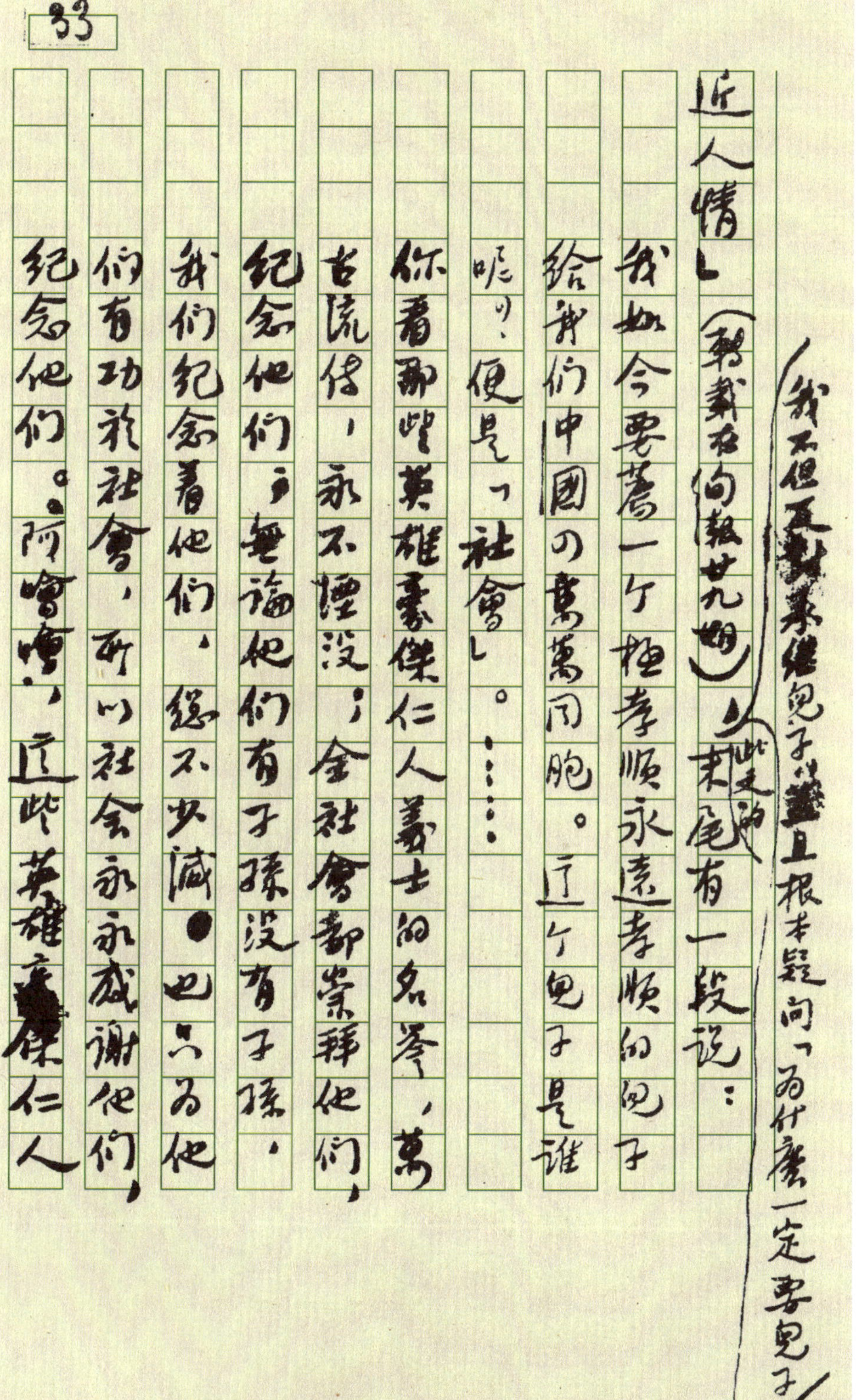

释文

近人情』（转载在《旬报》廿九期），我不但反对承继儿子，并且根本疑问『为什么一定要儿子』。此文的末尾有一段说：

我如今要荐一个极孝顺永远孝顺的儿子给我们中国四万万同胞。这个儿子是谁呢？便是『社会』。……

你看那些英雄豪杰仁人义士的名誉，万古流传，永不湮没，全社会都崇拜他们，纪念他们，无论他们有子孙没有子孙，我们纪念着他们，总不少减。也只为他们有功于社会，所以社会永永感谢他们，纪念他们。阿唅唅，这些英雄仁人

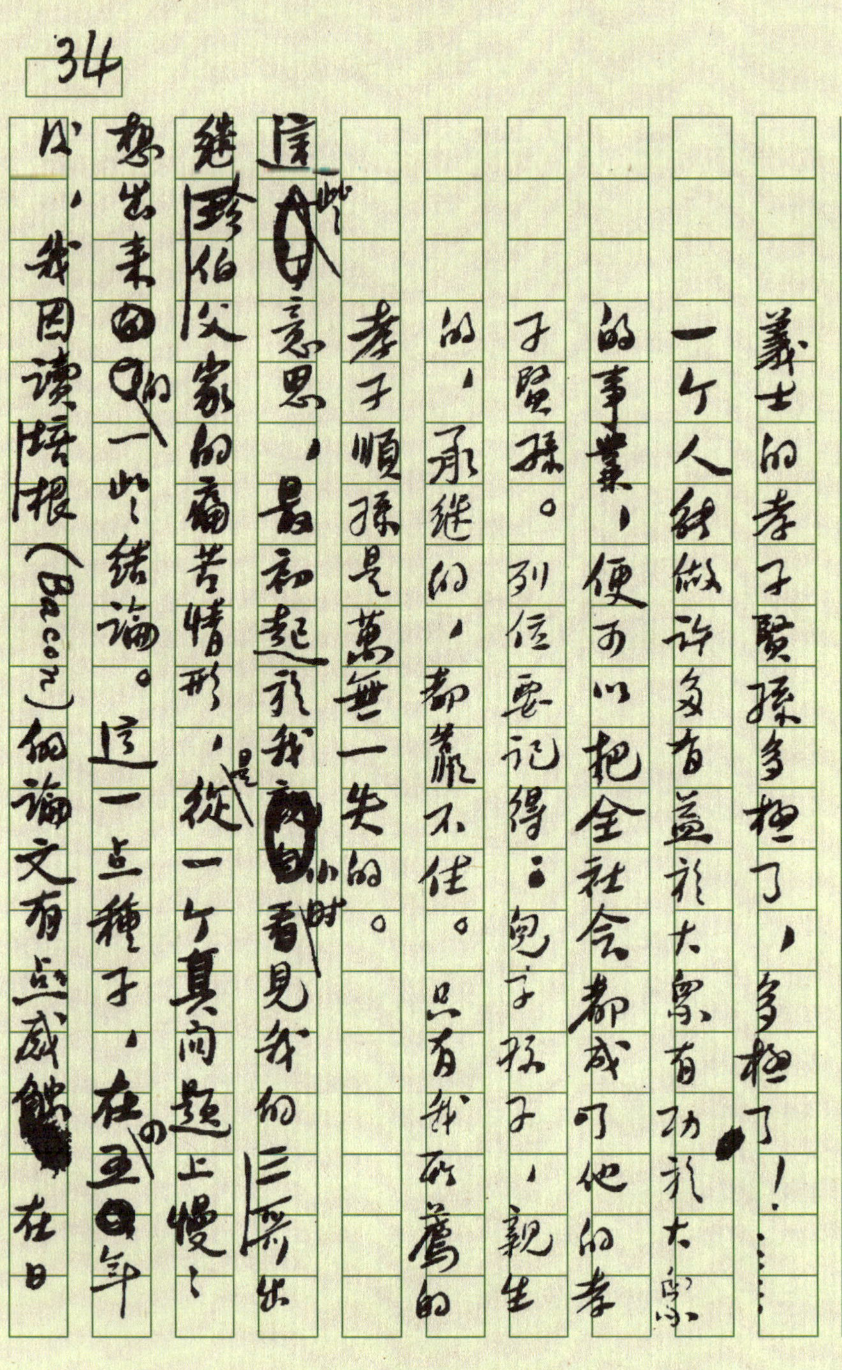

释文

义士的孝子贤孙多极了，多极了！……一个人能做许多有益于大众有功于大众的事业，便可以把全社会都成了他的孝子贤孙。列位要记得：儿子孙子，亲生的，承继的，都靠不住。只有我所荐的孝子顺孙是万无一失的。

这些意思，最初起于我小时看见我的三哥出继珍伯父家的痛苦情形，是从一个真问题上慢慢想出来的一些结论。这一点种子，在四五年后，我因读培根（Bacon）的论文有点感触。在日

35

释文

记里写成我的『无后主义』。在十年之后，又因为我母亲之死引起了一些感想，我才写成『不朽：我的宗教』一文，发挥『社会不朽』的思想。

这几十期的《竞业旬报》，不但给了我一个发表思想和整理思想的机会，还给了我一年多作白话文的训练。清朝末年出了不少的白话报，如《中国白话报》，《杭州白话报》，《安徽俗话报》，《宁波白话报》，《潮州白话报》，都没有长久的寿命。光绪宣统之间，范鸿仙等办《国民白话日报》，

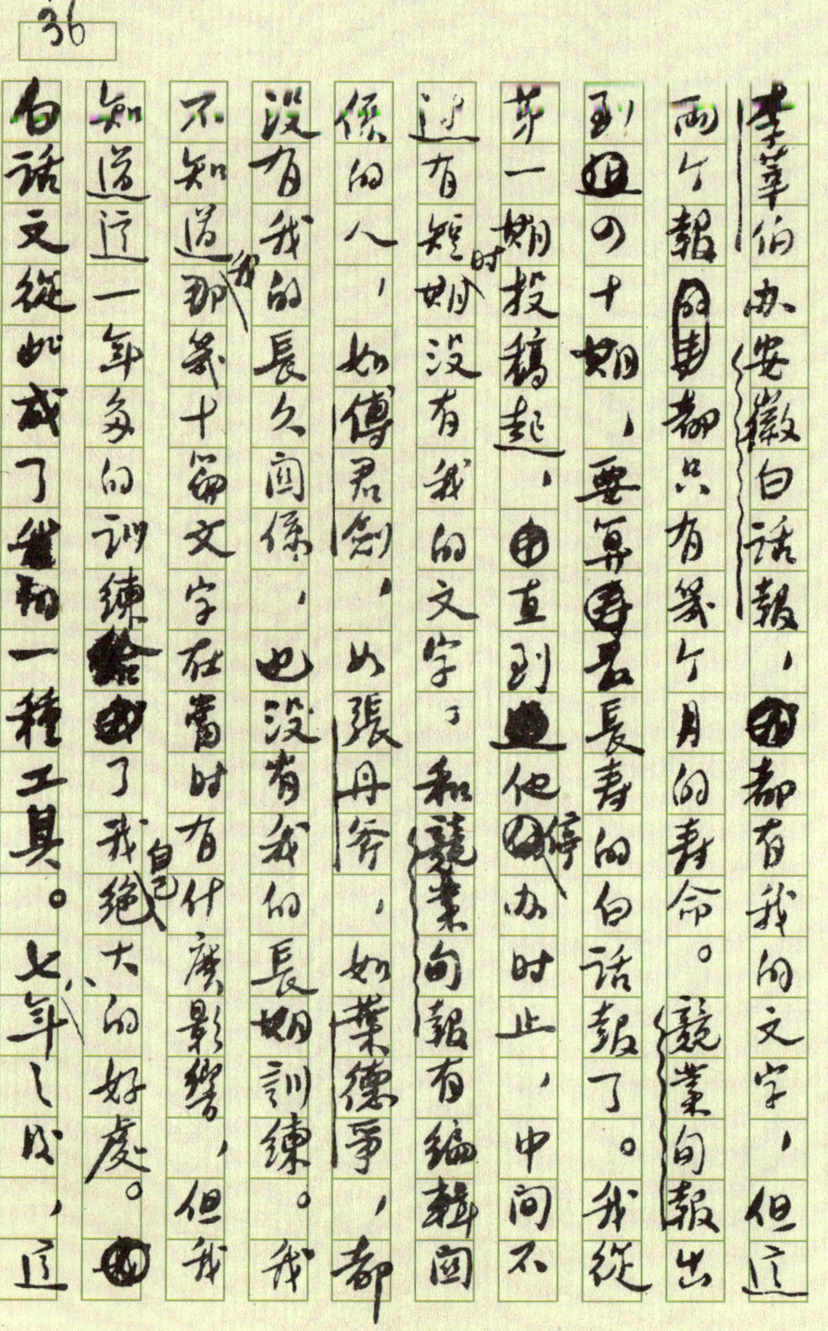

释文

李莘伯办《安徽白话报》，都有我的文字，但这两个报都只有几个月的寿命。《竞业旬报》出到四十期，要算最长寿的白话报了。我从第一期投稿起，直到他停办时止，中间不过有短时期没有我的文字，和《竞业旬报》有编辑关系的人，如傅君剑，如张丹斧，如叶德争，都没有我的长久关系，也没有我的长期训练。我不知道我那几十篇文字在当时有什么影响，但我知道这一年多的训练给了我自己绝大的好处。白话文从此成了我的一种工具。七八年之后，这

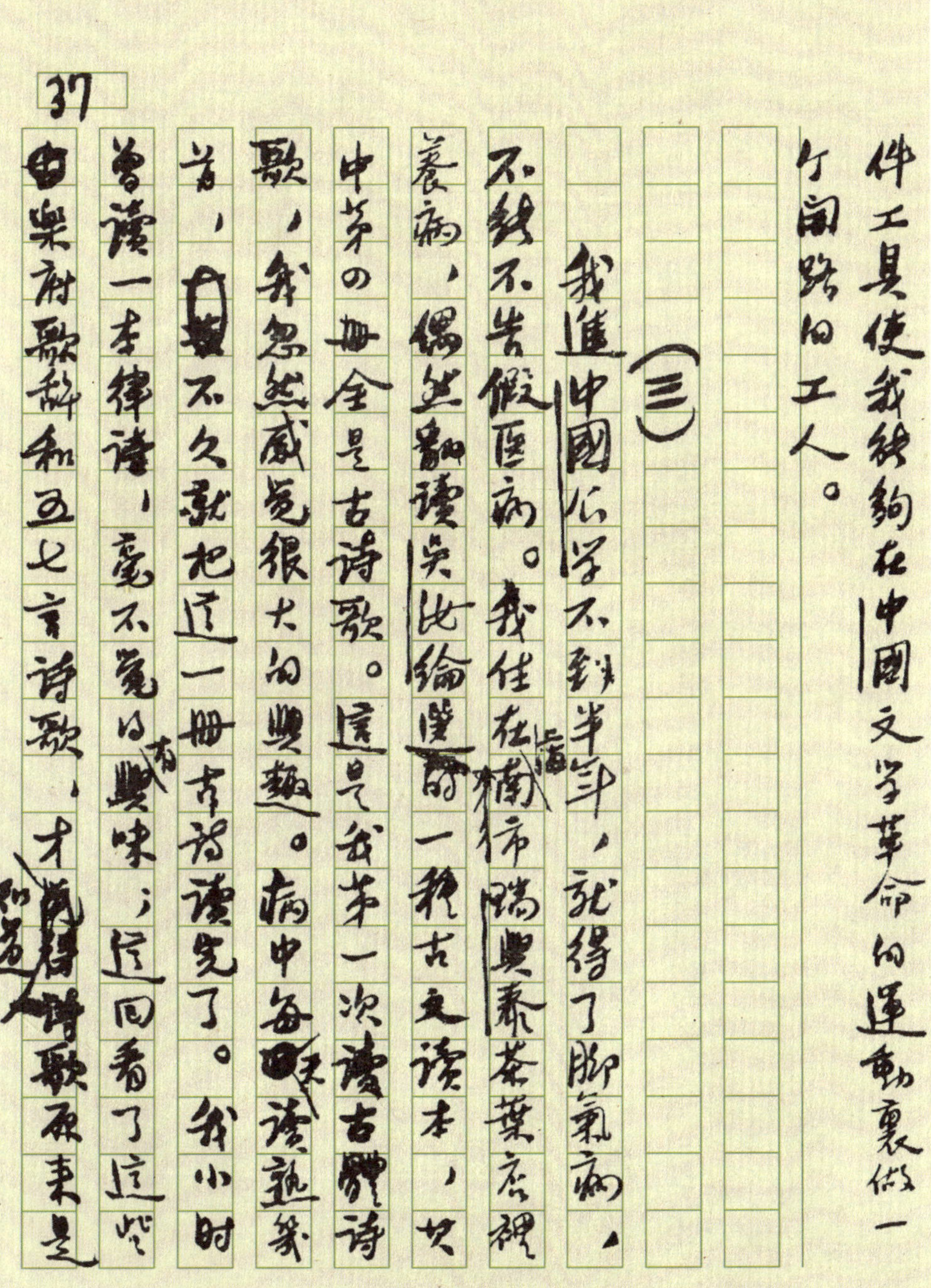

释文

件工具使我能够在中国文学革命的运动里做一个开路的工人。

（三）

我进中国公学不到半年，就得了脚气病，不能不告假医病。我住在上海南市瑞兴泰茶叶店里养病，偶然翻读吴汝纶选的一种古文读本，其中第四册全是古诗歌。这是我第一次读古体诗歌，我忽然感觉很大的兴趣。病中每天读熟几首，不久就把这一册古诗读完了。我小时曾读一本律诗，毫不觉得有兴味；这回看了这些乐府歌辞和五七言诗歌，才知道诗歌原来是

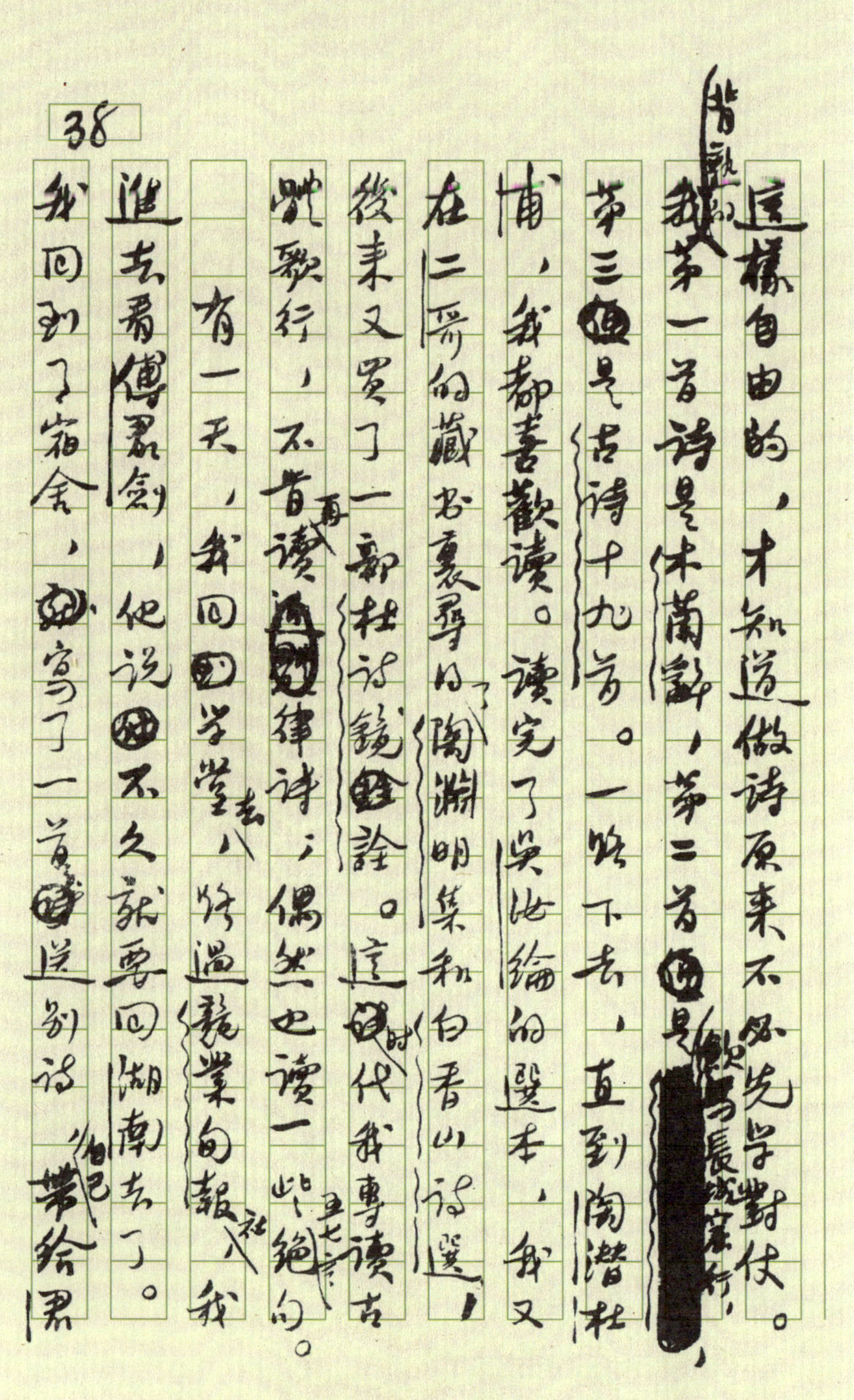

这样自由的，才知道做诗原来不必先学对仗。我背熟的第一首诗是《木兰辞》，第二首是《饮马长城窟行》，第三是《古诗十九首》。一路下去，直到陶潜杜甫，我都喜欢读。读完了吴汝纶的选本，我又在二哥的藏书里寻得了《陶渊明集》和《白香山诗选》，后来又买了一部《杜诗镜诠》。这时代我专读古体歌行，不肯再读律诗；偶然也读一些五七言绝句。

有一天，我回学堂去，路过《竞业旬报》社，我进去看傅君剑，他说不久就要回湖南去了。我回到了宿舍，写了一首送别诗，自己带给君

释文

剑，问他像不像诗。这诗我记不得了，只记得开端是『我以何因缘，得交傅君剑』。君剑很夸奖我的送别诗，但我终有点不自信。过了一天，他送了一首『留别适之即和赠别之作』来，用日本卷笺写好，我打开一看，真吓了一跳。他诗中有『天下英雄君与我，文章知己友兼师』两句，在我这刚满十五岁的小孩子的眼里，这真是受宠若惊了！『难道他是说谎话哄小孩子吗？』我忍不住这样想。君剑这幅诗笺，我赶快藏了，不敢给人看。然而他这两句鼓励

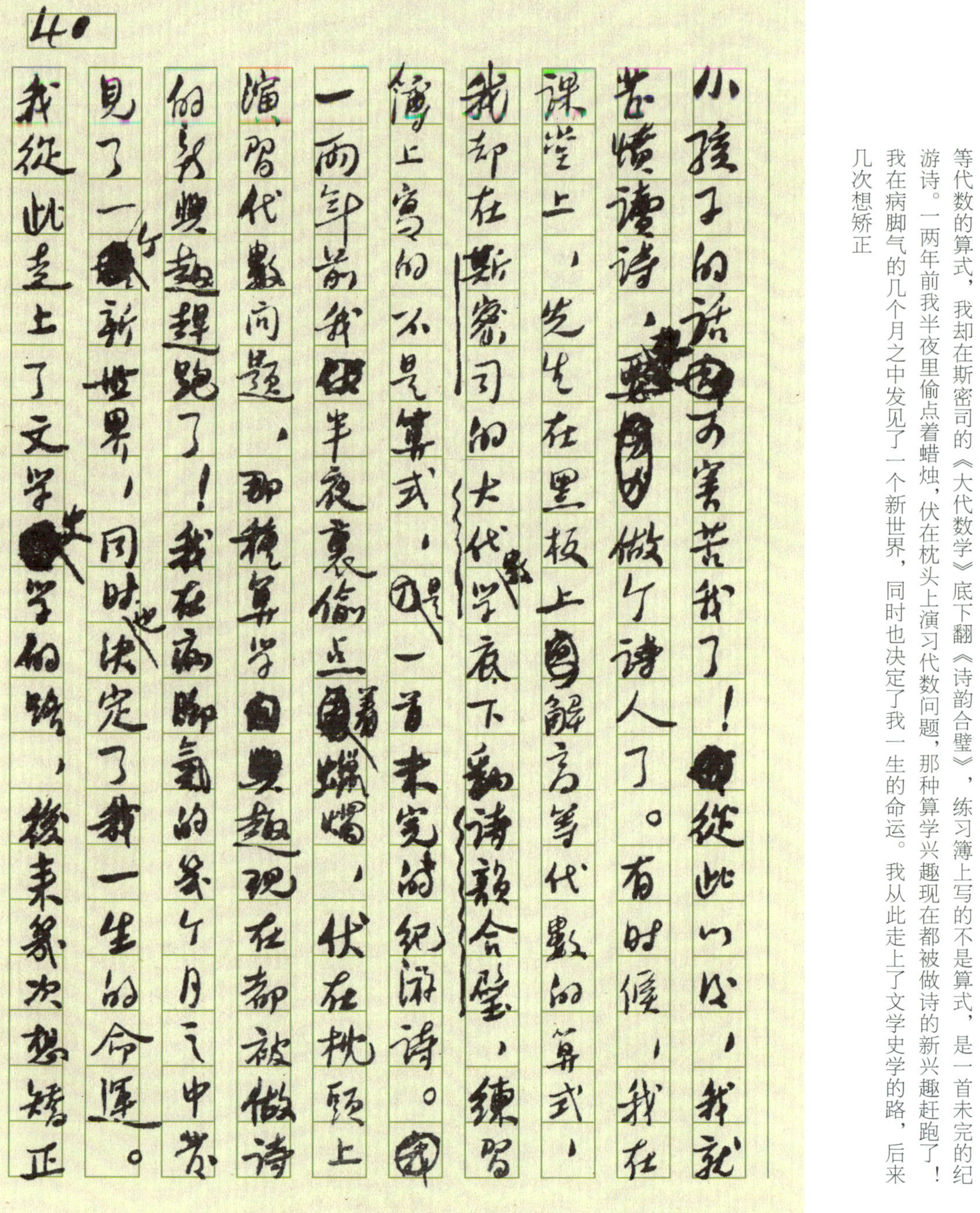

释文

小孩子的话可害苦我了！从此以后，我就发愤读诗，要做个诗人了。有时候，我在课堂上，先生在黑板上解高等代数的算式，我却在斯密司的《大代数学》底下翻《诗韵合璧》，练习簿上写的不是算式，是一首未完的纪游诗。一两年前我半夜里偷点着蜡烛，伏在枕头上演习代数问题，那种算学兴趣现在都被做诗的新兴趣赶跑了！

我在病脚气的几个月之中发见了一个新世界，同时也决定了我一生的命运。我从此走上了文学史学的路，后来几次想矫正

41

释文

回来，想走到自然科学的路上去；但兴趣已深，习惯已成，终无法挽回了。

丁未正月（一九〇七）我游苏州，三月与中国公学全体同学旅行到杭州，我都有诗纪游。我那时全不知道『诗韵』是什么，只依家乡的方音，念起来同韵便算同韵。在西湖上写了一首绝句，只押了两个韵脚，杨千里先生看了大笑，说，一个字在『尤』韵，一个字在『萧』韵。他替我改了两句，意思全不是我的了。我才知道做诗要硬记《诗韵》，并且不妨牺牲诗的意思来迁就诗的韵脚。

丁未五月，我因脚气病又发了，遂回家乡养病。（我们徽州人在上海得了脚气病，必须赶紧回家乡，行到钱塘江的上游，脚肿便渐渐退了。）我在家中住了两个多月，母亲很高兴。从此以后，我十年不归家（一九〇七——一九一七），那是母亲和我都没有料到的。那一次在家，和近仁叔相聚甚久，他很鼓励我作诗。在家中和路上我都有诗。这时候我读了不少白居易的诗，所以我这时期的诗，如在家乡做的《弃父行》，很表现

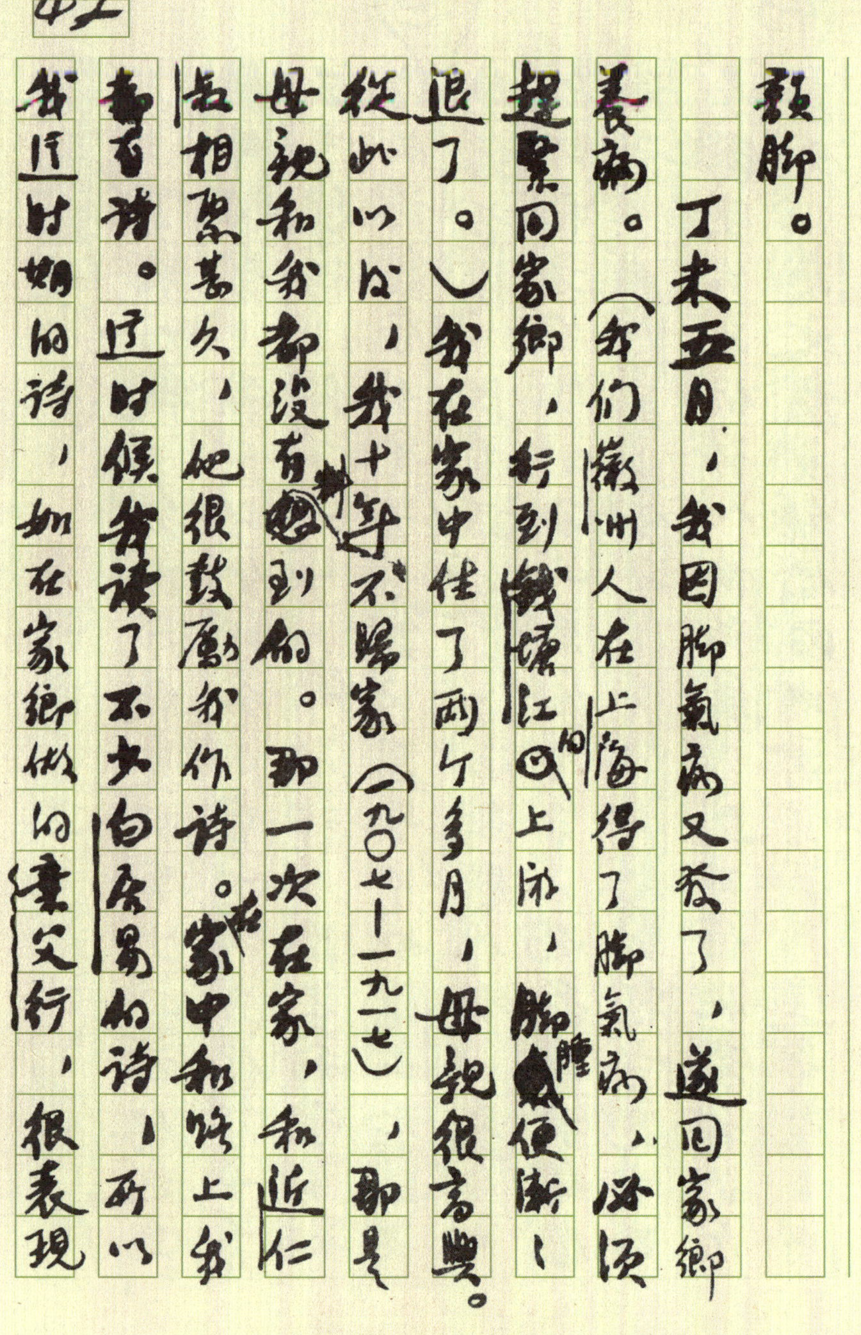

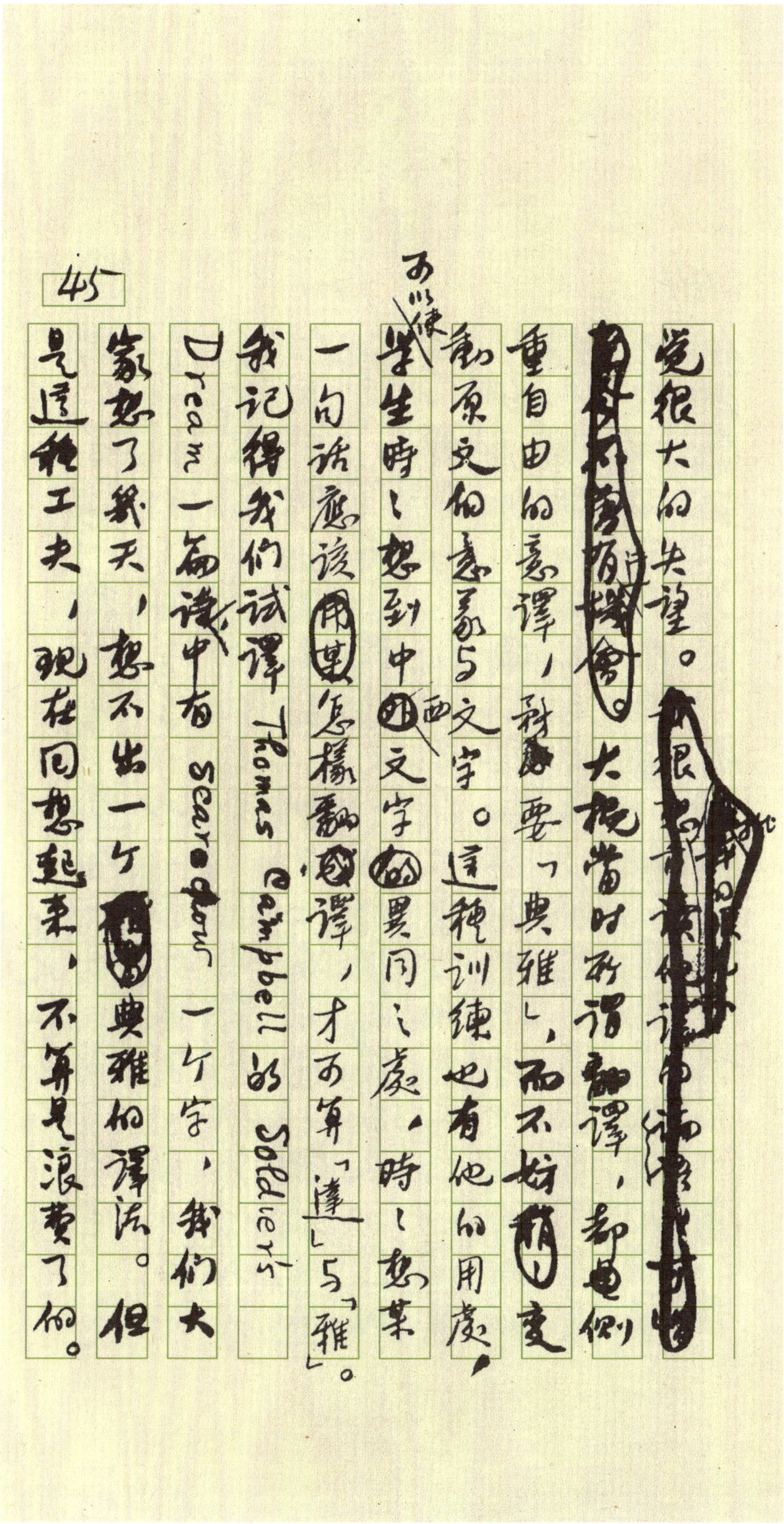

45

觉很大的失望。大概当时所谓翻译，都侧重自由的意译，务要『典雅』，而不妨变动原文的意义与文字。这种训练也有他的用处，可以使学生时时想到中西文字异同之处，时时想某一句话应该怎样翻译，才可算『达』与『雅』。我记得我们试译 Thomas Campbell 的 Soldier's Dream 一篇诗，中有 scarecrow 一个字，我们大家想了几天，想不出一个典雅的译法。但是这种工夫，现在回想起来，不算是浪费了的。

释文

觉很大的失望。大概当时所谓翻译，都侧重自由的意译，务要『典雅』，而不妨变动原文的意义与文字。这种训练也有他的用处，可以使学生时时想到中西文字异同之处，时时想某一句话应该怎样翻译，才可算『达』与『雅』。我记得我们试译 Thomas Campbell 的 Soldier's Dream 一篇诗，中有 scarecrow 一个字，我们大家想了几天，想不出一个典雅的译法。但是这种工夫，现在回想起来，不算是浪费了的。

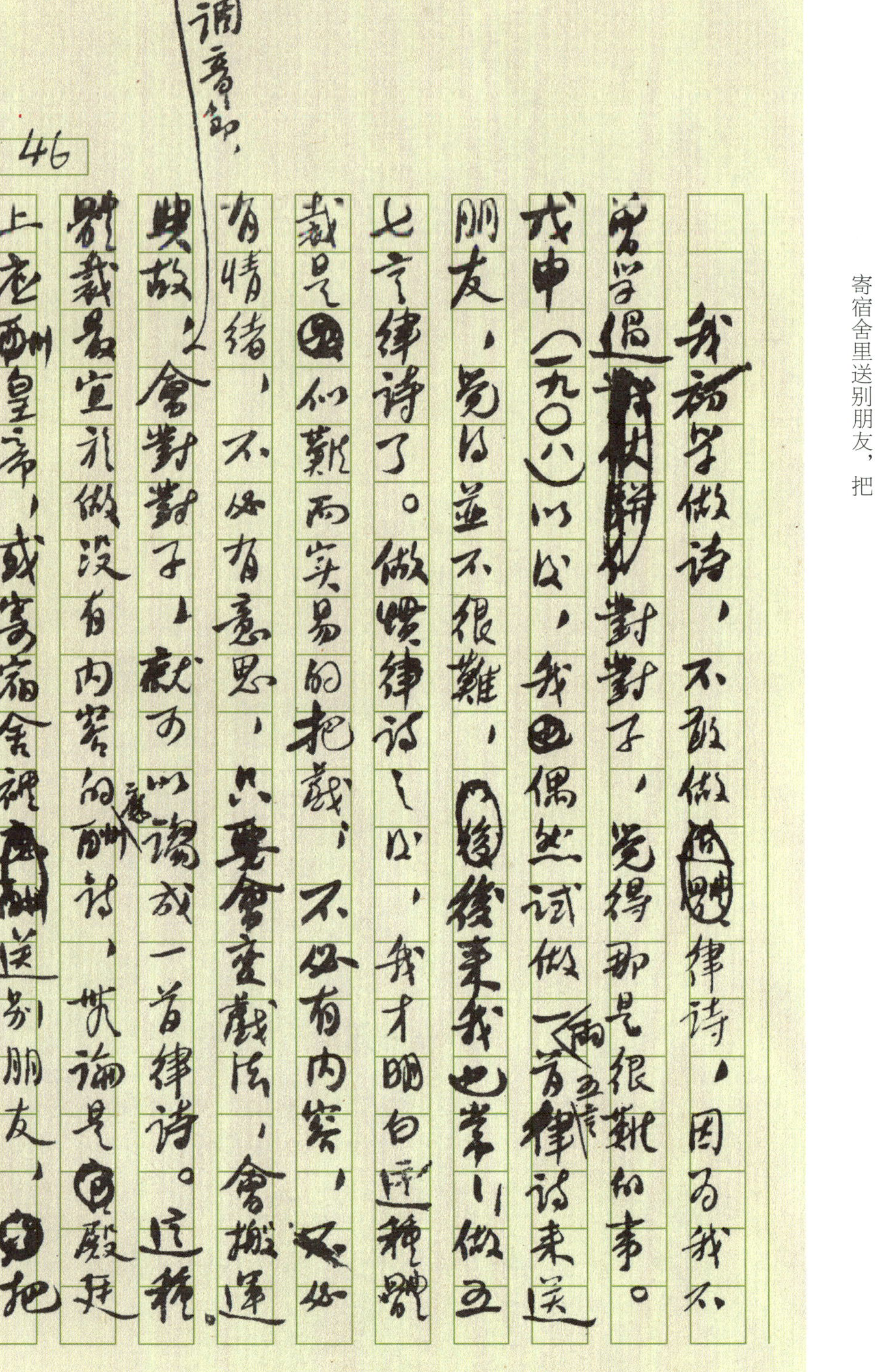

释文

我初学做诗，不敢做律诗，因为我不曾学过对对子，觉得那是很难的事。戊申（一九〇八）以后，我偶然试做一两首五言律诗来送朋友，觉得并不很难，后来我也常常做五七言律诗了。做惯律诗之后，我才明白这种体裁是似难而实易的把戏；不必有内容，不必有情绪，不必有意思，只要会变戏法，会搬运典故，会调音节，会对对子，就可以诌成一首律诗。这种体裁最宜于做没有内容的应酬诗，无论是殿廷上应酬皇帝，或寄宿舍里送别朋友，把

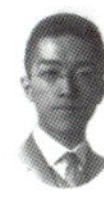

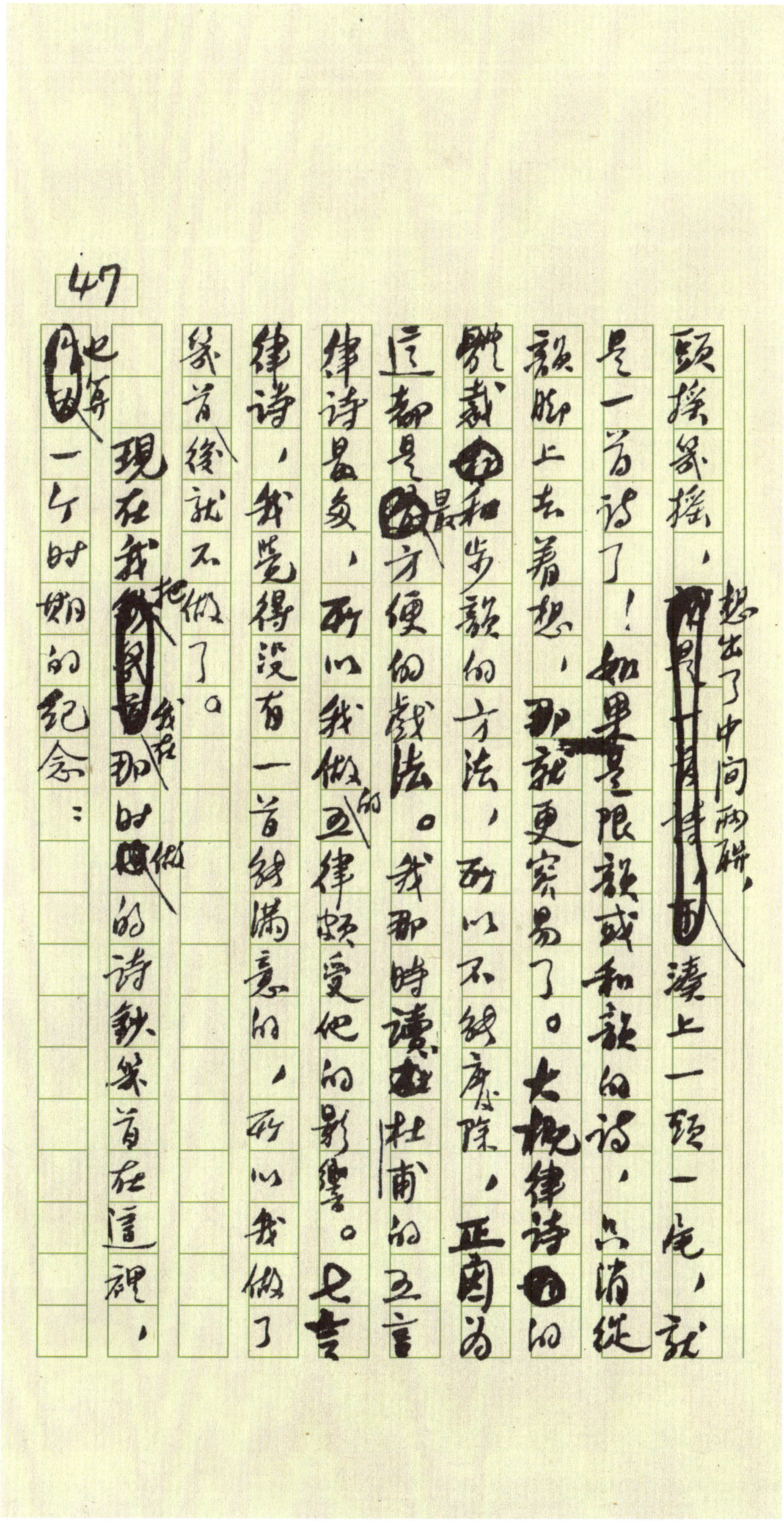
47

頭搖幾搖，想出了中間兩聯，湊上一頭一尾，就是一首詩了！如果是限韻或和韻的詩，只消從韻腳上去着想，那就更容易了。大概律詩的體裁和步韻的方法，所以不能廢除，正因為這都是最方便的戲法。我那時讀杜甫的五言律詩最多，所以我做的五律頗受他的影響。七言律詩，我覺得沒有一首能滿意的，所以我做了幾首後就不做了。

現在我把我在那時做的詩鈔幾首在這裡，也算一個時期的紀念：

释文

头摇几摇，想出了中间两联，凑上一头一尾，就是一首诗了！如果是限韵或和韵的诗，只消从韵脚上去着想，那就更容易了。大概律诗的体裁和步韵的方法，所以不能废除，正因为这都是最方便的戏法。我那时读杜甫的五言律诗最多，所以我做的五律颇受他的影响。七言律诗，我觉得没有一首能满意的，所以我做了几首后就不做了。

现在我把我在那时做的诗钞几首在这里，也算一个时期的纪念：

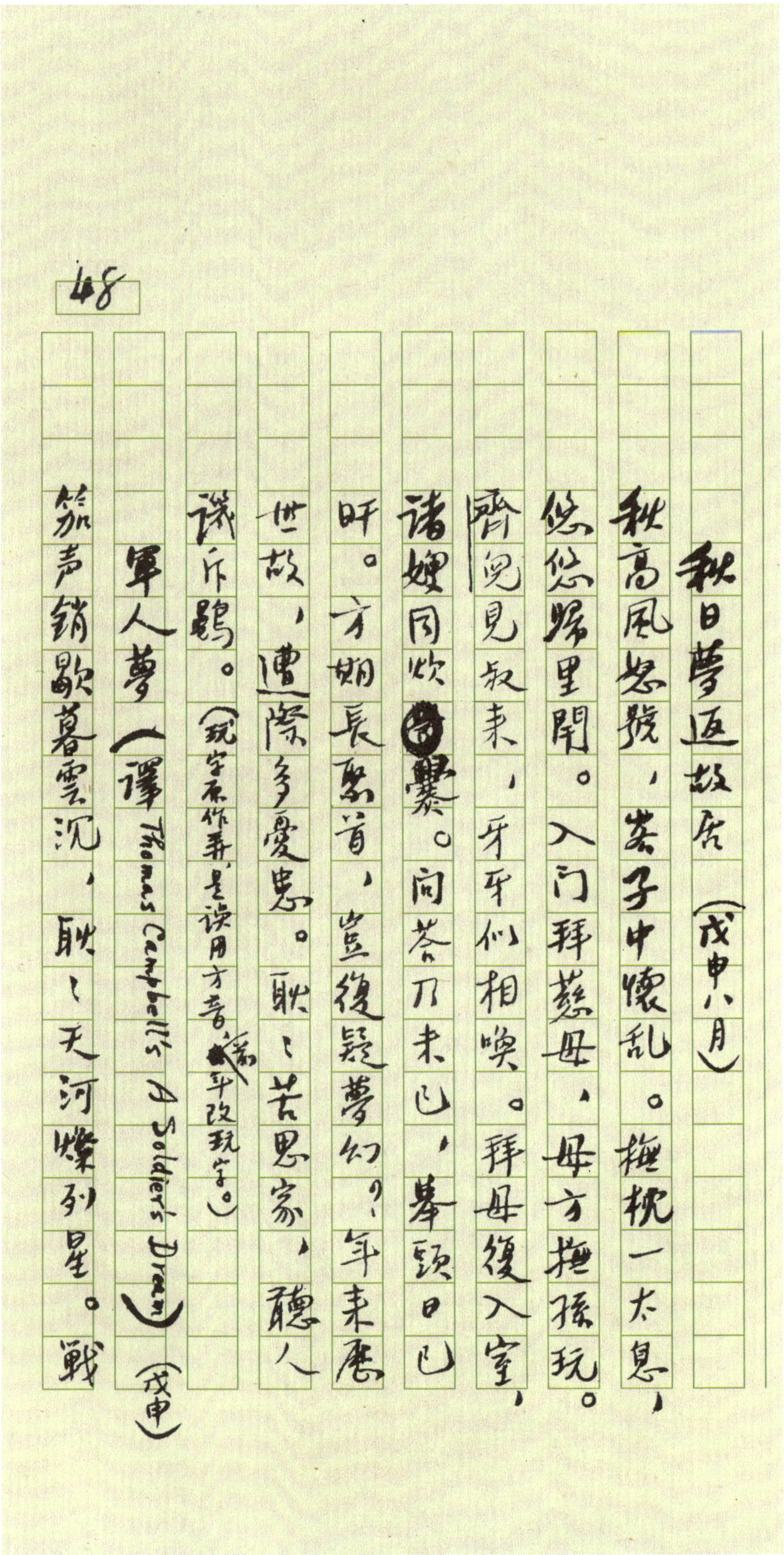

48

秋日夢返故居（戊申八月）

秋高風怒號，客子中懷乱。撫枕一太息，悠悠歸里閈。入门拜慈母，母方撫孫玩。齊兒見叔來，牙牙似相喚。拜母復入室，諸嫂同炊爨。問荅乃未已，舉頭日已旰。方期長聚首，豈復疑夢幻？年來歷世故，遭際多憂患。耿耿苦思家，聽人譏斥鴳。（玩字原作弄，是誤用方音，前年改玩字。）

軍人夢（譯 Thomas Campbell's A Soldier's Dream）（戊申）

笳聲銷歇暮雲沉，耿耿天河燦列星。戰

释文

秋日梦返故居（戊申八月）

秋高风怒号，客子中怀乱。抚枕一太息，悠悠归里闬。入门拜慈母，母方抚孙玩。齐儿见叔来，牙牙似相唤。拜母复入室，诸嫂同炊爨。问答乃未已，举头日已旰。方期长聚首，岂复疑梦幻？年来历世故，遭际多忧患。耿耿苦思家，听人讥斥鴳。（玩字原作弄，是误用方音，前年改玩字。）

军人梦（译 Thomas Campbell’s A Soldier’s Dream）（戊申）

笳声销歇暮云沉，耿耿天河燦列星。战

49

士創痍横滿地，倦者酣眠創者逝。枕戈藉草亦蘧然，時見多人影搖曳。長夜沉沉夜未央，陶然入夢已三次。夢中忽自顧，身已離行伍，秋風拂襟袖，獨行殊踽踽。惟見日東出，迎我歸鄉土。縱横阡陌間，盡是釣遊跡，時聞老農刈稻歌，又聽牛羊嘷山脊。歸來戚友咸燕集，誓言不復相離別。嬌兒數數親吾額，少婦情深自嗚咽。舉室爭言君已倦，幸得歸休免征戰。驚回好夢日熹微，夢魂渺渺

释文

士疮痍横满地，倦者酣眠创者逝。枕戈藉草亦蘧然，时见刍人影摇曳。长夜沉沉夜未央，陶然入梦已三次。梦中忽自顾，身已离行伍，秋风拂襟袖，独行殊踽踽。惟见日东出，迎我归乡土。纵横阡陌间，尽是钓游迹，时闻老农刈稻歌，又听牛羊嗥山脊。归来戚友咸燕集，誓言不复相离别。娇儿数数亲吾额，少妇情深自呜咽。举室争言君已倦，幸得归休免征战。惊回好梦日熹微，梦魂渺渺

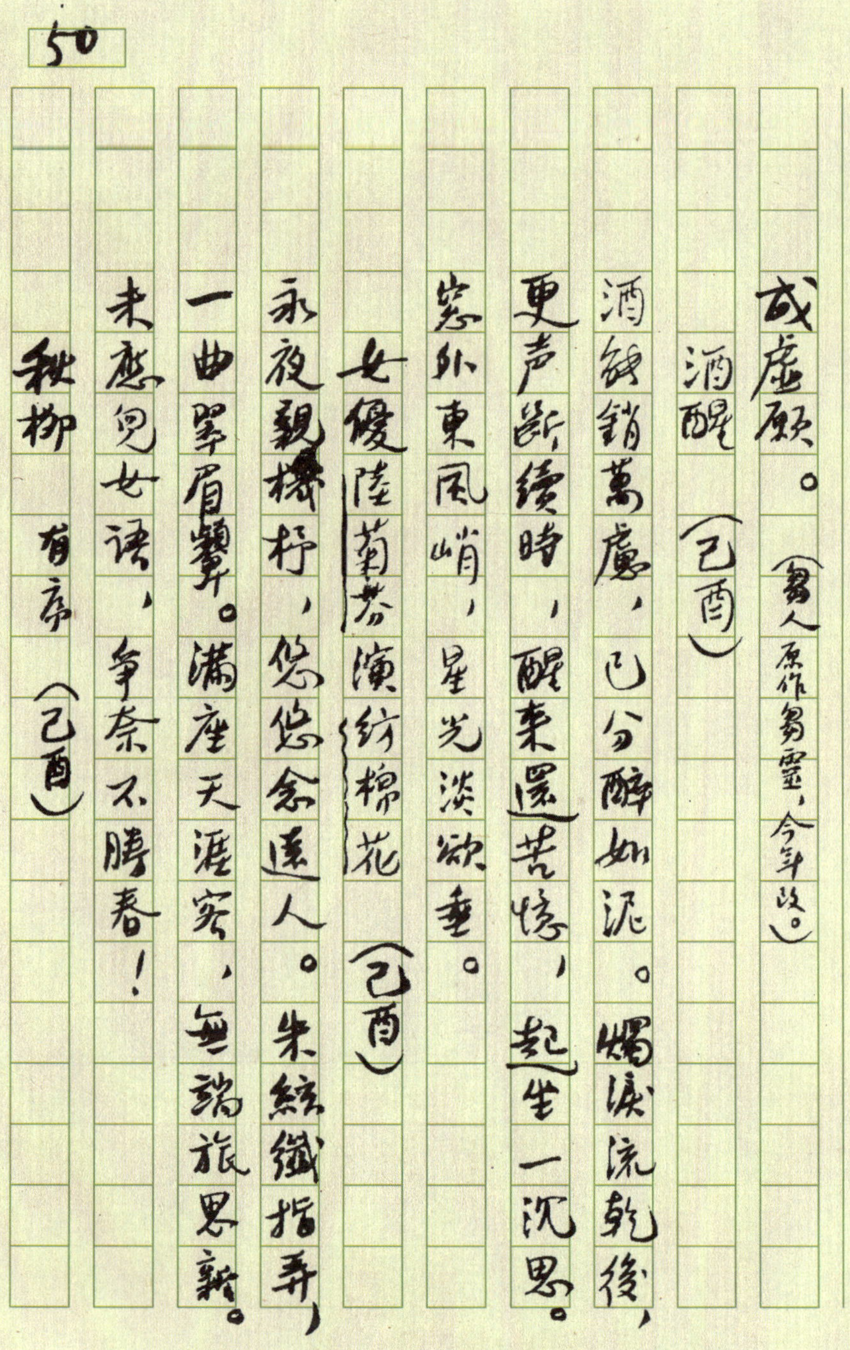

释文

戍虚愿。（刍人原作刍灵，今年改。）

酒醒（己酉）

酒能销万虑，已分醉如泥。烛泪流干后，更声断续时，醒来还苦忆，起坐一沉思。窗外东风峭，星光淡欲垂。

女优陆菊芬演《纺棉花》（己酉）

永夜亲机杼，悠悠念远人。朱弦纤指弄，一曲翠眉颦。满座天涯客，无端旅思新。未应儿女语，争奈不胜春！

秋柳 有序（己酉）

51

秋日適野，見萬木皆有衰意。而柳以弱質，際茲高秋，獨能迎風而舞，意態自如。豈老氏所謂能以弱存者耶？感而賦之。

但見蕭颼萬木摧，尚餘垂柳拂人來。西風莫笑長條弱，也向西風舞一回。（西風莫笑，原作「憑君漫說」，民國五年改。長條原作「柔條」，十八年改。）

释文

秋日适野，见万木皆有衰意。而柳以弱质，际兹高秋，独能迎风而舞，意态自如。岂老氏所谓能以弱存者耶？感而赋之。

但见萧飕万木摧，尚馀垂柳拂人来。西风莫笑长条弱，也向西风舞一回。（西风莫笑，原作『凭君漫说』，民国五年改。长条原作『柔条』，十八年改。）

释文

我怎样到外国去

——四十自述的第六章——

胡适

（一）

戊申（一九〇八）九月间，中国公学闹出了一次大风潮，结果是大多数学生退学出来另组织一个中国新公学。这一次的风潮为的是一个宪法的问题。

中国公学在最初的时代，纯然是一个共和国家，评议部为最高立法机关，执行部的干事

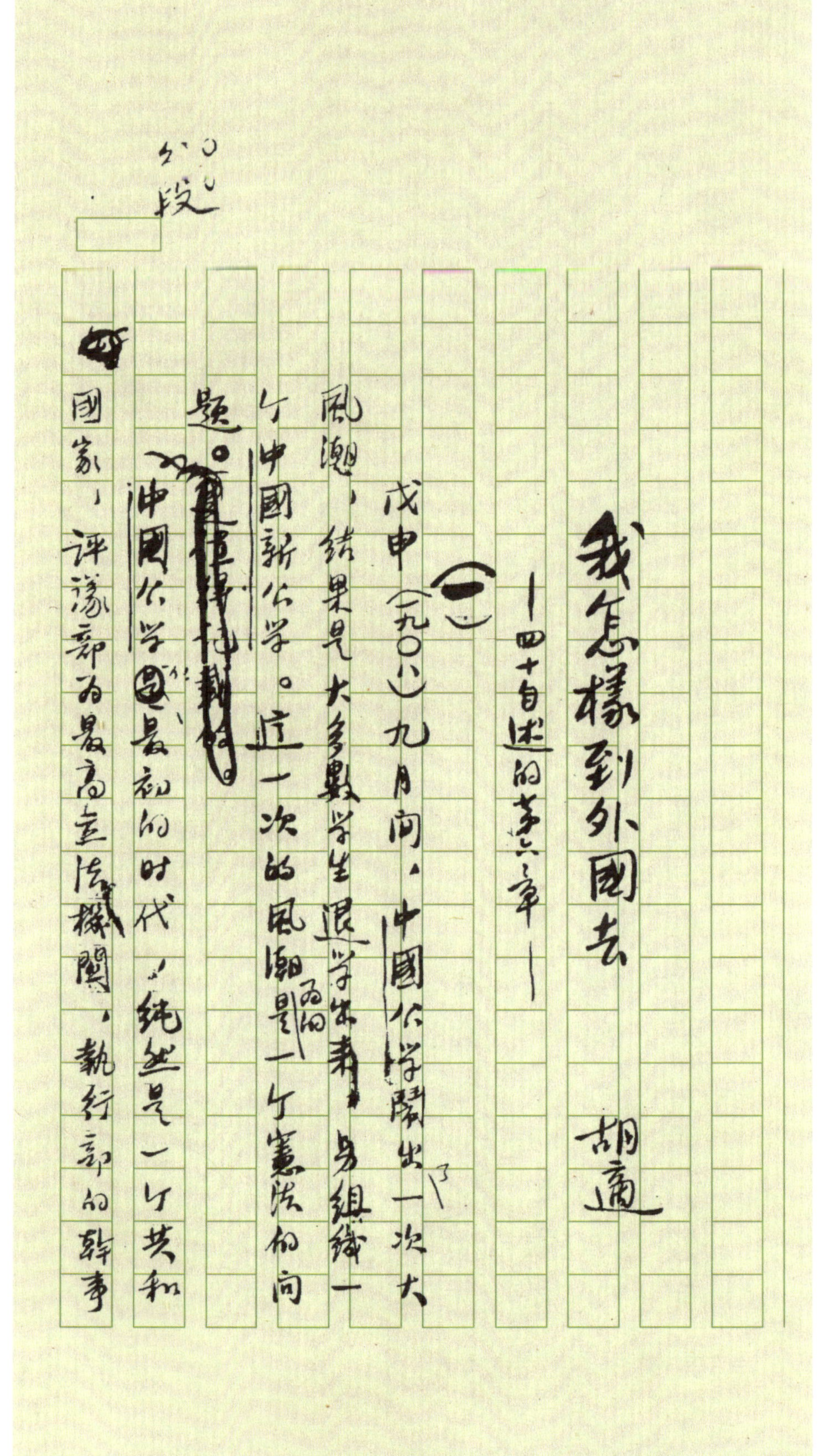

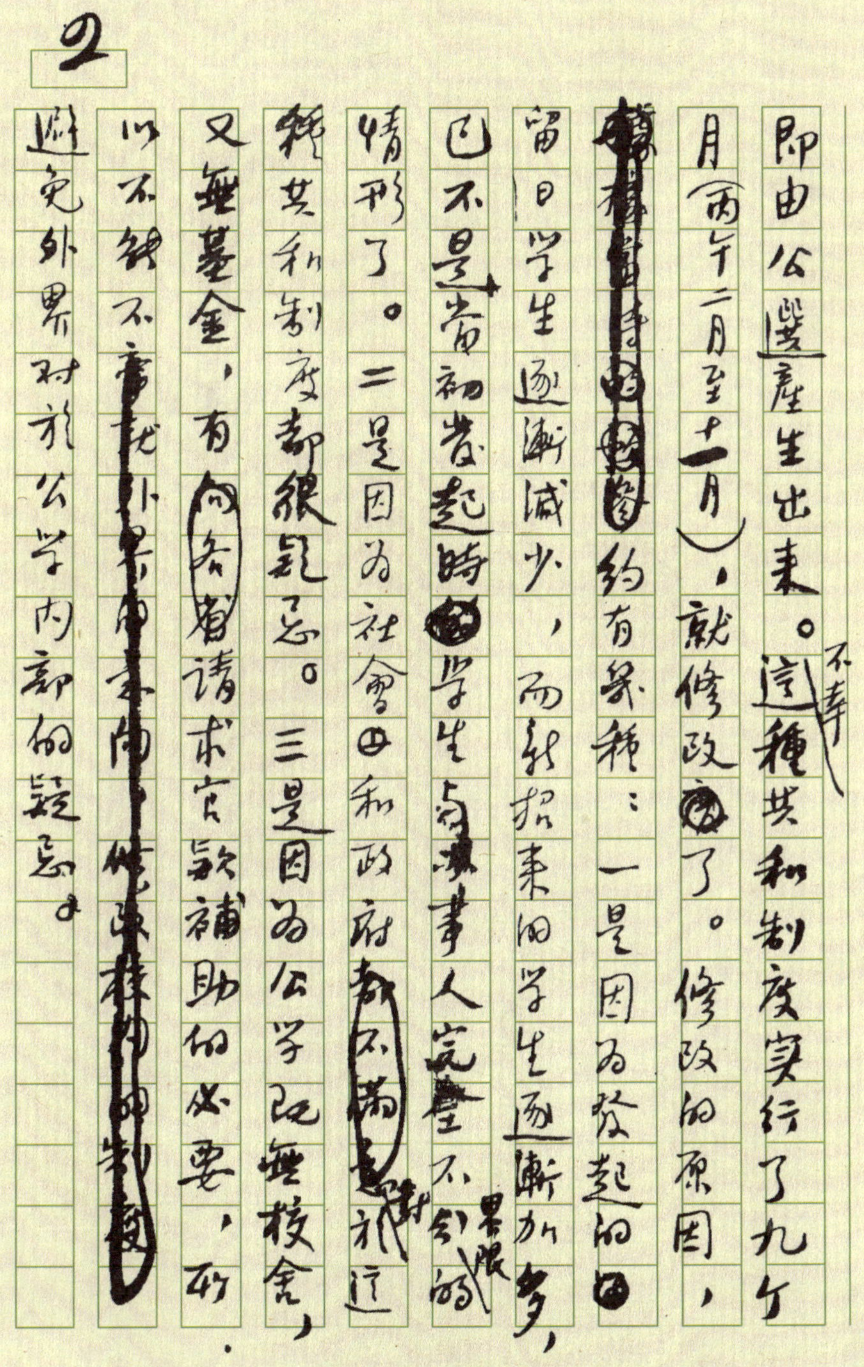

2

即由公選產生出來。不幸這種共和制度實行了九个月（丙午二月至十一月），就修改了。修改的原因，約有幾種：一是因為發起的留日學生逐漸減少，而新招來的學生逐漸加多，已不是當初發起時學生與辦事人完全不分界限的情形了。二是因為社會和政府對於這種共和制度都很疑忌。三是因為公學既無校舍，又無基金，有請求官款補助的必要，所以不能不避免外界對於公學內部的疑忌。

释文

即由公选产生出来。不幸这种共和制度实行了九个月（丙午二月至十一月），就修改了。修改的原因，约有几种：一是因为发起的留日学生逐渐减少，而新招来的学生逐渐加多，已不是当初发起时学生与办事人完全不分界限的情形了。二是因为社会和政府对于这种共和制度都很疑忌。三是因为公学既无校舍，又无基金，有请求官款补助的必要，所以不能不避免外界对于公学内部的疑忌。

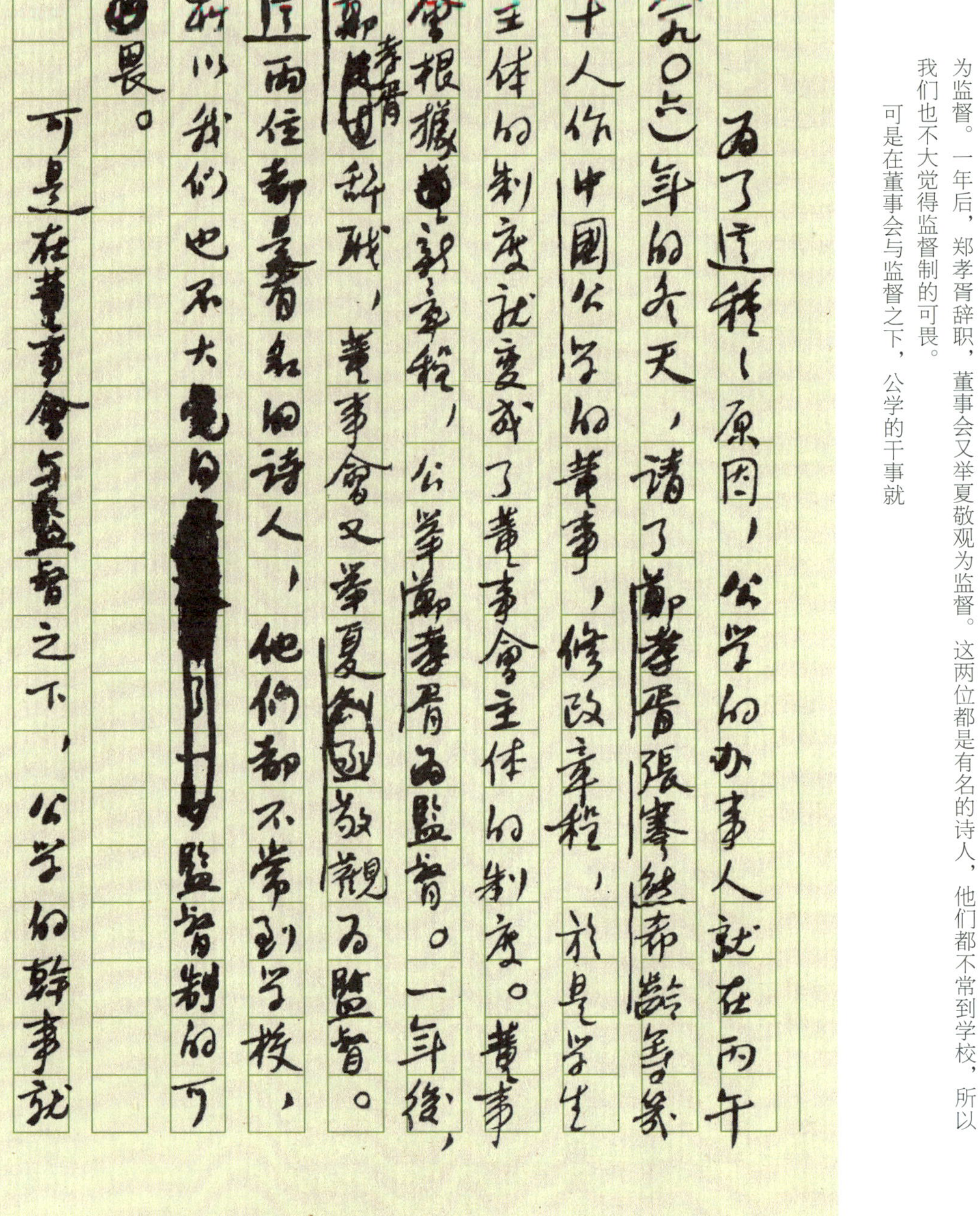

释文

为了这种种原因，公学的办事人就在丙午（一九〇六）年的冬天，请了郑孝胥张謇熊希龄等几十人作中国公学的董事，修改章程，于是学生主体的制度就变成了董事会主体的制度。董事会根据新章程，公举郑孝胥为监督。一年后，郑孝胥辞职，董事会又举夏敬观为监督。这两位都是有名的诗人，他们都不常到学校，所以我们也不大觉得监督制的可畏。

可是在董事会与监督之下，公学的干事就

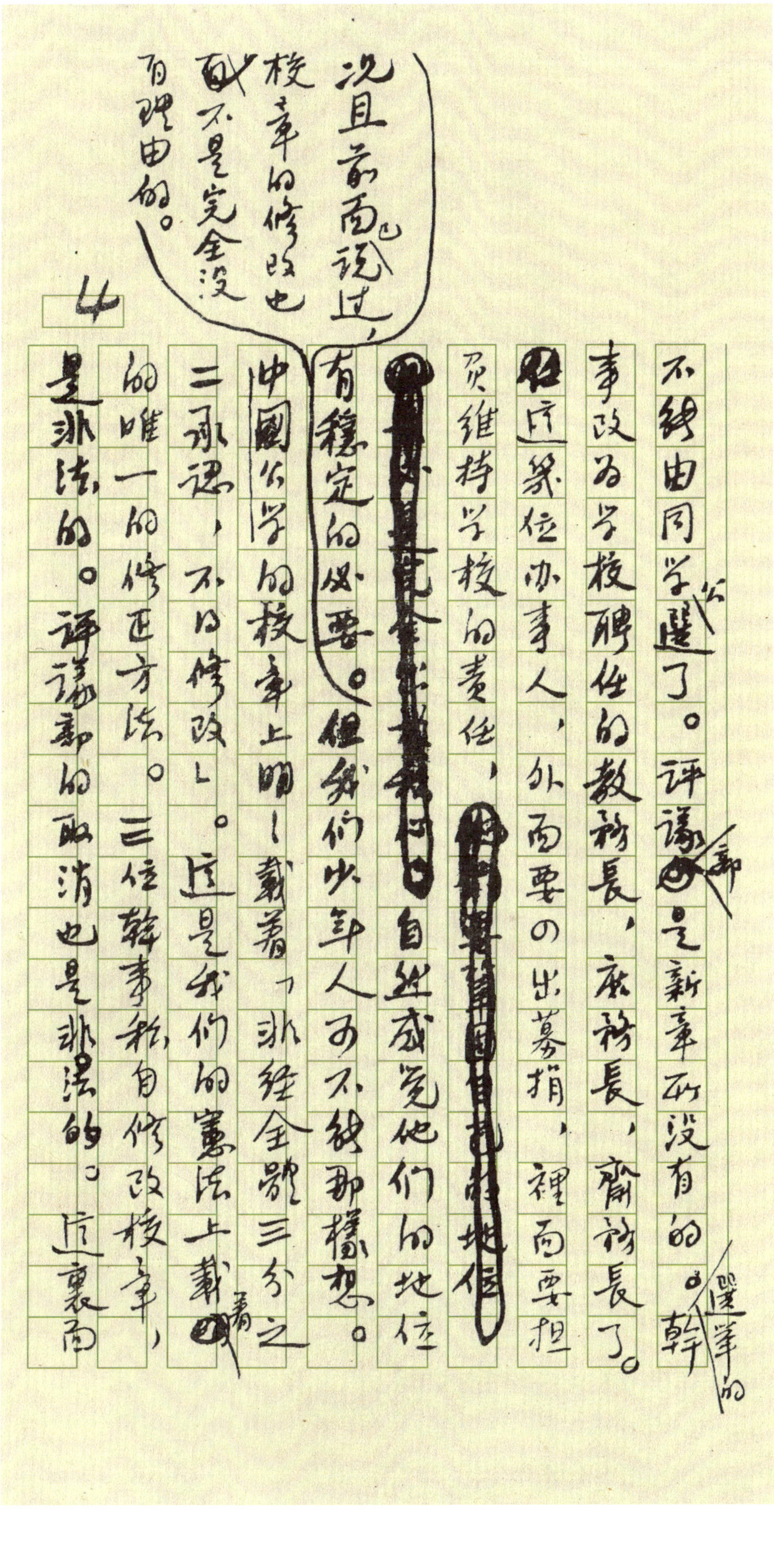

释文

不能由同学公选了。评议部是新章所没有的。选举的干事改为学校聘任的教务长，庶务长，斋务长了。这几位办事人，外面要四出募捐，里面要担负维持学校的责任，自然感觉他们的地位有稳定的必要。况且前面已说过，校章的修改也不是完全没有理由的。但我们少年人可不能那样想。中国公学的校章上明明载着『非经全体三分之二承认，不得修改』。这是我们的宪法上载着的唯一的修正方法。三位干事私自修改校章，是非法的。评议部的取消也是非法的。这里面

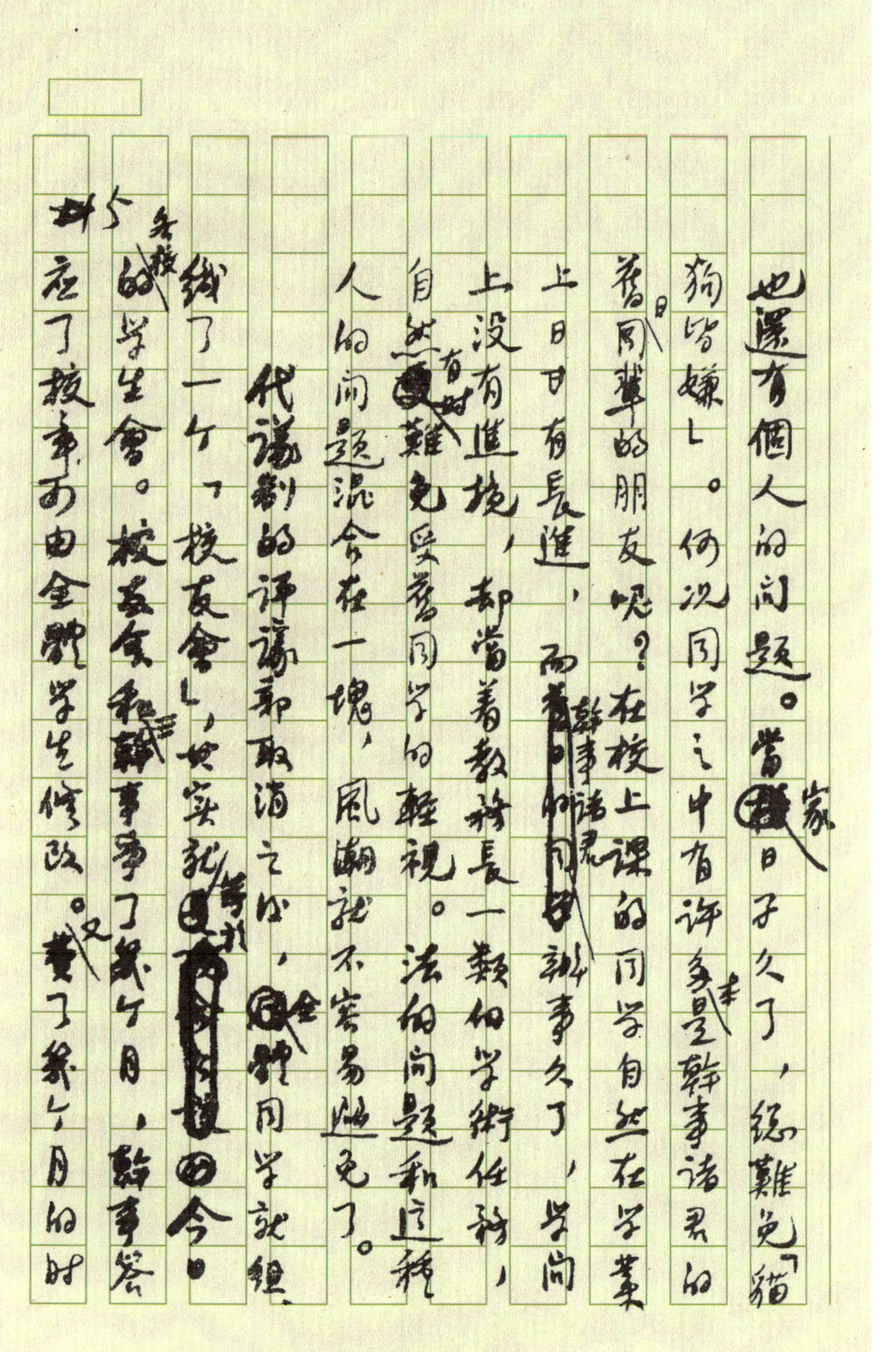

释文

也还有个人的问题。当家日子久了，总难免『猫狗皆嫌』。何况同学之中有许多本是干事诸君的旧日同辈的朋友呢？在校上课的同学自然在学业上日日有长进，而干事诸君办事久了，学问上没有进境，却当着教务长一类的学术任务，自然有时难免受旧同学的轻视。法的问题和这种人的问题混合在一块，风潮就不容易避免了。

代议制的评议部取消之后，全体同学就组织了一个『校友会』，其实就等于今日各校的学生会。校友会和三干事争了几个月，干事答应了校章可由全体学生修改。又费了几个月的时

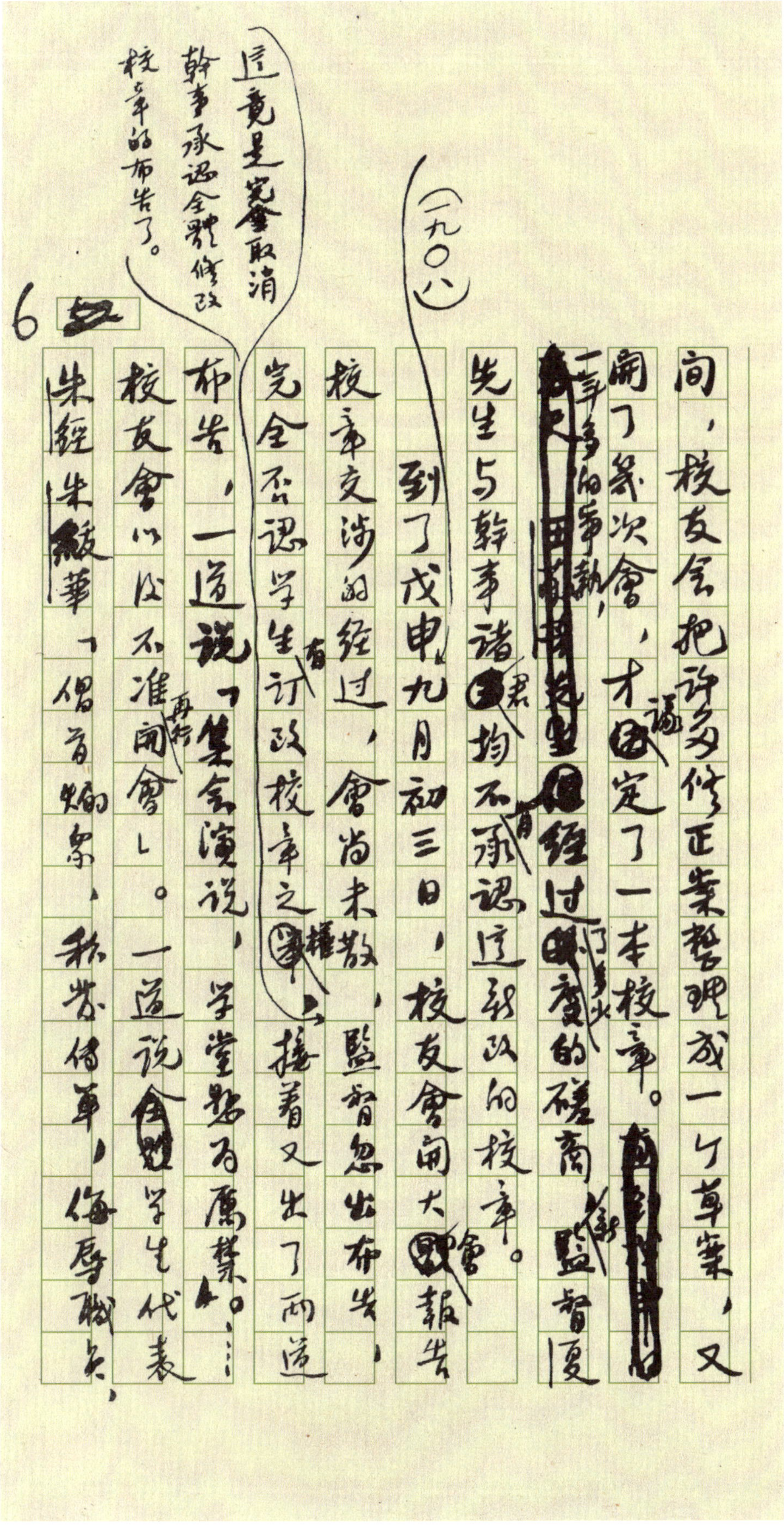

释文

间，校友会把许多修正案整理成一个草案，又开了几次会，才议定了一本校章。一年多的争执，经过了多少度的磋商，新监督夏先生与干事诸君均不肯承认这新改的校章。

到了戊申（一九〇八）九月初三日，校友会开大会报告校章交涉的经过，会尚未散，监督忽出布告，完全否认学生有订改校章之权，这竟是完全取消干事承认全体修改校章的布告了。接着又出了两道布告，一道说『集会演说，学堂悬为厉禁。……校友会以后不准再行开会』。一道说学生代表朱经朱绂华『倡首煽众，私发传单，侮辱职员，

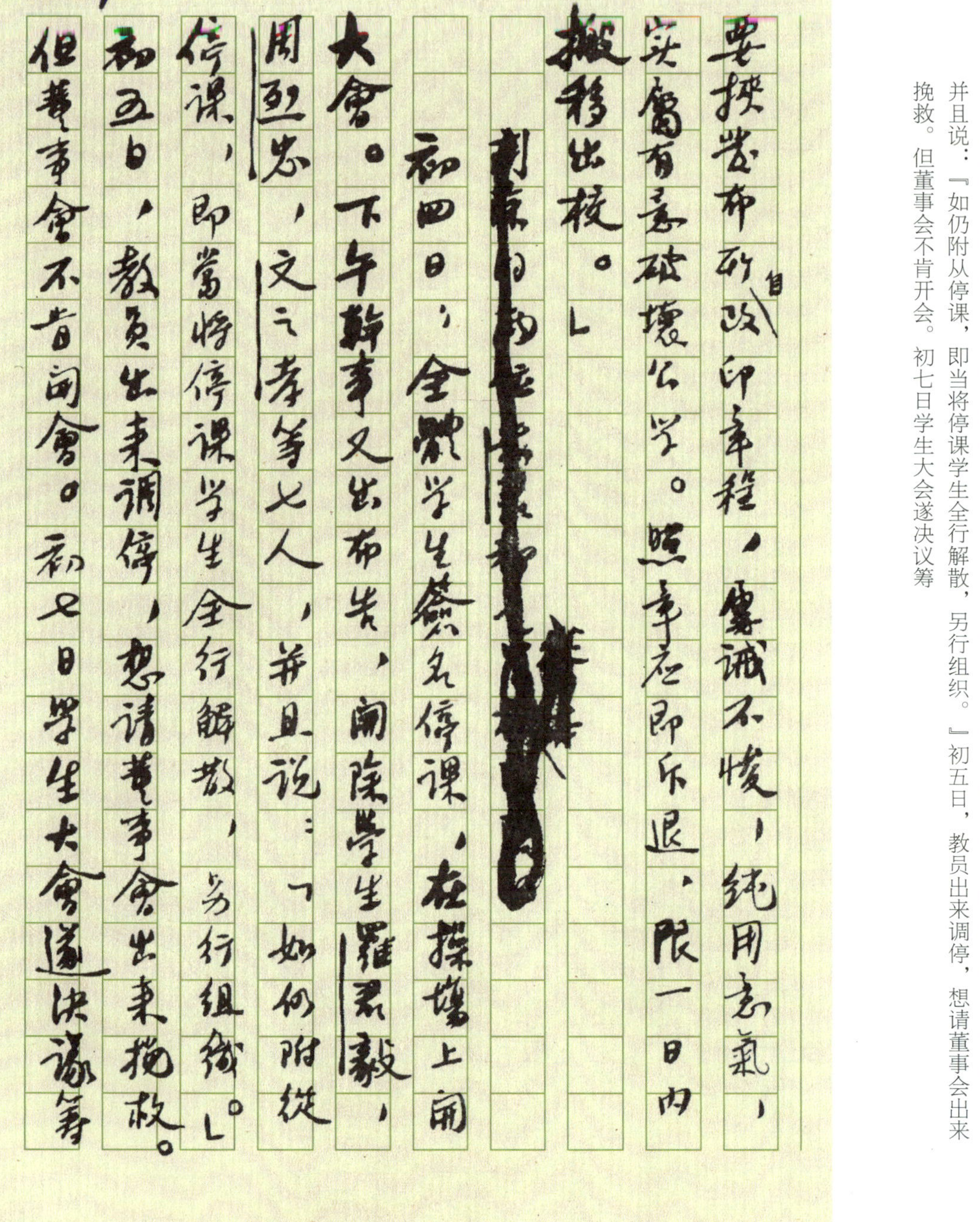

释文

要挟发布所自改印章程，屡诫不悛，纯用意气，实属有意破坏公学。照章应即斥退，限一日内搬移出校。』

初四日，全体学生签名停课，在操场上开大会。下午干事又出布告，开除学生罗君毅，周烈忠，文之孝等七人，并且说：『如仍附从停课，即当将停课学生全行解散，另行组织。』初五日，教员出来调停，想请董事会出来挽救。但董事会不肯开会。初七日学生大会遂决议筹

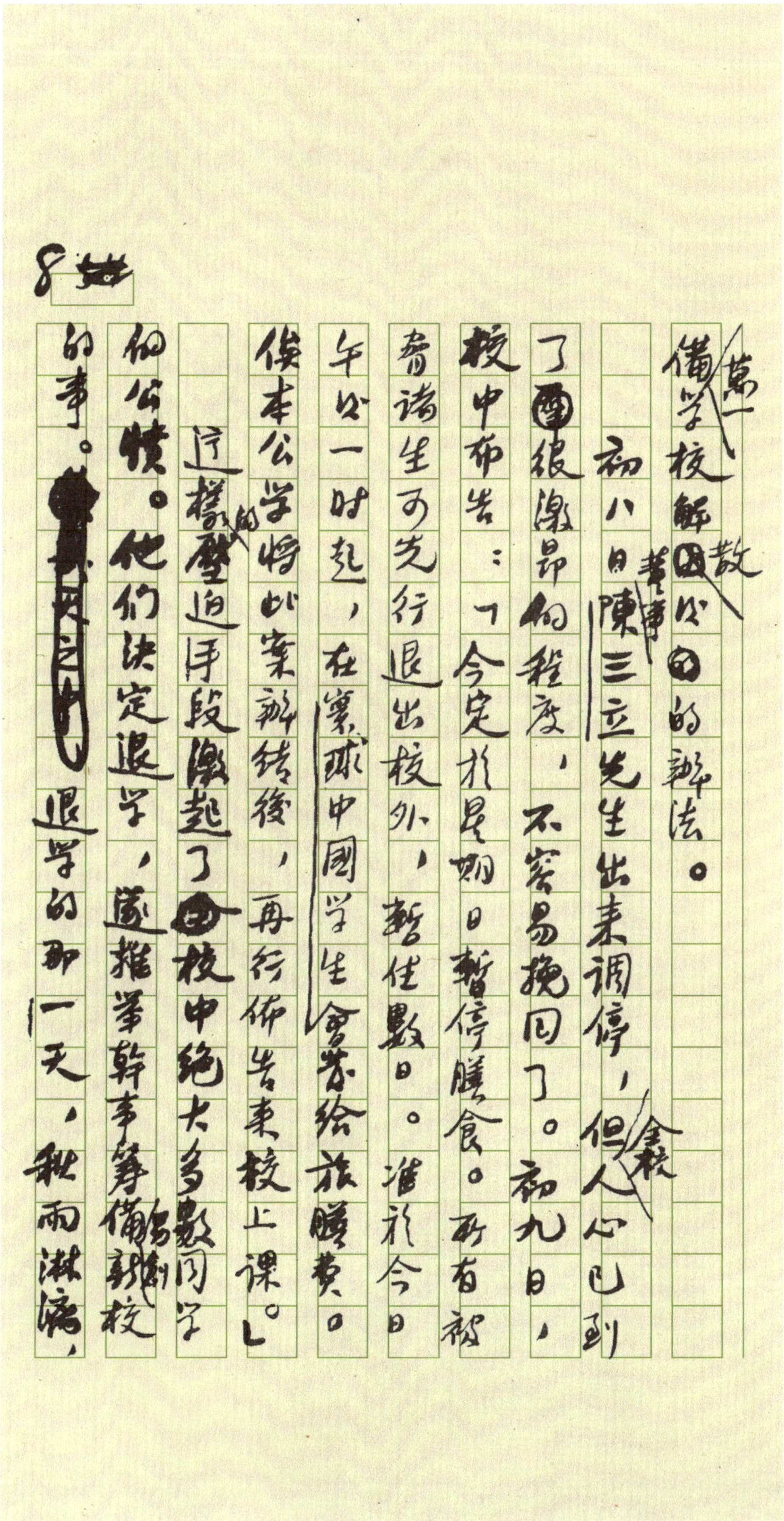

释文

备万一学校解散后的办法。

初八日董事陈三立先生出来调停，但全校人心已到了很激昂的程度，不容易挽回了。初九日，校中布告：『今定于星期日暂停膳食。所有被胁诸生可先行退出校外，暂住数日。准于今日午后一时起，在寰球中国学生会发给旅膳费。俟本公学将此案办结后，再行布告来校上课。』

这样的压迫手段激起了校中绝大多数同学的公愤。他们决定退学，遂推举干事筹备另创新校的事。退学的那一天，秋雨淋漓，

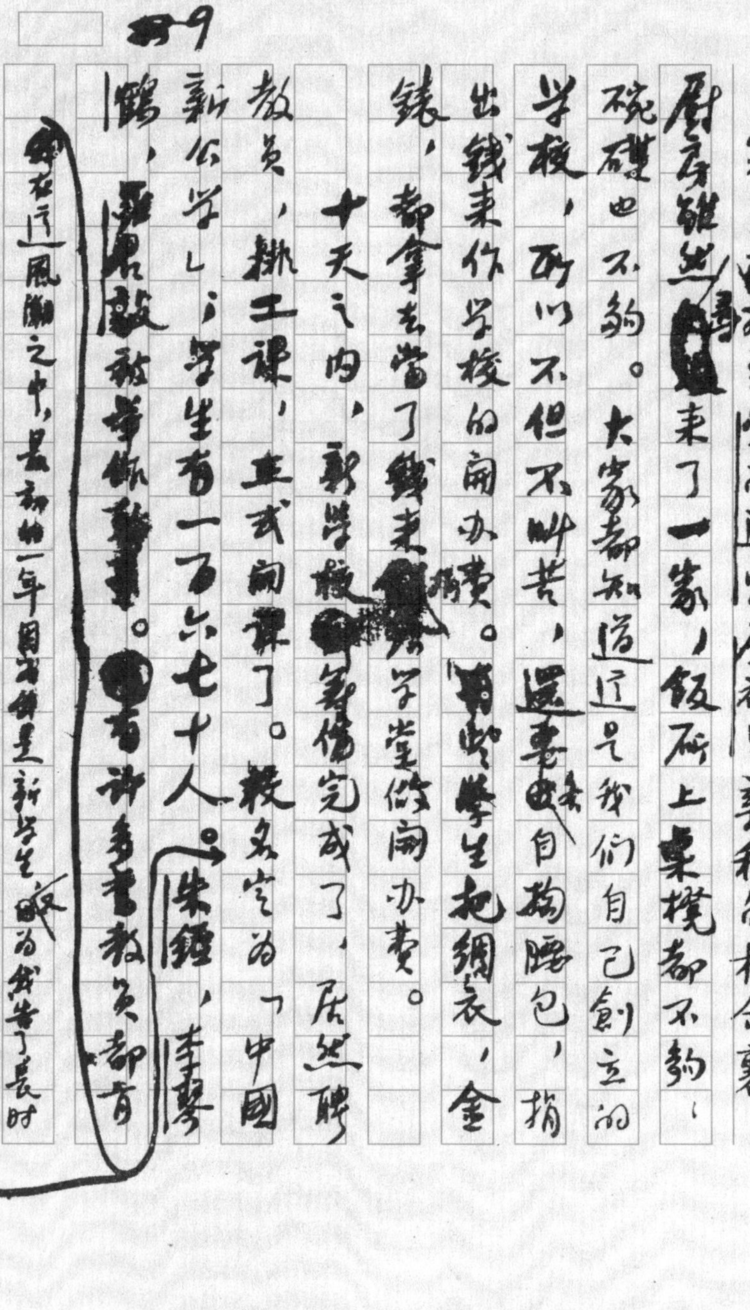

释文

大家冒雨搬到爱而近路庆祥里新租的校舍里。厨房虽然寻来了一家，饭厅上桌凳都不够，碗碟也不够。大家都知道这是我们自己创立的学校，所以不但不叫苦，还要各自掏腰包，捐出来作学校的开办费。有些学生把绸衣，金表，都拿去当了钱来捐给学堂做开办费。

十天之内，新学校筹备完成了，居然聘教员，排工课，正式开课了。校名定为『中国新公学』；学生有一百六七十人。在这风潮之中，最初的一年因为我是新学生，又因为我告了长时期的病假，所以没有参与同学和干事的争执；到了风潮正激烈的时期，我被举为大会书记，许多记录和宣言都是我做的，虽然不在被开除之列，也在退学之中。朱经，李琴鹤，罗君毅被举作干事。有许多旧教员都肯

释文

来担任教课。学校虽然得着社会上一部人的同情，捐款究竟很少，经常费很感觉困难。李琴鹤君担任教务干事，有一天他邀我到他房里谈话，他要我担任低级各班的英文，每星期教课三十点钟，月薪八十元；但他声明，自家同学作教员，薪俸是不能全领的，总得欠着一部分。

我这时候还不满十七岁，虽然换了三个学堂，始终没有得着一张毕业证书。我若继续上课，明年可以毕业了。但我那时确有不能继续求学的情形。我家本没有钱。父亲死后，只

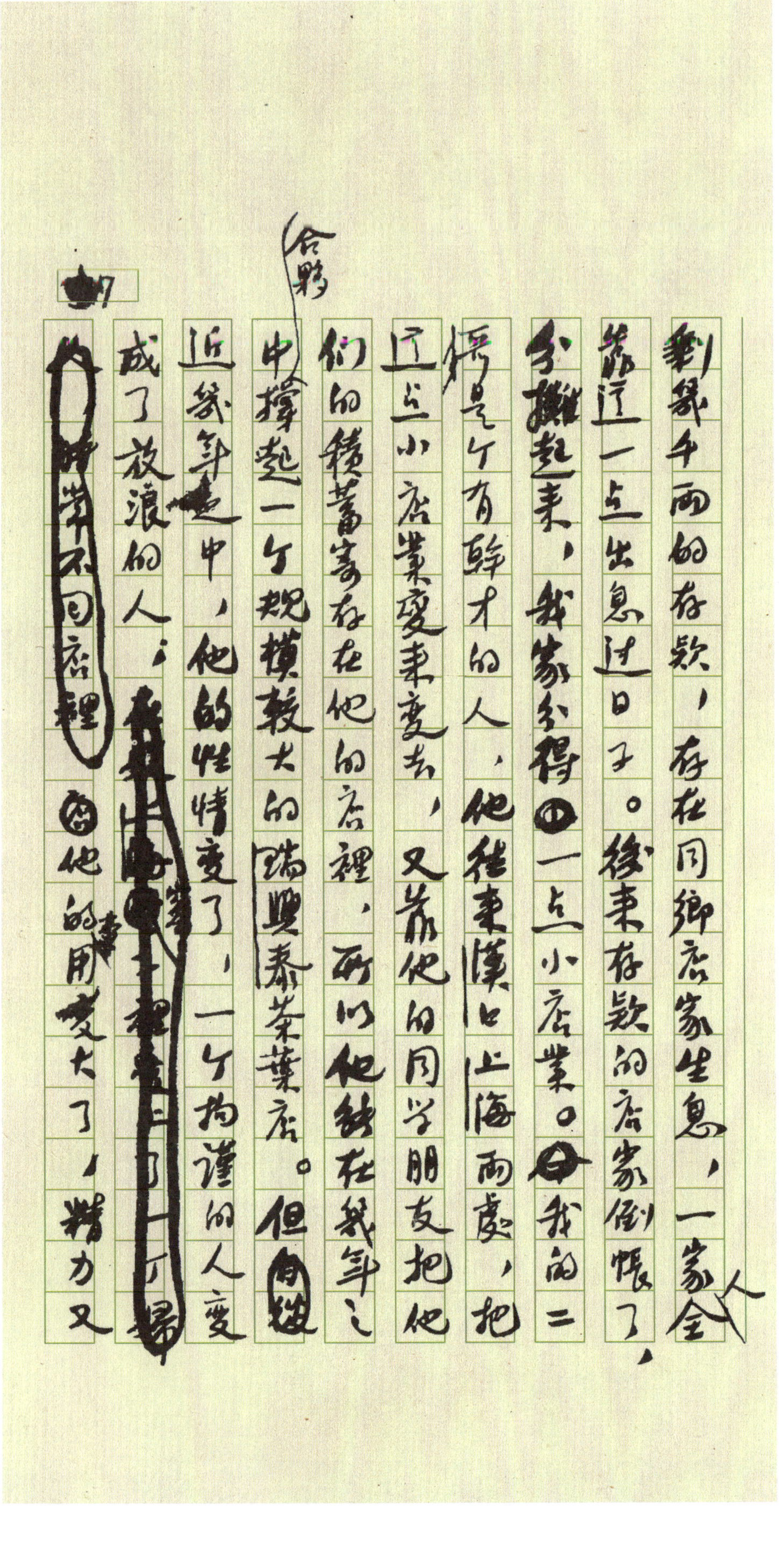

释文

剩几千两的存款，存在同乡店家生息，一家人全靠这一点出息过日子。后来存款的店家倒帐了，分摊起来，我家分得一点小店业。我的二哥是个有干才的人，他往来汉口上海两处，把这点小店业变来变去，又靠他的同学朋友把他们的积蓄寄存在他的店里，所以他能在几年之中合伙撑起一个规模较大的瑞兴泰茶叶店。但近几年之中，他的性情变了，一个拘谨的人变成了放浪的人；他的费用变大了，精力又

12

释文

不能贯注到店事，店中所托的人又不很可靠，所以店业一年不如一年。后来我家的亏空太大了，上海的店业不能不让给债权人。当戊申的下半年，我家只剩汉口一所无利可图的酒栈了。这几个月以来，我没有钱住宿舍，就寄居在竞业旬报社里（也在庆祥里）。从七月起，我担任《旬报》的编辑，每出一期报，社中送我十块钱的编辑费。住宿和饭食都归社中担负。我家中还有母亲，眼前就得要我寄钱赡养了。母亲也知道家中破产就在眼前，所以寄信来要我

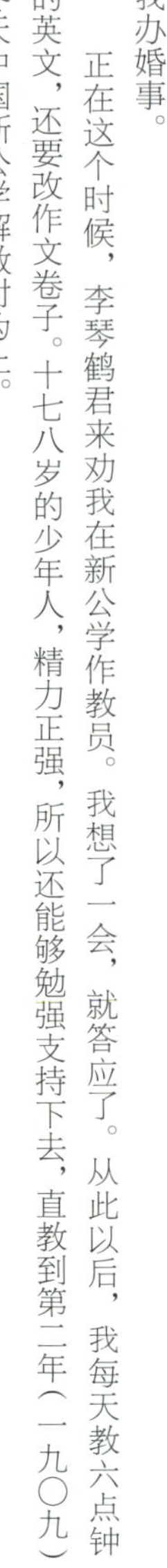

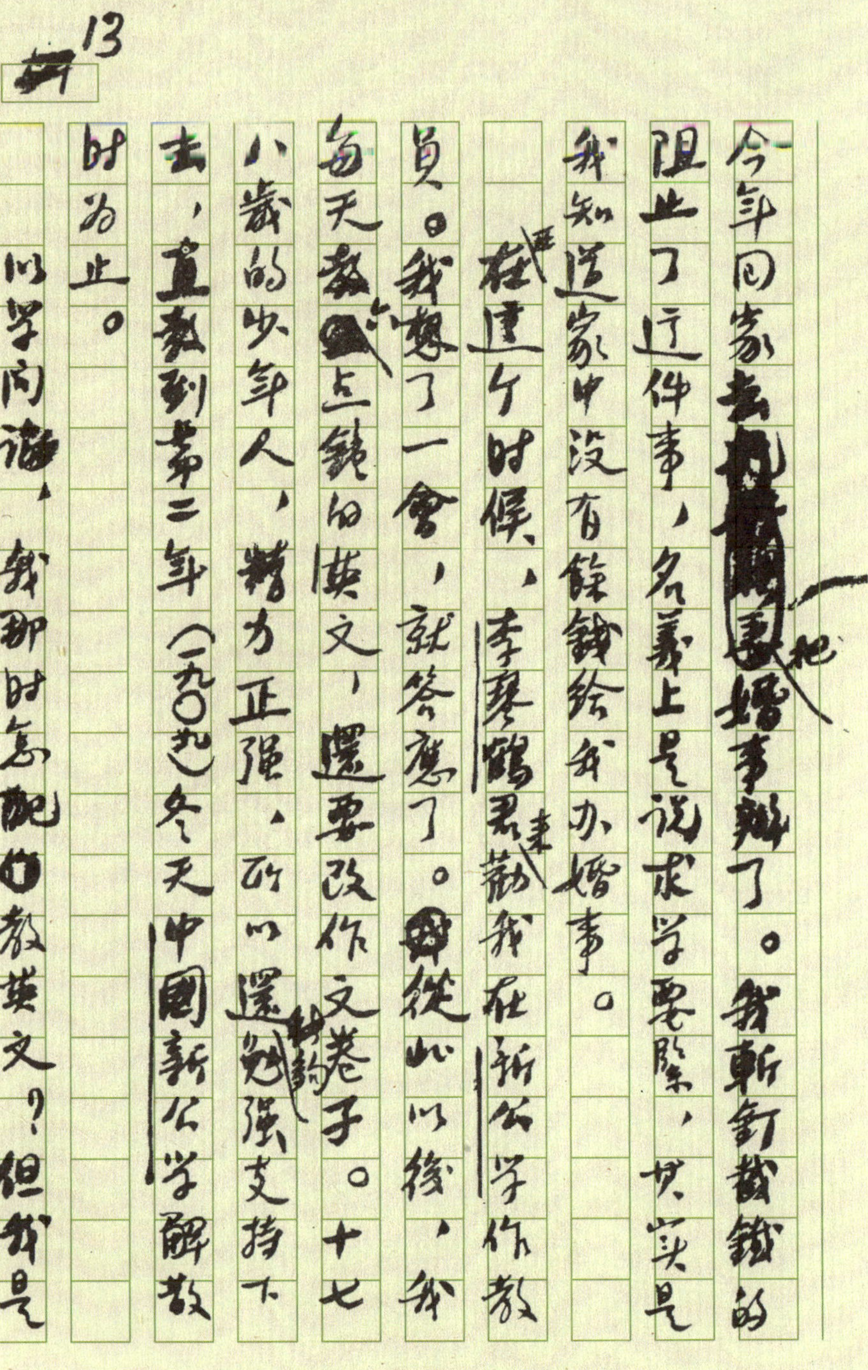

释文

今年回家去把婚事办了。我斩钉截铁的阻止了这件事，名义上是说求学要紧，其实是我知道家中没有馀钱给我办婚事。

正在这个时候，李琴鹤君来劝我在新公学作教员。我想了一会，就答应了。从此以后，我每天教六点钟的英文，还要改作文卷子。十七八岁的少年人，精力正强，所以还能够勉强支持下去，直教到第二年（一九〇九）冬天中国新公学解散时为止。

以学问论，我那时怎配教英文？但我是

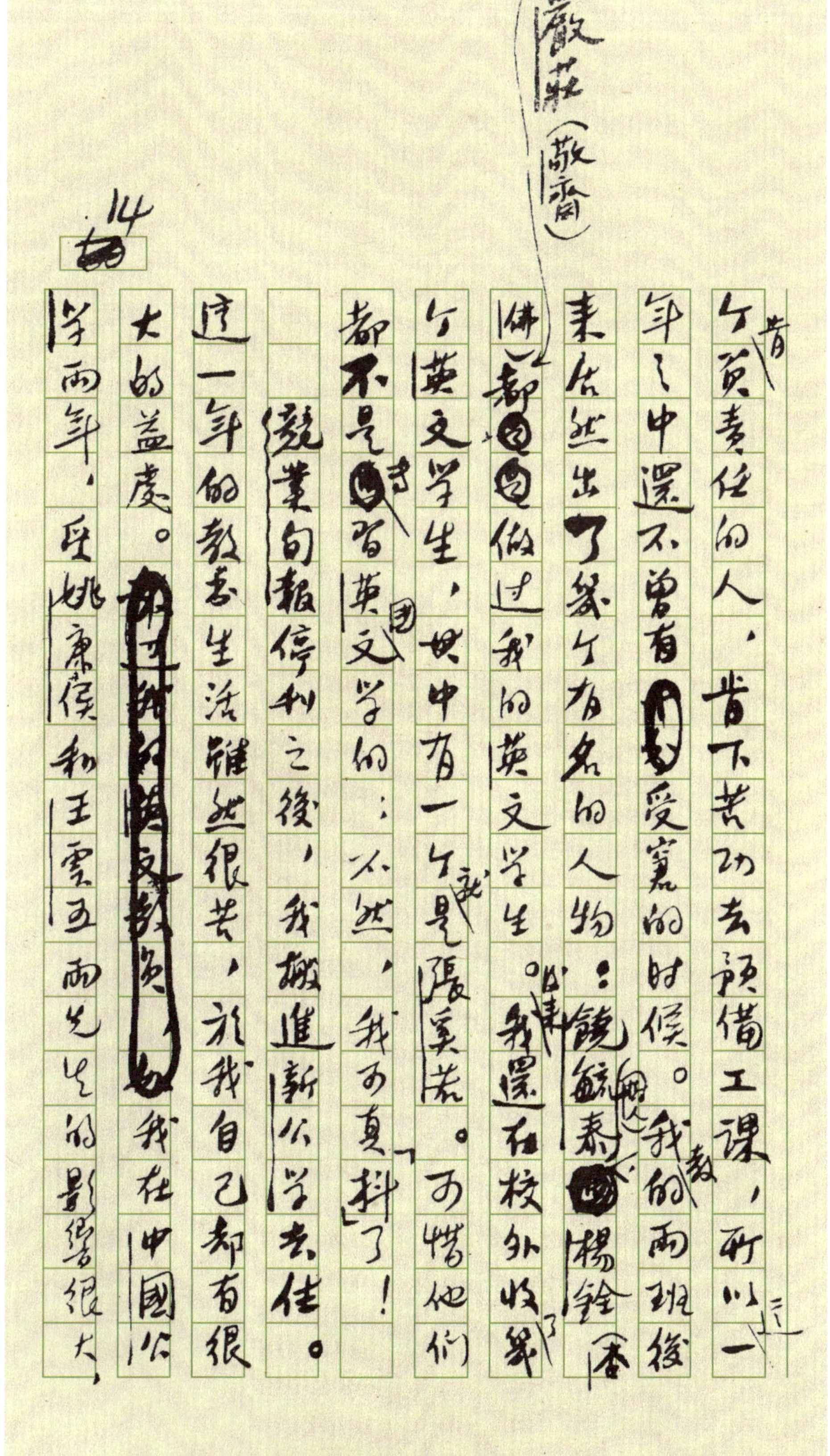

释文

个肯负责任的人，肯下苦功去预备工课，所以这一年之中还不曾有受窘的时候。我教的两班后来居然出了几个有名的人物：饶毓泰（树人），杨铨（杏佛），严庄（敬斋）都做过我的英文学生。后来我还在校外收了几个英文学生，其中有一个就是张奚若。可惜他们都不是专习英国文学的；不然，我可真『抖』了！

《竞业旬报》停刊之后，我搬进新公学去住。这一年的教书生活虽然很苦，于我自己却有很大的益处。

我在中国公学两年，受姚康侯和王云五两先生的影响很大，

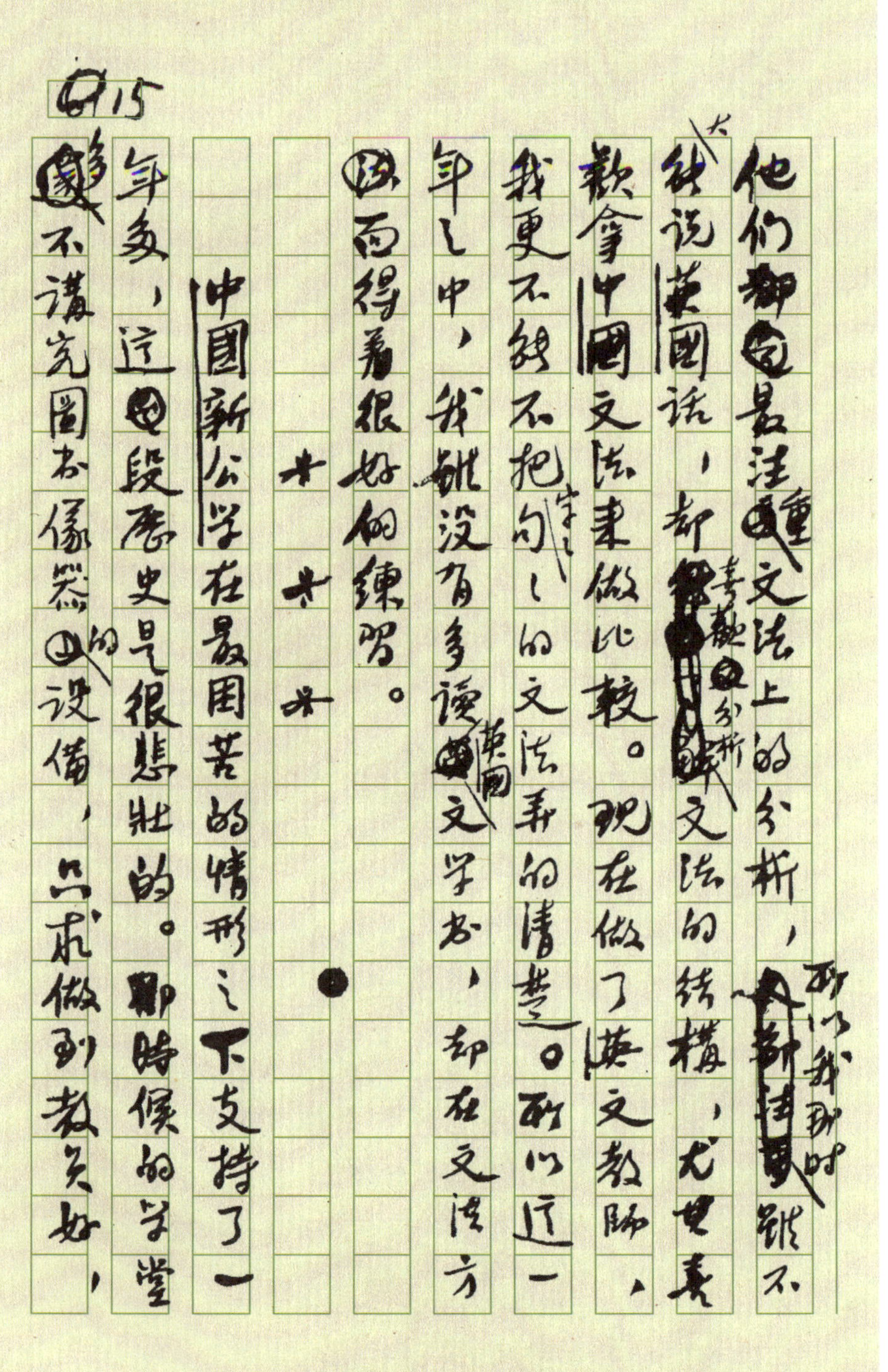

释文

他们都最注重文法上的分析，所以我那时虽不大能说英国话，却喜欢分析文法的结构，尤其喜欢拿中国文法来做比较。现在做了英文教师，我更不能不把字字句句的文法弄的清楚。所以这一年之中，我虽没有多读英国文学书，却在文法方面得着很好的练习。

* * *

中国新公学在最困苦的情形之下支持了一年多，这段历史是很悲壮的。那时候的学堂多不讲究图书仪器的设备，只求做到教员好，

16

释文

工课紧，管理严，就算好学堂了。新公学的同学因为要争一口气，所以成绩很好，管理也不算坏。但经费实在太穷，教员只能拿一部分的薪俸，干事处常常受收房捐和收巡捕捐的人的恶气，往往因为学校不能付房捐与巡捕捐，同学们大家凑出钱来，借给干事处。有一次干事朱经农君（即朱经）感觉学校经费困难已到了绝地，他忧愁过度，神经错乱，出门乱走，走到了徐家汇的一条小河边，跳下河去，幸遇人救起，不曾丧命。

17

這時候，中國公學的吳淞新校舍已建築了，但學生很少。內地來的學生，到了上海，都知道了兩個中國公學的爭持，大都表同情于新公學，所以新公學的學生總比老公學多。例如張奚若（原名耘）等一些陝西學生，到了上海，趕不上招考時期，他們寧可在新公學附近租屋補習，都不肯去老公學報名。所以「中國新公學」的招牌一天不去，「中國公學」是一天不得安穩的。老公學的職員萬不料我們能支持這麽久。他們也知道我們派出去各省募捐的代表，如朱紱華朱

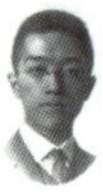

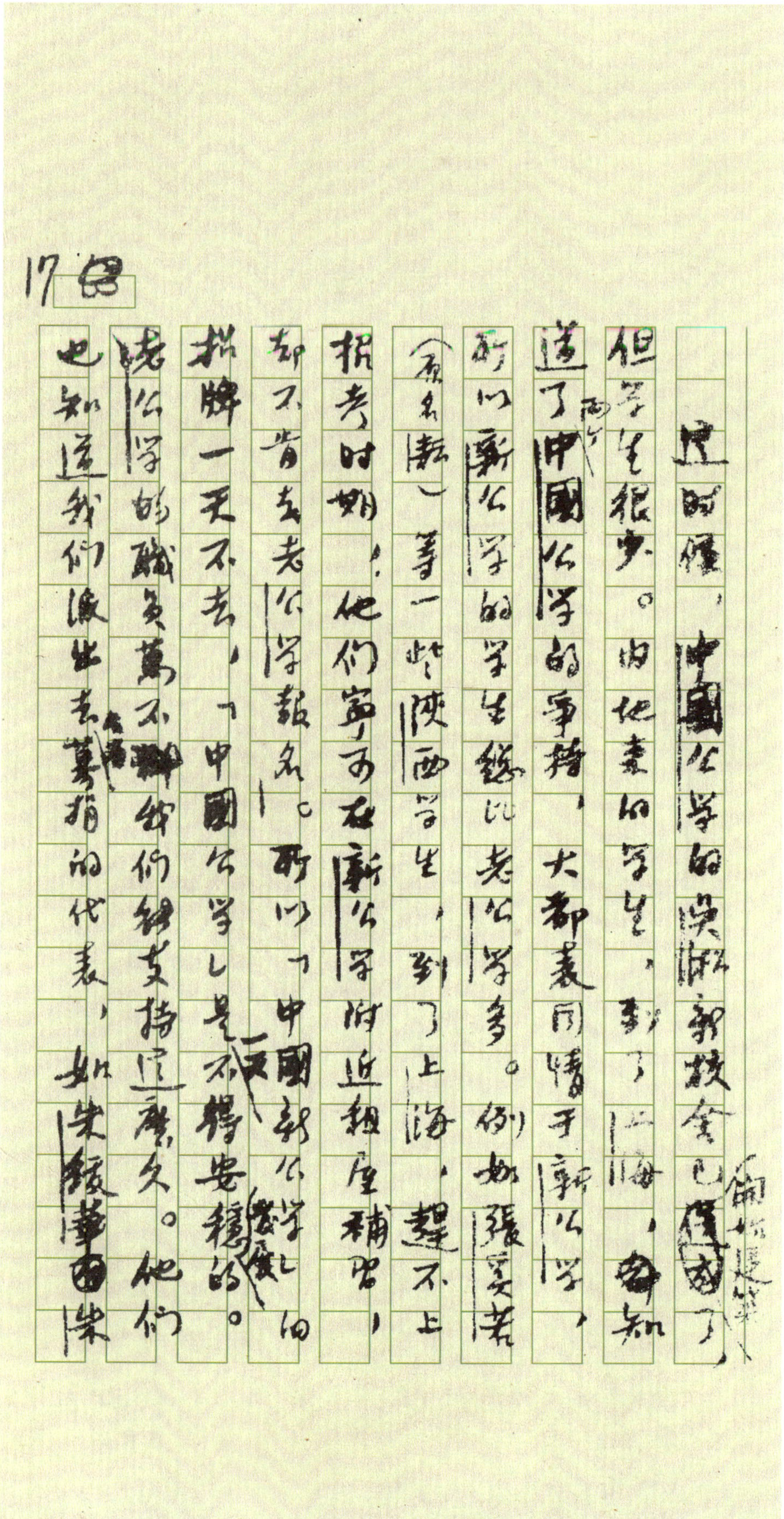

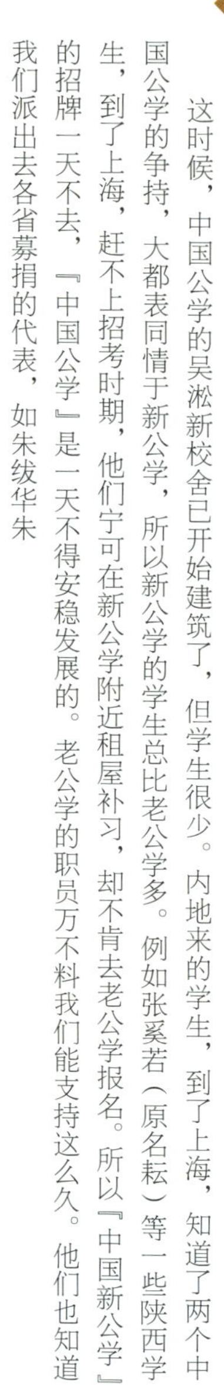

释文

这时候，中国公学的吴淞新校舍已开始建筑了，但学生很少。内地来的学生，到了上海，知道了两个中国公学的争持，大都表同情于新公学，所以新公学的学生总比老公学多。例如张奚若（原名耘）等一些陕西学生，到了上海，赶不上招考时期，他们宁可在新公学附近租屋补习，却不肯去老公学报名。所以『中国新公学』的招牌一天不去，『中国公学』是一天不得安稳发展的。老公学的职员万不料我们能支持这么久。他们也知道我们派出去各省募捐的代表，如朱绂华朱

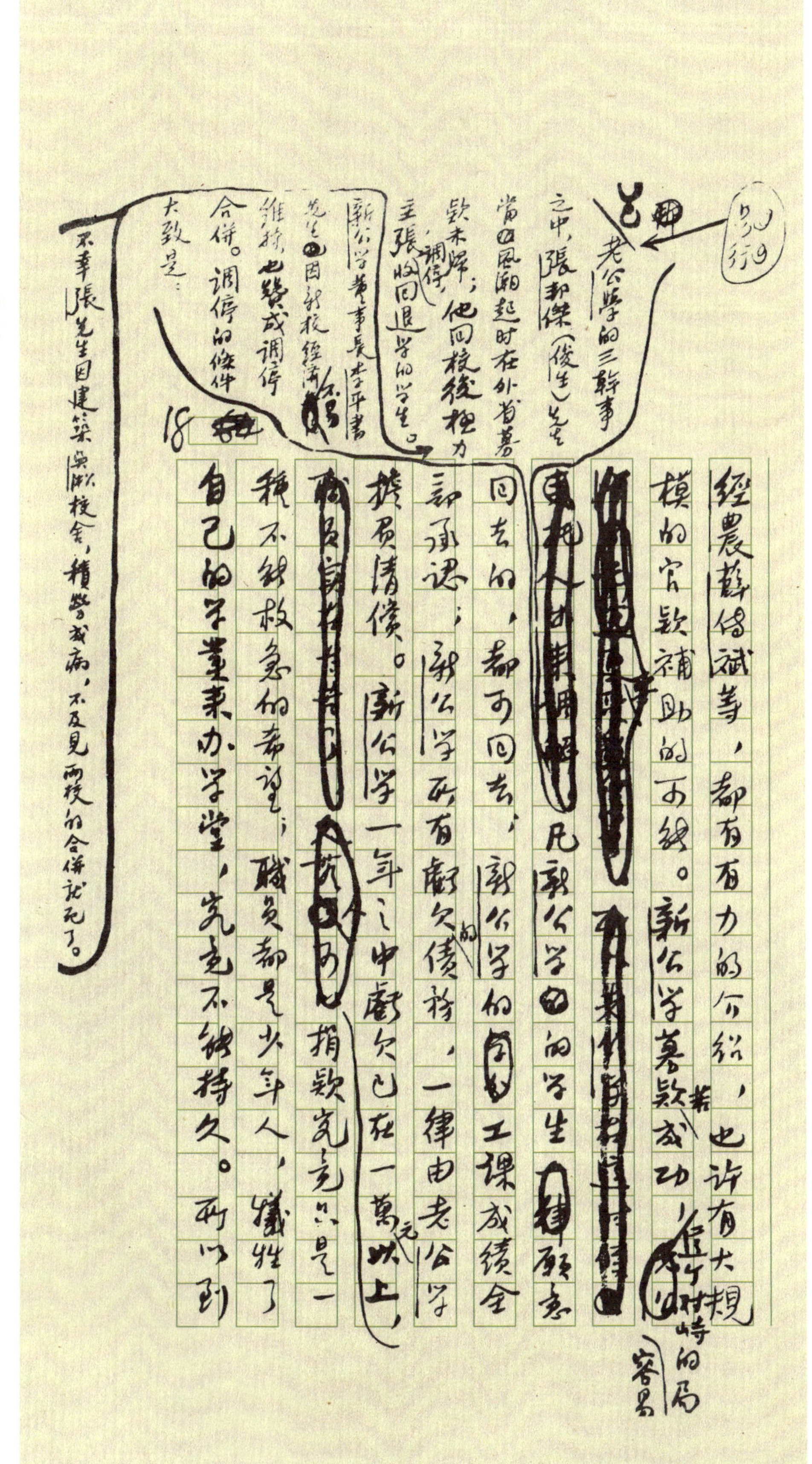

释文

经农薛传斌等，都有有力的介绍，也许有大规模的官款补助的可能。新公学募款若成功，这个对峙的局面更不容易打消了。

老公学的三干事之中，张邦杰（俊生）先生当风潮起时在外省募款未归；他回校后极力主张调停，收回退学的学生。不幸张先生因建筑吴淞校舍，积劳成病，不及见两校的合并就死了。新公学董事长李平书先生因新校经济不易维持，也赞成调停合并。调停的条件大致是：凡新公学的学生愿意回去的，都可回去；新公学的工课成绩全部承认；新公学所有亏欠的债务，一律由老公学担负清偿。新公学一年之中亏欠已在一万元以上，捐款究竟只是一种不能救急的希望；职员都是少年人，牺牲了自己的学业来办学堂，究竟不能持久。所以到

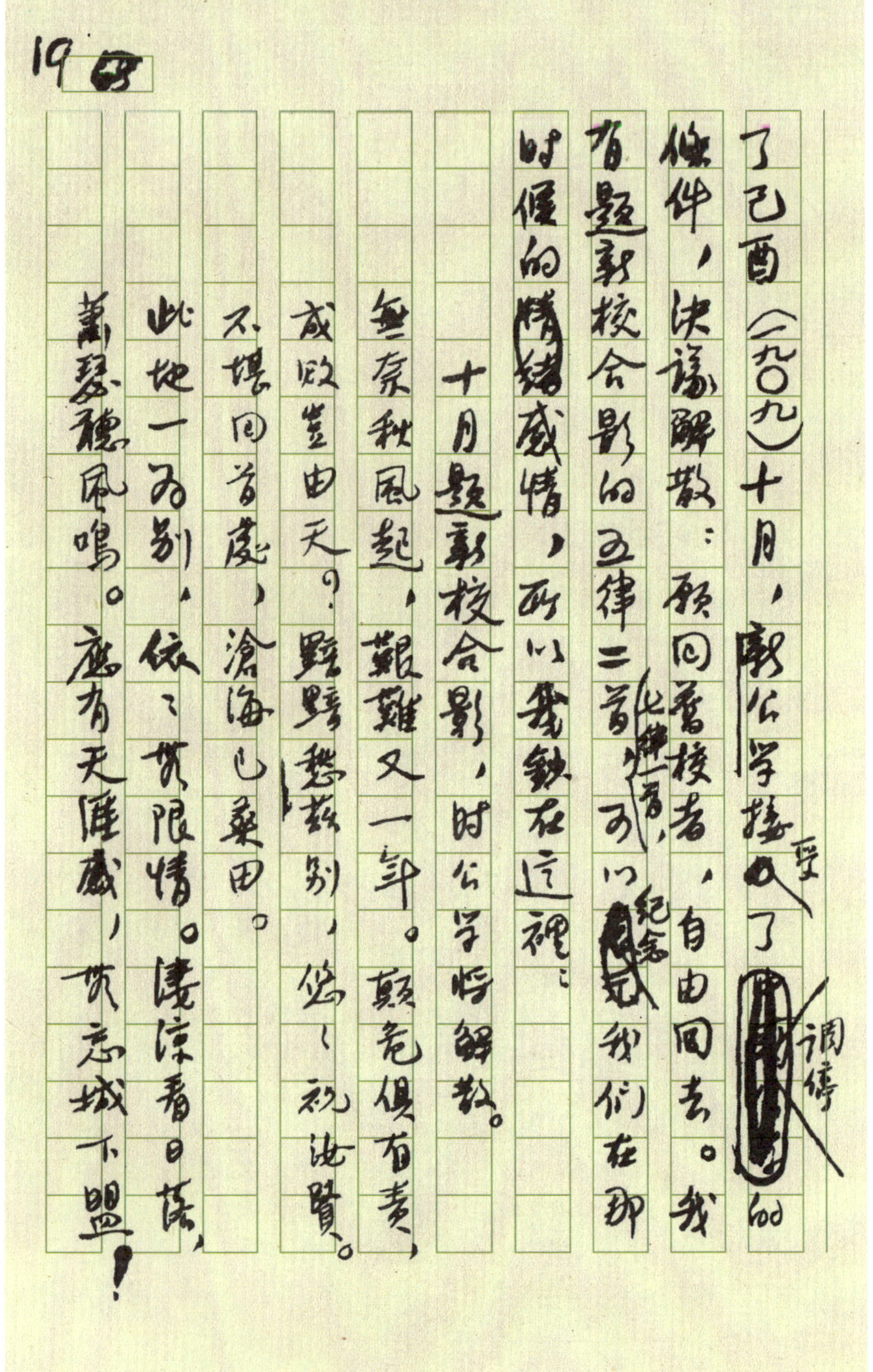

释文

了己酉（一九〇九）十月，新公学接受了调停的条件，决议解散：愿回旧校者，自由回去。我有题新校合影的五律二首，七律一首，可以纪念我们在那时候的感情，所以我钞在这里：

十月题新校合影，时公学将解散。

无奈秋风起，艰难又一年。颠危俱有责，成败岂由天？黯黯愁兹别，悠悠祝汝贤。不堪回首处，沧海已桑田。

此地一为别，依依无限情。凄凉看日落，萧瑟听风鸣。应有天涯感，无忘城下盟！

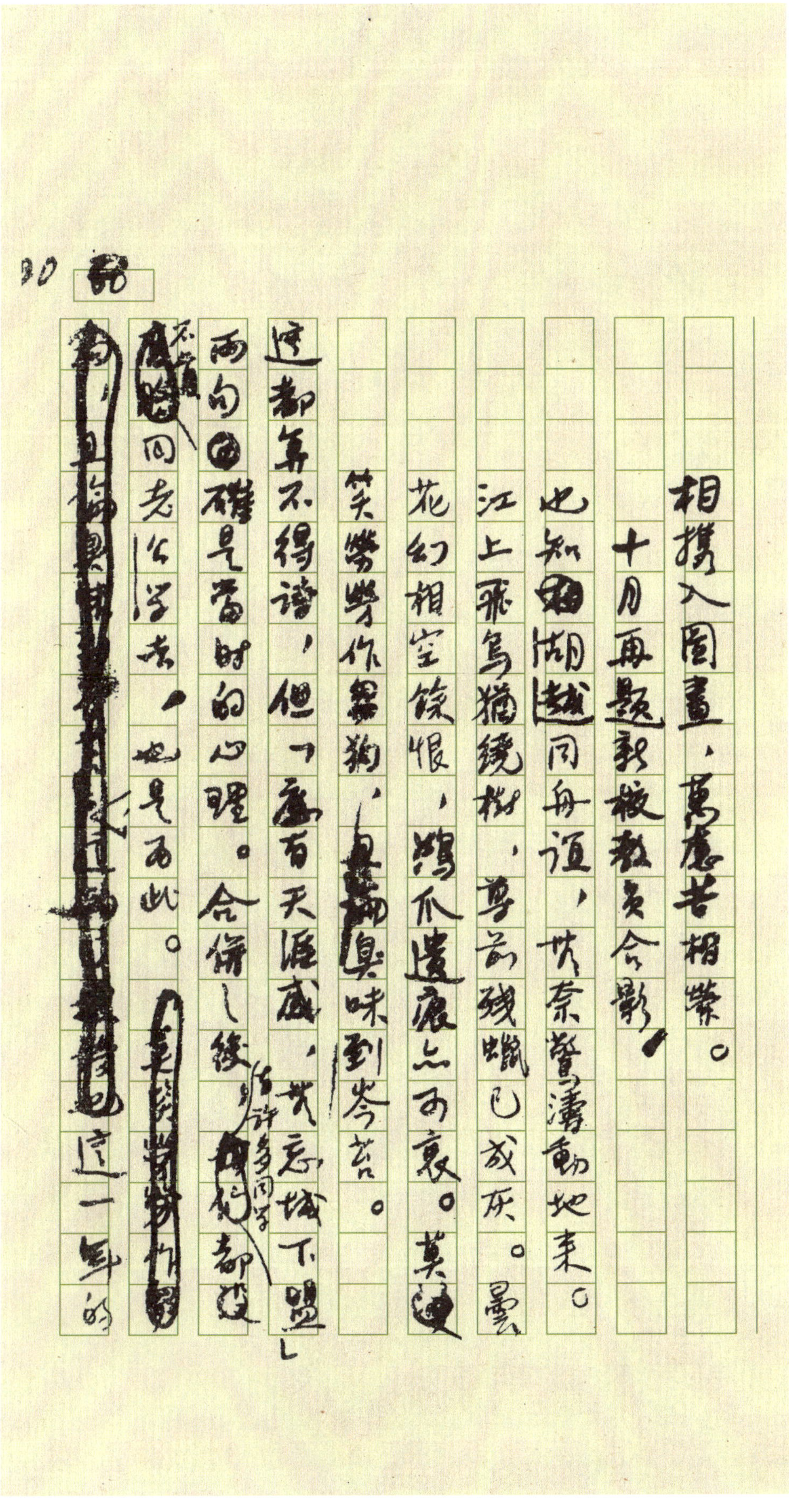

30

释文

相携入图画，万虑苦相萦。

十月再题新校教员合影

也知胡越同舟谊，无奈惊涛动地来。江上飞乌犹绕树，尊前残蜡已成灰。昙花幻相空馀恨，鸿爪遗痕亦可哀。莫笑劳劳作刍狗，且论臭味到岑苔。

这都算不得诗，但『应有天涯感，无忘城下盟』两句确是当时的心理。合并之后，有许多同学都不肯回老公学去，也是为此。这一年的

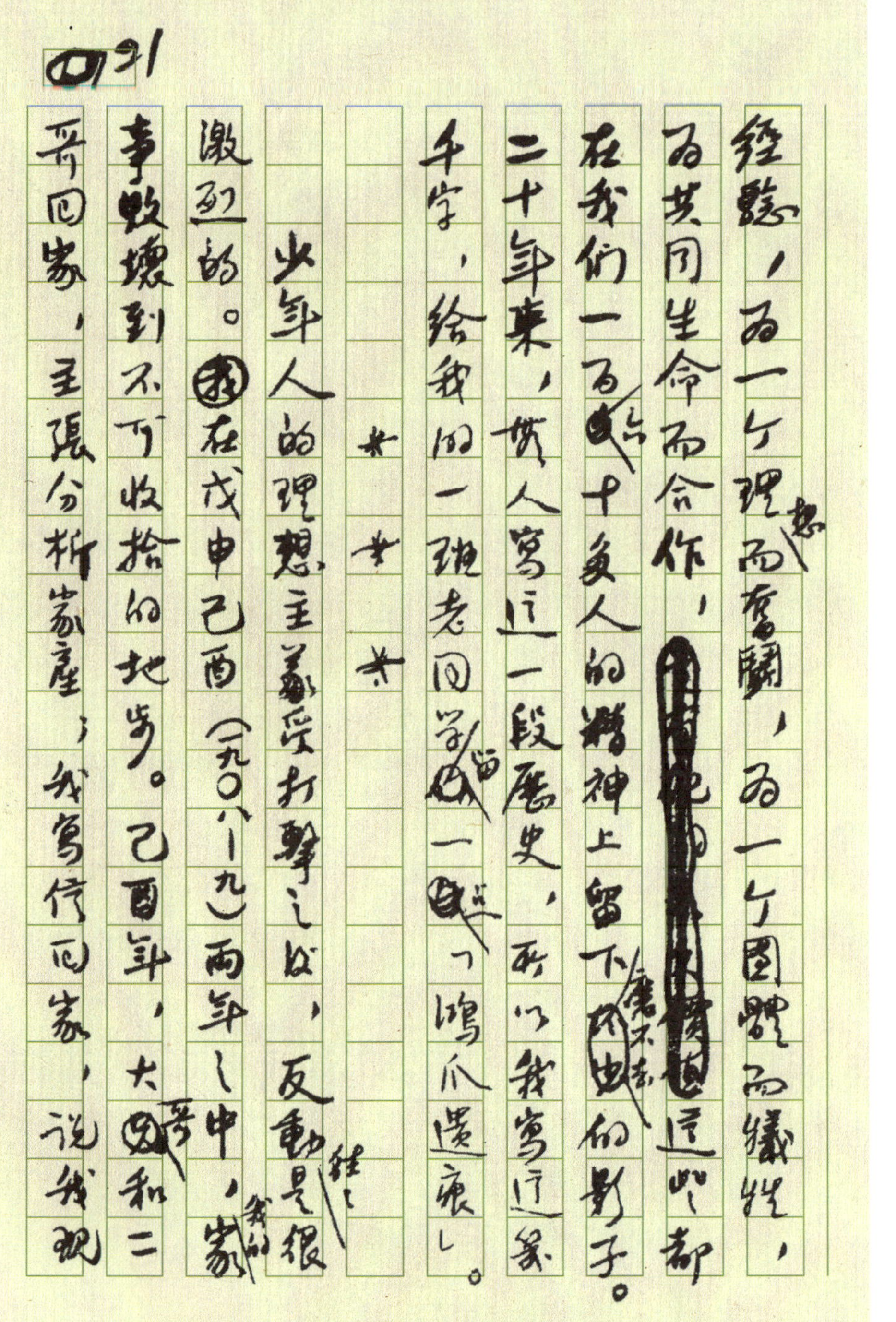

释文

经验，为一个理想而奋斗，为一个团体而牺牲，为共同生命而合作，这些都在我们一百六十多人的精神上留下磨不去的影子。二十年来，无人写这一段历史，所以我写这几千字，给我的一班老同学留一点『鸿爪遗痕』。

* * *

少年人的理想主义受打击之后，反动往往是很激烈的。在戊申己酉（一九〇八—九）两年之中，我的家事败坏到不可收拾的地步。己酉年，大哥和二哥回家，主张分析家产；我写信回家，说我现

92

释文

在已能自立了，不要家中的产业。其实家中本没有什么产业可分，分开时，兄弟们每人不过得着几亩田，半所屋而已。那一年之中，我母亲最心爱的一个妹子和一个弟弟先后死了，她自己也病倒了。我在新公学解散之后，得了两三百元的欠薪，前途茫茫，毫无把握，那敢回家去？只好寄居在上海，想寻一件可以吃饭养家的事。在那个忧愁烦闷的时候，又遇着一班浪漫的朋友，我就跟着他们堕落了。

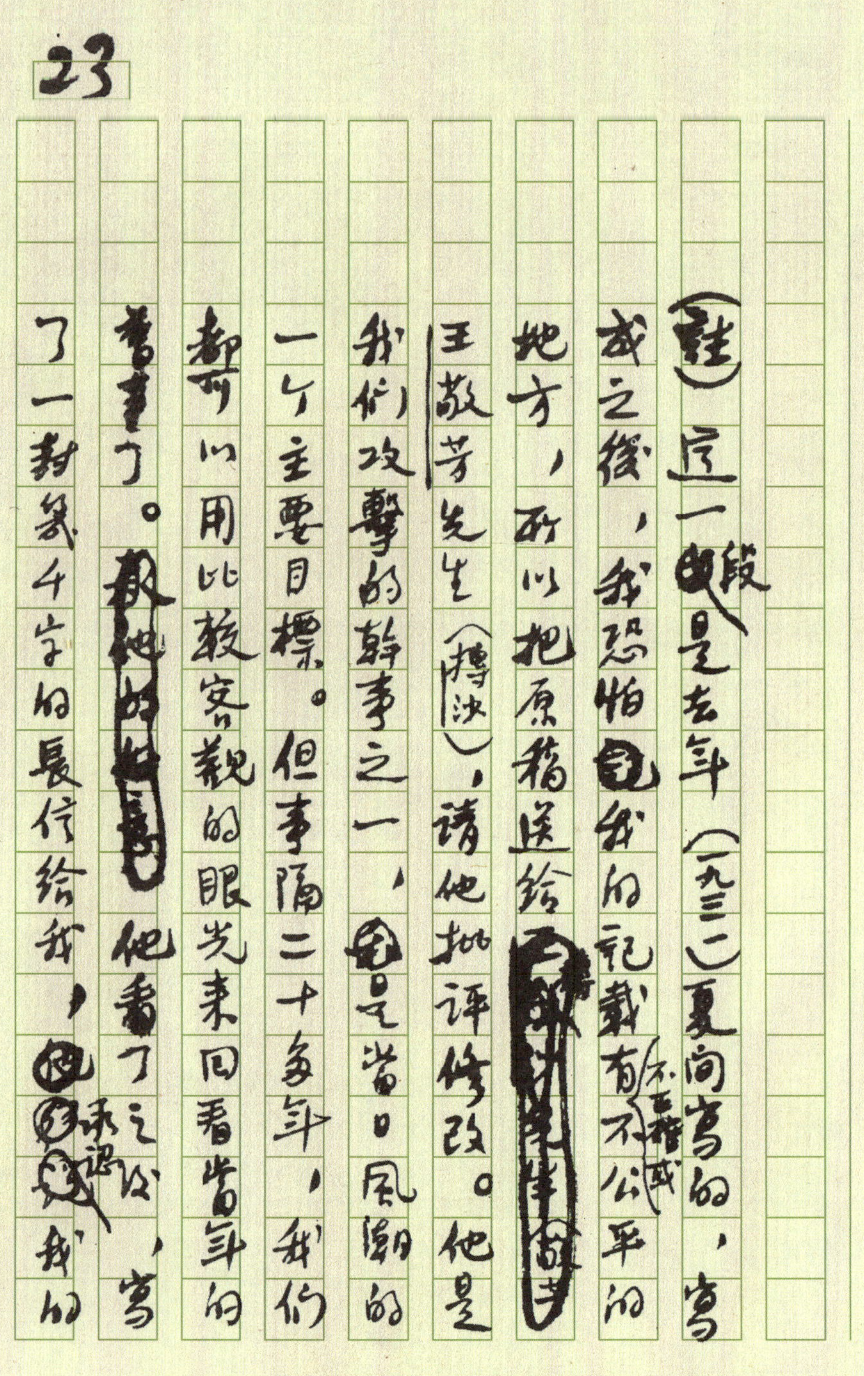

释文

（注）这一段是去年（一九三一）夏间写的，写成之后，我恐怕我的记载有不正确或不公平的地方，所以把原稿送给王敬芳先生（抟沙），请他批评修改。他是我们攻击的干事之一，是当日风潮的一个主要目标。但事隔二十多年，我们都可以用比较客观的眼光来回看当年的旧事了。他看了之后，写了一封几千字的长信给我，承认我的

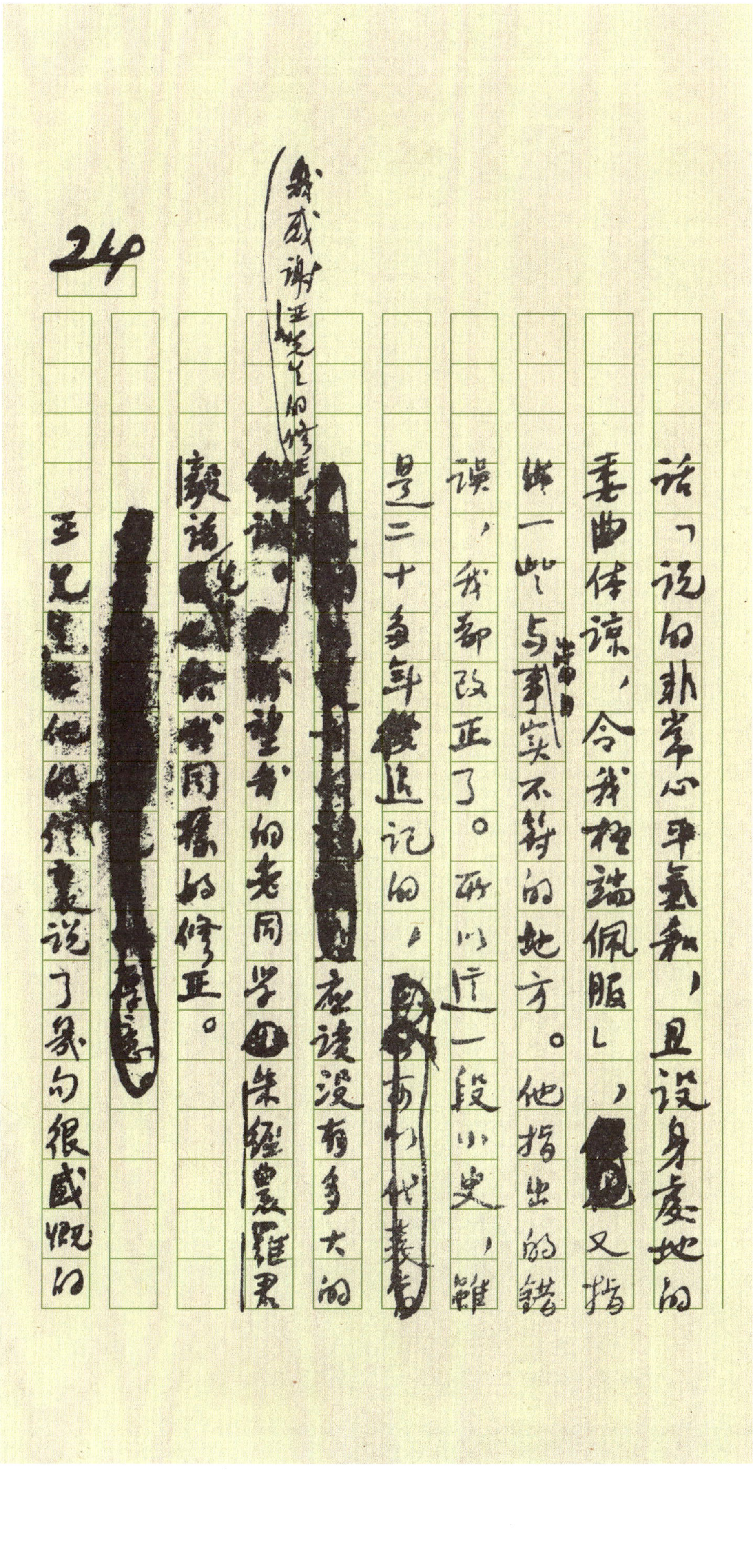

释文

话『说的非常心平气和，且设身处地的委曲体谅，令我极端佩服』，又指出一些与当日事实不符的地方。他指出的错误，我都改正了。所以这一段小史，虽是二十多年后追记的，应该没有多大的错误。

我感谢王先生的修正，盼望我的老同学朱经农、罗君毅诸先生也给我同样的修正。

王先生在他的长信里说了几句很感慨的

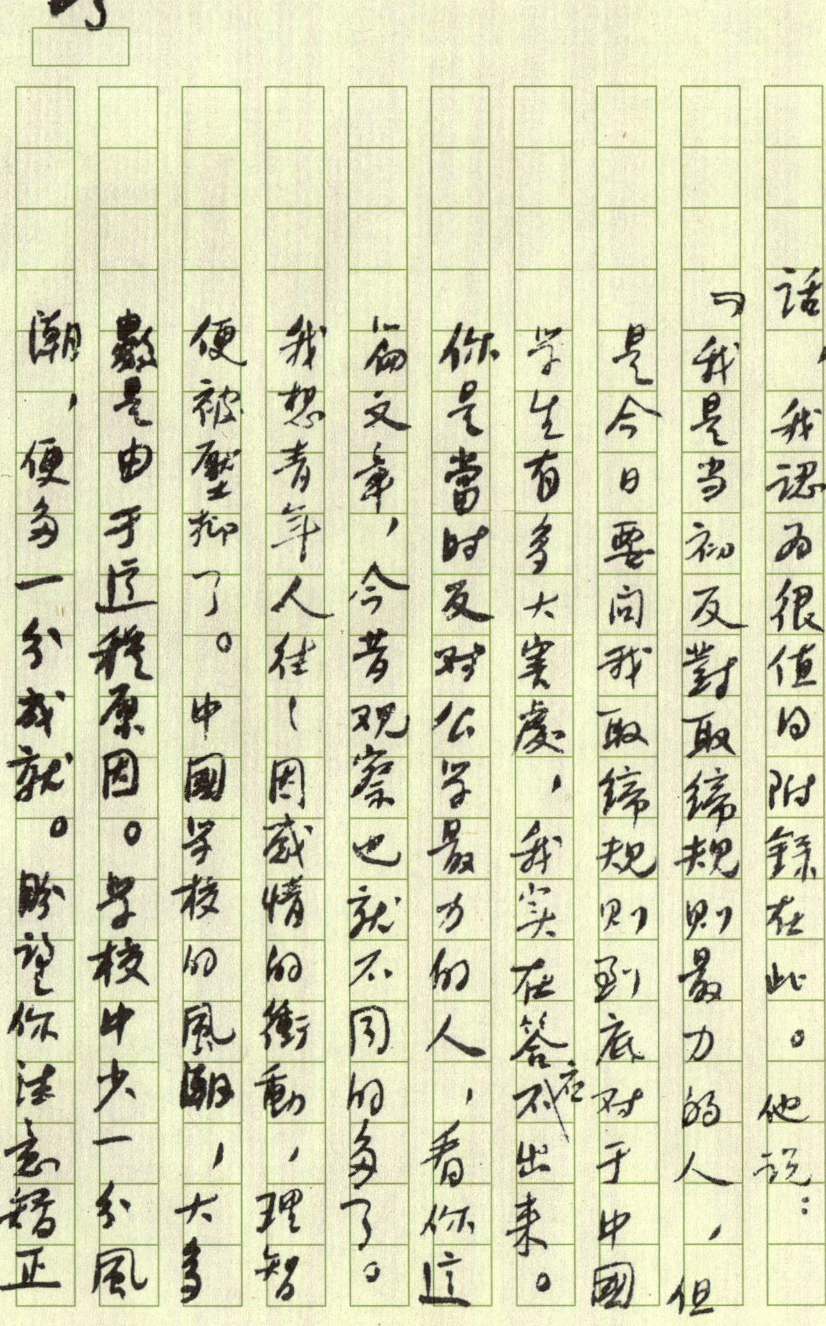

释文

话，我认为很值得的附录在此。他说：

『我是当初反对取缔规则最力的人，但是今日要问我取缔规则到底对于中国学生有多大的害处，我实在答应不出来。你是当时反对公学最力的人，看你这篇文章，今昔观察也就不同的多了。我想青年人往往因感情的冲动，理智便被压抑了。中国学校的风潮，大多数是由于这种原因。学校中少一分风潮，便多一分成就。盼望你注意矫正

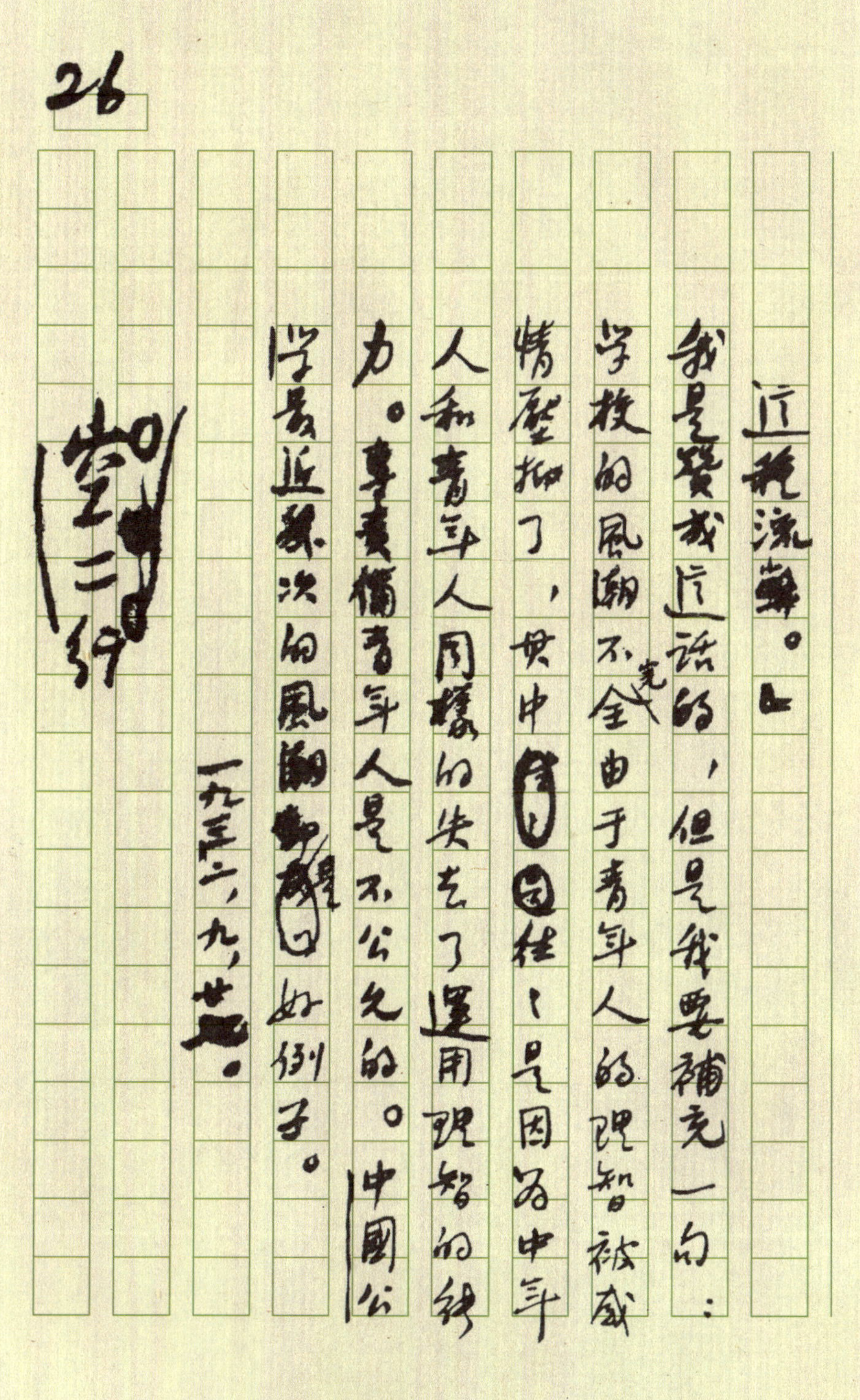

释文

这种流弊。』

我是赞成这话的，但是我要补充一句：学校的风潮不完全由于青年人的理智被感情压抑了，其中往往是因为中年人和青年人同样的失去了运用理智的能力。专责备青年人是不公允的。中国公学最近几次的风潮都是好例子。

一九三二，九，廿七。

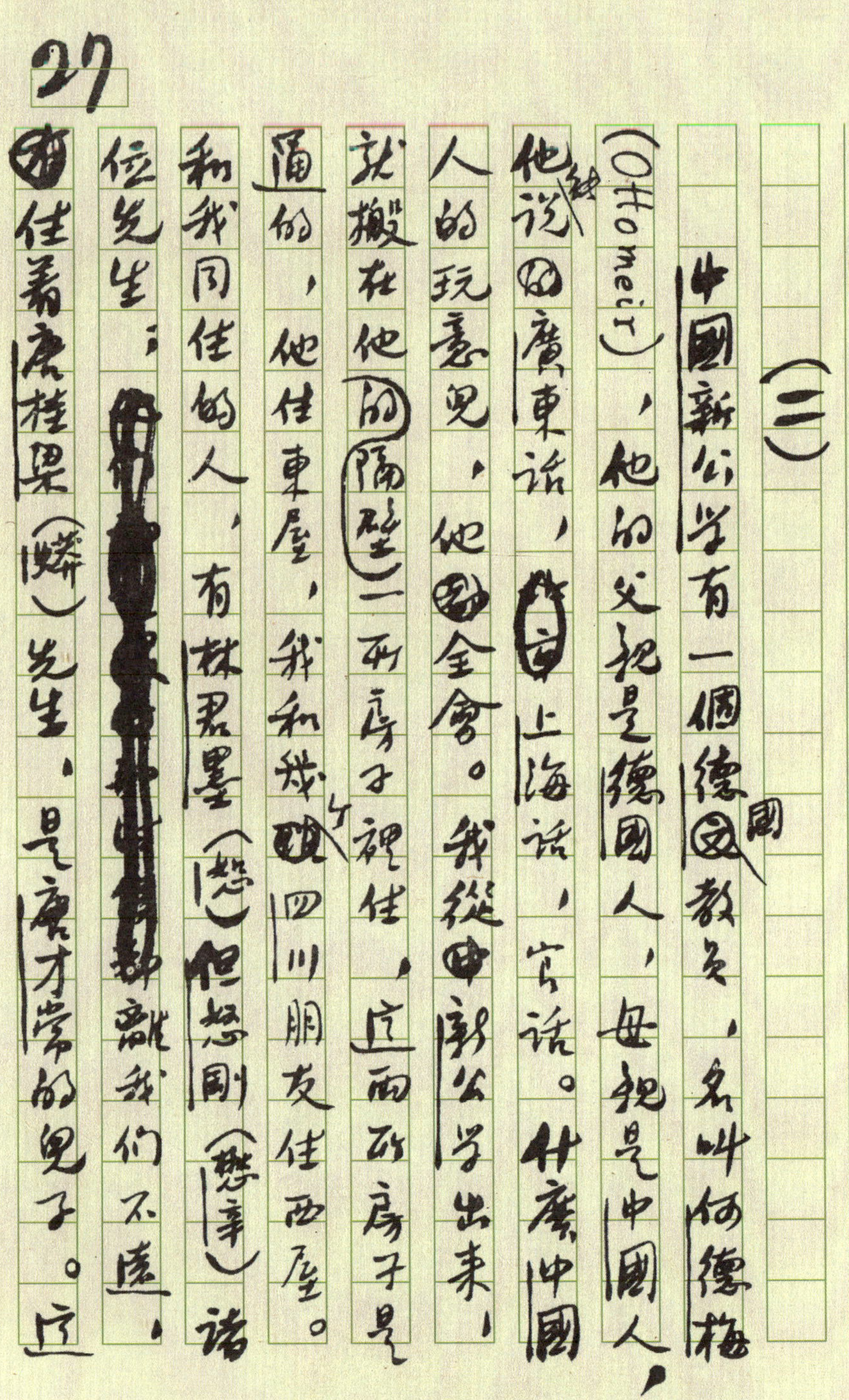

释文

（二）

中国新公学有一个德国教员，名叫何德梅（Ottomeir），他的父亲是德国人，母亲是中国人，他能说广东话，上海话，官话。什么中国人的玩意儿，他全会。我从新公学出来，就搬在他隔壁的一所房子里住，这两所房子是通的，他住东屋，我和几个四川朋友住西屋。和我同住的人，有林君墨（恕）但怒刚（懋辛）诸位先生；离我们不远，住着唐桂梁（蟒）先生，是唐才常的儿子。这

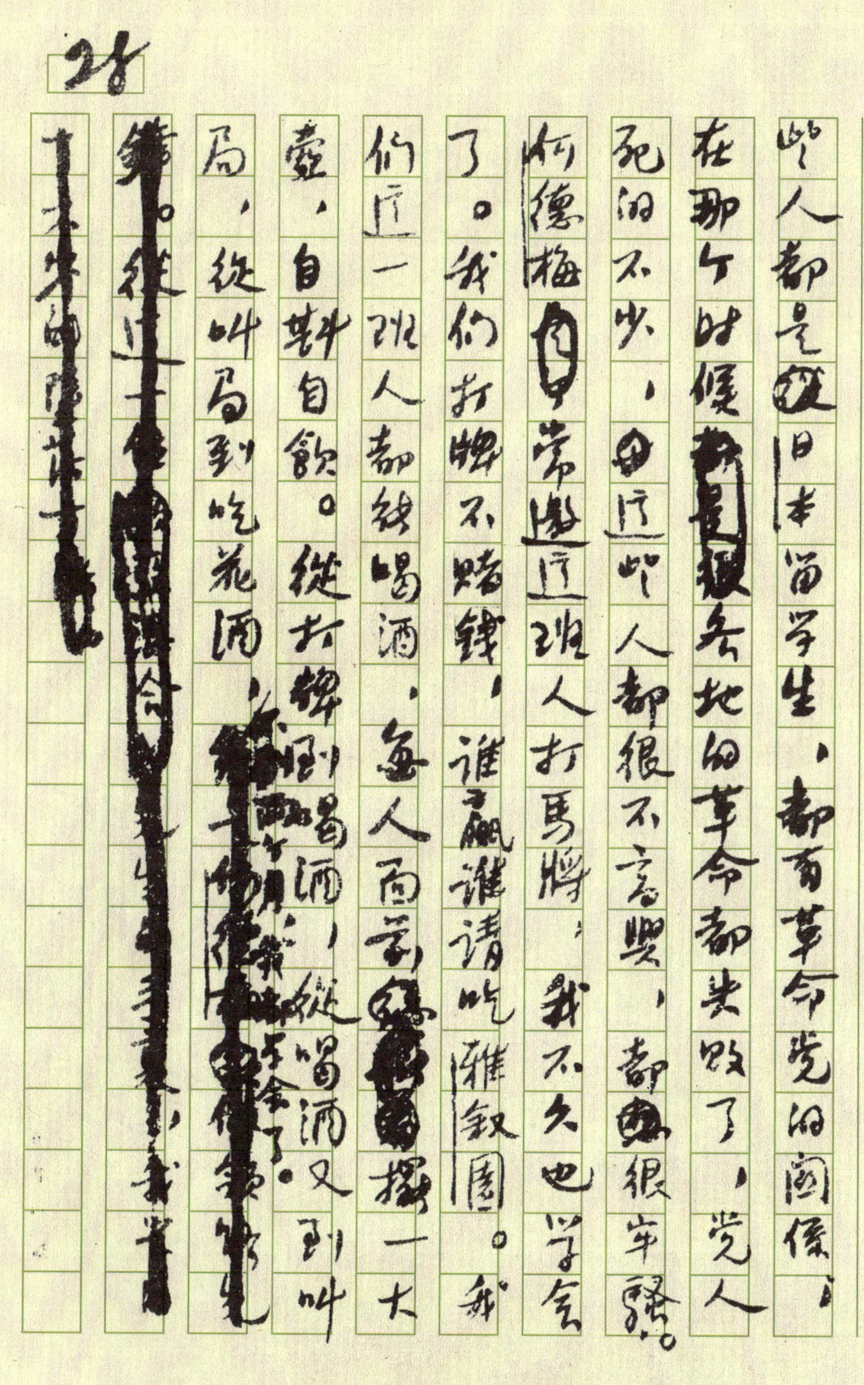

释文

些人都是日本留学生，都有革命党的关系；在那个时候各地的革命都失败了，党人死的不少，这些人都很不高兴，都很牢骚。何德梅常邀这班人打马将，我不久也学会了。我们打牌不赌钱，谁赢谁请吃雅叙园。我们这一班人都能喝酒，每人面前摆一大壶，自斟自饮。从打牌到喝酒，从喝酒又到叫局，从叫局到吃花酒，不到两个月，我都学会了。

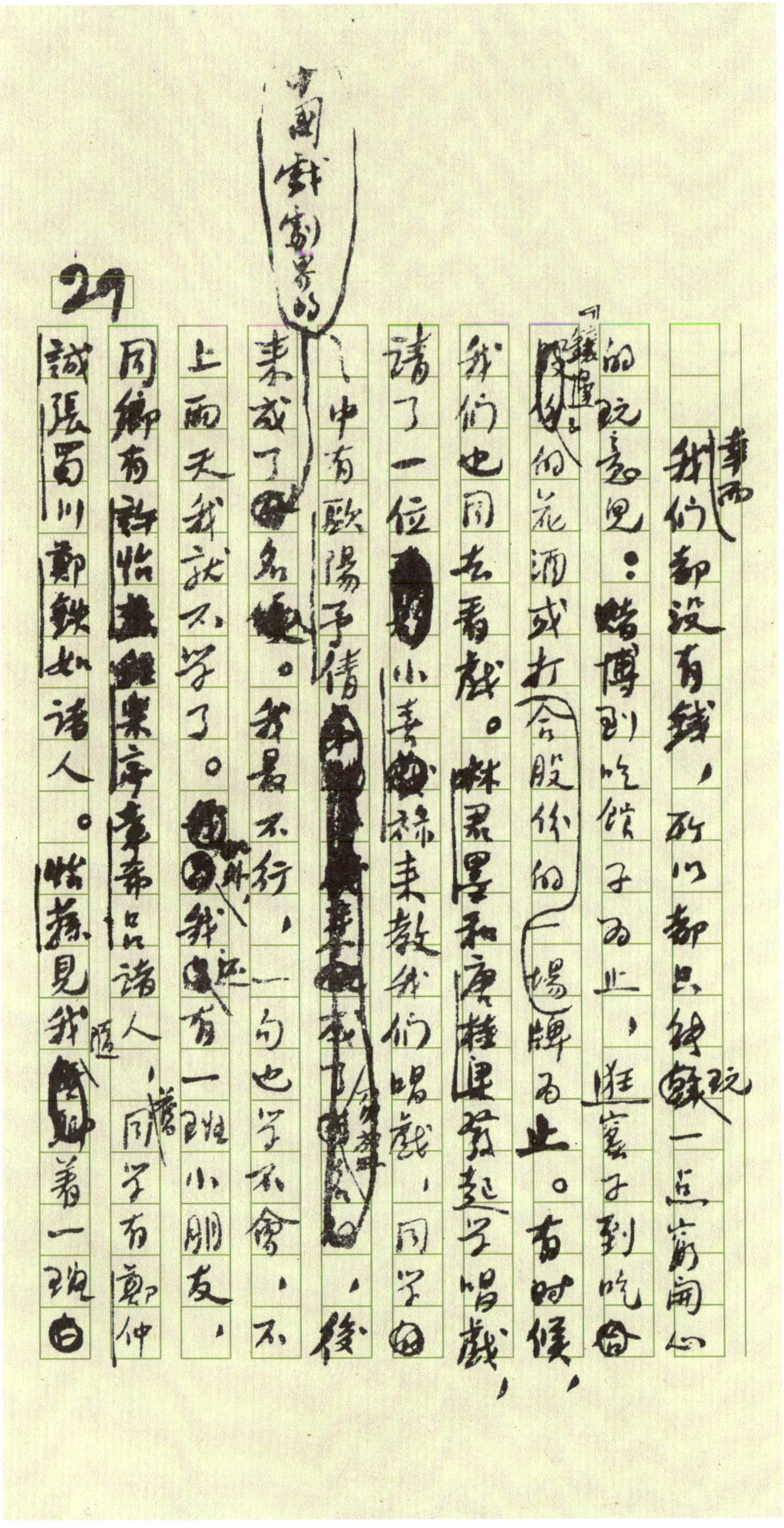

释文

幸而我们都没有钱，所以都只能玩一点穷开心的玩意儿：赌博到吃馆子为止，逛窑子到吃『镶边』的花酒或打一场合股份的牌为止。有时候，我们也同去看戏。林君墨和唐桂梁发起学唱戏，请了一位小喜禄来教我们唱戏，同学之中有欧阳予倩，后来成了中国戏剧界的名人。我最不行，一句也学不会，不上两天我就不学了。此外，我还有一班小朋友，同乡有许怡荪钟乐亭章希吕诸人，旧同学有郑仲诚张蜀川郑铁如诸人。怡荪见我随着一班

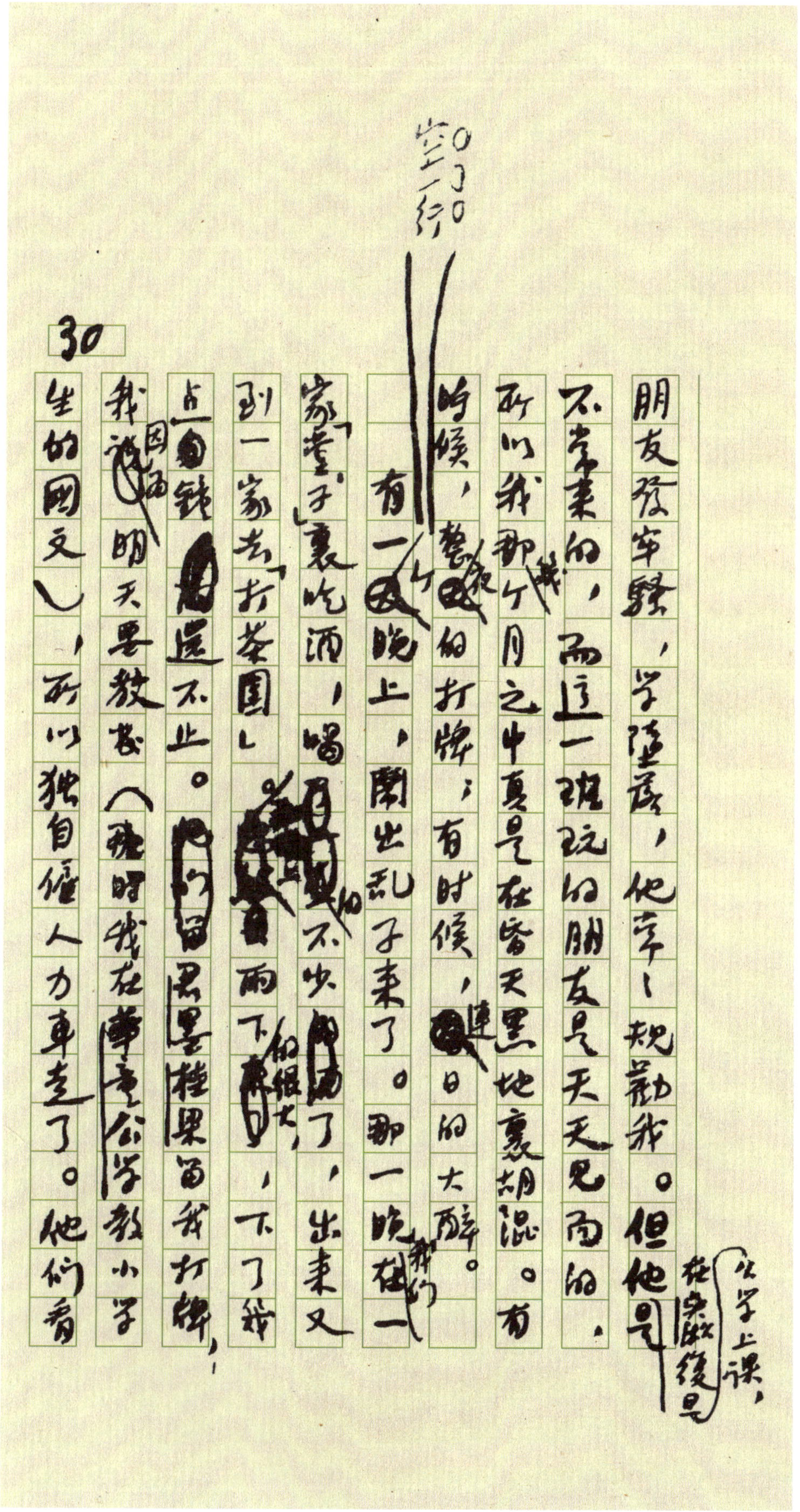

30

释文

朋友发牢骚，学堕落，他常常规劝我。但他在吴淞复旦公学上课，是不常来的，而这一班玩的朋友是天天见面的，所以我那几个月之中真是在昏天黑地里胡混。有时候，整夜的打牌；有时候，连日的大醉。

有一个晚上，闹出乱子来了。那一晚我们在一家『堂子』里吃酒，喝的不少了，出来又到一家去『打茶围』。那晚上雨下的很大，下了几点钟还不止。君墨桂梁留我打牌，我因为明天要教书（那时我在华童公学教小学生的国文），所以独自雇人力车走了。他们看

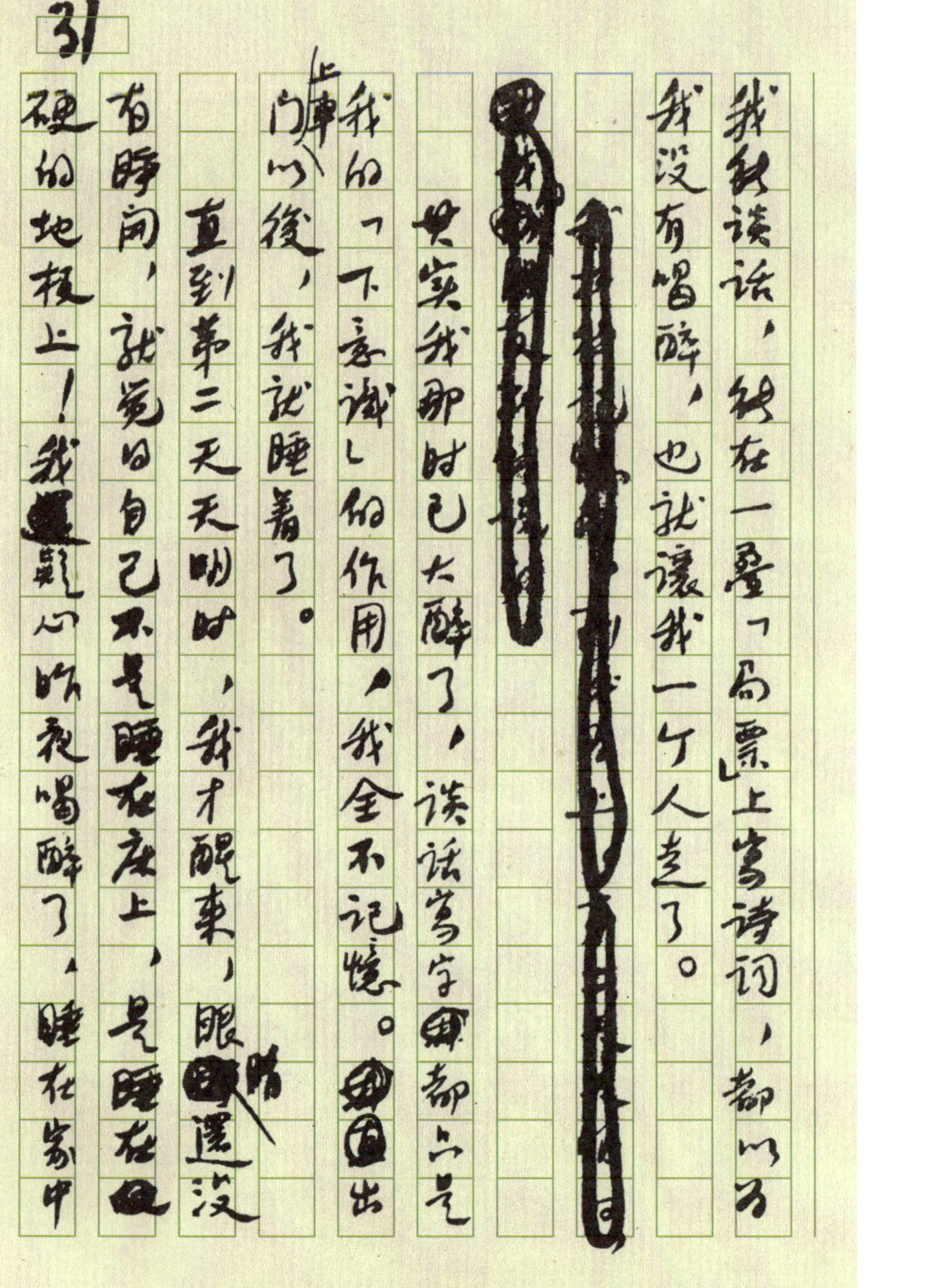

释文

我能谈话，能在一叠『局票』上写诗词，都以为我没有喝醉，也就让我一个人走了。

其实我那时已大醉了，谈话写字都只是我的『下意识』的作用，我全不记忆。出门上车以后，我就睡着了。

直到第二天天明时，我才醒来，眼睛还没有睁开，就觉得自己不是睡在床上，是睡在硬的地板上！我疑心昨夜喝醉了，睡在家中

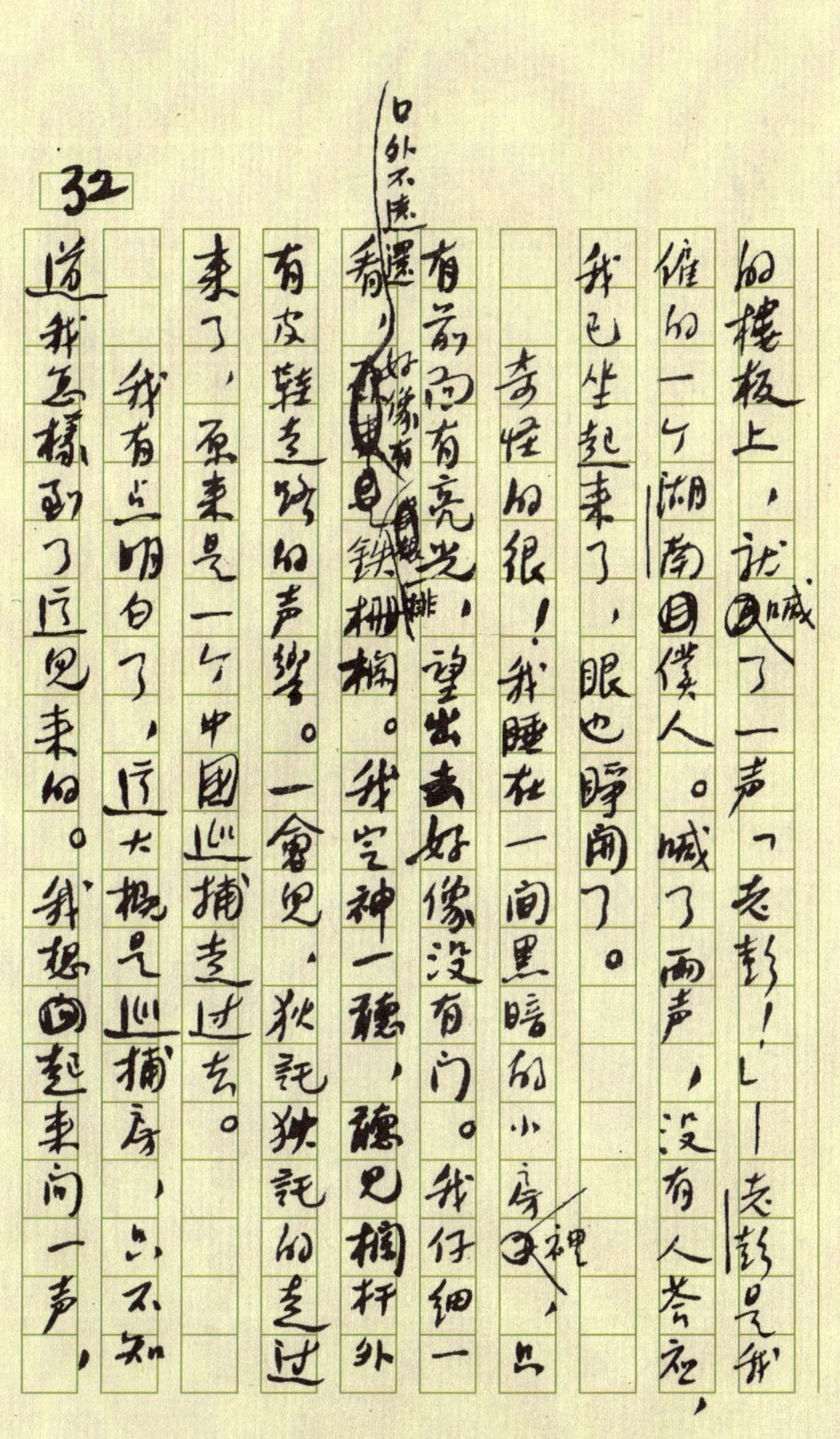

释文

的楼板上，就喊了一声「老彭！」——老彭是我雇的一个湖南仆人。喊了两声，没有人答应，我已坐起来了，眼也睁开了。

奇怪的很！我睡在一间黑暗的小房里，只有前面有亮光，望出去好像没有门。我仔细一看，口外不远还好像有一排铁栅栏。我定神一听，听见栏杆外有皮鞋走路的声响。一会儿，狄托狄托的走过来了，原来是一个中国巡捕走过去。

我有点明白了，这大概是巡捕房，只不知道我怎样到了这儿来的。我想起来问一声，

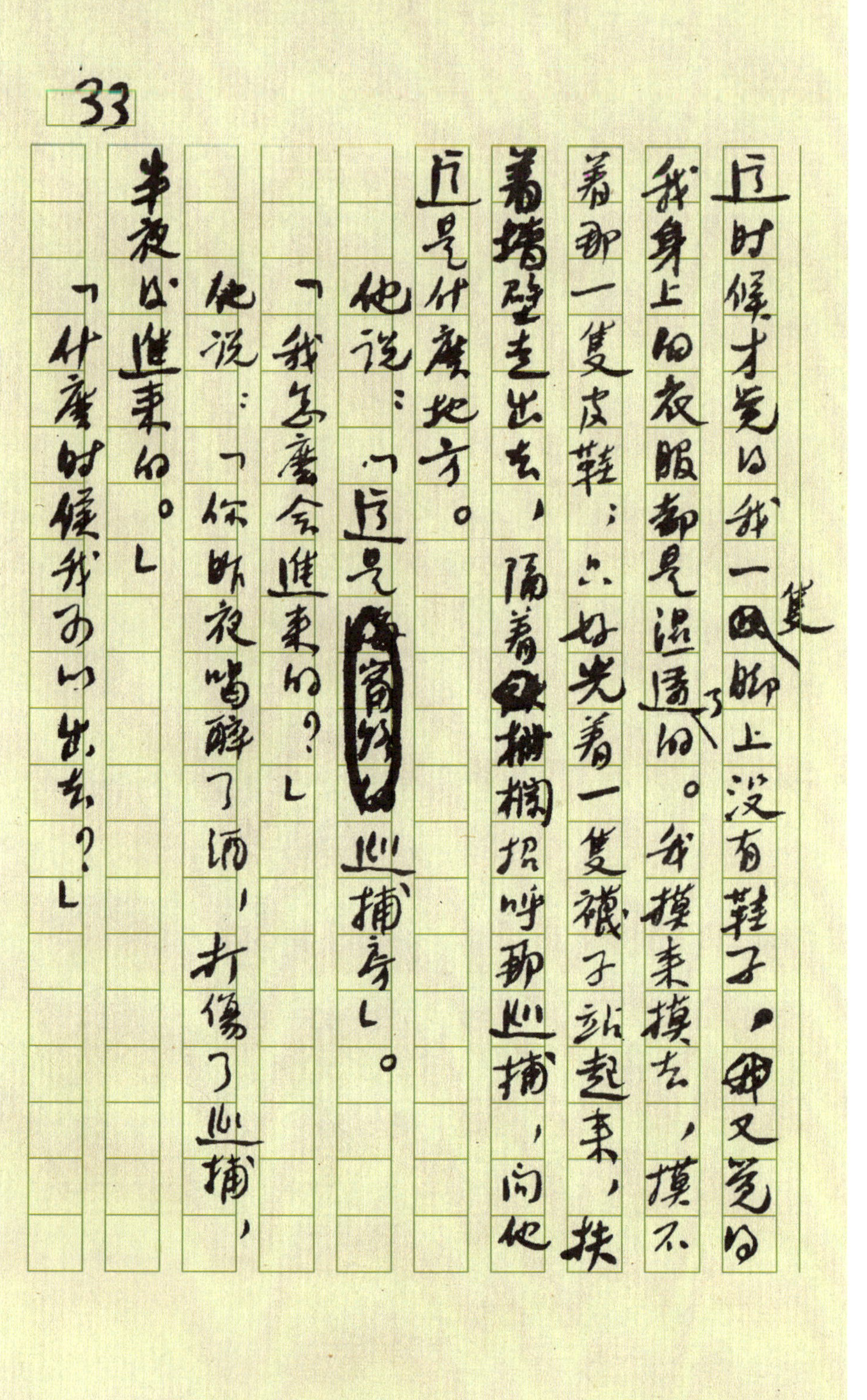

释文

这时候才觉得我一只脚上没有鞋子，又觉得我身上的衣服都是湿透了的。我摸来摸去，摸不着那一只皮鞋；只好光着一只袜子站起来，扶着墙壁走出去，隔着栅栏招呼那巡捕，问他这是什么地方。

他说：『这是巡捕房』。

『我怎么会进来的？』

他说：『你昨夜喝醉了酒，打伤了巡捕，半夜后进来的。』

『什么时候我可以出去？』

释文

『天刚亮一会，早呢！八点钟有人来，你就知道了。』

我在亮光之下，才看见我的旧皮袍不但是全湿透了，衣服上还有许多污泥。我又觉得脸上有点疼，用手一摸，才知道脸上也有污泥，并且有破皮的疤痕。难道我真同人打了架吗？

这是一个春天的早晨，一会儿就是八点钟了。果然有人来叫我出去。

在一张写字桌子边，一个巡捕头坐着，一

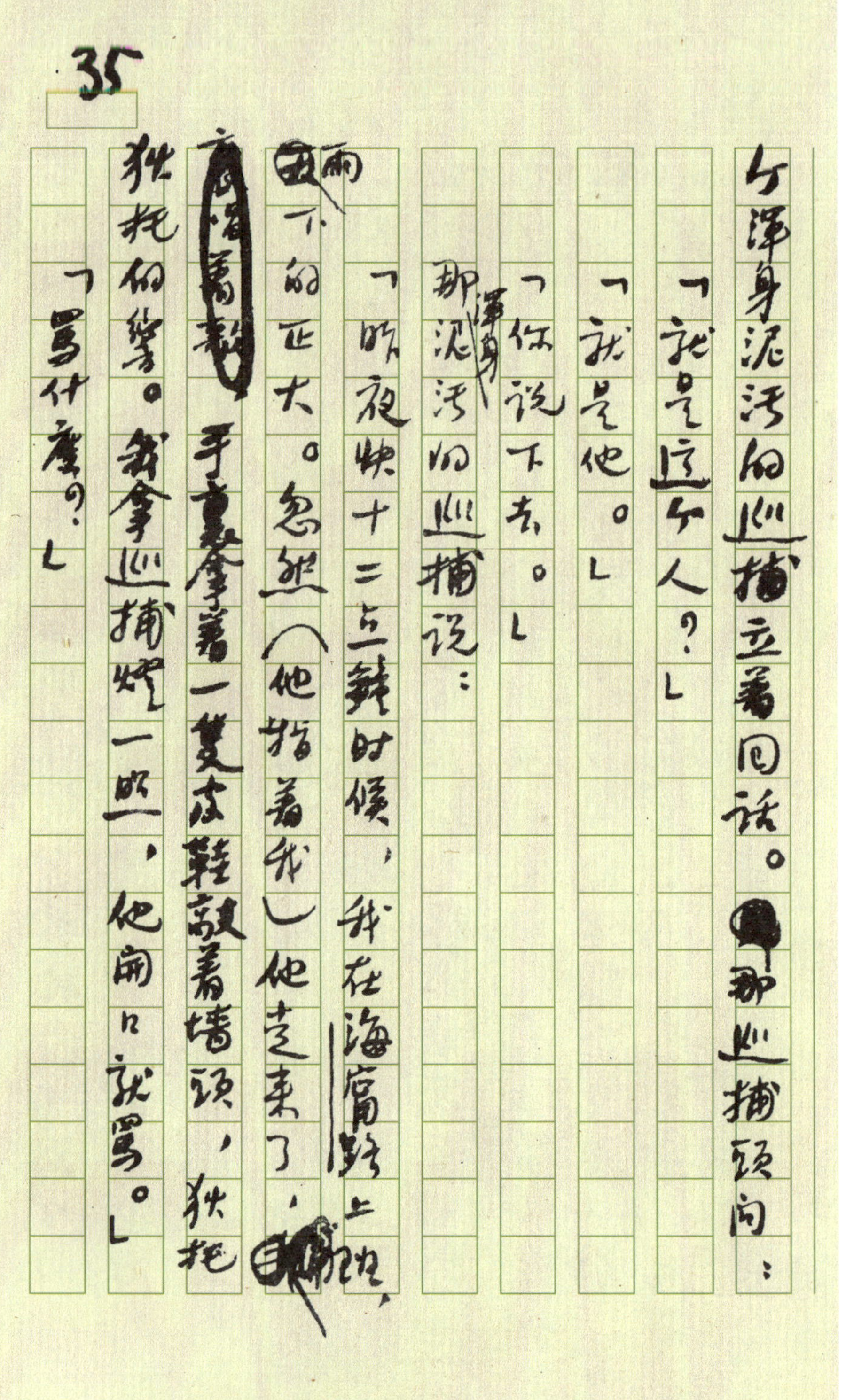

释文

个浑身污泥的巡捕立着回话。那巡捕头问：

『就是这个人？』

『就是他。』

『你说下去。』

那浑身污泥的巡捕说：

『昨夜快十二点钟时候，我在海宁路上班，雨下的正大。忽然（他指着我）他走来了，手里拿着一只皮鞋敲着墙头，狄托狄托的响。我拿巡捕灯一照，他开口就骂。』

『骂什么？』

释文

『他骂「外国奴才！」』我看他喝醉了，怕他闯祸，要带他到巡捕房里来。他就用皮鞋打我，我手里有灯，抓不住他，被他打了好几下。后来我抱住他，抢了他的鞋子，他就和我打起来了。两个人抱住不放，滚在地上。下了一夜的大雨，马路上都是水，两个人在泥水里打滚。我的灯也打碎了，身上脸上都被他打了。他脸上的伤是在石头上擦破了皮。我吹叫子，唤住了一部空马车，两个马夫帮我捉住他，关在马车里，才能把他送

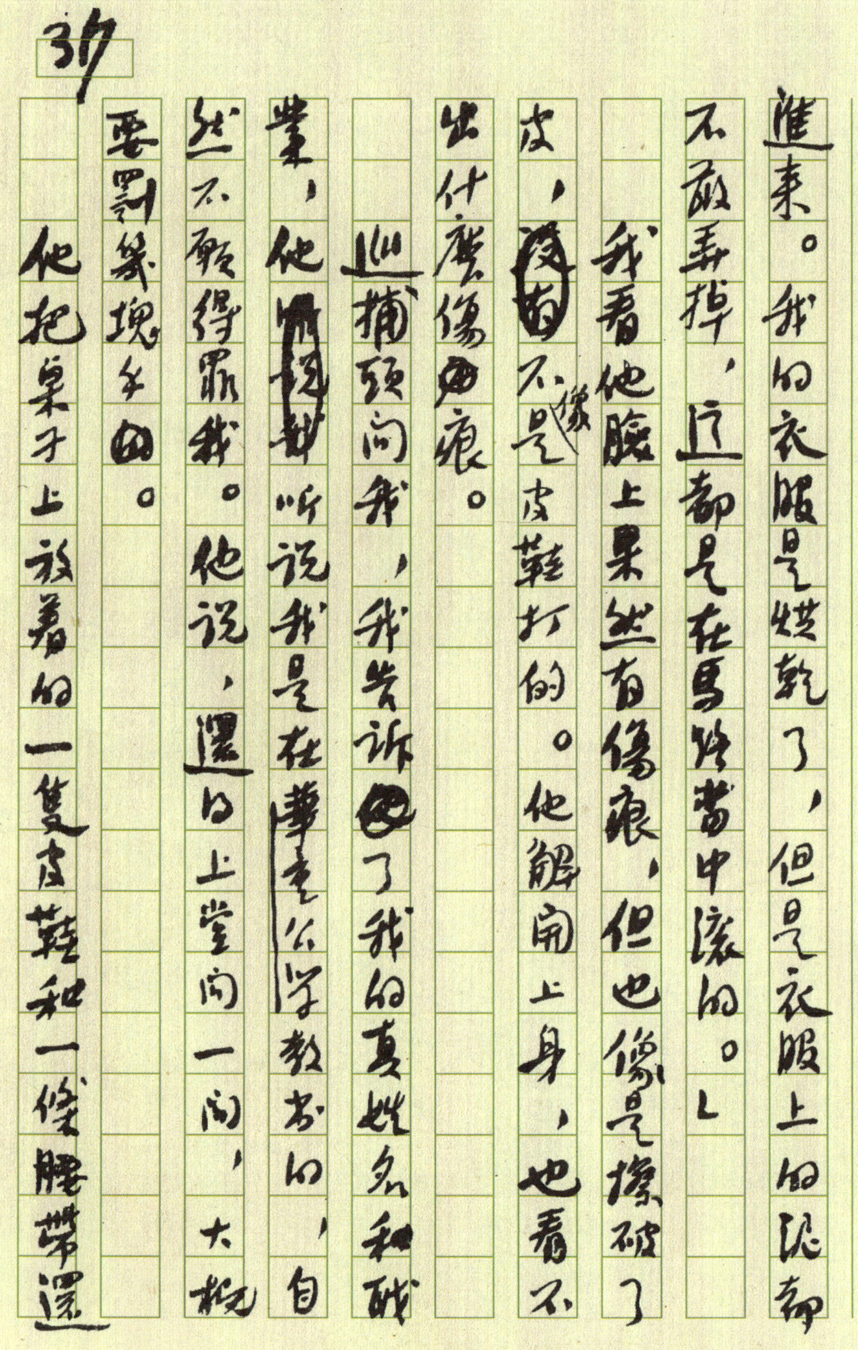

释文

进来。我的衣服是烘干了，但是衣服上的泥都不敢弄掉，这都是在马路当中滚的。」

我看他脸上果然有伤痕，但也像是擦破了皮，不像是皮鞋打的。他解开上身，也看不出什么伤痕。

巡捕头问我，我告诉了我的真姓名和职业，他听说我是在华童公学教书的，自然不愿得罪我。他说，还得上堂问一问，大概要罚几块钱。

他把桌子上放着的一只皮鞋和一条腰带还

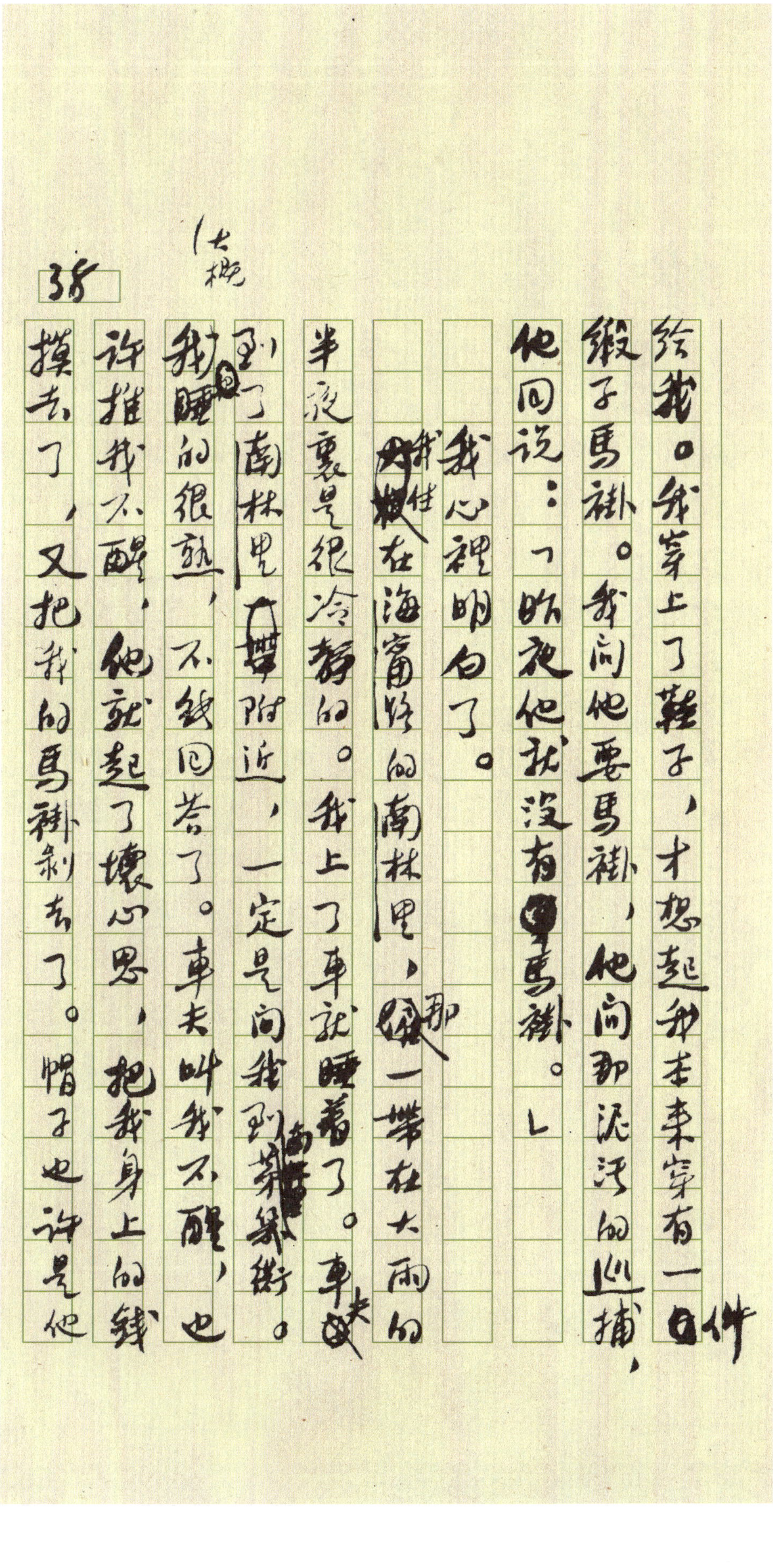

释文

给我。我穿上了鞋子，才想起我本来穿有一件缎子马褂。我问他要马褂，他问那泥污的巡捕，他回说：『昨夜他就没有马褂。』

我心里明白了。

我住在海宁路的南林里，那一带在大雨的半夜里是很冷静的。我上了车就睡着了。车夫到了南林里附近，一定是问我到南林里第几街。我大概睡的很熟，不能回答了。车夫叫我不醒，也许推我不醒，他就起了坏心思，把我身上的钱摸去了，又把我的马褂剥去了。帽子也许是他

39

释文

拿去了的，也许是丢了的。他大概还要剥我的皮袍，不想这时候，我的『下意识』醒了，就和他抵抗。那一带是没有巡捕的，车夫大概是拉了车子跑了，我大概追他不上，自己也走了。皮鞋是跳舞鞋式的，没有鞋带，所以容易掉下来；也许是我跳下车来的时候就掉下来了，也许我拾起了一只鞋子来追赶那车夫。车夫走远了，我赤着一只脚在雨地里自然追不上。我慢慢的依着『下意识』走回去。醉人往往爱装面子，所以我丢了东西反唱起歌来了，——也许唱歌是

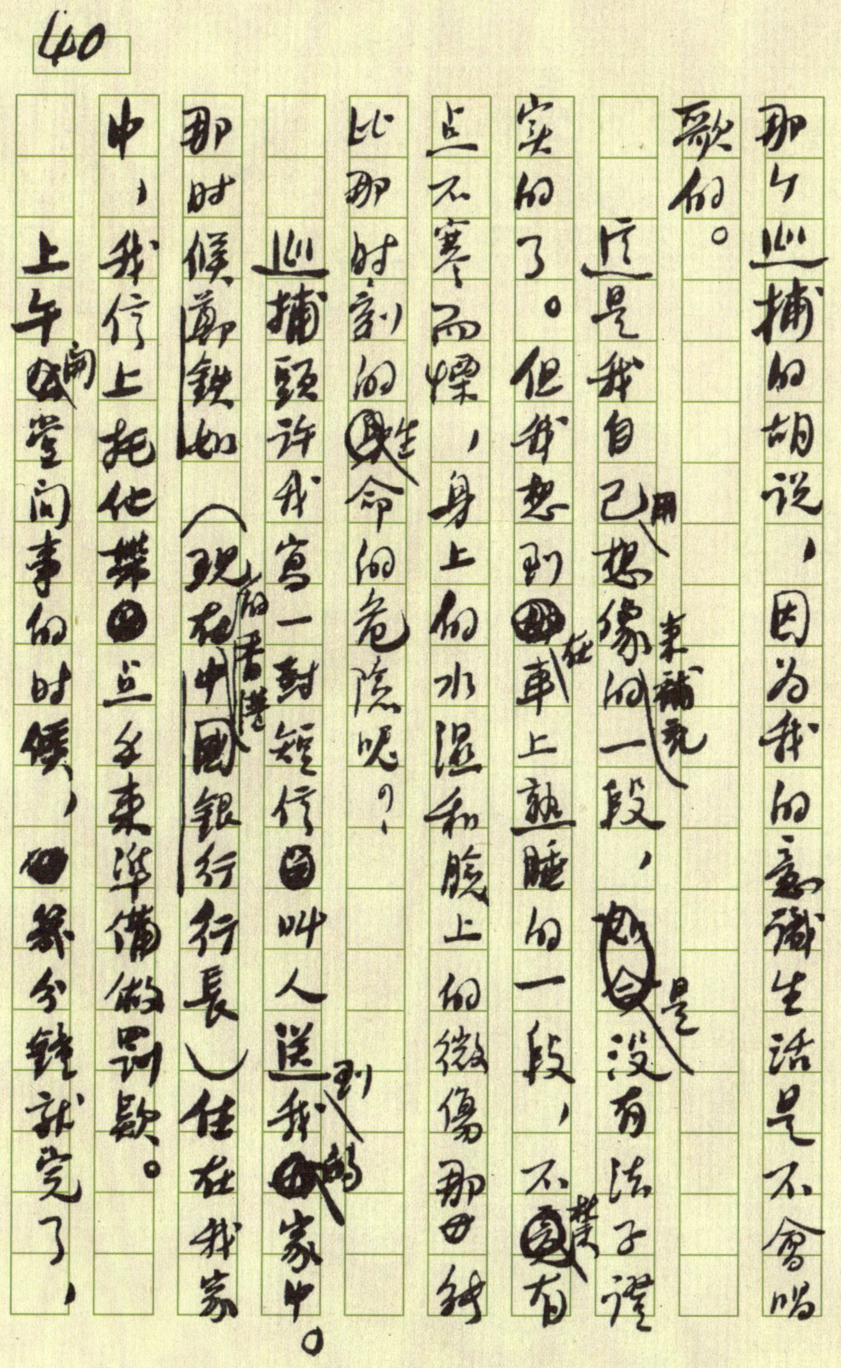

释文

那个巡捕的胡说，因为我的意识生活是不会唱歌的。

这是我自己用想像来补充的一段，是没有法子证实的了。但我想到在车上熟睡的一段，不禁有点不寒而栗，身上的水湿和脸上的微伤那能比那时刻的生命的危险呢？

巡捕头许我写一封短信叫人送到我的家中。那时候郑铁如（现在的香港中国银行行长）住在我家中，我信上托他带点钱来准备做罚款。

上午开堂问事的时候，几分钟就完了，

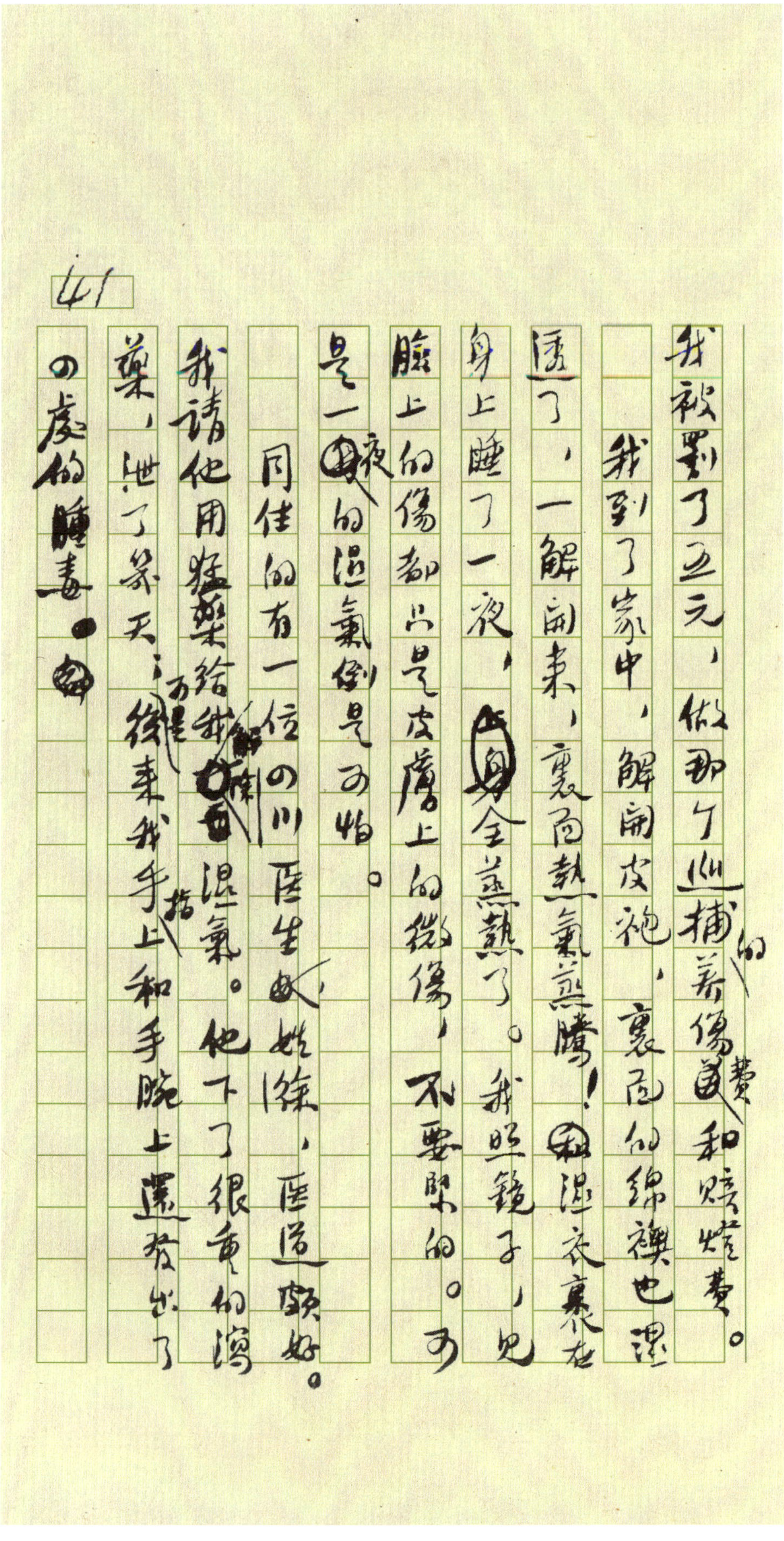

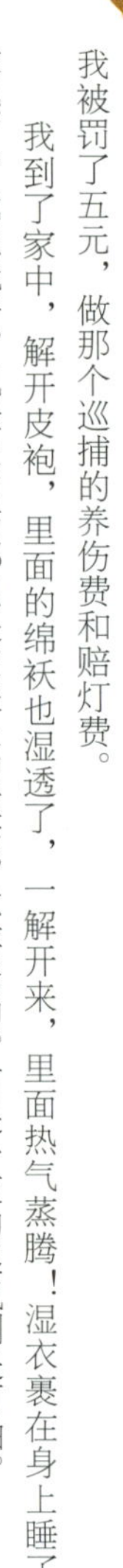

释文

我被罚了五元，做那个巡捕的养伤费和赔灯费。

我到了家中，解开皮袍，里面的绵袄也湿透了，一解开来，里面热气蒸腾！湿衣裹在身上睡了一夜，全蒸热了。我照镜子，见脸上的伤都只是皮肤上的微伤，不要紧的。可是一夜的湿气倒是可怕。

同住的有一位四川医生，姓徐，医道颇好。我请他用猛药给我解除湿气。他下了很重的泻药，泄了几天；可是后来我手指上和手腕上还发出了四处的肿毒。

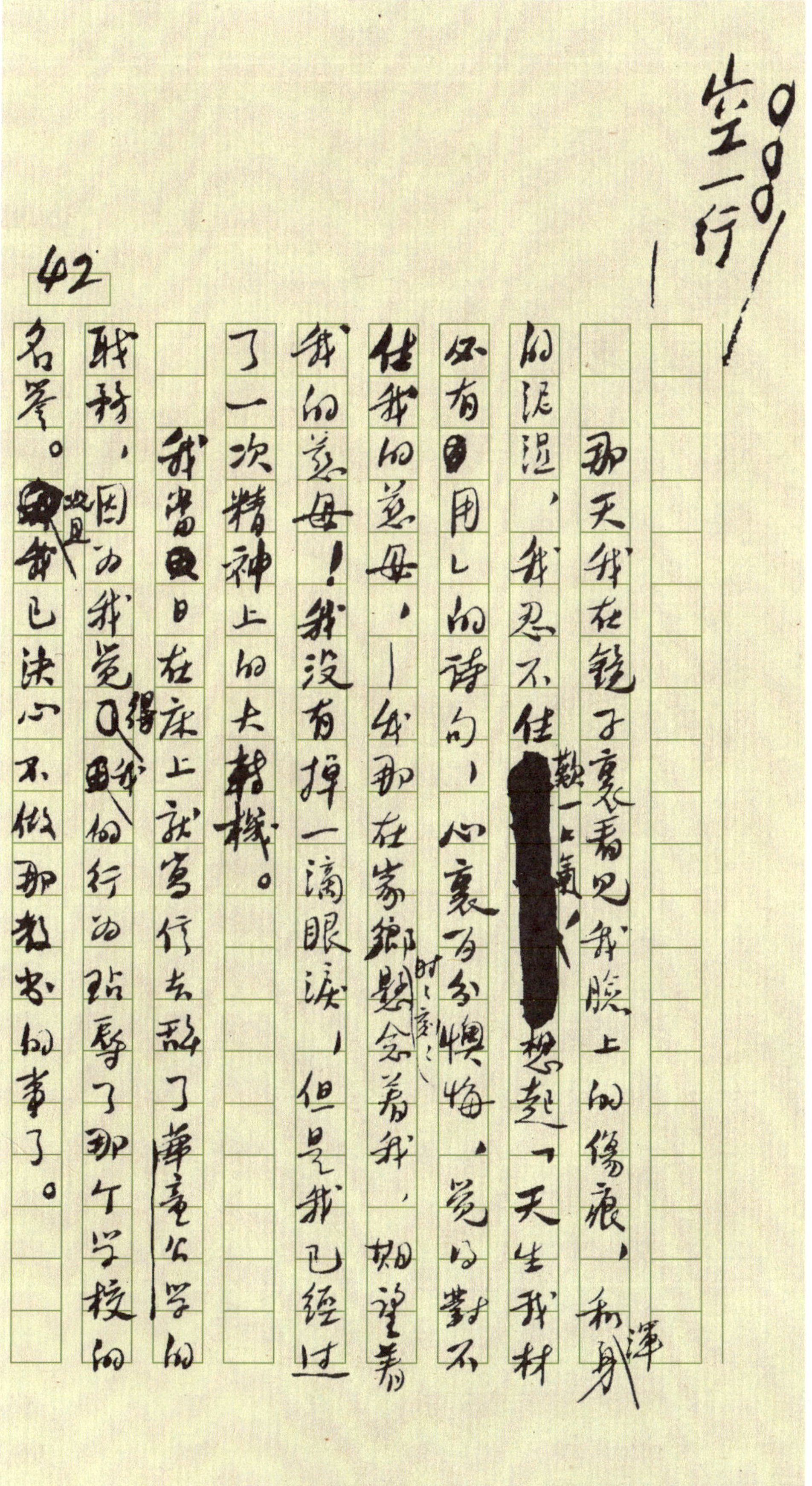

释文

那天我在镜子里看见我脸上的伤痕，和浑身的泥湿，我忍不住叹一口气，想起『天生我材必有用』的诗句，心里百分懊悔，觉得对不住我的慈母，——我那在家乡时时刻刻悬念着我，期望着我的慈母！我没有掉一滴眼泪，但是我已经过了一次精神上的大转机。

我当日在床上就写信去辞了华童公学的职务，因为我觉得我的行为玷辱了那个学校的名誉。况且我已决心不做那教书的事了。

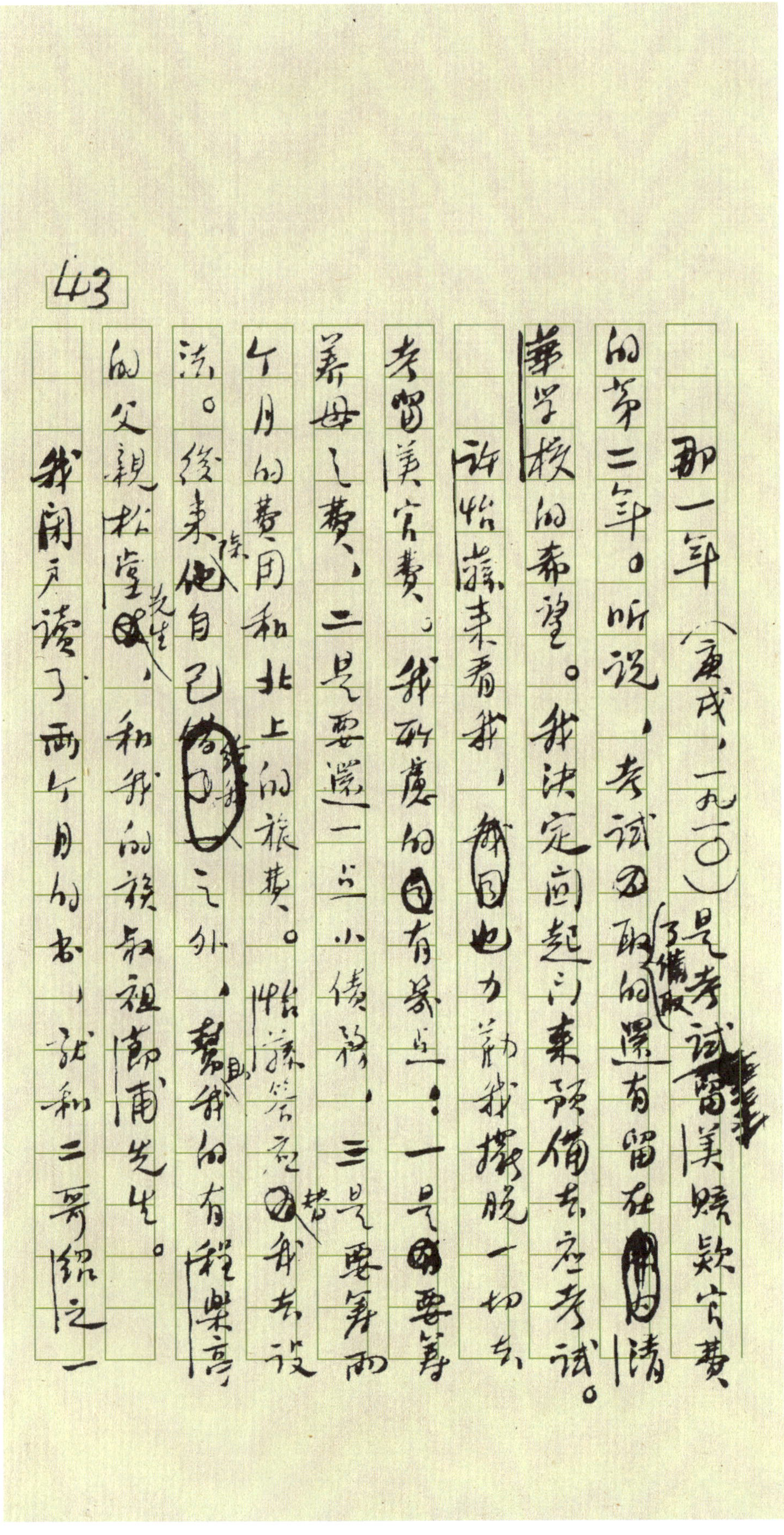

那一年（庚戌，一九一〇）是考试留美赔款官费的第二年。听说，考试取了备取的还有留在清华学校的希望。我决定关起门来预备去应考试。

许怡荪来看我，也力劝我摆脱一切去考留美官费。我所虑的有几点：一是要筹养母之费，二是要还一点小债务，三是要筹两个月的费用和北上的旅费。怡荪答应替我去设法。后来除他自己之外，帮助我的有程乐亭的父亲松堂先生，和我的族叔祖节甫先生。

我闭户读了两个月的书，就和二哥绍之一

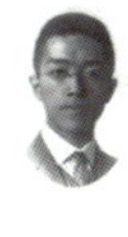

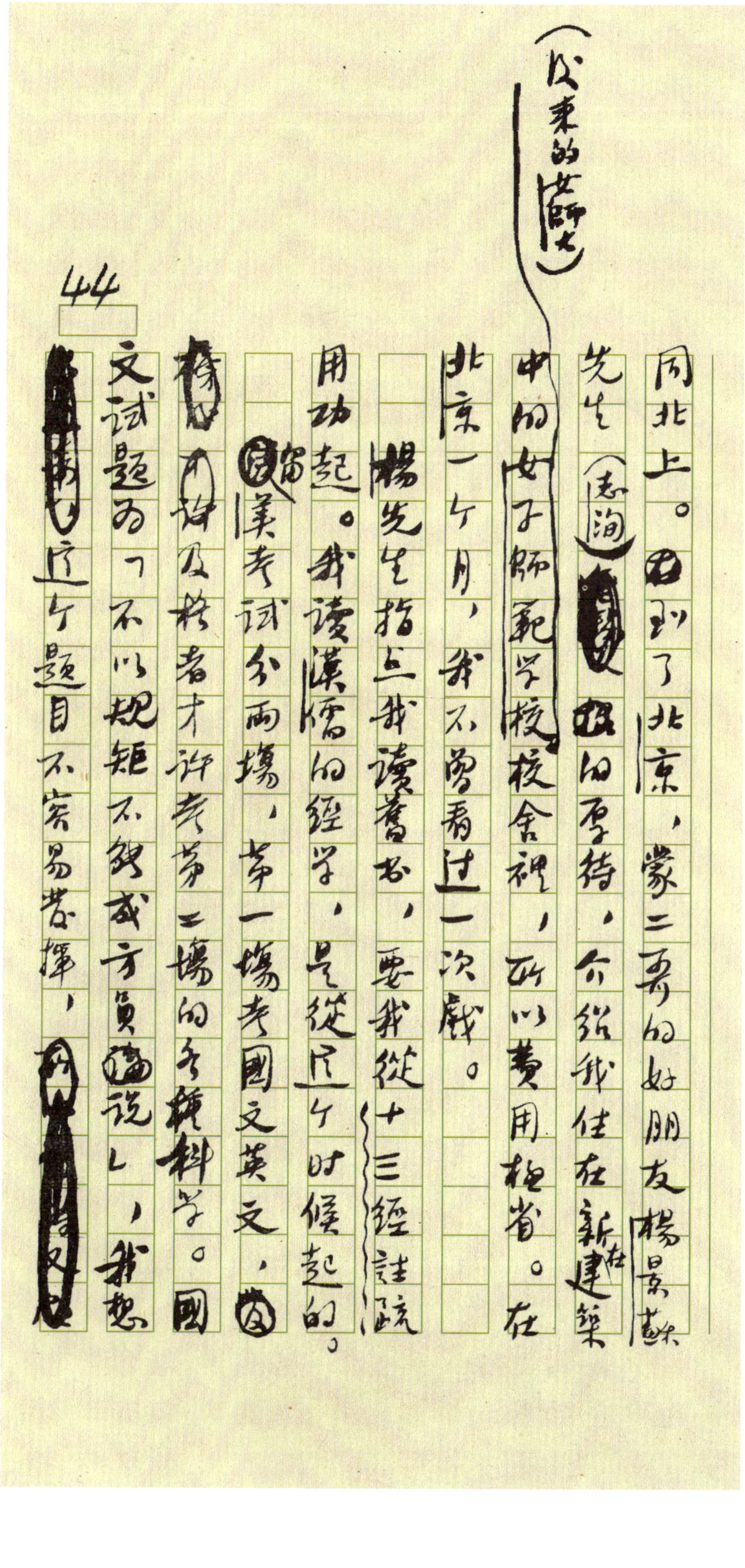
44

同北上。到了北京，蒙二哥的好朋友楊景蘇先生（志洵）的厚待，介紹我住在新在建築中的女子師範學校（後來的女師大）校舍裡，所以費用極省。在北京一個月，我不曾看過一次戲。

楊先生指點我讀舊書，要我從十三經註疏用功起。我讀漢儒的經學，是從這個時候起的。

留美考試分兩場，第一場考國文英文，及格者才許考第二場的各種科學。國文試題為『不以規矩不能成方員說』，我想這個題目不容易發揮，

释文

同北上。到了北京，蒙二哥的好朋友杨景苏先生（志洵）的厚待，介绍我住在新在建筑中的女子师范学校（后来的女师大）校舍里，所以费用极省。在北京一个月，我不曾看过一次戏。

杨先生指点我读旧书，要我从《十三经注疏》用功起。我读汉儒的经学，是从这个时候起的。

留美考试分两场，第一场考国文英文，及格者才许考第二场的各种科学。国文试题为『不以规矩不能成方员说』，我想这个题目不容易发挥，

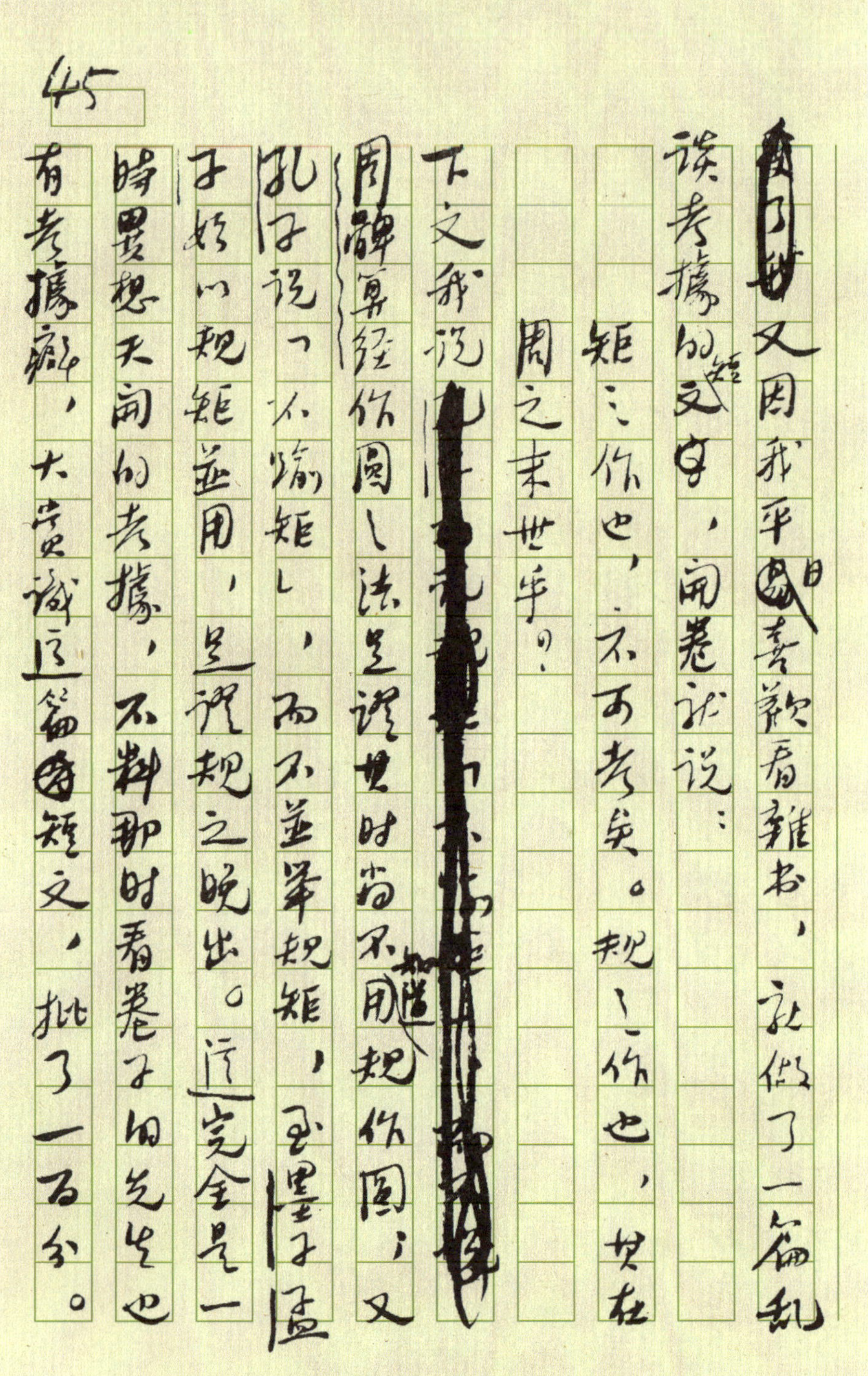

释文

又因我平日喜欢看杂书，就做了一篇乱谈考据的短文，开卷就说：

矩之作也，不可考矣。规之作也，其在周之末世乎？

下文我说《周髀算经》作圆之法足证其时尚不知道用规作圆；又孔子说「不逾矩」，而不并举规矩，至墨子孟子始以规矩并用，足证规之晚出。这完全是一时异想天开的考据，不料那时看卷子的先生也有考据癖，大赏识这篇短文，批了一百分。

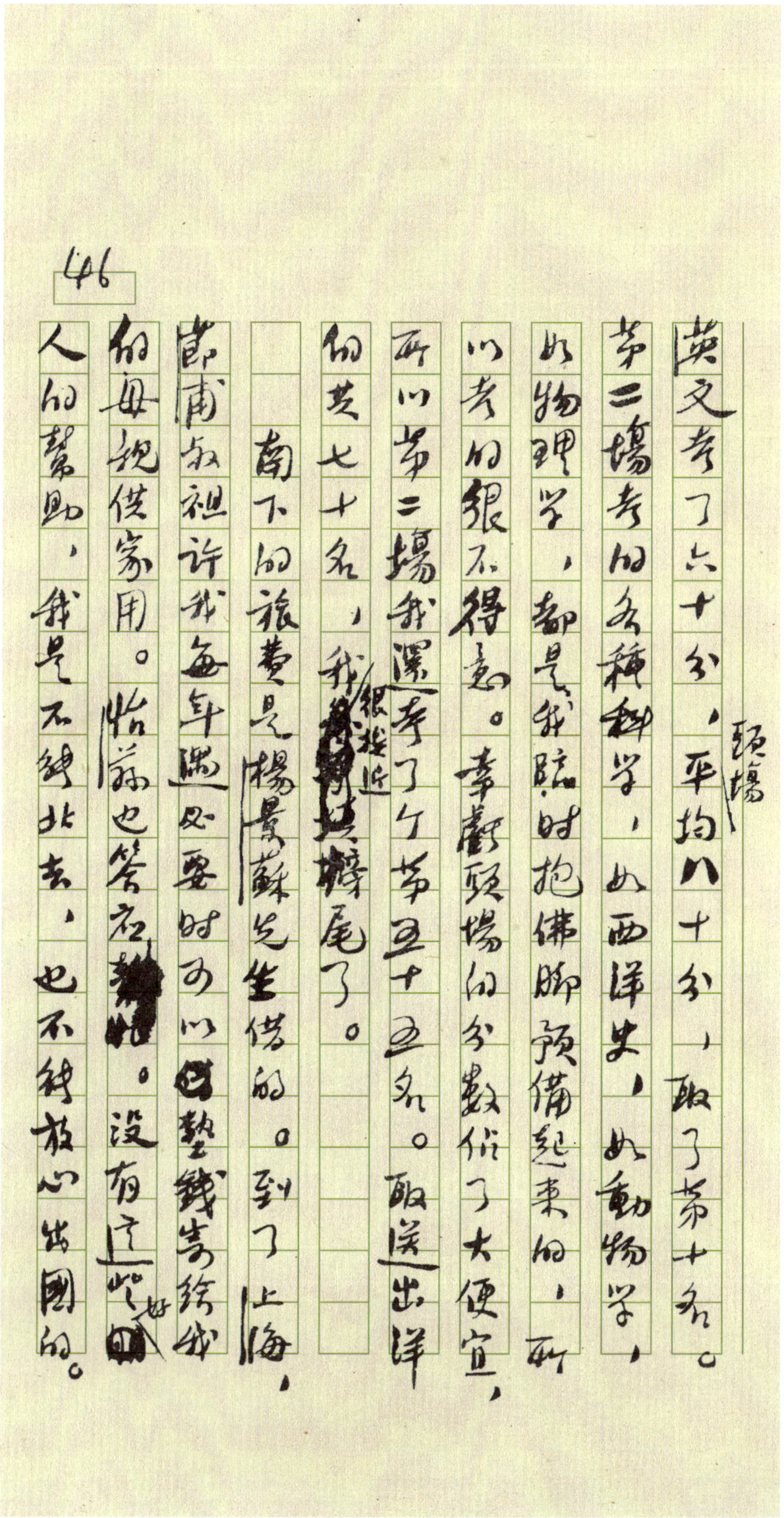

46

释文

英文考了六十分，头场平均八十分，取了第十名。第二场考的各种科学，如西洋史，如动物学，如物理学，都是我临时抱佛脚预备起来的，所以考的很不得意。幸亏头场的分数占了大便宜，所以第二场我还考了个第五十五名。取送出洋的共七十名，我很挨近榜尾了。

南下的旅费是杨景苏先生借的。到了上海，节甫叔祖许我每年遇必要时可以垫钱寄给我的母亲供家用。怡荪也答应帮助。没有这些好人的帮助，我是不能北去，也不能放心出国的。

47

我在学校裡用胡洪騂的名字；這回北上應考，我怕考不取為朋友學生所笑，所以臨時改用胡適的名字。從此以後，我就叫胡適了。

一九三二，九，廿七夜。

释文

我在学校里用胡洪骍的名字；这回北上应考，我怕考不取为朋友学生所笑，所以临时改用胡适的名字。从此以后，我就叫胡适了。

一九三二，九，廿七夜。

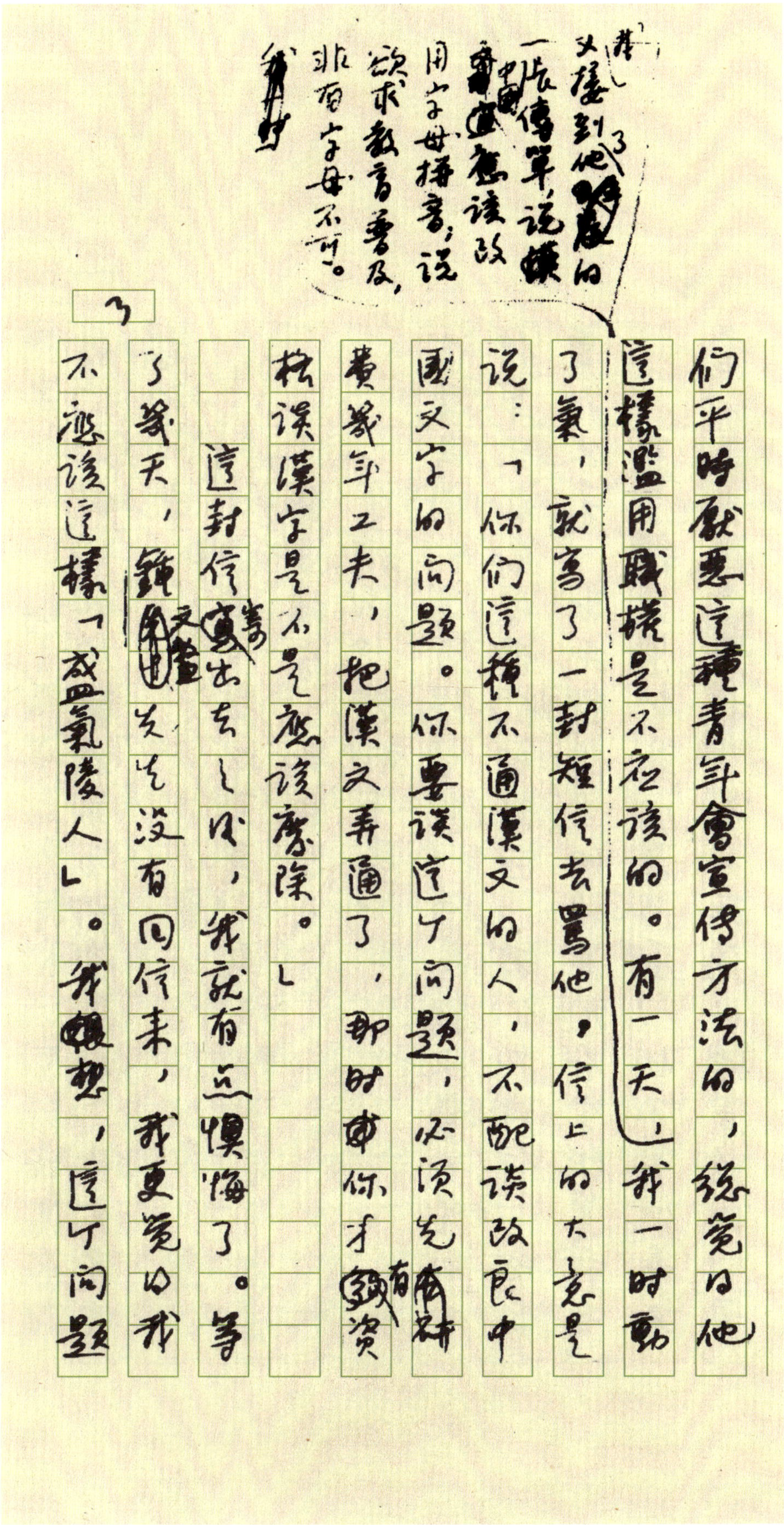

释文

们平时厌恶这种青年会宣传方法的，总觉得他这样滥用职权是不应该的。有一天，我又接到了他的一张传单，说中国应该改用字母拼音；说欲求教育普及，非有字母不可。我一时动了气，就写了一封短信去骂他，信上的大意是说：『你们这种不通汉文的人，不配谈改良中国文字的问题。你要谈这个问题，必须先费几年工夫，把汉文弄通了，那时你才有资格谈汉字是不是应该废除。』

这封信寄出去之后，我就有点懊悔了。等了几天，钟文鳌先生没有回信来，我更觉得我不应该这样『盛气陵人』。我想，这个问题

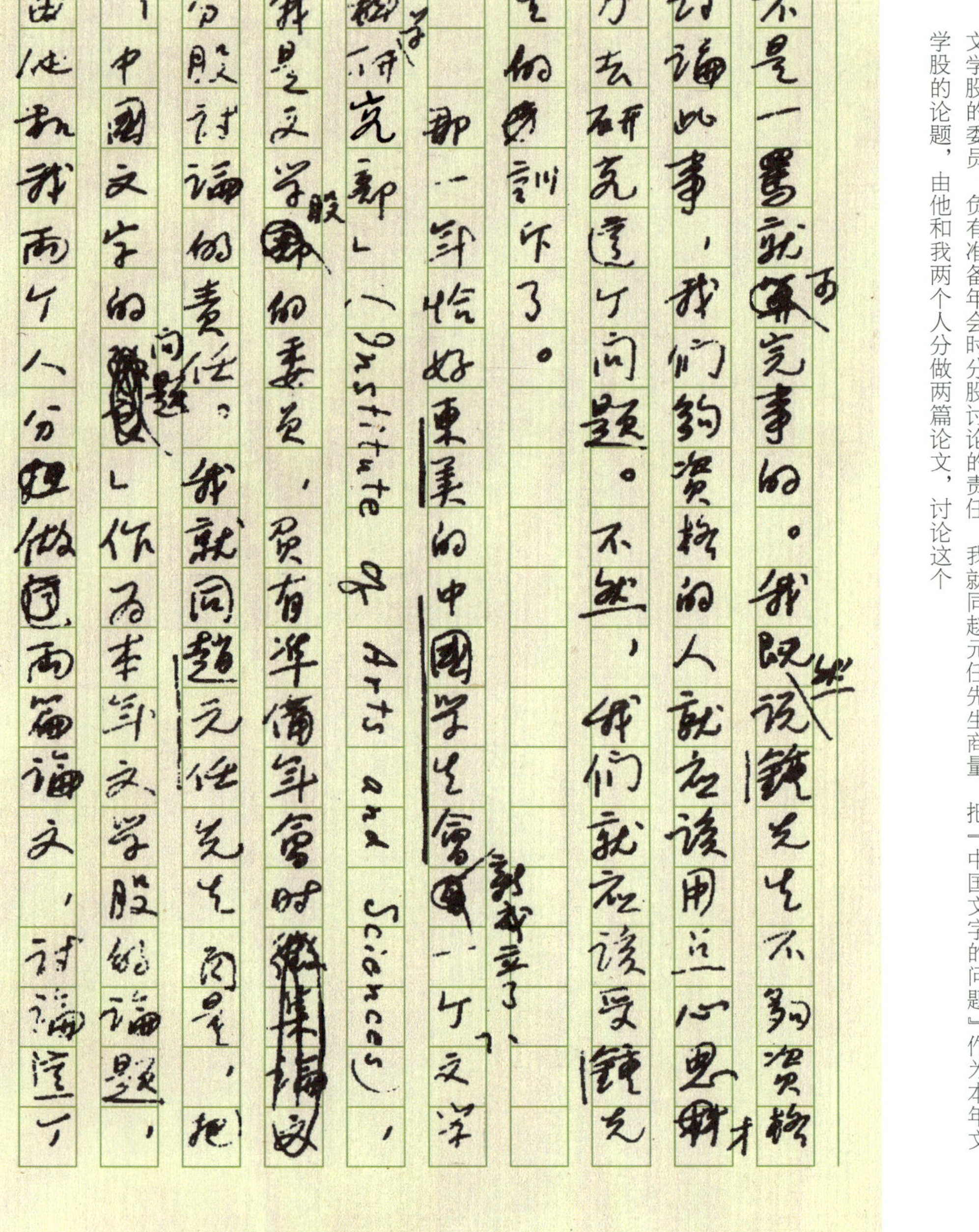

释文

不是一骂就可完事的。我既然说钟先生不够资格讨论此事，我们够资格的人就应该用点心思才力去研究这个问题。不然，我们就应该受钟先生的训斥了。

那一年恰好东美的中国学生会新成立了一个『文学科学研究部』（Institute of Arts and Sciences），我是文学股的委员，负有准备年会时分股讨论的责任。我就同赵元任先生商量，把『中国文字的问题』作为本年文学股的论题，由他和我两个人分做两篇论文，讨论这个

5

问题的两个方面：赵君专论『吾国文字能否采用字母制，及其进行方法』；我的题目是『如何可使吾国文言易于教授』。赵君后来觉得一篇不够，连做了几篇长文，说吾国文字可以采用音标拼音，并且详述赞成与反对的理由。他后来是『国语罗马字』的主要制作人；这几篇主张中国拼音文字的论文是国语罗马字的历史的一种重要史料。

我的论文是一种过渡时代的补救办法。我

释文

问题的两个方面：赵君专论『吾国文字能否采用字母制，及其进行方法』；我的题目是『如何可使吾国文言易于教授』。赵君后来觉得一篇不够，连做了几篇长文，说吾国文字可以采用音标拼音，并且详述赞成与反对的理由。他后来是『国语罗马字』的主要制作人；这几篇主张中国拼音文字的论文是国语罗马字的历史的一种重要史料。

我的论文是一种过渡时代的补救办法。我

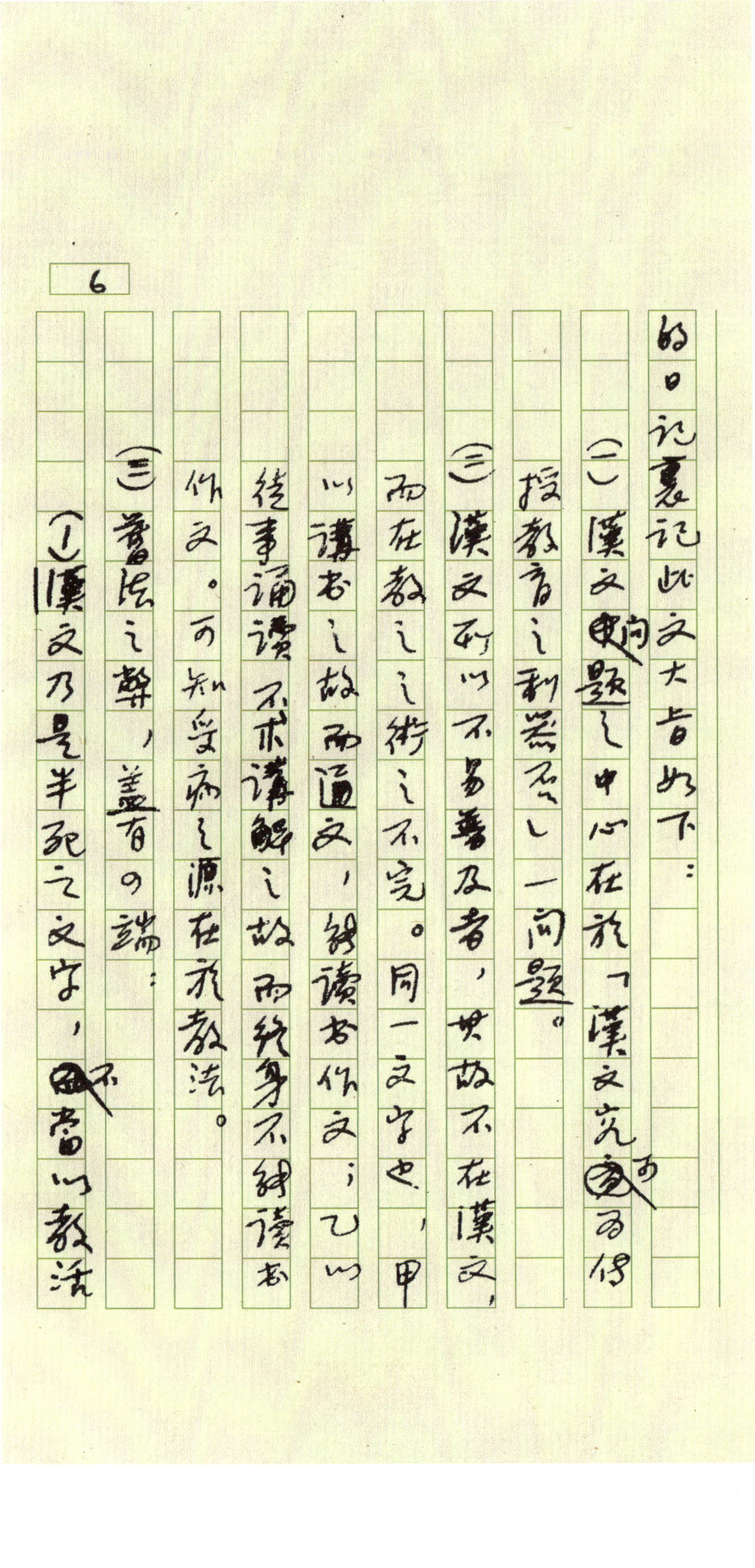
6

的日記裏記此文大旨如下：

（一）漢文問題之中心在於「漢文究可為傳授教育之利器否」一問題。

（二）漢文所以不易普及者，其故不在漢文，而在教之之術之不完。同一文字也，甲以講書之故而通文，能讀書作文；乙以徒事誦讀不求講解之故而終身不能讀書作文。可知受病之源在於教法。

（三）舊法之弊，蓋有四端：

（1）漢文乃是半死之文字，不當以教活

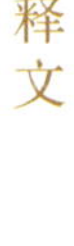

释文

的日记里记此文大旨如下：

（一）汉文问题之中心在于『汉文究可为传授教育之利器否』一问题。

（二）汉文所以不易普及者，其故不在汉文，而在教之之术之不完。同一文字也，甲以讲书之故而通文，能读书作文；乙以徒事诵读不求讲解之故而终身不能读书作文。可知受病之源在于教法。

（三）旧法之弊，盖有四端：

（1）汉文乃是半死之文字，不当以教活

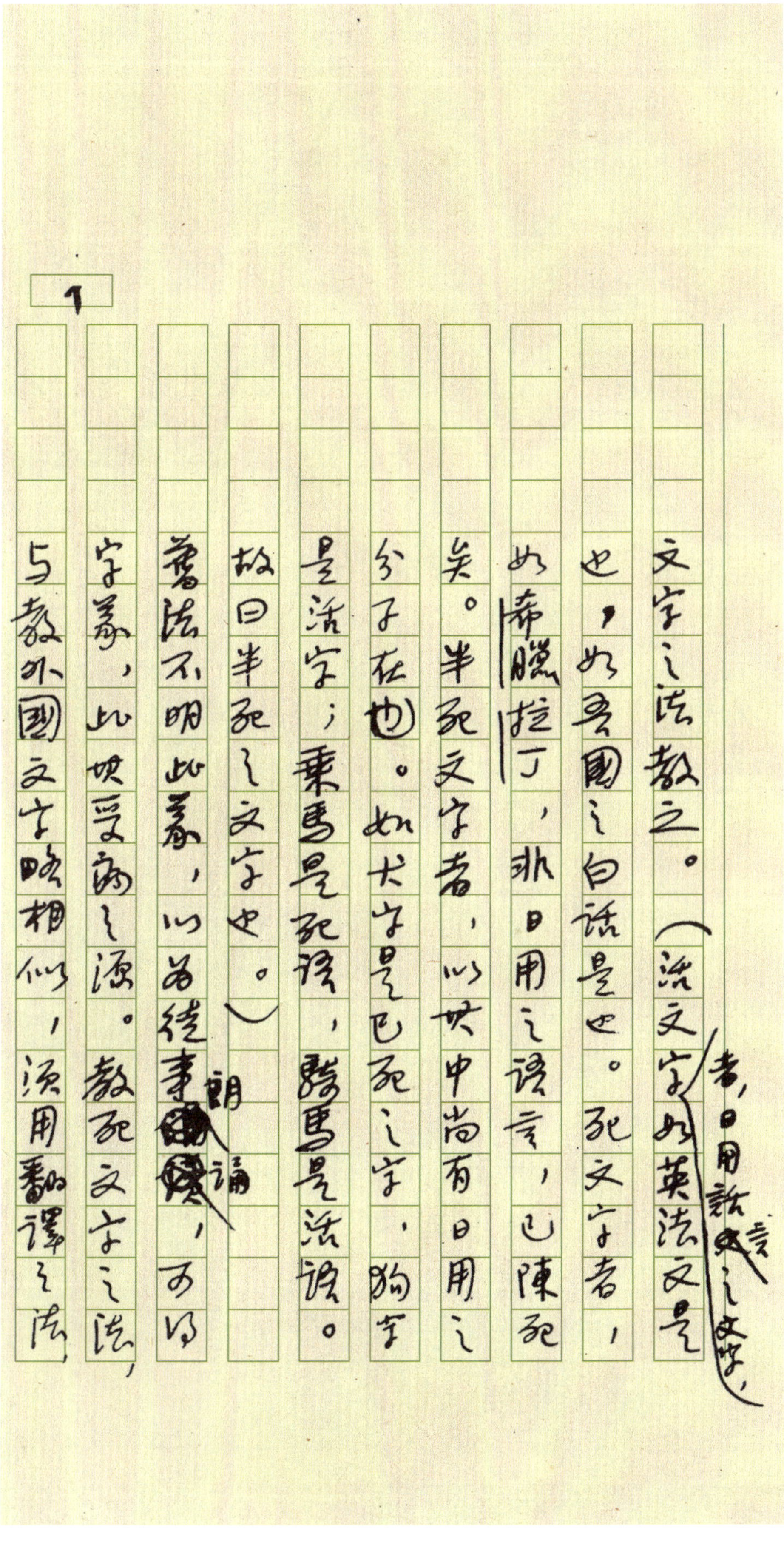
文字之法教之。（活文字者，日用話言之文字，如英法文是也，如吾國之白話是也。死文字者，如希臘拉丁，非日用之語言，已陳死矣。半死文字者，以其中尚有日用之分子在也。如犬字是已死之字，狗字是活字；乘馬是死語，騎馬是活語。故曰半死之文字也。）舊法不明此義，以為徒事朗誦，可得字義，此其受病之源。教死文字之法，與教外國文字略相似，須用翻譯之法，

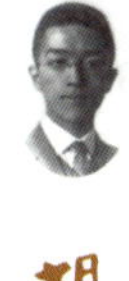

释文

文字之法教之。（活文字者，日用话言之文字，如英法文是也，如吾国之白话是也。死文字者，如希腊拉丁，非日用之语言，已陈死矣。半死文字者，以其中尚有日用之分子在也。如犬字是已死之字，狗字是活字；乘马是死语，骑马是活语。故曰半死之文字也。）旧法不明此义，以为徒事朗诵，可得字义，此其受病之源。教死文字之法，与教外国文字略相似，须用翻译之法，

译死语为活语，所谓『讲书』是也。

（2）汉文乃是视官的文字，非听官的文字。凡一字有二要，一为其声，一为其义：无论何种文字，皆不能同时并达此二者。字母的文字但能传声，不能达意，象形会意之文字，但可达意而不能传声。今之汉文已失象形会意指事之特长；而教者又不复知说文学。其结果遂令吾国文字既不能传声，又不能达意。向之有一短者，今乃并失

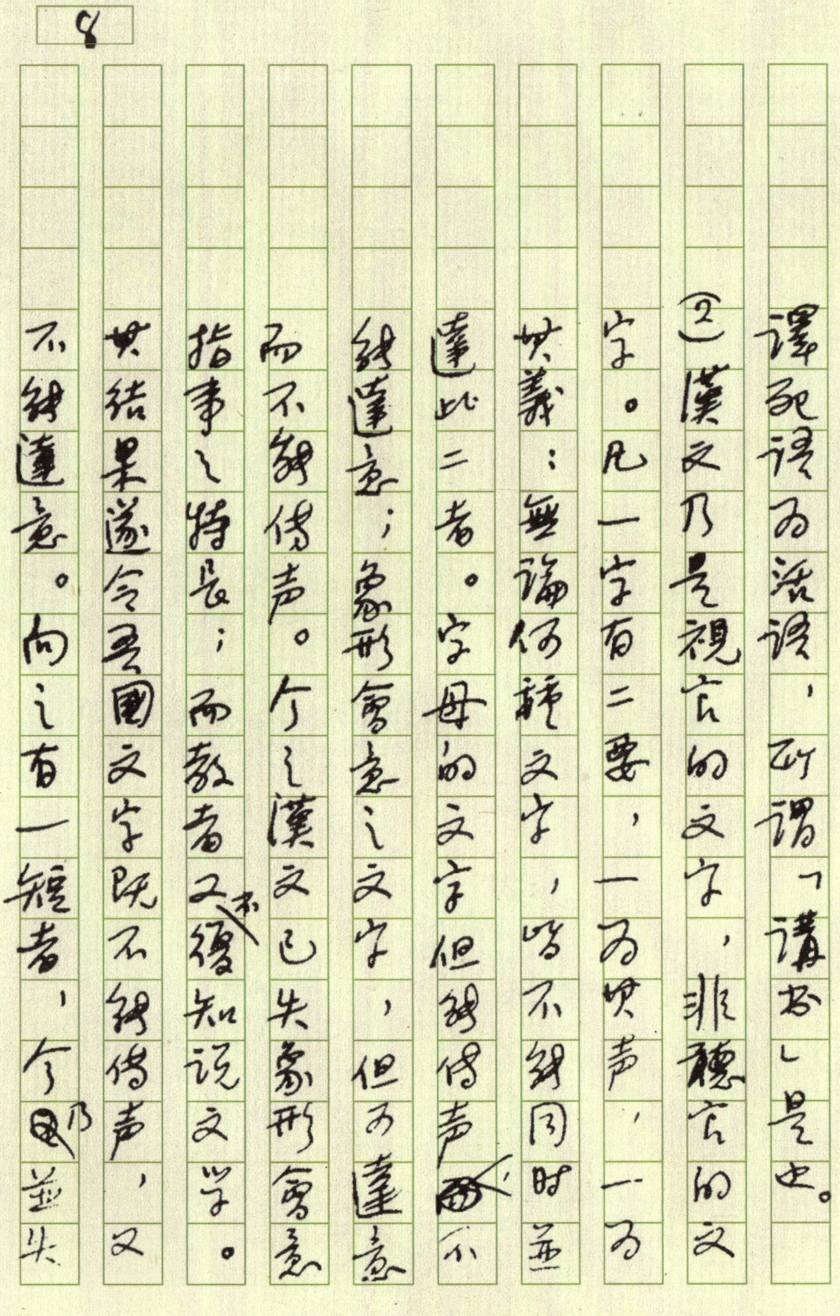

9

释文

其所长。学者不独须强记字音，又须强记字义，是事倍而功半也。欲救此弊，当鼓励字源学，当以古体与今体同列教科书中；小学教科当先令童蒙习象形指事之字，次及浅易之会意字，次及浅易之形声字。中学以上皆当习字源学。

（3）吾国文本有文法。文法乃教文字语言之捷径，今当鼓励文法学，列为必须之学科。

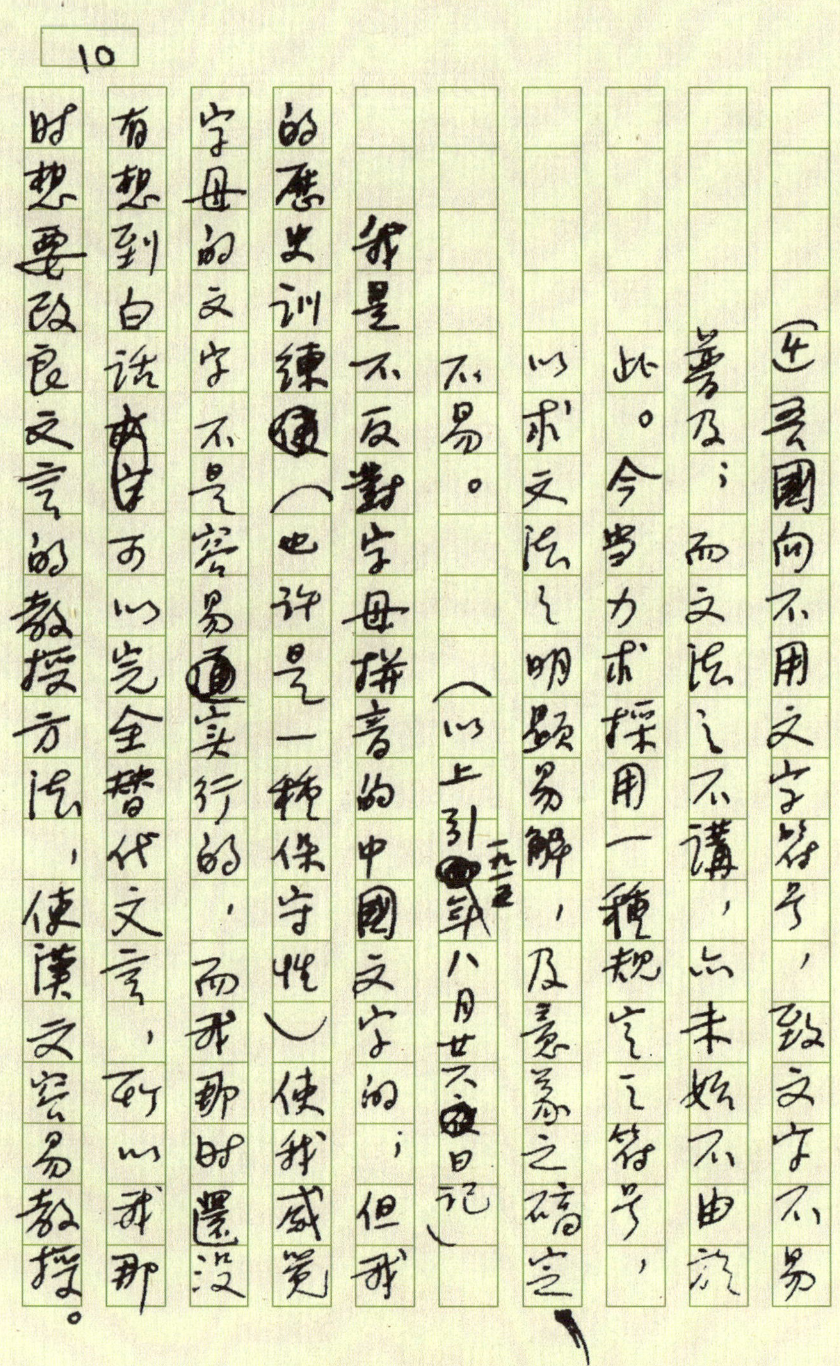

释文

（4）吾国向不用文字符号，致文字不易普及；而文法之不讲，亦未始不由于此。今当力求采用一种规定之符号，以求文法之明显易解，及意义之确定不易。（以上引一九一五年八月廿六日记）

我是不反对字母拼音的中国文字的；但我的历史训练（也许是一种保守性）使我感觉字母的文字不是容易实行的，而我那时还没有想到白话可以完全替代文言，所以我那时想要改良文言的教授方法，使汉文容易教授。

释文

我那段日记的前段还说：

当此字母制未成之先，今之文言终不可废置，以其为仅有之各省交通之媒介也，以其为仅有之教育授受之具也。

我提出的四条古文教授法，都是从我早年的经验里得来的。第一条注重讲解古书，是我幼年时最得力的方法。（看《四十自述》，页四四—四六）第二条主张字源学是在美国时的一点经验：有一个美国同学跟我学中国文字，我买一部王筠的《文字蒙求》给他做课本，觉得颇有功效。第三条讲求

12

释文

文法是我崇拜《马氏文通》的结果，也是我学习英文的经验的教训。第四条讲标点符号的重要也是学外国文得来的教训；我那几年想出了种种标点的符号，一九一五年六月为『科学』作了一篇『论句读及文字符号』的长文，约有一万字，凡规定符号十种，在引论中我讨论没有文字符号的三大弊：一为意义不能确定，容易误解，二为无以表示文法上的关系，三为教育不能普及。我在日记里自跋云：

吾之有意于句读及符号之学也久矣。此

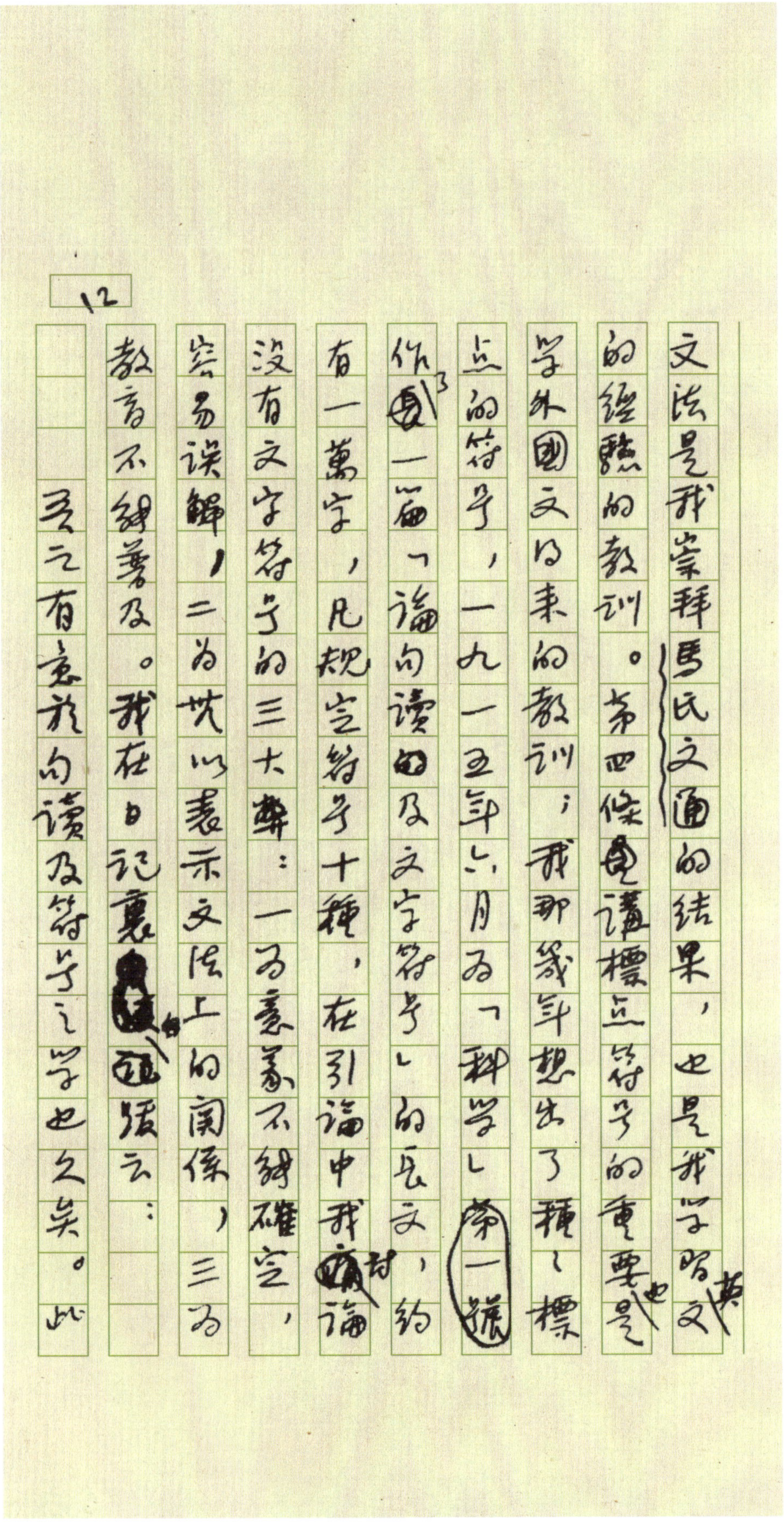

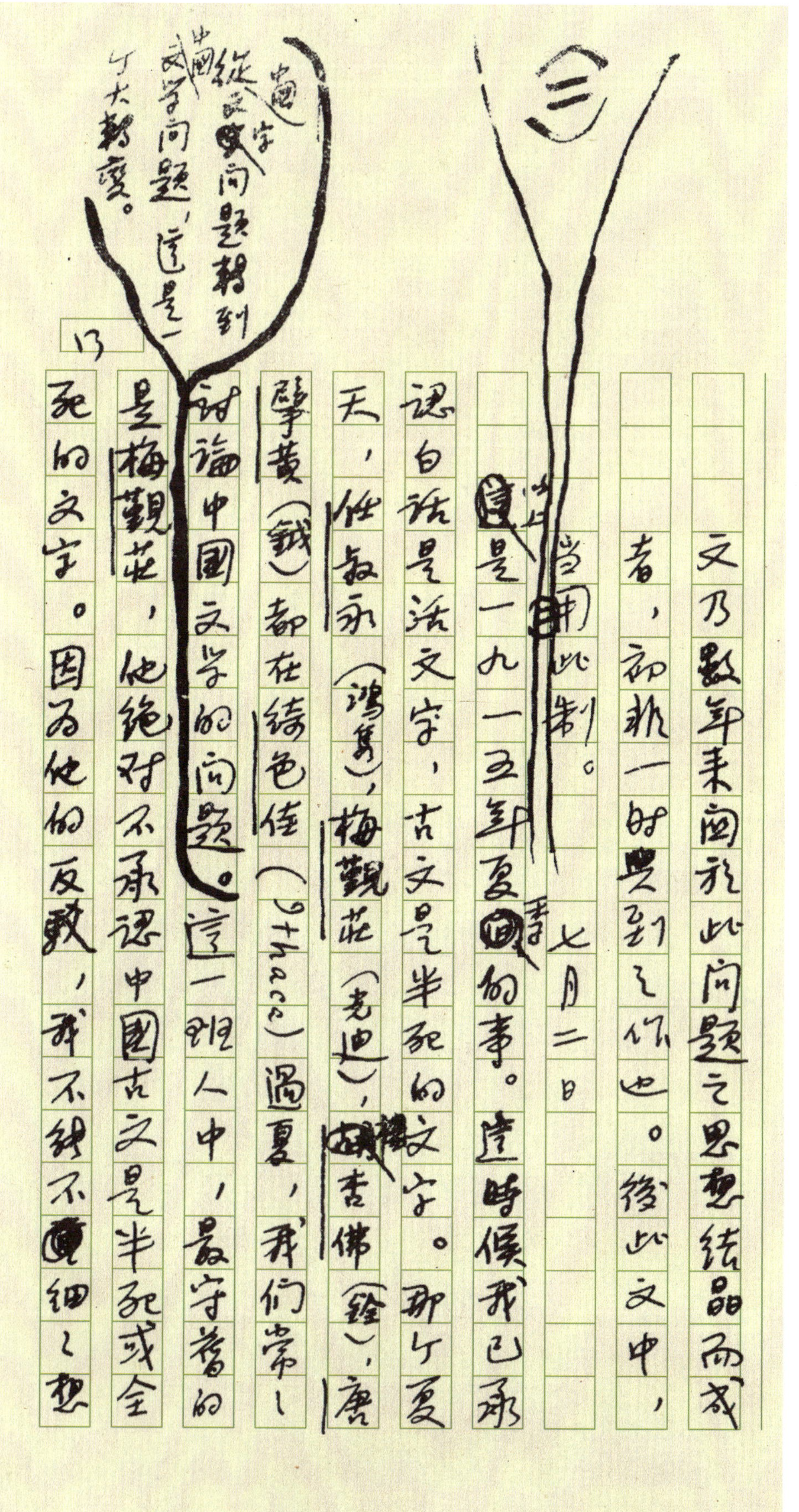
文乃數年來關於此問題之思想結晶而成者，初非一時興到之作也。後此文中，當用此制。
七月二日
（二）
這是一九一五年夏季的事。這時候我已承認白話是活文字，古文是半死的文字。那個夏天，任叔永（鴻雋），梅覲莊（光迪），楊杏佛（銓），唐擘黃（鉞）都在綺色佳（Ithaca）過夏，我們常常討論中國文學的問題。從中國文字問題轉到中國文學問題，這是一個大轉變。這一班人中，最守舊的是梅覲莊，他絕對不承認中國古文是半死或全死的文字。因為他的反駁，我不能不細細想

17

释文

文乃数年来关于此问题之思想结晶而成者，初非一时兴到之作也。后此文中，当用此制。

七月二日

（二）

以上是一九一五年夏季的事。这时候我已承认白话是活文字，古文是半死的文字。那个夏天，任叔永（鸿隽），梅觐庄（光迪），杨杏佛（铨），唐擘黄（钺）都在绮色佳（Ithaca）过夏，我们常常讨论中国文学的问题。从中国文字问题转到中国文学问题，这是一个大转变。这一班人中，最守旧的是梅觐庄，他绝对不承认中国古文是半死或全死的文字。因为他的反驳，我不能不细细想

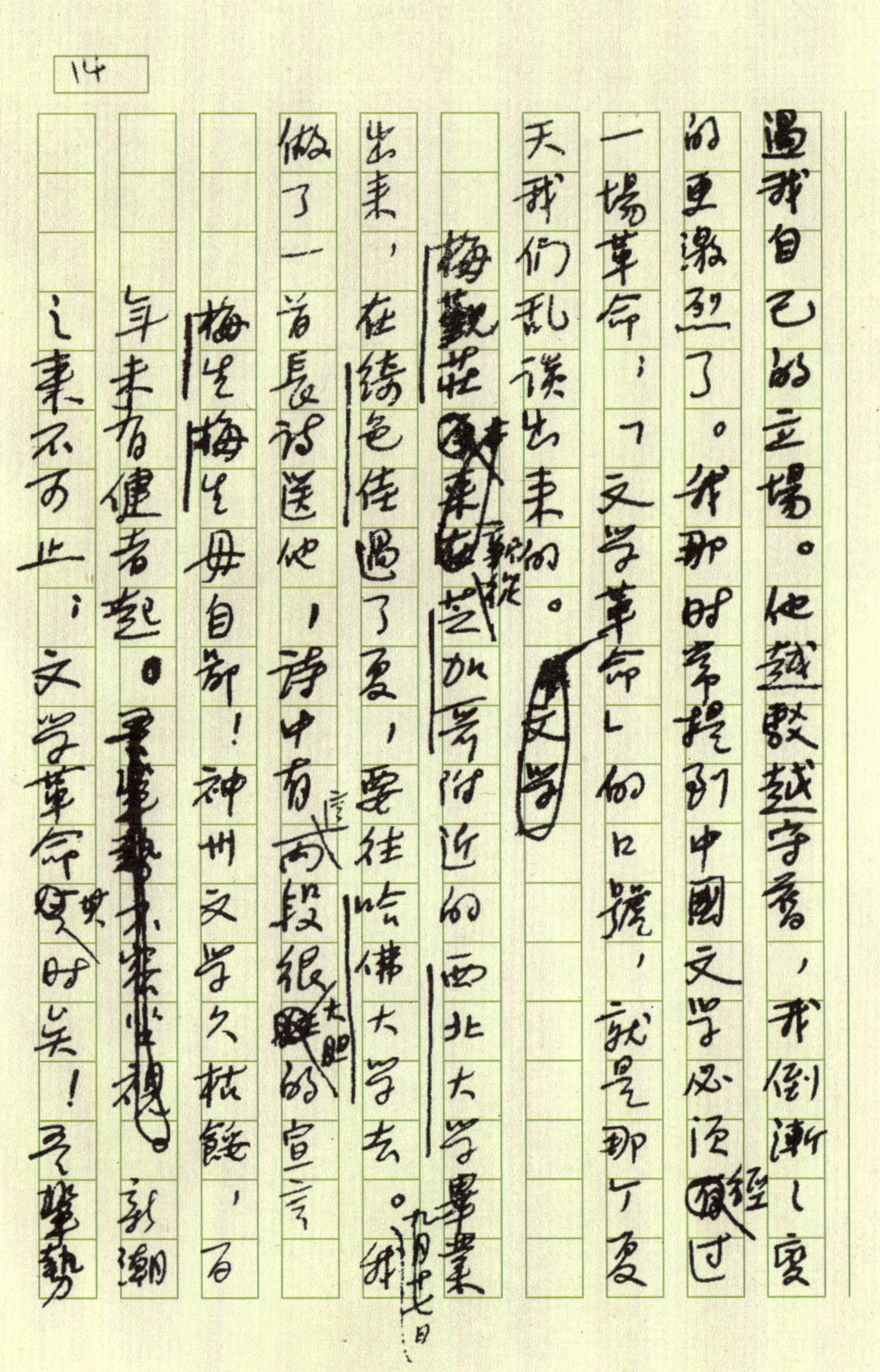

释文

过我自己的立场。他越驳越守旧，我倒渐渐变的更激烈了。我那时常提到中国文学必须经过一场革命；『文学革命』的口号，就是那个夏天我们乱谈出来的。

梅觐庄新从芝加哥附近的西北大学毕业出来，在绮色佳过了夏，要往哈佛大学去。九月十七日，我做了一首长诗送他，诗中有这两段很大胆的宣言：

梅生梅生毋自鄙！神州文学久枯馁，百年未有健者起。新潮之来不可止；文学革命其时矣！吾辈势

释文

不容坐视。且复号召二三子，革命军前杖马棰，鞭笞驱除一车鬼，再拜迎入新世纪！以此报国未云菲：缩地戡天差可拟。梅生梅生毋自鄙！

作歌今送梅生行，狂言人道臣当烹。我自不吐定不快，人言未足为重轻。

在这诗里，我第一次用『文学革命』一个名词。这首诗颇引起了一些小风波。原诗共有四百二十字，全篇用了十一个外国字的译音。任叔永把那诗里的一些外国字连缀起来，做了一首游戏

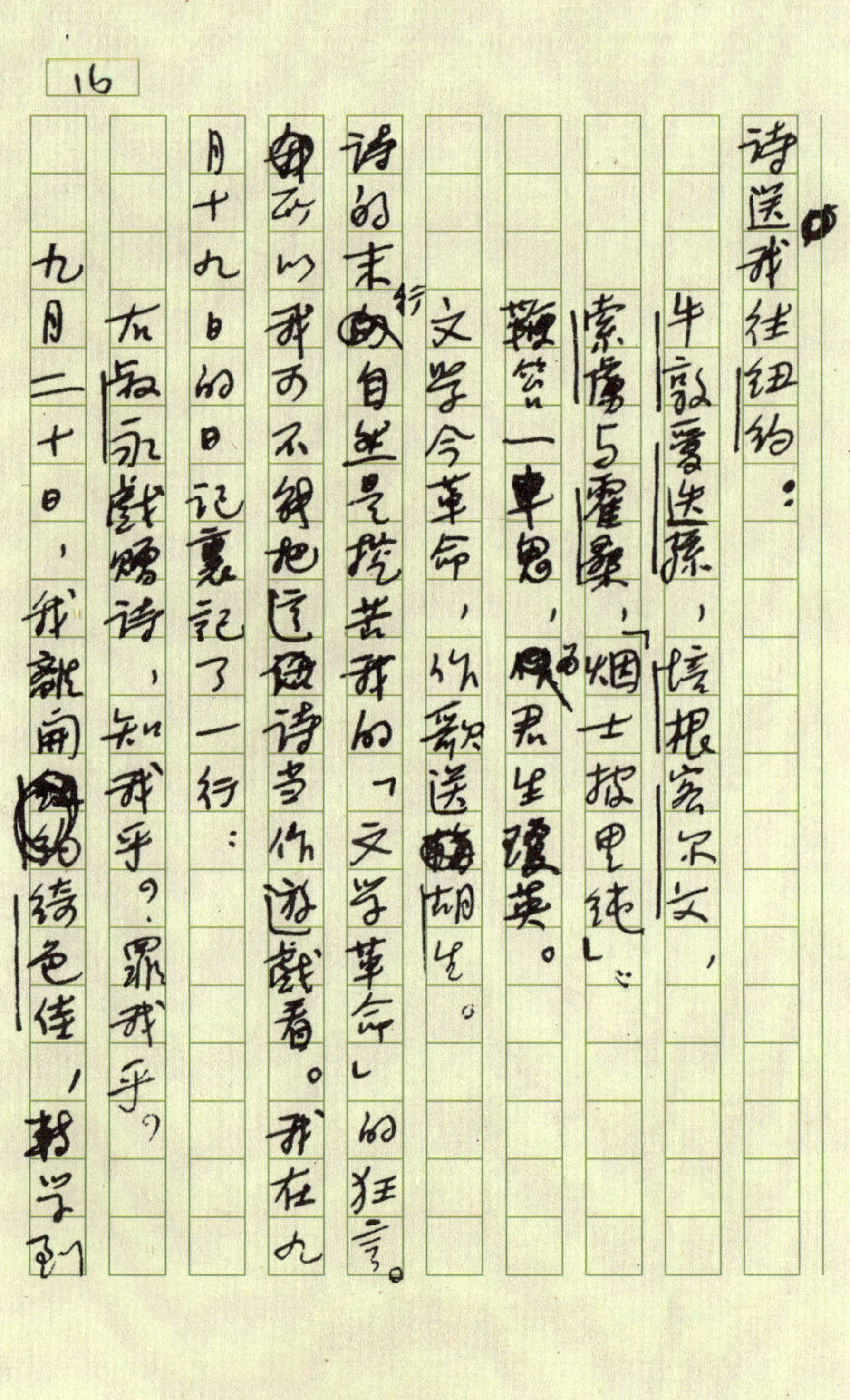

释文

诗送我往纽约：

牛敦爱迭孙，培根客尔文，索虏与霍桑，『烟士披里纯』。

鞭笞一车鬼，为君生琼英。文学今革命，作歌送胡生。

诗的末行自然是挖苦我的『文学革命』的狂言。所以我可不能把这诗当作游戏看。我在九月十九日的日记里记了一行：

右叔永戏赠诗，知我乎？罪我乎？

九月二十日，我离开绮色佳，转学到

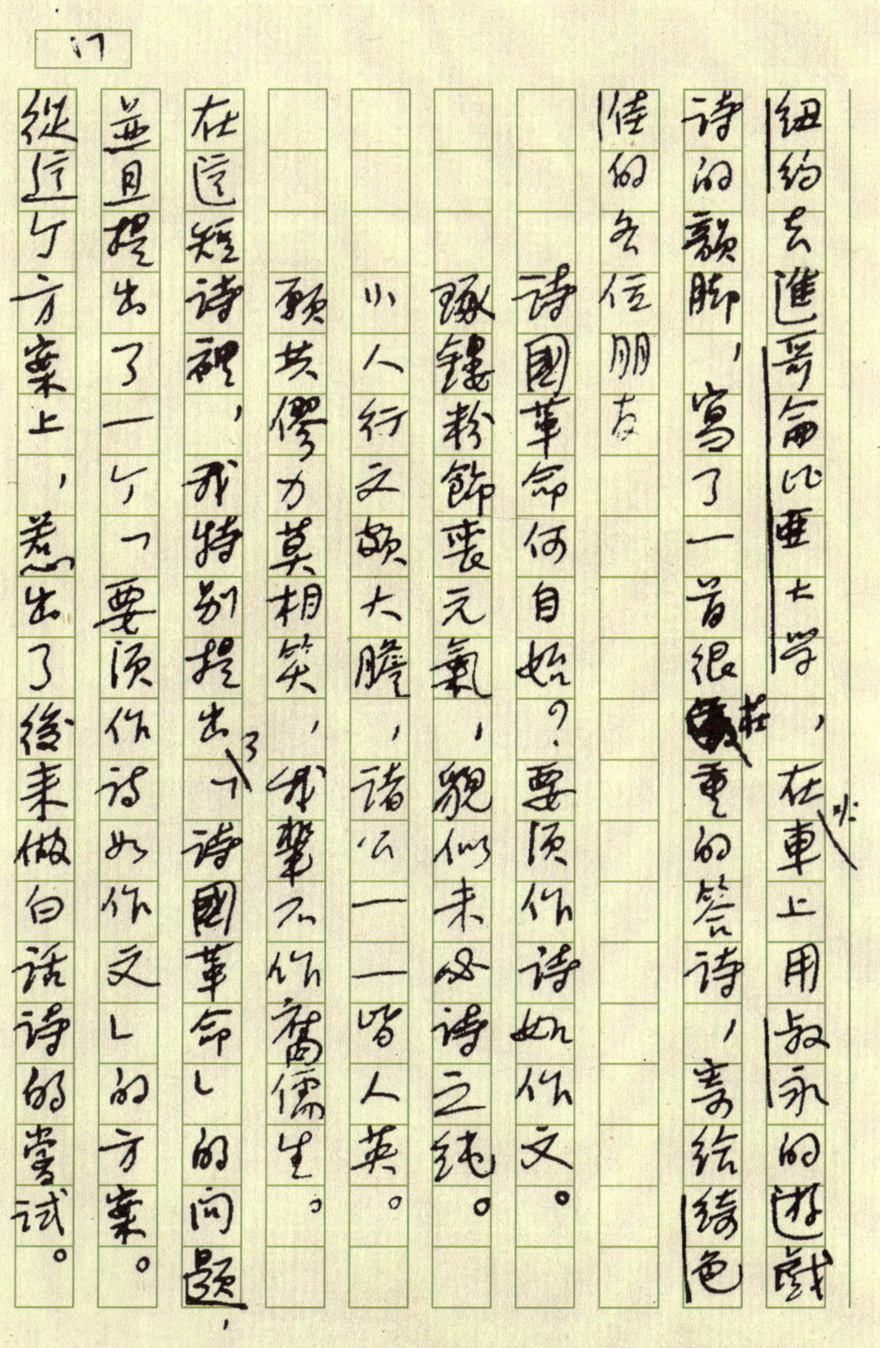

释文

纽约去进哥仑比亚大学，在火车上用叔永的游戏诗的韵脚，写了一首很庄重的答诗，寄给绮色佳的各位朋友：

诗国革命何自始？要须作诗如作文。琢镂粉饰丧元气，貌似未必诗之纯。

小人行文颇大胆，诸公一一皆人英。愿共僇力莫相笑，我辈不作腐儒生。

在这短诗里，我特别提出了『诗国革命』的问题，并且提出了一个『要须作诗如作文』的方案。从这个方案上，惹出了后来做白话诗的尝试。

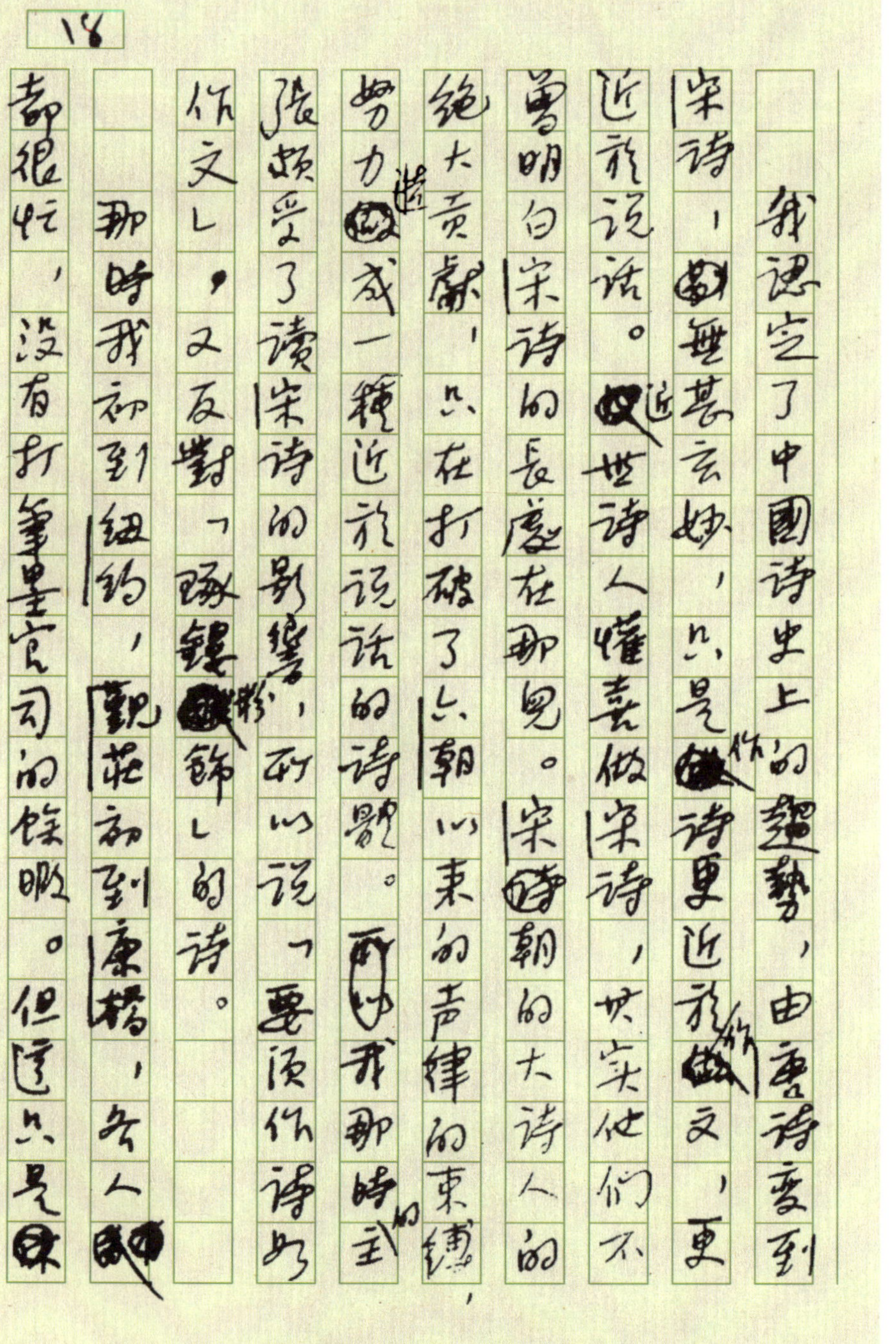

释文

我认定了中国诗史上的趋势，由唐诗变到宋诗，无甚玄妙，只是作诗更近于作文，更近于说话。近世诗人欢喜做宋诗，其实他们不曾明白宋诗的长处在那儿。宋朝的大诗人的绝大贡献，只在打破了六朝以来的声律的束缚，努力造成一种近于说话的诗体。我那时的主张颇受了读宋诗的影响，所以说『要须作诗如作文』，又反对『琢镂粉饰』的诗。

那时我初到纽约，觐庄初到康桥，各人都很忙，没有打笔墨官司的馀暇。但这只是

19

释文

暂时的停战，偶一接触，又爆发了。

（三）

一九一六年，我们的争辩最激烈，也最有效果。争辩的起点，仍旧是我的『要须作诗如作文』的一句诗。梅觐庄曾驳我道：

足下谓诗国革命始于『作诗如作文』，迪颇不以为然。诗文截然两途。诗之文字（Poetic diction）与文之文字（Prose diction），

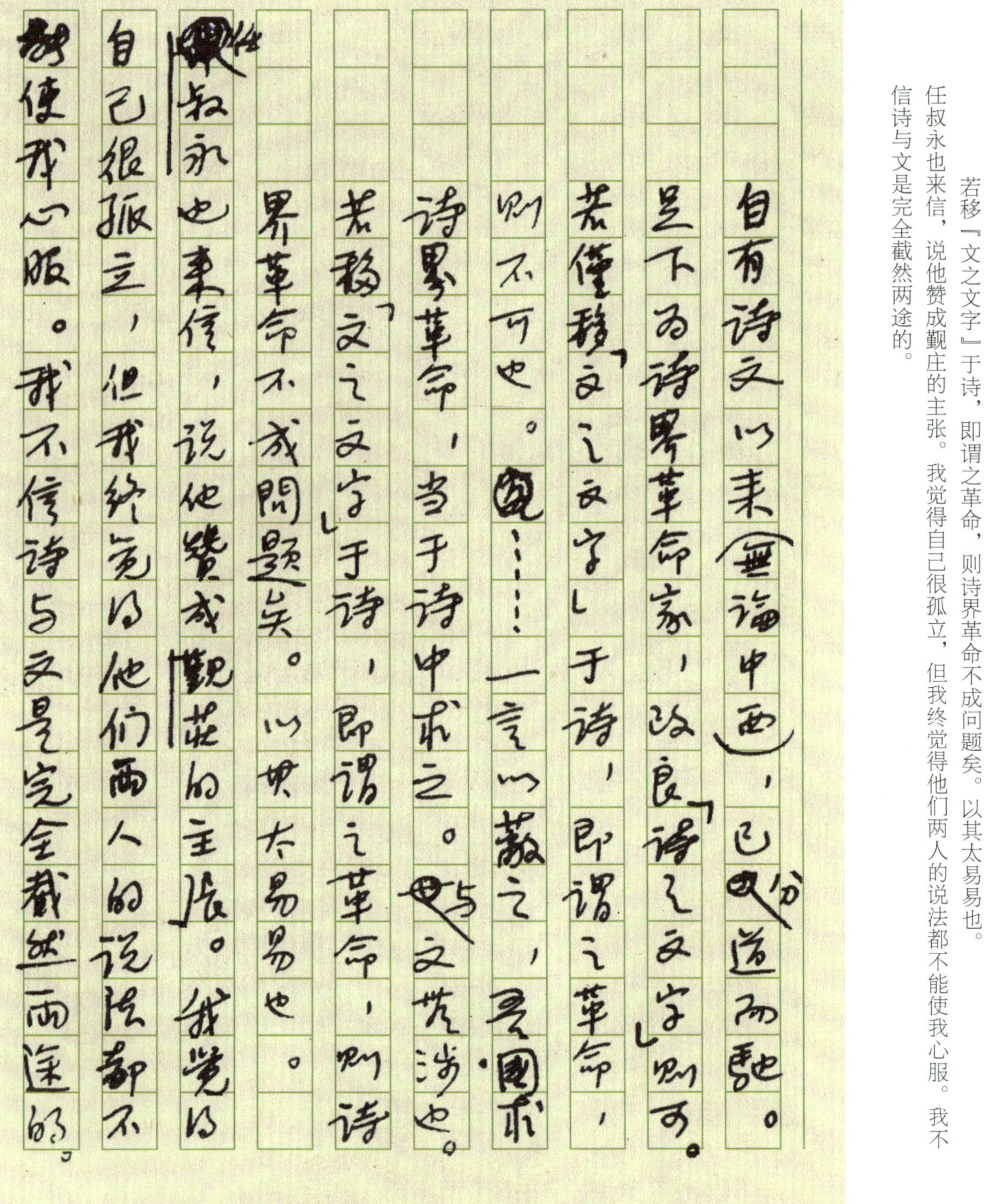

释文

自有诗文以来（无论中西），已分道而驰。足下为诗界革命家，改良『诗之文字』则可。若仅移『文之文字』于诗，即谓之革命，则不可也。……一言以蔽之，吾国求诗界革命，当于诗中求之。与文无涉也。若移『文之文字』于诗，即谓之革命，则诗界革命不成问题矣。以其太易易也。

任叔永也来信，说他赞成觐庄的主张。我觉得自己很孤立，但我终觉得他们两人的说法都不能使我心服。我不信诗与文是完全截然两途的。

释文

我答他们的信，说我的主张并不仅仅是以『文之文字』入诗。我的大意是：

今日文学大病在于徒有形式而无精神，徒有文而无质，徒有铿锵之韵，貌似之辞而已。今欲救此文胜之弊，宜从三事入手：第一须言之有物，第二须讲文法，第三，当用『文之文字』时，不可避之。

三者皆以质救文胜之敝也。（二月三日）

我自己日记里记着：

吾所持论，固不徒以『文之文字』入诗

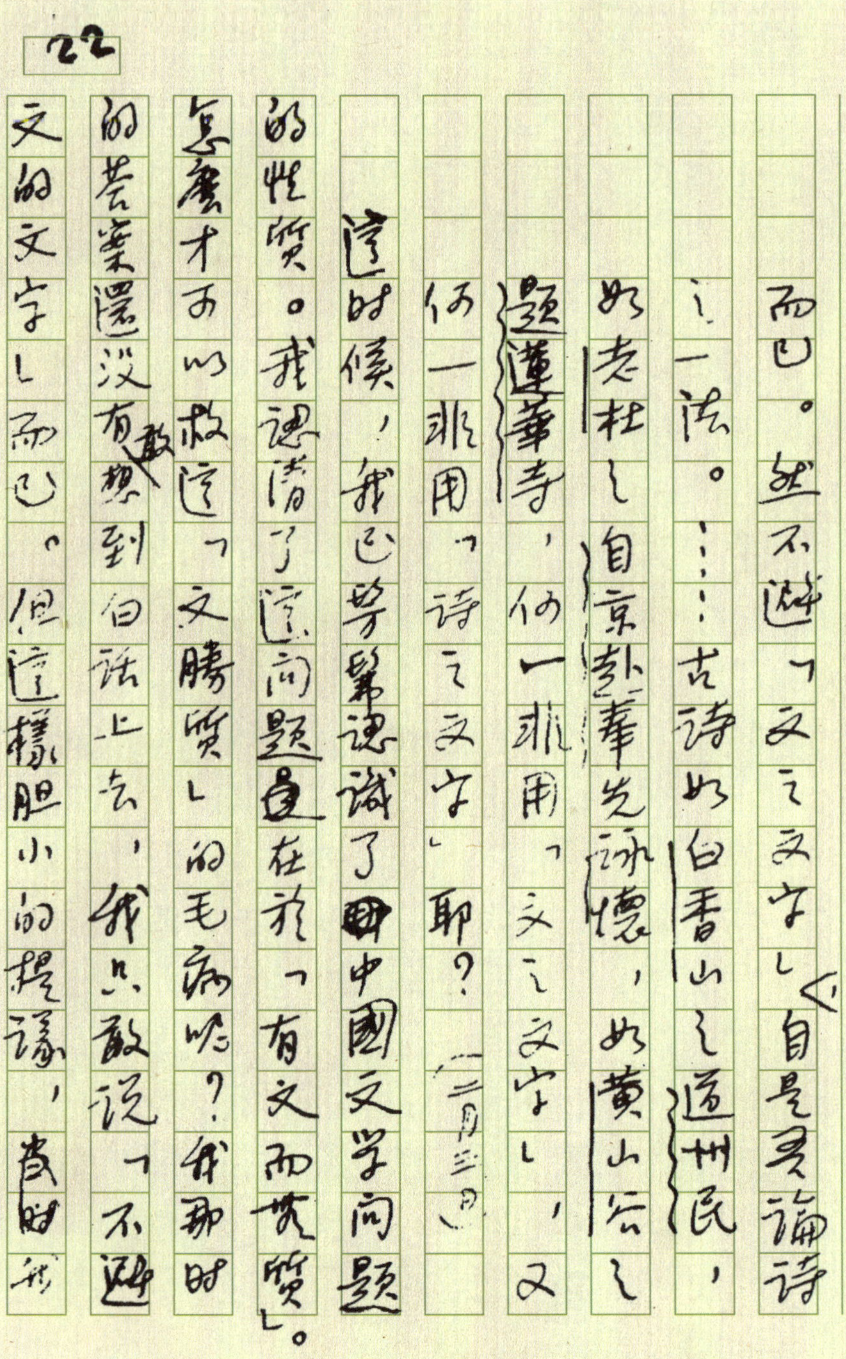

释文

而已。然不避『文之文字』，自是吾论诗之一法。……古诗如白香山之《道州民》，如老杜之《自京赴奉先咏怀》，如黄山谷之《题莲华寺》，何一非用『文之文字』，又何一非用『诗之文字』耶？

（二月三日）

这时候，我已仿佛认识了中国文学问题的性质。我认清了这问题在于『有文而无质』。怎么才可以救这『文胜质』的毛病呢？我那时的答案还没有敢想到白话上去，我只敢说『不避文的文字』而已。但这样胆小的提议，我

23

释文

的一班朋友都还不能了解。梅觐庄的固执『诗的文字』与『文的文字』的区别，自不必说。任叔永也不能完全了解我的意思。他有信来说：

……要之，无论诗文，皆当有质。有文无质，则成吾国近世萎靡腐朽之文学，吾人正当廓而清之。然使以文学革命自命者，乃言之无文，欲其行远，得乎？近来颇思吾国文学不振，其最大原因，乃在文人无学。救之之法，当从绩学入手。徒于文字形式上讨论，无当也。（二月十日）

释文

这种说法，何尝不是？但他们都不明白『文字形式』往往是可以妨碍束缚文学的本质的。『旧皮囊装不得新酒』，是西方的老话。我们也有『工若善其事，必先利其器』的古话。文字形式是文学的工具；工具不适用，如何能达意表情？

从二月到三月，我的思想上起了一个根本的新觉悟。我曾澈底想过：一部中国文学史只是一部文字形式（工具）新陈代谢的历史，只是『活文学』随时起来替代了『死文学』的历史。文学的生命全靠能用一个时代的活的工具来表现一个

释文

时代的情感与思想。工具僵化了，必须另换新的，活的：这就是『文学革命』。例如《水浒传》上石秀说的：

你这与奴才做奴才的奴才！

我们若把这句话改作古文，『汝奴之奴！』或他种译法，总不能有原文的力量。这岂不是因为死的文字不能表现活的话语？此种例证，何止千百？所以我们可以说：历史上的『文学革命』全是文学工具的革命。叔永诸人全不知道工具的重要，所以说『徒于文字形式上讨论，无

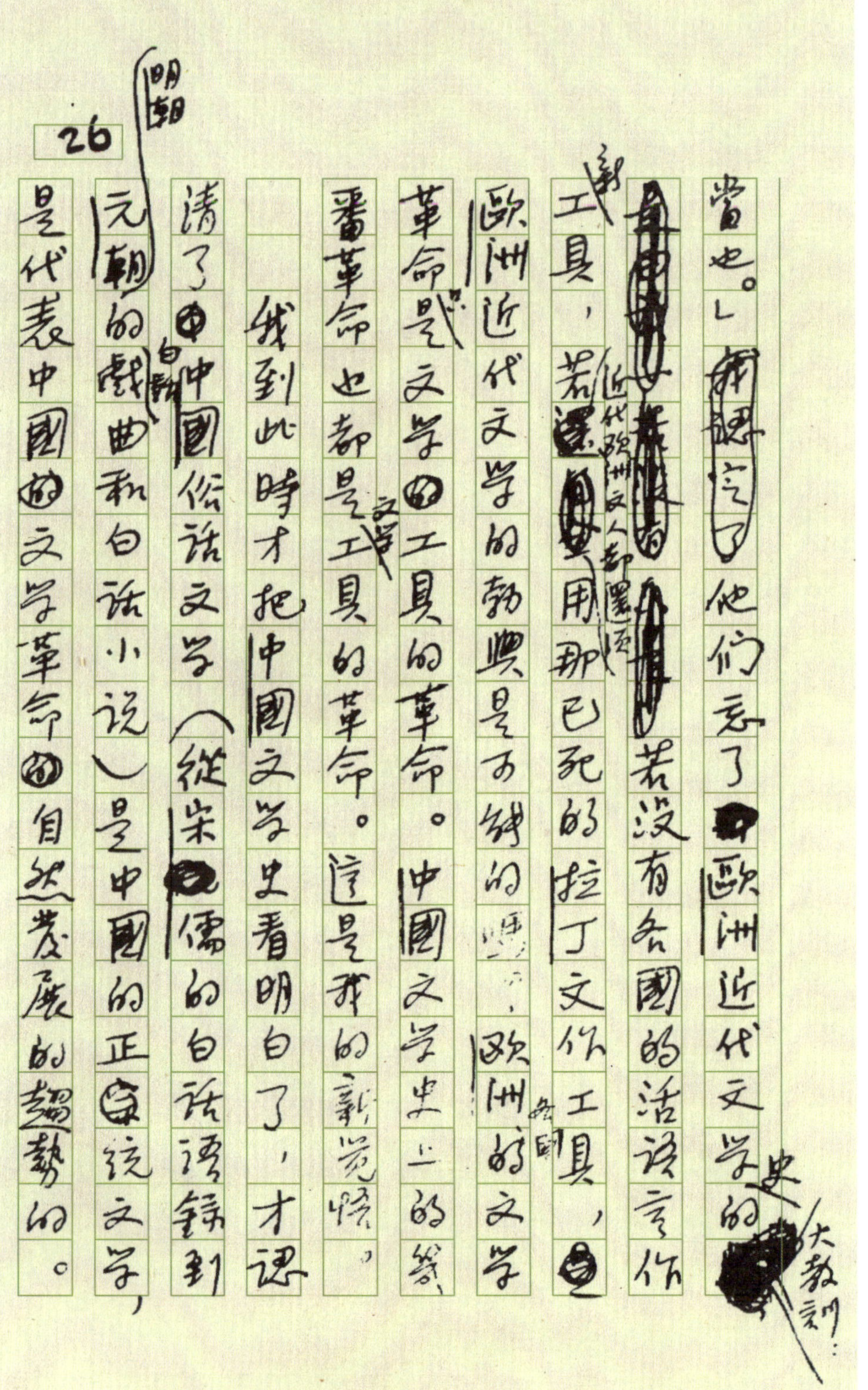

释文

当也。』他们忘了欧洲近代文学史的大教训：若没有各国的活语言作新工具，若近代欧洲文人都还须用那已死的拉丁文作工具，欧洲近代文学的勃兴是可能的吗？欧洲各国的文学革命只是文学工具的革命。中国文学史上的几番革命也都是文学工具的革命。这是我的新觉悟。

我到此时才把中国文学史看明白了，才认清了中国俗话文学（从宋儒的白话语录到元朝明朝的白话戏曲和白话小说）是中国的正统文学，是代表中国文学革命自然发展的趋势的。

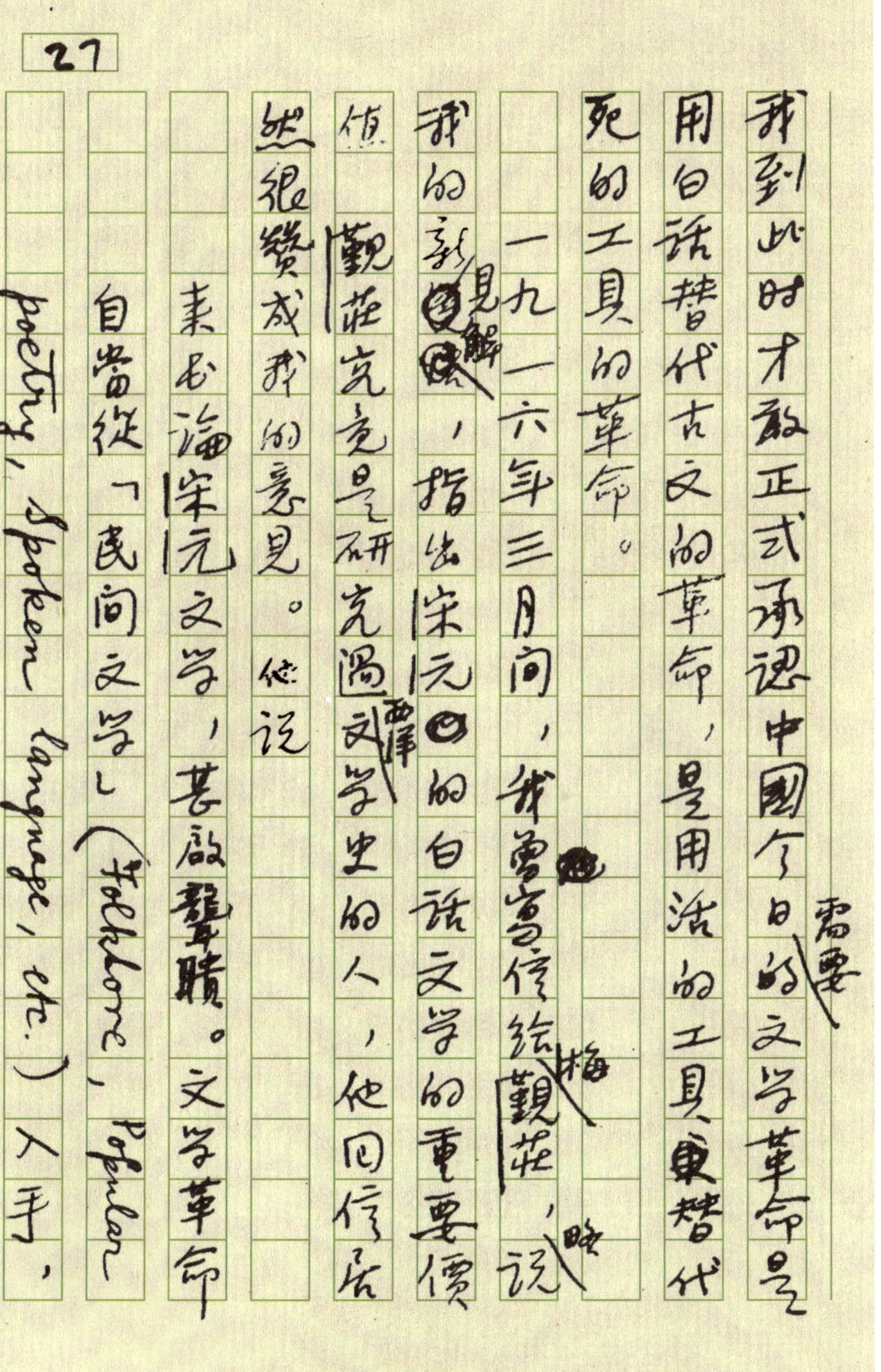

释文

我到此时才敢正式承认中国今日需要的文学革命是用白话替代古文的革命，是用活的工具替代死的工具的革命。

一九一六年三月间，我曾写信给梅觐庄，略说我的新见解，指出宋元的白话文学的重要价值。觐庄究竟是研究过西洋文学史的人，他回信居然很赞成我的意见。他说：

来书论宋元文学，甚启聋聩。文学革命自当从『民间文学』（Folklore, Popular poetry, Spoken language, etc.）入手，

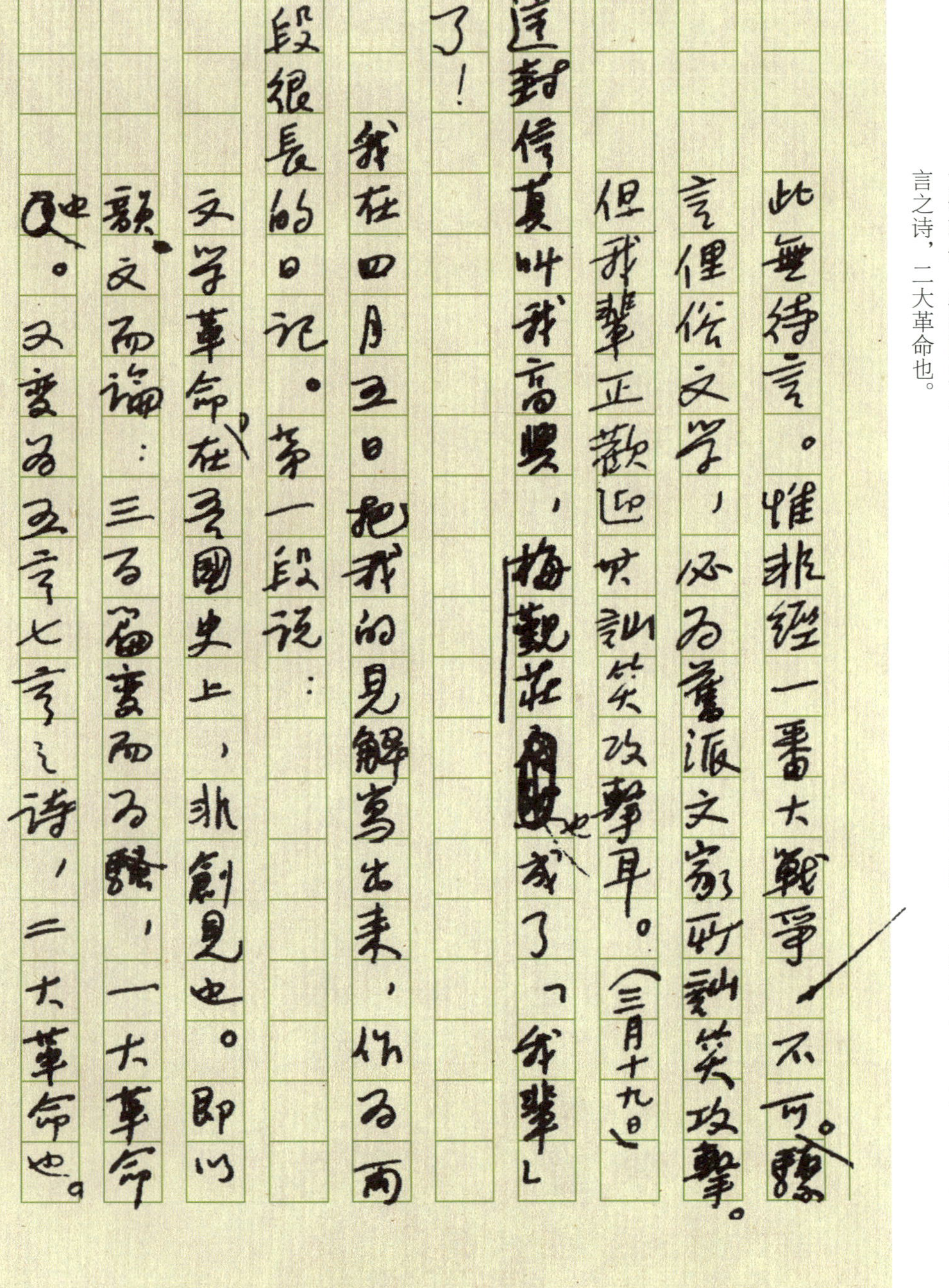

释文

此无待言。惟非经一番大战争不可。骤言俚俗文学，必为旧派文家所讪笑攻击。但我辈正欢迎其讪笑攻击耳。（三月十九日）

这封信真叫我高兴，梅觐庄也成了『我辈』了！

我在四月五日把我的见解写出来，作为两段很长的日记。第一段说：

文学革命，在吾国史上，非创见也。即以韵文而论：三百篇变而为骚，一大革命也。又变为五言七言之诗，二大革命也。

29

释文

赋之变为无韵之骈文，三大革命也。古诗之变为律诗，四大革命也。诗之变为词，五大革命也。词之变为曲，为剧本，六大革命也。何独于吾所持文学革命论而疑之！

第二段论散文的革命：

文亦几遭革命矣。孔子至于秦汉，中国文体始臻完备。……六朝之文亦有绝妙之作。然其时骈俪之体大盛，文以工巧雕琢见长，文法遂衰。韩退之之『文起

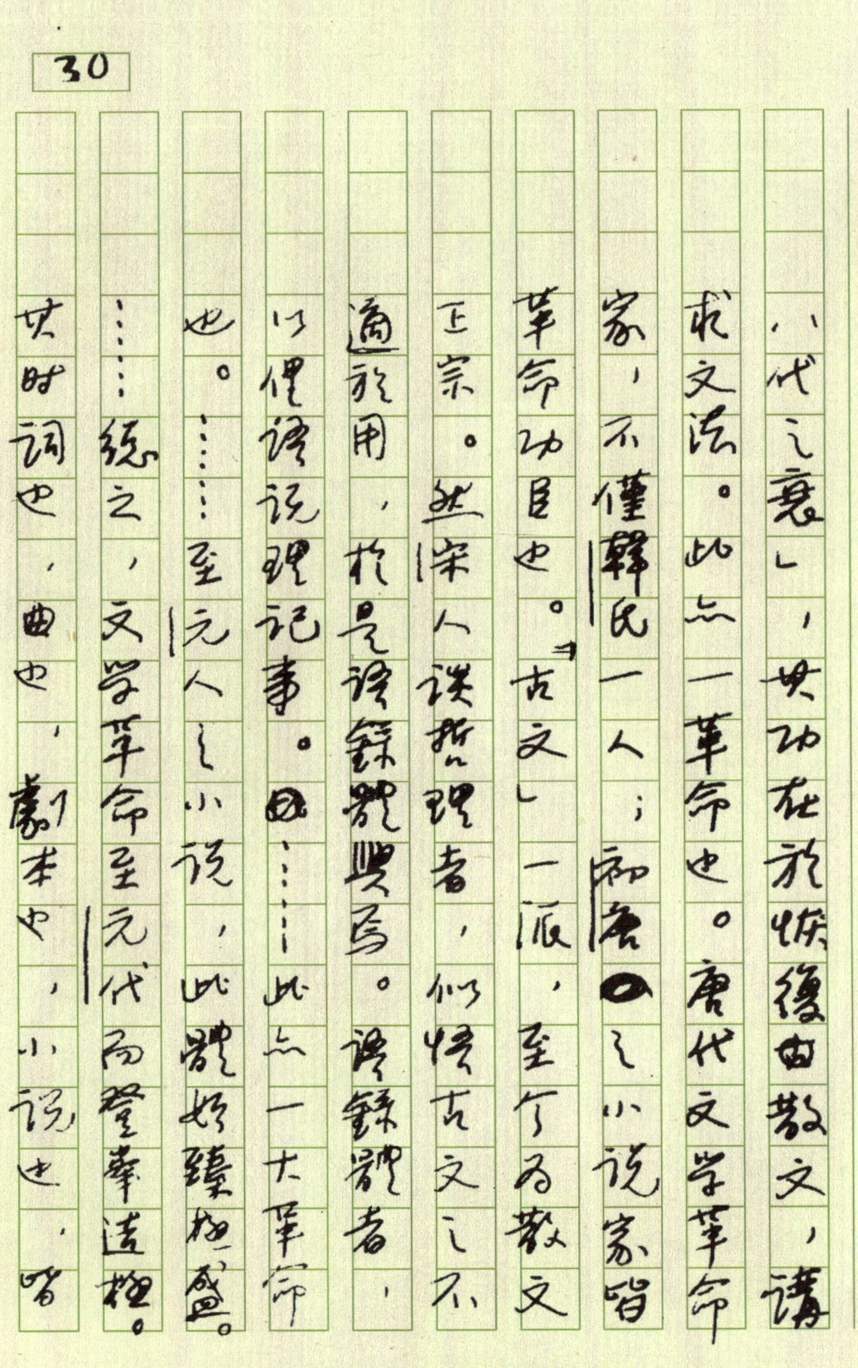

释文

八代之衰』，其功在于恢复散文，讲求文法。此亦一革命也。唐代文学革命家，不仅韩氏一人；初唐之小说家皆革命功臣也。『古文』一派，至今为散文正宗。然宋人谈哲理者，似悟古文之不适于用，于是语录体兴焉。语录体者，以俚语说理记事。……此亦一大革命也。……至元人之小说，此体始臻极盛。……总之，文学革命至元代而登峰造极。其时词也，曲也，剧本也，小说也，皆

31

第一流之文學，而皆以俚語為之。其時吾國真可謂有一種『活文學』出世。儻此革命潮流（革命潮流即天演進化之跡。自其異者言之，謂之革命。自其循序漸進之跡言之，即謂之進化，可也。）不遭明代八股之劫，不受諸文人復古之劫，則吾國之文學已必為俚語的文學，而吾國之語言早成為言文一致之語言，可無疑也。但丁（Dante）之創意大利文，卻叟（Chaucer）之創英吉利文，馬丁路得（Martin Luther）之創德意

释文

第一流之文学，而皆以俚语为之。其时吾国真可谓有一种『活文学』出世。倘此革命潮流（革命潮流即天演进化之迹。自其异者言之，谓之革命。自其循序渐进之迹言之，即谓之进化，可也。）不遭明代八股之劫，不受诸文人复古之劫，则吾国之文学必已为俚语的文学，而吾国之语言早成为言文一致之语言，可无疑也。但丁（Dante）之创意大利文，却叟（Chaucer）之创英吉利文，马丁路得（Martin Luther）之创德意

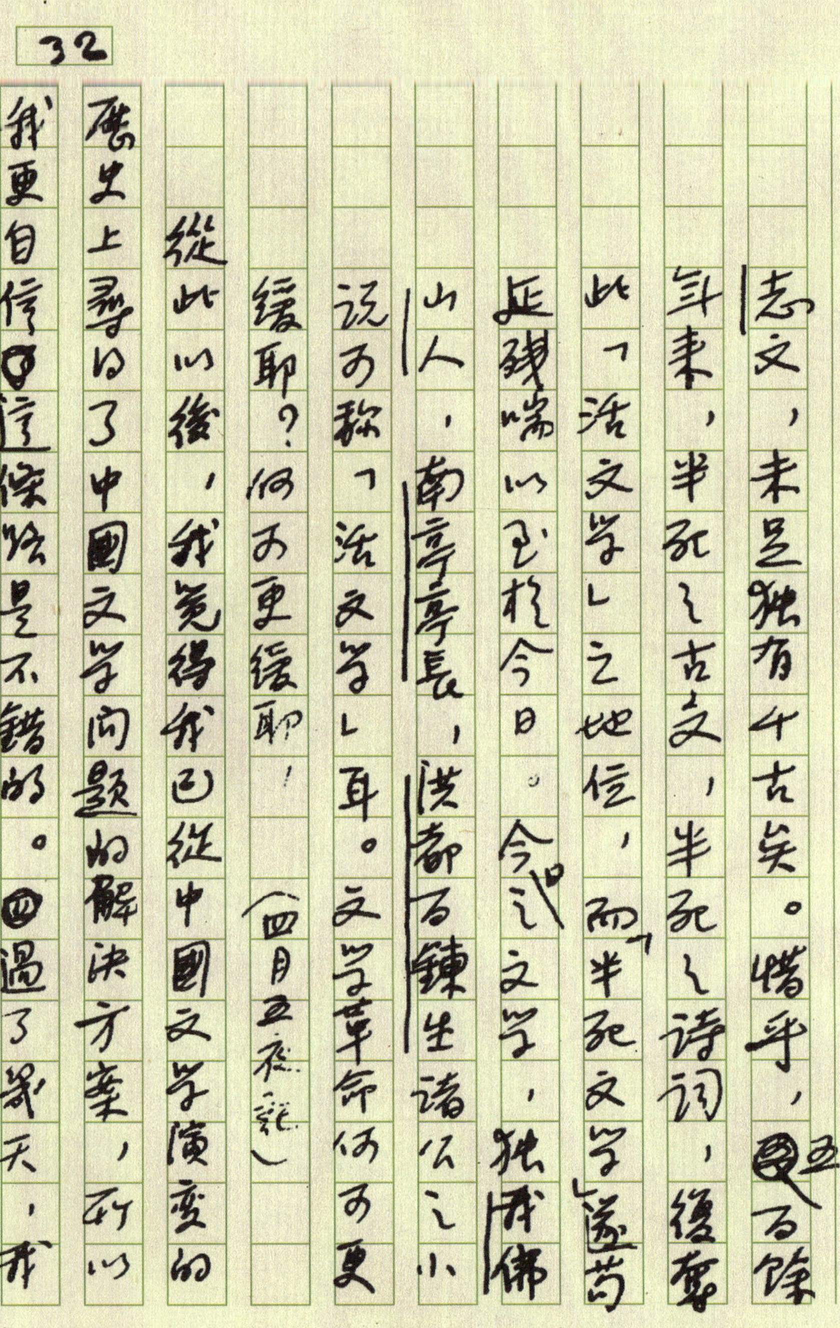

释文

志文，未足独有千古矣。惜乎，五百馀年来，半死之古文，半死之诗词，复夺此『活文学』之地位，而『半死文学』遂苟延残喘以至于今日。今日之文学，独我佛山人，南亭亭长，洪都百炼生诸公之小说可称『活文学』耳。文学革命何可更缓耶！何可更缓耶！（四月五夜记）

从此以后，我觉得我已从中国文学演变的历史上寻得了中国文学问题的解决方案，所以我更自信这条路是不错的。过了几天，我

33

作了一首沁園春詞，寫我那時的情緒：

沁園春　誓詩

更不傷春，更不悲秋，以此誓詩。任花開也好，花飛也好，月圓固好，日落何悲？我聞之曰，「從天而頌，孰与制天而用之？」更安用，為蒼天歌哭，作彼奴為！

文章革命何疑！且準備搴旗作健兒。要前空千古，下開百世，收他臭腐，還

释文

作了一首《沁园春》词，写我那时的情绪：

《沁园春》誓诗

更不伤春，更不悲秋，以此誓诗。任花开也好，花飞也好，月圆固好，日落何悲？我闻之曰，『从天而颂，孰与制天而用之？』更安用，为苍天歌哭，作彼奴为！

文章革命何疑！且准备搴旗作健儿。

要前空千古，下开百世，收他臭腐，还

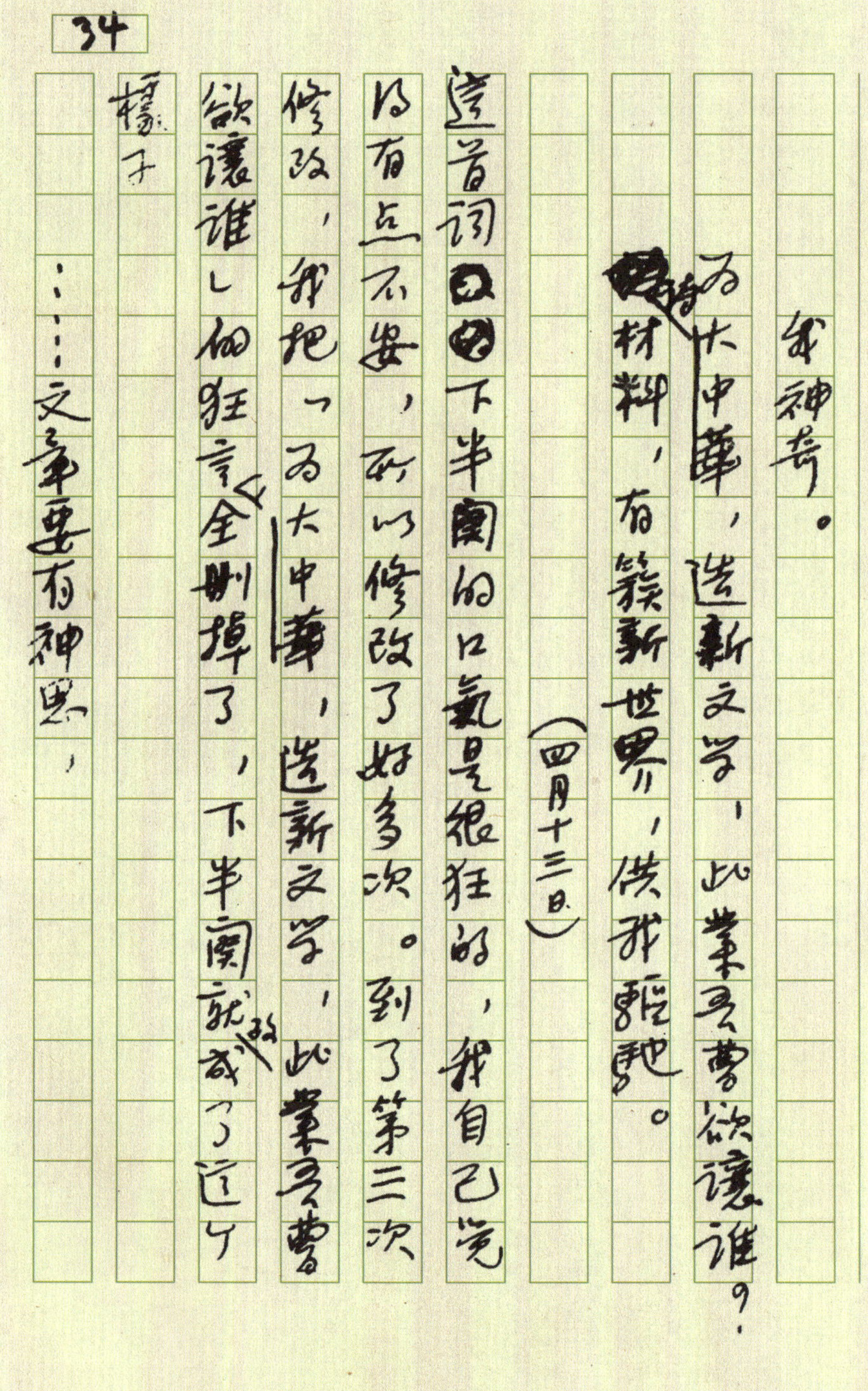

释文

我神奇。

为大中华，造新文学，此业吾曹欲让谁？诗材料，有簇新世界，供我驱驰。

（四月十三日）

这首词下半阕的口气是很狂的，我自己觉得有点不安，所以修改了好多次。到了第三次修改，我把『为大中华，造新文学，此业吾曹欲让谁』的狂言，全删掉了，下半阕就改成了这个样子：

……文章要有神思，

35

释文

到琢句雕词意已卑。

定不师秦七，不师黄九，但求似我，何效人为！

语必由衷，言须有物，此意寻常当告谁！从今后，倘傍人门户，不是男儿！

这次改本后，我自跋云：

吾国文学大病有三：一曰无病而呻，……二曰摹仿古人，……三曰言之无物。……顷所作词，专攻此三弊，岂徒责人，亦以自誓耳。

（四月十七日）

前答觐庄书，我提出三事：言之有物，讲文法，不避『文的文字』；此跋提出的三弊，除『言之无物』与前第一事相同，馀二事是添出的。后来我主张的文学改良的八件，此时已有了五件了。

（四）

一九一六年六月中，我往克利佛兰（Cleveland）赴『第二次国际关系讨论会』（Conference of International Relations），去时来时都经过绮色佳，

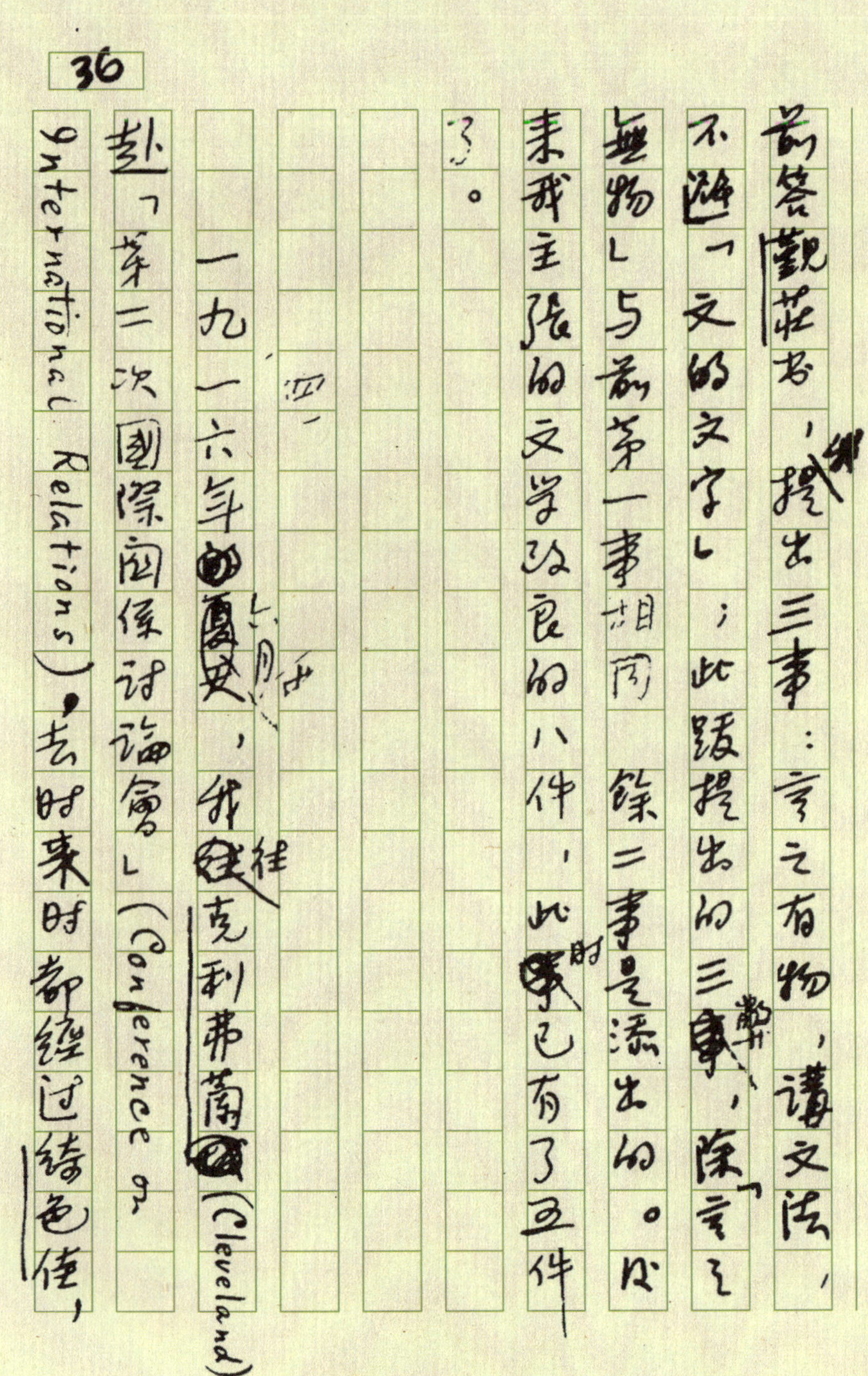

37

去时在那边住了八天，常常和任叔永，唐擘黄，杨杏佛诸君谈论改良中国文学的方法。这时候我已有了具体的方案，就是用白话作文，作诗，作戏曲。日记里记我谈话的大意有九点：

（一）今日之文言乃是一种半死的文字。

（二）今日之白话是一种活的语言。

（三）白话并不鄙俗，俗儒乃谓之俗耳。

（四）白话不但不鄙俗，而且甚优美适用。凡言要以达意为主，其不能达意者，则为不美。如说，『赵老头回过身来，爬

释文

去时在那边住了八天，常常和任叔永，唐擘黄，杨杏佛诸君谈论改良中国文学的方法。这时候我已有了具体的方案，就是用白话作文，作诗，作戏曲。日记里记我谈话的大意有九点：

（一）今日之文言乃是一种半死的文字。

（二）今日之白话是一种活的语言。

（三）白话并不鄙俗，俗儒乃谓之俗耳。

（四）白话不但不鄙俗，而且甚优美适用。凡言要以达意为主，其不能达意者，则为不美。如说，『赵老头回过身来，爬

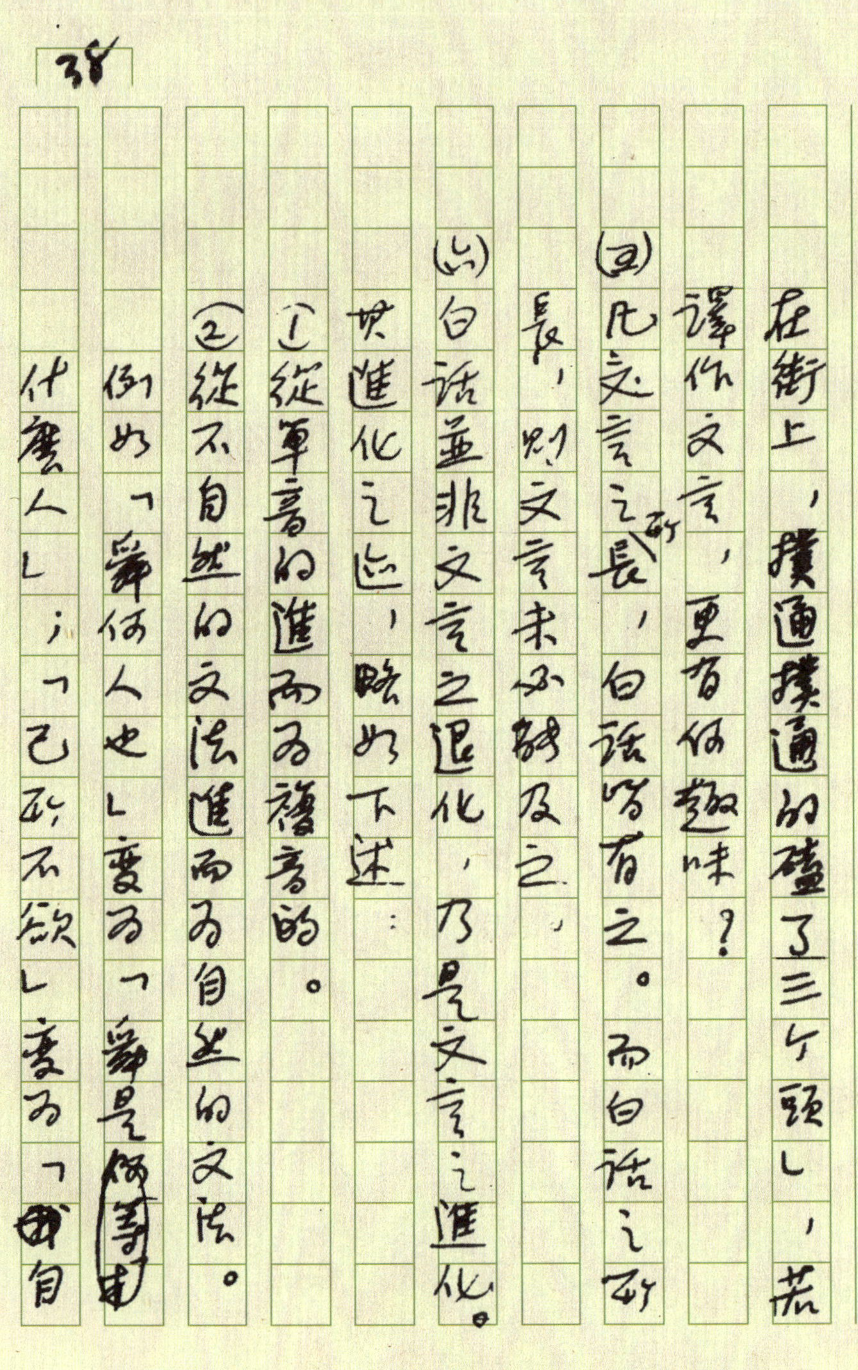

释文

在街上，扑通扑通的磕了三个头』，若译作文言，更有何趣味？

（五）凡文言之所长，白话皆有之。而白话之所长，则文言未必能及之。

（六）白话并非文言之退化，乃是文言之进化。其进化之迹，略如下述：

（1）从单音的进而为复音的。

（2）从不自然的文法进而为自然的文法。例如『舜何人也』变为『舜是什么人』；『己所不欲』变为『自

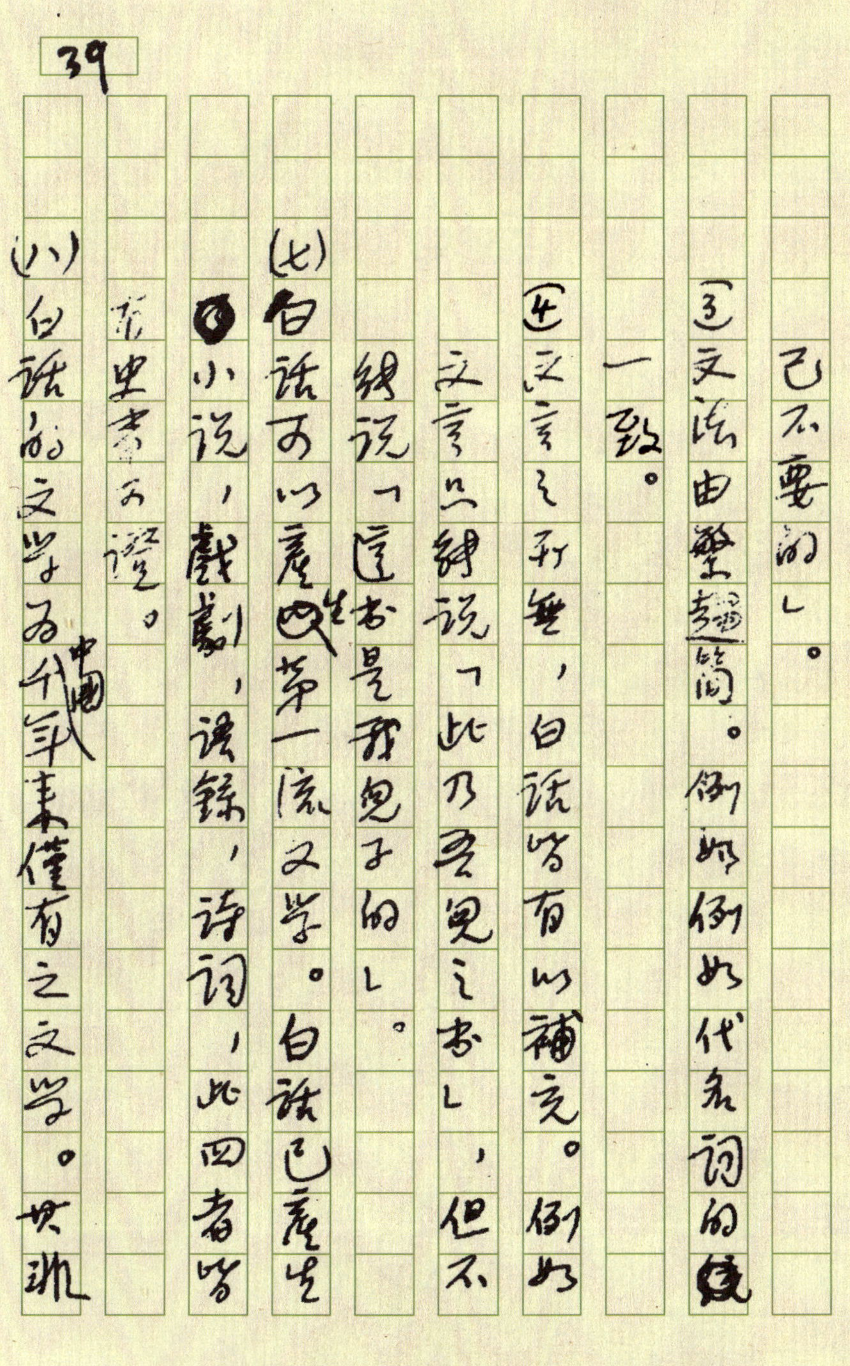

释文

己不要的』。

(3)文法由繁趋简。例如例如代名词的一致。

(4)文言之所无，白话皆有以补充。例如文言只能说『此乃吾儿之书』，但不能说『这书是我儿子的』。

（七）白话可以产生第一流文学。白话已产生小说，戏剧，语录，诗词，此四者皆有史事可证。

（八）白话的文学为中国千年来仅有之文学。其非

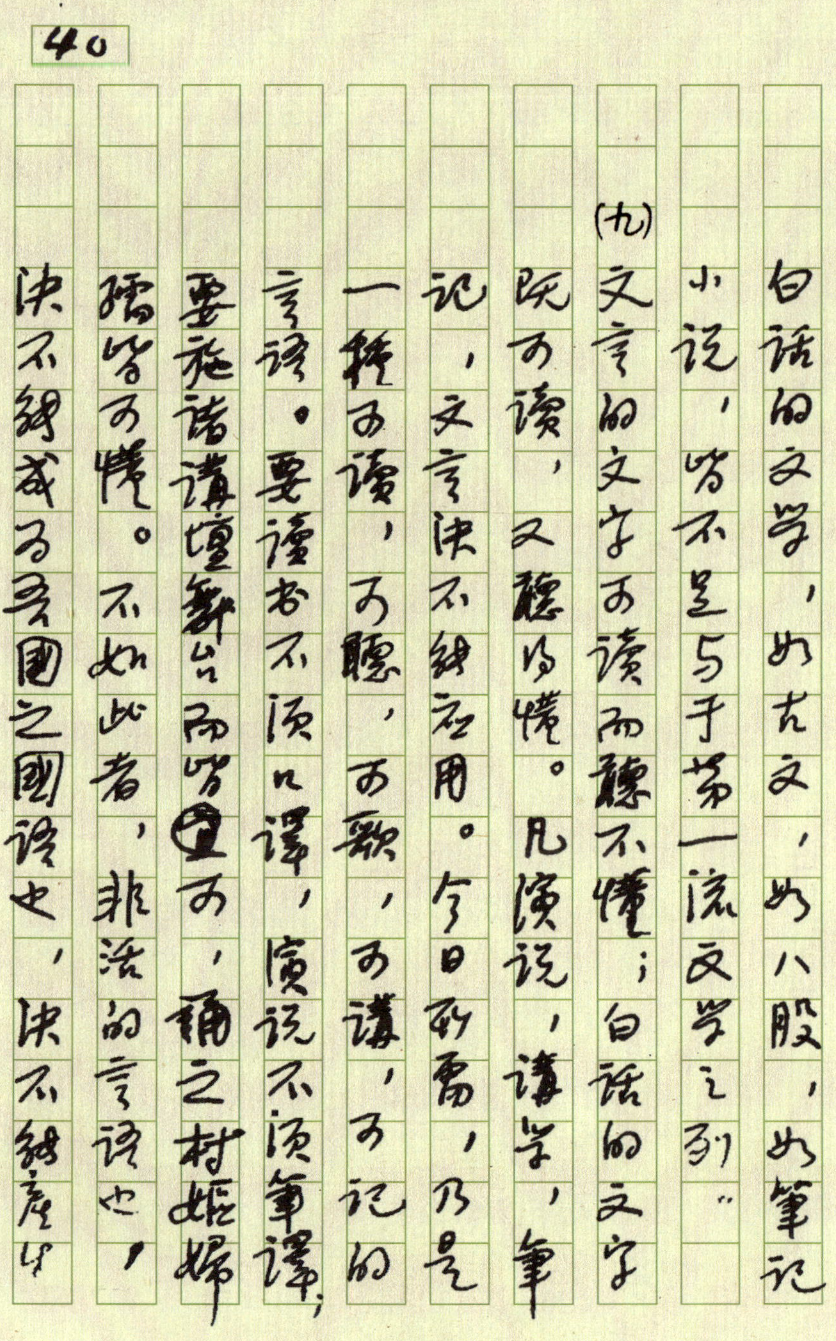

释文

白话的文学，如古文，如八股，如笔记小说，皆不足与于第一流文学之列。

（九）文言的文字可读而听不懂；白话的文字既可读，又听得懂。凡演说，讲学，笔记，文言决不能应用。今日所需，乃是一种可读，可听，可歌，可讲，可记的言语。要读书不须口译，演说不须笔译；要施诸讲坛舞台而皆可，诵之村妪妇孺皆可懂。不如此者，非活的言语也，决不能成为吾国之国语也，决不能产生

41

第一流的文学也。（七月六日追记）

七月二日，我回纽约时，重过绮色佳，遇见梅觐庄，我们谈了半天，晚上我就走了。日记里记此次谈话的大致如下：

吾以为文学在今日不当为少数文人之私产，而当以能普及最大多数之国人为一大能事。吾又以为文学不当与人事全无关系；凡世界有永久价值之文学，皆尝有大影响于世道人心者也。觐庄大攻此说，以为Utilitarian（功利主

释文

第一流的文学也。（七月六日追记）

七月二日，我回纽约时，重过绮色佳，遇见梅觐庄，我们谈了半天，晚上我就走了。日记里记此次谈话的大致如下：

吾以为文学在今日不当为少数文人之私产，而当以能普及最大多数之国人为一大能事。吾又以为文学不当与人事全无关系；凡世界有永久价值之文学，皆尝有大影响于世道人心者也。觐庄大攻此说，以为Utilitarian（功利主

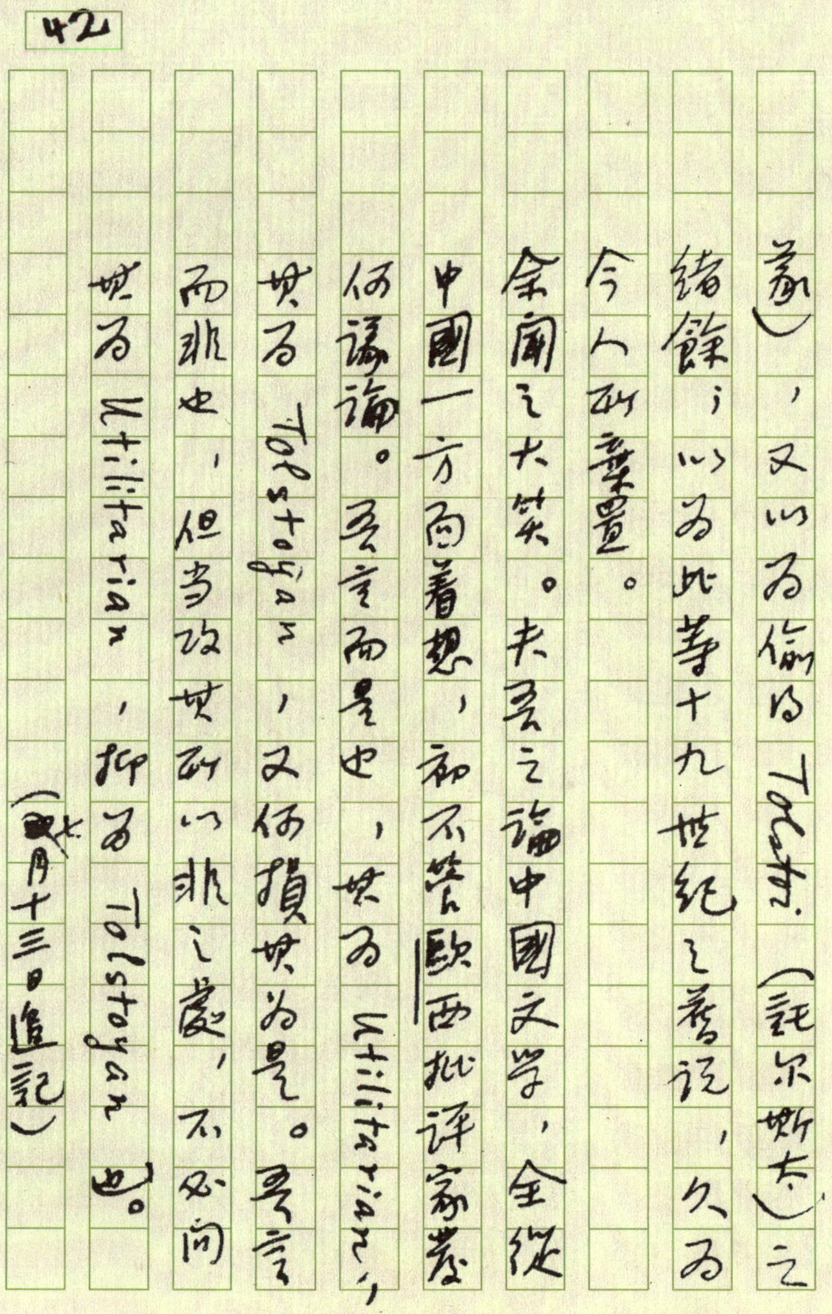

42

義），又以為偷得 Tolstoi（託尔斯太）之緒餘；以為此等十九世紀之舊說，久為今人所棄置。余聞之大笑。夫吾之論中國文学，全從中國一方面着想，初不管歐西批評家發何議論。吾言而是也，其為 Utilitarian，其為 Tolstoyan，又何損其為是。吾言而非也，但當攻其所以非之處，不必問其為 Utilitarian，抑為 Tolstoyan 也。（七月十三日追記）

释文

义），又以为偷得 Tolstoi（托尔斯太）之绪馀；以为此等十九世纪之旧说，久为今人所弃置。余闻之大笑。夫吾之论中国文学，全从中国一方面着想，初不管欧西批评家发何议论。吾言而是也，其为 Utilitarian，其为 Tolstoyan，又何损其为是。吾言而非也，但当攻其所以非之处，不必问其为 Utilitarian，抑为 Tolstoyan 也。

（七月十三日追记）

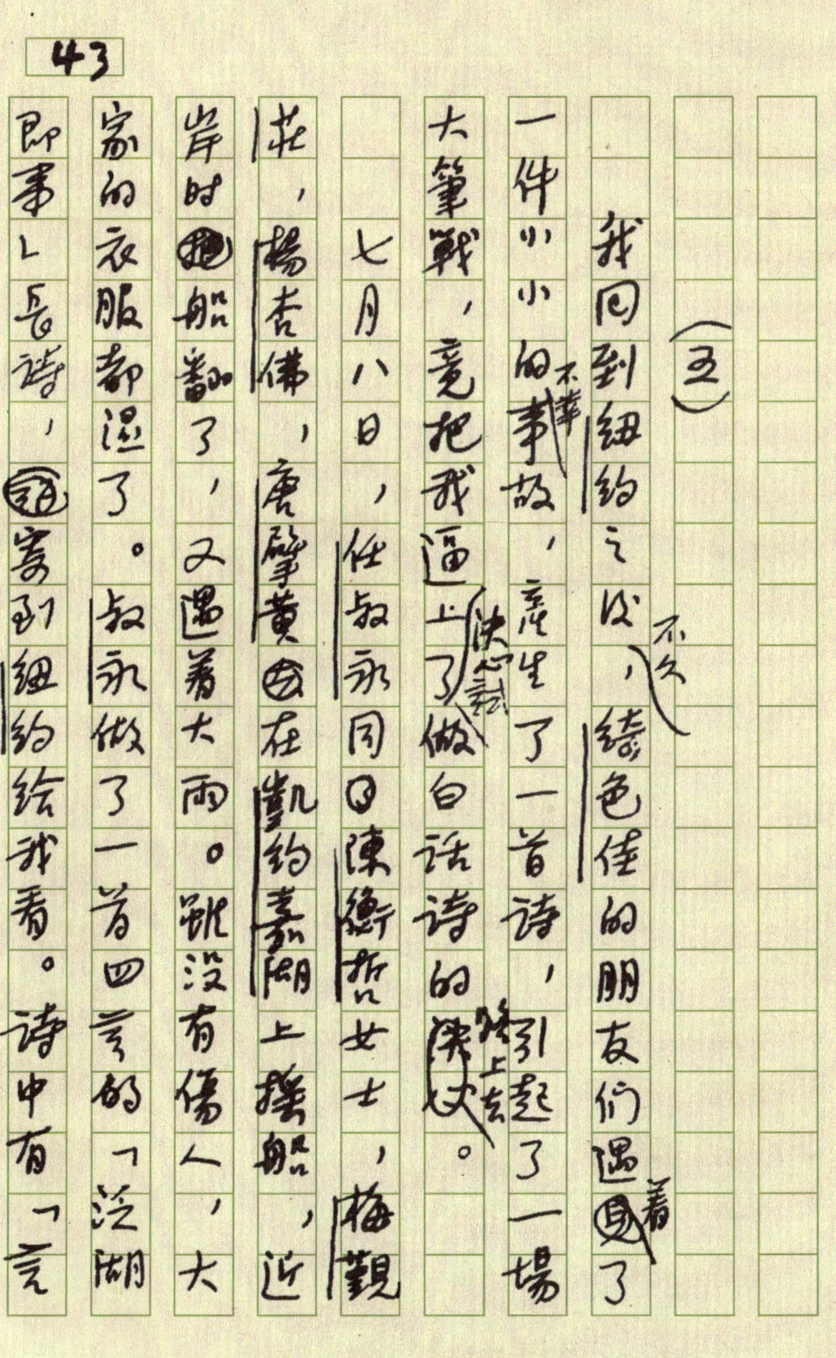
43

（五）

我回到纽约之后不久，绮色佳的朋友们遇着了一件小小的不幸事故，产生了一首诗，引起了一场大笔战，竟把我逼上了决心试做白话诗的路上去。

七月八日，任叔永同陈衡哲女士，梅觐庄，杨杏佛，唐擘黄在凯约嘉湖上摇船，近岸时船翻了，又遇着大雨。虽没有伤人，大家的衣服都湿了。叔永做了一首四言的『泛湖即事』长诗，寄到纽约给我看。诗中有『言

释文

（五）

我回到纽约之后不久，绮色佳的朋友们遇着了一件小小的不幸事故，产生了一首诗，引起了一场大笔战，竟把我逼上了决心试做白话诗的路上去。

七月八日，任叔永同陈衡哲女士，梅觐庄，杨杏佛，唐擘黄在凯约嘉湖上摇船，近岸时船翻了，又遇着大雨。虽没有伤人，大家的衣服都湿了。叔永做了一首四言的『泛湖即事』长诗，寄到纽约给我看。诗中有『言

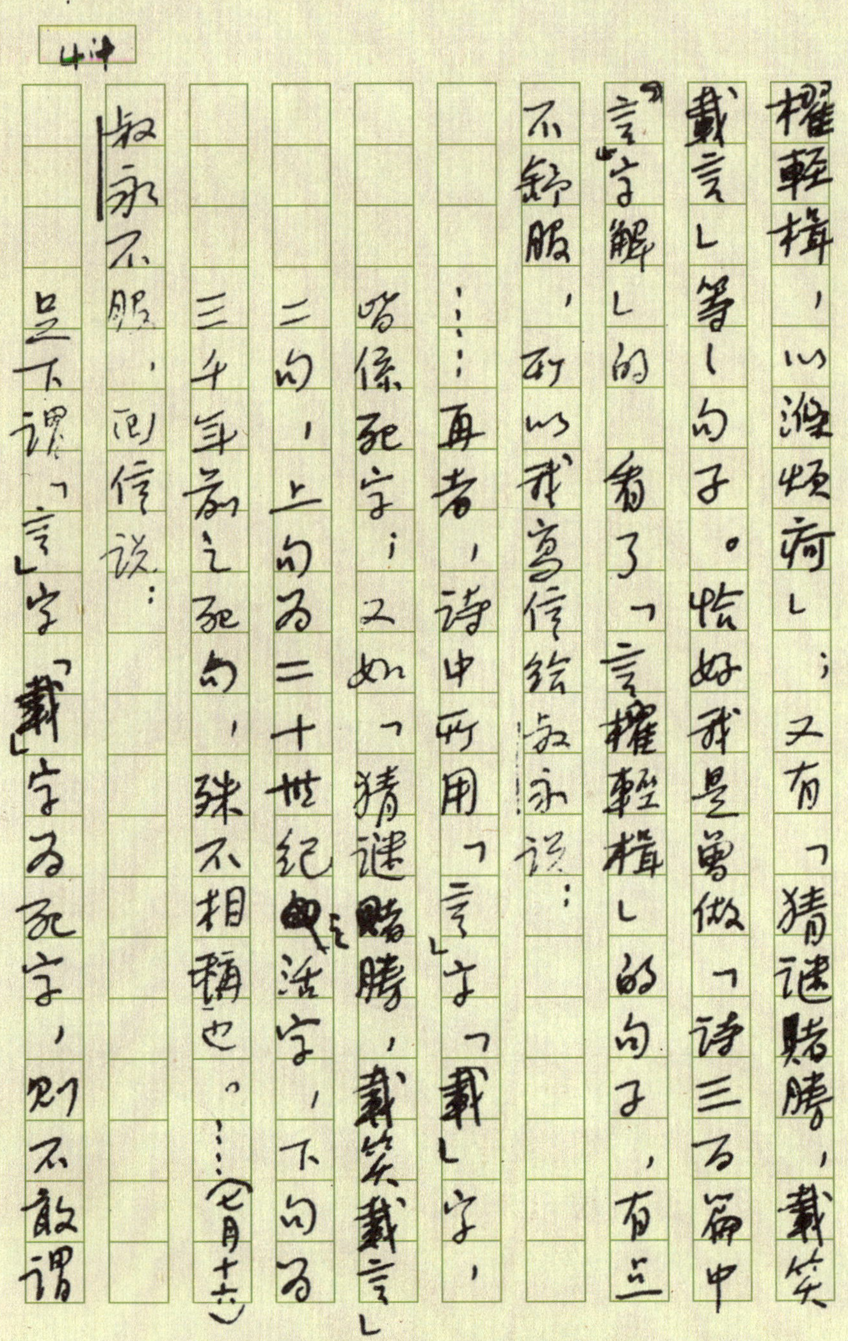

释文

棹轻楫，以涤烦疴』；又有『猜谜赌胜，载笑载言』等等句子。恰好我是曾做『诗三百篇中「言」字解』的，看了『言棹轻楫』的句子，有点不舒服，所以我写信给叔永说：

……再者，诗中所用『言』字『载』字，皆系死字；又如『猜谜赌胜，载笑载言』二句，上句为二十世纪之活字，下句为三千年前之死句，殊不相称也。……（七月十六）

叔永不服，回信说：

足下谓『言』字『载』字为死字，则不敢谓

45

然。如足下意，岂因《诗经》中曾用此字，吾人今日所用字典便不当搜入耶？「载笑载言」固为「三千年前之语」，然可用以达我今日之情景，即为今日之语，而非「三千年前之死语」，此君我不同之点也。……（七月十七日）

我的本意只是说，「言」字「载」字在文法上的作用，在今日还未能确定，我们不可轻易乱用。我们应该铸造今日的活语来「达我今日之情景」，不当乱用意义不确定的死字。苏东坡用错了「驾

（手稿下缺）

释文

然。如足下意，岂因《诗经》中曾用此字，吾人今日所用字典便不当搜入耶？「载笑载言」固为「三千年前之语」，然可用以达我今日之情景，即为今日之语，而非「三千年前之死语」，此君我不同之点也。……（七月十七日）

我的本意只是说，「言」字「载」字在文法上的作用，在今日还未能确定，我们不可轻易乱用。我们应该铸造今日的活语来「达我今日之情景」，不当乱用意义不确定的死字。苏东坡用错了「驾

（手稿下缺）